Berlín

Andrea Schulte-Peevers

A B C Tarifbereich Berlin und Brandenburger Umland U S RE RB

RE1 Magdeburg ↔ Cottbus	RB11 Charlottenburg ↔ Belzig	RB24 Schönefeld-Flughafen ↔ Wünsdorf-Waldstadt	S1 Wanns
RE2 Brandenburg ↔ Cottbus	RB12 Prenzlau/Rheinsberg (Mark) ↔ Frankfurt (Oder)	RB25 Lichtenberg ↔ Tiefensee	S2 Blanke
RE3 Stralsund ↔ Dessau	RB13 Rathenow ↔ Charlottenburg	RB26 Schöneweide ↔ Strausberg Nord/Kostrzyn	S25 Lichter
RE4 Wittenberge ↔ Bad Liebenwerda	RB14 Schöneweide ↔ Senftenberg	RB27 Groß Schönebeck/Wensick endorf ↔ Karow	S3 Erkner
RE5 Stalsund ↔ Hoyerswerda/Dresden	RB16 Brandenburg ↔ Charlottenburg	RB32 Lichterfelde Ost (SEV) ↔ Ludwigsfelde (SEV)	S4 Jungfe
RE7 Schewdt (Oder) ↔ Berlin-Lichtenberg	RB21 Hennigsdorf/ Nauen ↔ Griebnitzsee	RB33 Wannsee ↔ Jüderbog	S45 Schön
	RB22 Potsdam Stadt ↔ Eberswalde	RB55 Beetz-Sommerfeld ↔ Birkenwerder	S46 Königs
			S5 Straus

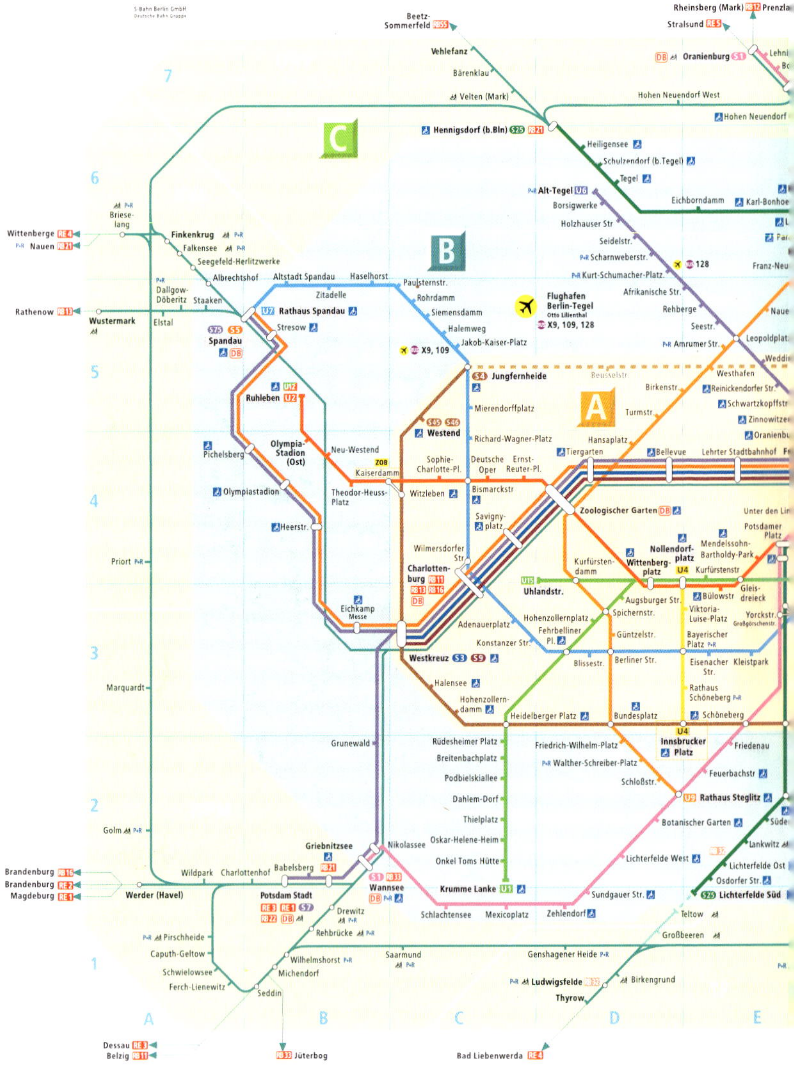

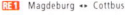

Dirección editorial: Ana Alcaraz, Carlos Garrido
Producción: Olga Vilanova
Control técnico: Cristian Sánchez
Coordinación editorial: Fco. Javier Arencón, Núria Cabrero
Traducción: Jorge Rizzo, Olga Wunderlich
Edición y realización: Ormobook

Berlín
1ª edición en español – septiembre 2002
Traducción de *Berlin,* 3ª edición – marzo 2002

Publicado por Editorial Planeta, S.A., por cortesía de GeoPlaneta
Còrsega, 273-279
08008 Barcelona (España)
Con autorización para la versión en español de Lonely Planet
Publications Pty Ltd A.B.N. 36 005 607 983, 90 Maribyrnong St,
Footscray, Melbourne, VIC 3011, Australia.

Fotografías
Las fotografías de este libro están disponibles
con licencia de Lonely Planet Images
e-mail: lpi@lonelyplanet.com.au

Fotografía de cubierta
La Cuádriga corona la Puerta de Brandeburgo
(David Peevers)

ISBN 84-08-04148-7
Depósito Legal: B. 26.732-2002

Textos y mapas © Lonely Planet 2002
Fotografías © según se relaciona en cada imagen
Edición en español 2002 © Editorial GeoPlaneta, S.A.

Preimpresión: Ormobook
Impresión y encuadernación: Cremagrafic, S.A.
Printed in Spain - Impreso en España

Reservados todos los derechos. Ninguna parte de esta publicación puede ser reproducida en sistema alguno ni transmitida por ninguna forma ni medio electrónico, mecánico, fotocopia, grabación u otros, excepto breves extractos para reseñas, sin permiso escrito del editor, propietario del copyright.

LONELY PLANET, el logo de Lonely Planet, Lonely Planet Images, CitySync y eKno son marcas registradas de Lonely Planet Publications Pty Ltd. Las demás marcas pertenecen a sus respectivos propietarios.

Aunque Lonely Planet, GeoPlaneta, y sus autores y traductores procuran que la información sea lo más exacta posible, no aceptan responsabilidad por pérdida, daño físico o contratiempo que pudiera sufrir cualquier persona que utilice esta guía.

Contenidos

LA AUTORA	**4**
ESTE LIBRO	**5**
PREFACIO	**6**
INTRODUCCIÓN	**7**
SOBRE BERLÍN	**9**

Historia 9
Geografía. 23
Clima 23
Ecología y medio ambiente 23
Flora y fauna 24
Gobierno y política. 24
Economía. 26
Población. 26
Educación. 27
Ciencia y filosofía. 27
Cultura. 28
Sociedad y costumbres. . . 42
Religión 43
Idioma 43
Arquitectura de Berlín. . . . 45

DATOS PRÁCTICOS 62

Cuándo ir. 62
Orientación 62
Planos 63
Oficinas de turismo 64
Agencias de viaje 64
Visados y documentación. 65
Embajadas y consulados. . 67
Aduanas. 68
Moneda. 68
Correos y comunicaciones 72
Recursos digitales. 75
Libros. 76
Cine 77
Periódicos y revistas 77
Radio 78
Televisión 78
Vídeo 79
Vídeo y fotografía 79
Hora local. 80
Electricidad. 80
Lavanderías 80
Lavabos 80
Consigna 81
Salud 81
Mujeres viajeras 82
Comunidad homosexual. . 83
Viajeros
con discapacidades. 84
Tercera edad 85
Viajar con niños 85
Bibliotecas 86
Universidades. 86
Centros culturales. 87
Peligros y advertencias . . 87
Problemas legales. 88
Horario comercial. 89
Fiestas y celebraciones . . . 89
Negocios 91
Trabajo. 91

CÓMO LLEGAR Y SALIR 93

En avión. 93
En tren. 96
En autocar 99
En automóvil
y motocicleta 100
En bicicleta. 100
Autostop
y coche compartido 101
Circuitos organizados . . . 101

CÓMO DESPLAZARSE 102

Los aeropuertos 102
A/Desde el aeropuerto. . 102
Transporte público 103
En automóvil
y motocicleta 105
En bicicleta. 107
A pie 108
Circuitos
organizados 108

QUÉ VER Y HACER 111

Charlottenburg **111**
Circuito a pie
por el CityWest 112
Schloss Charlottenburg. . 116
Museos de la zona
del Schloss 118
Zona de la Funkturm . . . 120
Zona del Olympia Stadion 120
Friedrichshain **121**
Karl-Marx-Allee 121
Volkspark Friedrichshain . 122
Kreuzberg **122**
Circuito a pie
por Kreuzberg 123
Norte de Kreuzberg 126
Mitte **128**
Circuito a pie
por el Mitte 128
Museumsinsel 134
Schlossplatz
y alrededores 137
Alexanderplatz. 138
Sur de la
Alexanderplatz 139

Contenidos

Spandaur Vorstadt 142
Zona de Oranienburger
Tor 146
Friedrichstrasse. 147
Barrio del Gobierno
del III Reich 147
Checkpoint Charlie
y alrededores 150
Prenzlauer Berg **152**
Circuito a pie 152
Norte de Prenzlauer
Berg. 154
Schöneberg **154**
Zona de Nollendorfplatz. 155
Zona de Kleistpark 155
Rathaus Schöneberg. . . . 156
Tiergarten **157**
Nuevo Distrito
Gubernamental 158
Moabit. 159
Tiergarten Park. 160
Potsdamer Platz 161
Kulturforum 162
Distritos del norte **166**
Pankow 166
Distritos del este **168**
Lichtenberg 168
Marzahn-Hellersdorf . . . 170
Distritos del sur. **171**
Neukölln 171
Treptow 172
Köpenick 174
Distritos del oeste **176**
Spandau. 176
Wilmersdorf 178
Zehlendorf 179
Actividades **184**
Ciclismo 185
Gimnasios
y centros de fitness. 185
Patinaje sobre hielo 185
'Footing' 187
Natación 187
Tenis y Squash 189
Cursos 189

DÓNDE DORMIR 190

Cámping 191
Albergues. 191
Habitaciones en
casas particulares 195
Hoteles. 195
Estancias largas 203

DÓNDE COMER 204

Gastronomía 204
Bebida 205
Restaurantes 206
Cafeterías. 219
Tentempiés
y comidas rápidas. 222
Mercados
de alimentación 223
Cafeterías
de estudiantes 225
Kantinen 225
Compra de alimentos . . . 225

OCIO 227

Bares y pubs. 228
Clubes 232
Berlín para la comunidad
homosexual 235
Centros culturales. 239
Música
en directo. 240
Ópera
y musicales. 242
Cabaret 242
Casino 244
Teatro 244
Danza 245
Cine. 246
Deportes 246

DE COMPRAS 248

Qué comprar 248
Dónde comprar 254
Grandes
almacenes 255
Mercados. 255

EXCURSIONES 258

Brandeburgo **258**
Potsdam. 258
Brandeburgo 265
Spreewald 267
Memorial y Museo
de Sachsenhausen 269
Rheinsberg. 269
Chorin 271
Niederfinow 271
**Más allá
de Brandeburgo** **272**
Lutherstadt-Wittenberg . 272
Dresde 275
Leipzig 280

IDIOMA 287

GLOSARIO 295

ÍNDICE 305

Texto 305
Dónde dormir. 310
Dónde comer 311

Mapas

SOBRE BERLÍN

Circuito I - Neoclasicismo . 52
Circuito II - Modernismo . 54
Circuito III - Vanguardismo 57
Circuito IV - Futurismo 60

DATOS PRÁCTICOS

Distritos de Berlín 63

CÓMO LLEGAR Y SALIR

Rutas de transporte 97

QUÉ VER Y HACER

Potsdamer Platz y Kulturforum 163
Spandau 177

EXCURSIONES

Excursiones en Berlín 259
Potsdam 262
Dresde 274
Leipzig 281

PLANOS DE BERLÍN   Ver páginas finales

Tarifas de Berlín . . . . . . Plano del metro y ferrrocarriles
El Gran Berlín . . . . . . Plano 1
Oeste de Charlottenburg y norte de Tiergarten Plano 2
Mitte y Prenzlauer Berg . . . . Plano 3
Wilmersdorf y Schöneberg . . . . . . Plano 4
Kreuzberg 36 y 61 . . Plano 5
Charlottenburg . . . . . Plano 6
Mitte . . . . Plano 7

LEYENDAS DE LOS MAPAS   Ver última página

La autora

Andrea Schulte-Peevers
Andrea es una escritora, redactora y traductora establecida en Los Ángeles, que empezó a viajar desde muy joven: antes de los 18 años había visitado todos los continentes, excepto la Antártida. Tras terminar la escuela secundaria en Alemania, Andrea decidió que el mundo era demasiado grande para permanecer en un lugar, por lo que se mudó a Londres y, después, a Los Ángeles. En posesión de un título universitario de UCLA, consiguió convertir su afición en profesión como escritora de viajes uniéndose al equipo de LP en 1995. Además de *Berlín*, también ha colaborado en la autoría y/o actualización de las guías de *Alemania, Los Angeles, Baja California, San Diego & Tijuana, California & Nevada* y *Spain*.

De la autora

Entre las obras Lonely Planet de mi repertorio, *Berlín* es una de mis favoritas. Es la guía de una ciudad llena de particularidades y encantos, cargada de una energía sin parangón en Alemania y repleta de sorpresas a todas horas. Por ello, los primeros agradecimientos de corazón están dirigidos a los compañeros de LP que han hecho posible mi participación en este libro: Mary Neighbour y Chris Wyness, por encargarme el trabajo; mi editor, William Gourlay, por supervisar el proyecto durante las diferentes fases, demostrando ser muy competente y tener un buen sentido del humor; y al cartógrafo y diseñador Ray Thomson, por realizar unos mapas y planos tan bonitos.

En Berlín no me las habría arreglado sin Kerstin Göllrich, que me proporcionó amistad, alojamiento y buena compañía. Natasha Kompatzki, del Berlin Tourismus Marketing, me ayudó a mantenerme al día en esta ciudad –que cambia a la velocidad de la luz–, me abrió las puertas necesarias y solucionó las dudas de última hora con gran efectividad. Es un genio en su trabajo.

Un montón de gracias también a las personas que me han ayudado en la logística para viajar por Alemania, como Johannes Fuchs, Beth Purdue, Nanci Sullivan y Barbara Hearn. Vuestro apoyo ha sido inconmensurable y lo aprecio muchísimo.

Aplausos también para mi colega Andy Bender, cuyas investigaciones sobre Brandeburgo, Sajonia y Sajonia-Anhalt han servido de base para el capítulo *Excursiones* de esta obra.

Por último, aunque no menos importante, en el frente doméstico, un beso enorme para David, mi maravilloso marido, por darme apoyo en todas las dificultades y vicisitudes de la vida, grandes y pequeñas, reales e imaginarias, incluidos los plazos de entrega de Lonely Planet. Millones de gracias.

Este libro

Andrea Schulte-Peevers y David Peevers realizaron la investigación necesaria y escribieron la primera edición de *Berlín*. Ella ha actualizado la segunda y tercera ediciones.

VERSIÓN EN ESPAÑOL

GeoPlaneta, que posee los derechos de traducción y distribución de las guías Lonely Planet en los países de habla hispana, adapta los contenidos de sus libros para sus lectores.

En este caso, la tarea la ha realizado el equipo de Ormobook, empresa de servicios editoriales responsable también de la traducción, llevada a cabo por Jorge Rizzo y Olga Wunderlich. Francisco Javier Arencón ha sido el editor y coordinador de la obra, mientras que Ana Huete y Jorge Imaz se han encargado de la corrección de textos. Cristian Sánchez, de GeoPlaneta, realizó la cubierta.

RECONOCIMIENTOS

Gracias a George Peter, de Wasser- und Schifffahrtsamt Eberswalde, y Klaus, de Berliner Verkehrsbetriebe (BVG, Transporte Público de Berlín) por habernos permitido publicar su material.

AGRADECIMIENTOS

Muchas gracias a los viajeros que han utilizado la última edición y escribieron a Lonely Planet para enviar información, consejos útiles y anécdotas interesantes.

Carolyn Agardy, Thomas Allen, Frank Antonsen, Charles Aschmann, John Barbano, Montse Baste-Kraan, Mark Bauer, Spencer Beggs, Fletcher Benton, Joachim Bergmann, Jan Boggess, Ben Brehmer, Cristopher Carrier, Thomas Chang, Clair Chatel, Kendall Crowe, Katie Elder, Richard Elphick, Charlotte Evans, Debora Fink, Aileen Fisher, Francesco Giovanetti, Martin y Margaret Goodwin, Frederik Grufman, Karen Grunow, Richard J. Hazen, Anne Hofstede, Marie Javins, Monica Johansson, David John, Oliver Johnston, Cristoph Kessel, Kurt Krunz, Francesa Lanaro, Emily MacWilliams, Peter Marshman, David McGowan, Anja Medau, Dr. Michael Mittler, T.J. Moore, Megan Packer, Ilaria Minio Paluello, Mari Paul, James Payne, Jan M. Pennington, Steve Penny, Melanie Phipps, Kyrs Pogoda, Cristopher Pope, Marc Purnal, Scott Reid, Chris Round, Amber Senneck, Chloe Spearrit, Julie Stenberg, Melissa Sutton, Vera Ten-Hacken, Sinead Thornton, Dave Upton, Alan Warnke, Stephan Werner, Roy Wiesner, Fiona Wilson.

Prefacio

SOBRE LAS GUÍAS LONELY PLANET

La historia da comienzo con un típico viaje de aventureros: el periplo en 1972 de Tony y Maureen Wheeler a través de Europa y Asia hasta Australia. En aquellos años no se disponía de información útil sobre viajes por tierra, así que Tony y Maureen publicaron la primera guía Lonely Planet para satisfacer una demanda creciente.

Desde una mesa de cocina primero, y después desde un minúsculo despacho de Melbourne (Australia), Lonely Planet se ha convertido en la mayor editorial independiente de viajes del mundo, una empresa internacional con delegaciones en Melbourne (Australia), Oakland (Estados Unidos), Londres (Gran Bretaña) y París (Francia).

Hoy las guías Lonely Planet abarcan el mundo entero. La lista de libros no para de crecer y se dispone de información en soportes y medios muy variados. Algunas cosas no han cambiado: el objetivo principal sigue siendo ayudar al viajero amante de la aventura a llegar a su destino, a explorar el planeta y comprenderlo mejor.

Lonely Planet cree que los viajeros pueden hacer una contribución positiva a los países que visitan si respetan las comunidades que los acogen y se gastan el dinero con sensatez. Desde 1986, un porcentaje de las ventas de cada libro se destina a iniciativas de ayuda exterior y campañas en favor de los derechos humanos y, más recientemente, a la conservación del medioambiente.

Lonely Planet reúne información para todo aquel que siente curiosidad por el planeta, y de manera especial para quienes lo exploran por su propio pie. Mediante guías, glosarios, programas de actividades, mapas y planos, literatura, cartas, fototecas, series de televisión y páginas web, Lonely Planet facilita el intercambio de información entre viajeros de todo el mundo.

A LA ATENCIÓN DEL LECTOR

Las cosas cambian: los precios suben, los horarios varían, los sitios buenos empeoran y los malos se arruinan. Por lo tanto, si el lector encuentra los lugares mejor o peor, recién inaugurados o cerrados desde hace tiempo, por favor que escriba para ayudar a que la próxima edición sea más útil y exacta. Todas las cartas, postales y correos electrónicos se leen y se estudian, garantizando de esta manera que hasta la mínima información llegue a los redactores, editores y cartógrafos para su verificación. Se agradece cualquier información recibida por pequeña que sea. Quienes escriban verán su nombre reflejado en el capítulo de agradecimientos de la siguiente edición.

Puede ocurrir que determinados fragmentos de la correspondencia de los lectores aparezcan en nuevas ediciones de las guías Lonely Planet, en el *website* de Lonely Planet, así como en la información personalizada. Se ruega a todo aquel que no desee ver publicadas sus cartas ni que figure su nombre, que lo haga constar.

Toda la correspondencia debe enviarse, indicando en el sobre Lonely Planet / Actualizaciones, a la siguiente dirección de GeoPlaneta en España:

Barcelona: Mallorca 260, 1ª planta. 08008.

También puede remitirse un correo electrónico a la dirección siguiente: viajeros@lonelyplanet.es

**Para información, opiniones y actualizaciones, se puede visitar la página web:
www.lonelyplanet.es**

Introducción

¿De modo que vamos a conocer Berlín? Buena idea. La elección no podría ser mejor. Esta ciudad está de moda, y siempre tiene mucho que ofrecer. También es sofisticada, cosmopolita y moderna. La capital alemana busca su identidad desde la caída del Muro en 1989: por fin está adquiriendo su propia personalidad. Los cambios son constantes, por eso este lugar resulta fascinante. He aquí un rápido resumen de las últimas novedades.

La "compañía de ballet" de grúas que se erguían sobre Potsdamer Platz, la mayor zona de construcción de toda Europa en la década de 1990, ha dejado paso a un nuevo distrito cada vez con más vida, que se ha convertido en un lugar de trabajo y de diversión. Al norte de la Brandenburger Tor (Puerta de Brandeburgo), la recién estrenada Cancillería Federal alemana es el punto de referencia del Nuevo Distrito Gubernamental, junto al Reichstag, donde se vuelve a reunir el Bundestag (Parlamento alemán).

La Antigua Galería Nacional de la Isla de los Museos (Patrimonio Mundial de la Humanidad desde 1999) ya está reformada y ha vuelto a abrir sus puertas. La nueva exposición permanente del Museo Judío, situada en una llamativa estructura de Daniel Libeskind, se convertirá en una de las mayores atracciones de Berlín. Incluso al CityWest, como se denominaba al centro de Berlín Occidental, alrededor de la estación Zoo, le han lavado la cara, con modernas y espectaculares aportaciones de renombrados arquitectos internacionales que ha transformado el anodino panorama urbano de la década de 1950.

Y eso sólo es parte de lo más "llamativo y novedoso" que mencionan los titulares. No olvidemos la riqueza y calidad de su vida cultural, donde la ópera, la danza y el teatro, la música de todo tipo y una animada escena museística se muestran en todo su esplendor. Elegantes palacios, monumentos y edificios históricos complementan una sensación de permanencia y de valor histó-

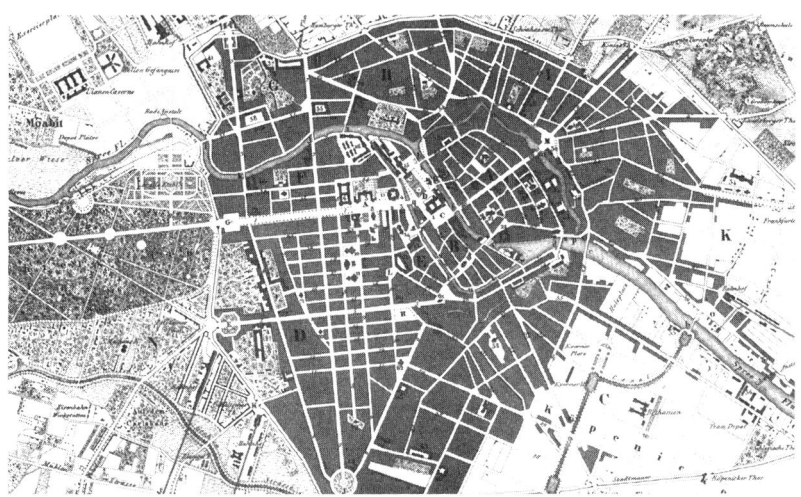

Berlín, tal como era durante el reinado de Federico Guillermo IV [1840-1861]. Este grabado original procede de la edición de 1851 de The Iconographic Encyclopaedia of Science, Literature and Art (La enciclopedia iconográfica de ciencia, literatura y arte).

rico en una ciudad que siempre se ha mantenido joven de espíritu. Y la enorme extensión verde de bosques, parques y lagos permite escapar del bullicio urbano con sólo subirse al S-Bahn.

Sin embargo, para comprender realmente lo que da vida a Berlín hay que adentrarse en los diferentes barrios: observar a los yuppies de Schöneberg comprando flores y verduras frescas los sábados en el mercado de Winterfeldtplatz; escuchar a los obreros turcos discutiendo sobre los últimos resultados de fútbol en un café de Kreuzberg; organizar un pícnic bajo los rododendros gigantes en Tiergarten; unirse a los estudiantes y a los anticulturalistas en el bohemio Friedrichshain; contemplar de cerca a los tipos impecablemente vestidos en un bar elegante de Charlottenburg; o poner a prueba la resistencia del cuerpo en los clubes de moda de Mitte. En fin, en cualquier parte la diversión está prácticamente garantizada si se va con los ojos y el espíritu abiertos.

Desde luego, Berlín no ha perdido sus múltiples encantos para los visitantes. Con unos ocho millones de pernoctaciones de hotel al año, se sitúa como la ciudad alemana más popular. Y al menos, parte del magnetismo de esta capital procede de su papel único en la historia. De 1933 a 1945, Hitler y sus acólitos orquestaron la dictadura nazi desde aquí. Tras la II Guerra Mundial, se convirtió en el epicentro de la Guerra Fría, especialmente después de que la construcción del Muro en 1961 la partiera en dos, separando antiguos barrios física e ideológicamente durante casi 40 años. Hoy en día, en cambio, ocupa una posición de vínculo de unión entre la Europa del este y la del oeste.

Aunque las cicatrices físicas de Berlín empiezan a curarse, sin duda, sus gentes no se mezclan con tanta facilidad. El "Muro" que permanece en la mente y los corazones ha demostrado ser más duro que el que en un tiempo miraban con nostalgia. Pero la metrópoli obliga a sus habitantes a seguir viviendo, y superarán este desafío. A pesar de que se mantengan las diferencias entre ellos, están unidos por su capacidad de recuperación.

Otra faceta del carácter de esta capital es su actitud tolerante. Es posible que haya a quien no le guste el aspecto de otro, pero la mayoría sigue el lema acuñado por el rey Federico el Grande: "Jeder nach seiner Façon", que se podría traducir por algo así como "vive y deja vivir". No es casualidad que uno de cada 7,5 residentes sea inmigrante o que la ciudad se haya convertido en el centro de entretenimiento más activo para gays y lesbianas de toda Europa.

Todos estos factores la llevan a ser un lugar casi "no alemán", liberado en gran medida de la rígida estructura social tan arraigada en buena parte del país. Berlín, pionera en muchos aspectos por naturaleza y necesidad, se alimenta de los cambios de tendencias, circunstancias y apetitos, y los procesa convirtiéndolos en un nuevo *Zeitgeist*, que luego exporta al resto de la nación y del mundo. Éste siempre ha tenido la mirada puesta en esta urbe tan asombrosa; a veces con fascinación, a veces con horror e incluso con una profunda simpatía. Berlín, intratable y seductora, sigue siendo una capital de contrastes.

Sobre Berlín

HISTORIA
Los primeros asentamientos

La extensión que ocupa actualmente Berlín ha estado poblada desde la Edad de Piedra, tal como demuestran numerosos vestigios arqueológicos. Hacia el 3000 a.C. ya existían formas primitivas de agricultura y ganadería, y las primeras muestras de cerámica también datan de este período. En excavaciones realizadas en Spandau y Lichtenrade se han hallado armas, herramientas y joyas procedentes de principios de la Edad del Bronce. A finales de esta época corresponden los cementerios de urnas y los restos de asentamientos atribuidos a la sociedad de Lausitz (Lusacia).

Durante los primeros siglos de la era cristiana, varios pueblos vivieron junto a los ríos Havel y Spree, incluidos los burgundios y los semnones germánicos. A partir del siglo VI empezaron a competir por el territorio contra las tribus eslavas Heveller y Sprewanen; la primera construyó fortalezas en Spandau y Köpenick.

Otón el Grande, tras la conquista de Brandeburgo en 928 por parte de su hijo, el rey germano Enrique I, intentó en vano cristianizar a los eslavos. En 1134, Alberto el Oso, de la casa de Ascania, adquirió el título de margrave de Nordmark (la marca norte), territorio que incluía Brandeburgo, y consiguió controlarlos cada vez más, colonizando el territorio con población procedente del oeste del río Elba.

El Berlín medieval

La historia "moderna" de Berlín empezó en el siglo XIII con la fundación de los asentamientos comerciales de Cölln y Berlín, obra de mercaderes itinerantes, en lo que hoy es el Nikolaiviertel, en el distrito de Mitte. Gracias a su ubicación estratégica, en un cruce de rutas comerciales medievales, los dos asentamientos pronto se convirtieron en *Handelsstädte* (centros comerciales). En 1307, se fundieron en la conurbación de Berlín-Cölln, formalizando así la cooperación que había existido desde su fundación.

Una activa clase de comerciantes consiguió mantener en gran medida la independencia de la ciudad, integrada en la Liga Hanseática durante los siglos XIV y XV. No obstante, llegó un momento en que sus habitantes no pudieron evitar que fuera absorbida por el poder de la dinastía Hohenzollern. Tras largas disputas entre facciones rivales, esta familia consiguió imponerse como linaje gobernante de la Marca de Brandeburgo, privilegio que mantendría hasta 1918.

En la década de 1440, bajo el gobierno del elector Federico II, Berlín y Cölln fueron, poco a poco, perdiendo su independencia, al ser disuelto su consejo administrativo. El gobernante construyó los cimientos de un palacio, el futuro Berliner Schloss, que se mantuvo hasta que en 1950 las autoridades de la RDA demolieron sus ruinas, ya que había sido destrozado durante la guerra. Cuando Johann, sobrino del elector, heredó el título en 1486, Berlín-Cölln ya se había convertido en una ciudad residencial y en la capital de la Marca de Brandeburgo.

Bajo el gobierno de los electores, siguió prosperando en el ámbito económico y se convirtió en una ciudad poderosa y civilizada. La Guerra de los Treinta Años (1618-1648) puso fin –por lo menos temporalmente– a esta expansión. La guerra, producto de la Reforma, había empezado como un conflicto religioso entre las ligas protestante y católica, y enseguida degeneró hasta convertirse en una de las guerras dinásticas más sangrientas de Europa. Durante el período de hostilidades, todo el Sacro Imperio Romano, incluido Berlín, quedó asolado.

El ave fénix resurge de sus cenizas

Como resultado de la guerra, Berlín había disminuido de 12.000 habitantes a sólo 6.000 y más de un tercio de las casas de la ciudad estaba en ruinas. La repoblación fue una de las prioridades del elector Federico Guillermo, conocido como el "Gran Elector" [1640-1688]. Lo consiguió con gran habilidad invitando a forasteros a que se asentaran en Berlín. En 1671 pidió a 50 ricas familias judías expulsadas de Viena que se trasladaran a la ciudad siempre que trajeran sus enormes fortunas consigo.

Sin embargo, la mayoría de nuevos residentes eran refugiados hugonotes procedentes de Francia. Más de seis mil llegaron después de que el rey Luis XIV revocara en 1685 el Edicto de Nantes, que había concedido libertad de culto a los protestantes. La población de Berlín aumentó en un 25% y en algunos barrios el uso del francés se impuso al alemán. Hacia 1700 uno de cada cinco habitantes era de ascendencia francesa. Aún se pueden oír en el Berlinisch algunas palabras francesas –o degeneraciones de palabras–: *Feez* por *fête*; *Budiker* por *boutiquier*; *Milljöh* por *milieu*; y por supuesto *Boulette*, una versión berlinesa de las albóndigas. La catedral francesa en el Gendarmenmarkt sirve aún hoy como recordatorio tangible de la influencia de los hugonotes.

Berlín siguió creciendo con más o menos dificultad durante todo el siglo XVIII, en gran medida gracias a que era conocida por su tolerancia religiosa, lo que la convertía en un paraíso para los protestantes de toda Europa. La población pasó de sólo 29.000 habitantes en 1700 a 172.000 cien años después, con lo que se convirtió en la segunda ciudad mayor del Sacro Imperio Romano, tras Viena.

La época prusiana

Federico III, hijo del Gran Elector, fue un hombre de gran ambición y un defensor de las artes y las ciencias. Con el apoyo de su esposa, Sofía Carlota, fomentó la actividad intelectual fundando la Academia de las Artes en 1696 y de las Ciencias en 1700. Un año más tarde se autoproclamó rey, convirtiéndose en Federico I de Prusia, y estableció en Berlín la residencia real y la capital del nuevo estado de Brandeburgo-Prusia.

Su hijo, Federico Guillermo I [1713-1740], fue muy distinto a su antecesor. Severo y de espíritu militar, estaba obsesionado por reunir un ejército de 80.000 efectivos (se lo conoció como el *Soldatenkönig*, o Rey Soldado). Durante los primeros años de su reinado, más de 17.000 hombres –y entre ellos unos 7.000 artesanos– abandonaron Berlín para evitar ser reclutados. Federico Guillermo respondió cercando la ciudad con un muro en 1734, para evitar más deserciones, aunque el objetivo oficial era recaudar impuestos de aduanas. Paradójicamente, en un guiño irónico de la historia, otro gobierno usaría la misma idea para evitar que el pueblo abandonara sus casas más de 230 años después.

Todo el mundo dio un suspiro de alivio cuando subió al trono su hijo, Federico II [1740-1786], conocido como Federico el Grande fuera del país y como *"der alte Fritz"* (el viejo "Fede") entre sus súbditos. Pasó a la historia por la realización de ambiciosos proyectos arquitectónicos y destacó por su sentido común en lo político y lo militar. Berlín floreció como gran centro cultural y fue llamada *Spree-Athen*, "la Atenas del Spree". No obstante, el interés cultural de Federico iba acompañado de una gran avidez por realizar conquistas militares, en particular la del territorio de Silesia, lo que actualmente es Polonia. Tras una serie de batallas que se prolongaron durante unas dos décadas, logró la victoria. Austria y Sajonia aceptaron incluir Silesia oficialmente en territorio prusiano con la firma de la Paz de Hubertusburg en 1763.

La Ilustración y la ocupación napoleónica

Durante el reinado de Federico II, la Ilustración se introdujo con cierta autoridad. El dramaturgo Gotthold Ephraim Lessing, el pensador y editor Christohe Friedrich Nicolai y el filósofo Moses Mendelssohn (abuelo del compositor Felix Mendelssohn) contribuyeron a hacer de Berlín una ciudad realmente internacional. A partir de 1780, los salones intelectuales, organizados por mujeres como Henriette Herz y Rahel Levin, aportaron un foro de debate abierto a cualquiera, con independencia de su clase social o creencia religiosa.

A partir de 1800 apareció otra oleada de científicos, filósofos y grandes escritores en la capital. Entre ellos se encontraban Heinrich von Kleist, Clemens von Brentano, Achim von Arnim, Novalis, Johann Gottlieb Fichte y los hermanos Alexander y Wilhelm von Humboldt. Muchos de ellos impartieron clases en la universidad que éste último fundó en 1810.

Políticamente, Prusia entró en un gran declive tras la muerte de Federico II, que culminó con la derrota de su ejército a manos de las fuerzas francesas en Jena, unos 400 km al suroeste de Berlín, en 1806. El 27 de octubre de ese mismo año, Napoleón y sus tropas atravesaron la Puerta de Brandeburgo, iniciando así la ocupación de Berlín, que duraría siete años. Las tropas galas acabaron retirándose a cambio de una sustanciosa suma en concepto de reparaciones de guerra, dejando atrás una ciudad humillada y sumida en tantas deudas que tardó 53 años en salir de esa situación. Sin embargo, al final tampoco a Napoleón le fue tan bien: su imperio cayó ante los ejércitos aliados de Austria, Rusia y Prusia en la batalla de Leipzig, en 1813.

Reformas y nacionalismo

La primera mitad del siglo XIX fue un período crucial en el desarrollo de Alemania y de Europa, cuando una clase de funcionarios públicos, académicos, teólogos y comerciantes que habían alcanzado su posición gracias a su propio trabajo, empezó a cuestionar el derecho a gobernar de la nobleza. El estado de Brandeburgo-Prusia se vio atrapado en la vorágine de reformas que trajo este movimiento. Se eliminaron las restrictivas normas gremiales, permitiendo la libre elección de profesión a todo el mundo. Las reformas agrícolas acabaron con el yugo que suponía ese tipo de trabajo y sentaron las bases de la industrialización, y los judíos consiguieron la igualdad de derechos civiles en 1812.

La caída de las estructuras feudales, la redistribución de la riqueza y el crecimiento de la industria cambiaron las reglas de base socioeconómicas, lo que provocó la demanda de un estado centralizado por parte de los nacionalistas. En la Academia de las Ciencias de Berlín, el filósofo Johann Gottlieb Fichte dio una serie de conferencias, las denominadas *Reden an die deutsche Nation* (*Discursos a la nación alemana*) en las que apelaba a la conciencia nacional.

No obstante, todas estas aportaciones no consiguieron provocar grandes cambios en las altas esferas, y en marzo de 1848 la ciudad se unió a otras poblaciones alemanas en una revolución burguesa que exigía la libertad de prensa, la formación de un parlamento, la retirada de los militares de la política y otros derechos democráticos básicos. Las tropas gubernamentales reprimieron enseguida las revueltas, provocando la muerte de 250 personas y el final del desarrollo político alentado por la Ilustración. La situación quedó estancada durante los ocho años siguientes a la ascensión al trono del reaccionario Federico Guillermo IV [1840-1861].

La era industrial

En el siglo XIX, con el comercio artesanal ya bien establecido, Berlín se convirtió en un centro tecnológico e industrial desde los inicios de la Revolución Industrial. La construcción de la red de ferrocarril alemana (el primer trayecto, de Berlín a Potsdam, se inauguró en 1838) provocó la apertura de más de mil fábricas, incluidas las gigantes eléctricas AEG y Siemens, así como otras empresas de los sectores de la maquinaria, químico, textil y de la producción de alimentos.

La abundancia de trabajo en las fábricas creó una nueva clase urbana –el proletariado–, al llegar a la ciudad obreros de toda Alemania. De 1850 a 1870, la población aumentó más del triple, hasta alcanzar los 870.000 habitantes. Dar un techo a las masas se convirtió en un problema que se solucionó más tarde construyendo innumerables *Mietskasernen* (literalmente, "barracas de alquiler"). Eran construcciones laberínticas levantadas alrededor de patios, donde las familias subsistían en diminutos pisos mal ventilados y sin instalación de agua.

Nacieron nuevos partidos políticos para dar voz al proletariado, como el *Sozialdemokratische Partei Deutschland* (SPD, Partido Socialdemócrata). Fundado en 1875 como Partido Socialista Obrero, adoptó su nombre actual en 1890 y fue adquiriendo una influencia cada vez mayor. En el momento de su máxima popularidad (1912), el SPD tenía el 75% de los votos de Berlín.

El camino hacia el Imperio Germánico

Cuando Federico Guillermo IV sufrió una apoplejía en 1857, su hermano Guillermo se convirtió en regente y, en 1861, en el rey Guillermo I. Al contrario que su antecesor, era un hombre que reconocía más claramente los signos de los nuevos tiempos y que no se mostraba reacio al progreso. Además de nombrar a unos cuantos ministros liberales, en 1862 convirtió a Otto von Bismarck en primer ministro.

La gran ambición de éste era crear una Alemania unificada dirigida por Prusia. Sus medios eran anticuados pero efectivos: la manipulación y la guerra. Empezó por ganar la provincia de Schleswig-Holstein mediante la guerra con Dinamarca en 1864, teniendo a Austria como aliada; luego se enfrentó a esta última y la derrotó en 1866, formando al año siguiente la Confederación Germánica del Norte.

Con el norte de Alemania bajo control, Bismarck puso su atención en el sur. Urdiendo hábiles tácticas diplomáticas, aisló a Francia y consiguió que declarara la guerra a Prusia en 1870. Luego sorprendió a Napoleón III y recuperó los estados alemanes meridionales. El enfrentamiento con la nación gala acabó con la anexión de Alsacia y Lorena. Y lo que es más importante, al no tener ya a los príncipes del sur en su contra, su gran plan se hizo realidad: Alemania estaba unificada y Berlín se convertía en su capital. El 18 de enero de 1871, el rey Guillermo I fue coronado káiser en Versalles, lo que suponía una humillación aún mayor para los franceses, y Bismarck se convertiría en su "Canciller de Hierro". Había nacido el Imperio Germánico.

La Gründerzeit

La Gründerzeit (era de la fundación) hace referencia a los primeros años del Imperio Germánico tras la derrota de Francia en 1871. Las indemnizaciones de guerra procedentes de este país, y el cada vez mayor magnetismo de Berlín como centro del nuevo imperio, dieron lugar a la creación de muchas nuevas empresas.

Alemania era un país rico y unido, gracias en gran parte al impulso y la visión de Bismarck. Se había presentado con una imagen liberal para dar pequeñas satisfacciones y negar grandes exigencias sociales, consiguiendo atención sanitaria y cobertura de accidentes y pensiones de jubilación. Pero la cuestión de la reforma significaría su caída. Cuando Guillermo II se convirtió en káiser en 1888; Federico, el hijo de Guillermo I, estaba enfermo y sólo gobernó 99 días. Entonces surgieron divisiones entre el emperador, que quería ampliar el sistema de seguridad social, y Bismarck, que aprobó leyes antisocialistas más estrictas. En 1890, el "Canciller de Hierro" fue apartado definitivamente de la escena política.

El período que precedió al estallido de la guerra en 1914 –llamado la "nueva dirección"– fue de hecho una época sin objetivos precisos bajo el gobierno personal de Guillermo II, que sometió a sus débiles cancilleres. Alemania, nación industrialmente

Otto Von Bismarck hizo uso de la manipulación y la guerra para crear una Alemania unificada.

avanzada, sobre todo en los sectores químico y eléctrico, y que había dado origen a algunas de las más importantes figuras del socialismo revolucionario, se abría paso en el nuevo siglo dirigida por líderes incompetentes.

La I Guerra Mundial y la revolución

El 28 de junio de 1914, el archiduque Francisco Fernando –heredero al trono de Austria– y su esposa fueron asesinados en Sarajevo. Ello desencadenó una guerra entre Austria-Hungría y Serbia. Rusia se movilizó en respuesta a su acuerdo de alianza con Serbia. Alemania, aliada de Austria-Hungría desde 1879, declaró la guerra a Rusia y dos días más tarde a Francia (que se había posicionado a favor de la primera). El Parlamento alemán concedió inmediatamente los créditos de guerra necesarios. Entre la población general, la euforia y la confianza en una rápida victoria iniciales pronto dejaron paso a la desilusión, exacerbada por la cada vez más insoportable carencia de alimentos en Berlín y en el resto del país.

La paz tras la derrota de Alemania en 1918 supuso el final de la lucha, pero no trajo la estabilidad. La nación lo pagó caro. El Tratado de Versalles le obligó a ceder sus colonias africanas, Alsacia-Lorena y sus territorios en el oeste de Polonia, y a pagar unas severísimas cantidades como indemnización. Es más, se la hacía responsable de todas las bajas de sus enemigos. La humillación fue enorme.

La capitulación provocó la caída de la monarquía. El káiser Guillermo II abdicó el 9 de noviembre de 1918, poniendo fin a más de 500 años de gobierno de los Hohenzollern y preparando el camino para una lucha entre los partidos socialista y demócrata. A primera hora de la tarde del mismo día, desde una ventana del Reichstag, Philipp Scheidemann, del SPD, proclamaba el nacimiento de la República Alemana con Friedrich Ebert, líder del partido, como presidente. Horas más tarde, Karl Liebknecht, fundador del Partido Comunista Alemán (conocido entonces como Liga Espartaquista) proclamó la República Socialista Libre de Alemania desde un balcón del Berliner Schloss.

La Liga Espartaquista, fundada por Rosa Luxemburgo y Karl Liebknecht, pretendía establecer una república basada en las teorías de Carlos Marx sobre la revolución del proletariado. El partido, que se encontró con la oposición de los socialistas moderados del SPD, se alió con otros grupos para formar el Kommunistische Partei Deutschlands (KPD, o Partido Comunista Alemán) en los últimos días de 1918. La rivalidad entre ambos partidos llevó a un período de inestabilidad que culminó en Berlín con la denominada Revolución Espartaquista, del 6 al 15 de enero de 1919. Tras la sangrienta represión de esta revuelta, Luxemburgo y Liebknecht fueron arrestados y asesinados por militantes, de la extrema derecha. Sus cuerpos se arrojaron sin contemplaciones al Landwehrkanal de Berlín.

La República de Weimar

La constitución federalista de la nueva república, primera experiencia democrática seria de Alemania, se aprobó en julio de 1919 en la ciudad de Weimar, donde se había refugiado la asamblea constituyente huyendo del caos de Berlín. Dio derecho al

Rosa Luxemburgo, cofundadora junto a Karl Liebknecht, del Partido Comunista Alemán.

voto a las mujeres y estableció los derechos humanos fundamentales, pero también era poco flexible y daba demasiado poder al presidente, que podía decretar su gabinete personal en épocas de emergencia, cláusula de la que más tarde abusaría Paul von Hindenburg, el segundo presidente de Alemania.

Se formó un amplio gobierno de coalición de partidos de izquierda y de centro dirigido por el presidente Friedrich Ebert, del SPD, formación política que, hasta 1932, se mantuvo como la más votada de Alemania. No obstante, había demasiadas fuerzas en Alemania que rechazaban la república, y el Gobierno no satisfacía ni a los comunistas ni a los monárquicos.

En 1920, surgieron más problemas cuando los militares de extrema derecha pusieron en marcha el *Kapp Putsch*, ocupando la sede del Gobierno. Éste, desplazado a Dresde, hizo un llamamiento al pueblo para que actuara. Así, los obreros y los sindicatos fueron a la huelga, con lo que fracasó el golpe militar.

Ese mismo año también fue testigo de la fusión de siete ciudades e innumerables comunidades en el Gross-Berlin (el Gran Berlín), convirtiéndolo en una de las mayores ciudades del mundo, con una superficie de 87.000 hectáreas y una población de casi cuatro millones de habitantes. Se dividía en 20 *Bezirke* (distritos administrativos), a los que se añadieron los de Hohenschönhausen, Marzahn y Hellersdorf en la década de 1980. Esta estructura se mantuvo hasta las reformas establecidas en 2000, que redujeron el número de distritos a 12.

Los "felices" años veinte. La década de 1920 empezó siendo cualquier cosa menos feliz, al estar marcada por la gran humillación de haber perdido una guerra, la inestabilidad social y política, la hiperinflación, el hambre y las enfermedades. Más de 235.000 berlineses estaban sin empleo y las huelgas, manifestaciones y revueltas se habían convertido en algo habitual. La introducción de una nueva moneda, el *Rentenmark*, dio cierto alivio, pero las cosas no empezaron a funcionar realmente hasta la llegada a Alemania de dinero, en forma de préstamos del Plan Dawes, a partir de 1924. Berlín volvía a resurgir.

Durante los años siguientes, entró en un apogeo cultural nunca visto. Fue considerada capital de la tolerancia y la indulgencia, y los extranjeros llegaban en oleadas a la ciudad del cabaret, del Dadaísmo y del jazz. Los teatros, las óperas y las salas de conciertos registraron una gran actividad y también se fundó la compañía de cine UFA. Alrededor de 150 periódicos diarios competían entre sí.

En 1923 se realizó en Berlín la primera emisión de radio de Alemania y, en 1931, de televisión. En el campo de la ciencia, los berlineses Albert Einstein, Carl Bosch y Werner Heisenberg recibieron el premio Nobel. Una serie de nombres célebres de la arquitectura (Bruno Taut, Martin Wagner, Hans Scharoun y Walter Gropius), de las bellas artes (George Grosz, Max Beckmann, Louis Corinth) y de la literatura (Bertolt Brecht, Kurt Tucholsky, W.H. Auden, Christopher Isherwood) contribuyó a su reputación como capital artística mundial.

Carlos Marx ya llevaba años muerto cuando la bolsa de valores se hundió el día de su cumpleaños, el 25 de octubre de 1929. El llamado Viernes Negro supuso un frenazo en seco a los "felices" años veinte. En unas semanas, medio millón de berlineses se quedaron sin trabajo, y las revueltas y las manifestaciones volvieron a aparecer en las calles. La depresión que siguió socavó aún más una democracia alemana ya debilitada y dio alas a los partidos extremistas.

En respuesta al caos, el mariscal de campo Paul von Hindenburg, que había sucedido a Ebert como presidente en 1925, hizo uso del artículo 48 de la Constitución –los poderes en situación de emergencia– y para evitar la actuación del Parlamento nombró canciller a Heinrich Brüning, del Partido Católico de Centro. Brüning deflacionó inmediatamente la economía, redujo los salarios y acabó con los ahorros –y las esperanzas– que había conseguido reunir la clase media desde el último descalabro económico, lo que le valió el calificativo de "canciller del hambre".

El inestable clima político, cada vez más polarizado, llevó a continuos enfrentamientos entre los comunistas y los miembros de un partido que empezaba entonces a ganar seguidores: el *Nationalsozialistische Deutsche Arbeiterpartei* (Partido Nacionalsocialista Alemán del Trabajo o NSDAP).

La subida de Hitler al poder

En 1930, el NSDAP de Hitler obtuvo una sorprendente victoria al atraer el 18% de los votos. En 1932 Hitler se puso como objetivo la presidencia al presentarse contra Hindenburg; obtuvo el 37% de los votos en la segunda vuelta. Ese mismo año, Brüning fue sustituido como canciller por Franz von Papen. Éste era un monárquico radical vinculado al *Deutscher Herrenklub*, un club de extrema derecha integrado por industriales y la clase alta berlinesa. Convocó dos elecciones al Reichstag confiando en alcanzar una base parlamentaria, pero Hindenburg no tardaría en sustituirlo por Kurt von Schleicher, un antiguo militar.

El intento de Schleicher de primar la economía bombeando dinero público –una política iniciada por Von Papen– fracasó al oponérsele los industriales y los propietarios rurales. Finalmente, desbordado por la derecha en enero de 1933 y presionado tanto por Von Papen como Schleicher para que nombrase a Hitler, Hindenburg mantuvo su costumbre de ignorar al Parlamento. Obligó a dimitir a Schleicher y nombró canciller a Hitler con un gabinete de coalición entre nacionalsocialistas y los nacionalistas de Von Papen. Los nacionalsocialistas (nazis) eran el partido más numeroso, pero aún estaban lejos de la mayoría. En marzo de 1933, y sin una mayoría clara, convocó las últimas eleccciones semilibres que se iban a celebrar en Alemania antes de la guerra. Con ayuda de las intimidatorias milicias de su partido, las *Sturmabteilung* (SA), y un sospechoso incendio del Reichstag que le permitió recurrir a leyes de excepción para arrestar a sus oponentes comunistas y liberales, obtuvo el 43% de los votos (31% en Berlín), pero todavía no la mayoría. El punto sin retorno se alcanzó con la proclamación de una ley que le confería la potestad de dictar leyes y cambiar la Constitución sin consultar al Parlamento. El estado de excepción se mantendría hasta 1945.

En junio de 1933 el Partido Comunista fue prohibido y otros partidos desmantelados. El NSDAP de Hitler gobernaba solo.

El camino hacia la II Guerra Mundial

El régimen totalitario nazi tuvo consecuencias inmediatas y de gran envergadura para toda la población. Los sindicatos se prohibieron enseguida, y la campaña del ministro de Propaganda Joseph Goebbels contra intelectuales y artistas provocó el exilio de muchos de ellos. El 10 de mayo de 1933, los estudiantes quemaban libros "antigermánicos" en Bebelplatz. La libertad de prensa no existía, puesto que el NSDAP tomó el control de las editoriales. Se hizo obligatorio que los niños de entre 10 y 18 años se hicieran miembros de las *Hitlerjugend* (Juventudes hitlerianas); las niñas tenían que apuntarse a la *Bund Deutscher Mädchen* (BDM, Liga de niñas alemanas). Las Olimpiadas de Berlín de 1936 no sirvieron más que para legitimizar el gobierno nazi y distraer la atención del mundo de los actos de terror perpetrados a diario en Alemania, lo que aparentemente dio resultado.

Asesinato de Röhm. Aunque originariamente fueron creadas para mantener el orden durante los actos públicos, en 1934 las SA se habían convertido en una poderosa fuerza que presionaba para acelerar el cambio. Mientras circulaban rumores de revueltas, el 30 de junio tropas de elite de las SS (en sus inicios los guardaespaldas de Hitler) rodearon y ejecutaron a oficiales de alta graduación de las SA, incluido su líder, Ernst Röhm, en lo que se llamaría la "Noche de los Cuchillos Largos". Más de mil personas perdieron la vida.

En Berlín, Hermann Göring dirigía las brigadas de la muerte y las ejecuciones tenían lugar en los barracones de las SS del distrito de Lichtenberg. Göring y sus subordinados también aprovecharon la ocasión para arreglar viejas cuentas (en algunos casos con un transfondo homófobo) con unos cuantos oponentes de Hitler. La muerte de Hindenburg ese mismo año permitió a Hitler reunir los cargos de presidente y canciller.

La cuestión judía. Aunque el antisemitismo no era exclusivo de la sociedad alemana, el nivel de institucionalización y brutalidad sí. En abril de 1933 Goebbels organizó un boicot a los negocios judíos, incluyendo las prácticas médicas y jurídicas. Poco después los judíos serían expulsados de los servicios públicos y los no arios excluidos de numerosas profesiones, negocios e industrias. Es ario cualquiera que hable una lengua indoeuropea o indoiraní, pero Hitler hizo un uso inadecuado del término para excluir a los gitanos, a los no blancos y a los judíos. Mediante las Leyes de Nuremberg de 1935 los no arios fueron privados de la ciudadanía alemana y se les prohibió casarse o tener relaciones sexuales con arios. La noche del 9 de noviembre de 1938 el horror subió de grado con la *Reischspogromnacht*, también llamada *Kristallnacht* (Noche de los Cristales Rotos). Esa noche se rompieron los escaparates de miles de negocios y tiendas de judíos en Berlín y en toda Alemania; los locales fueron saqueados y quemados. Los semitas ya habían empezado a emigrar en 1933, pero estos actos provocaron nuevos exilios. Muy pocos de los que permanecieron en Berlín (unos 60.000) seguían vivos en 1945.

La II Guerra Mundial

El 1 de septiembre de 1939, Hitler atacó Polonia, iniciativa recibida con desagrado en Berlín, cuyos habitantes aún recordaban los años de hambre de la I Guerra Mundial y de principios de la década de 1920. Una vez más, la contienda trajo consigo escasez de alimentos e incluso una mayor opresión política.

A continuación cayeron rápidamente Bélgica y Holanda, al igual que Francia. En junio de 1941 Hitler atacó la URSS, abriendo un nuevo frente. El retraso en la puesta en marcha de la denominada "Operación Barbarroja" –debido a problemas en el Mediterráneo– contribuiría a la caída de Alemania, puesto que las líneas de abastecimiento resultaron insuficientes. Atascadas y mal preparadas para el crudo invierno de 1941-1942, las tropas de Hitler se vieron obligadas a retirarse. Con la derrota del Sexto Ejército alemán en Stalingrado (Volgogrado) durante el invierno siguiente, la moral se resintió tanto en el propio territorio como en los frentes.

En 1941, EE UU firmó el acuerdo *Lend-Lease* con Gran Bretaña para aportar y financiar el equipamiento militar tan necesitado. En diciembre del mismo año, el ataque japonés no provocado sobre la flota estadounidense en Pearl Harbor forzó la entrada formal de este país en la guerra.

Solución final. El trato a los judíos aún empeoró más tras el estallido de la guerra. Los SS de Himmler aterrorizaron o asesinaron de manera sistemática a la población local en las áreas ocupadas, mientras que la guerra en la URSS era calificada de lucha contra los "infrahumanos" judíos y bolcheviques.

A petición de Hitler, Göring ordenó a sus funcionarios que encontraran una *Endlösung* (solución final) para el problema judío. Una conferencia celebrada en enero de 1942 en la berlinesa Wannsee dio como resultado un protocolo trufado de una sucia jerga burocrática que puso las bases para lo que sería el impune asesinato de millones de judíos. El Holocausto fue un implacable, sistemático, burocrático y meticulosamente documentado acto de genocidio llevado a cabo por unos 100.000 nazis, pero con el acuerdo tácito de un número mucho mayor de personas.

Campos de concentración. Los campos no fueron un invento nazi, pero los de concentración alcanzaron un nuevo nivel de eficacia bajo su dirección. Entre los principales grupos encarcelados había judíos, gitanos, opositores políticos, sacerdotes (en especial jesuitas), homosexuales, activistas de la resistencia y criminales comunes. La red de campos fue ampliada durante la guerra hasta totalizar 22 (la mayoría en la Europa del Este). Hubo otros 165 campos de trabajo, muchos de los cuales (por ejemplo Auschwitz-

Birkenau) facilitaban mano de obra para la gran industria alemana, sin ir más lejos la IG Farbenindustrie AG, productora del Zyklon B, un mortal gas hidrocianúrico. En un principio, se probó con prisioneros soviéticos y luego se utilizó en las cámaras de gas para matar a tres millones de judíos. Alrededor de siete millones de personas fueron enviadas a los campos de concentración. Sólo sobrevivían 500.000 cuando fueron liberadas por las tropas soviéticas y aliadas.

Resistencia. La resistencia frente a Hitler por parte de socialistas, socialdemócratas y trabajadores había sido eficazmente aplastada durante la década de 1930, y sus integrantes enviados a los campos de concentración o bien obligados a pasar a la clandestinidad o marchar al exilio. Como consecuencia del estallido de la guerra contra la URSS en 1941, la Gestapo desmanteló la red de espías soviética Rote Kapelle, infiltrada en los ministerios nazis. La eficacia de las SS implicaba que, salvo notables excepciones, la resistencia tendía a ser de una escala muy reducida.

El 20 de julio de 1944, cuando la guerra parecía irremediablemente perdida, Claus Graf Schenk von Stauffenberg y otros altos oficiales planearon asesinar a Hitler y arrebatarle el poder a las SS. El atentado falló y cuando cayeron en manos de los nazis documentos comprometedores fueron asesinadas unas 200 personas del entorno clandestino. En conjunto serían arrestadas unas 7.000 personas, varios miles de las cuales fueron ejecutadas.

La batalla de Berlín. Con la invasión de Normandía en junio de 1944, las tropas aliadas se extendieron con gran fuerza por el continente europeo, apoyadas con campañas aéreas sistemáticas sobre Berlín y la mayoría de las demás ciudades alemanas. En los últimos días de la guerra Hitler, descompuesto y paranoico, ordenó la destrucción de toda la industria alemana que quedaba y de sus infraestructuras, decreto que fue ignorado en gran medida.

La batalla final de Berlín empezó el 16 de abril de 1945. Más de 1,5 millones de soldados soviéticos se dirigieron hacia la capital desde el este, llegando a sus puertas el 21 de abril y el día 25 del mismo mes la rodearon completamente. Dos días más tarde estaban en el centro de la ciudad. El 30 de abril, la lucha llegó al barrio gubernamental donde Hitler permanecía escondido en su búnker, bajo la cancillería, junto a la que fue su amante durante tanto tiempo, Eva Braun, con quien se había casado sólo un día antes. Aquella tarde se suicidaron. El ministro de Propaganda Goebbels y su esposa, que también estaban con ellos, envenenaron a sus seis hijos y luego se quitaron la vida.

La capital cayó dos días más tarde, y el 7 de mayo de 1945 Alemania se rindió. La firma del armisticio tuvo lugar en dos cuarteles militares: el estadounidense en Reims (Francia) y el soviético de Berlín-Karlshorst.

El día después. La guerra se cobró un alto precio en Berlín y entre sus habitantes. La población civil sufrió las peores consecuencias de los bombardeos. Vecindarios enteros quedaron reducidos a ruinas, y más de la mitad de los edificios y un tercio de la industria resultaron destruidos o muy dañados. Más de un millón de mujeres y niños habían evacuado la ciudad y en mayo de 1945 sólo quedaban 2,4 millones de personas (frente a los 4,3 millones de 1939), dos tercios de ellas mujeres. Unos 125.000 habitantes habían perdido la vida.

En el Berlín ocupado por los soviéticos al principio fueron las mujeres las que hicieron la mayor labor de limpieza, ganándose el nombre de *Trümmerfrauen* (literalmente, "mujeres de los escombros"). Los meses siguientes se apilaron enormes cantidades de piedras en las denominadas *Trümmerberge*, colinas artificiales como el Teufelsberg del Grunewald.

No obstante, se registraron pequeñas recuperaciones tras el armisticio. El primer tren U-Bahn se puso en marcha el 14 de mayo, el primer periódico se publicó el 15 de mayo, y el 26 de mayo la Berliner Philharmonie dio su primer concierto tras la guerra. La primera conexión telefónica urbana se pudo establecer el 5 de junio.

La política de provocación

En la línea de los acuerdos alcanzados en la Conferencia de Yalta (1944) este país quedó dividido en cuatro zonas de ocupación. Asimismo Berlín fue seccionado en doce áreas administrativas bajo control británico, francés y estadounidense, y otras ocho bajo control soviético. Durante la conferencia de Potsdam de junio y agosto de 1945, las regiones al este de los ríos Oder y Nesse fueron transferidas a Polonia en compensación por anteriores pérdidas territoriales a favor de la URSS.

Las exigencias soviéticas de elevadas indemnizaciones, la manzana de la discordia entre soviéticos y Aliados que no tardaría en poner fin a la cooperación, se verían por fin satisfechas en su propia zona de ocupación. En la práctica ello significó que se requisaran fábricas y que prisioneros de guerra aptos fueran enviados a campos de trabajo forzoso en la URSS para contribuir a su reconstrucción.

Debido a los retrasos impuestos por los soviéticos, las tropas británicas y americanas en realidad no llegaron a ocupar sus respectivos sectores en Berlín hasta el 4 de julio; los franceses llegaron el 12 de agosto. Los soviéticos también impulsaron la fusión del Partido Comunista KPD con el SPD formando el Sozialistische Einheitspartei Deutschland (Partido de la Unidad Socialista de Alemania, o SED) el 22 de abril de 1946, con Walter Ulbricht como secretario general.

La coalición de los Aliados y la URSS acabó rompiéndose en junio de 1948 con el Bloqueo de Berlín. La propuesta de reforma de la moneda en las zonas aliadas provocó no sólo que la URSS emitiera su propia moneda, sino que también le sirvió de pretexto para iniciar un bloqueo económico al Berlín Occidental (por supuesto, con la intención de someter a toda la ciudad a su control). Los Aliados respondieron con el Puente Aéreo de Berlín, que duraría casi un año y supondría 278.000 vuelos de abastecimiento a la ciudad.

La relación entre los Aliados y los alemanes cambió con el Puente Aéreo. Los berlineses ya no los consideraban como fuerzas de ocupación, sino como *Schutzmächte* (fuerzas protectoras). Para más información véase el recuadro "El Puente Aéreo de Berlín".

Dos estados alemanes

En este clima de gélidas relaciones Este-Oeste empezaron los Aliados a establecer sus propias instituciones de gobierno. Representantes de los estados de Alemania Occidental se reunieron en septiembre de 1948 en Bonn para acordar un borrador constitucional de la República Federal Alemana (RFA, o BRD según las siglas alemanas), que recibió el visto bueno de los Aliados. Las primeras elecciones tuvieron lugar en 1949 y, a sus 73 años, el antiguo alcalde de Colonia durante la República de Weimar, el político democristiano Konrad Adenauer, se convirtió en el primer canciller de la Alemania Occidental. Bonn fue elegida capital provisional.

Berlín permaneció como una isla en el mar del sector soviético, aislada y dependiente de Occidente. En 1950 unos 300.000 berlineses estaban sin empleo. Gracias a la ayuda de la RFA y de EE UU, ese número se redujo prácticamente a cero sólo 10 años después.

Mientras tanto, la zona soviética se convertía en la República Democrática Alemana (RDA, o DDR en alemán), con capital en Berlín. Aunque sobre el papel Alemania Oriental era una democracia parlamentaria, el dominio del SED era tal que su líder, Walter Ulbricht campaba a sus anchas. En los primeros años el partido se apoderó de las actividades económicas, judiciales y de seguridad, incluyendo la creación del notable Ministerio para la Seguridad del Estado, o Stasi, que se ocupó de neutralizar toda oposición al SED.

En 1952 la RDA empezó a cortar sus relaciones con occidente. Los berlineses del Oeste ya no podían viajar a Alemania Oriental, y sus propiedades inmobiliarias fueron expropiadas. Al mismo tiempo, se ejercía una presión política y moral sobre los berlineses del Este para que participaran en el *Nationale Aufbauwerk* (Proyecto de reconstrucción nacional), que significaba reconstruir el país en su tiempo libre sin recibir nada a cambio. El 27 de mayo de 1952 se cortaron todas las conexiones telefónicas entre Berlín Este y Berlín Oeste y entre la RDA y la RFA.

Alzamientos en Berlín Este

Los primeros signos de descontento en el Este surgieron en 1953. Las causas fueron en su mayoría económicas: la producción estaba estancada, los productos de la industria pesada tenían prioridad sobre los de consumo y los trabajadores industriales sufrían las exigencias de mayor productividad que les imponían los jerarcas del partido. A lo cual habría que añadir otra causa: la muerte de Stalin había suscitado esperanzas de reformas que no se reflejaron en la realidad. Presionado por Moscú el Gobierno germano apoyó la decisión de subir los precios pero rehusó programar objetivos de producción más duros.

Las huelgas y peticiones de reformas pusieron de manifiesto el malestar en los centros urbanos e industriales, culminando en las manifestaciones y revueltas del 17 de junio de 1953. Iniciados por los obreros de la construcción en la Karl-Marx-Allee de Berlín, los disturbios enseguida se extendieron por un 10% aproximadamente de los obreros del país. Cuando el Gobierno de la RDA se demostró incapaz de controlar la situación, las tropas soviéticas ocuparon el territorio alemán, aplastaron las revueltas y causaron numerosas muertes. Unas 4.000 personas fueron detenidas.

El Puente Aéreo de Berlín

Berlín aún estaba saliendo de entre los escombros de la II Guerra Mundial cuando el martillo soviético cayó sobre sus habitantes el 24 de junio de 1948. La dirección militar ordenó un bloqueo completo de todo el tráfico ferroviario y por carretera con la ciudad, quedando completamente aislada; se suponía que sería sólo cuestión de días antes de que la ciudad cayera en manos de los soviéticos.

Ante tal provocación, muchas voces aliadas exigieron respuestas que habrían supuesto abrir las puertas a la III Guerra Mundial. Al final, se impuso una solución más sensata. Sólo un día tras el inicio del bloqueo, las Fuerzas Aéreas de EE UU lanzaron la "Operación Vittles". Los británicos les siguieron el 28 de junio con la "Operación Planefair". Francia no participó en el Puente Aéreo porque su fuerza aérea estaba muy ocupada en Indochina.

Hasta el 12 de mayo del año siguiente sólo una actuación de sorprendente iniciativa y experiencia técnica mantuvo Berlín con vida. Durante unos 11 meses, toda la ciudad recibió aprovisionamiento exclusivamente por aire; los aviones aliados traían carbón, alimentos y maquinaria. Cada día, a todas horas, esforzados pilotos aterrizaban en los peligrosos aeropuertos de Berlín, a veces más de uno por minuto. En un solo día –el 16 de abril de 1949, domingo de Pascua–, se realizaron 1.400 salidas y se entregaron 13.000 toneladas de mercancía. Al final de sus días, este Puente Aéreo había recorrido un total de 150 millones de kilómetros en 278.000 vuelos y había entregado 2,5 millones de toneladas de provisiones. La operación costó la vida a 79 personas, en cuyo honor se levantó el Monumento conmemorativo del Puente Aéreo del aeropuerto de Tempelhof.

En vista del gran esfuerzo aliado –y la mofa generalizada del mundo– los soviéticos se retiraron y liberaron de nuevo los sectores occidentales de Berlín. La heroica resolución de los pilotos, los Aliados y la ciudad consiguieron hacer ceder al Kremlin.

Si hubiera caído en manos soviéticas, ahora nos encontraríamos casi sin duda ante una Europa muy diferente, quizás ante un mundo muy distinto. El Puente Aéreo de Berlín, por tanto, marca un episodio histórico de incalculable significado. En cierto sentido, el Muro de Berlín nunca tuvo perspectivas de durar indefinidamente, al haberse construido en una ciudad cuyos habitantes y protectores declaraban en tono desafiante: "Nunca nos rendiremos".

La construcción del Muro

El flujo de refugiados en busca de mejores perspectivas en el Oeste aumentó a partir de la crisis. En 1953 unos 330.000 alemanes del Este escaparon hacia Alemania Occidental. La mayoría eran jóvenes, con formación y empleo. Ello supuso una sangría para la ya perturbada economía oriental. El éxodo alcanzó un nivel tal que puso en peligro los compromisos del Comecon. En la noche del 12 de agosto de 1961, y con la aprobación de los países integrantes del Pacto de Varsovia, Alemania construyó un muro que separaba Berlín Este y Oeste, creando uno de los símbolos más poderosos de la Guerra Fría.

Las protestas formales de los aliados occidentales, así como las manifestaciones de más de medio millón de personas en Berlín Oeste, fueron desoídas. La tensión aumentó aún más el 25 de octubre de 1961, cuando los tanques americanos y soviéticos se enfrentaron cara a cara en el Checkpoint Charlie. El incidente se originó debido a la negativa de la RDA de conceder libre acceso a algunos miembros de las fuerzas americanas.

Enseguida toda la frontera entre la RFA y la RDA quedó vallada y minada y los guardias recibieron orden de matar a cualquiera que intentara escapar. Para cuando cayó el Muro, el 9 de noviembre de 1989, sólo en Berlín habían muerto más de 80 personas intentando escapar. Para más información, véase el recuadro "El Muro de Berlín", en el capítulo *Qué ver y hacer*.

El acercamiento

Las restricciones que habían impedido el paso a Berlín Este y a la RDA se suavizaron temporalmente en 1963 con el *Passagierscheinabkommen* (Acuerdo de paso). Éste permitía a los occidentales visitar a sus familiares en Berlín Este entre el 19 de diciembre de 1963 y el 5 de enero de 1964. En estos días se registraron aproximadamente 1,2 millones de visitas. De 1964 a 1966, la RDA abrió sus fronteras tres veces más durante ese corto período.

En 1971, después de que Erich Honecker sustituyera a Walter Ulbricht como líder del partido SED, el *Vier-Mächte-Abkommen* (Acuerdo de las cuatro potencias) entre los cuatro aliados victoriosos estableció normas permanentes para las visitas del Oeste al Este, incluyendo una vía de tránsito a Berlín desde Alemania Occidental pasando por territorio de la RDA. No obstante, excepto los ancianos, nadie podía abandonar la Alemania Oriental. Sus visitantes estaban obligados a cambiar los marcos occidentales por los devaluados ostmarks (con una tasa de cambio de 1 a 1).

En diciembre de 1972 las dos Alemanias firmaron el Tratado Básico, que garantizaba la mutua soberanía en asuntos domésticos e internacionales pero ignoraba un reconocimiento formal, prohibido por la constitución alemana. Con ello se allanó el camino para el ingreso de ambos países en las Naciones Unidas (ONU).

Desarrollos económicos

Durante un período de estabilización económica, en la década de 1960, el nivel de vida de la RDA aumentó hasta situarse en lo más alto del bloque del Este y el país se convirtió en su segunda potencia industrial (tras la URSS).

Mientras tanto, la RFA reforzaba sus relaciones con EE UU y Europa Occidental, y se embarcaba en una política capitalista siguiendo el modelo del estado del bienestar. Durante la década de 1950 y la mayor parte de la de 1960, se produjo un impulso económico conocido como *Wirtschaftswunder* (el milagro económico). Su artífice, el ministro de Economía Ludwig Erhard, supervisó las políticas destinadas a potenciar la inversión y la generación de capital, con la ayuda del Plan Marshall y de una tendencia hacia la integración económica en Europa. Para solucionar los problemas de escasez de mano de obra se potenció la acogida de *Gastarbeiter* (obreros invitados) procedentes del sur de Europa (sobre todo Turquía, Yugoslavia e Italia). En 1958, la RFA fue uno de los primeros cinco países que firmaron el Tratado de Roma que daba origen a la Comunidad Económica Europea, la actual Unión Europea.

Revueltas estudiantiles y terrorismo en el Oeste

En la Alemania Occidental, la CDU (Christliche Demokratische Union o Unión de la Democracia Cristiana) y el SPD, los dos partidos principales, formaron una amplia coalición en 1966. La ausencia de una oposición parlamentaria impulsó un movimiento estudiantil cada vez más radical, centralizado en Berlín. Con sentadas y protestas, los estudiantes exigían el final de la Guerra de Vietnam y la reforma del antiguo sistema universitario alemán y de los programas de enseñanza.

Hacia 1970 el movimiento estudiantil se había disuelto, pero no sin sacudir al país y provocar algunos cambios, incluida la emancipación de las mujeres, las reformas universitarias y una politización del cuerpo de estudiantes.

Sin embargo, algunos militantes radicales no consideraron que se hubiera conseguido lo suficiente e iniciaron un movimiento clandestino. Se produjo un crudo incremento del terrorismo en Alemania Federal, con el secuestro y asesinato de importantes figuras de la política y los negocios por parte del grupo denominado Fracción del Ejército Rojo, cuyo lugar de origen fue Berlín. Éste era un grupo anticapitalista aunque la mayoría de sus acciones fueron intentos de liberar prisioneros o se redujeron a simples venganzas.

En 1976, sin embargo, sus principales líderes, Ulrike Meinhof y Andreas Baader, se suicidaron (ambos en la cárcel) y los miembros restantes fueron encarcelados o se escondieron, o bien buscaron refugio al otro lado de la frontera en Alemania Democrática, donde los cambios políticos les iban a poner a merced de los intentos de llevarlos ante la justicia en la Alemania Federal.

Caída de la RDA

El ascenso de Erich Honecker al cargo de secretario de Estado en 1971 marcó el inicio de una era de cambios en la Constitución de Alemania del Este. Las cláusulas de reunificación fueron ominosamente excluidas en 1974 y reemplazadas por otra que declaraba la irrevocable alianza de Alemania Democrática con la URSS. A pesar de ello, el Tratado Básico de 1972 había introducido cierta apariencia de orden doméstico. Honecker se alineó con las tesis soviéticas, se sobrepuso a la recesión mundial y a la crisis del petróleo de principios de la década de 1970 y puso en marcha un período de construccion de viviendas, subida de pensiones y también ayudas a las madres trabajadoras.

A mediados de la década de 1980, sin embargo, subieron de manera significativa los precios de los bienes de consumo y en pleno intento de la RDA por mantenerse al día en los cambios tecnológicos que estaban teniendo lugar en el mundo, el país se estancó. Además, las reformas en Polonia y Hungría, y sobre todo el nuevo curso emprendido en la URSS por Mikhail Gorbachov incrementaron la presión sobre los líderes de un SED que se resistía a las reformas.

La *Wende* (el punto de inflexión) empezó en mayo de 1989, cuando Hungría desmanteló las instalaciones de seguridad en su frontera con Austria y en septiembre abrió de manera definitiva sus fronteras, lo cual permitió a los alemanes orientales pasar a al otro lado de la frontera.

Para entonces las iglesias se habían convertido en un foco de oposición, y un número creciente de alemanes del Este buscaron refugio en consulados y embajadas de Alemania Federal en Berlín Este, Varsovia, Praga y Budapest, tratando de emigrar. En un intento por minimizar la situación el SED facilitó el traslado al Oeste de varios miles de refugiados, pero esa concesión no hizo sino provocar una nueva oleada de refugiados en busca de asilo.

Surgieron grupos opositores apoyados por personalidades eclesiásticas, sobre todo el *Neues Forum* (Nuevo Foro), exigiendo mejoras de los derechos humanos y el fin del monopolio político del SED. Ello implicó una crisis en el liderazgo del SED y Honecker fue reemplazado por Ego Krenz. El 4 de noviembre de 1989, unos 500.000 manifestantes se reunieron en la berlinesa Alexanderplatz. En ese mes, Alemania Oriental estaba perdiendo una media de diez mil ciudadanos cada día.

El ajuste de cuentas tuvo lugar el 9 de noviembre de 1989, día en el que el *Politbüro* de la República Democrática Alemana trató de imprimir un giro radical a la situación permitiendo el viaje directo al Oeste. El anuncio de la libertad de viajar fue proclamado durante una conferencia de prensa televisada a cargo del jerarca del SED Günter Schabowsky. Preguntado por un reportero acerca de *cuándo* entraría en vigor, un incómodo Schabowsky consultó sus notas y sufrió un lapsus al decir equivocadamente "desde ahora mismo". Decenas de miles de personas corrieron a los puntos de cruce fronterizo en Berlín ante la perplejidad de unos guardias que, sabiendo poco o nada acerca de esta nueva regulación, no intervinieron. En medio de salvajes escenas de huida, cayó el Muro.

La reunificación

Como resultado de las presiones por parte de los grupos de oposición se celebraron las llamadas "mesas redondas" entre representantes gubernamentales y grupos opositores para establecer un procedimiento que permitiera el acercamiento de posturas.

En marzo de 1990 se celebraron elecciones libres en la RDA, las primeras desde 1949, en las cuales venció de manera convincente una alianza encabezada por Lothar de Maizière, de la CDU. El SPD, que adoptó una postura equívoca frente a la reunificación, fue duramente castigado por los votantes.

A partir de ese momento las dos Alemanias quedaron destinadas a ser de nuevo un solo país. Se abolieron las regiones administrativas del SED y se reinstauraron los *Länder* (estados). La moneda única y la unión económica entraron en vigor en 1990. En septiembre de 1990, las dos Alemanias, la URSS y los Aliados firmaron el Tratado Dos más Cuatro mediante el que se abolían las zonas de ocupación de la posguerra.

Un mes más tarde fue disuelto el estado de Alemania Oriental y entró en vigor el Tratado de Unificación. El 2 de diciembre de 1990 tuvieron lugar en Alemania las primeras elecciones unificadas posteriores a la II Guerra Mundial.

Berlín volvió a ser la capital alemana cuando, en 1991, una mayoría escasa (338 contra 320) de miembros del Bundestag (Parlamento alemán) votó a favor de trasladar el gobierno federal a esta ciudad. El 8 de septiembre de 1994, las últimas tropas aliadas destacadas en Berlín dejaron la ciudad tras una festiva ceremonia de despedida.

La república de Berlín

En 1999, el Parlamento alemán se trasladó de Bonn a Berlín, celebrando el 19 de abril su primera sesión en el edificio restaurado del Reichstag. A continuación le siguieron los ministerios, los diplomáticos, las agencias gubernamentales, las asociaciones industriales, los *lobbys* y otros (se calcula que unas 15.000 personas en total). Alrededor del Reichstag ha surgido un nuevo distrito gubernamental con oficinas para los parlamentarios, elegantes embajadas y, lo más destacado, la Nueva Cancillería Federal, que abrió sus puertas en 2001.

El resto de Berlín también ha cambiado bastante desde la reunificación. Los espectaculares Friedrichstadtpassagen han dado un nuevo soplo de vida a Friedrichstrasse, que ya languidecía; la Nueva Sinagoga de Oranienburger Strasse es un claro símbolo del renacimiento de la cultura judía en la ciudad; Pariser Platz vuelve a ser la sala de recepciones, rodeada de embajadas, bancos, el Hotel Adlon y la Academia de las Artes; en los alrededores de la estación Zoo, los crímenes arquitectónicos de la década de 1950 están dejando paso a nuevas y espectaculares estructuras.

No obstante, el desarrollo urbanístico más notable se ha producido en los alrededores de Potsdamer Platz, cuyo "ballet" de grúas se convirtió en un verdadero símbolo de la década de 1990. El nuevo distrito urbano que ha surgido allí tiene como centros de referencia el DaimlerCity y el Sony Center, acabados en 1998 y en 2000, respectivamente.

El estatus de capital alemana recuperado por Berlín le está proporcionando una nueva sofisticación y un aire internacional, mayor incluso que el que tuvo en el pasado. Los signos de energía creativa, construcción y modernidad se encuentran por doquier. La ciudad, en parte debido a su situación geopolítica, también se está posicionando cada vez más como conexión entre el este y el oeste en todos los terrenos, incluidos el de la política, la cultura, los negocios y la economía, las comunicaciones y la ciencia. En ella se han establecido ocho bancos rusos, tres periódicos rusos y un canal de televisión en ese idioma. La participación de los países del este de Europa en las ferias comerciales se ha triplicado desde la reunificación, y parece que esta tendencia va a continuar con la ampliación de la Unión Europea a Polonia y la República Checa.

En 2001, Berlín, que había rozado la bancarrota muchos años, se sumió en una profunda crisis económica. El desequilibrio económico del erario público le costó el cargo a Eberhard Diepgen, de la CDU y alcalde desde hacía 15 años. Acusado de ineficiencia, de gastar en exceso y de corrupción, se vio obligado a dimitir. Klaus Wowereit, del SPD, le sucedió como alcalde interino y fue confirmado posteriormente en las elecciones celebradas en octubre de 2001.

GEOGRAFÍA

Berlín es la mayor ciudad de Alemania, tanto en población (unos 3,4 millones de habitantes) como en superficie. De norte a sur mide 38 km, mientras que de este a oeste cubre 45 km. La ciudad ocupa un total de 889 km². Se encuentra en el centro de las enormes llanuras del norte del país y, aparte de ríos y lagos, carece de signos geográficos distintivos. Algunas de sus escasas colinas, como Teufelsberg, en el bosque Grunewald, son en realidad *Trümmerberge* creadas a partir de montones de escombros apilados procedentes de la limpieza de la ciudad tras la II Guerra Mundial.

La capital está atravesada por dos ríos de importancia para la navegación interior: el Havel, de 343 km, que nace en el distrito del lago Mecklenburg, unos 110 km al noroeste de Berlín, y su afluente, el Spree, que se une a aquél en Spandau. En su curso, el

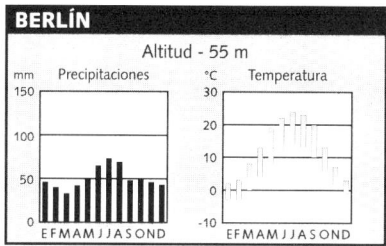

Havel atraviesa numerosos canales y lagos, como el Wannsee.

CLIMA

La ciudad tiene un clima fresco y húmedo, condicionado por una mezcla de masas de aire procedentes del océano Atlántico y del clima continental de Europa del este. Evidentemente, los meses entre diciembre y febrero son los más fríos. Cuando sopla viento procedente de Rusia, las temperaturas pueden ser muy bajas y situarse por debajo de 0°C. No obstante, los inviernos son, en general, bastante suaves. Más la mitad de los días de inversión climática del año corresponden a esos meses, cuando las bolsas de aire frío se estancan y atrapan aire templado debajo, generando niebla.

Julio y agosto resultan los más cálidos y no suelen ser bochornosos. Septiembre y octubre se convierten en los más agradables y ofrecen el encanto añadido del follaje otoñal. Mayo y junio, cuando los árboles están floridos y empieza la temporada de las terrazas, también resultan benignos, aunque la lluvia es más frecuente.

ECOLOGÍA Y MEDIO AMBIENTE

Berlín tiene uno de los niveles de polución atmosférica más altos de Alemania, mayor que el de ninguna otra ciudad de la antigua RFA, aunque inferior al de otras poblaciones del este, como Dresde, Halle o Chemnitz. En 1991, la ciudad firmó la Convención Climática Internacional, comprometiéndose a rebajar a la mitad las emisiones de CO_2 para 2010.

La capital alemana tiene una gran cantidad de árboles en las calles. No obstante, la contaminación y la lluvia ácida están dañando cada vez más los bosques que rodean Berlín. En 2000, menos del 20% de la masa forestal se mantenía sana, el 55% presentaba daños menores y un 25% estaba muy dañado o muerto. Los robles son los más afectados: sólo el 7% están sanos.

El agua corriente de Berlín se puede beber, aunque no se pueda decir lo mismo de la de sus ríos y lagos. Los del Havel, como el Wannsee, suelen registrar un crecimiento excesivo de algas; el río Spree y el canal Landwehr, que atraviesan la ciudad, están muy contaminados. Sólo los lagos del bosque Grunewald permanecen algo más limpios.

A pesar de estos problemas, Berlín sigue siendo, en muchos sentidos, una metrópoli con conciencia ecológica. Para evitar una mayor destrucción de la fauna y la flora, el Gobierno del estado ha creado el ambicioso Programa de protección de la tierra y de las especies en peligro, que intenta equilibrar naturaleza y su conservación con el desarrollo urbano.

Esta concienciación también se manifiesta en la abundancia de carriles de bicicleta, los parquímetros que funcionan con energía solar y las papeleras de reciclaje de las estaciones de U-Bahn y S-Bahn. La ciudad tiene un sistema de transporte completo y eficaz; al mismo tiempo, intenta limitar el tránsito de vehículos mediante restricciones de aparcamiento y altas tarifas de estacionamiento en las zonas controladas y en los garajes.

Greenpeace se muestra muy activa en Alemania. Su sede (Plano 3; ☎ 3 28 39 15 50, fax 28 39 15 51, www.greenpeace.de) se encuentra en Chausseestrasse 131, en Mitte. Asimismo, existe otra importante organización de protección del medio ambiente, la *Grüne Liga* (Liga Verde, ☎ 3 443 39 10, fax 44 33 91 33, www.berlin@grueneliga.de), cuya oficina principal se encuentra en Prenzlauer Allee 230.

FLORA Y FAUNA

Berlín es relativamente verde. Aproximadamente, un tercio de su superficie está cubierta de parques, bosques, lagos y ríos. Casi todos los barrios tienen una zona verde y un cinturón de bosques rodea la ciudad.

Se considera a sí misma la capital europea de los árboles, debido al éxito de la campaña de plantación llevada a cabo durante los últimos veinte años. De los 411.000 que se encuentran en el espacio urbano, la mayoría son tilos (36%) y arces (18%); les siguen robles (8%), plátanos (6%) y castaños (4%). El distrito de Hohenschönhausen, en el este, tiene la mayor cantidad por kilómetro de calle (134, frente a los 78 de media).

El número de animales que viven en Berlín ha caído muchísimo desde la II Guerra Mundial. Las obras de construcción y el crecimiento de la población han provocado una reducción de la mitad del número de especies existentes. El descenso del nivel de las aguas ha secado los biotopos, amenazando la existencia de reptiles, anfibios y peces. Sólo quedan unos 33 tipos de peces en los ríos y lagos entre los que abundan las percas, los lucios, los rubios y las bremas. Los pájaros más comunes son los gorriones y las palomas.

Paralelamente, se ha producido un desarrollo diferente en el cinturón de bosques que rodea Berlín, pues la población de conejos, zorros, martas e incluso jabalíes ha aumentado enormemente (véase el recuadro "La invasión de los jabalíes").

GOBIERNO Y POLÍTICA

Al igual que Hamburgo y Bremen, Berlín es una ciudad-estado. Su Gobierno consta de una *Abgeordnetenhaus* (Parlamento o cuerpo legislativo) de 141 escaños y un *Senat* (Senado o cuerpo ejecutivo). Los miembros del Parlamento son elegidos directamente por el electorado por un plazo de cinco años. Su función principal es la de aprobar leyes y elegir y supervisar al Senado. Además, escoge al *Regierender Bürgermeister* (alcalde gobernante) y, a instancias de éste, a los miembros del Senado.

Esta cámara se compone del alcalde y ocho senadores. El primero establece las líneas de la política junto con los senadores y representa a Berlín a nivel nacional e internacional. Los segundos tienen un papel similar al de ministros, ocupándose cada uno de un departamento concreto.

La invasión de los jabalíes

Primero fueron los políticos de Bonn y luego los jabalíes de los bosques... Los problemas surgidos con los cerdos salvajes en las afueras de Berlín han alcanzado un nivel insoportable: los residentes de los barrios periféricos, rodeados de vegetación, se levantan cada mañana con la tierra de los jardines de sus casas revuelta por estos indeseados visitantes. Un vecino declaró en una ocasión haber visto 30 jabalíes trotando por la calle frente a su casa, y otro se encontró una mañana un ejemplar muerto en su piscina.

Se dice que el aumento en la población de esta especie se debe a los suaves inviernos, y a la abundancia de bellotas y otros alimentos. No obstante, en los últimos años han extendido su territorio hasta las casas. Muchos han desarrollado un singular gusto por el césped, las flores y lo que obtienen de los depósitos de compost y de los cubos de basura. Han aprendido que los seres humanos no son enemigos y han perdido el miedo. Según un reportaje del periódico *Berliner Morgenpost*, los hay que, incluso, se esperan frente a las escaleras de una escuela para pedir comida a los alumnos a la hora del patio.

Los barrios más afectados son Grunewald, Zehlendorf, Wilmersdorf, Reinickendorf y Spandau. En 2000, los cazadores con licencia mataron unos 1.050 jabalíes en los bosques que rodean Berlín.

La sede de la alcaldía y del Senado es la *Rotes Rathaus* (Ayuntamiento rojo). El parlamento se reúne en la Abgeordnetenhaus, en Niederkirchnerstrasse, frente al Martin-Gropius-Bau.

Desde 1984, el partido dominante en Berlín era la UDC, de centro derecha, liderada por el alcalde, Eberhard Diepgen. No obstante, en las elecciones celebradas en octubre de 2001, una gran parte de los votantes dejaron de respaldar a esa formación, aparentemente como castigo por haber sumido a la ciudad en la peor crisis económica desde el final de la guerra. El partido, que había conseguido el 40,8% en las elecciones de 1999, cayó hasta un 23,8% en 2001. Actualmente, el porcentaje de voto al SPD es del 29,7%. El centrista FDP, que no había tenido representación alguna en los últimos años, saltó a la escena política triplicando con creces su resultado de 1999, con un 7,7%.

Otro gran ganador fue el PDS, que sucedió al comunista SED de la RDA; consiguió el 22,6% del total (17,7% en 1999). Por primera vez desde la reunificación, logró promocionarse más allá de los distritos del este, donde solía recibir 1 de cada 2 votos. En 2001, no obstante, consiguió un 15% en Kreuzberg y un 6% en el tradicional y burgués Charlottenburg-Wilmersdorf.

Parece ser que el avance del PDS se ha producido a costa del Partido Verde, que consiguió sólo el 9,1%, frente al 14,6% de 1995. Un motivo del desencanto de los votantes puede haber sido el apoyo a la guerra de Afganistán de aquella formación, en principio pacifista.

Los resultados de las elecciones otorgaron la alcaldía de Berlín a Klaus Wowereit, del SPD. Wowereit ya había sido alcalde interino desde la renuncia de Diepgen, en la primavera de 2001. Con él, Berlín es otra de las capitales europeas dirigida por un homosexual declarado, como París.

En 1920, la ciudad estaba dividida en *Bezirke* (distritos administrativos), cada uno con su propia administración local; los de Hohenschönhausen, Hellersdorf y Marzahn –nueva creación– se añadieron en la década de 1980. En enero de 2001, los 23 *Bezirke* fueron reducidos a 12 para disminuir la burocracia. Esta reducción es una decisión técnica sin ninguna consecuencia para los visitantes, puesto que los nombres de los antiguos distritos se siguen usando. La mayoría de los "nuevos" se crearon fusionando los existentes, de modo que ahora cada uno tiene, más o menos, 300.000 habitantes. Los distritos son: Mitte, Friedrichshain-Kreuzberg, Pankow (que incluye Prenzlauer Berg), Charlottenburg-Wilmersdorf, Spandau, Steglitz-Zehlendorf, Tempelhof-Schöneberg, Neukölln, Treptow-Köpenick, Marzahn-Hellersdorf, Lichtenberg y Reinickendorf.

ECONOMÍA

Alemania es la tercera potencia económica mundial (después de EE UU y Japón), miembro muy activo de la UE y forma parte desde 1974 del hoy ampliado grupo de naciones industriales conocido como G8. Sin embargo, estos últimos años la economía alemana se ha debilitado, en parte debido a la presión de la competencia internacional, a lo anticuado de su maquinaria, a la tecnofobia y a los altos salarios y gastos indirectos de la Seguridad Social. Berlín se ha visto afectada como el resto del país.

La caída del Muro supuso una nueva oportunidad y, a la vez, un desafío para la economía de la ciudad. Berlín Este era una de las capitales productivas de la RDA pero, tras la caída del comunismo, se cerraron la mayoría de sus obsoletas fábricas. Berlín Oeste, por su parte, no había sido un centro industrial importante tras la II Guerra Mundial debido a su aislamiento. La pérdida de los numerosos subsidios federales que había recibido la ciudad-estado durante los años de la división supuso otro duro golpe.

En un principio, la reunificación generó un impulso de crecimiento, pero en sólo un par de años decayó. Aunque durante el período 1991-1995 el producto interior bruto aumentó de 121.000 millones de marcos (61.700 millones de euros) a 152.000 (77.500 millones de euros), desde entonces está más o menos estancado. En 1999, la cifra fue 151.000 millones de marcos (77.000 millones de euros).

Las cifras del desempleo han alcanzado un máximo histórico, especialmente entre los jóvenes, los extranjeros y los trabajadores de mayor edad. En julio de 2001 más de 273.000 berlineses (el 16%) estaban apuntados al paro, lo que supone un aumento de 72.000 en sólo siete años, al mismo tiempo, se registraba un descenso de la población: 90.000 personas. Las cifras podrían ser aún peores si los empresarios –especialmente del sector servicios y los más jóvenes– no hubieran reanimado en parte el mercado. Hoy en día, existen unos 158.000 trabajadores autónomos, y el número de empresas ha aumentado en un 30% desde la reunificación, sobre todo en finanzas, servicios a empresas, construcción, comercio y turismo. En la actualidad, Berlín sigue en un proceso de reestructuración económica, alejándose de la producción industrial y potenciando el sector terciario.

Más de la mitad de los 1.487.000 asalariados de la capital trabajan en empresas de servicios, incluidas las agencias gubernamentales estatales y federales. De hecho, tiene más del doble de funcionarios que cualquier otra gran ciudad de Alemania. En la zona este, un 10% trabaja como funcionario; en los distritos occidentales, el porcentaje desciende a un 6,8%.

El turismo es donde se ha registrado un crecimiento más evidente. En 1999 llegaron a la ciudad unos 4,2 millones de visitantes, lo que suponía un aumento de más de un millón comparado con 1992. Otro potente motor económico es la tecnología de la información y la comunicación, con unos 100.000 empleados, junto con el de desarrollo de software, márketing, publicidad y servicios legales y de gestión.

POBLACIÓN

En noviembre del año 2000, Berlín tenía 3.385.000 habitantes, lo que la convertía en la mayor ciudad del país. Unos 2,11 millones de personas viven en la antigua zona occidental y 1,275 millones en los distritos del este. Curiosamente, el auge de población tras la unificación se ha visto compensado por una reducción de la tasa de natalidad y el éxodo de las familias jóvenes a localidades de los alrededores. Ello ha provocado una reducción en unos 90.000 individuos desde 1993. Durante el mismo período, el número de inmigrantes aumentaba en unos 45.000, alcanzando una cifra aproximada de 450.000.

No hay duda de que Berlín es la ciudad más multicultural de Alemania, con un sorprendente mosaico étnico: ¡185 nacionalidades! La gran mayoría de inmigrantes (83%) vive en los distritos occidentales, especialmente en Kreuzberg (33,6%), seguido por Wedding (28,8%) y Tiergarten (26,4%). En 1999, el 30% era de origen turco y los procedentes de la ex Yugoslavia sumaban un 15%. Otros grupos importantes son los polacos (6,5%) y las personas procedentes de las repúblicas de la antigua URSS (5,6%). También residen en Berlín unos 13.000 italianos y aproximadamente 10.800 griegos.

Es una ciudad muy "joven". Más de la mitad de sus habitantes tienen menos de 35 años y el 17,5%, menos de 18 años; sólo el 14% tienen más de 65. Sin embargo, el número de niños que residen en la ciudad está disminuyendo. Mientras que en abril de 1991 más de 412.000 familias tenían hijos menores de 18 años, esa cifra ha caído hasta 366.400 en 1999, lo que supone una pérdida neta de un 11% aproximadamente.

EDUCACIÓN

El sistema de educación pública de Berlín se ha estructurado siguiendo las líneas de otros estados federales alemanes. La escolarización es obligatoria durante 12 años y está financiada por el estado. La gran mayoría de los estudiantes van a escuelas públicas gratuitas que, en general, son excelentes.

Después de dos o tres años opcionales de parvulario, los niños empiezan a asistir a la *Grundschule* (escuela primaria), normalmente a los seis años de edad. A los 12 pasan a uno de los tres tipos de escuela secundaria tradicionales: *Hauptschule* (formación profesional, tres años), *Realschule* (formación comercial, cuatro) o *Gymnasium* (formación académica, siete). Este último acaba con el *Abitur*, un examen extremadamente riguroso realizado en varios días que se debe aprobar para obtener el acceso a la universidad. Los que se gradúan en la Hauptschule y la Realschule suelen seguir dos o tres años de aprendizaje con un sistema llamado de "educación dual", en el que los estudiantes dividen el tiempo entre las prácticas laborales y la *Berufschule* (escuela de formación profesional).

Berlín también tiene numerosos centros especializados, muchos de los cuales se ocupan de escolares de otros países. La John F. Kennedy School de Zehlendorf tiene la misma cantidad de alumnos alemanes que americanos y las clases son en alemán y en inglés. También hay un colegio francés de enseñanza secundaria, una escuela sueca, una escuela japonesa, etc. El panorama educativo se completa con centros docentes privados, algunos en régimen de internado.

Berlín es el gran núcleo universitario de Alemania, con unos 133.000 alumnos en sus tres universidades, cuatro facultades de bellas artes y nueve escuelas técnicas. Las mayores son la Freie Universität (41.000), la Technische Universität (29.000) y la Humboldt Universität (33.000). Cuenta también con más de 250 institutos de investigación, entre ellos el famoso Max Planck.

CIENCIA Y FILOSOFÍA

Gracias a su riguroso sistema educativo basado en las ideas del filólogo y estadista Wilhem von Humboldt (1767-1835), Alemania ha realizado una importante contribución a las disciplinas filosóficas y de las ciencias naturales. En particular, la participación alemana en las ciencias sociales y físicas es inestimable. En 1939, de los 45 premios Nobel de Física 10 habían sido obtenidos por alemanes.

Inmanuel Kant (1724-1804), que nació en Königsberg (la actual Kaliningrad), ofreció a Alemania la filosofía de la Ilustración con su *Crítica de la razón pura* (1781) y, en tanto que fundador del idealismo alemán, preparó el camino para la llegada de Wilhem Friedrich Hegel (1770-1831). En la *Fenomenología del espíritu* (1807) desarrolló la teoría de la dialéctica, o de los opuestos que culminan idealmente en la pura consciencia.

Desde 1818, Hegel dio clases en la Humboldt Universität y participó activamente en las tertulias literarias tan en boga en la época. Su influencia se hizo extensiva a Arthur Schopenhauer (1788-1860), un idealista con predilecciones pesimistas, que se relacionó con Goethe y Schiller en Weimar.

Si Schopenhauer llevó el idealismo alemán hasta sus límites subjetivos, el nativo de Tréveris, Carlos Marx (1818-1883), le insufló una base histórica y reinterpretó la pura consciencia hegeliana como revolución proletaria. *El capital*, escrito por Marx en la sala de lectura del British Museum, es sin duda el libro más influyente de los pasados 200 años. Como economista, Carlos Marx ocupa un lugar equiparable al de su predecesor británico David Ricardo (1772-1823). Como teórico social, su mejor logro fue la descripción del paso del feudalismo al capitalismo moderno. En tanto que revolucionario puso las bases para los acontecimientos políticos del siglo XX.

Friedrich Nietzsche (1844-1900), compartía el idealismo de Schopenhauer pero veía el individualismo como una condición positiva. Gran parte de su trabajo se centra en el poder y la voluntad. Sin embargo, sus ideas acerca del *Übermensch* (superhombre) fueron distorsionadas por Hitler y utilizadas para justificar abusos raciales.

Los logros alemanes en las ciencias naturales no son menos impresionantes. El geógrafo y naturalista Alexander von Humboldt (1769-1859), hermano menor de Wilhem, está considerado una importante figura por sus extensos estudios acerca de la flora y las especies, la geografía física y la meteorología.

Sin embargo, el campo en el que más han destacado los alemanes es el de la física. Max Planck (1858-1947), nacido en Kiel, llegó a Berlín en 1889 y allí centró sus estudios e investigaciones en la teoría de la termodinámica. Se le considera el fundador de la física cuántica, teoría por la que recibió el Premio Nobel en 1918. Fue presidente de la Kaiser-Wilhelm-Society de 1930 a 1937. Disuelta por los Aliados tras la guerra, fue recuperada en 1947 y se le llamó Instituto Max Planck.

Albert Einstein (1879-1955), muy cercano a Planck, nació en Ulm y se trasladó a Berlín en 1913, donde fue director del Kaiser-Wilhelm-Institut de Física y miembro de la Academia Prusiana de las Ciencias. A sus descubrimientos sobre la estructura atómica de la materia le siguió la publicación de su teoría sobre la relatividad en 1914-1915. En 1921 recibió el Premio Nobel por sus contribuciones al campo de la física cuántica. Judío y sionista, abandonó Alemania en 1933 y se trasladó a Estados Unidos, convirtiéndose en ciudadano americano en 1940.

La tradición alemana de éxitos en las ciencias sociales y naturales se ha prolongado hasta la actualidad. Berlín ha invertido aproximadamente 1.800 millones de euros en ciencia, investigación y desarrollo. El Instituto Max Planck es uno de los centros más importantes del mundo. Un nuevo y destacado avance es el Wissenschafts-und Wirtschaftsstandort Adlershof (WISTA, Centro Adlershof para la Ciencia y la Economía), enorme parque científico y tecnológico situado en Treptow.

CULTURA
Pintura y escultura
Los inicios. Cuando los mercaderes fundaron Berlín, en el siglo XIII, las bellas artes no eran una prioridad. El tiempo, las guerras y la gran iconoclastia de los reformadores de la iglesia del siglo XVI acabaron con la mayoría de las escasas muestras de arte medieval que existían. Entre los pocos objetos que han sobrevivido se encuentran el cáliz románico, las pinturas del altar de finales del Gótico y el fresco descolorido del siglo XV con la *Totentanz* (Danza de los Muertos), todos ellos en la Marienkirche (iglesia de María), en Mitte.

El panorama artístico siguió aletargado hasta el reinado del elector Joachim II [1535-1571], que amplió el palacio de la ciudad al estilo del Renacimiento alemán e invitó a su corte a los mejores artistas de la época, incluidos los pintores sajones Lucas Cranach el Viejo (1472-1553) y su hijo, Lucas Cranach el Joven (1515-1586).

Todo el espíritu estético que pudiera desarrollarse bajo la tutela de Joachim quedaría destruido por el caos reinante en la Guerra de los Treinta Años (1618-1648). Cuando acabó, el Gran Elector Federico Guillermo buscó en Holanda la inspiración para sus dos nuevos palacios de Oranienburg y Köpenick. Los pintores Willem van Honthorst y Hendrik de Fromantious trabajaron en ellos por un breve espacio de tiempo, con la colaboración de artistas alemanes, como Michael Willmann y Michael Conrad Hirt.

Barroco y Rococó. A finales del siglo XVII y principios del XVIII, las artes empezaron por fin a florecer en Berlín, en parte gracias a que el autocoronado rey Federico I sentía la necesidad de rodearse de mayor grandeza. A instancias del escultor Andreas Schlüter (1660-1714) fundó la Academia de las Artes en 1696.

Mientras tanto, dicho artista embelleció Berlín con varias esculturas sobresalientes, como el *Reinterdenkmal des Grossen Kurfürsten* (*Monumento ecuestre del Gran Príncipe Elector*, 1699), actualmente frente al Schloss Charlottenburg. Las inquietantes *Máscaras de los guerreros moribundos*, en el patio de la Zeughaus, en Unter den Linden, cuya construcción supervisó él mismo, también son idea suya.

Durante este período, el fresco alegórico se volvió a imponer como forma artística establecida y pasó a decorar los techos de diversos palacios. Esta tarea la llevaron a cabo pintores alemanes como Johann Friedrich Wentzel y Friedrich Wilhelm Weidemann, pero especialmente el habilidoso Antoine Pesne (1683-1757), que satisfizo el gusto de Federico I por el estilo Rococó francés.

Las artes languidecieron bajo el reinado de su sucesor, Federico Guillermo I, *el Rey Sargento*, para después recuperar la grandeza cuando su hijo, Federico II, ascendió al trono en 1740. Éste aprovechó la maestría artística, arquitectónica y decorativa de Georg Wenzeslaus von Knobelsdorff (1699-1753), estudiante de Pesne. Knobelsdorff creó el Schloss Rheinsberg (véase el capítulo *Excursiones*), aunque es célebre sobre todo por el diseño de la Staatsoper Unter den Linden y el Schloss Sanssouci.

Siglo XIX. El siglo XIX fue testigo de la proliferación de estilos que, en cierto modo, reflejaban las corrientes sociopolíticas que se estaban extendiendo por Europa. Las nuevas ideas políticas y económicas que llegaban a Alemania –especialmente desde Inglaterra y Francia– tuvieron una buena acogida entre la clase media de mayor nivel intelectual. Esta confianza encontró su expresión en el Neoclasicismo, movimiento que supuso un cambio formal en la estética y una recuperación de las mitologías romana y griega.

Un importante artista de ese período fue Johann Gottfried Schadow (1764-1850), cuya obra más famosa es la *Cuádriga* (carro tirado por caballos) que corona la emblemática Puerta de Brandeburgo. Aunque su escultura se basa en los cánones griegos, le supo dar una gran naturalidad y sensualidad.

Otro importante escultor neoclásico fue Christian Daniel Rauch (1777-1857), discípulo del anterior, que tenía una gran habilidad para representar de un modo realista la belleza idealizada y clásica. Creó los sarcófagos de Federico Guillermo III y la reina Luisa, ambos visibles en el Mausoleo de los jardines del Schloss Charlottenburg. No obstante, ha pasado a la historia por el *Monumento de Federico II a caballo* (1851), que se levanta frente a la Humboldt Universität en Unter den Linden.

El escultor Reinhold Begas (1831-1911), discípulo de Rauch, desarrolló un estilo Neobarroco e histriónico tan declaradamente antineoclásico que suscitó una gran polémica, incluso en vida. *La fuente de Neptuno* (1891), en el exterior de la Marienkirche, es una de sus obras más destacadas, al igual que el *Monumento de Schiller*, en el Gendarmenmarkt.

En pintura, el Romanticismo empezó a ganar más popularidad que el Neoclasicismo. Una de las razones fue el despertar del espíritu nacionalista en Alemania –espoleado por las Guerras Napoleónicas– durante el reinado de Federico Guillermo III [1797-1840]. Era la forma de expresión perfecta para el idealismo, la emoción y los sueños que caracterizaron la época.

El más popular de los pintores románticos fue Caspar David Friedrich (1774-1840), cuyas obras se pueden ver en la Alte Nationalgalerie de la Museumsinsel. En ella también se encuentran pinturas de Karl Friedrich Schinkel (1781-1841), el arquitecto neoclásico más importante de Berlín (véase la sección especial "Arquitectura"). En los inicios de su carrera creó una serie de paisajes sombríos y representaciones fantásticas de arquitectura gótica. También decoró con frescos el vestíbulo del Altes Museum, diseñado por él.

Durante los años 1815-1848 se desarrolló el *Berliner Biedermeier*. El artista de mayor éxito fue Franz Krüger (1797-1857), cuyas pinturas más conocidas son unas detalladas representaciones de manifestaciones públicas, como el *Parade auf dem Opernplatz* (Desfile en la Plaza de la Ópera, 1829).

También suscitaron interés los cuadros que reflejaban el panorama urbano de Berlín, en constante evolución. Entre los exponentes más importantes del género se encuentran Eduard Gaertner y Wilhelm Brücke. Las obras se vendieron especialmente bien entre las clases medias, al igual que ocurrió con las naturalezas muertas. Otros pintores románticos, como Wilhelm Schadow y Karl Wilhelm Wach, representaban un grupo de artistas muy religiosos: los *Nazarener* (Nazarenos).

La Secesión Berlinesa. En 1892, una exposición de pinturas del noruego Edvard Munch sacudió el mundo artístico de Berlín. Cuando los grupos conservadores opuestos a esa "modernidad" exigieron el cierre de la exposición, un grupo de artistas jóvenes se unieron en una protesta general. En principio se llamaron *Gruppe der XI* (Grupo de los 11), pero en 1898 se dieron a conocer con el nombre de *Secesión Berlinesa*.

Encabezados por Max Liebermann (1847-1935) y Walter Leistikow (1865-1908), los miembros del colectivo no estaban unidos por un estilo común, sino por su rechazo a las actitudes reaccionarias contra las artes que querían reprimir nuevas formas de expresión. Preferían las escenas de la vida diaria a los temas históricos y religiosos. Evitaban el estudio en favor de pintar al aire libre, con la luz natural del exterior. Todos estos disidentes tuvieron un gran éxito y mucha influencia sobre los nuevos estilos.

El propio Liebermann evolucionó, pasando de ser un pintor de escenas naturalistas sombrías a uno de los representantes más importantes del "impresionismo berlinés". A principios del siglo XX, Lovis Corinth (1858-1925) y Max Slevogt (1868-1932) se unieron al grupo, al igual que Käthe Kollwitz (1867-1945). Kollwitz era una verdadera "mujer renacentista", activa en prácticamente todos los campos del arte visual. Un lugar excelente para contemplar su obra es el Käthe Kollwitz Museum de Charlottenburg.

Los años veinte. Si Berlín ya se había convertido antes de la I Guerra Mundial en un lugar dinámico donde podían evolucionar libremente las tendencias modernas, en la década de 1920 pasó a ser *el centro* del arte contemporáneo alemán e internacional. Los movimientos se sucedían, mientras un verdadero elenco de artistas llegaban en oleadas a la ciudad. El Dadaísmo, uno de cuyos cofundadores fue Goerge Grosz (1893-1959), emergió como forma dominante. Sus seguidores rechazaban el arte tradicional, y consideraban la casualidad y la espontaneidad como elementos determinantes. Los *collages* y los montajes fotográficos eran una muestra de la influencia de ese estilo. Las obras eran consideradas escandalosas y provocativas, y *todo el mundo* hablaba de ellas.

Junto al Dadaísmo, artistas expresionistas como Max Beckmann (1884-1950) y Otto Dix (1891-1969) examinaban en sus obras las amenazas que la urbanización suponía para la humanidad. Los constructivistas como El Lissitzky y László Moholy-Nagy exploraban la relación entre el arte y la tecnología. Wassily Kandinsky, Paul Klee, Lyonel Feininger y Alexej Jawlensky formaron en 1924 *Der Blaue Reiter* (El jinete azul) y se pusieron a trabajar y enseñar en la escuela artística Bauhaus, que se trasladó de Berlín a Dessau en 1932 (fue cerrada por los nazis en 1933).

El impacto del dominio nacionalsocialista fue devastador. Muchos artistas abandonaron el país; otros acabaron en la cárcel o en campos de concentración, sus obras se clasificaron de "degeneradas", y en muchos casos fueron confiscadas y destruidas. Sólo algunos –Käthe Kollwitz, Gerhard Marcks y Otto Nagel– permanecieron en la ciudad. La mayoría consiguió evitar la persecución.

Después de 1945. Tras la II Guerra Mundial, el panorama artístico de Berlín estaba tan fragmentado como la propia ciudad. En el lado oriental, los artistas se vieron forzados a acatar la línea del "realismo socialista", que Otto Nagel y Max Lingner consiguieron saltarse en muchos casos. A finales de la década de 1960, Berlín Este se estableció como centro de las artes de la RDA con la creación de la *Berliner Schule* (Escuela de Berlín). Sus principales miembros, como Manfred Böttcher y Harald Metzkes, fueron capaces de liberarse de las limitaciones de aquel realismo oficialmente establecido y abrazaron una vertiente más polifacética. En la de 1970, cuando los conflictos del individuo en la sociedad se convirtieron en un tema importante, las galerías clandestinas florecieron en Prenzlauer Berg y la creación artística se convirtió en un reto colectivo.

En el Berlín Occidental de la posguerra, se absorbieron con avidez las influencias abstractas de Francia y EE UU. Entre los grupos pioneros se hallaba Zona 5, construido alrededor de Hans Thiemann y los surrealistas Heinz Trökes y Mac Zimmermann. Al mismo tiempo, el retorno de los veteranos expresionistas Max Pechstein y Karl Schmidt-Rottluff supuso un contrapeso más "tradicional".

En la década de 1960, el arte se volvió político. Nació un nuevo estilo, el "Realismo crítico", propagado principalmente por artistas como Ulrich Baehr, Hans-Jürgen Diehl y Wolfgang Petrick. El movimiento de 1973 conocido como *Schule der Neuen Prächtigkeit* (Escuela de la Nueva Magnificencia) tenía un enfoque similar y contaba, entre otros, con Manfred Bluth, Matthias Koeppel y Johannes Grützke. A partir de 1980, el Expresionismo se abrió camino a través de los lienzos de pintores como Salomé, Helmut Middendorf y Rainer Fetting, componentes de los *Junge Wilde* (Jóvenes salvajes).

Era post-*Wende*. Tras la caída del comunismo, Berlín se convirtió en uno de los puntos más fascinantes y dinámicos de Europa. La sensación de cambio y un "volver a empezar" –junto con la incertidumbre que la acompañaba– generó una buena base para la creatividad. La ciudad, hoy en día, se considera un centro internacional del arte contemporáneo.

Gran parte de esa actividad se puede contemplar en el barrio de las Galerías, que se formó en los alrededores de Hackesche Höfe y Auguststrasse, en Mitte, poco después de la reunificación. Entre las pioneras se encuentran Wohnmachine, Eigen + Art y Schipper & Krome. La Kunsthaus Tacheles, en Oranienburger Strasse, alberga los estudios de numerosos artistas, al igual que la cercana Kunst-Werke, fundada en 1991 y situada en una antigua fábrica de margarina. Esta última también ha promovido la creación de la *Bienale* de Berlín, exposición de arte contemporáneo cuya segunda edición se celebró en 2001. Presenta las nuevas tendencias en espacios poco habituales como una antigua oficina de correos de Tucholskystrasse o los arcos del S-Bahn de Jannowitzbrücke. También es importante el *Art Forum*, feria anual, cuya primera edición tuvo lugar en 1996, en la que se muestra arte contemporáneo.

Por último, ha surgido un nuevo frente de galerías cerca del antiguo Checkpoint Charlie; Arndt & Partner y Mehdi Chouakri son las que dominan la escena. Y, últimamente, Charlottenburg mantiene su prestigio con las de la Ku'damm, Uhlandstrasse, Fasanenstrasse y otras calles, donde sobresalen salas decanas, como la Galerie Brusberg y la Galerie Pels-Leuden.

Cine

En 1895 se celebró la primera proyección comercial cinematográfica en Berlín. La ciudad enseguida se convirtió en sinónimo de cine alemán, por lo menos hasta el estallido de la II Guerra Mundial. Desde que recientemente se ha vuelto a rodar en Babelsberg, la capital se ha convertido en el segundo centro en importancia en Alemania (por detrás de Munich). Sólo en el año

2000, la industria recibió subvenciones por valor de unos 35 millones de marcos (17,85 millones de euros). Berlín es la sede del acontecimiento cinematográfico más importante del calendario anual de Alemania, el Festival Internacional de Cine. Más conocido como *Berlinale*, se fundó en 1951 por iniciativa de los aliados occidentales. Se celebra cada mes de febrero y en él se proyectan unas 750 películas, algunas de las cuales compiten por el Oso de Oro y el Oso de Plata, concedidos por un jurado internacional. En 2000 se trasladó a una nueva ubicación en la Potsdamer Platz, donde también se encuentra el Filmmuseum Berlin. Desde 1971, el Fórum Internacional de Nuevo Cine, que presenta filmes más radicales y alternativos, tiene lugar paralelamente a la competición más tradicional.

En la actualidad Berlín tiene más salas de proyección que nunca (unas 265), incluidas numerosas multisalas, así como otras más pequeñas donde se visionan películas en su idioma original (véase el capítulo *Ocio* para más detalles).

Los primeros días. El papel de Berlín como pionera en la historia del cine es innegable. Estados Unidos tenía a Edison, Francia a los hermanos Lumiére, y Berlín a Max Skladanowsky. Éste fue un antiguo feriante que inventó en 1895 el bioscopio, un prototipo de proyector, allanando el camino para que otros desarrollaran y mejoraran su logro tecnológico para dar la bienvenida a la era de la cinematografía en Alemania.

Entre los que tomaron el testigo se encontraba el mecánico berlinés Oskar Messter, que construyó, patentó y vendió más de 17 tipos de proyector entre 1896 y 1913. Hacia 1910, Berlín tenía 139 *Kinematographentheater* (de ahí la palabra alemana para decir cine, "Kino"), donde se proyectaban sobre todo bufonadas, melodramas y documentales cortos.

Después de la I Guerra Mundial el cine por fin alcanzó la categoría de género artístico. Por iniciativa del general y mariscal de campo Ludendorff, en 1917 se fundó la Universum Film AG (UFA) para producir películas de propaganda bélica como *Die Schuldigen des Weltkrieges* (Los culpables de la Guerra Mundial), que representaba a los aliados como responsables del inicio de la I Guerra Mundial. Tras la contienda, la UFA empezó a hacerse un nombre propio con las cintas de monstruos de Ernst Lubitsch, de gran éxito pero desesperadamente insulsas. En 1922, Alemania ya había producido 474 películas, casi todas procedentes de Berlín, lo que la convertía en la segunda productora tras EE.UU.

El cine mudo. Las películas mudas recibieron una gran influencia del expresionismo, adaptando a menudo temas morbosos y enfermizos y usando imágenes inconexas y un inteligente montaje para construir la retorcida personalidad de sus personajes. Es clara la influencia de Sigmund Freud en el clásico de Stellan Rye *Der Student von Prag* (*El estudiante de Praga*; 1913), que cuenta la historia de un estudiante que le vende su imagen en el espejo a un extranjero y acaba huyendo de sí mismo. *El gabinete del doctor Caligari* (1919), de Robert Wiene, acerca de un hipnotizador que induce a sus pacientes a cometer asesinatos, tiene influencias expresionistas y trata el tema de la tiranía. El mundo que creaba usando extraños efectos visuales era casi inconcebible, dada la primitiva naturaleza de la industria cinematográfica de la época. Este estilo tendría una gran influencia posteriormente en las obras de Alfred Hitchcock.

Otro *Gruselfilm* (película de terror o gótica) es *Nosferatu*, de F.W. Murnau (1922), una primera interpretación de la novela *Drácula*, de Bram Stoker. Interpretada por Max Schreck, inspiró numerosas versiones de la historia, como *La sombra del vampiro* de 2001, relato ficticio pero espeluznante de la filmación del *Nosferatu* de Murnau con John Malkovich en el papel de aquel director.

Metropolis (1926), de Fritz Lang, film sobre los peligros del totalitarismo, destaca como un ambicioso clásico del cine. Representa la revolución de una clase proletaria que vive bajo tierra. También es obra de Lang *M* (1931), con Peter Lorre en el papel de un asesino de niños perseguido por la

Marlene Dietrich

Marlene Dietrich, cuyo nombre real era Marie Magdalena von Losch, nació en Schöneberg (Berlín), en Sedanstrasse 53 (actualmente Leberstrasse 65), en el seno de una familia de clase media, el 27 de diciembre de 1901. Tras la I Guerra Mundial tomó lecciones de interpretación en la Escuela de Max Reinhardt y consiguió algunos papeles menores en el Deutsches Theater a partir de 1923, el mismo año en que se casó con Rudolf Sieber en la Gedächtniskirche. Durante la década de 1920 también trabajó en la incipiente industria alemana del cine mudo, con el estereotipo de chica de su época, libertina y de vida difícil. En la película *Wenn en Weib den Weg verliert* (*Cuando una chica se pierde*), de 1927, interpretaba a una jovencita educada que cae en las garras de un gigoló. No tardaría en labrarse un lugar en las fantasías cinematográficas de los hombres de clase media como la peligrosamente seductora *femme fatale*, alcanzado su mejor expresión en la película sonora de 1930 *El ángel azul*.

MW

Curiosamente, Dietrich consiguió el papel de Lola Lola debido a la insistencia del director de la película, Josef von Sternberg, que convenció a Heinrich Mann, en cuya novela *Professor Unrat* se basaba la película, para contratarla (en un principio el escritor quería dar el papel a su amante, Trude Hesterberg, una artista de cabaret). Por su parte, el guionista de la película también hacía todo lo que podía por conseguir dar a su amante el papel. Dietrich se quedó con el papel y Mann se quedó sin su amante.

Grabada en los estudios de la UFA en Babelberg, la película convirtió a Marlene en una estrella de Hollywood. El día del estreno, el 1 de abril de 1930, se subió a un tren en la Anhalter Bahnhof y se fue a EE UU. En estrecha connivencia con von Sternberg, la Dietrich se construyó la imagen de opulencia erótica, dominante y severa pero siempre con un toque de autoironía. Vestida con atuendo masculino en *Marruecos* (1930), imprimió tonos bisexuales a su actitud de "sexualidad es poder", lo cual le valió de inmediato una nueva audiencia.

Marlene permaneció en Hollywood tras la toma del poder por los nazis, aunque parece ser que Hitler, en absoluto inmune a sus encantos, prometió tratarla como a una reina si volvía a Alemania. Ella aceptó regresar pero con Sternberg, un judío que no era el favorito de los nazis. Cuando los soldados aliados llegaron a París, en 1944, Marlene también estaba allí. Preguntada en una ocasión si eran ciertos los rumores de que se había acostado con el general Eisenhower, respondió con su característico tono provocativo: "¿Cómo podría haberlo hecho? Él nunca venía al frente".

Tras la guerra, Dietrich siguió apareciendo en películas, incluidas algunas de Billy Wilder como *Berlín-Occidente* (1948), *Testigo de cargo* (1957) y *El juicio de Nuremberg* (1961). Discreta e intransigente, fue siempre una berlinesa educada en contra de la imagen que daba en pantalla. Se retiró de la vida pública en sus últimos años de vida, debido a su avanzada edad y a su estado de salud.

Murió en 1992 a los 90 años de edad. Aunque Marlene había adoptado la nacionalidad estadounidense en 1939 y pasó sus últimos años en París, quería que la enterraran en Berlín, la ciudad que la vio nacer. Yace junto a su madre en el Friedhof Friedenau. Una gran parte de sus efectos personales (desde su cepillo hasta *glamourosas* batas o maletas) están expuestos al público en el FilmMuseum del Sony Center. La plaza principal de la vecina DaimlerCity también lleva su nombre.

policía y otros criminales con su propia idea de la justicia.

La siguiente fase histórica está marcada por los cineastas de la Neue Sachlichkeit (Nueva objetividad). Entre sus representantes se encuentra Georg Wilhelm Papst, que había trabajado en el teatro de Nueva York antes de la I Guerra Mundial. Llegó a dominar la escena cinematográfica de Berlín durante las décadas de 1920 y 1930, usando el montaje para definir a los personajes y crear conmovedoras secuencias visuales. En *Die freudlose Gasse* (*El callejón sin alegría*; 1925) retrata a dos mujeres –una dama de la alta sociedad y una prostituta– para ilustrar su percepción de la pérdida de valores. El documental más importante de esta época fue el *Berlin - Die Sinfonie einer Grossstadt* (*Berlín: sinfonía de una gran ciudad*, 1927), que refleja la diversidad de esta capital en el transcurso de las 24 horas de un día de primavera.

Películas sonoras de la década de 1930. La producción de cine sonoro no empezó en Berlín hasta 1930, a pesar de que la técnica se había inventado allí. Con el apoyo de la UFA, tres ingenieros (Hans Vogt, Joseph Massolle y Jo Engel) montaron un estudio de sonido llamado Tri-Ergon. Desarrollaron y produjeron la primera película sonora en 1925, llamada *Das Mädchen mit den Schwefelhölzern* (*La chica de los palillos*) que se estrenó –y fracasó– en el Teatro Metropol de Nollendorfplatz.

En 1927 la Ufa pasó del Deutsche Bank a las manos del grupo Hugenberg, de clara inclinación derechista. De esta nueva era cinematográfica surgió el clásico de Marlene Dietricht *El ángel azul* (1930), dirigida por Joseph von Sternberg y libremente adaptada de la novela homónima de Heinrich Mann. Cuenta la historia de un pedante profesor que queda desesperadamente prendado de una cantante de *Kabarett* (Dietrich). El ilustrado individuo acaba siendo destruido, pero la película creó la imagen *vamp* que Marlene iba a cultivar durante toda su vida. *La ópera de cuatro cuartos* (1931), de Pabst, basada en la obra de Brecht y con música de Kurt Weill, está situada en un ambiente gangsteril en torno a la figura de Mackie Messer (Mackie el Navaja). *El testamento del Dr. Mabuse* (1932) fue la primera película sonora de Fritz Lang. Trata del paciente de un psiquiátrico que alberga planes para conquistar el mundo. Si este argumento suena conocido, bueno será recordar que los nazis prohibieron el estreno en Alemania, obligando a Lang a trasladarse a Austria.

Período nazi. La toma del poder por Hitler rompió la vida cultural alemana, y el cine no fue una excepción. Los problemas económicos de la Ufa entre 1933 y 1937 permitieron a los nazis comprar calladamente Hugenberg y establecer un control sobre la industria (el Gobierno poseía el 92,25% de las acciones). Todas las cintas necesitaban la aprobación del Reichskulturkammer (cámara de cultura) de Goebbels. La leyes de censura obligaron a exiliarse a más de quinientos actores y directores. Otros muchos fueron asesinados mientras que otros, entre ellos numerosos judíos, se fueron a Hollywood e interpretaron papeles de nazis alemanes arquetípicos. Bastantes directores y actores alcanzaron el éxito, pero la mayoría fue a chocar contra el muro del lenguaje y se hundió en el olvido. La mayor parte de películas producidas en Berlín bajo el gobierno nazi son historias que destacan la gloria de alemanes famosos, como *Bismarck* (1940), de Wolfgang Liebeneiner, o muestras de propaganda directa, como la antisemita *El judío Süss* (1940), de Veit Harlan.

Una mujer temperamental dejaría su sello creativo, infame y duradero sobre la capacidad de los filmes de contar una historia y manipular las opiniones y los hechos. Leni Riefenstahl hizo brillantes documentales sobre los Juegos Olímpicos de 1936, así como la famosa cinta propagandística *El triunfo de la voluntad*, que dio un gran impulso a los psicóticos programas del Tercer Reich de Hitler. Las comedias escapistas como *Allotria* (1936), de Willi Forst, completaban la escena cinematográfica.

Desde 1945. Las películas rodadas inmediatamente después de la guerra son conocidas como *Trümmerfilme* (literalmente, "filmes basura") y por lo general tratan del nazismo o la guerra. La DEFA (Deutsche Film GA), la nueva corporación cinematográfica, fue creada en la zona soviética (la URSS era su principal accionista) y produjo la primera película alemana de la posguerra, *Die Mörder sind unter uns* (*Los asesinos están entre nosotros*, 1946), de Wolfgang Staudte. Ambientada en la Navidad de 1945, trata de un médico militar acosado por la culpabilidad y enfrentado a un oficial responsable de la ejecución de mujeres y niños en Rusia. Le amenaza con una pistola mientras el oficial celebra la efeméride junto con su esposa y sus hijos.

La fundación de la RDA en 1949 interrumpió el desarrollo artístico de la producción cinematográfica en el sector soviético, puesto que el partido SED prohibió la producción de películas que no siguieran la doctrina del partido. La DEFA se convirtió en el centro de producción de cine y televisión de Alemania del Este. Entre los filmes más importantes de este período se encuentra *Das Beil von Wandsbek* (*El hacha de Wandsbeck*, 1951), de Falk Harnacks.

En la Alemania Federal los directores buscaban sobre todo el entretenimiento como simple medio de evasión. Algunas excepciones son *Die Ratten* (*Las ratas*, 1955), de Robert Siodmak con Maria Schell, y *Uno, dos, tres*, de Billy Wilder, filmada días antes de la construcción del Muro, en 1961. Esta última fue un fracaso comercial porque su retrato sarcástico del conflicto Este-Oeste se perdió en gran parte en la vorágine de acontecimientos que se sucedían. La industria cinematográfica vivió un gran impulso con la primera Berlinale, en 1950.

De 1960 a 1990. Cuando la televisión se implantó como gran competencia al cine, la industria en Berlín Oeste resultó especialmente afectada. Muchos artistas y directores ya habían dejado la ciudad porque la infraestructura se había quedado muy por detrás del nivel internacional. Además, la condición de "isla" que vivía la ciudad reducía a un entorno urbano la posibilidad de filmar exteriores, limitando de este modo la expresión creativa. El *Junge Deutsche Film* (Joven cine alemán), movimiento construido alrededor de directores como Volker Schlöndorf, Wim Wenders, Werner Herzog y Rainer Werner Fassbinder, arraigó en Munich y sólo tuvo un efecto indirecto sobre el desarrollo de la escena cinematográfica de Berlín. Algunos creadores poco convencionales, como Rosa von Praunheim, que permaneció en la capital, se centraron sobre todo en películas que reflejaban la cultura alternativa y *underground* de la ciudad.

En el Berlín Este, la censura del Gobierno se suavizó un poco en 1971, cuando Erich Honecker ocupó el cargo de jefe de Estado. El director más importante era Frank Beyer, que creó la tragicomedia *Jakob der Lügner* (*Jacob el mentiroso*, 1974), basada en el libro de Jurek Becker y ambientada en un gueto en Polonia. En 1999 se hizo una nueva versión en Hollywood con Robin Williams, *Ilusiones de un mentiroso*.

Atraídos por las cuantiosas subvenciones, directores como Volker Schlöndorff, Margarethe von Trotta y Rainer Werner Fassbinder volvieron a Berlín a finales de la década de 1970. El terrorismo se convirtió en un tema cada vez más frecuente, como en *El honor perdido de Katharina Blum* (1975), adaptación de una novela corta de Heinrich Böll. Trotta, que colaboró con Schlöndorf en la película, volvió a tocar el tema en *El segundo despertar de Christa Klages* (1978) y en *Las hermanas alemanas* (1981).

El tambor de hojalata (1979), de Schlöndorff, basada en la novela de Günter Grass, y *Querelle*, de Fassbinder (1982), tuvieron un enorme éxito de taquilla en todo el mundo. Quizás la última gran película que surgió del Berlín pre-*Wende* fue *Cielo sobre Berlín* (1987), de Wim Wenders, interpretada por los americanos Peter Falk y Peter Coyote, que trata de dos ángeles que se mueven por el Berlín dividido. En 1999 se hizo un *remake* en Hollywood llamado *City of Angels*, con Nicholas Cage y Meg Ryan.

La era post-*Wende*. En los últimos años, Berlín ha experimentado un pequeño renacimiento, uniéndose algunos directores como Wenders y Jutta Brückner a Voker Schlöndorff en el Filmstadt Babelsberg.

Véase el recuadro "Hollywood en el Havel" en la sección "Potsdam" del capítulo *Excursiones*. Una de las producciones más recientes de Schlöndorff ha sido *El ogro*, con John Malkovich. También tuvieron un gran reconocimiento internacional *Stille Nacht* (1995), de Dani Levy; *Corre, Lola, corre* (1998), de Tom Tykwer, un gran éxito *underground; Die Comedian Harmonists* (1998), sobre un famoso grupo de músicos *a cappella* cuya carrera se vio interrumpida cuando los miembros judíos de la formación tuvieron que huir de los nazis, y *Sonnenallee* (1999), de Leander Haussmann, basada en la novela del mismo nombre de Thomas Brussig y ambientada en el Berlín Este antes de la unificación. Wim Wenders ha ganado premios con *Buena Vista Social Club* (1999) y *The Million Dollar Hotel* (2000). En los últimos años destaca *Berlin is in Germany* (2001), de Hames Stöhr.

Teatro

La escena teatral de Berlín tuvo unos inicios más bien modestos. Las primeras producciones de calidad no se representaron hasta la llegada de dramaturgos de categoría, como Gotthold Ephraim Lessing y Johann Wolfgang von Goethe, a mediados del siglo XVIII. Uno de los primeros empresarios teatrales fue August Wilhelm Iffland (1759-1814) que, en 1796, se hizo con el timón del Real Teatro Nacional y se dio a conocer por sus producciones naturales, pero a la vez sofisticadas, especialmente las realizadas a partir de obras de Schiller, y por crear una compañía de gran talento.

Con el tiempo, se demostró que seguir la estela de Iffland era una ardua tarea, y en 1814, cuando murió, el mundo del teatro berlinés languideció durante 80 años, hasta que Otto Brahm se convirtió en director del Deutsches Theater, en 1894. Brahm, que se dedicó al estilo naturalista, se considera un pionero de la escena dramática moderna. Consiguió dar dimensiones psicológicas a sus personajes e intentó hacer que el lenguaje y las situaciones reflejaran la vida real. Las trascendentales obras de Gerhart Hauptmann y Henrik Ibsen fueron básicas en su repertorio durante toda la década de 1890.

En 1894, Brahm contrató a un joven actor llamado Max Reinhardt (1873-1943), que se convertiría quizás en el director más famoso e influyente de la escena alemana. Véase el recuadro "Max Reinhardt: extraordinario empresario teatral" en el capítulo *Qué ver y hacer*. El camino de Reinhardt se cruzaría más adelante con el de otra figura fundamental del teatro, Bertolt Brecht (1898-1956), que se trasladó a Berlín en 1924. Los dos colaboraron durante un breve espacio de tiempo en el Deutsches Theater hasta que este último desarrolló su estilo propio y tan especial, el denominado "teatro épico" (véase el recuadro "Bertolt Brecht").

Tras la II Guerra Mundial, el estancamiento de las artes afectó también al teatro alemán durante más de dos décadas. En Berlín Oeste no llegaría un nuevo período de grandeza hasta 1970, con la apertura del Schaubühne am Halleschen Ufer de Peter Stein. El teatro, que más tarde se trasladaría a la Ku'damm y que pasaría a llamarse Schaubühne am Lehniner Platz, se convirtió en uno de los escenarios más importantes de Alemania.

En Berlín Este, el Volksbühne se transformó en uno de los locales más innovadores, junto con el Deutsches Theater. Aprovechando la relativa libertad política y artística que daba el Gobierno a estos escenarios, aportaron una plataforma para el intercambio político y la renovación, contribuyendo a la revolución pacífica de 1989. Una de las fuerzas impulsoras fue el prolífico y categórico dramaturgo Heiner Müller.

Tras la caída del comunismo, una serie de importantes cambios artísticos, estructurales y personales barrieron el panorama teatral del Berlín de las dos Alemanias. Muchas salas subvencionadas por el Gobierno cerraron, como el Schiller Theater de Berlín Oeste. Ya integrados en el sistema occidental, los escenarios del Este siguieron un significativo proceso de reorientación en forma y contenido. En el Berliner Ensemble, Heiner Müller contribuyó a sacudir el polvo de la venerable compañía, mientras que el *enfant terrible* Frank Castorf encendía una traca creativa en el Volksbühne.

Bertolt Brecht

Bertolt Brecht (1898-1956), el controvertido poeta y dramaturgo que pasó los últimos siete años de su vida en Berlín Este, escribió su primera pieza, *Baal*, mientras estudiaba medicina en Munich en 1918. La primera obra que llegó a los escenarios (*Tambores en la noche*, 1922), ganó el codiciado premio Kleist, y dos años más tarde se trasladó al Deutsches Theater de Berlín para trabajar con el director austríaco Max Reinhardt.

Durante la década siguiente, en obras como *La ópera de cuatro cuartos* (1928), desarrolló su teoría de "teatro épico" que, al contrario que el "teatro dramático", obliga al público a separarse emocionalmente de la obra y de sus personajes, y a acercarse con el intelecto.

Marxista acérrimo, Brecht se exilió durante los años del nazismo, aterrizó en Hollywood como guionista y después abandonó EE UU tras verse obligado a dar explicaciones durante la campaña anticomunista de McCarthy. Escribió la mayoría de sus obras más importantes durante sus años en el exilio: *Madre Coraje y sus hijos*, 1941; *Vida de Galileo*, 1943; *El alma buena de Sezuan*, 1943; y *El círculo de tiza caucasiano*, 1948.

Brecht volvió a Berlín Este en 1949, y allí fundó el Berliner Ensemble con su esposa, Helene Weigel, quien lo dirigió hasta su muerte, en 1971. Su *Madre Coraje y sus hijos* se estrenó en 1949 en el Deutsches Theater. En 1954, la compañía se trasladó al Theater am Schiffbauerdamm.

Durante su vida, Brecht fue investigado en el Este por sus teorías estéticas poco ortodoxas, y desprestigiado (y a menudo boicoteado) en gran parte del mundo occidental por sus principios comunistas. Figura destacada del grupo de directores de izquierdas de las décadas de 1960 y 1970, Brecht escribió obras que se están volviéndo a revisar, aunque la influencia que ejerció para la liberación del teatro de las restricciones de "una obra bien hecha en tres actos" es innegable. La superioridad de la poesía de Brecht, por otra parte, es indiscutible.

Mientras tanto, varios cambios de dirección en las salas más importantes de Berlín están promoviendo la aparición de nuevos talentos. Tras 13 años en el famoso Burg Theater de Viena, Claus Peymann está devolviendo la grandeza al Berliner Ensemble. Bernard Willms, que convirtió el Maxim Gorki Theater en uno de los más respetados de la ciudad, ha pasado al Deutsches Theater, mientras que el joven Volker Hesse le ha reemplazado en el Gorki. También forma parte de una nueva generación Thomas Ostermeier que, junto con el conocido bailarín y coreógrafo Sasha Waltz, está codirigiendo el Schaubühne am Lehniner Platz. El cambio generacional en la dirección parece haberse traducido en un mayor interés por el público más joven, no sólo en los escenarios clásicos, sino también en las cada vez más numerosas salas alternativas.

Danza

La danza está vivita y coleando en Berlín, que tiene tres compañías de ballet subvencionadas, vinculadas a los tres teatros de la ópera, así como una activa escena independiente. Los nuevos e innovadores grupos atraen a un público cada vez mayor a actuaciones representadas en ocasiones en salas poco convencionales. Las más importantes son la TanzWerkstatt Berlin y el Hebbel Theater, que organizan el festival anual Tanz im August, de importancia internacional. También destaca la Tanzafabrik Berlin, fundada en 1978, como centro de danza contemporánea, con lugar para la improvisación y la experimentación. El nombre más importante que ha aparecido en escena recientemente es el del coreógrafo y bailarín Sasha Waltz, cuyos espectáculos de ballet abstracto se representan principalmente en el Schaubühne am Lehniner Platz.

A lo largo de la historia, Berlín ha hecho numerosas contribuciones a la evolución de la danza libre y expresiva (es decir, moderna). La excéntrica bailarina americana Isadora Duncan abrió su propia escuela (la Duncanschule) en Berlín, en 1904. Prohibió la zapatilla de ballet –que consideraba "un instrumento de tortura"– y revoloteaba por el escenario descalza con sus vestidos blancos largos y sueltos, marca de la casa.

En la década de 1920, fecunda en cuanto al arte, en la ciudad se creó una nueva forma de baile, la denominada danza grotesca. Influida por el Dadaísmo, se caracterizaba por una expresividad excesiva y, en muchos casos, cómica. Una de las primeras personas que la puso en práctica fue Valeska Gert. Una influencia aún mayor a largo plazo tuvo la visión de Mary Wigman, que consideraba el cuerpo y los movimientos como herramientas para expresar la experiencia universal de la vida en toda su complejidad. Su estilo inspiró a algunos de los coreógrafos alemanes más importantes de hoy en día (como Pina Bausch y Reinhild Hoffmann).

El primer encuentro de Berlín con el ballet se produjo bajo el reinado de Federico II, que trajo a la ciudad a la estrella italiana Barberina, en 1744. La primera compañía real se formó en 1811, pero ante la ausencia de talentos nacionales, tuvo que confiar en bailarines y coreógrafos importados. La danza adquirió un aspecto comercial en la década de 1920 con la aparición de las deslumbrantes revistas en las que aparecían filas de coristas de largas y ágiles piernas, tradición revivida últimamente en el Freidrichstadtpalast, que mantiene su propio cuerpo de baile de 80 miembros.

Tras la II Guerra Mundial, el ballet experimentó un renacimiento con la rusa Tatjana Gsovsky. En un principio no tenía un escenario fijo, pero coreografió una serie de memorables producciones, como *Hamlet* (1953) y *El idiota* (1954) en el Theater des Westens. Posteriormente, se convertiría en directora de la compañía de la Deutsche Oper y también fundaría la Berliner Tanzakademie.

A Gsovsky la sucedió su primer bailarín, Gert Reinholm, que produjo pocos grandes éxitos durante sus 28 años de dirección. Una obra bastante escandalosa fue *Suzi Creamcheese* (1970), basada en la canción del mismo nombre y con música de Frank Zappa. Las compañías actuales se centran en repertorios clásicos y de fácil aceptación, con piezas clásicas como *El lago de los cisnes* y *El cascanueces*.

Música

Durante siglos, en lo que respecta a la música Berlín se vio eclipsada por Viena, Leipzig y otras ciudades europeas. Los únicos estilos musicales generados en la ciudad fueron los *Lieder* (canciones), himnos y baladas producidos durante el reinado de Federico II, el rey amante de la cultura, por un trío de compositores: Friedrich Wilhelm Marpurg, Johann Abraham Peter Schulz y Carl Friedrich Zelter (1758-1832). Este último fue director de la Academia de Canto de Berlín de 1800 a 1832, entre cuyos estudiantes se encontraban los después compositores Felix Mendelssohn-Bartholdy (1809-1847) y Giacomo Meyerbeer (1791-1864).

En 1882 se fundó la Berliner Philharmonisches Orchester, que ganó prestigio internacional bajo la dirección de Hans von Bülow y Arthur Nikisch. En 1923 pasó a ser director artístico Wilhelm Furtwängler, que mantendría el puesto con interrupciones hasta 1954. Su sucesor, Herbert von Karajan, era una figura autocrática que llevó la orquesta a una posición de dominio real en el mundo de la escena. Fue su director hasta 1989. Le sucedió Claudio Abbado, que será sustituido por sir Simon Rattle en septiembre de 2002.

Los vibrantes años 20 atrajeron a muchos músicos a Berlín, como Arnold Schönberg y Paul Hindemith, que dieron clase en la Academie der Künste y la Berliner Hochschule (Instituto berlinés) respectivamente. Las composiciones atonales del primero encontraron seguimiento en la ciudad, al igual que la experimentación con ruidos y efectos sonoros. Hindemith exploró el nuevo medio de la radiodifusión y dio un seminario sobre música de películas.

Aquellos tiempos también supusieron la aparición de las *Schlager* berlinesas, canciones tontas pero entretenidas, con títulos como *Mein Papagei frisst keine harten Eier* (Mi papagayo no come huevos duros) y *Veronika, der Lenz ist da* (Veronika, ha llegado la primavera). Los grupos de cantantes como los Comedian Harmonists cimentaron su éxito en este tipo de música.

Los nuevos enfoques expresionistas al teatro musical procedían de compositores con formación clásica como Hanns Eisler y Kurt Weill, que colaboraron con Brecht en *La ópera de cuatro cuartos* y *Apogeo y caída de la ciudad Mahagonny*. Mischa Spoliansky se encontraba entre las principales referencias de los escenarios del cabaret.

Música contemporánea. Berlín sigue siendo un fértil caldo de cultivo para las nuevas tendencias musicales y se calcula que a principios del siglo XXI había en escena unas 2.000 bandas. Pero incluso antes del Wende, numerosos intérpretes locales consiguieron hacerse un hueco en la escena nacional e internacional.

A finales de la década de 1960, Tangerine Dream llenó las emisoras de radio con sus sonidos electrónicos y psicodélicos. Una década más tarde, Nina Hagen, nacida en Berlín Este, siguió a su padre de adopción, el escritor Wolf Biermann, a Alemania Occidental y enseguida se convirtió en la diva del punk alemán. Su lacónico estilo berlinés combinaba tan bien con el punk inglés y americano que *New Musical Express* la describió como una Edith Piaf epiléptica o un cruce entre Johny Rotten, Maria Callas y Bette Midler. Hagen también preparó el camino a un importante movimiento musical de la década de 1980, la Neue Deutsche Welle (la nueva onda alemana), que llevó a los escenarios de Berlín a grupos como Ideal, los Neonbabies y UKW.

En la RDA, formaciones del estilo de Die Puhdys y Rockhaus mantenían viva una vibrante escena *underground*. Ambas siguen actuando todavía.

El himno nacional

Los alemanes han tenido una relación ambigua con su himno nacional. Aunque muchos jóvenes de la Alemania Occidental conocían la letra, a los que lo cantaban antes de la reunificación se les consideraba en muchas ocasiones ilusos o nacionalistas del núcleo duro. Hoy en día tienen menos prejuicios para entonarlo.

Basado en una canción popular croata poco conocida, su música fue compuesta por Joseph Haydn en 1797 y le puso letra Hoffmann von Fallersleben en 1841 (en la que ya figuraba "Dios salve al Káiser Franz", que en realidad era austríaco). No se convirtió en himno oficial hasta 1922. Durante el período nazi se solía cantar junto con *Die Fahne Hoch* (Arriba la bandera), una cancioncilla compuesta en 1927.

Se conservó tras 1945 –en gran parte gracias a Konrad Adenauer– a excepción de los primeros dos versos, que nombraban una serie de fronteras que actualmente están situadas en países vecinos. En 1990 una sentencia judicial dictó que sólo el tercer verso se conservaría como símbolo nacional.

El de Alemania del Este, *Auferstanden aus Ruinen* (Resurgida de entre las ruinas) se sumó a la larga lista de viejos temas sociales que se dejaron de cantar cuando se abolió el comunismo. Proclamado himno oficial en 1949, su letra a favor de la unificación le granjeó la oposición de los seguidores del partido tras la construcción del Muro de Berlín en 1961, cuando sólo se permitió la música. En noviembre de 1989 lo cantaban los manifestantes como símbolo de protesta, lo que recibió el beneplácito del Ministerio de cultura un par de semanas más tarde, por lo que se oyó por la radio y la televisión antes de quedar abolido definitivamente en 1990.

Berlín Oeste también atrajo a una gran cantidad de talentos internacionales. David Bowie e Iggy Pop pasaron épocas en la ciudad, alojados en Hauptstrasse 152. Nick Cave era propietario de un club, y el álbum Zooropa del grupo U2 se inspiró en la estación Zoo.

Coincidiendo con la caída del comunismo, otra forma de música muy berlinesa se extendió por la ciudad: el techno. Puede que tenga sus raíces en la música house creada en Detroit y en los sonidos sintéticos de bandas como Kraftwerk, pero conquistó el mundo desde Berlín. Estos sonidos agresivos y urbanos que reflejan el *Zeitgeist* apolítico y casi nihilista han influido en la moda y los gustos de toda una generación. Entre los clubes pioneros se contaban Ufo,

La ciudad del techno

House. Rave. Gabber. Jungle. Trance. El techno ha recorrido un largo camino desde que la banda de Düsseldorf Kraftwerk dio rienda suelta a estos ritmos mecánicos hace 20 años. Desde entonces, la evolución del techno lo ha integrado en la corriente musical dominante, hasta el punto que se llega a oír incluso por los altavoces de los supermercados alemanes. Son un sonido, un mantra y un modo de vida que Berlín, de algún modo, ha hecho propios.

Gracias al Berlin Love Parade anual (que en 2001 congregó a un millón de personas en las calles de Berlín) el techno se ha ganado un reconocimiento incluso como expresión política legítima: el senado de Berlín no sólo aprobó la celebración del festival, sino también la financiación de las enormes tareas de limpieza posteriores, porque los organizadores habían registrado el acontecimiento como "manifestación política". Quizás resulte difícil observar una conexión política en este movimiento cuyo lema oficioso, al fin y al cabo, es *"Friede, Freude, Eierkuchen"* (paz, felicidad y tortilla), aunque sin duda sí es un fenómeno cultural.

Planet y Tresor (que aún sobrevive, aunque puede que no por mucho tiempo). La escena dio un giro más comercial a mediados de la década de 1990, con la apertura del ya desaparecido E-werk, una central eléctrica reconvertida que tenía cabida para miles de personas.

También nació en Berlín el Love Parade (desfile del amor) anual, que atraviesa las calles de la ciudad cada mes de julio. Lo que empezó como una procesión de tres vehículos con 150 jóvenes marchosos se ha convertido en un fenómeno que dura un fin de semana batiendo cada año récords de asistencia hasta 1999, que congregó a un millón y medio de personas. No obstante, en 2001 la cifra cayó hasta el medio millón. Véase en esta página el recuadro "La ciudad del techno".

A pesar del dominio de este ritmo, en la ciudad se siguen produciendo otros sonidos. De 1993 a 1998, el Metrobeat Festival de dos días, en la Kulturbrauerei, actuó como pista de lanzamiento para talentos locales tan diversos como la banda retro Rosenstolz y la cantante de hip-hop turca Aziza-A.

Literatura

Desde sus inicios, la escena literaria de Berlín ha reflejado una peculiar mezcla de provincialismo y cosmopolitismo. Al igual que sucedió con las otras artes, esta metrópoli no se erigió como centro literario hasta relativamente tarde, alcanzando su cenit durante la dinámica década de 1920. En general, la ciudad no era tanto un lugar de aparición de escritores de influencia –o donde se dirigieran para escribir– como un lugar de encuentro, de intercambio de ideas y de creación intelectual.

Su historia empieza en los días de la Ilustración, a finales del siglo XVIII, época dominada por los ideales humanísticos. Un autor importante fue Gotthold Ephraim Lessing (1729-1781), conocido por sus obras críticas, sus fábulas y sus tragedias. En Berlín escribió *Minna von Barnhelm*, aunque sus creaciones dramáticas más conocidas son *Miss Sara Samson*, *Emilia Galotti* y, especialmente, *Nathan el sabio*.

El período romántico, que nació de su antecesor, estuvo marcado por la proliferación de salones literarios, normalmente impulsados por mujeres como Rahel Levin (más tarde Rahel Varnhagen). A éstos acudían hombres y mujeres de cualquier condición social y discutían sobre filosofía, política, arte y otras materias. Entre los grandes nombres de la literatura que trabajaban en Berlín en esta época se encontraban Friedrich y August Wilhelm von Schlegel (este último tradujo a Shakespeare al alemán) y los poetas románticos Achim von Arnim, Clemens Brentano y Heinrich von Kleist.

Durante el movimiento realista, a mediados del siglo XIX, las novelas clásicas y los relatos cortos adquirieron gran popularidad, gracias al interés cada vez mayor de la nueva clase media. Las narraciones históricas y las críticas sociales también encontraron aceptación, como las de Wilhelm Raabe (1831-1910) que, en su *Crónica del callejón de los gorriones* (1857) examina diversos aspectos de la vida urbana de Berlín. La novela social berlinesa alcanzó la categoría de arte con Theodor Fontane (1819-1898). La mayor parte de sus obras se sitúan en los alrededores de la Marca de Brandeburgo y en Berlín, mostrando a la nobleza y a la clase media encerradas en sus barreras sociales.

El Naturalismo, derivado del Realismo, dio un paso más allá a partir de 1880. Quería recrear con todo detalle el entorno de las diferentes clases sociales, usando incluso los dialectos locales. En Berlín, Gerhart Hauptmann (1862-1946) utilizó básicamente este género. Muchas de sus obras y novelas se centran en la injusticia social y la dureza de la vida de los obreros –temas tan provocativos que varios de sus estrenos acabaron en revueltas y escándalos–. De hecho, una producción de 1892 de *Los tejedores* en el Deutsche Theater, que mostraba las miserias de los tejedores silesianos, provocó que el Káiser anulara su abono. La obra, no obstante, tuvo un tremendo éxito. En 1912, Hauptmann ganó el Premio Nobel de Literatura.

En la década de 1920, importante período de experimentación e innovación, Berlín se convirtió en un imán para escritores de todo el mundo. Una obra maestra de la época fue *Berlin Alexanderplatz*, de Alfred Döblin (1878-1957), que ofrece una buena dosis de brillantes luces de la ciudad y de los bajos fondos durante la República de Weimar. Otros nombres destacados de la época son los autores de sátira política Kurt Tucholsky (1890-1935) y Erich Kästner (1899-1974), así como Egon Erwin Kisch, periodista y crítico. También Bertoldt Brecht se convirtió en un poder dominante, sobre todo en el teatro. Fue uno de los artistas que salió de Alemania cuando los nazis llegaron al poder (véase el recuadro "Bertolt Brecht", antes, en este capítulo). Muchos de los que se quedaron tuvieron que practicar la emigración interior, que básicamente significaba mantener la boca cerrada y trabajar clandestinamente, o dejar de trabajar.

Tras la guerra, ambos lados de Berlín registraron diferentes evoluciones. En la zona oriental, la censura del gobierno reprimió la creatividad de los autores y la libertad de expresión. El partido SED organizaba periódicamente conferencias culturales y congresos de autores para marcar la línea oficial. Los temas permanentes eran la reconstrucción de la posguerra y la evolución histórica del estado socialista.

A mediados de la década de 1970, un segmento de la escena literaria empezó a distanciarse lentamente de la tenaza del partido. Autores como Christa Wolf (1929) y Heiner Müller (1929-1995) pertenecían a círculos literarios que se reunían periódicamente en casas particulares. La primera es una de las mejores y más controvertidas escritoras de Alemania del Este. *El cielo partido* tiene un transfondo industrial y cuenta la historia del amor de una mujer por un hombre que huyó a Occidente.

Müller se distinguía por ser difícil de digerir en ambas Alemanias. Se dice que trabajaba para la Stasi, pero sus mensajes eran tan ambiguos que se volvían inútiles. Entre sus obras, densas y complicadas, se encuentran *Der Lohndrücker* (El bajador de salarios) y la trilogía teatral *Germania*.

En Berlín Oeste, la escena literaria de la posguerra no renació hasta la llegada de Günter Grass a finales de la década de

1950. Su famoso *El tambor de hojalata* traza la historia nacional reciente con sentido del humor a través de los ojos de Oskar, un niño que se niega a crecer. El libro hizo que Grass se convirtiera en un autor muy conocido, y a esta obra le siguió una impresionante serie de novelas, obras de teatro y poesía. En Berlín vivió y trabajó formando parte de una colonia de escritores entre los que también estaban Hans-Magnus Enzensberger, Ingeborg Bachmann y el escritor suizo Max Frisch. Juntos facilitaron el camino a esta literatura política y crítica dominante desde la década de 1960. En 1999, Grass se convirtió en el noveno alemán que ganaba el Premio Nobel de Literatura.

El mundo literario vivió una época de estancamiento tras la caída del comunismo, cuando los escritores del Este y del Oeste empezaron un proceso de autoevaluación. En vez de trabajar juntos para enfrentarse a sus distintos pasados, se puso especialmente de manifiesto la abismal diferencia provocada por los años de separación. Sólo destacaron Heiner Müller y Botho Strauss en medio del vacío creativo. A finales de la década de 1990, la escena literaria de Berlín por fin volvió a ponerse en marcha. Los nuevos libros que tratan del pasado se caracterizan no por una introspección analítica, sino por sus imágenes distantes emocionalmente, casi grotescas. Algunos ejemplos son *Helden wie wir* (Héroes como nosotros, 1995), de Thomas Brussig, o *Historias simples* (1998), de Ingo Schulze. En el extremo más populista del espectro se encuentra una revitalización del género de las "historias de detectives de Berlín" con Pieke Biermann y Horst Bosetzky como principales exponentes.

La capital cuenta con varias organizaciones literarias y foros de autores, como el Literaturforum im Brechthaus (☎ 282 20 03), Chaussestrasse 125, que celebra los *Brecht-Tage* (días Brecht), entre otras cosas; el Literarisches Colloquium Berlin (☎ 816 99 60), Am Sandwerder 5 y el literaturWERKstatt (☎ 485 24 50), que en 2000 organizó el *Literaturfestival*, al que acudieron 100.000 personas.

SOCIEDAD Y COSTUMBRES

Berlín es una ciudad muy campechana. Excepto en los restaurantes formales, no hay necesidad de vestirse especialmente para ir a cenar o al teatro, o a una representación de ópera (aunque, por supuesto, cada uno es muy libre de hacerlo). Algunos clubes nocturnos tienen su código de vestuario, aunque la originalidad y la creatividad son lo que impera en la ciudad.

En general, los berlineses se muestran muy solícitos y atentos con los visitantes. Muchos se ofrecen a ayudarles cuando los ven perdidos e incluso hay quien se presta a acompañar al viajero y asegurarse de que llega a su destino.

Cuando se recibe la invitación para ir a casa de alguien, conviene preguntar si se puede llevar algo. Aunque la respuesta sea negativa, se considera un detalle llegar con unas flores o una botella de vino. Tras una cena, lo correcto es llamar al día siguiente o mandar una nota de agradecimiento.

Los berlineses suelen tener opinión sobre todo, y la conversación puede tocar muchos temas, desde la política hasta el tiempo en España. No pasa nada por hablar de "la Guerra", si se hace con mucho tacto y coherencia. Al fin y al cabo, la actual mayoría de los alemanes ha crecido exigiendo explicaciones. Lo que sí resulta ofensivo, en cambio, es la mentalidad de "vencedor", que se considera como un regodeo pedante, o la idea de que el fascismo es algo intrínsecamente alemán.

Tanto hombres como mujeres se dan la mano, pero también se abrazan o se besan en la mejilla, especialmente los jóvenes. Al llamar por teléfono se dice el nombre en primer lugar. Los alemanes consideran de mala educación no hacerlo, o sencillamente se molestan. En caso de no querer dar el nombre verdadero (cuando se trate de un asunto burocrático, por ejemplo), es mejor inventarse uno.

Al igual que en el resto de Alemania, se le da mucha importancia al uso del "Sie" (usted) al dirigirse a los demás, especialmente en cuestiones de negocios. Entre los jóvenes y en determinados entornos la gente da menos importancia al uso de "Sie" o "du".

Los títulos académicos (Herr o Frau Doktor) son importantes. Si alguien se presenta como Dr Schmidt, es así como quiere que se le llame. Si el visitante tiene también un título, puede pedir también que lo usen.

RELIGIÓN

La sorprendente diversidad religiosa de Berlín se debe en gran medida al constante flujo de inmigrantes de diferentes partes del mundo durante toda su historia. Desde la Reforma del siglo XVI, la ciudad ha sido mayoritariamente protestante. A partir de 1685, se convirtió en un puerto de acogida de los hugonotes que huían de Francia cuando el rey Luis XIV revocó el Edicto de Nantes que aseguraba la libertad religiosa. Unos 6.000 se instalaron en Berlín por invitación del Gran Elector, Friedrich Wilhelm, y en 1700 constituían un 20% de la población aproximadamente.

Actualmente es una metrópoli muy secular; ni siquiera la mitad de su población pertenece a alguna institución religiosa. Entre los creyentes, uno de cada tres es cristiano. De ellos, los protestantes superan a los católicos romanos: según los últimos cálculos, aproximadamente un 26% de los berlineses son luteranos, mientras que de los segundos, tan sólo se contabiliza un 9,3%.

Berlín tiene una de las mayores comunidades judías de Alemania, con 12.000 miembros, número que ha crecido recientemente debido a la inmigración de judíos rusos. Cuenta con un hospital, colegios, seis sinagogas y un centro comunitario en Oranienburger Strasse. En 1986 se formó un capítulo de Adass Jisroel, una congregación judía conservadora. Actualmente está integrada por unos mil miembros.

Con 200.000 seguidores (el 6% de la población), el Islam ocupa un lugar importante en el panorama religioso berlinés. La población musulmana está compuesta sobre todo por turcos. También están representadas otras casi 40 creencias –algunas de ellas, como la Iglesia Unitaria, con menos de 100 miembros–.

Los residentes que pertenecen a una iglesia reconocida pagan un impuesto que puede llegar hasta el 10% de sus ingresos.

IDIOMA

El alemán es una lengua indoeuropea y es hablada por unos 100 millones de personas en todo el mundo, incluidas Austria y parte de Suiza. Existen asimismo comunidades étnicas germanas en países vecinos, como pueden ser Polonia y la República Checa, aunque la expulsión posterior a 1945 redujo dramáticamente su número.

El alemán culto es el lenguaje oficial y correcto, aunque la mayoría de personas también emplean un dialecto local o regional. Lo mismo ocurre en Berlín, aunque sólo una pequeña proporción su población habla Berlinisch puro.

Sopa de letras

Los alemanes no son muy puristas con su idioma. Está lleno de palabras en inglés (*das Meeting*) y también tiene términos procedentes del francés (*leger*: informal), del griego (*Fotografie*: fotografía) y del latín (*Capitalismus*: capitalismo). Las cosas pueden tener un "Happy End" en alemán (aunque en inglés sería "happy ending"), y ese es también el nombre de una marca conocida de papel higiénico. Para muchos, no obstante, las recientes reformas ortográficas alemanas no han tenido un "Happy End".

En 1902 se reguló por primera vez la ortografía. Hasta entonces, reflejaba el desorden de la época medieval. En 1998 se volvió a normalizar, pero para algunas personalidades la reforma fue demasiado lejos. La Deutsche Akademie für Sprache und Dichtung (la asociación de autores alemana) manifestó su descontento. Lo mismo hizo el *Frankfurter Allgemeine Zeitung* (FAZ), el periódico conservador, que acató la nueva normativa durante un par de años pero que, en el año 2000, como demostración de orgullo propio, volvió a la antigua ortografía. Entre otros cambios justificados o no tanto, el FAZ tiró por la borda la tercera "f" de *Schiff(f)ahrt* (viaje por mar), eliminó la "h" de *Känguru(h)* (canguro) y cambió las "f" de *F(Ph)otograf(ph)ie*. La "ß", que se había eliminado de muchas palabras (aunque no en todos los casos), volvió a ser de rigor en *das Müsli* (muesli) del desayuno.

¿Contrarrevolución ortográfica? Bueno, el FAZ es conocido por usar una tipografía gótica arcaica en alguno de sus titulares. Pero la resistencia a la reforma reflejaba la opinión de muchos alemanes, que habían organizado recogidas de firmas contra los cambios. Para los profesores y los escolares la incertidumbre se impuso durante algún tiempo. De todos modos, al final los cambios se impusieron y se aceptarán ambos modos de escritura hasta el año 2005, cuando la nueva ortografía alcance su forma definitiva.

Véase el capítulo *Idioma*, en la parte final de la obra, para conocer detalles sobre la pronunciación y frases útiles. El glosario, que se encuentra también en las últimas páginas del libro, contiene algunas palabras de uso común en alemán.

Arquitectura de Berlín

Arquitectura de Berlín

Berlín, tal como manifestaban los que la observaban ya en la década de 1920, es "básicamente una creación de los tiempos modernos". Efectivamente, el hecho de que tiene más de 750 años de antigüedad no se refleja en su aspecto. Queda muy poco de la Edad Media: la Marienkirche y la reconstruida Nikolaikirche de Mitte son los ejemplos más destacados de esa época. El período renacentista tiene una representación aún más pobre, reducida a la Ribbeckhaus (1624), única vivienda original de entonces, con el tejado de dos aguas y su decorada fachada, en Breite Strasse 35-36.

El primer gran momento de la arquitectura llegó a finales del Barroco, impulsado por la necesidad del autocoronado rey Federico I de inmortalizarse. La llegada del maestro arquitecto Karl Friedrich Schinkel marcó el inicio de una verdadera eclosión durante el reinado de Federico Guillermo III [1797-1840], época en que dominaba el Neoclasicismo.

La fundación del Imperio Germánico en 1871, y la asignación de Berlín como capital del mismo, originó un gran aumento de población en la ciudad. También se hizo evidente que había una imperiosa necesidad de construcción de viviendas. Apareció la novedad de la arquitectura industrial, con Peter Behrens –pionero del Modernismo– a la cabeza. Este movimiento artístico, a su vez, floreció en la década de 1920 en forma del llamado Estilo Internacional (con representantes como Walter Gropius y Ludwig Mies van der Rohe) y no desaparecería hasta la llegada de los nazis, que preferían una estética próxima a una parodia del Neoclasicismo.

Tras la II Guerra Mundial, la bola de las máquinas de demolición destruyó gran parte de lo que las bombas habían dejado en pie. Antes de la reconstrucción llegó una ola de "desconstrucción". El resultado del proceso fueron dos visiones arquitectónicas diferentes a ambos lados de la ciudad dividida.

Siguiendo el ejemplo de sus colegas soviéticos, los profesionales de Berlín Este siguieron la máxima de "cuanto más grande, mejor". La muestra más evidente es Karl-Marx-Allee, flanqueada por monumentales estructuras de aire estalinista, pero construidas en un estilo llamado *Zuckerbäckerstill* (de tarta nupcial), término aparentemente agradable. El enfoque arquitectónico propio de la RDA promovió la creación de grandes bloques sin alma –los denominados *Plattenbauten*, hechos con elementos de construcción prefabricados– que aportaron el gran número de viviendas que se requerían.

En Berlín Oeste, dar un techo a la gente también era una prioridad en la posguerra, y pasó mucho tiempo hasta que se consolidó una estética definida. Al final, ésta se materializó en una continuación y perfeccionamiento del Estilo Internacional, con un elenco de arquitectos muy parecido al que había antes de la guerra.

Tras la caída del comunismo, la ciudad experimentó un verdadero auge inmobiliario que atrajo a los mejores arquitectos del mundo. La

Página anterior y arriba: La carpa de la plaza central del Sony Center, en la Potsdamer Platz de Berlín (fotografía de Andrea Schulte-Peevers).

construcción de la Potsdamer Platz, la Pariser Platz, Friedrichstrasse, el Nuevo Distrito Gubernamental y otras zonas ha ido transformando gradualmente la capital en una metrópoli moderna de primera línea. De momento las obras siguen avanzando y el panorama urbano, en constante evolución, ofrece nuevas perspectivas e innovadoras tendencias a cada paso.

ARQUITECTOS

Algunos de los arquitectos más importantes del mundo han dejado su impronta en Berlín en diferentes épocas. Su obra se puede observar en diferentes partes de la ciudad.

Georg Wenzeslaus von Knobelsdorff (1699-1753)

Georg von Knobelsdorff fue el referente de lo que se dio a conocer como el "Rococó Federico", una fusión particular del estilo Barroco tardío con elementos neoclásicos, que floreció bajo el reinado del Federico II. Sus obras más conocidas son el Schloss Sanssouci de Potsdam (1747), el Neuer Flügel del Schloss Charlottenburg (1747) y la Staatsoper Unter den Linden (1742).

Carl Gotthard Langhans (1732-1808)

Langhans, de formación barroca, se distinguió como pionero del Neoclasicismo puro. Su construcción más significativa, la Puerta de Brandeburgo (1791), basada en un diseño griego clásico, fue la primera gran estructura de este estilo en territorio alemán. También creó el Mirador del parque de Schloss Charlottenburg y una primera versión del Schauspielhaus/Konzerthaus de Gendarmenmarkt.

Peter Behrens (1868-1940)

Llamado a menudo "padre de la arquitectura moderna", Behrens es conocido sobre todo por sus "catedrales" industriales, en particular la Nave de turbinas de la AEG (1909) de Wedding, una fábrica aireada y luminosa, con techos altos y vigas estructurales a la vista. También allanó el camino para la generación de vanguardistas como Bruno Taut, Le Corbusier, Walter Gropius y Ludwig Mies van der Rohe.

Bruno Taut (1880-1938) y sus contemporáneos

La explosión demográfica de Berlín a finales del siglo XIX generó una necesidad urgente de viviendas baratas, provocando la proliferación de las *Mietskasernenlas,* viviendas claustrofóbicas como madrigueras, construidas alrededor de patios. En la década de 1920, varios arquitec-

El maestro prusiano: Karl Friedrich Schinkel

No hay ningún otro arquitecto que haya influido tanto en la fisonomía de Berlín como Karl Friedrich Schinkel. Fue el más importante y completo del Neoclasicismo alemán. Nació en Neuruppin (Prusia) en 1781, y estudió arquitectura con Friedrich Gilly y su padre, David, en la Academia de Construcción de Berlín. Siguió sus estudios con un viaje de dos años a Italia (1803-1805) para conocer a los clásicos de cerca, pero volvió a Prusia frustrado por la ocupación napoleónica. Al no poder practicar su arte, se ganó la vida como pintor romántico, diseñador de muebles y decorador.

La carrera profesional de Schinkel arrancó en cuanto los franceses salieron de Berlín. Enseguida fue ascendiendo en el funcionariado, empezando como supervisor de la Comisión Constructora Prusa y acabando como director jefe de construcciones del estado. Viajó incansablemente por todo el país diseñando edificios, supervisando los proyectos e incluso desarrollando principios de protección de los monumentos históricos.

Aparte de sus viajes a Italia, obtuvo la inspiración, sobre todo, de la arquitectura griega clásica. De 1810 a 1840, su visión definió en gran medida la edificación prusiana; Berlín incluso llegó a llamarse "la Atenas del Spree". En sus construcciones se esforzaba por encontrar el equilibrio perfecto entre funcionalidad y belleza, lo cual conseguía mediante el uso de líneas claras, la simetría y un impecable sentido de la estética. Incansable hasta el final, cayó en coma en 1840 y murió un año más tarde en Berlín.

Dejando a un lado aparte de las grandes obras detalladas en el Circuito I de esta sección, Schinkel también creó el Mausoleum de la reina Luisa (1810) y el Pabellón Schinkel (1824), ambos en el parque de Schloss Charlottenburg; el monumento neogótico a las víctimas de la guerra de Viktoriapark, en lo alto de Kreuzberg (1821); Schloss Charlottenhof (1827) y la Nikolaikirche (1837) de Potsdam. Para más detalles sobre todas estas obras, véase los capítulos *Qué ver y hacer* y *Excursiones*.

---

tos empezaron a "humanizarlas" al limitar la altura a cuatro pisos e integrarlas en espacios verdes abiertos. Algunos ejemplos son la Hufeisensiedlung (Colonia de la herradura, 1924-1926) de Britz, obra de Bruno Taut (véase "Neukölln" en el capítulo *Qué ver y hacer*); la Waldsiedlung Onkel-Toms-Hütte (Cabaña del tío Tom, en la Colonia del bosque, 1926) de Zehlendorf, obra de Otto Rudolf Salvisberg y Hugo Häring; y Siemensstadt (1931), entre Charlottenburg y Spandau, de Hans Scharoun, Walter Gropius y otros.

Hans Scharoun (1893-1972)

Hans Scharoun ya diseñaba bloques de pisos en Charlottenburg y supervisaba la construcción de la colonia Siemensstadt (1929-1931) cuando Hitler llegó al poder. Tras la guerra, ayudó a reconstruir la Academia de las Artes de Berlín y se convirtió en un destacado representante de la "arquitectura orgánica" subgénero del Modernismo. Se caracterizaba por la asimetría, la dinámica, las formas redondeadas y en movimiento, y por una voluntad general de integrar la arquitectura en las necesidades sensoriales de los seres humanos. Uno de sus principios básicos era el de adaptar la forma del edificio al objetivo y la función planteados, en vez de hacer lo contrario. Scharoun recibió los elogios de la crítica en los círculos arquitectónicos y frecuentes reconocimientos, pero pocas ideas suyas pasaron de ser proyectos. Los que sí se llevaron a la práctica, como la Philharmonie (véase el Circuito II de este capítulo) proporcionaron un resultado bastante espectacular.

Renzo Piano (*1937)

Nacido en Génova (Italia), Renzo Piano es conocido principalmente por el Centro Pompidou de París, inspirado en la alta tecnología y construido en colaboración con Richard Rogers. Como principal mente creadora de la estructura de la Potsdamer Platz de Berlín, ha sabido suavizar su amor por los últimos avances técnicos sin sacrificar su característica mezcla de materiales y sus diseños de planta abierta, tan luminosos como atrevidos.

Helmut Jahn (*1940)

Aunque se le considera un arquitecto estadounidense, Jahn nació en realidad en Nuremberg y se formó en Munich antes de seguir sus estudios en el Institute of Technology de Chicago. Sus primeras obras parten en gran medida de la geometría y el minimalismo de inspiración Bauhaus, pero desde entonces ha desarrollado un "racionalismo creativo" que consiste, en pocas palabras, en formas más variadas e imaginativas. Ha hecho dos contribuciones principales al panorama del Berlín posterior a la caída del Muro: el Neues Kranzler Eck de Charlottenburg y el Sony Center de Tiergarten.

ESTILOS

A continuación aparecen algunos de los principales estilos arquitectónicos que han florecido en Berlín a lo largo de los siglos. Se pueden encontrar ejemplos de ellos por toda la ciudad.

Barroco/Rococó

El Barroco, que imperó desde principios del siglo XVII hasta mediados del XVIII, combina las estructuras, la escultura, la ornamentación y la pintura en una sola *Gesamtkunstwerk* (obra de arte completa). Este estilo nunca fue tan exuberante en Berlín como en el sur de Alemania, sino que se caracterizó por un aire más formal y preciso. El Rococó es una derivación del Barroco tardío y coincidió con la Ilustración. Los representantes más famosos de este período en la ciudad fueron Knobelsdorff (véase el apartado "Arquitectos", antes, en esta sección) y

Johann Arnold Nering (1659-1695), más conocido por sus contribuciones al Schloss Charlottenburg.

Neoclasicismo

El Neoclasicismo, que surgió a finales del siglo XVIII, ha sido el movimiento con mayor influencia en el panorama urbano de Berlín. Este estilo, reacción contra la vistosidad del Barroco, supuso un retorno a los elementos de diseño clásico, como las columnas, los frontones y las cúpulas, y una ornamentación limitada, típica del período grecorromano.

La estética neoclásica tuvo su momento álgido bajo el reinado de Federico Guillermo III, que quiso relacionar las proezas de Prusia con la grandeza de la antigua Grecia. Los representantes más prolíficos de la época fueron Langhans y Schinkel (véase el apartado "Arquitectos" y Circuito I, en este capítulo).

Historicismo

La industrialización, durante la segunda mitad del siglo XIX, alteró radicalmente la estructura básica de la sociedad y los descubrimientos científicos socavaron los sistemas de creencias del pueblo. Esta época de progreso, y también de inseguridad, dio origen al Historicismo, que reproduce estilos anteriores, incluso combinándolos para conseguir así una mezcolanza de tendencias. Son ejemplos de este tipo de arquitectura el Theater des Westens (1896) de Charlottenburg, la Rotes Rathaus (1869) de Mitte y, por supuesto, el Reichstag (1894) y el Berliner Dom (1905), ambos de estilo Neorrenacentista.

Estilo Internacional

La industrialización, la mecanización y la racionalización de finales del siglo XIX llevaron a una nueva estética que suponía un rechazo global de todo lo precedente: el Estilo Internacional, conocido con el nombre, más descriptivo, de "Funcionalismo" o "Nueva Objetividad". Sus principales características son las formas cuadradas, los techos planos, las fachadas y paredes interiores lisas y sin adornos, junto a la abundancia del cristal. Entre los pioneros de este estilo se encontraban Peter Behrens, Walter Gropius –fundador de la escuela Bauhaus–, Mies van der Rohe y Le Corbusier. Prohibido por el III Reich, resurgió en una forma más desarrollada tras la II Guerra Mundial. Hoy en día aún quedan reminiscencias, tanto en su forma residencial como "corporativa" de las que se describen varios ejemplos en el Circuito II.

Monumentalismo

La arquitectura nazi, como la propia ideología, se regodeaba con la pomposidad. En 1937 Hitler nombró a Albert Speer su arquitecto principal y le encargó que transformara Berlín en Germania, la capital de la Alemania nazi. Desgraciadamente para Speer, el Clasicismo ya había adoptado el prefijo "neo" cuando cayó en sus manos, lo que quizás ex-

plique por qué el Monumentalismo puede parecer absurdo. Por ejemplo, el Gran Salón, que no se llegó a construir, presentaba una cúpula de 250 metros de diámetro y estaba pensado para acoger a 150.000 personas. Entre los proyectos que sí se llevaron a la práctica se encuentra el Estadio Olímpico de Charlottenburg, el aeropuerto Tempelhof, y el Reichsluftfahrtsministerium en Mitte.

Reconstrucción crítica

Tras la caída del comunismo, los arquitectos de la ciudad se enfrentaron con el desafío y la oportunidad de reconstruir el Nuevo Berlín para que reflejara el Zeitgeist de los albores del tercer milenio. Las autoridades rechazaron todo lo que fuera demasiado atrevido, vanguardista o monumental, dirigiendo la mirada a una "reconstrucción crítica", un enfoque que intentaba establecer un vínculo con la historia sin crear réplicas de obras anteriores. Las estrictas normativas de construcción, que establecían incluso la altura de las cornisas y los materiales a utilizar, limitaron la creatividad de los arquitectos desde los inicios de este formidable proyecto. Dicho enfoque se puede observar muy bien en los edificios de alrededor de la nueva Potsdamer Platz, en Tiergarten, descritos en el Circuito III (véase, más adelante, en este capítulo).

Arriba: El Gran Salón, ejemplo del Monumentalismo nazi. El edificio nunca pasó de ser un proyecto. Si se hubiera construido, habría dejado pequeña la Puerta de Brandeburgo (1791), uno de los elementos arquitectónicos más importantes de Berlín.

CIRCUITO I – NEOCLASICISMO: "LA ATENAS DEL SPREE" EN MITTE

El distrito de Mitte es un escaparate de arquitectura neoclásica, entre la que destacan las obras de Schinkel. Este recorrido se puede combinar con el circuito a pie por el Mitte histórico, que se explica en el capítulo *Qué ver y hacer*.

Puerta de Brandeburgo (1791)

Pariser Platz; arquitecto: Carl Gotthard Langhans
La Puerta de Brandeburgo (Brandenburger Tor), uno de los monumentos más fotografiados de la ciudad, se inspiró en la entrada de la Acrópolis de Atenas. Con unos 26 m de alto y 65 de ancho, se apoya sobre columnas dóricas y está coronada por la Cuádriga, un carro de dos ruedas tirado por cuatro caballos y conducido por la diosa alada de la victoria (Johann Gottfried Schadow, 1793).

Schauspielhaus/Konzerthaus (1821)

Gendarmenmarkt; arquitecto: Karl Friedrich Schinkel
La Schauspielhaus es el elemento unificador de Gendarmenmarkt, con las catedrales francesa y alemana en sus extremos norte y sur, respectivamente.

Cuando el diseño original de 1801 de Langhans fue pasto de las llamas en 1817, Schinkel lo reconstruyó. Conservó los muros y las columnas exteriores que quedaban, pero añadió la enorme escalera que lleva al pórtico jónico elevado. Esta entrada está dominada por una estructura central mucho más alta, coronada con una falange de estatuas. El edificio, que quedó en mal estado tras la II Guerra Mundial, fue remodelado de acuerdo con los planos de Schinkel. En 1994 se le cambió el nombre por el de Konzerthaus.

Staatsoper Unter den Linden (1743)

Unter den Linden 7; arquitecto: Georg Wenzeslaus von Knobelsdorff
La actual Staatsoper (Ópera nacional), en el lado este de la Bebelplatz, es una de las primeras estructuras neoclásicas de Berlín. Construida por

encargo de Federico II como ópera de la corte, un pórtico de dos aguas está apoyado en seis columnas corintias y presenta la inscripción "Fridericus Rex Apolloni et Musis", en referencia a la intención del rey de levantar un templo en honor de Apolo y las Musas. Tras un incendio devastador, fue rehecho por Carl Ferdinand Langhans en 1843-1844, ampliado en 1926 y reconstruido de nuevo tras la II Guerra Mundial.

Neue Wache (1818)

Unter den Linden 4; arquitecto: Karl Friedrich Schinkel
El Neue Wache (Cuartel nuevo) fue el primer gran proyecto arquitectónico de Schinkel. Esta estructura, a medio camino entre una fortaleza militar en miniatura y un templo griego, presenta en su parte frontal una doble fila de columnas dóricas que soportan un tímpano embellecido con escenas alegóricas de guerra. Originalmente tenía un patio interior abierto, pero en 1931 se cubrió a excepción de una claraboya circular. El ambiente sombrío del interior de este edificio, monumento conmemorativo alemán de las víctimas de la violencia y del totalitarismo, queda potenciado por las paredes cubiertas de placas de Muschelkalk y el suelo de basalto.

Friedrichswerdersche Kirche (1830)

Werderscher Mark; arquitecto: Karl Friedrich Schinkel
En esta obra Schinkel combina la estricta simetría del Neoclasicismo con elementos neogóticos, como el uso de ladrillos rojos, material de construcción preferido durante la Edad Media en el norte de Alemania. La iglesia se reconoce con facilidad por su característico tejado, salpicado por una fila de finas torretas cuadradas que coronan las dos torres. En el interior, la estructura de una sola nave se apoya en una serie de pilares sobre los que descansa una galería que contiene una exposición sobre Schinkel.

Altes Museum (1830)

Lustgarten; arquitecto: Karl Friedrich Schinkel
Un grupo de 18 columnas jónicas sostiene el pórtico de 87 m de longitud del Altes Museum (Museo Antiguo), en el extremo norte del Lustgarten. Considerada la obra más perfecta de Schinkel, se llega a ella a través de una escalera abierta flanqueada por las esculturas de una amazona y un domador de leones. En el interior de la estructura rectangular se encuentran dos patios interiores y la aclamada rotonda central, a imagen del Panteón de Roma, con sus estatuas romanas de dioses griegos.

Schinkel también diseñó el encantador **Schlossbrücke** (Puente de palacio), que une la Isla de los Museos con Unter den Linden. Está bordeado por ocho grupos de estatuas de mármol blanco, que representan la formación y el desarrollo de un guerrero griego.

Alte Nationalgalerie (1876)

Bodestrasse 1-3; arquitecto: Friedrich August Stüler
En diciembre de 2001, la Alte Nationalgalerie (Antigua Galería Nacional) volvió a abrir sus puertas después de tres años de restauración. Al edificio, que recuerda un templo griego, se accede mediante una amplia escalera doble. Stüler, discípulo de Schinkel, también ideó el Neues Museum, que actualmente se está reconstruyendo a partir de las ruinas que quedaron tras la guerra. Podría volver a abrirse en 2005.

CIRCUITO II – MODERNISMO DE MEDIADOS DEL SIGLO XX EN TIERGARTEN

Después de la II Guerra Mundial el distrito de Tiergarten se convirtió en el lugar de experimentación para la nueva planificación urbana, entre el Hansaviertel, en el extremo norte del parque, y el Kulturforum, en el extremo sur. Ambas estructuras permiten un estudio de la habilidad de los arquitectos modernistas de la época. Como los lugares indicados están a cierta distancia unos de otros, es recomendable hacer este circuito en bicicleta.

Hansaviertel (1953-1957)

El Hansaviertel (Barrio de la Hansa), en el extremo noroeste de Tiergarten, es una urbanización residencial con cabida para 3.500 personas. Conforma una mezcla de bloques y casas unifamiliares más un centro comercial con tiendas, dos iglesias, una escuela y una biblioteca. El terreno no cae en la esterilidad gracias a la razonable cantidad de zonas al aire libre y espacios verdes con que cuenta.

Esta zona fue el resultado de un concurso de arquitectura celebrado en 1953 y representa lo más moderno de la estética de la década de 1950. Más de medio centenar de artistas famosos de 13 países, entre ellos Walter Gropius, Luciano Baldessari, Alvar Aalto y Werner Düttmann, participaron en la construcción del Hansaviertel.

Bauhaus Archiv/Museum für Gestaltung (1976-1979)

Klingelhöferstrasse 14; arquitecto: Walter Gropius
Fundado en Darmstadt en 1960, el Bauhaus Archiv/Museum für Gestaltung (Archivo Bauhaus/Museo del Diseño) se trasladó a Berlín en 1971 y ocupó su ubicación actual, proyectada por Alexander Cvijanovic tras la muerte de Gropius, en 1979. El complejo, de formas marcadas, consiste en dos alas paralelas de dos pisos conectadas por una rampa ondulante y una construcción central baja. El elemento más distintivo –y atractivo– son los tejados en punta que le dan al museo su característica silueta.

Neue Nationalgalerie (1968)

Potsdamer Strasse 50; arquitecto: Ludwig Mies van der Rohe
Acabada poco antes de la muerte de su autor (1969), la Neue Nationalgalerie (Nueva Galería Nacional) es una clara muestra del lema "menos es más" característico de Mies van der Rohe, uno de los arquitectos más importantes del siglo XX. Sus estructuras son formas simples en entornos solitarios que no intentan en absoluto integrarse con el ambiente. Este museo de arte, al estilo de un templo, es un cubo de cristal y acero de 50 m por 50 m situado sobre un podio de granito al que se llega por dos grandes escaleras abiertas. El techo, con sus vigas de acero, desafía la gravedad con la ayuda de ocho pilares de acero y una fachada de vidrio que va del suelo al tejado. El interior tiene una estructura continua y abierta.

Berliner Philharmonie (1963)

Herbert-Von-Karajan-Strasse 1; arquitecto: Hans Scharoun
El principio de diseño de Scharoun ("la forma sigue a la función") encuentra una expresión perfecta en esta magnífica sala de conciertos. El arquitecto desechó el concepto tradicional de escenario, adoptando una complicada estructura de tres secciones pentagonales que giran y

se orientan alrededor del foso de la orquesta central. El público se sienta en gradas en forma de terrazas. Hay una visibilidad y una acústica perfectas desde cualquier localidad. El conjunto está cubierto por un techo que parece una carpa dándole al edificio su particular forma. La fachada de aluminio dorado se añadió en 1981.

Haus der Kulturen der Welt (1957)

John-Foster-Dulles-Allee 10; arquitecto: Hugh A. Stubbins
El diseño de la Haus der Kulturen der Welt (Casa de las culturas del mundo), apodada "la ostra preñada", la sitúa, sin duda, entre los edificios de mediados del siglo XX más excéntricos de Berlín. Stubbins diseñó una estructura dinámica y alegre, que fue la contribución estadounidense a la Exposición Internacional de Construcción. Su elemento más sorprendente, el tejado de movimiento libre, fue una idea innovadora en aquel tiempo. La Haus estuvo marcada por el desastre desde el principio y casi ardió completamente durante su construcción. En 1980 se derrumbó en parte, pero fue reconstruida fielmente en 1987.

CIRCUITO III – VANGUARDISMO: EL NUEVO BERLÍN DE POTSDAMER PLATZ

La visión del ballet de grúas levantándose sobre Potsdamer Platz y el edificio Infobox de color rojo subido dieron la vuelta al mundo en la década de 1990, como símbolo del renacimiento del Berlín unificado. De unos feos solares ha nacido un nuevo distrito urbano dinámico y plagado de gente que acude a realizar compras, turistas, aficionados a los musicales, dueños de restaurantes y, como no, oficinistas.

La nueva Potsdamer Platz se divide básicamente en dos partes: DaimlerCity, acabada en 1998, y el Sony Center, inaugurado en 2000. La primera, con una forma que recuerda levemente a una tarta, está compuesta por 19 edificios de diferentes alturas dispuestos en una cuadrícula irregular de diez calles, algunas nuevas y otras reconstruidas, como Alte Potsdamer Strasse. Tres bloques de pisos marcan los límites de la estructura. Aproximadamente un 50% del espacio está

Arriba: Detalle de la fachada de aluminio dorado de la Philharmonie, de Hans Scharoun (fotografía de Andrea Schulte-Peevers).

Circuito III – Vanguardismo 57

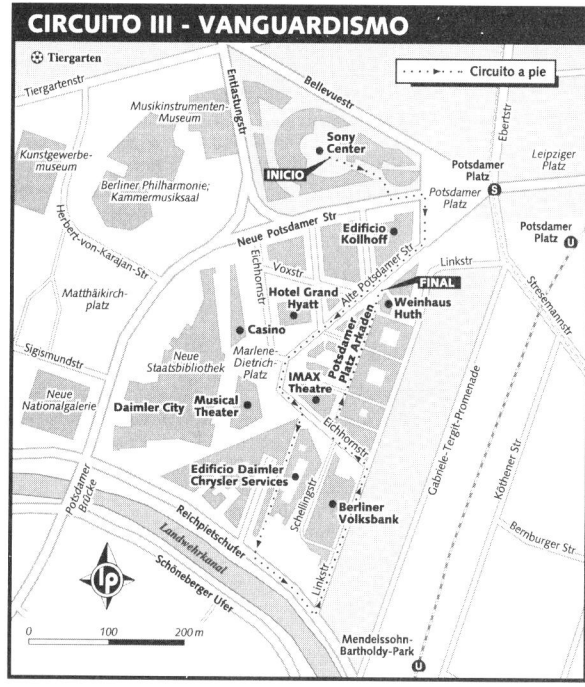

ocupado por oficinas, un 20% por pisos y un 30% por locales de varios tipos (hoteles, teatros, etc.).

El Sony Center, al norte de Neue Potsdamer Strasse, es un complejo de ocho inmuebles que rodean una plaza central, entre los que se encuentran la sede central de Sony en Europa, el FilmMuseum y bloques de apartamentos y oficinas.

Un equipo internacional compuesto por los mejores y más brillantes arquitectos contemporáneos se encargó de diseñar las diversas estructuras a partir de un plano básico de Renzo Piano y Christoph Kohlbecker. El proyecto debía incluir amplias aceras, locales con pórticos y fachadas de materiales naturales como terracota, arenisca o ladrillos. El propio Piano realizó seis de las 19 estructuras, incluido el complejo de ocio del Musical Theater, el IMAX y el Casino, todo ello alrededor de una plaza central llamada Marlene-Dietrich-Platz.

Entre los principales edificios del complejo se encuentran los siguientes:

Sony Center (2000)

Neue Potsdamer Strasse/Bellevuestrasse; arquitecto: Helmut Jahn
Helmut Jahn usó los 26.500 m² del terreno del Sony Center para crear un entorno alegre y visualmente atractivo. El elemento central es el *Fo-*

rum, una plaza oblonga dividida por un seto semicircular y una fuente redonda. Está cubierta por un espectacular techo de vidrio apoyado en vigas de acero, que parecen los radios de la rueda de una bicicleta. La rodean cinco edificios, con fachadas redondeadas, en consonancia con el perfil del Forum a excepción de una. Entre ellos se encuentran el FilmMuseum y la Esplanade Residence, que alberga la Kaisersaal (Sala del Emperador), recuperada del histórico Hotel Esplanade. Las edificaciones están revestidas de espejos, lo que crea un interesante juego de formas, colores y luz, refractada ésta a través del techo transparente. Algo apartada, orientada hacia la Potsdamer Platz, se alza la Torre Sony, de 100 m de altura. La esbelta fachada tiene en uno de sus lados una estructura semicircular de cristal.

Edificio Kollhoff

Potsdamer Platz 1; arquitecto: Hans Kollhoff
Este edificio de oficinas con tiendas en la planta baja ocupa un enorme espacio triangular que se extiende hacia el suroeste desde la Potsdamer Platz. La estructura es más alta (22 pisos) por la parte que da a aquélla y, junto con la Torre Sony de Helmut Jahn, forma una puerta de entrada a la zona. Al alejarse de la plaza, a unos pocos metros, la altura del edificio da la sensación de ir disminuyendo. Toda la estructura está cubierta por una capa de ladrillos rojizos, con una base de granito verde grisáceo que le da un aspecto algo antiguo, tradicional, típico de los diseños del autor.

Hotel Grand Hyatt (1998)

Marlene-Dietrich-Platz 2; arquitecto: Rafael Moneo
El famoso arquitecto español no hizo un derroche de imaginación en la parte exterior de este hotel de lujo: su monótona fachada, con sus hileras de ventanas cuadradas, es más funcional que estética, a pesar del uso de arenisca roja lisa y brillante. No obstante, el interior emana sofisticación, con un minimalismo al estilo Zen, mientras que el gimnasio de la azotea ofrece un entorno ideal para un completo disfrute de los sentidos.

Edificio DaimlerChrysler Services (1997)

Reichspietschufer/Eichhornstrasse; arquitecto: Renzo Piano
El rasgo más fascinante del edificio DaimlerChrysler Services, sucursal de la corporación homónima, es el espectacular atrio con dimensiones de una basílica posmoderna que obliga a levantar la mirada. Destaca la extraña escultura *Méta-Maxi*, de Jean Tinguely. El logo, un "cubo de Rubik" completamente verde, aparece en lo alto de la torre de 83 m de altura, en el extremo sur de la estructura, cerca de Reichspietschufer. Curiosamente, la torre hace también de chimenea para la salida de humos del túnel del metro, que pasa bajo el edificio.

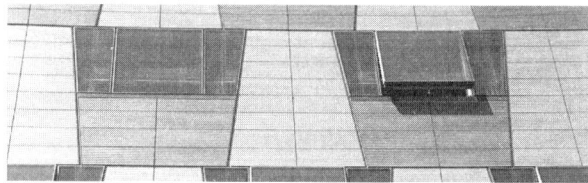

Berliner Volksbank (1997)

Complejo situado entre Eichhornstrasse, Linkstrasse y Reichpietschufer; arquitecto: Arata Isozaki

El gran arquitecto posmoderno japonés creó una de las estructuras más interesantes y atractivas de DaimlerCity. Dos bloques de oficinas rectangulares y paralelos están conectados a la altura de la séptima planta por varios puentes cubiertos de cristal, mientras que la fachada de placas de color café presenta sutiles ondulaciones. En el espacio que queda entre ambos edificios, a modo de túnel, crece un jardín.

Potsdamer Platz Arkaden (1997-1998)

Saliendo de Linkstrasse; arquitecto: Richard Rogers

Rogers diseñó tres bloques de oficinas, viviendas y comercios unidos por una elegante galería comercial interior de tres plantas. Cubiertos por un dosel de cristal, cobran vida con el mármol y la vegetación; además, los bancos, inteligentemente situados, permiten disfrutar del entorno.

Weinhaus Huth (1912)

Alte Potsdamer Strasse 5; arquitectos: Conrad Heidenreich y Paul Michel

Esta majestuosa construcción, que se ha quedado al lado de sus vecinos posmodernos, es el único testigo que queda de la antigua grandeza de la Potsdamer Platz. Sobrevivió a la II Guerra Mundial y al Muro, gracias en parte a su esqueleto de acero, toda una innovación para la época. La fachada del edificio es de piedra caliza; en el interior, una escalera de mármol lleva a un restaurante de categoría y a los pisos de las plantas superiores.

CIRCUITO IV – FUTURISMO: CRISTAL Y ACERO EN EL CITYWEST

Arriba: Las placas de color café de la fachada del Berliner Volksbank, edificio de Arata Isozaki (fotografía de Andrea Schulte-Peevers).

Aunque las nuevas construcciones del centro histórico de Berlín centran toda la atención, el CityWest también está intentando perder su aspecto gris. No hay duda de que la imagen de la década de 1950 no se puede borrar de un plumazo, pero los siguientes edificios suponen una bocanada de aire fresco para Charlottenburg.

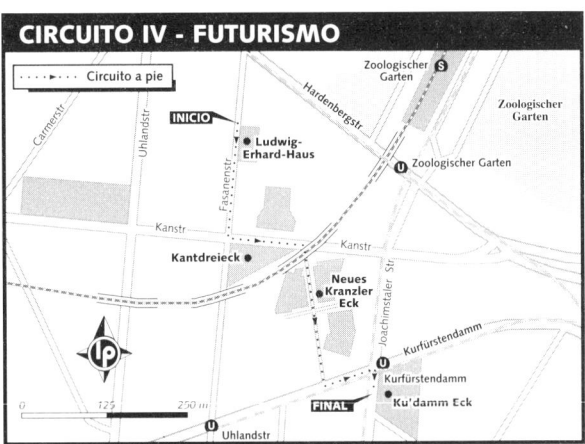

Ludwig-Erhard-Haus (1997)

Fasanenstrasse 83-84; arquitecto: Nicholas Grimshaw

Estructura, espacio y piel: estas son las tres piedras de toque de la filosofía del arquitecto británico Nicholas Grimshaw. Su Ludwig-Erhard-Haus, gran ejemplo de arquitectura "orgánica", refleja perfectamente estos principios. El diseño de alta tecnología que le sirvió de base se inspiró en el armadillo: la estructura de apoyo consiste en una serie de vigas curvas de hasta 38 m de altura que recuerdan vagamente el caparazón de ese animal. Todo el edificio está cubierto por una "piel" de cristal. Los principales elementos del interior son un pasaje que discurre como una calle, a lo largo de la construcción y un atrio que da acceso a las oficinas. Sus paredes albergan la Bolsa de Berlín y la Cámara de Comercio e Industria.

Kantdreieck (1995)

Fasanenstrasse 81; arquitecto: Josef Paul Kleihues

Este premiado bloque de oficinas da un aire extravagante al CityWest. Evoca el mundo náutico gracias a una estructura de módulos basada en el cuadrado, el triángulo y el círculo. El edificio tiene dos partes básicas: una base triangular de cristal y pizarra de cinco pisos, y una torre cuadrada de 11, coronada por una gran "vela" triangular que se mueve como una veleta.

Neues Kranzler Eck (2000)

Joachimstaler Strasse/Kurfürstendamm; arquitecto: Helmut Jahn

Helmut Jahn, creador del Sony Center (véase el Circuito III) también ideó este moderno complejo minimalista de oficinas y comercios dividido por un pasaje peatonal que conecta la Ku'damm y Kantstrasse. Este palacio de cristal, de 60 m de altura, presenta una geometría angulosa;

su atrio está iluminado con luces de neón. La dureza de las líneas se suaviza con las dos grandes jaulas del patio, en las que viven 110 pájaros exóticos. También está integrada en el complejo la glorieta del Café Kranzler, que es todo lo que queda de esta cafetería tan popular –sobre todo entre los turistas– en su día.

Ku'damm Eck (2001)

Kurfürstendamm/Joachimstaler Strasse; arquitectos: Gerkan, Marg & Partner

Fuera lo viejo, vía libre a lo nuevo: éste es el lema en esta esquina. Tras el derribo de la antigua estructura en 1998, el actual Ku'damm Eck cumple su objetivo de catapultar al distrito hacia el futuro. Con una altura de 44 m y diez pisos, el elemento más distintivo del edificio principal es su fachada redondeada apoyada en los pisos inferiores, que tienen un exterior ligeramente ondulado. Alberga un hotel y la tienda de ropa C&A; fuera un panel luminoso y esculturas de Markus Lüppertz.

Datos prácticos

CUÁNDO IR

Berlín es una ciudad fascinante todo el año, aunque la mayoría de viajeros llegan entre mayo y septiembre, cuando el tiempo es más agradable. Naturalmente, también es la época en que los museos y las atracciones turísticas reciben más visitas, y cuando resulta más difícil encontrar habitaciones baratas. Pero el verano es encantador debido, sobre todo, a que gran parte de su vida se traslada al exterior. Las terrazas de las cervecerías y los cafés bullen de actividad a todas horas; las celebraciones y los festivales al aire libre animan las calles, las plazas y los parques de la ciudad, y nadar en los lagos es un placer refrescante, siempre que el tiempo lo permita. Debe tenerse presente que en cualquier mes existe la posibilidad de que llueva.

De noviembre a principios de marzo el cielo suele estar nublado y el termómetro baja a menudo de los 0°C. La parte positiva es que los turistas son menos y las colas, más cortas. Por tanto, es preciso meter la ropa adecuada en la maleta y recordar que sólo más hay entre seis y ocho horas de luz solar. En diciembre, el sol (si es que aparece) se pone hacia las 15.30.

Es mejor evitar las fiestas más importantes, como Semana Santa, Navidad y Año Nuevo, y acontecimientos especiales como el Love Parade, momento en el que la ciudad está a rebosar, a menos, claro, que sea eso precisamente lo que se busque.

ORIENTACIÓN

Berlín se encuentra en el centro de la región conocida desde la Edad Media como la Marca de Brandeburgo, ahora *Bundesland* (estado federal) de Brandeburgo. Éste abarca unos 892 km², mientras que el territorio municipal ocupa 234, de los cuales casi una tercera parte de la superficie se compone de parques, bosques, lagos y ríos; hay en él más árboles que en París y más puentes que en Venecia. La mayoría de bellas y suaves colinas y de plácidos lagos se hallan en el sureste y el suroeste de la ciudad.

El río Spree recorre más de 30 kilómetros por Berlín, desde el Grosser Müggelsee, el mayor lago de la ciudad, al este, hasta Spandau, en el oeste. Recorriendo el norte y el sur de Spandau, el río Havel se ensancha formando una serie de lagos, desde Tegel hasta más abajo de Potsdam. Una red de canales conecta los cursos fluviales entre sí y con el río Oder, al este, en la frontera con Polonia.

En 2001, los 23 distritos administrativos con que contaba Berlín (los *Bezirke*) fueron reducidos a 12 para disminuir la burocracia. Esta fusión es una decisión técnica sin ninguna consecuencia para los visitantes, puesto que los nombres de las antiguas zonas se siguen usando. Los ocho "centrales" son (en el sentido de las agujas del reloj y desde el oeste): Charlottenburg, Tiergarten, Mitte, Prenzlauer Berg, Friedrichshain, Kreuzberg, Schöneberg y Wilmersdorf. Kreuzberg, con grandes diferencias entre sus partes oriental y occidental, está separado en esta guía en Kreuzberg 36 y Kreuzberg 61 para mayor claridad, utilizando sus viejos códigos postales.

Berlín continúa teniendo dos centros, vestigio de sus 40 años de división: el del oeste, junto a la estación Zoo y Kurfürstendamm en Charlottenburg (Plano 6) y el del este, en Mitte, donde se hallan Unter den Linden y la Alexanderplatz (Plano 7).

Unter den Linden, la popular avenida del antiguo Berlín aristocrático, y su continuación, Karl-Liebknecht-Strasse, se extienden desde la Puerta de Brandeburgo hasta a Alexanderplatz, en su día corazón de la Alemania Oriental socialista. Algunos de los mejores museos de la capital se alzan en la Museumsinsel, en el Spree. El principal barrio de entretenimiento ocupa las cercanías de Hackesche Höfe y Oranienburger Strasse, aunque la zona tiene una fuerte competidora en Prenzlauer Berg, al noreste.

Al sur de la Puerta de Brandeburgo, en unos terrenos ocupados antes por el Muro, ha surgido el barrio más moderno de Berlín, alrededor de la Potsdamer Platz. Pero el ma-

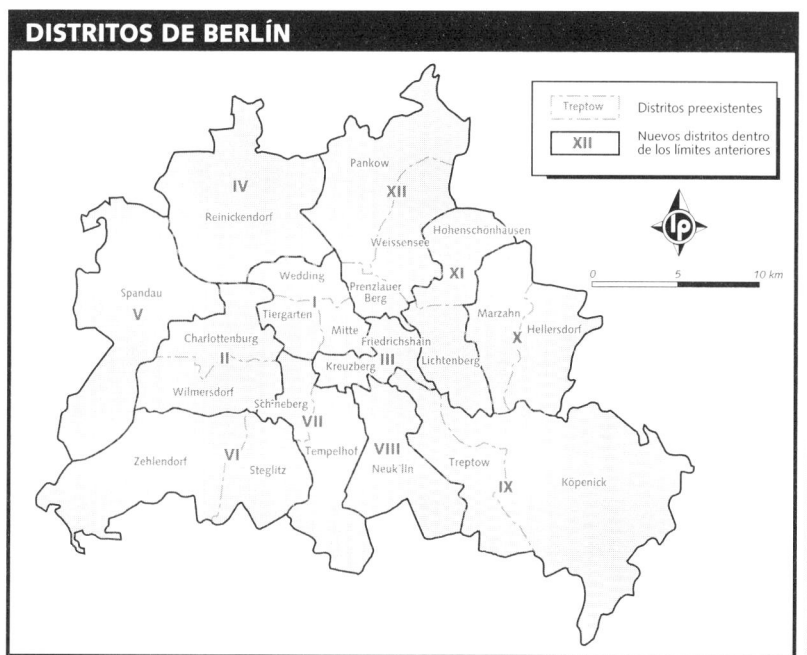

DISTRITOS DE BERLÍN

cabro signo de identidad, del pasado reciente de la ciudad, no se ha perdido en la memoria; aún quedan, en diversos lugares, fragmentos a la vista. Véase el recuadro "El Muro de Berlín" en el capítulo *Qué ver y hacer*.

En el centro del antiguo Berlín Oeste, las ruinas de la Kaiser-Wilhelm-Gedächtniskirche, en Breitscheidplatz, cerca de la estación Zoo, son la atracción más visitada. La principal oficina de turismo se encuentra en el Europa-Center, junto a decenas de tiendas, en la parte este de la plaza. La Kurfürstendamm (conocida como Ku'damm), la vía principal, recorre 3,5 km desde a Breitscheidplatz hasta Halensee.

Al noreste, entre la Breitscheidplatz y la Puerta de Brandeburgo, se halla el Tiergarten, distrito que toma su nombre del parque que fue coto de caza de la realeza. La zona al norte del parque, junto al meandro del Spree (la Spreebogen) y entre las estaciones de S-Bahn Lehrter Stadtbahnhof y Bellevue, se está convirtiendo en el distrito administrativo y diplomático. Lehrter Stadtbahnhof funciona en la actualidad como estación de S-Bahn, pero está previsto convertirla en la principal estación de trenes de la ciudad para viajes de largo recorrido e interurbanos.

Los números de las calles suelen aumentar de forma ascendente por un lado y descendente por el otro (son excepciones importantes Unter den Linden y, en Schöneberg, Martin-Luther-Strasse y Lietzenburger Strasse). Hay indicadores en las señales de la mayoría de las esquinas. Debe tenerse en cuenta que una misma calle puede cambiar de nombre varias veces, y que hay otras, como Kurfürstendamm, Kantstrasse o Knesebeckstrasse, donde la numeración continúa tras interrumpirse al pasar una plaza.

PLANOS

Los planos de esta guía deberían bastar al viajero, a no ser que tenga previsto realizar alguna exploración a fondo de alguna parte de las afueras. Además Lonely Planet ha editado en inglés un plano de esta ciudad a tres escalas (*Berlin & Vicinity* 1:60.000; *Central Berlin* 1:34.500; y *Zoo, Tiergarten, Mitte* 1:20.000), un índice con todas las calles y puntos de interés, y cuesta 6,80 €. En español es posible disponer de planos detallados de Berlín, por ejemplo, en Plaza & Janés (Barcelona 1996); en Berndtson & Berndtson, escala 1:15.000 por 6,50 € y en Cartographia Editorial (2002), escala 1:22.000 por 4,80 €.

Falkplan también publica cartografía de calidad, sea desplegable o, como el Falk Megaplan, con un sistema patentado de pliegues; y las de ADAC y el RV Verlag Euro City tampoco están mal. Los precios van de 4,50 a 7,50 €.

Para quien tenga pensado quedarse en Berlín varios meses puede resultar útil una guía de calles, como la publicada por RV Verlag (12,90 €). Contiene más de 150 planos detallados (1:20.000) de la ciudad, de los barrios periféricos y Potsdam, un índice de calles por nombres, rutas de transporte público e información descriptiva y relaciones de locales (en alemán).

OFICINAS DE TURISMO
Oficinas de turismo locales

La oficina principal del Berlin Tourismus Marketing (BTM) está en el Europa-Center, en Budapester Strasse 45, cerca de la estación Zoo. Está abierta de 8.30 a 20.30 de lunes a sábado y de 10.00 a 18.30 los domingos. Existe otra sucursal en el ala sur de la Puerta de Brandeburgo, abierta todos los días de 9.30 a 18.00. El personal de ambas realiza reservas de hotel de forma gratuita, pero sólo a los asociados al BTM.

Hay oficinas de turismo más pequeñas (con menos servicios), llamadas *Info Points* en el Reisecenter de la planta baja de los grandes almacenes KaDeWe, en Tauentzienstrasse 21 (abiertas de 9.30 a 20.00 los días laborables, y de 9.00 a 16.00 los sábados) y en el vestíbulo principal del aeropuerto Tegel (abierta todos los días de 5.00 a 22.30).

La sucursal más nueva del BTM es el Info-Café del vestíbulo de la Torre de la televisión (Plano 7), donde se facilita información. También se puede picar algo o tomar un café tranquilamente.

Para obtener datos por teléfono hay que ponerse en contacto con la línea de información de BTM (☎ 0190-01 63 16); las llamadas cuestan más caras de lo normal, con precios de 0,41 a 1,20 € por minuto. Desde fuera de Alemania es necesario marcar el ☎ (49) 1805-75 40 40. Para hacer reservas de habitaciones y para celebraciones especiales, hay que conectar con el ☎ 030-25 00 25 (tarifa telefónica normal). Además se accede a estos mismos servicios a través de la web de BTM, en www.berlin-tourism.de.

En las oficinas de turismo venden planos, libros y la popular **Berlin WelcomeCard** (18 €). Ésta permite a un adulto y hasta tres niños menores de 14 años utilizar con total libertad el transporte público de la zona de Berlín-Potsdam, y disfrutar de pequeños descuentos en museos, espectáculos, atracciones, circuitos organizados y viajes en barco. La WelcomeCard también se puede conseguir en hoteles y en las taquillas del transporte público.

Oficinas de turismo en el exterior

La central nacional de turismo de Alemania es la Deutsche Zentrale für Tourismus (DZT) que tiene su sede en Beethovenstrasse 69, 60325 Frankfurt del Main (☎ 069 97 46 40, fax 75 19 03, info@d-z-t.com) y cuya web es www.germany-tourism.de.

Brasil (☎ 11 5181 2310) Cámara de Comercio e Industria Brasil-Alemania, rua Verbo Divino 1488, 3º, 04719 904 São Paulo. Es la única de América Latina

España (☎ 914 293 551, fax 914 202 450, infoalemania@d-z-t.com) San Agustín 2, plaza de las Cortes, 28014 Madrid

Estados Unidos (☎ 323 665 6085, fax 655 6086, gntolax@aol.com) 8484 Whilshire Blvd, Suite 440, Beverly Hills, CA 90211.

AGENCIAS DE VIAJE

Bajo el epígrafe *Reisen* de la sección de clasificados (*Kleinanzeigen*) de las populares revistas *Zitty* y *Tip* (véase la sección "Agendas", en el capítulo *Ocio*, más adelante) se anuncian agencias de viaje que ofrecen vuelos a buen precio. Una de las mejores es Alternativ Tours (☎ 881 20 89), Wilmersdorfer Strasse 944, en Wilmersdorf (Plano 6; U7 a Adenauerplatz), especializada en viajes con descuento a cualquier parte, de los que no se hace publicidad. Otra compañía con propuestas para vuelos y paquetes turísticos es Travel Overland, en Goltzstrasse 14, en Schöneberg (Plano 4; ☎ 217 38 90). Frauen Unterwegs, que organiza viajes sólo para mujeres, se encuentra en Potsdamer Strasse 139, también en Schöneberg (Plano 4; ☎ 215 10 22).

Rainbow Tours contrata viajes en autobús increíblemente baratos a Praga, Londres, Munich y París desde su delegación en Kantstrasse 116 (Plano 6; ☎ 318 63 00). Para más información se puede visitar su página web (sólo en alemán), www.rainbowberlin.de.

STA Travel es la agencia más importante destinada a jóvenes y estudiantes, aunque atiende a cualquier tipo de público. También expide las tarjetas GO25 e ISIC (véase la sección "Carné joven y de estudiante", más adelante, en este capítulo) y tiene sucursales por todo Berlín, como en Charlottenburg (Hardenbergstrasse 9, Plano 6, ☎ 310 00 40; y Goethestrasse 73, Plano 6, ☎ 311 09 50); en Mitte (Dorotheenstrasse 30, Plano 7, ☎ 20 16 50 63) y en Prenzlauer Berg (Gleimstrasse 28, Plano 3; ☎ 281 51 33).

Entre los operadores turísticos para el público en general, Atlas Reisewelt tiene buena reputación. Posee sucursales en Alexanderplatz 5 (Plano 7; ☎ 242 7370) y Münzstrasse 14 (Plano 7; ☎ 247 76 48), en Mitte, así como en el aeropuerto Schönefeld (☎ 60 91 56 50). Son un buen lugar para comprar billetes de tren, autobús o ferry, y para encargar paquetes turísticos.

Hay varias agencias especializadas en viajes a Europa del este. Para ir a Polonia, se puede acudir al Polnisches Reisebüro Darpol, en Charlottenburg (Kaiser-Friedrich-Strasse 19, Plano 4, ☎ 342 00 74; U-Bahn: U7 a Richard-Wagner-Platz). Quien tenga pensado dirigirse a Rusia, puede probar en Sputnik Travel, en Mitte (Friedrichstrasse 176, Plano 7, ☎ 20 30 22 46). Para obtener información sobre viajes a la República Checa existe la opción de Cedok Travel, en Leipziger Strasse 60 (Plano 7; ☎ 204 46 44). Ungarn Tours vende billetes de autocar y avión a Budapest y otros destinos; se encuentra en Karl-Liebknecht-Strasse 9 (Plano 7; ☎ 247 82 96).

VISADOS Y DOCUMENTACIÓN
Pasaporte

A las personas que residen en países miembros de la Unión Europea (UE), como es el caso de España, les basta con el documento nacional de identidad para poder entrar en Alemania. Para los turistas hispanoamericanos el pasaporte es imprescindible, por lo que es necesario verificar su vigencia; además, dependiendo de su origen, también es preciso obtener un visado.

Renovar el pasaporte es un trámite que puede llevar desde unos días hasta varios meses, de modo que no es conveniente dejarlo para el último momento. En general, la burocracia resulta más rápida si se realizan las gestiones personalmente, en lugar de hacerlo por correo o encargarlas a terceros. Ante todo es necesario disponer de los documentos que se solicitan para acompañar a la solicitud: fotografías de tipo pasaporte, certificados de nacimiento, declaraciones firmadas y similares, y conocer la cantidad exacta a pagar.

Visados

Para estancias inferiores a tres meses, a los ciudadanos estadounidenses no se les exige visado (basta con el pasaporte) y tampoco a los viajeros procedentes de Argentina, Chile, México y Venezuela, siempre y cuando el motivo del desplazamiento sea turístico. Ahora bien, si el objetivo es estudiar o trabajar en Alemania, deberán tramitar previamente un visado.

A los de la mayor parte de otros países (entre ellos los colombianos y peruanos) se les exige el visado Schengen así llamado por el acuerdo homónimo que eliminó los controles sobre la circulación de personas entre muchas de las naciones de Europa Occidental. Han de tramitarlo en la embajada alemana de su país, aunque sea para un período inferior al antes citado.

Las personas que tienen concedida la residencia en un país del grupo de Schengen, aunque no sean oriundos del mismo, no necesitan visado. En cualquier caso, no está de más contactar con las embajadas y consulados alemanes en América Latina, para obtener una información más detallada y actualizada.

Seguro de viaje

Resulta muy recomendable tener una póliza de seguros que cubra gastos médicos, posibles pérdidas o robos. Lo mejor es un seguro sanitario de cobertura elevada. Como de éstos existe una gran variedad, conviene leer la letra pequeña del contrato antes de firmarlo. Algunas pólizas excluyen actividades tan "peligrosas" como el submarinismo, circular en moto e incluso el trékking.

Hay modalidades en las que la compañía se hace cargo directamente de los gastos médicos, pero en otras hay que pagar primero y reclamar el importe después; en este caso, se deben pedir y guardar los justificantes de las facturas. Algunas compañías exigen que se llame por teléfono (a cobro revertido) a la central en el país de origen, donde se hacen cargo de todo. Debe verificarse que la cobertura incluya transportes con ambulancia y también repatriación por vía aérea.

Además es conveniente comprobar el seguro médico antes de salir, puesto que hay algunas pólizas que dan cobertura en todo el mundo, en cuyo caso sólo hay que protegerse contra otros problemas (véase la sección "Salud", más adelante, en este capítulo). El uso de la tarjeta de crédito para comprar el billete de avión acostumbra a incluir un seguro de accidente en viaje, pero con unas prestaciones limitadas; hay que informarse en la compañía de tarjetas de crédito sobre ello y, en caso necesario, sobre la forma de reclamar el pago.

Permiso de conducir

En Alemania es válida la licencia europea de conducción. Si no se dispone de ella, vale la pena conseguir el carné internacional (International Driving Permit, IDP) en el organismo automovilístico pertinente del país de origen del viajero. Gratuito y con un año de validez, aunque no obligatorio para circular por Alemania, resulta útil, junto con la licencia nacional de conducir, para alquilar vehículos de dos o cuatro ruedas.

Carné de hospedaje

Para alojarse en los albergues de juventud de la Deutsches Jugendherbergswerk (DJH) hay que estar afiliado a Hostelling International (HI), la organización internacional de este tipo de establecimientos. Los extranjeros que no disponen del carné HI pueden obtener el internacional de invitado (International Guest Card, IGC) en cualquier albergue. Su coste oscila entre 10 € para los jóvenes y 18 € para los adultos, y tiene un año de validez. Sin él hay que añadir 3,10 € por noche a la tarifa normal. El visitante recibe un pase que es sellado cada noche y después de pernoctar seis consigue automáticamente el IGC.

Los alemanes y las personas que tienen concedida la residencia en Alemania pueden obtener los carnés HI e IGC al registrarse en el albergue. No se necesitan estos carnés en los independientes.

Carné joven y de estudiante

El más útil es el carné internacional de estudiante (International Student Identity Card, ISIC), un documento con fotografía que identifica a su titular y cuya presentación facilita descuentos en diferentes medios de transporte, incluyendo líneas aéreas. También da derecho a entrar gratuitamente, o con menor coste, en museos y lugares turísticos, y a comer en restaurantes estudiantiles pagando menos.

Los que tienen menos de 26 años pero no son estudiantes pueden solicitar el carné GO25 que emite la Federación Internacional de Organizaciones de Viajes para Jóvenes (Federation of International Youth Travel Organisations, FIYTO) o el carné Euro<26, vigente en varios países bajo diferentes denominaciones. Ambos tienen más o menos las mismas ventajas que el carné ISIC.

Todos ellos pueden conseguirse en las asociaciones de estudiantes, las organizaciones de albergues y las agencias especializadas en viajes para jóvenes.

Fotocopias

Antes de emprender el viaje es aconsejable hacer dos fotocopias de todos los documentos importantes, como el pasaporte y el visado (en ambos sólo la página de los datos), las tarjetas de crédito, la póliza de seguro de viaje, los billetes de avión, tren o autocar, el permiso de conducir y similares. Se deja una copia en casa y otra se lleva encima, separada de los originales.

EMBAJADAS Y CONSULADOS
Embajadas de Alemania en el mundo

Algunas de las embajadas de Alemania en el mundo son las siguientes:

Argentina (☎ 11 4778 2500, fax 11 4778 2550) Villanueva 1055, Cas. 2979, 1000 Buenos Aires

Colombia (☎ 1 416 5709, 1 416 5731, 1 416 5712, fax 1 416 5789, 1 416 5790) Carrera 69 nº 43B-44, edificio World Business Port, piso 7, Bogotá D.C., A.A. 91808 Bogotá/8

Chile (☎ 2 463 25 00, fax 2 463 25 25) Las Huatatas 5677, esquina Cardenal Belarmino, Vitacura, Santiago de Chile

Ecuador (☎ 593 2 978820, fax 593 2 970815) Avenida Naciones Unidas y República del Salvador. Edificio "citiplaza". Quito. Cas. 17 17 536 Quito.

España *Embajada* (☎ 915 579 000, urgencias: ☎ 915 579 000, fax 913 102 104) calle Fortuny 8, 28010 Madrid. *Consulados generales* (☎ 932 921 000, fax 932 921 002) Passeig de Gràcia 111, 08008 Barcelona, y (☎ 952 363 591, fax 952 320 033) edificio Eurocom, bloque sur, calle Mauricio Moro Pareto 2, 5º, Málaga 29006, apartado de correos 940

Estados Unidos (☎ 202 298 4000, fax 298 4249) 4645 Reservoir Rd NW, Washington DC 20007-1998

México (☎ 5 283 22 00, fax 5 281 25 88, 5 283 22 75) calle Lord Byron 737, Col. Polanco Chapultepec, 11560 México D.F.

Perú (☎ 1 422 49 19, fax 1 422 64 75) Miraflores, avenida Arequipa 4202-4210, Lima 18

Venezuela (☎ 2 12 261 01 81, 2 12 261 12 05, fax 2 12 261 06 41) edificio Seguros Panamerican, piso 2, avenida San Juan Bosco, esquina 3ª Transversal Altamira, 1010-A Caracas.

Embajadas en Berlín

Argentina
Embajada (☎ 030 226689, 030 226680, fax 030 2291400) Dorotheenstrasse 89, 3. Stock, 10117 Berlín.

Colombia
Embajada y consulado (☎ 030 263961 0, fax 030 263961 25) Kurfürstenstrasse 84 5º, OG 10787 Berlín

Chile
Embajada (☎ 030 726 03 5, 030 204 49 90, fax 030 726 03 603) Leipziger Strasse 63, 10117 Berlín

Ecuador
Embajada (☎ 0049 30 2386217) Kaiser-Friedrich-Str. 90, 10585 Berlín

España
Embajada (☎ 030 254 007 0, fax 030 257 99 557) Schöneberger Ufer 89, 6º, 10785 Berlín (☎ 030 31509251, 030 31509252, 030 31509253, 030 31509248, fax 030 31509962) Steinplatz 1, 10623 Berlín

Estados Unidos
Embajada (☎ 030 238 51 74, fax 238 62 90) Neustädtische Kirchstrasse 4-5, Berlín
Consulado (☎ 030 832 92 33, fax 83 05 12 15) Clayallee 170, Berlín
Servicio de información de visados (☎ 0190 85 00 58 00, contestador automático; ☎ 0190 85 00 58, operadora, 1,80 € por minuto)

México
Embajada (☎ 030 2693230, fax 030 269323700) Klingelhöferstrasse 3, 10785 Berlín

Perú
Embajada (☎ 030 20 64 10 3, fax 030 206410 51); *consulado* (☎ 030 229 14 55, fax 030 229 28 57), Mohrenstrasse 42, 10117 Berlín

Venezuela
Embajada (☎ 0049 30 2292111, 0049 30 2292742, 0049 30 2292726) Wilhemstrasse 64, 10117 Berlín

La embajada del país de origen

Es conveniente conocer lo que la embajada del país de origen puede hacer para ayudar al viajero y aquello que no le es posible resolver. En general no cabe esperar mucho si el problema lo ha causado el visitante, que está sometido a las leyes del país en que se encuentra. La embajada no estará muy predispuesta a ayudar a una persona que ha sido encarcelada tras cometer una acción que

El oso es, desde hace siglos, el símbolo de Berlín. Algunos consideran que el nombre de la ciudad proviene de la palabra alemana *Bärlein*, que significa "pequeño oso".

es delito en el país huésped, aunque se trate de algún hecho no punible en su nación.

En casos de verdadera emergencia se obtiene ayuda siempre que se hayan agotado otras posibilidades para solucionar el asunto. Por ejemplo, si se necesita volver a casa con urgencia, resulta improbable la obtención de un billete gratuito de retorno, porque las embajadas consideran que el turista debe tener un seguro para estos casos. Si se produce un robo de documentos se concede un nuevo pasaporte, pero no un préstamo.

En el pasado, algunas embajadas aceptaban recoger el correo destinado a los viajeros, pero este servicio apenas se presta. Otras disponen de una pequeña sala de lectura con diarios del país, aunque suelen ser ejemplares atrasados.

ADUANAS

Los artículos de uso personal pueden entrar en Alemania exentos de tasas bajo ciertas condiciones. Las cantidades autorizadas de productos adquiridos en las tiendas libres de impuestos (*duty free*) de aeropuertos son las siguientes:

Tabaco
200 cigarrillos, o 100 puritos, o 50 cigarros puros, o 250 gr de tabaco suelto.

Alcohol
Un litro de licor de alta graduación, o dos litros de bebidas con menos del 22% de alcohol en volumen y dos litros de vino.

Café y té
500 gr o 200 gr de extractos y 100 gr de té o 40 gr de extractos de té.

Perfumes
50 gr de perfume o esencia y un cuarto de litro de colonia.

Otros productos, hasta un valor total de 179 €.

La adquisición de tabaco y alcohol sólo está permitida a las personas de más de 17 años y, curiosamente, sólo los mayores de 15 están autorizados para introducir café comprado en tiendas libres de impuestos. No existen limitaciones a la entrada de billetes y monedas, pero una suma elevada, por ejemplo 15.000 € o más, despertará sospechas de blanqueo de dinero.

No deben confundirse los artículos libres de impuestos con los adquiridos en otros países de la UE (incluidos alcohol y tabaco) y luego llevados a Alemania, donde pueden ser bastante más caros. En este caso las cantidades consentidas son bastante generosas: 800 cigarrillos, 200 cigarros puros o un kilo de picadura; 10 litros de licor (de 22° o más), 20 litros de vino de alta graduación o aperitivos, 90 litros de vino o 110 litros de cerveza.

Las tiendas libres de impuestos han sido eliminadas "dentro" de la UE, por lo que se puede entrar en un país miembro de la Unión con artículos de esta guisa adquiridos fuera de ella; en cambio no es posible comprarlos, por ejemplo, en Francia si el destino del viaje es, digamos, el Reino Unido. A pesar de ello, muchos de estos establecimientos ofrecen a los que viajan por la UE descuentos que equivalen a las ventajas del sistema anterior.

MONEDA
Cambio

El 1 de enero de 2002 se introdujo el euro (€) en los países de la UE, salvo en Suecia, Dinamarca y el Reino Unido. Existen siete billetes (de 5, 10, 20, 50, 100, 200 y 500 €) y ocho monedas (de 1 y 2 €, y de 1, 2, 5, 10, 20 y 50 céntimos). Los alemanes, como los demás ciudadanos de la UE, tardarán algún tiempo en familiarizarse con la nueva moneda, por lo que hay que fijarse bien tanto a la hora de pagar como de recibir cambio.

Tipo de cambio

País	Moneda	Euros
Argentina	1 peso	0,35
Chile	1 peso	0,002
Colombia	1 peso	0,0005
EE UU	1 dólar	1,1
México	1 peso	0,12
Perú	1 nuevo sol	0,33
Reino Unido	1 libra esterlina	1,61
Venezuela	1 bolívar	0,001

Esta tabla de equivalencias puede haber sufrido variaciones desde el momento de la edición de la presente guía y la fecha en que el lector realice el viaje.

Cambio de moneda

Las oficinas bancarias y las casas de cambio de los aeropuertos y estaciones de ferrocarril son los lugares donde es más fácil cambiar dinero. La comisión que cobran oscila entre 3 y 5 € por operación. Algunos bancos disponen de máquinas automáticas en el exterior de las oficinas, pero en ellas el tipo de cambio resulta menos favorable.

Entre las agencias de cambio oficiales de Berlín se encuentran las siguientes:

AGW Exchange (Plano 6; ☎ 882 10 86) Joachimstaler Strasse 1-3, abierta de 9.00 a 19.00 de lunes a viernes y de 10.00 a 15.00 los sábados.

American Express (Plano 7; ☎ 20 45 57 21) Friedrichstrasse 172, Mitte y Bayreuther Strasse 37, cerca de los almacenes KaDeWe (Plano 6; ☎ 21 47 62 92), abiertas de 9.00 a 19.00 de lunes a viernes y de 10.00 a 14.00 los sábados. No cobran comisión en el cambio de cheques de viaje American Express

Euro-Change (Plano 6; ☎ 261 14 84), en la planta baja del Europa-Center, frente a la Breitscheidplatz, abierto de 9.00 a 18.00 de lunes a viernes y hasta las 16.00 los sábados. Tiene sucursales en Friedrichstrasse 80 y en la Alexanderplatz, ambas en Mitte (Plano 7), así como en el aeropuerto Tempelhof (Plano 5).

Reisebank (Plano 6; ☎ 881 71 17), Hardenbergplatz 1, frente a la estación Zoo, abierto de 7.30 a 22.00 todos los días. Hay otras delegaciones en Ostbahnhof (Plano 5; ☎ 296 43 93) y en Bahnhof Friedrichstrasse (**Plano 7**; ☎ 20 45 50 96), con horarios de apertura más reducidos.

Thomas Cook (Plano 7; ☎ 20 16 59 16), Friedrichstrasse 56, abierto de 9.30 a 18.00 los días laborables y los sábados de 10.00 a 14.00. No cargan comisión al cambiar cheques de viaje Thomas Cook.

Dinero en efectivo. El dinero líquido es muy práctico, pero también un riesgo. En caso

Adiós, marco. Bienvenido, euro

El marco alemán ya es historia. En enero de 2002, Alemania –junto con otros 11 estados miembros de la Unión Europea– empezó a utilizar el euro. Actualmente es la moneda común de Alemania, Austria, Bélgica, España, Finlandia, Francia, Grecia, Holanda, Irlanda, Italia, Luxemburgo y Portugal. Su valor frente al dólar y el resto de monedas –incluidas las de los tres estados miembros de la UE que han quedado fuera de la zona euro– fluctuará según las condiciones del mercado.

Cada uno de los billetes representa una época diferente de la historia cultural europea (Gótico, Renacimiento, Barroco, etc.). Muestran un puente "europeo" en el reverso y un arco en el anverso. A cada país se le ha permitido diseñar un emblema nacional en el reverso de las monedas (el anverso es igual para todos los países).

Quien tenga marcos alemanes de un viaje anterior puede cambiarlos en el Landeszentralbank Berlin (Plano 7; ☎ 347 50), Kurstrasse 40, Mitte, de 8.30 a 13.00 los días laborables.

El trabajo para esta obra se realizó justo antes de la gran explosión del euro. Siempre que ha sido posible se facilitan los precios en euros. A veces, sin embargo, aún no estaban disponibles y ha habido que convertirlos a partir del marco, por lo que los lectores pueden encontrar ligeras diferencias entre el precio que damos y el actual.

de pérdida no hay remedio, ya que los seguros no están dispuestos a compensar por ello. Por tanto, no se debe llevar encima una cantidad superior a 350 €.

Pero en Berlín, como en toda Alemania, es frecuente el pago en metálico; no se puede evitar ir siempre, por lo menos con algo de efectivo en el bolsillo, digamos unos 100 €. Hay que plantearse que va a necesitarse en casi todas partes. Véanse las excepciones más probables en el apartado "Tarjetas de crédito", más adelante. Debe tenerse en cuenta que los bancos y también en las casas de cambio admiten los billetes extranjeros pero, a menudo, no las monedas.

Cheques de viaje. La ventaja principal de los cheques de viaje radica en la protección que ofrecen frente a posibles robos. Su uso va reduciéndose a medida que más y más viajeros, incluyendo aquellos de bajo presupuesto, mantienen depósitos bancarios en su país de origen y pueden retirar fondos desde el extranjero usando los cajeros automáticos.

No se utilizan habitualmente para pagar compras en grandes almacenes, restaurantes y hoteles. Los cheques emitidos en moneda extranjera deben cambiarse por moneda local en un banco o casa de cambio, para lo que hay que presentar el pasaporte. El Reisebank cobra 3 € para reembolsos inferiores a 50 € y en caso de importes superiores aplica una comisión del 1%, con un mínimo de 6 €. Los cheques más conocidos son los de las compañías American Express y Thomas Cook, que no perciben ninguna comisión si se hace el cambio en sus propias oficinas; ofrecen un buen servicio para librar nuevos cheques.

Cajeros automáticos. Los cajeros automáticos están muy extendidos y con frecuencia se hallan dentro de un espacio de seguridad cerrado; para acceder a cualquiera de ellos se debe introducir la tarjeta de crédito en una ranura situada en el exterior. Sólo admiten códigos de cuatro dígitos. La mayor parte acepta las tarjetas Visa y MasterCard, y si el banco del titular está integrado en las redes Cirrus, Plus o Maestro se puede retirar dinero de la propia cuenta bancaria. Antes de salir de viaje conviene informarse en el banco sobre las comisiones que cargan y los servicios que presentan, así como anotar el número de la tarjeta por si hay que comunicar la pérdida o robo de la misma.

Tarjetas de crédito. Visa, MasterCard y American Express son las más aceptadas, sobre todo en los hoteles importantes, las gasolineras y los grandes almacenes y comercios. Sin embargo, no siempre se puede pagar con ellas en restaurantes, hoteles y comercios pequeños, por lo que hay que preguntarlo previamente. En algunas tiendas sólo admiten el pago con tarjeta si el valor de la compra excede cierta suma y algunas ni siquiera las aceptan, a pesar de exhibir el anuncio en sus escaparates. No obstante, no hace ningún daño llevarla en la cartera, aunque sólo sea para una emergencia o para alquilar un coche.

Se recomienda comprobar antes de salir las comisiones por sacar dinero en un cajero automático. También conviene llevar el teléfono de emergencias apuntado para casos de pérdida o robo.

Transferencias internacionales. Dependiendo del país de origen, una transferencia enviada desde un banco en otro país a uno en Berlín debería llegar normalmente en menos de una semana. Téngase en cuenta que algunas entidades cargan una comisión exorbitante sólo por recibir el dinero (son muy frecuentes las tarifas de 25 € o más), a menos que se tenga una cuenta. Por otra parte, abrir una puede resultar poco práctico o imposible.

La alternativa son empresas como Western Union o MoneyGram, que ofrecen la posibilidad de ordenar transferencias rápidas a través de bancos corresponsales, como el Reisebank. El dinero remitido por este sistema está disponible al instante. La comisión la paga quien ordena la transferencia y su importe varía según los países, oscilando entre 44 € para transferencias de hasta 336 € y unos 78 € para cantidades de 560 € a 1.120 €.

Seguridad

Hay que ser prudente –pero no paranoico– con el dinero que se lleva encima. Vale la pena hacer uso de la caja fuerte del hotel o albergue para los objetos de valor y el efectivo que no se quiera llevar encima. No conviene enseñar grandes cantidades en público. Un cinturón-monedero para debajo de la ropa es un buen lugar para llevar el dinero durante los traslados, o cuando no se pueda guardar en una caja fuerte. Debe evitarse llevar la cartera en el bolsillo trasero de los pantalones, ya que es el principal objetivo de los carteristas, en los bolsos y los bolsillos exteriores de las riñoneras.

Precios

Naturalmente, lo fácil en Berlín es despilfarrar, mientras que gastar poco resulta algo más complicado. El secreto para economizar consiste en privarse de ciertas cosas en aquello que es posible, como el alojamiento y la comida. Siendo muy austero se puede sobrevivir gastando entre 30 y 45 € al día, y con un presupuesto del doble ya se alcanza bastante comodidad.

Las habitaciones en las pensiones más sencillas cuestan unos 25 € por persona y noche o menos. Durmiendo en una sin baño se ahorra por lo menos un 30% en comparación con las que tienen baño completo. Los albergues aún son más baratos y actualmente hay un gran número de establecimientos de calidad ubicados en zonas céntricas.

Sale muy a cuenta comprar bonos para el transporte público (véase el capítulo *Cómo desplazarse*). Los estudiantes con el ISIC (véase el apartado "Carné joven y de estudiante", antes, en este capítulo), los adultos y los niños disfrutan, por regla general, de descuentos.

Propina y regateo

En los restaurantes la factura incluye siempre el servicio (*Bedienung*) y la propina no es obligatoria. Si se quiere añadir algo, lo normal oscila entre el 5 y el 10% del importe. Los alemanes tienen la costumbre de redondear al alza la nota y considerarlo una propina, pero hacerlo ahora en euros resulta en exceso generoso. Los taxistas también

El arte de aprovechar las ofertas

Hay muchos modos de recortar costes al explorar Berlín.

Los que pueden ahorrar son, especialmente los estudiantes, las personas mayores y los niños. En los museos, los lugares de interés y las atracciones turísticas, se llega hasta un 50% menos. También hay tarifas con descuento en algunos tipos de transporte público, en la entrada a las piscinas públicas, pistas de hielo y otras instalaciones de ese tipo. Los estudiantes también pueden conseguir entradas de última hora en las taquillas de los teatros inmediatamente antes del inicio, normalmente a mitad de precio.

Cualquiera se puede beneficiar de descuentos para funciones de teatro o musicales en Hekticket, una agencia de reservas de última hora (véase el capítulo *Ocio*). Fuera de temporada, en algunos hoteles cabe negociar tarifas especiales o pedir una reducción por estancias superiores a tres noches. El concepto de la *happy hour* –generalmente una o dos horas al principio o al final de la noche, cuando se pueden conseguir bebidas más baratas o a mitad de coste– también se ha convertido en un éxito.

Los aficionados a la ópera, al ballet y a la música clásica de menos de 27 años conseguirán entradas increíblemente baratas comprando la Classic Card. Esta tarjeta, emitida conjuntamente por la Konzerthaus Berlin, la Berliner Philharmonie y la Deutsche Oper, cuesta 25 € y permite el acceso a todos los espectáculos que se quiera durante un año en la mejor localidad disponible. Las entradas para los conciertos valen de 5 a 8 €; la ópera y el ballet, 10 €. La Classic Card puede conseguirse en la taquilla de los teatros y en el Dussmann Kulturkaufhaus (véase el capítulo *De compras*).

---

esperan alguna propina, que acostumbra a ser del 10%.

El regateo es inusual en el país y, desde luego, nunca se practica en restaurantes y comercios. En ocasiones se obtiene, tras pedirla, una rebaja en el precio de los hoteles si es época de pocos clientes. En cambio, en los mercadillos sí se acostumbra a regatear y lo normal es conseguir un precio entre el 10 y el 25% menos. En los mercados de frutas y verduras los precios no se negocian, pero puede que al final del día el tendero incluya algún tomate de más como regalo.

Tasas y devoluciones

En Alemania el precio de la mayoría de bienes y servicios incluye un impuesto sobre el valor añadido (IVA), denominado en alemán *Mehrwertsteuer* (o MwSt), de un 16%, excepto en algunos productos y servicios, como los culturales, en que es sólo del 7%. Los visitantes que no residen en la UE tienen derecho, cuando salen de ella, al reembolso de esta cantidad, menos unos gastos administrativos, por las adquisiciones de bienes (no de servicios) que hayan realizado. Si las compras han sido considerables, merece la pena hacer uso de este derecho.

Antes de comprar en un comercio se debe verificar que dispone de los impresos para pedir la devolución de impuestos. El establecimiento entrega una especie de cheque por el importe del IVA de la compra que puede cobrarse en las oficinas de devolución del impuesto al salir de la UE. Para obtener el reembolso es necesario que la aduana alemana haya estampado el sello de salida del país en los mencionados cheques y en la factura o recibo de la compra. Los productos no pueden usarse hasta que se ha abandonado el país.

A los visitantes que salen de Alemania en avión se les sella el pasaporte en el aeropuerto *antes* de facturar, con la excepción del aeropuerto de Frankfurt, donde primero se saca la tarjeta de embarque y luego se pasa por el control de aduana con el equipaje. Téngase en cuenta que es obligatorio enseñar los objetos declarados y que los reembolsos se realizan directamente en los mostradores de Reembolso de IVA. Hay oficina de aduanas en los tres aeropuertos de Berlín.

Si se viaja pasando antes por otro país de la UE, debe pasarse este proceso en el aeropuerto de la UE del que se sale para dirigirse al destino fuera de ella.

Una opción para ahorrarse las colas en las oficinas de reembolso del IVA consiste en enviar la solicitud por correo a la vuelta del viaje. Se remiten los cheques y recibos sellados por la aduana y se recibe el importe a través de la tarjeta de crédito o por un cheque bancario. Si, por cualquier causa, no se sellaron las facturas al salir de Alemania, es posible hacerlo en la embajada o consulado alemán del país de origen, presentando allí los objetos comprados y los justificantes, así como el pasaporte.

Cerca de 17.000 comercios alemanes, incluyendo los grandes almacenes más importantes, ofrecen el servicio de devolución del IVA, que se anuncia en sus escaparates con la etiqueta *Tax-Free* para turistas. Se entregan folletos informativos sobre este sistema en las tiendas afiliadas, así como en algunas oficinas de turismo, grandes hoteles, puertos y aeropuertos.

CORREOS Y COMUNICACIONES

Hay docenas de oficinas de correos en Berlín, la mayoría con horarios limitados, normalmente de 8.00 a 18.00 los días laborables y hasta las 12.00 los sábados. La delegación central (Plano 6; ☎ 01802 33 33), en el Neues Kranzler Eck, Joachimstaler Strasse 7, cerca de la estación Zoo, es una excepción, puesto que está abierta desde las 8.00 a las 24.00 de lunes a sábado y a partir de las 10.00 los domingos y los días festivos. En la mayoría de ellas se puede cambiar moneda y cheques de viaje, y son un buen lugar al que recurrir cuando están cerrados los bancos.

Tarifa postal. Enviar una postal de tamaño normal dentro de la UE cuesta 0,51 €; una carta de 20 gr, 0,56 €, y una de 50 gr, 1,12 €. Si las dimensiones de las postales y cartas son superiores a lo habitual, el coste puede incluso triplicarse. Los empleados de correos se muestran estrictos en este punto y verifican a conciencia el tamaño de la correspondencia.

Remitir un paquete de unos 2 kg dentro de Alemania vale 3,53 € y la paquetería vía terrestre o marítima de hasta 2 kg cuesta 6,14 € si va a otros países de Europa y 7,67 € para el resto del mundo. Las tarifas para paquetes por avión dependen del peso y del lugar de destino; así, un envío de 2 kg cuesta 11 € para Europa, y 14 € para el resto del mundo.

Envío y recepción de correo. Los sellos se venden en las oficinas de correo y algunas de ellas disponen de máquinas expendedoras en el exterior de la entrada principal. También pueden comprarse en tiendas de recuerdos y postales.

Las cartas enviadas al interior de Alemania suelen tardar sólo un día; las que van a Europa o América del Norte tardan de cuatro a seis días; y a Australia y Asia, de cinco a siete.

La correspondencia puede ser enviada a lista de correos de cualquier oficina postal. Se elige una, y entonces se pregunta por la dirección, en la cual suele aparecer sólo el código postal (la oficina central de correos en Joachimstaler Strasse 7 es 16023 Berlín). El remitente debe indicar con claridad en el sobre la palabra *Postlagernd*, el nombre del destinatario y la dirección exacta de la oficina postal. Para recoger los envíos hay que presentar el pasaporte u otro documento de identidad con fotografía. Este servicio es gratuito.

American Express (véase el apartado "Cambio de moneda" de la sección "Moneda", antes, en este capítulo) ofrece la posibilidad de recibir correo en sus oficinas si se dispone de la tarjeta de crédito o de cheques de viaje de esa compañía (en caso contrario, 1 € por asunto). El remitente debe escribir en el sobre las palabras "Cliente correo". Las sucursales guardan las cartas un máximo de 30 días, pero no admiten correo certificado ni paquetes.

Teléfono

Hablar por teléfono en Alemania es muy sencillo, y con un poco de previsión no tiene por qué ser caro. Para llamar al extranjero hay que marcar el 00 seguido del código del país, el prefijo de la provincia y el número. Para telefonear a Alemania desde el extranjero debe pulsarse el 49; para Berlín, el 030. La mayoría de los teléfonos públicos aceptan sólo tarjetas telefónicas, que pueden adquirirse por 6,14 € o por 25,56 € en las oficinas de correos y en muchos quioscos, oficinas de turismo y bancos.

Las llamadas locales desde una cabina cuestan poco más de 0,10 € por minuto si se utiliza la tarjeta telefónica de Deutsche Telekom. Llamar al resto de Alemania vale unos 0,20 € por minuto. Estos precios son los mismos sea cual sea la hora de llamada, a diferencia de lo que sucede con los teléfonos privados. Hay que evitar, en lo posible, llamar desde la habitación del hotel, ya que estos establecimientos cargan 0,30 € o incluso 0,40 € por minuto por proporcionar este servicio.

Se ahorra mucho en teléfono si se reciben las llamadas en lugar de hacerlas, tras comunicar a nuestro interlocutor, en una breve conferencia, el teléfono del hotel y el número de la habitación. La persona que nos llama deberá marcar en primer lugar el código de llamada internacional, luego el 49 (código de Alemania), después el código local (sin el cero; Berlín es el 30) y por último, el número de teléfono. Si se prefiere también resulta posible recibir llamadas en un teléfono público tras indicar el número del mismo, que figura en la cabina junto a la palabra *Standort* (situación).

Las llamadas desde un teléfono privado pueden ser locales o nacionales. Las primeras cubren un área de unos 20 km alrededor de la ciudad y tienen un coste de unos 0,06 € por cada 90 segundos en las horas punta, de 9.00 a 18.00. Las llamadas nacionales cuestan el doble.

Usar la tarjeta de Deutsche Telekom para llamadas internacionales significa malgastar el dinero; vale más comprar las de operadores privados de telefonía que se venden en quioscos y locutorios telefónicos. Una de estas es la ACC, pero hay otras muchas y, a menudo, los vendedores disponen de cuadros comparativos de coste por tarjetas y países. En general la tarifa no llega a los 0,40 € por minuto.

Si se utiliza un teléfono particular se puede reducir el coste usando también un servicio telefónico privado, como Drillisch (prefijo 010050), Interoute (prefijo 01066) o 01051 (idéntico prefijo). Primeramente se marca el prefijo, acontinuación el 00 y en último lugar los códigos del país y local a los que se llama.

Se debe recordar que las llamadas a móviles son mucho más caras que las efectuadas a teléfonos fijos, aunque la diferencia varía según las compañías. La mayoría de los números de celulares comienzan por 017 o 016, los números que empiezan por 0800 son gratuitos, los 01805 tienen una tarifa de 0,12 € por minuto y los 0190 cuestan 0,62 € por minuto.

Para pedir información sobre números de teléfono de Alemania hay que marcar el ☎ 11833 y el coste de estas llamadas es de 1 € el primer minuto y 0,49 € por minuto después. Para números de teléfono de otros países se llama al ☎ 11834 y el coste es de 1,48 € por el primer minuto y 0,97 € los restantes.

Para llamar al extranjero desde Alemania hay que marcar 00, luego los códigos nacional y local, y por último el número del abonado. Para conectar con un telefonista hay que llamar al ☎ 0180 200 10 33 y, desde ahí, solicitar llamadas a cobro revertido a algunos países; no obstante, sale más barato a través de los servicios que se indican a continuación.

Se puede telefonear a España y a los países latinoamericanos donde opera Telefónica a través del servicio España Directo, Chile Directo, Perú Directo, etc. Cabe hacerlo desde un teléfono público o privado, a cobro revertido o con las tarjetas de pago anticipado (con la Tarjeta Prepago España Directo sale más barato que a cobro revertido; las hay de 10,36 € y de 25,90 €). Sólo hay que marcar el número de acceso, que será diferente para cada país (por ejemplo, 0800 4652 7378 para Perú; 0800 0800 188 en el caso de Chile, y 0800 080 0034 si se trata de España) y esperar a ser atendido por una operadora que indicará los pasos a seguir. Es un sistema cómodo porque permite telefonear sin dinero, pues las monedas que se insertan para iniciar la comunicación son devueltas al finalizar la misma.

Teléfonos móviles. La locura del teléfono móvil se ha extendido por Alemania igual que por todas partes. Hay que tener en cuenta que las llamadas realizadas a terminales móviles cuestan mucho más que las realizadas a fijos, aunque el suplemento depende del servicio contratado por el propietario del móvil. La mayoría de los números empiezan por 017 o 016. Los que lo hacen por 0800 son gratuitos, mientras que si es 01805 cuesta unos 0,12 € por minuto y en el caso de 0190 son 0,62 €.

El sistema de móviles en Alemania es el GSM 900/1800, compatible con los del resto de Europa y con el norteamericano GSM 1900/900, pero no con el GSM 1900, que es la frecuencia utilizada en la mayoría de los países de América Latina, entre ellos Chile, Paraguay y Venezuela. No obstante en la actualidad existen móviles (como los de Nokia, por ejemplo) que pueden usarse en varias frecuencias. Así pues, no sólo depende del país sino también del aparato. Lo mejor es averiguarlo en la empresa donde se haya adquirido, y hay que tener cuidado con las llamadas a través de una ruta internacional, que salen muy caras para una llamada «local».

Servicio de comunicación eKno. El servicio mundial de comunicaciones eKno de Lonely Planet permite hacer llamadas internacionales a bajo coste, pero para el resto resulta más rentable usar tarjetas telefónicas locales; eKno también ofrece servicios gratuitos de mensajería, correo electrónico, información de viajes y una caja de seguridad vía Internet para viajeros en la que se pueden guardar con fiabilidad los documentos más importantes. La dirección es www.ekno.lonelyplanet.com, y en ella se pueden encontrar los números de acceso locales a los centros de servicio al viajero durante las 24 horas. Una vez en contacto, cabe consultar en la web eKno los más recientes números de acceso de cada país y las actualizaciones que se hayan producido.

Fax

En los hoteles de más categoría disponen, por lo general, de fax y es posible recibir mensajes gratuitamente; enviar uno, sin embargo, suele tener un coste elevado, de modo que hay que informarse antes. Otros sitios desde los que se puede enviar un fax son las copisterías (véase la sección "Negocios", más adelante, en este capítulo) y los cibercafés (véase el recuadro de texto "Dónde conectarse", más adelante, en esta sección).

Si se dispone de un ordenador portátil con módem de fax, los envíos cuestan lo mismo que una llamada telefónica, pero conviene recordar que las tarifas telefónicas de los hoteles son exorbitantes. Sale más barato utilizar los servicios de teléfono y fax públicos de las oficinas postales importantes y de la mayoría de las estaciones ferroviarias. Estos aparatos funcionan con tarjetas telefónicas de Deutsche Telekom y, si se produce la transmisión, descuentan la tarifa normal de la llamada, más una comisión de 0,12 € por el servicio.

Correo electrónico e Internet

En esta guía se proporcionan direcciones de cibercafés. Para una lista actualizada de los mismos puede consultarse la web (www.netcafeguide.com). Desde estos locales es posible conectarse a la red por un precio que oscila entre 2,50 y 3,50 € por media hora. Para acceder a la propia cuenta de correo electrónico hay que recordar tres datos: el nombre del servidor de correo entrante (POP o IMAP), el nombre de la cuenta y la contraseña. Si no se dispone de ellos, cabe pedirlos al proveedor de servicios de Internet (ISP) o al supervisor de red.

Con esos datos uno ya puede acceder a su correo electrónico desde cualquier lugar del mundo en donde disponga de un ordenador conectado a la red y con el software de correo electrónico adecuado. Tanto Netscape como Internet Explorer tienen módulos de correo electrónico y es muy aconsejable aprender a conectarse a la red antes de viajar.

Llevar un ordenador portátil resulta estupendo para mantenerse en contacto con los amigos, pero origina problemas si el voltaje eléctrico alemán es diferente o si el módem resulta incompatible, cosa que sólo se descubre al intentar la conexión. Para evitar ambas cosas resulta ventajoso comprar un módem externo barato en Alemania, por ejemplo un Elsa de 56k, que cuesta unos 65 €.

El enchufe de módem más habitual en Alemania es el TAE-N, que a veces tiene unos orificios mayores que los enchufes telefónicos.

Para más información sobre cómo usar un portátil en viaje merece la pena consultar las direcciones www.teleadapt.com o www.warrior.com. Los principales proveedores de Internet, como AOL (www.aol.com) o CompuServe (www.com puserve.com), elaboran, por su parte, una relación de proveedores de conexión (*dial-in nodes*) en Alemania.

RECURSOS DIGITALES

La red es una gran ayuda para los viajeros, que pueden encontrar en ella información sobre su itinerario, buscar las ofertas más favorables sobre vuelos, hacer reservas en los hoteles, informarse sobre la meteorología y ponerse en contacto con personas del país u otros viajeros para preguntar qué lugares son de visita obligada (¡o cuáles es mejor evitar!).

Lo mejor para comenzar la exploración en la red son las páginas web de Lonely Planet (www.lonelyplanet.com o www.lo nelyplanet. es), que recogen informes breves sobre viajes a muchos lugares del mundo, postales de otros viajeros y un servicio de información –*el Thorn Tree bulletin board*– al que se puede preguntar y pedir consejo antes y después del trayecto. También hay noticias de viajes y actualizaciones de las guías más conocidas. La sección subWWWay permite conectarse con todas las páginas web que son de utilidad para viajar. Asimismo, la web www.geoplane ta.com proporciona datos y cartografía de interés.

Hay docenas de páginas web dedicadas a Berlín, su cultura, instituciones, acontecimientos, etc. AOL dispone de una muy útil con muchos enlaces interesantes (palabra clave: Berlin). La mayoría de las que se relacionan a continuación también los proporcionan.

www.alemania-turismo.com
En esta dirección se aloja la oficina nacional de turismo alemana, con información en español sobre ciudades, paisajes, rutas y alternativas espe-

Dónde conectarse

La mayoría de hoteles y algunos albergues disponen de acceso a Internet, pero Berlín también cuenta con una gran cantidad de cibercafés donde conectarse. Se necesitan tres datos para acceder a una cuenta propia: el nombre del servidor de correo entrante (POP o IMAP), el nombre de cuenta y la clave. Se consigue a través del ISP o supervisor de redes. Armado con esta información, el visitante accede a su cuenta de correo desde cualquier terminal del mundo conectado a la red, siempre que trabaje con algún tipo de software (hay que recordar que tanto Netscape como Internet Explorer tienen módulos de correo).

En Charlottenburg, el Cyberb@r (Plano 6 ☎ 88 02 41 98), Joachimstaler Strasse 5-6, está en la planta superior de Karstadt Sporthaus, una gran tienda de deportes. Tiene 12 terminales y está abierto de 9.00 a 20.00 de lunes a viernes y hasta las 16.00 los sábados. El precio por usar los ordenadores es de 1/3 € por cada 15/60 minutos de navegación.

EasyEverything amenaza con acabar con toda la competencia (Plano 6; ☎ 88 70 79 70), Kurfürstendamm 224, también en Charlottenburg. Tiene unos 350 puntos de conexión y está abierta las 24 horas. Navegar cuesta 1,50 € por hora.

En Mitte, una opción es Webtimes (Plano 3; ☎ 28 04 98 90), en Chausseestrasse 8. La entrada a este café se realiza a través del pasaje. La tarifa es de 2,50/4,50 € por 30/60 minutos. Está abierto de 14.00 a 24.00, pero cierra los domingos.

El Alpha Internet Café (Plano 3; ☎ 447 90 67; S-Bahn: S8 o S10 a Prenzlauer Allee), Dunckenstrasse 72, en Prenzlauer Berg, es un lugar agradable y relajado. Tiene 10 ordenadores, impresoras, scanners y otros equipos y abre de 14.00 a 24.00 diariamente. Cuesta 1/3/5 € por 10/30/60 minutos de conexión.

En Schöneberg se encuentra el Internet Café Hai Täck (Plano 4; ☎ 85 96 14 13; U/S-Bahn: U9 o S4/45/46 a la Bundesplatz), en Brünnhildestrasse 8. Este café tiene AOL y compuserve, servicio de fax y buena comida.

ciales para jóvenes, viajes de negocios o idiomas, entre otros

www.alemania-online.de
El título de esta web es *Alemania en castellano* y contiene información general sobre el país: geografía, historia, idioma y consejos para el viaje

www.berlin.de
Página web oficial del Senado berlinés. Excelente, con información completa sobre todos los aspectos de la ciudad, incluidos la cultura, el transporte, la economía, la política, etc.

www.berlin-tourism.de
Está gestionada por la oficina de turismo de la BTM con información, sistema de reservas de hotel, enlaces e información histórica en alemán e inglés.

LIBROS

Se recomiendan unos cuantos libros que son interesantes. De la mayoría existen distintas ediciones y puede ser que alguna de ellas no esté disponible en el país de origen del viajero. Lo mejor es consultar en una librería especializada.

Lonely Planet

La guía *Alemania* de Lonely Planet es una excelente fuente de información para quienes planeen viajar por todo el país. Contiene datos actualizados sobre todos los lugares de interés turístico, así como acerca de destinos que suelen salirse del camino marcado.

Los libros de Lonely Planet que se citan a renglón seguido están publicados sólo en inglés. Entre ellos, *Central Europe*, *Western Europe* y *Europe in a shoestring* incluyen un extenso capítulo sobre Alemania para los que quieren hacer un largo viaje con un bajo presupuesto, a quienes también puede resultar útil el *Central Europe Phrasebook*. No obstante, Lonely Planet también ha publicado un *German Phrasebook*, y para quienes piensen pasar más tiempo en este país se recomiendan las guías urbanas *Berlin*, *Munich* y *Frankfurt Condensed*.

Guías

Berlín para jovenes, publicada por Verkehrsant Berlin, da una visión general rápida sobre clubes, museos, sitios interesantes, circuitos, restaurantes y demás informaciones. Publicada en inglés y en alemán, se vende en la oficina de turismo y en las principales librerías y cuesta unos 5 €. Se puede consultar y pedir prestada en el Goethe-Institut (☎ 3 913 913 944, 932 926 006).

Berlín. Sin Fronteras, de Ediciones B, permite descubrir la ciudad barrio a barrio con los planos más destacados de los seis que forman la ciudad. Proporciona información cultural sobre museos, teatros y cafés. Es de fácil manejo.

Viajes

Isherwood, Christopher: *Adiós a Berlín*, El Taller de Mario Muchnik, Madrid, 1999.

Isherwood, Christopher: *Mr. Norris cambia de tren*, Editorial Argos Vergara, Cerdanyola, 1984.

Mansfield, Katherine: *En una pensión alemana*, Plaza & Janés Editores, Barcelona, 1991.

Spender, Stephen: *El templo*, Muchnik Editores, Barcelona, 1989.

Historia y política

Garton Ash, Timothy: *El Expediente*, Ediciones Tusquets, Barcelona, 1999.

Gil, José Luis: *Berlín: 1919-1933*, Alianza Editorial, S.A., Madrid, 1993.

Hildebrand, Klaus: *El Tercer Reich*, Ediciones Cátedra, Madrid, 1988.

Ruhl, Klaus-Jorg: *Franco, Falange y Tercer Reich*, Ediciones Akal, Tres Cantos, 1986.

Simpson, William: *Hitler y Alemania*, Ediciones Akal, Tres Cantos, 1994.

Viñas Martín, Ángel: *La Alemania nazi y el 18 de julio*, Alianza Editorial, Barcelona, 1987.

Ziemke, Earl F.: *La batalla de Berlín: fin del Tercer Reich*, Editorial San Martín, Madrid, 1982.

La Alemania del Este y la Guerra Fría

Wolf, Markus: *El hombre sin rostro*, Ediciones B, Barcelona, 1999.

La Reunificación. Teltschik, Horst: *329 días: desde la caída del muro hasta la reunificación alemana*, Círculo de Lectores, Barcelona, 1994.

Diekmann, Kai; Reuth, Ralf: *Helmut Kohl: yo quise la unidad de Alemania*, Círculo de Lectores, 1997.

Gorman, Michael: *La unificación de Alemania: documentos y comentarios*, Ediciones Akal, Tres Cantos, 1994.

Grass, Günther: *Alemania: una unificación insensata*, Aguilar, S.A. de Ediciones-Grupo Santillana, Madrid, 1990.

Cultura. Adam, Peter: *El arte del Tercer Reich*, Tusquets Editores, Barcelona, 1992.

Rodríguez, Juan Carlos: *Brecht, siglo XX*, Editorial Comares, Granda, 1999.

Wick, Reiner: *La pedagogía de la Bauhaus*, Alianza Editorial, Madrid, 1998.

Wolfe, Tom: *¿Quién teme al Bauhaus feroz?*, Editorial Anagrama, Barcelona, 1999.

General

Fischer, Erica: *Aimée y Jaguar: una historia de amor, Berlín 1943*, Editorial Seix Barral, S.A., Barcelona, 1994.

Benjamin, Walter: *Infancia en Berlín hacia 1900*, Círculo de Lectores, Barcelona, 1992.

Hessel, Franz: *Paseos por Berlín,* Tecnos, Madrid, 1997.

CINE

Para obtener información sobre las películas ambientadas en Berlín y/o filmadas en la ciudad, véase la sección "Cultura" en el capítulo *Sobre Berlín*.

PERIÓDICOS Y REVISTAS

En alemán. El periódico de mayor circulación en Berlín es el *BZ*, sensacionalista hasta el límite y prácticamente vacío de contenidos. Se crea o no, va un paso más allá que el *Bild*, que apabulla a los lectores con titulares como "Ondas sexuales del espacio" y fotografías de chicas sexy vestidas con lo justo. El *BZ* no se debe confundir con el respetado *Berliner Zeitung*, diario de izquierdas sobre todo en los distritos orientales.

El *Berliner Morgenpost* destaca principalmente por su gran sección de anuncios clasificados; su edición del domingo es el lugar donde primero hay que mirar si se busca coche, piso, aparatos de segunda mano, etc. *Der Tagesspiegel*, de orientación de centro derecha, contiene noticias bien tratadas, una sección de política internacional y una cobertura decente de la escena cultural. En el extremo izquierdo del espectro se encuentra el alternativo *Die Tageszeitung*, que complace a un público intelectual con sus análisis de las noticias y sus profundos reportajes.

Hay vendedores ambulantes con las primeras ediciones de algunos diarios a partir de las 21.00, frente a pubs y restaurantes, teatros y estaciones de U-Bahn.

Die Zeit es un periódico semanal de ámbito nacional muy serio, con exhaustivos reportajes sobre cualquier cosa, desde la política hasta la moda. Las revistas de noticias más leídas de Alemania son *Der Spiegel* y *Focus*, con un enfoque más ligero. Ambas ofrecen un periodismo de investigación combativo y una cierta crítica al gobierno tras una portada que a menudo incluye alguna modelo con poca ropa. El *Stern* toca temas más populares.

Zitty y *Tip* son las mejores revistas quincenales de la ciudad en cuanto a oferta de cultura y espectáculos. Para más detalles véase el capítulo *Ocio*.

En español. En los quioscos especializados en prensa extranjera o en los de las principales estaciones de trenes, se pueden encontrar los principales periódicos de América Latina y de España, por ejemplo, *El País, El Mundo* y *ABC*, aunque dar con este último ya es más difícil.

Algunas revistas de ámbito latinoamericano son *El Chasqui*, una publicación mensual con contenidos sobre el mundo latino en Berlín, que puede comprarse directamente en la redacción –Torstrasse 43, 10119 Berlín, ☎ 44 00 96 25, fax 44 34 17 97– o en la mayoría de quioscos de prensa internacional, y *El Colibrí* en Schliemannstrasse 16, 10437 Berlín, ☎ 44 67 89 14, 39 74 61 56, fax 44 67 89 14, 39 74 61 56.

RADIO Y TELEVISIÓN

Berlín ofrece una enorme variedad de emisoras de radio, cada vez más al estilo de la fórmula musical estadounidense combinada con comentarios banales y anuncios. Para los aficionados a ese tipo de radio está Fritz, en el 102.6, Kiss –emisora que da mucho espacio al tecno– en el 98,8; o Radio Energy en el 103,4. Entre las emisoras más cuidadas se encuentra Radio Eins (95,8), que ofrece una gran programación de calidad con información y comentarios sobre temas políticos y sociales.

La SFB4, o Radio Multikulti (106,8), es una excelente emisora multicultural con música e información sobre actividades de diversos grupos étnicos. Todos los miércoles a partir de las 21.30 se escuchan los programas en español, que dan información principalmente, sobre España y Alemania. El mismo día, a las 19.30 se emite *Color del Sur*, programa de música latinoamericana; y a la 1.00 también en español, *Discópolis*. Los amantes del jazz deberían escuchar Jazzradio, en el 101,9, mientras que la música clásica se impone en Klassik-Radio (101,3). InfoRadio (93,1) tiene formato de información continua, y también entrevistas en directo.

Por su parte, Radio Nacional de España (☎ 913 461 149, www.rne.es) emite la programación de su canal internacional, Radio Exterior de España, en onda corta o vía satélite, y también a través de Internet. La franja horaria de los programas en español comienza a partir de las 21.00.

Hay dos canales nacionales de televisión pública, el *Erstes Deutsches Fernsehen* (ARD) y el *Zweites Deutsches Fernsehen* (ZDF). Además están los *Dritten Programme*, emisoras regionales como B1 y ORB (Ostdeutscher Rundfunk Brandenburg). En general, la programación es bastante cuidada, con temas de actualidad política, coloquios y películas extranjeras. La publicidad está limitada dos horas, entre las 18.00 y las 20.00.

La cadena franco-alemana ARTE, que se recibe por cable o por satélite, ofrece buenas películas, mucha información general y documentales; sus comentaristas en lengua germana tienen una manera de expresarse que resulta muy característica, un tanto atropellada y gutural...

Las cadenas privadas de TV emiten las habituales comedias, concursos y programas del corazón, además de películas de todo tipo. Dos de ellas, DSF y EuroSport, están especializadas en deportes y en todas hay mucha publicidad.

No existen programas producidos por las televisiones locales en español, pero a través del Canal Satélite se pueden ver los distintos espacios que emite RTVE para el canal internacional.

Mundo Latino es el único programa latino en español en Berlín (también en alemán y portugués) y, según el espacio, en toda Europa. Emite todos los miércoles de 19.00 a 20.00 a través de Spreekanal SK10 (el mismo que transmite EuroNews) y que en Berlín se recibe por cable. Cuenta con una amplia variedad de contenidos, entre otros: noticias sobre América Latina, programas culturales con información sobre actividades culturales relacionadas con el subcontinente que se desarrollan en la capital alemana (música, teatro, literatura, danza, etc.) y programas infantiles. Puede verse a través de Internet: www.mundolatinotv.de.

VÍDEO

En Alemania los vídeos y los televisores funcionan con el sistema PAL, que es el habitual en Europa, salvo en Francia, donde usan el sistema SECAM. El sistema alemán no es compatible con éste ni con los sistemas americano y japonés, por lo que las cintas de vídeo grabadas en otros países no funcionan en Alemania y viceversa. Una cinta normal de vídeo VHS cuesta entre 3 y 5 €, según la marca.

VÍDEO Y FOTOGRAFÍA

Los variados paisajes que es posible encontrar en Alemania, desde los Alpes Bávaros, en el sur, hasta las costas del Báltico y el mar del Norte, así como las numerosas ciudades antiguas y castillos, ofrecen incontables posibilidades para hacer buenas fotografías y películas.

Películas y revelado

Los equipos fotográficos alemanes están entre los mejores del mundo y se pueden encontrar de todas clases y modelos, igual que los fabricados en otros países. Los carretes se venden en los supermercados y en las droguerías, pero para conseguir películas en blanco y negro y diapositivas hay que acudir a una tienda de fotografía y, fuera de las grandes ciudades, a veces es difícil encontrarlas o son muy caras.

En general, tanto para fotografías como para diapositivas, lo mejor es la película ASA100, que ofrece un color y una velocidad apropiados para la mayoría de las situaciones. Para fotos en sitios oscuros o en noches claras, con larga exposición, resulta apropiada una ASA400. Las marcas más habituales, y las mejores, son Fuji, Kodak y Agfa. La Fuji Velvia y la Kodak Elite, fáciles de revelar, permiten obtener buenas diapositivas. No es recomendable la Kodachrome, porque sin un procesado cuidadoso da malos resultados; para fotografías en papel, la mejor película es la Kodak Gold, aunque las otras dos marcas citadas también son buenas.

No vale la pena cargar con películas antes del viaje, porque en Alemania son baratas: unos 3 € por un carrete de 36 fotos corrientes, y entre 5 y 7 € por uno de diapositivas de calidad; estos precios pueden bajar bastante si se compran los carretes en paquetes de 10 unidades. A veces el precio incluye el revelado, lo cual es muy interesante si se dispone de tiempo para esperar. En las tiendas de revelado entregan las diapositivas sin marco, salvo que el cliente las solicite enmarcadas (*gerahmt*).

Es aconsejable llevar una pila de recambio por si la cámara fotográfica "se queda muerta" en cualquier lugar perdido; y si se trata de una máquina nueva, conviene haberse familiarizado con ella antes del viaje.

Para revelar las películas, salvo que se necesite un procesado de alta calidad, lo barato es acudir también a los supermercados y a las droguerías. En el caso de carretes de 36 fotografías el revelado cuesta unos 2 € más 0,20 € por cada foto de 10 × 15 cm y tarda unos cuatro días; si se pide para el día siguiente el precio sube a 0,30 € por cada una. En las diapositivas el precio es de unos 1,75 € sin marco y 3,50 € con él.

Entre los laboratorios de revelado profesionales con todos los servicios se encuentra PPS (**Plano 7**; ☎ 726 10 90), en Alexanderplatz 6 Mitte, abierto de 8.00 a 20.00 de lunes a viernes y de 12.00 a 17.00 los sábados. En Tiergarten, en Potsdamer Strasse 98, se encuentra Jacobs & Schulz (**Plano 4**; ☎ 261 80 20), que tiene un horario aún más amplio: de 8.00 a 22.00 los días laborables y desde las 12.00 a las 18.00 sábados y domingos –una rareza absoluta para Alemania. Muchos de los empleados de ambos lugares hablan inglés.

Seguridad en el aeropuerto

Tras los ataques terroristas del 11 de septiembre de 2001 en EE UU, han aumentado los controles de seguridad habituales de todos los aeropuertos del mundo.

Entre las medidas inmediatas se encuentra el uso de detectores de rayos X de alta intensidad para inspeccionar el equipaje (facturado), que dañan cualquier carrete no revelado.

Los aparatos de rayos X bajo los que se hace pasar a los viajeros en los aeropuertos por razones de seguridad no dañan las películas fotográficas de baja velocidad (menos de 1600 ASA). En cambio los escáneres para la revisión de equipajes funcionan con altas energías y pueden destruir las no reveladas. Lo mejor es llevarlas en el equipaje de mano y si hay que pasar un control de seguridad, pedir que se haga la inspección de forma manual. Todo será más fácil si se llevan las películas juntas en una bolsa de plástico transparente, que se puede sacar al instante del equipaje de mano para mostrarlas a los vigilantes de seguridad.

HORA LOCAL

La hora oficial en Alemania coincide con la de la mayor parte de Europa, es decir una hora más que el tiempo de Greenwich (GMT), igual que en Madrid o Varsovia. Los cambios de horario para ahorrar luz eléctrica se producen dos veces al año: el último domingo del mes de marzo a las 2.00 se adelantan una hora los relojes, y el último domingo de octubre se retrasan una hora. En relación con América, cuando en Alemania son las 12.00, en San Francisco son las 3.00, en Argentina las 9.00, en Chile y Venezuela las 8.00, en Colombia, Perú y México D.F. las 7.00 (las 5.00 en Tijuana).

ELECTRICIDAD

La corriente eléctrica en Alemania es de 220 voltios, 50 Hz AC, y los enchufes, los habituales en Europa, con dos clavijas redondas.

LAVANDERÍAS

Las lavanderías que funcionan con monedas (*Münzwäscherei*) que abren al público entre 6.00 y 21.00 o 22.00, según los casos. Una carga de lavado puede costar entre 3 y 3,5 €, incluyendo el detergente, y usar la secadora vale 0,50 € por diez minutos. En algunas de estas lavanderías las monedas se introducen en una máquina central, con números para cada lavadora o secadora, y en ella también se suministra el detergente; en estos casos, al ir a pagar hay que tener a mano uno de los vasos de plástico disponibles para recoger el producto.

La cadena Schnell + Sauber tiene muchas lavanderías por todo Berlín, como Torstrasse 115 (Mitte; Plano 3), Uhlandstrasse 53 y Leibnizstrasse 72 (Charlottenburg, Plano 6), Bergmannstrasse 109 (Kreuzberg 61, Plano 5), Karl-Marx-Strasse 19 (Kreuzberg 36, Plano 5), y Raumerstrasse 7 (Prenzlauer Berg, Plano 3). En Mitte también hay una Eco-Express, en Rosenthaler Strasse 71 (Plano 3).

LAVABOS

En Berlín no se encuentran lavabos públicos por todas partes y en ocasiones hay que pagar entre 0,10 € y 1 € por el privilegio de usar uno. Colarse en un bar o un restaurante es una alternativa sencilla, aunque conviene escoger un lugar concurrido para evitar las miradas acusadoras del personal. Los baños de los grandes almacenes suelen ser una opción mejor. Si hay un empleado, es correcto dejar una propina de 0,25 € más o menos. Todas las estaciones de tren tienen lavabos; la de Zoo, incluso, un local impecable llamado McWash, donde se puede tomar una ducha por 6 €, con jabón y toalla incluidos. En general, el nivel de higiene es alto, aunque en algunos pubs y clubes nocturnos pueden estar increíblemente asquerosos.

Existen también lavabos públicos (0,25 €) en otros puntos de la ciudad, algunos de los cuales son lugares de contacto entre homosexuales, como los baños públicos subterráneos de la Alexanderplatz, cerca del Reloj de las horas del mundo.

CONSIGNA

Hay consignas en los aeropuertos y en las principales estaciones de tren. El precio es de unos 2 € por bulto y día. Véanse también los capítulos *Cómo llegar y salir* y *Cómo desplazarse*.

SALUD
Atención médica

En Berlín hay unos 6.000 médicos y 2.600 dentistas, de modo que es bastante fácil encontrar alguno que esté cerca buscando en la guía bajo el epígrafe *Ärzte*. Otra alternativa, especialmente para los casos de urgencia, es llamar al servicio de 24 horas por teléfono (☎ 31 00 31). También se puede recurrir al personal de los hoteles para pedir información sobre atención médica.

Para saber dónde acudir en caso de emergencias odontológicas se puede llamar al ☎ 89 00 43 33. La Zahnklinik Medeco hay algunos médicos que hablan inglés. Tiene varios centros por todo Berlín, el más céntrico de los cuales es el de Stresemannstrasse 121, justo al sur de la Potsdamer Platz (Plano 7; ☎ 23 09 59 60). Está abierto de 7.00 a 24.00 todos los días (para pedir hora de visita hay tiempo hasta las 21.00; urgencias hasta las 24.00).

Los servicios médicos en Alemania son excelentes pero muy caros salvo para los residentes en países de la UE quienes tienen derecho a atención médica gratuita rellenando el formulario E111. En los demás casos es muy conveniente tener un seguro médico adecuado. Para más detalles, véase "Seguro de viaje" en la sección "Visados y documentación", antes, en este capítulo.

No son necesarias para entrar en el país, excepto si el viajero procede de una zona geográfica infectada, por ejemplo por la fiebre amarilla, en cuyo caso se pide un certificado de vacunación. Sin embargo hay algunas vacunas rutinarias (difteria, tétanos y tuberculosis) que son recomendables, salvo para las mujeres que estén embarazadas que deben consultar al médico. Siempre conviene llevar estos documentos. En caso de que el viaje de ida incluya una escala en países sospechosos de infecciones es mejor consultar en la agencia de viajes o en la embajada alemana los requisitos de vacunación.

El visitante que tenga previsto viajar a un país donde se requieran vacunas puede obtenerlas en el Tropen- und Reisenmedizinisches Institut (☎ 395 64 34), situado en Wiclefstrasse 2, Tiergarten (U9 hasta Birkenstrasse).

El agua del grifo de Berlín es potable.

Hospitales. Hay hospitales por todo Berlín, pero los siguientes están afiliados a universidades y tienen importantes servicios de urgencias abiertos las 24 horas. En caso de precisar una ambulancia hay que llamar al ☎ 112.

Uniklinikum Benjamin Franklin (☎ 844 50, urgencias ☎ 84 45 30 15/25), Hindenburgdamm 30, Steglitz

Uniklinikum Charité (Plano 3; ☎ 282 00, urgencias ☎ 28 02 47 66), Schumannstrasse 20-21, junto a Luisenstrasse, Mitte (U-Bahn: U6 a Oranienburger Tor). Es el hospital más céntrico

Uniklinikum Rudolf Virchow (Plano 2; ☎ 450 50, urgencias ☎ 45 05 20 00), Augustenburger Platz 1, Wedding.

Farmacias. En las *Drogerie* alemanas no se vende ningún tipo de medicamento, ni siquiera aspirinas. Incluso para comprar medicinas sin receta (*rezeptfrei*) para problemas de salud menores, como una gripe o un dolor de vientre, hay que ir a una farmacia (*Apotheke*). Para casos más graves, es necesario llevar una receta (*Rezept*) de un médico. En caso de necesitar una medicación y haya que comprarla fuera del horario comercial se puede llamar al ☎ 31 00 31. Los nombres y las direcciones de las farmacias de guardia (que van variando) aparecen indicados en el escaparate de cualquiera de ellas. También se puede telefonear al ☎ 011 41.

Nociones básicas sobre salud

La temperatura normal del cuerpo es de hasta 37°C; un aumento de más de 2°C indica una fiebre alta. El pulso normal de un adulto oscila entre 60 y 100 pulsaciones por minuto (en los niños, de 80 a 100; en los bebés, entre 100 y 140). Como norma general, aumenta en unas 20 pulsaciones por minuto por cada grado de aumento de la fiebre.

El ritmo respiratorio también es un indicador de enfermedades. En el caso de los adultos y adolescentes, lo normal es tener entre 12 y 20 respiraciones por minuto; hasta 30 los niños y 40 los bebés. Las personas con temperatura alta o enfermedades respiratorias graves respiran más rápido de lo normal. Más de 40 inspiraciones poco profundas por minuto pueden ser síntoma de neumonía.

Enfermedades infecciosas

Sida. La infección por el Virus de Inmunodeficiencia Humana (VIH) puede provocar el sida, una enfermedad mortal. La infección se produce por contacto con la sangre, secreciones o líquidos corporales de un enfermo, por lo que es frecuente contraerla al mantener relaciones sexuales o usar agujas contaminadas. Por ello las vacunaciones, la acupuntura, los tatuajes y los *piercings*, así como el consumo intravenoso de drogas son prácticas potencialmente peligrosas. Como es natural, el temor a contraer la enfermedad hace necesaria la adquisición de los tratamientos médicos indispensables.

En caso de precisar ayuda, hay un par de organizaciones importantes en Berlín. La Berliner AIDS-Hilfe (Ayuda contra el SIDA-Berlín; Plano 6; ☎ 885 64 00), en Meinekestrasse 12, se dedica a la prevención, el asesoramiento y el apoyo de los portadores del VIH. Da atención telefónica de 10.00 a 24.00 todos los días. La Deutsche AIDS-Hilfe (Ayuda contra el SIDA-Alemania; Plano 5; ☎ 690 08 70), en Dieffenbachstrasse 33 (Kreuzberg), es sobre todo un grupo de acción política que defiende los derechos de los seropositivos.

Enfermedades de transmisión sexual (ETS). El sida y la hepatitis B pueden transmitirse por vía sexual, y lo mismo sucede con otras dolencias como la gonorrea, el herpes y la sífilis. Los síntomas más corrientes son llagas, ampollas y erupciones en los genitales, así como pinchazos o dolor al orinar. En algunas ETS como la clamidiasis (o virus de la verruga) los síntomas no se manifiestan o son menos perceptibles, sobre todo en las mujeres, pero puede causar infertilidad en ambos sexos. En el caso de la sífilis los síntomas acaban por desaparecer, pero la enfermedad persiste y puede provocar problemas graves al cabo de unos años.

La única protección eficaz al 100% contra estas enfermedades es abstenerse del contacto sexual, pero el uso del condón resulta bastante efectivo. Los tratamientos de la gonorrea y la sífilis se basan en antibióticos y cada una de las distintas ETS requiere un antibiótico específico.

MUJERES VIAJERAS

Las mujeres no deberían encontrarse con demasiadas dificultades o situaciones de acoso en Berlín, aunque naturalmente no está de más usar el sentido común. Es raro que los hombres por la calle lancen piropos, aunque es lo más normal cuando se pasa frente a un grupo de obreros de la construcción que están descansando. La mejor respuesta es no hacerles caso, puesto que cualquier contestación se puede interpretar como una señal de estímulo.

Las mujeres alemanas jóvenes están bastante emancipadas y toman la iniciativa en los contactos personales tanto como los hombres. Esta confianza, no obstante, aún no se ha trasladado a una igualdad en el lugar de trabajo.

Muchas mujeres tienen que combinar el trabajo y los hijos, pero disponen de una amplia red de guarderías públicas, privadas o de organizaciones religiosas que son un buen apoyo.

El movimiento feminista es muy activo en Alemania y abundan los centros para mujeres. Entre ellos están los siguientes: EWA (Plano 3; ☎ 442 55 42 o ☎ 442 72 57), en Prenzlauer Allee 6 (Prenzlauer Berg), abierto de 14.00 a 20.00 de lunes a jueves; Frieda (Plano 3; ☎ 422 42 76), en Proskauer Strasse 7 (Friedrichshain); y Paula Panke (☎ 485 47 02), en Schulstrasse 6 (Pankow).

Organizaciones

Las siguientes organizaciones pueden resultar útiles en caso de necesidad:

Frauenkrisentelefon (Teléfono para mujeres en crisis; ☎ 615 42 43 y ☎ 615 75 96). Es un servicio de escucha y asesoramiento para quien quiera contar cualquier tipo de problema. Atiende de 10.00 a 12.00 de lunes a jueves, de 19.00 a 21.00 los martes, miércoles y viernes, y de 17.00 a 19.00 los fines de semana

LARA (☎ 216 88 88) es un centro de atención y ayuda para mujeres víctimas de violaciones. El personal da apoyo gratuito y anónimo, y aconseja sobre cuidados y atención médica y legal desde las 9.00 a las 24.00 de lunes a jueves y las 24 horas de viernes a domingo.

COMUNIDAD HOMOSEXUAL

Los alemanes son, en general, bastante tolerantes con la homosexualidad y desde luego Berlín es la ciudad más progresista del país. Se calcula que en ella viven unos 500.000 gays y lesbianas. No es raro ver parejas de homosexuales cogidos de la mano y los besos en público son cada vez más frecuentes y aceptados. Los gays son llamados *Schwule*, un término que si bien antes era peyorativo, en la actualidad ellos mismos han adoptado con orgullo; el nombre alemán para las lesbianas es *Lesben*.

Información

La mejor publicación, y la más actualizada, es *Siegessäule*, de tirada mensual y gratuita. Se puede visitar la página web de la revista (sólo en alemán) en la dirección www.siegessaeule.de. Ésta y *Sergej* se distribuyen en bares, clubes y centros de información. Otra opción es la original *Männer Aktuell*, de aparición mensual (7,50 €), que se compra en los quioscos.

Otra buena fuente de referencia (sólo en alemán) es *Homopolis* (14,50 €), de Micha Schulze y editada por la redacción de la revista *Siegessäule*. Como guía completa (en inglés y alemán) del panorama gay de Ber-

La lista del botiquín

A continuación presentamos una lista de las cosas que se pueden incluir en un botiquín: consúltese al farmacéutico sobre las marcas disponibles según el país de origen.

☐ **Aspirina o paracetamol**: para el dolor o la fiebre

☐ **Antihistamínico**: para las alergias, como la fiebre del heno, o para aliviar el dolor de las picaduras de insectos; y para combatir la cinetosis o enfermedad del movimiento

☐ **Comprimidos para los resfriados y la gripe, pastillas para la tos y descongestionadores nasales**

☐ **Multivitaminas**: pueden incluirse en los viajes largos, cuando la ingesta diaria de vitaminas podría no ser la adecuada

☐ **Antibióticos**: Cabe llevarlos cuando se viaja fuera de los circuitos habituales; conviene visitar antes al médico, puesto que es necesaria prescripción, y llevar la receta consigo

☐ **Loperamida o difenoxilato**: para cortar la diarrea

☐ **Proclorperazina o metaclopramida**: para las náuseas y los vómitos

☐ **Preparado de rehidratación**: para evitar la deshidratación, que puede producirse, por ejemplo, durante ataques de diarrea; especialmente importantes cuando se viaja con niños

☐ **Repelente para insectos, crema de labios y colirio**

☐ **Loción de calamina, aerosol para aliviar el dolor de las picaduras o aloe vera**: para combatir la irritación producida por las quemaduras solares y las picadas de insectos

☐ **Crema o polvos antifúngicos**: para infecciones de la piel por hongos o afta

☐ **Antiséptico (como povidona yodada)**: para cortes y rasguños

☐ **Vendas, tiritas y otras protecciones para heridas**

☐ **Tabletas para purificar el agua o yoduro**

☐ **Tijeras, pinzas y termómetro**: no olvidar que en los aviones está prohibido el transporte de termómetros de mercurio.

lín destacar la sugerente *Berlin von Hinten* (*Berlín por detrás*, 11,50 €), de Bruno Gmünder, que se puede encontrar en librerías de temática general y especializadas (véase el capítulo *De compras*). Las lesbianas que sepan leer en alemán deberían echar un vistazo a *Lesbiches Berlin (Berlín lesbiano)*, de Traude Bührmann (12,25 €), que da una visión general del panorama, con su historia y sus lugares de moda.

Organizaciones

Berlín cuenta con numerosas organizaciones a las que se puede acudir en busca de asesoramiento. También pueden ser de utilidad para las lesbianas los centros para mujeres relacionados en la anterior sección, "Mujeres viajeras".

International Lesbian & Gay Association (☎ 392 53 11), en Ebersfelder Strasse 23, es la representación de la ILGA en Berlín; la persona de contacto es Hartmut Schönknecht

Lesbenberatung (Plano 4; Servicio de asesoramiento para lesbianas, ☎ 215 20 00) se encuentra en Kulmer Strasse 20a, en Schöneberg, y está abierto de 16.00 a 19.00 los lunes, martes y jueves,de 10.00 a 13.00 los miércoles y de 14.00 a 17.00 los viernes

Mann-O-Meter (Plano 4; ☎ 216 80 08 o 0700-MANNOMETER, info@mann-o-meter.de, www.mann-o-meter.de), Bülowstrasse 106, en Schöneberg, es el centro de información y asesoramiento más antiguo y de más tradición de Berlín. Está orientado principalmente a homosexuales varones y abre de 17.00 a 22.00 de lunes a sábado y a partir de las 16.00 los domingos. Se pueden encontrar publicaciones gratuitas y folletos, recoger las impresiones de los voluntarios sobre la oferta de la ciudad o información sobre alojamientos (véase "Hoteles para la comunidad homosexual", en el capítulo *Dónde dormir*). Mann-O-Meter también atiende la línea de teléfono Gay Attack Hotline (☎ 216 33 36), que da constancia de los ataques violentos contra gays y lesbianas y presta apoyo a las víctimas; este servicio funciona de 18.00 a 21.00 todos los días

Miles (Plano 5; ☎ 44 00 82 40, línea de ayuda 0174 604 61 06), en Katzbachstrasse 5, en Kreuzberg, proporciona asesoramiento legal, sobre la afirmación de la propia sexualidad y además otros temas a extranjeros, también en inglés. Atienden de 10.00 a 17.00 de lunes a jueves, y hasta las 14.00 todos los viernes

Schwulenberatung (Plano 6; Servicio de asesoramiento gay; ☎ 19446 o 32 70 30 40). Es justo lo que dice y está situado en Mommsenstrasse 45, en la esquina de Wilmersdorfer Strasse, en Wilmersdorf. El personal suele estar de 11.00 a 19.00 de lunes a viernes.

VIAJEROS CON DISCAPACIDADES

En Alemania está generalizada la atención a las necesidades de los discapacitados (*Behinderte*), en especial a aquellos que necesitan desplazarse en silla de ruedas. Existen rampas de acceso y elevadores en muchos lugares, como estaciones, museos, cines y teatros o lavabos públicos. Otras minusvalías, como la ceguera o la sordera, no han recibido todavía una atención similar y sus organizaciones de defensa presionan continuamente para que se hagan todas las mejoras necesarias.

Es factible moverse por Berlín en transporte público con una silla de ruedas pero requiere cierta planificación. Los autobuses con el símbolo de una silla de ruedas azul disponen de rampas especiales que se pueden bajar. El sistema funciona siempre que el conductor sepa usarlo o que el equipo no esté estropeado. Subirse a un U-Bahn o S-Bahn no es tan problemático como llegar al propio andén. Muchas estaciones tienen ascensores (marcados en el plano de transporte público con el símbolo azul), pero no siempre funcionan. Para conocer su estado, se puede llamar a la oficina de transporte público de Berlín (BVG), al ☎ 194 49. La BVG también publica un folleto con consejos útiles para usar la red de transporte con silla de ruedas. La manera más fácil de trasladarse es llamando a una compañía de taxis y pedir un *Behindertentaxi*.

Los discapacitados pueden pedir información y asesoramiento a la Berliner-Behinderten-Verband (☎ 927 03 60), Bizetstrasse 51-53 o a Movado (☎ 471 51 45, www.movado.de), en Langhansstrasse 64, ambos en Weissensee. La página web de esta última es en alemán e inglés. La Verband Geburts-und anderer Behinderter (Asociación de discapacitados; ☎ 341 17 97) tiene un servicio de alquiler de sillas de ruedas.

TERCERA EDAD

Los museos y otras atracciones turísticas, las piscinas y baños públicos y algunos tipos de transporte, como los trenes del Deutsche Bahn (DB), suelen ofrecer descuentos para jubilados y mayores de 60 años. Aunque no estén anunciados, vale la pena preguntar: *"Gibt es Ermässigungen für Senioren?"*. Quien tenga un presupuesto reducido debe recordar que no hay límite de edad para alojarse en Berlín en los albergues independientes y en los DJH; las cafeterías universitarias, que ofrecen comidas baratas, están abiertas a todo el mundo.

VIAJAR CON NIÑOS

Para viajar con niños sin problemas es necesario un poco de atención y planificar lo que se quiere hacer por anticipado. Conviene evitar excederse y proponerse demasiadas cosas en el tiempo disponible, lo cual puede ser agotador incluso para los adultos. Hay que incluir en el programa las actividades para los niños: por ejemplo la visita al Museumsufer en Frankfurt puede combinarse con una visita al magnífico parque zoológico de la ciudad. Es mejor si el plan se hace de acuerdo con los niños porque así estarán más interesados en las visitas. Una buena fuente de sugerencias es el libro en inglés *Travel with Children* (Viajar con niños) escrito por Maureen Wheeler, una de las fundadoras de Lonely Planet.

La mayor parte de las empresas de alquiler de coches de Alemania ofrecen asientos de seguridad para niños por un precio aproximado de 4,50 €, pero hay que solicitarlo por anticipado. Muchos restaurantes y hoteles disponen de cierto número de cunas y sillitas para bebés. En los supermercados es fácil encontrar alimentos infantiles, pañales desechables, etc., pero hay que estar atento a los horarios comerciales si se desea evitar un fin de semana inolvidable por falta de pañales. Se pueden encontrar instalaciones para cambiar pañales en los lavabos públicos de muchas estaciones de tren y también de grandes almacenes, así como en algunos restaurantes.

Los niños, incluso los más pequeños, pueden llevarse a los bares y los restaurantes corrientes, pero no es habitual notar su presencia en los de cierta categoría, sobre todo en el horario de cena. Está permitido incluso en bares y pubs, aunque el humo del tabaco puede resultarles desagradable.

La mayoría de los grandes hoteles tienen un servicio de guardería y otros pueden buscar la forma de encontrar soluciones. También hay varias agencias con las que contactar. En la Heinzelmännchen (☎ 831 60 71) buscan canguros entre los estudiantes de la Universidad Libre en un plazo de tiempo muy limitado. Los precios son de 35/40 € por tres/cuatro horas, o 7,50 € por hora a partir de la quinta. TUSMA (☎ 315 93 40) tiene tarifas similares. Otra opción es Aufgepasst (☎ 851 37 23), que cuenta con 200 canguros registrados con experiencia comprobada y que cobran entre 6 y 7,50 € por hora, más una comisión para la agencia, que puede negociarse.

Museos

La mayoría de los museos de Berlín no están especialmente pensados para niños. De hecho, las penetrantes miradas del personal de seguridad resultan desagradables incluso para los adultos. Dar un biberón o un plátano dentro de las instalaciones queda absolutamente descartado, por no hablar de dejarlos corretear a sus anchas ya que el movimiento podría disparar las sensibles alarmas. A continuación ofrecemos una lista de museos donde los niños –y también los padres– no se sentirán como marginados de la sociedad. Hay comentarios detallados sobre la mayoría de ellos en el capítulo *Qué ver y hacer*.

Domäne Dhalem in Zehlendorf: esta construcción de 1560 muestra la vida diaria de una gran granja berlinesa de aquella época (véase la sección "Distritos occidentales – Zehlendorf" en el capítulo *Qué ver y hacer*)

Juniormuseum: forma parte del Museo de Etnología de Dahlem y tiene exposiciones variadas para niños pensadas para despertar la tolerancia y fomentar la comprensión de otras culturas (véase la sección "Distritos occidentales – Zehlendorf" en el capítulo *Qué ver y hacer*)

Museum für Naturkunde (Museo de Historia Natural; Plano 3): es un valor seguro para los amantes de

Datos prácticos – Bibliotecas

los dinosaurios (véase la sección "Mitte" en el capítulo *Qué ver y hacer*)

Museum Kindheit & Jugend (Museo de la Infancia y la Juventud; Plano 7; ☎ 275 03 83, Wallstrasse 32, Mitte; adultos/con descuento 2/1 €; abierto de 9.00 a 17.00 de martes a viernes). También conocido como Museo Escolar, este lugar recorre la historia de la educación desde finales del siglo XIX a la década de 1950. Se pueden ver libros de texto y cuadernos, tinteros, boletines de notas y pizarras, además de fascinantes piezas como los *Eselskappe* (gorros de burro) que solían llevar los alumnos indisciplinados

Museumsdorf Düppel (Ciudad-Museo Düppel): recrea un pueblo medieval con muestras de artesanía tradicional los domingos (véase la sección "Distritos occidentales – Zehlendorf en el capítulo *Qué ver y hacer*")

Puppentheater-Museum Berlin (Plano 5; ☎ 687 81 32, Karl-Marx-Strasse 135, edificio trasero, Nukölln; adultos/con descuento 2,50/2 €; abierto de 9.00 a 16.00 de lunes a viernes; de 11.00 a 17.00 los domingos; U-Bahn: U7 a Karl-Marx-Strasse). Las exposiciones periódicas cuentan la historia del guiñol y muestran una colección de títeres, marionetas, monigotes y otros muñecos de todo el mundo. Cada sábado se representa una obra (4,50 € por persona)

Spectrum, en el Deutsches Technikmuseum (Museo Técnico Alemán; Plano 5): tiene unas 300 estaciones experimentales donde los chavales pueden descubrir por qué es azul el cielo o cómo funciona una pila (véase la sección "Kreuzberg" en el capítulo *Qué ver y hacer*).

Teatro
Para información sobre teatro para niños y jóvenes, véase el capítulo *Ocio*.

BIBLIOTECAS
Berlín tiene una amplia red de bibliotecas con unas 350 instalaciones y un total de 5 millones de tomos. La mayoría también tiene periódicos internacionales, vídeos, CD-ROMs, fotocopiadoras y juegos. Cada vez hay más puntos de acceso a Internet. Como visitante se puede acceder a las salas de lectura y consultar los libros tanto como se quiera, pero sólo los residentes en Berlín pueden obtener el carné necesario para tomar prestado el material.

Staatsbibliothek - Haus 1 (Biblioteca Nacional; sucursales: Plano 7; ☎ 266 12 30, Unter den Linden 8, Mitte; y Plano 2; ☎ 26 61, Potsdamer Strasse 33, Tiergarten). Abierta de 9.00 a 21.00 de lunes a viernes y hasta las 19.00 los sábados. La sucursal de Mitte, conocida como Antigua Biblioteca Nacional, tiene obras posteriores a 1955. La Staatsbibliothek no forma parte del sistema público de bibliotecas. Se necesita identificación para entrar, de modo que hay que llevar el pasaporte u otro documento. Para saber cómo encontrar libros para leer o pedirlos en préstamo disponen de folleto en inglés "Notes for First-Time Users" a la entrada

Berliner Stadtbibliothek (Librería Municipal de Berlín; Plano 7; ☎ 90 22 60, Breite Strasse 32-34, Mitte). Abierta de 10.00 a 19.00 de lunes a viernes y hasta las 18.00 los sábados. Renovada recientemente, esta librería pública, está especializada en matemáticas, informática, ciencias naturales y derecho

Amerika-Gedenkbibliothek (AGB; Plano 5; Biblioteca Memorial de América; ☎ 69 08 40, Blücherplatz 1, Kreuzberg 61) U-Bahn: U7 a Mehringdamm. Abierta de 15.00 a 19.00 los lunes; a partir de las 11.00 de martes a sábado. Rinde homenaje al Puente Aéreo de Berlín. Es la librería más importante de Alemania

Zentrum für Berlin-Studien (Centro de Estudios Berlineses; Plano 7; ☎ 20 28 61 49, Breite Strasse 35-36, Mitte). Abierta de 10.00 a 19.00 de lunes a viernes; de 13.00 a 18.00 los sábados. Está llena de todo aquello relacionado con Berlín (350.000 títulos).

UNIVERSIDADES
Berlín tiene la tercera comunidad universitaria de Alemania (tras Munich y Colonia), con un total de 165.000 estudiantes, un 17% de los cuales son extranjeros. Sus tres universidades principales son la Humboldt-Universität Berlin (Plano 7, ☎ 209 30), en Unter den Linden 6, Mitte; la Freie Universität Berlin (☎ 83 81), en Kaiserwertherstrasse 16-18, en el distrito suroeste de Zehlendorf; y la Technische Universität (☎ 31 41), en Hardenbergstrasse y Strasse des 17 Juni, en Charlottenburg. Además, existen cuatro facultades de artes y nueve *Fachhochschulen* (institutos politécnicos), y unos 80 centros de investigación subvencionados por el estado. Véanse también la sección "Educación" en el capítulo *Sobre Berlín* y cada una de las diferentes entradas en el capítulo *Qué ver y hacer*.

CENTROS CULTURALES

La cosmopolita Berlín cuenta con un gran número de institutos culturales internacionales. La mayoría tienen programas de actividades muy dinámicos, así como bibliotecas con libros, vídeos y publicaciones periódicas del país que representan. La oferta también incluye tablones de anuncios con información sobre programas de intercambio, cursos de idiomas y exposiciones. Algunos incluso tienen cafetería y cine.

Amerika Haus, Hardenbergstrasse 22-24, Charlottenburg (Plano 6; ☎ 31 10 73)

British Council, Hackescher Markt 1, Mitte (Plano 7; ☎ 311 09 90)

Institut Français, Kurfürstendamm 211, Charlottenburg (Plano 6; ☎ 885 90 20)

Ibero Amerikanisches Institut Preussischer Kulturbesitz (Instituto Iberoamericano. Fundación Patrimonio Cultural Prusiano), Postdamer Str. 37, D - 10785 (☎ 266 25 02, fax 266 25 03)

Brasilianisches Kulturinstitut in Deutschland (Instituto Cultural Brasileiro na Alemanhã, IC-BRA), Schlegelstr. 26-27, 10115 (☎ 313 15 00, fax 313 15 50)

Deutsch Mexikanishe Gesellschaft, e. V. (Sociedad Mexicano-Alemana), Laubacher Str. 29, 14197, (☎ /fax 821 32 34)

Deutsch-Ecuatorianische Gesellschaft (Sociedad Ecuatoriana-Alemana), C/o Armin G. Schönberger, Zillestraße 101b, 10585 (☎ 341 77 89, 342 81 22, fax 342 81 22)

Deutsch-Kolumbianischer Freundeskreis (Círculo de Amistad Colombo-Alemán), Zweigstelle Berlin, c/o Joachim Koerpel, Welsumer Pfad 3, 12355 (☎ 663 93 04, fax 663 93 04)

Kulture Vereinigung Gabriela Mistral (Asociación Cultural Gabriela Mistral-Chile), Petersburguer Straße 92, 10247 (☎ 42 08 57 33, fax 42 08 57 03).

PELIGROS Y ADVERTENCIAS

Berlín es, en todos sentidos, una de las ciudades más seguras y tolerantes de Europa. Caminar solo de noche no suele ser peligroso, aunque en un entorno urbano siempre hay riesgos.

A pesar de su eco en la prensa, los ataques racistas son bastante infrecuentes. No obstante conviene tener presente que, aunque los barrios del centro son seguros para las personas de cualquier etnia, los prejuicios contra los extranjeros y los homosexuales son más frecuentes en los distritos periféricos del Este, como Marzahn y Lichtenberg, donde el desempleo y la insatisfacción general de la sociedad tras el comunismo suelen ser más acusados. Si se desea dar parte de un ataque racista, SOS-Rassismus tiene una línea directa en el ☎ 200 25 40 y el 251 22 77. Cualquiera que sea el color de la piel, si se advierte la presencia de *white skins* (*cabezas rapadas* con botas de cordones blancos) lo más seguro es alejarse rápidamente.

En Berlín hay unas 5.000 prostitutas que son inofensivas, pero que pueden ser molestas por su insistencia. Las noches de los viernes y sábados la Ku'damm está abarrotada de profesionales del sexo polacas. Otros lugares de gran actividad cuando anochece son Oranienburger Strasse, Kurfürstenstrasse, Lietzenburger Strasse, Strasse des 17 Juni y Stuttgarter Platz.

Las drogas deben evitarse por razones obvias, pero en especial porque gran parte de la mercancía se distribuye a través de organizaciones mafiosas y en muchos casos tienen un peligroso grado de impureza.

La mayoría de las estaciones de U/S-Bahn están equipadas con sistema de información electrónica y puntos de socorro indicados con el rótulo "SOS/Notruf/Information" y una gran campana roja. Si se necesita asistencia de emergencia sólo hay que apretar el botón de SOS. El botón de información permite hablar directamente con un jefe de estación.

Por los trenes de U-Bahn a veces patrullan guardias de fiera mirada acompañados de perros con bozal de mirada aún más fiera, que son un convincente elemento disuasorio.

Resultan muy molestos, aunque no peligrosos, los numerosos pedigüeños situados a menudo en las salidas del U-Bahn. Los días en que los mendigos se sentaban en la acera con actitud pasiva y un sombrero enfrente pertenecen al pasado. Los del nuevo milenio pueden resultar bastante agresivos y tienden a hacer evidente su insatisfacción a causa de la vida, su matrimonio o el gobierno, y también por cualquiera que no les

Número de emergencias: 110

Si se produce una emergencia que requiera la presencia de la policía hay que llamar al ☎ 110, aunque existen comisarías por toda la ciudad, como la City-Wache (Plano 6), en Joachimstaler Strasse 14-19, justo al sur de la estación Zoo, y la jefatura de Jägerstrasse 48 en Mitte (Plano 7). En caso de percances en los trenes, lo primero que hay que hacer es recurrir a la *Bahnpolizei* (policía ferroviaria), que tiene puestos en las principales estaciones.

El número de los bomberos (*Feuerwehr*) en Berlín es el ☎ 112. La comisaría central de policía (Plano 5; ☎ 69 90) y la oficina de objetos perdidos (Plano 5; ☎ 69 93 64 44/46) se encuentran en Platz der Luftbrücke 6, junto al aeropuerto Tempelhof. Ésta última está ubicada a la derecha, de camino hacia la entrada del aeropuerto y tiene horarios variables; es mejor llamar antes para informarse.

En caso de pérdidas en el transporte público hay que contactar con la BVG (Plano 4; ☎ 25 62 30 40), Potsdamer Strasse 180-182 (U-Bahn: U7 Kleistpark) entre las 9.00 y las 18.00 de lunes a jueves, y hasta las 14.00 los viernes. Deutsche Bahn tiene un servicio telefónico de objetos perdidos (☎ 01805 99 05 99).

El club alemán del automóvil ADAC (☎ 868 60) dispone de una oficina en Bundesallee 29 (Wilmersdorf). La línea de atención telefónica para emergencias es la ☎ 0180 222 22 22. Ofrece asistencia gratuita a los miembros del ADAC o de cualquiera de sus afiliados en el extranjero.

Otro servicio es la American Hotline (☎ móvil 0177 814 15 10), que atiende las 24 horas a personas con problemas psicológicos, médicos, sociales o legales. No hace falta ser americano para usarla.

---

dé unas monedas. Por la noche hay enjambres de vendedores que recorren los restaurantes intentando vender rosas o juguetitos de plástico. Son un agobio pero resultan inofensivos, y desaparecen en cuanto se les indica que no tienen posibilidades.

También son extremadamente irritantes los guardias de seguridad de la mayoría de museos de Berlín, que siguen a los visitantes de una sala a otra y que observan cada movimiento para evitar que éstos respiren demasiado cerca de un Picasso o toquen la máscara fúnebre del faraón –Dios no lo permita.

PROBLEMAS LEGALES

La policía berlinesa está muy bien entrenada, es muy correcta y en general trata con respeto a los turistas que visitan la capital. Muchos agentes hablan inglés, aunque esto es menos habitual en pequeñas poblaciones y en la parte oriental del país. De acuerdo con las leyes alemanas el viajero debe llevar encima algún documento de identidad con fotografía, como el pasaporte, el carné de identidad de su país o el permiso de conducir. La denuncia de un robo ante la policía es un trámite bastante sencillo, aunque a veces obliga a perder algo de tiempo. Para hacerla hay que presentar alguno de los documentos citados anteriormente.

Para conducir un vehículo por Alemania hay que llevar el permiso correspondiente y obedecer estrictamente las normas de circulación.

Existe la posibilidad de que, en ocasiones, los conductores se vean atrapados en una "ratonera" al encontrarse un puesto de control temporal establecido de forma aleatoria por la policía. Los agentes pueden indicarles que se hagan a un lado, indicación que conviene seguir inmediatamente, y pedirles el carné y la documentación del coche, e incluso cabe que realicen pruebas de alcoholemia.

Las sanciones por conducir ebrio son fuertes. Al conductor que supera el 0,05% de alcohol en sangre se le prohíbe de inmediato la conducción y en caso de accidente, aunque no sea por su culpa, si el nivel es mayor del 0,03% se le retira el permiso y en tres días un tribunal decide si se le devuelve. Contra esta medida se puede presentar un recurso de forma (*Wiederspruch einlegen*) en la comisaría de policía, que comprueba si la retirada se ha hecho conforme al procedimiento legal.

La posesión de drogas es ilegal en Alemania, pero en una ciudad tan liberal como Berlín no siempre se aplica la normativa de forma estricta. Llevar pequeñas cantidades (menos de 10 gramos) de hachís o hierba para el consumo personal se considera un delito menor y no suele penalizarse. No sucede lo mismo con la heroína, la cocaína o el crack, cuya posesión implica no sólo multas considerables, sino también penas de cárcel.

En Berlín las manifestaciones políticas ocasionalmente toman un carácter violento, especialmente cuando los *Autonomen*, un grupo anarquista de izquierdas, chocan con los manifestantes neonazis de extrema derecha. La mayoría de estas protestas multitudinarias, tienen lugar durante la fiesta del primero de mayo y se suelen centrar en Kreuzberg y Prenzlauer Berg. La policía acostumbra a cortar las calles adyacentes y manzanas enteras y piden la identificación a todos los peatones. No es mala idea evitar acercarse por allí.

Una persona arrestada tiene derecho a una llamada telefónica, excepto en casos en que la policía considera que eso puede comprometer los cargos contra ella.

En caso de necesitar un abogado se debe contactar con la embajada.

HORARIO COMERCIAL

El horario comercial oficial es de 7.00 a 20.00 de lunes a viernes, y hasta las 16.00 los sábados. Las panaderías pueden abrir tres horas los domingos. No obstante, en los distritos más residenciales y periféricos las tiendas pueden cerrar antes, hacia las 18.00 entre semana y a las 14.00 los sábados. Los supermercados y grandes almacenes son una excepción. En las áreas suburbanas y en las pequeñas ciudades de Brandeburgo también hay comercios que cierran dos o tres horas al mediodía.

Las leyes sobre los horarios de apertura se han vuelto menos rígidas últimamente, pero hasta ahora son pocos los lugares que han aprovechado esta reforma. Se puede comprar a partir de las 20.00 las principales estaciones de tren, como estación Zoo, Friedrichstrasse y Ostbahnhof, o las gasolineras y los pequeños colmados turcos (más comunes en Kreuzberg y Neukölln). En todos estos locales los precios suelen ser más altos que en las tiendas normales. Los domingos, la cadena de supermercados económicos Lidl abre sus centros de la estación de la U-Bahn Innsbrucker Platz, en Schöneberg, y en la Ostbahnhof (Plano 5).

Los bancos atienden al público de 8.30 a 13.00 y de 14.30 a 16.00 de lunes a viernes (algunas sucursales abren un día a la semana hasta las 18.00, generalmente el jueves), aunque muchos de los del centro de Berlín están abiertos todo el día. El horario de las agencias de viaje y otras oficinas es de 9.00 a 18.00 los días laborables y hasta las 12.00 o las 13.00 los sábados. Los centros oficiales, en cambio, cierran todo el fin de semana y a las 13.00 los viernes. El horario de los museos varía mucho, aunque algunos abren hasta tarde un día a la semana; la mayoría están cerrados los lunes.

FIESTAS Y CELEBRACIONES

Las festividades nacionales que se celebran en Berlín son las siguientes: Año Nuevo, Viernes Santo, Domingo de Pascua, Lunes de Pascua, el Día del Trabajo (1 de mayo), el Día de la Ascensión (40 días después de Pascua), domingo y lunes de Pentecostés (en mayo o junio), el Día de la Unidad alemana (3 de octubre), Navidad y San Esteban (25 y 26 de diciembre).

Los bancos, las tiendas y las oficinas están cerrados esos días, pero normalmente los locales de ocio no. Los museos y otras atracciones turísticas no acostumbran a abrir el 24, 25, 26 y 31 de diciembre, así como el 1 de enero. Los restaurantes abren sus puertas todos los días excepto el 24 y el 25 de diciembre.

El calendario berlinés está lleno de celebraciones culturales, fiestas y ferias. Para información sobre los eventos gay, véase el capítulo *Ocio*.

Enero

Internationale Grüne Woche (Semana Verde Internacional). Esta fiesta, que originalmente consistía en una feria de alimentación, agricultura y ganadería para los consumidores, de una semana de duración, es más bien una excusa para ir de caseta en caseta probando bocados exóticos de todo el mundo. Se celebra en el recinto del ICC. Información en el ☎ 303 80

Febrero

Internationale Filmfestspiele Berlin (Festival Internacional de Cine de Berlín). También conocido como Berlinale, es la respuesta alemana a Cannes y Venecia y atrae a su propio elenco de estrellas (pocas) y aspirantes (muchos), directores y a la crítica de todo el mundo. Se proyectan unas 750 películas en un período de dos semanas en varias salas de la ciudad. Se facilitan más detalles en las carteleras de los periódicos o en las revistas de ocio *Zitty* y *tip*. Las entradas para muchas de las sesiones se agotan enseguida, de modo que conviene comprobar los horarios con la máxima antelación posible. Se pueden comprar localidades en las salas y en las taquillas. Información en el ☎ 25 92 00, o su página web www.berlinale.de

Marzo

Internationale Tourismus Börse o ITB (Feria Internacional de Turismo). La muestra de turismo más importante del mundo, con expositores procedentes de todas partes, se celebra en el recinto ferial. Está abierta al público el fin de semana. Información en el ☎ 303 80 o en www.itb-berlin-online.de

Abril

Festtage (Días de festival). Festival anual de 10 días de conciertos de gala y óperas que trae a Berlín a famosos directores, solistas y orquestas. Los primeros se celebran en la Philharmonie, las segundas en la Staatsoper Unter den Linden. Información en el ☎ 20 35 45 55 o en www.staatsoperberlin.org/fsttg/ftgprgr.htm

Mayo

Karneval der Kulturen (Carnaval de las Culturas). Respuesta berlinesa al carnaval londinense de Notting Hill. Es un animada celebración callejera con un desfile de estrambóticos personajes disfrazados que pasan en carrozas tocando música y bailando. Más información en el ☎ 622 20 24 o en www.karneval-berlin.de

Theatertreffen Berlin (Jornadas Teatrales de Berlín). Tres semanas de producciones recientes de compañías de habla alemana nuevas y ya establecidas, procedentes de Alemania, Austria y Suiza. Tiene lugar por toda la ciudad. Información en el ☎ 25 48 90 o en www.berlinerfestspiele.de/theatertreffen

Junio

Mozart Festival. Patrocinado por la Berliner Philharmonie, se celebra en Pentecostés. Información en el ☎ 25 48 80

Bach Tage Berlin. Es un festival anual de una semana de duración con música de Bach y sus contemporáneos. Información en el ☎ 301 55 18

Julio

Classic Open Air Gendarmenmarkt. Serie de conciertos de música clásica celebrados al aire libre en el Gendarmenmarkt a principios de julio. Información en el ☎ 843 73 50 o en www.classicopenair.ch

Love Parade. Principal encuentro techno del año celebrado en Berlín a mediados de julio y que reúne hasta un millón de aficionados. Va acompañado de interminables fiestas en clubes y bares. Información en el ☎ 28 46 20 en www.loveparade.de/

Agosto

Internationale Funkausstellung (Feria Internacional de Electrónica de Consumo). Esta enorme exposición está abierta al público y se lleva a cabo en el recinto ferial. Información en el ☎ 303 38

Septiembre

Berliner Festwochen (Semanas del Festival de Berlín). Celebración de un mes con conciertos, exposiciones, obras y otros acontecimientos culturales con un tema central (Gustav Mahler en 1999 o Arthur Schönberg en 2001). Información en el ☎ 25 48 90 o en www.berlinerfestspiele.de/berlinerfestwochen/

Octubre

aaa – Die Hauptstadt Auto-Show (Feria del Automóvil). Esta exposición internacional tiene lugar desde finales de octubre a principios de noviembre. Información en el ☎ 303 80

art forum Berlin. Feria internacional del arte contemporáneo organizada por las principales galerías de Berlín. Información en el ☎ 303 80 o en www.art-forum-berlin.com/

Noviembre

JazzFest Berlin. Festival de jazz de primera fila con conciertos en locales de toda la ciudad. Información en el ☎ 25 48 91 00 o en www.berlinerfestspiele.de/jazzfest/

Diciembre

Weihnachtsmärkte (Mercados de Navidad). Tienen lugar de finales de noviembre hasta el 21 de diciembre aproximadamente en varios puntos de Berlín, como la Breitscheidplatz (Plano 6; de 10.00 a 21.00 o 22.00 todos los días); la Alexanderplatz (Plano 7; de 13.00 a 22.00 todos los días); y la Marktplatz de Spandau (de 9.00 a 19.00 todos los días). En el distrito periférico de Köpenick se instalan las casetas a partir de mediados de diciembre en los alrededores del Ayuntamiento (de 12.00 a 20.00 los días laborables y de 10.00 a 20.00 los fines de semana).

NEGOCIOS

Al tener la tercera economía más importante del mundo, Alemania ha sido durante mucho tiempo el principal centro de negocios de Europa. Berlín ha recibido una enorme financiación para convertirse en un escaparate a la altura de Londres o Nueva York, y de todas las ciudades alemanas, esta es la que tiene una mayor concentración de anglohablantes. Antes de llegar, el visitante que quiera hacer negocios debería contactar con la oficina comercial de la alemana en su país, que le podrá dar una valiosa ayuda. También puede ser útil contactar con la embajada del país de origen en Berlín. Entre las organizaciones locales que resultan de utilidad está la Berliner Industrie- und Handelskammer (Cámara de Comercio e Industria de Berlín, ☎ 31 51 06 66), Fasanenstrasse 85, y la Wirtschaftsförderung Berlin (Corporación de Desarrollo Económico de Berlín, ☎ 39 98 00), Hallerstrasse 6, ambas en Charlottenburg.

Servicios

Regus Business Centers ofrece toda una gama de servicios para realizar operaciones de negocios (como el alquiler de despachos, servicio de secretariado, organización de convenciones y necesidades de telecomunicaciones, incluidos equipos para videoconferencias). Tiene cinco oficinas en Berlín, como la del Kollhoff Building, en Potsdamer Platz 1, Tiergarten (☎ 25 94 40); el resto de delegaciones se encuentran en las Páginas Amarillas.

Hay copisterías con todos los servicios por toda la ciudad, pero existe una mayor concentración cerca de la estación de U-Bahn de Eisenacher Strasse, en Schöneberg. Copyhaus tiene dos puestos en Grunewaldstrasse, en el n° 18 y en el 78 (Plano 4; ☎ 235 53 80). Están abiertas de 8.00 a 24.00 de lunes a sábado y de 13.00 a 21.00 los domingos. El personal suele ser algo snob. Para fotocopias normales se puede acudir a Kopier Blitz, un lugar más barato y disten-

dido situado en Akazienstrasse 15 (Plano 4; (☎ fax 782 49 11). ProBusiness (Plano 4; ☎ 216 70 67), en Maassenstrasse 7, es una imprenta digital y copistería.

Los hoteles más importantes disponen de fax y conexión a Internet, aunque normalmente a precios exagerados. Para alquilar material audiovisual, como proyectores y equipos de sonido, se puede acudir a General Audio & Television Equipment (GATE; ☎ 393 20 21), en Reuchlinstrasse 10, en Tiergarten-Moabit.

En una ciudad tan cosmopolita como la capital abundan los traductores. Se puede contactar, por ejemplo con Language Consultancy (☎ 89 09 23 40), Joachim-Friedrich-Strasse 27, Charlottenburg, o English Express (☎ 68 05 85 40), en Ringbahnstrasse 23, Neukölln.

Los principales servicios de mensajería internacionales operan en Berlín, pero ninguno de ellos tiene oficinas en ella. Para programar una recogida se puede llamar al ☎ 0800 123 08 00 (FedEx), al ☎ 0800 882 66 30 (UPS) o al ☎ 01803 25 82 58 (DHL).

Exposiciones y conferencias

Quien quiera organizar una convención importante en Berlín debería contactar en primer lugar con la Berlin Tourismus Marketing (BTM; ☎ 264 74 80, fax 26 47 48 99), en Am Karlsbad 11, Tiergarten. Su publicación *Meeting and Incentive in Berlin* (en inglés y alemán), actualizada periódicamente, ofrece datos detallados sobre las instalaciones y servicios disponibles. El ICC Berlin (Internationales Congress Centrum Berlin), en Messedamm 22, Charlottenburg, es el mayor espacio de conferencias (Plano 4; ☎ 30 38 30 00, fax 30 38 30 30).

TRABAJO

Encontrar trabajo en Alemania no es cosa fácil, sobre todo en el este del país, donde la tasa oficial de paro está muy cerca del 20% y la real es con toda probabilidad del doble de esa cifra. Para los extranjeros existe una dificultad añadida porque los alemanes son muy exigentes en lo que hace a títulos o cualificaciones, y además prefieren los obtenidos en Alemania. A pesar de ello, como faltan especialistas en informática, se ha creado una "carta verde" temporal para extranjeros expertos en estos trabajos. Se puede consultar en la embajada alemana o en la web www.arbeirsamt.de/hst/international/egcin dex.html.

Los no residentes en la UE que quieran trabajar en Alemania necesitan un permiso de trabajo (*Arbeiterserlaubnis*) y uno de residencia (*Aufenthaltserlaubnis*). La mayoría de los extranjeros deben solicitar desde su país la entrada presentando una oferta de trabajo. Para los residentes de algunos países (EE UU, Canadá, Australia, Japón, Suiza e Israel) es posible hacerlo estando ya en Alemania. Primero hay que presentar la oferta de trabajo recibida de una empresa en la oficina local de empleo (*Arbeitsamt*), y si allí comprueban que no pueden cubrirla conceden un permiso de trabajo específico. Después se solicita el permiso de residencia a la oficina de extranjeros (*Ausländerbehörde*). Los residentes en la UE no necesitan permiso de trabajo y básicamente tienen los mismos derechos que los alemanes, aunque deben obtener de la autoridad local un permiso de residencia UE.

Se puede empezar a buscar un empleo antes de salir de casa o al llegar a Alemania. Conviene tener buenas calificaciones y poder justificar las aptitudes con una buena colección de diplomas. Cuando se recibe una oferta de una empresa, el Arbeitsamt comprueba que la demanda no se pueda cubrir de otro modo y a continuación emite un permiso de trabajo específico para ese puesto.

Los españoles que quieran trabajar en Alemania, pueden acercarse hasta el Instituto Nacional de Empleo (INEM, ☎ 915 859 835), calle Condesa de Venadito 9, 28027 Madrid, que dispone de un coordinador nacional de la Red Eures (Euro-asesoramiento) para atender los asuntos de intercambio laboral a nivel internacional.

Otra opción es dirigirse a la Dirección Provincial de Trabajo, Seguridad Social y Asuntos Sociales, e inscribirse en el Registro de Demandantes de Empleo en el Exterior (REDE) de la oficina que le corresponda o recurrir directamente a la Dirección General de Trabajo y Migraciones (☎ 914 090 941, 914 090 131, fax 915 749 101), calle Pío Baroja 6, 28009 Madrid.

A través de la Cámara de Comercio Alemana para España (☎ 913 597 010, fax 913 591 213), avenida Pío XII 26-28, 28016 Madrid, se puede consultar o adquirir la guía de empresas alemanas instaladas en España, y a través de ellas contactar con las centrales en Alemania.

Por lo que respecta a países latinoamericanos lo más eficaz es ponerse en contacto con la embajada alemana de cada uno de ellos, donde se atiende todo este tipo de consultas.

El Arbeitsamt también controla una base de datos de puestos vacantes y puede ayudar a encontrar una ocupación para media jornada. Las agencias temporales son otra opción. Una de las más importantes es ADIA (☎ 884 10 00), en Ku'damm 220. La edición de los sábados del *Berliner Zeitung*, el *taz* y el *Berliner Morgenpost* del domingo también son buenas fuentes para empezar a buscar.

Para trabajar en Alemania como profesor de español titulado, lo más adecuado es contactar con la delegación del INEM de la ciudad donde se desea trabajar e inscribirse en las bolsas de trabajo u, otra opción, dirigirse a las distintas universidades y escuelas de idiomas.

Por último, es sencillo encontrar trabajo de *au pair*, como puede comprobarse consultando el libro de Susan Griffith y Sharon Legg, *The Au Pair and Nanny's Guide to Working Abroad* o el de la primera autora, *Work Your Way Around the World*, ambos en inglés. Quien prefiera leer en español, dispone de *Cómo vivir y trabajar en el extranjero*, escrito por Ara Avedissian.

En Alemania hay numerosas agencias legales de este tipo de trabajo, y es probable que tengan información sobre este tema en la embajada alemana del país de origen del lector de esta guía.

Cómo llegar y salir

La manera más fácil de viajar a Berlín, y casi la única para los que proceden de otros continentes, es por vía aérea. Para los europeos hay alternativas, como el tren y el autobús, este último tal vez menos cómodo pero normalmente más barato. Hay que tener en cuenta que las plazas de tren y autobús se agotan con rapidez y que sus precios aumentan bastante en la época de vacaciones escolares.

EN AVIÓN

Los vuelos internacionales a Berlín son pocos y, dependiendo de la línea aérea, es probable que haya que hacer escala en alguna otra ciudad europea como Frankfurt, Amsterdam, París o Londres. También se puede llegar desde estas ciudades en tren. Desde Frankfurt, por ejemplo, los ferrocarriles ICE de alta velocidad salen cada dos horas y llegan a Berlín en unas cuatro horas (104 €). Desde Düsseldorf, tardan lo mismo en llegar a la estación Zoo (90 €).

Atención

La información proporcionada en este capítulo es especialmente susceptible de haber experimentado cambios. Los precios de los vuelos internacionales están variando de forma constante y lo mismo sucede con las rutas, los horarios, las ofertas, e incluso las exigencias de visado y otras normas. Las líneas aéreas y los gobiernos parecen obsesionados en complicar todo lo posible las tarifas y las regulaciones, aunque a cambio de tanto embrollo existen muchos trucos y ventajas que permiten obtener mejores precios.

Es imprescindible informarse en una compañía aérea o en una agencia de viajes de las condiciones precisas del vuelo y lo mejor es consultar al mayor número posible de empresas antes de adquirir el billete. Los datos que se ofrecen aquí son sólo orientativos y no pueden sustituir a una cuidadosa búsqueda personal.

Comprar billetes

Si se llega a Berlín desde fuera de Europa, es probable que el billete de avión suponga el mayor gasto del viaje. Pero con un poco de perseverancia –llamando a varias agencias de viaje, buscando por Internet, leyendo las ofertas en los periódicos– se puede conseguir un vuelo a buen precio. Vale la pena buscar con tiempo, puesto que las tarifas más baratas se venden con mucha antelación y las ofertas especiales pueden agotarse.

Los estudiantes y las personas de menos de 26 años de edad (30 años en algunos países) tienen ciertas ventajas sobre el resto de los viajeros. Para ello hay que presentar el carné internacional de estudiante o un documento de identidad al comprar el billete y al embarcar en el avión.

La adquisición de pasajes con mucha antelación, por ejemplo con una validez de doce meses, también da derecho a descuentos y, además, permite hacer diferentes escalas con fechas abiertas. Cuando lo que se pretende es viajar de inmediato se consiguen descuentos tomando el vuelo a media semana y pasando al menos una noche de sábado en el lugar de destino, o aprovechando algunas ofertas de corta duración que en ocasiones realizan algunas compañías aéreas.

Para volar a Berlín por poco dinero no es aconsejable comprar directamente el billete en una compañía aérea, sino acudir a una agencia de viajes especializada, en la que se suelen encontrar las ofertas más interesantes. Muchas agencias de viaje tienen su página en Internet, de modo que resulta muy fácil comparar precios antes de dirigirse a negociar con la agencia escogida.

Una posible excepción son las nuevas compañías de vuelos baratos que venden directamente billetes sencillos a mitad de precio que los de ida y vuelta, pensando en los que vuelan a un lugar pero piensan regresar desde otro distinto. También existe la posibilidad de comprar el pasaje vía Internet, que, en general, es más barato porque hay compañías que subastan los billetes, y, en cualquier caso, se ahorran estructura comercial con la venta electrónica. Compañías como Buzz o Ryanair ofrecen precios muy interesantes en la red.

Afortunadamente, los días en que algunos operadores turísticos desplumaban a los viajeros de manera sistemática pertenecen al pasado. La compra con tarjeta bancaria suele suponer una protección suficiente, puesto que la mayoría de compañías de crédito reembolsan el dinero si se puede demostrar que no se ha recibido el servicio por el que se ha pagado. También se puede optar por un precio superior al mínimo y obtener la seguridad que proporciona una agencia de viajes de prestigio.

A continuación se consignan los números de contacto de algunas de las líneas aéreas que operan en los aeropuertos de Berlín: Aeroflot ☎ 226 98 10, Air Canada ☎ 882 58 79, Air France ☎ 01805 83 08 30 - 263 95 80, British Airways/Deutsche BA ☎ 01805 26 65 22, Delta Air Lines ☎ 0180 333 78 80, El Al Israel Airlines ☎ 01805 21 42 01, Iberia ☎ 01803 00 06 13, KLM-Líneas aéreas holandesas ☎ 01805 21 42 01, Lufhthansa ☎ 01803 80 38 03, 41 74 69 21; LOT-Líneas aéreas polacas ☎ 261 61 74, 01803 00 03 36; MALEVA-Líneas aéreas húngaras ☎ 264 95 45, Swissair ☎ 01803 00 03 34.

Conviene conservar siempre una fotocopia del billete y guardarla en algún lugar aparte. Así será más fácil conseguir un duplicado en caso de pérdida o robo.

Viajeros con necesidades especiales

La mayoría de las líneas aéreas están preparadas para atender a los viajeros que tienen necesidades especiales: discapacitados, padres con niños pequeños o incluso niños que viajan solos.

Aquellos viajeros que necesiten una dieta alimenticia especial (vegetariana, *kosher* u otras) deben avisarlo por anticipado. En casi todos los aeropuertos internacionales los que viajan en silla de ruedas pueden conseguir un ayudante que les lleve desde el punto de facturación hasta el avión si es necesario y, además, disponen de rampas, ascensores, lavabos y teléfonos adecuados.

Los perros lazarillo para los invidentes tienen que viajar, por lo general, en un compartimento especial para animales que existe en los aviones, y sólo los de muy pequeño tamaño son admitidos en la cabina con su dueño.

Las personas sordas pueden solicitar que se les informe por escrito de los anuncios sobre vuelos y salidas que se emiten por altavoces.

Normalmente las compañías aéreas permiten que los niños de hasta dos años de edad viajen por un precio del 10% de la tarifa normal de adulto y algunas incluso no cobran nada. Las compañías más acreditadas ofrecen pañales, talco y todos los artículos necesarios para los bebés. Los niños de entre dos y 12 años pagan habitualmente el 50% de la tarifa normal o el 67% de la tarifa con descuento.

Tasas de embarque

En los billetes de avión comprados en Alemania el precio incluye una tasa de entre 4 y 5 € por persona en concepto de embarque y seguridad aeroportuaria. No hay que pagar ninguna otra tasa en el aeropuerto, aunque a la vista de los costes que supone el refuerzo de las medidas de seguridad como consecuencia de los ataques terroristas del 11 de septiembre de 2001, es posible que aumenten las tasas.

Otras partes de Alemania

Hay vuelos periódicos diarios entre Berlín y los principales aeropuertos alemanes en ambos sentidos, generalmente a través de Tempelhof y Tegel. Lufthansa es, con mucho, la compañía que tiene una mayor red de rutas de vuelo, y conecta básicamente con todos los destinos nacionales. También operan en estos trayectos Eurowings, Deutsche BA y LTU. Véanse a continuación los datos de las distintas compañías aéreas y agencias en los apartados "España", "América Latina", "Europa continental" y "Estados Unidos".

España

En los vuelos desde España hacia Alemania, sobre todo desde Madrid y Barcelona, hay descuentos que hacen que el viaje por aire resulte más barato que por tierra. Compañías aéreas como Iberia (☎ 902 400 500, www.iberia.es), Spanair (☎ 902 131 425, www.spanair.es) o Air Europa (☎ 902 401 501, www.air-europa.com) ofrecen billetes a precios muy económicos, pero hay que adquirirlos con antelación y consultar las ofertas antes de viajar pues cambian según la temporada.

La empresa germana Lufthansa (☎ 902 220 101, www.lufthansa.es) es la que da servicios más frecuentes y variados entre España y Alemania. Desde Barcelona, Madrid y Málaga hay conexiones diarias con la capital alemana. Desplazarse por aire de Madrid a Berlín cuesta poco más de 200 €. Estos billetes suelen estar sujetos a condiciones especiales, como pueden ser unas fechas concretas para realizar el viaje.

Otra forma de encontrar vuelos baratos es visitando los portales de viajes en Internet que venden los productos de empresas y mayoristas, y ofrecen auténticas gangas en los llamados "billetes de última hora" o mediante las cibersubastas. Algunas de ellas son www.viajarbajoprecio.com, www.lastminute.com o www.despegar.com, donde es posible encontrar pasajes con descuentos de hasta 70% sobre el precio oficial.

Desde Alemania hacia España también hay muchos vuelos económicos que realizan las compañías chárter como LTU, Hapag, Aero Lloyd, Air Berlin y Lufthansa, pero es necesario reservar el billete con antelación. Por ejemplo, un vuelo con Air Berlin a Málaga cuesta entre 240 y 320 € según la época del año.

América Latina

Los viajes transatlánticos de la uruguaya Pluna (☎ 2 902 14 14, www.pluna.com.uy) sólo llegan hasta Madrid o Barcelona. El resto del trayecto hay que gestionarlo con otra compañía. Lo mismo ocurre con Aerolíneas Argentinas (☎ 0 810 222 86527, www.aerolineas.com.ar), cuyos destinos europeos son Roma o Madrid, y con la colombiana Avianca (☎ 1 4101011, www.avianca.com.co), que sólo vuela a las principales ciudades españolas (Madrid, Barcelona, Bilbao o Sevilla). Desde otros países, como Bolivia o Venezuela, la alternativa es volar vía España con Iberia, o vía Miami con American Airlines (www.aa.com). La compañía Lufthansa también cubre el trayecto desde Miami a Frankfurt.

Desde América Latina hay descuentos en los desplazamientos a Europa, sobre todo si se es menor de 26 años o estudiante. La agencia argentina ASATEJ (☎ 011 4511 8700, 011 4114 7595, fax 011 4312 5477) está especializada en viajes para estos últimos y tiene su oficina central en Florida 835, 3º piso, oficina 320, 1005 Buenos Aires. Tiene delegaciones en Montevideo (☎ 2 908 0509, fax 2 908 4895, uruguay@asatej.com.ar), Santiago de Chile (☎ 2 335 0395, fax 2 335 0394, chile@asatej.com.ar) y en México D.F. (☎ 5 5574 0899, fax 5 574 3462, informes@ve.com.mx). Su página web es www.asatej.org.

Una web muy útil para consultar tarifas e itinerarios y hacer las reservas desde Argentina, Chile, México, Uruguay y Venezuela es www.viajo.com.

Europa continental

Existen descuentos en los vuelos desde la mayor parte de las grandes ciudades del continente a los distintos aeropuertos alemanes. Los más baratos son los que parten del sur de Europa.

Estados Unidos

En EE UU las agencias de viaje con descuento se llaman *consolidators*, aunque no tienen ningún cartel sobre la puerta que lleve ese nombre. La capital estadounidense de estas empresas es San Francisco, aunque también se pueden encontrar buenas ofertas en otras grandes ciudades, como Los Ángeles o Nueva York.

La mayor organización de viajes para estudiantes de EE UU, con más de 60 oficinas en todo el país, es Council Travel, cuya sede central (☎ 800 226 86 24) está en Nueva York, 205 E 42 St, New York, NY 10017. Su web es www.ciee.org. Otra es la STA Travel (☎ 800 777 0112) con oficinas en Miami y San Francisco, entre otras grandes ciudades. El teléfono 800 es gratuito, aunque también se puede consultar su web www.statravel.com.

Ticket Planet resulta un importante y recomendable *consolidator*. Su web es www.ticketplanet.com.

EN TREN

La fecha de finalización de las obras de la futurista estación Lehrter Bahnhof se retrasó; es por esta razón que la mayoría de viajeros por tren seguirá llegando a través de las principales estaciones, como Bahnhof Zoo, en Ciudad Oeste, y Ostbahnhof, en Ciudad Este. Muchos de los trenes de largo recorrido efectúan parada en ambas. Según el destino final, también es posible utilizar servicios de enlace entre trenes que acaban en una estación y los que salen de la otra. Para conectar se puede tomar el U-Bahn o también el S-Bahn (1,25 o 2,10 €, según la distancia).

Asimismo, se puede usar el S-Bahn para llegar a la estación desde donde sale el tren cuando se va a otra ciudad, si se tiene un billete reservado.

Para información telefónica sobre billetes y horarios (disponible en inglés) se puede llamar al ☎ 01805 99 66 33 desde cualquier punto de Alemania por 0,12 € por minuto. También puede consultarse a través de Internet, en la página www.bahn.de (véase el enlace con "International Guests" para obtener información en inglés).

Bahnhof Zoologischer Garten

Bahnhof Zoo (estación Zoo; Plano 6) es la puerta de entrada de muchos visitantes. Dispone de tiendas y puestos Imbiss con horarios amplios, agencias de alquiler de coches, quioscos de prensa y librerías; las taquillas cuestan 1 o 2 € por cada 24 horas; en consigna (abierta de 5.00 a 23.00) cobran 2 € por bulto y día.

El gran Deutsche Bahn Reisezentrum (oficina de información y reserva de billetes) está abierto de 5.15 a 23.00 todos los días. En la parte trasera del vestíbulo principal, en la planta sótano, hay un McWash, establecimiento con lavabos (0,75 €) y duchas (6 €) impecables. A su lado se encuentra EurAide, que es casi una oficina de turismo y una excelente propuesta con todos los servicios orientada a viajeros de habla inglesa. El personal ayuda a los visitantes en la compra de los billetes de tren, a hacer reservas de butacas y a encontrar alojamiento. EurAide abre de 8.00 a 12.00 y de 13.00 a 16.30 todos los días; los horarios suelen ampliarse hasta las 18.00 entre abril y octubre.

En el exterior de la entrada de la Hardenbergplatz está el puesto de información de la BVG, donde se pueden conseguir planos, información y billetes.

Otras partes de Alemania

El sistema de tren alemán es conocido, con motivo, por ser el más eficiente de Europa. Supera los 41.000 km de vías, que comunican con más de 7.000 ciudades y pueblos de Alemania. Todos los trenes tienen vagones de 1ª y 2ª clase; los de largo recorrido también cuentan con un vagón restaurante.

Bahnhof Zoo es la estación más importante para los ferrocarriles de largo recorrido con destino a ciudades al oeste de Berlín, como Hannover, Frankfurt y Colonia. También hay servicios frecuentes a Hamburgo y Munich y uno directo a Leipzig. La Ostbahnhof tiene salidas de líneas regionales a Brandeburgo, Sajonia y, en menor medida, a Mecklenburg-Pomerania occidental.

Otra terminal importante es Bahnhof Lichtenberg, en Weitlingstrasse, en el distrito oriental de Lichtenberg. Es el lugar de partida de los trenes a Stralsund, Rostock y otras ciudades de Mecklenburg-Pomerania occidental, así como de los servicios a Cottbus, Dresde, Erfurt, Halle y Magdeburgo.

Tipos de tren

El Deutsche Bahn (DB) tiene varios tipos de ferrocarril:

InterCity Express (ICE). Tren bala de largo recorrido con parada sólo en las ciudades más importantes. Tiene tarifas especiales

InterCity (IC) y EuroCity (EC). Trenes de largo recorrido casi tan rápidos como los ICE, con parada sólo en las poblaciones principales. Tiene tarifas con recargo

InterRegio (IR). Trenes de largo recorrido con más paradas que los IC

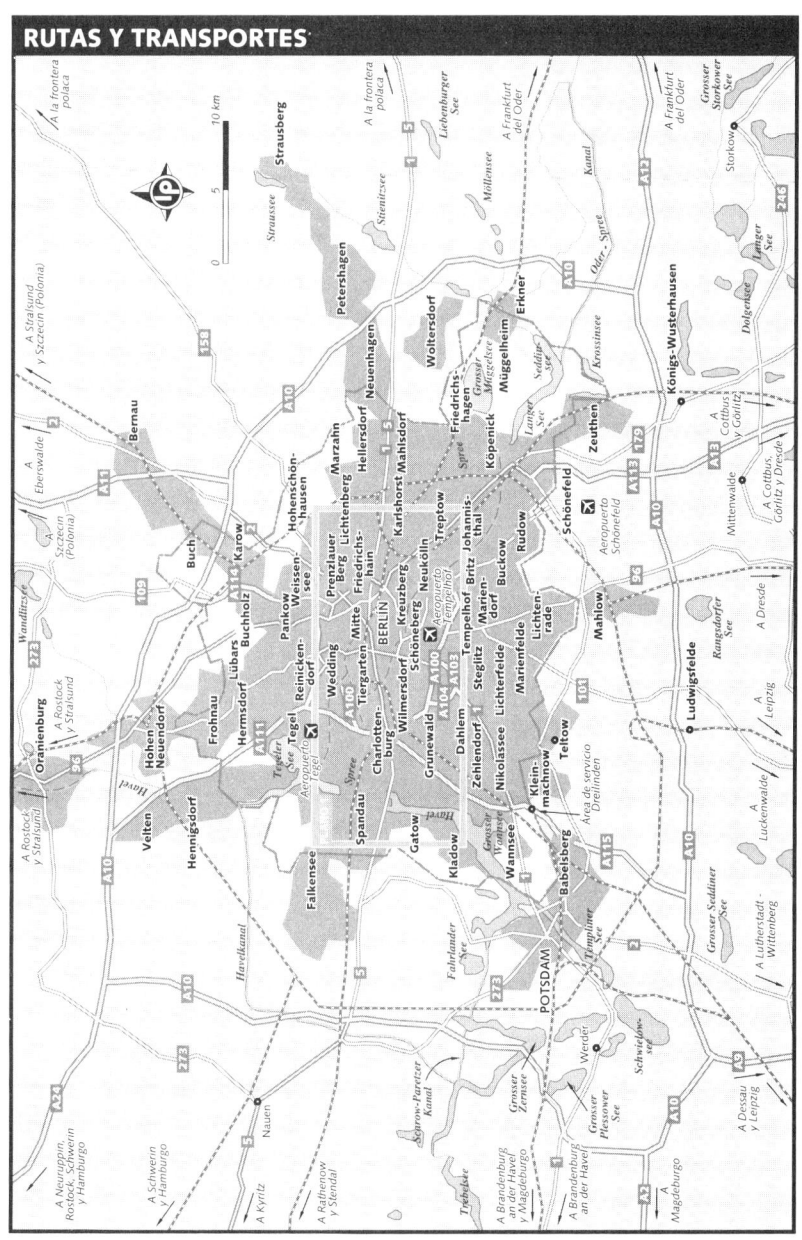

RegionalBahn (RB). Trenes locales en las zonas rurales, con paradas frecuentes

Regional Express (RE). Trenes regionales que cubren sobre todo zonas rurales

StadtExpress (SE). Trenes regionales que conectan sobre todo ciudades

Stadtbahn (S-Bahn). Trenes locales que operan en el interior de una ciudad y cubren el área metropolitana.

Comprar billetes

Los mejores lugares para adquirir billetes son las estaciones de tren o las agencias de viaje autorizadas (deben tener el logo DB). Los revisores también los venden con un recargo de 2,50 € (5 € en los trenes ICE). En la mayoría de ferrocarriles regionales y locales los pasajeros deben comprar el billete *antes* de subir al tren o se arriesgan a pagar una multa. Es absolutamente recomendable reservar plaza para los viajes de largo recorrido, especialmente si se quiere tomar un ICE o IC o se viaja un viernes o un sábado por la tarde, en época de vacaciones o en verano. Las reservas cuestan 2,50 € y pueden hacerse hasta unos minutos antes de la salida del tren.

Precios

La tarifa media de los viajes en 2ª clase por Alemania actualmente es de 0,14 € /km; en primera clase es de 0,21. Los trenes IC o EC tienen un suplemento de 3,50 € (4,50 si se compra el billete al revisor), independientemente de la distancia del viaje.

Aunque en Alemania este medio de transporte es práctico, no es necesariamente barato. Los niños, los estudiantes y las personas mayores pueden conseguir descuentos, pero si no se reúne ninguna de estas características y no se dispone de un abono, se pueden recortar gastos beneficiándose de las condiciones de alguno de los billetes especiales o de las ofertas. Si se tiene cierta flexibilidad, las dos ofertas siguientes suponen un gran ahorro:

Guten-Abend-Ticket: permite viajar en tren desde las 19.00 hasta las 03.00 (a partir de las 14.00 los sábados) y cuesta 30 € en 2ª clase (36 € en un ICE); hay un recargo de 8 € de viernes a domingo

Schönes-Wochenende-Ticket: pase para un máximo de cinco personas con el que se puede ir a cualquier parte de Alemania durante *un día* desde la media noche del sábado o domingo hasta las 3.00 del día siguiente por sólo 21 € (¡sí, cinco personas por 21 €!). La condición es que hay que usar trenes locales y *no* ICE, IC, EC o IR. Pero no es tan grave. Aunque se tarda un poco más, se tiene una mejor visión de todo el país al ir más lento. Puede que DB cambie esta oferta a finales de 2002 adaptándola a las familias –en las taquillas disponen de la información actualizada, así como en la página web www.bahn.de.

Pases de tren alemanes. Existe un pase del Deutsche Bahn para los no residentes en la UE que se puede conseguir únicamente a través de la agencia de viajes o en las principales estaciones de tren de Alemania (hay que presentar el pasaporte). Permiten utilizar los ferrocarriles sin límite entre cuatro y diez días durante un período de un mes. Por ejemplo, los billetes normales de 2ª clase para cuatro, siete o hasta diez días cuestan 174/240/306 US$ respectivamente. Si se tiene entre 12 y 25 años se puede acceder al Abono Joven del DB, que sale por unos 138/174/239 US$. Dos adultos que viajen juntos se pueden beneficiar del Abono Doble del DB, que vale 261/360/459 US$.

Aquellas personas que programen incluir Praga en su itinerario deberían considerar la posibilidad de comprar el Pase de excursión a la República checa. Cubre el trayecto de ida y vuelta (y todos los recargos) hasta esa ciudad desde la frontera checa durante siete días. El de 2ª clase cuesta 31 € (23 € si se tiene menos de 26 años) y se puede comprar en las oficinas del Deutsche Bahn o bien en EurAide.

Europa

Berlín está bien conectada por tren con muchos otros países europeos. Los ferrocarriles a París, Amsterdam y Bruselas salen de la estación Zoo, mientras que los que van hacia el este –Moscú, Praga, Budapest y Viena, por ejemplo– parten de la Bahnhof Lichtenberg.

No vale la pena gastar de más para viajar en 1ª clase, puesto que la 2ª clase de los trenes alemanes es muy cómoda. Si se está *en* este país y se quiere viajar al extranjero, el Deutsche Bahn tiene muchas ofertas interesantes, la mayoría en viajes de ida y vuelta. Se puede explicar a la persona que atiende la taquilla el destino elegido y la duración de la estancia y pedir la opción más económica. La página web www.bahn.de es un buen lugar para empezar a informarse.

Los servicios de largo recorrido entre las principales ciudades de Alemania y otros países se llaman EC (EuroCity). Para viajar a Alemania desde otros puntos de Europa lo más cómodo es hacerlo de noche. Los recargos varían un poco. Calculando la diferencia en comparación con el precio de un billete normal, cabe esperar pagar entre 14 y 20 € por una litera en un compartimento de seis personas, de 21 a 27 € en uno de cuatro y de 42 a 62 € si es uno doble.

En los viajes internacionales, el revisor suele recoger el pase de los pasajeros que ocupan una litera y devolvérselo por la mañana. Los que vayan en butaca no podrán evitar que los interventores de cada país les despierten para comprobar el billete.

Pases Eurail. Los pases Eurail salen a cuenta si se cubre una gran cantidad de territorio en un tiempo muy limitado. Sólo pueden solicitarlos los no residentes en la UE, y deben comprarse antes de llegar a Europa, o dentro de ella en un número reducido de lugares donde se expiden, tras demostrar con el pasaporte que se lleva menos de seis meses en el continente.

Estos pases Eurail, de los que existe una gran variedad, permiten viajar sin límite con los ferrocarriles nacionales (y algunas líneas privadas) de 17 países europeos. También cubren el trayecto de muchos ferries internacionales, por ejemplo entre Suecia y Alemania, así como los servicios de vapor en varios países.

Hay una modalidad más económica para menores de 26 años, el Eurailyouth Pass Flexipass, y los grupos de hasta cinco personas que viajan juntas pueden hacerse con una modalidad aún más barata, el Eurail Saver Flexipass, que supone un ahorro del 18% sobre los precios indicados.

Los niños de entre cuatro y once años tienen un descuento del 50% en cualquiera de estos productos.

Para los no residentes en la UE, un lugar excelente para comprar los pases, incluidos los del DB (véase antes) es Rail Europe (www.raileurope.com). Esta compañía está especializada en esa amplia gama y también vende billetes de tren para un solo trayecto por cualquier parte de Europa.

EN AUTOCAR

La estación central de autobuses de Berlín es la Omnibusbahnhof am Funkturm (**Plano 4**), en la esquina noroeste de Masurenallee y Messedamm, en Charlottenburg. Una opción para llegar hasta allí en el U/S-Bahn, tomando el U2 hasta Kaiserdamm o el S45 hasta Witzleben. Los billetes se pueden comprar en la agencia de viajes que hay dentro de la estación (☎ 301 80 28 para información, ☎ 302 52 94 para reservas). Está abierto de 9.00 a 18.00 los días laborables y hasta las 12.00 los sábados. También se adquieren en otras agencias de viaje y en algunas entidades de contacto para compartir transporte (*Mitfahrzentralen*). (Véase la sección "Autostop y coche compartido", más adelante, en este mismo capítulo). La consigna abre de 5.30 a 21.30 todos los días.

Otras partes de Alemania

La compañía BerlinLinienBus, con base en Berlín (☎ 861 93 31, info@berlinlinien bus.de, www.berlinlinienbus.de –sólo en alemán–) es una cooperativa de varias empresas de autocares que ofrecen servicio a unos 350 destinos de Alemania y otros países. Los vehículos son cómodos, tienen aire acondicionado, disponen de lavabo, luces individuales y no se permite fumar. Para la mayoría de recorridos hay que hacer reservas; las tarifas de ida y vuelta son más baratas que las de un solo trayecto. También existen opciones con descuento, la SuperSpar, para cualquiera que tenga menos de 28 o más de 60 años. La mayoría de viajes desde Berlín se realizan con la Bayern Express & P Kühn (☎ 86 30 60 o 0180 154 64 36).

He aquí una muestra de los destinos en el interior de Alemania, la frecuencia (en los meses de verano, con mayor circulación), la duración de los viajes y las tarifas normales y SuperSpar:

destino	frecuencia	duración (horas)	tarifa normal/ SuperSpar
Bremen	diario	6 1/2	44/28,50 €
Düsseldorf	3 a la semana	9	61,50/37 €
Frankfurt/ Main	diario	9 1/2	57/40 €
Hamburgo (express)	8 al día	3 3/4	22 € (sólo tarifa normal)
Hannover	diario	3 3/4	31/18 €
Munich	diario	8 1/2	66/39 €

Europa

La compañía **Eurolines** une Berlín con Madrid una vez a la semana y dos en temporada alta (pasa, entre otras ciudades españolas, por Zaragoza). El autobús Berlín-Málaga, tiene dos salidas por semana. El trayecto cubre el litoral mediterráneo español (desde Girona hasta Málaga pasando por Barcelona, Tarragona, Castellón, Valencia, Alicante, Murcia y Granada). Eurolines (☎ información y reservas: 902 40 50 40, 915 063 360, fax 915 063 365) se encuentra en la Estación Sur de Autobuses, en la calle Méndez Álvaro 83 local 10, 28046 Madrid.

La página web para España es www.eurolines.es.

La central en Alemania está en Frankfurt (☎ 697 903 242), pero se puede contactar con esta compañía también en Berlín, en la estación central de autobuses: Zentral Omnibusbahnhof Berlin, Masurenalee 4-6, 14057 Berlin (☎ 3030 61 98 98, fax 3030 10 38 20).

Para los que se desplazan con frecuencia, existen los abonos Eurolines con los cuales se puede viajar sin límite entre 46 ciudades de Europa durante 30 o 60 días. Se adquieren en las oficinas de esta compañía en la Frankfurt Hauptbahnhof, en Munich y en Hamburgo. Para los menores de 26 años el coste es de 211 € para 30 días y de 262 € para 60 días en temporada baja, y de 296/324 € en temporada alta. Para las demás personas vale 264/327 € y 370/470 €, respectivamente.

Alsa Enatcar (☎ 902 42 22 42, www.alsa.es) opera en toda España y une directamente, dos veces por semana, algunas ciudades españolas (como Sevilla o Madrid) con Berlín, pasando por el País Vasco. Desde Barcelona no hay autocares directos, por lo que se debe viajar primero a Madrid. Un billete de ida y vuelta de Madrid a Berlín cuesta alrededor de 219 €

Gullivers Reisen (☎ 030 31 10 21 10, fax 31 102 10) tiene una amplia red de conexiones hacia y desde Berlín. Parten servicios frecuentes a Amsterdam (51/40 €, 9 horas), Londres, vía Amsterdam (48/40 £ o 78,71/65,59 €,18 1/2 horas) y Milán (91/70 €,15 horas) y también a España: desde Berlín salen autocares a Barcelona (119 €), Valencia y Alicante (132 €), Madrid (132 €), Granada (148 €) y Málaga (153 €). Se aplican descuentos a estudiantes. Para informarse desde fuera de Alemania hay que llamar al ☎ 00800 48 55 48 37.

EN AUTOMÓVIL Y MOTOCICLETA

El cinturón A10 que rodea la ciudad une Berlín con otras poblaciones alemanas y también extranjeras: a través de la A11 a Szczecin, en Polonia; la A12 a Frankfurt del Oder; la A13 a Dresde; la A9 a Leipzig, Nuremberg y Munich; la A2 a Hannover y las ciudades del distrito del Ruhr; y la A24 a Hamburgo.

EN BICICLETA

La bicicleta puede transportarse en avión. Se puede desmontar la máquina y llevarla en una bolsa o una caja, pero basta con ir con ella hasta el mostrador de embarque y facturarla como un equipaje más. Tal vez lo único que hay que hacer es retirar los pedales y plegar el manillar de forma que ocupe el menor espacio posible. Conviene concretar estos detalles con la compañía aérea por anticipado, si es posible antes de comprar el billete.

En los trenes, es necesario comprar un billete aparte para la bicicleta. Cuesta 3 € si se viaja en trenes locales y regionales y 8 € para los IC, EC e IR. Si se viaja en uno de largo recorrido también debe hacerse una reserva (gratuita).

La mayoría de ferrocarriles (a excepción de los ICE) tienen un vagón de 2ª clase al final con un compartimiento para ellas. La DB tiene una línea de atención telefónica para este tema en el número ☎ 01805 15 14 15 (0,12 € por minuto).

AUTOSTOP Y COCHE COMPARTIDO

Hacer autostop (*Trampen*) no resulta totalmente seguro en ningún país del mundo y no es posible recomendarlo. Los que se decidan a hacerlo deben saber que están asumiendo un riesgo, improbable pero grave. Da más seguridad viajar por parejas y también conviene dejar aviso a alguien sobre el trayecto que se planea llevar a cabo. Los consejos que se ofrecen aquí pueden ayudar a que el viaje sea lo más rápido y seguro posible.

En las autopistas y en sus entradas y salidas está prohibido hacer autostop; un buen sitio son las gasolineras. Conviene enseñar un cartel que muestre con claridad el lugar de destino. Es posible ahorrarse muchos líos recurriendo a los servicios de una *Mitfahrzentrale*. Se paga un precio fijo al conductor más una comisión, que va de 5 € en los trayectos cortos hasta 10 € en los más largos. Por norma general, un viaje de Berlín a Hamburgo (o viceversa) cuesta 17 €, a Colonia 34 €, a Munich 35 € y a Amsterdam 38 € (comisión incluida).

La capital tiene muchas agencias *Mitfahrzentrale*. Las dos principales son ADM y Citynetz. La primera tiene sucursales en la estación Zoo, en el andén Vinetastrasse de la línea U2 (Plano 6; ☎ 194 40); en Yorckstrasse 52, en Schöneberg (Plano 4; ☎ 194 20); en la estación de U-Bahn de la Alexanderplatz, en el paso de la U2 a la U8 (Plano 7; ☎ 241 58 20); y en Odersbergerstrasse 45, en Prenzlauer Berg (Plano 3; ☎ 440 93 92).

CityNetz dispone de una gran oficina en Joachimstaler Strasse 17, en Charlottenburg (Plano 6; ☎ 194 44) y otra en Bergmannstrasse 57, en Kreuzberg 61 (Plano 5; ☎ 693 60 95).

CIRCUITOS ORGANIZADOS

Hay muchas opciones para viajar a Berlín en un circuito organizado. La oficina de turismo alemana del país de origen puede facilitar una lista de operadores (véase la sección "Oficinas de turismo" en el capítulo *Datos prácticos*). Siempre vale la pena comparar precios, pero estos itinerarios raramente son económicos. Aunque pueden servir para evitarse problemas, también pueden limitan la independencia.

Sobre todo en el interior de Europa, las principales líneas aéreas suelen ofrecer paquetes turísticos de escapada, que incluyen el vuelo, el alojamiento, los traslados y a veces un circuito guiado por la ciudad, con tiempo libre para visitarla libremente. También existen ofertas en la sección de viajes de los periódicos nacionales o en las agencias de viaje.

Cómo desplazarse

Conducir por Berlín es más fácil que por la mayoría de grandes ciudades, pero tampoco es ningún paseo. Aún hay muchas obras en marcha, lo que en muchos casos se traduce en una maraña de desvíos y trazados alternativos y en calles que de pronto quedan cortadas. Es mejor no ir en coche y usar el excelente sistema de transporte público de la ciudad: mil millones de pasajeros al año no pueden estar equivocados. La enorme red de trenes U-Bahn (metro) y S-Bahn (suburbanos-metropolitanos), autobuses, tranvías y ferries se extiende hasta prácticamente todos los rincones de Berlín y de sus alrededores, y los billetes son bastante económicos.

LOS AEROPUERTOS

Berlín tiene tres aeropuertos; el número de información general para los tres es el ☎ 0180-500 01 86. Tegel (TXL) está unos 8 km al noroeste de la estación Zoo y opera sobre todo vuelos de/a Alemania y el resto de Europa. En el vestíbulo principal hay una consigna (abierta de 5.30 a 22.00), un punto de información turística BTM, una oficina de correos y una bancaria.

Schönefeld (SXF), a unos 22 km de la estación Zoo, opera sobre todo vuelos internacionales de/a Europa, sobre todo Europa del este, y Asia. En el aeropuerto hay una oficina de cambio de divisas y una delegación de correos. La consigna está enfrente de la Terminal C y está abierta de 5.30 a 22.00 diariamente.

Berlín-Tempelhof (THF; Plano 4), 6 km al sureste de la estación Zoo, es el principal punto de llegada y partida de vuelos nacionales y a Europa central.

Se calcula que el volumen anual de los aeropuertos de Berlín llegará hasta los 20 millones hacia el año 2010, razón por la que se está planificando la expansión de Schönefeld para convertirlo en el único mega-aeropuerto de Berlín en el 2007. Se llamará Berlin Brandenburg International (BBI) y tendrá capacidad para unos 30 millones de pasajeros al año. En consecuencia se supone que Tegel cerrará sus puertas y que los servicios de/a Tempelhof quedarán reducidos.

A/DESDE EL AEROPUERTO
Tegel

Este aeropuerto está conectado con el distrito de Mitte mediante el JetExpressBus TXL, que deja y recoge a los pasajeros en puntos tan estratégicos como la Potsdamer Platz, Friedrichstrasse y Unter den Linden. El trayecto dura unos 30 minutos y cuesta 3,10 €. Para llegar a la zona de la estación Zoo, en Ciudad Oeste, se debe tomar el autobús nº X9, que tarda unos 20 minutos, o el nº 109, que tarda cinco minutos más. Los billetes de ambos cuestan 2,10 €. La estación de U-Bahn más cercana al aeropuerto es Jakob-Kaiser-Platz (U7). También se puede tomar el autobús nº 128 a Kurt-Schumacher-Platz para conectar con la U6. Un taxi entre Tegel y la Ciudad Oeste cuesta unos 18 €.

Schönefeld

Al aeropuerto de Schönefeld se llega con el tren Airport Express (RE4 o RE5), que sale de la estación Zoo cada media hora entre las 4.30 y las 23.00. La estación de tren se encuentra a unos 300 metros de la terminal, con la que está conectada mediante un autobús de enlace gratuito que parte cada 10 minutos. El trayecto hasta la estación de tren del aeropuerto dura unos 30 minutos y cuesta 2,10 €. Otra alternativa más lenta (50 minutos) es el S9, que sale de la estación Zoo y pasa por Alexanderplatz cada 20 minutos entre las 4.00 y las 24.00. El S45, menos frecuente, une los aeropuertos de Schönefeld y Tempelhof. El autobús nº 171 conecta la terminal con la estación de U-Bahn Rudow (U7), con conexiones al centro de Berlín. Un taxi entre Schönefeld y la Ciudad Oeste cuesta entre 25 y 35 €.

Tempelhof

Al aeropuerto de Tempelhof (Plano 5) se llega con el U6 (hay que bajar en Platz der

Luftbrücke) y el autobús n° 119 desde Kurfürstendamm por Kreuzberg. Un taxi de/a Ciudad Oeste cuesta unos 15 €.

TRANSPORTE PÚBLICO

El sistema de transporte público de Berlín se compone de los servicios de la Berliner Verkehrsbetriebe (BVG; información en el ☎ 194 49 a cualquier hora del día) y el Deutsche Bahn (DB; ☎ 194 19 de 6.00 a 23.00, o la línea directa de 24 horas ☎ 0180-599 66 33). La BVG opera los U-Bahn, autobuses, tranvías y ferries, mientras que el DB controla el S-Bahn, el Regionalbahn (RB) y el Regionalexpress (RE). Un billete es válido para todas las opciones de transporte (con las excepciones indicadas más adelante). El sistema resulta bastante eficiente pero no son descartables los cambios de horarios ni los retrasos, dado que siempre hay obras por toda la ciudad. Para obtener información actualizada a cualquier hora sobre la BVG se debe llamar al ☎ 25 62 25 62, o al ☎ 29 71 29 71 para información sobre el servicio del DB.

El puesto de la BVG de Hardenbergplatz, frente a la estación Zoo (Plano 6), ofrece planos de transporte gratuitos e información general sobre autobuses, U-Bahn, tranvías y ferries. Está abierto todos los días de 6.30 a 20.30 y se venden billetes, pases y abonos. Para informarse sobre conexiones con el S-Bahn, RE y RB se puede recurrir al Reisenzentrum situado en el interior de la estación.

Billetes y pases

El área metropolitana de Berlín se divide en tres zonas tarifarias: A, B y C. Los billetes son válidos por lo menos para dos zonas, AB o BC, o en las tres (ABC). Los viajeros que no vayan a aventurarse por Potsdam o las afueras de Berlín sólo necesitarán el billete AB. La entrada con perros y un bulto de equipaje es gratuita. Los tipos de billetes más comunes son:

Kurzstrecke (viaje corto). Este billete (1,25 €) permite un trayecto de tres paradas en U-Bahn o S-Bahn, o seis paradas en autobús o tranvía; se permite un transbordo, pero sólo entre trenes (no de autobús a tren o entre autobuses)

Langstrecke (viaje largo). Con este billete se puede viajar de forma ilimitada durante dos horas entre dos de las tres zonas (AB o BC) por 2,10 €

Ganzstrecke (viaje sin límites). Se puede emplear sin límites durante dos horas por las zonas ABC (2,40 €)

Tageskarte (pase diario). Este pase permite viajar sin límite todo el día (6 € para las zonas AB o BC, o 6,20 € para las zonas ABC)

7-Tage Karte, denominada *Nochen Karte* (pase semanal). Este abono transferible funciona de forma ilimitada durante una semana a partir del momento de la validación (22 € para las zonas AB, 23 € para las zonas BC y, finalmente, 22,50 € para las zonas ABC).

Compra y utilización de los billetes

Los conductores de autobús venden billetes sencillos y pases de un día, pero si se desean comprar para los trenes U-Bahn y S-Bahn o para los múltiples, y abonos semanales y mensuales se deben adquirir antes de subir. Se obtienen en las máquinas de venta automática, en las estaciones de U-Bahn y S-Bahn y en las taquillas situadas en la entrada de las estaciones y en los puestos de información de la BVG.

Los billetes tienen que sellarse (validarse) en una máquina roja *Entwerter* en la entrada de los andenes de las estaciones de S-Bahn y U-Bahn o en las paradas de autobús antes de subir.

El viajero que use uno con límite de tiempo como el Langstrecke deberá validarlo justo cuando llegue el tren, resulta el mejor modo de asegurarse de que lo aprovecha al máximo. La multa por no llevar billete o no haberlo validado es de 30 €.

U-Bahn/S-Bahn

El modo más práctico de moverse por Berlín es mediante U-Bahn o S-Bahn. Hay 10 líneas de U-Bahn y 13 de S-Bahn que funcionan desde las 4.00 a las 24.00, a exceptuando de la U1 y la U9, que tienen un servicio reducido toda la noche (dos trenes por hora aproximadamente).

La mayoría de líneas de S-Bahn tienen un servicio cada hora durante los sábados y también todos los domingos entre las 0.00 y las 4.00. A los portadores de un pase de ferrocarril les está permitido emplear el S-Bahn de forma gratuita.

En la mayoría de trenes U-Bahn se anuncia la parada siguiente (no así en los S-Bahn) y también aparece indicada al final de los vagones en los trenes que son más nuevos. Lo mejor, es saber el nombre de la estación anterior a aquella de destino. Para facilitar enormemente la tarea, hay grandes planos de las líneas pegados sobre las puertas de la mayoría de vagones de U-Bahn. Asimismo se reproducen, a una escala mayor, en los andenes de las estaciones.

Trenes regionales

La red de S-Bahn se complementa con los trenes RB (Regionalbahn) y RE (Regional Express). Las rutas que siguen también aparecen indicadas en los planos de la BVG. En estos trenes sólo son válidos los billetes Ganzstrecke de la BVG y los de tren del DB (incluidos los pases Eurail).

En autobús

Los coches de línea de Berlín son bastante lentos, pero una vez instalados en la planta superior de uno de dos pisos se puede visi-

¡Todos al autobús! Berlín desde los autobuses 100 y 200

Durante años, uno de los mejores y más económicos modos de ver Berlín ha sido el autobús nº 100, que cubre el trayecto entre la estación Zoo, en el CityWest, y Prenzlauer Berg, pasando por casi todos los puntos de interés histórico. ¿Por cuánto dinero? Sólo 2,10 €, el precio de un billete normal, lo que incluso permite subir y bajar del vehículo tantas veces como se desee durante las dos horas de validez. Para quien quiera pasar todo el día recorriendo la ciudad, vale la pena invertir en una *Tageskarte* (Pase de un día) 6,30 €.

El primer lugar interesante que se ve cuando el autobús sale de la estación Zoo es la Gedächtniskirche y el inicio del Ku'damm, antes de llegar al famoso Berliner Zoo. Desde aquí, el itinerario gira hacia el norte por el Tiergarten, donde pasa junto a la triunfante figura dorada que corona el Siegessäule. Si se mira enseguida a la derecha cuando se cruza la Strasse des 17 Juni, se ve la Puerta de Brandeburgo al fondo de la amplia avenida. La siguiente parada es Schloss Bellevue, la residencia del presidente de Alemania en Berlín. El autobús luego sigue por calles en paralelo al río Spree antes de pasar por delante del Reichstag. Poco después, atraviesa la Puerta de Brandeburgo, privilegio reservado a los taxis y coches de línea urbanos.

A partir de allí, el visitante se encuentra en el antiguo Berlín Este y pasa por Unter den Linden, junto a lugares tan atractivos como el Berliner Dom y la Humboldt Universität. A continuación se llega a la Alexanderplatz, con su enorme torre de televisión, antes de dirigirse al noreste por Friedrichshain hasta llegar al final del circuito en Michelangelostrasse, cerca del mayor cementerio judío de Europa.

El nº 100 ha tenido tanto éxito que el BVG, compañía de los autobuses urbanos de Berlín, ha añadido una segunda línea, el nº 200. También empieza en la estación Zoo, y a continuación sigue una ruta hacia el sur, por el Gedenkstätte Deutscher Widerstand, el Kulturforum, la Potsdamer Platz y el Martin-Gropius-Bau, antes de ir hacia el norte, llegando a la Puerta de Brandeburgo y luego al este, por Unter den Linden.

Si no se realizan interrupciones, un recorrido por cualquiera de las dos rutas dura unos 45 minutos (más en horas punta). Como no suele haber comentarios (a menos que se tenga la suerte de coincidir con un conductor hablador), no es mala idea hacerse con un Plano y un folleto informativo en el puesto de información del BVG que hay frente a la estación Zoo.

tar la ciudad cómodamente y por poco dinero (véase el recuadro "¡Todos al autobús! Berlín desde los autobuses 100 y 200").

Las paradas de autobús están señaladas con una gran "H" (de *Haltestelle*) y el nombre del punto del recorrido. Los conductores expiden los billetes y dan cambio. Generalmente se anuncia el destino siguiente por los altavoces o aparece indicado en un rótulo digital. Hay que apretar el botón de las barras para solicitar al conductor que pare en la siguiente. A partir de las 20.00, sólo se puede subir por la puerta delantera y, si ya se tiene billete, hay que presentarlo al entrar.

En autobús nocturno. Hay unas 70 líneas de autobuses nocturnos que toman el relevo a los trenes U/S-Bahn entre la 1.00 y las 4.00 y que pasan cada 30 minutos aproximadamente. Salen de las zonas con más vida nocturna como la estación Zoo, Hackescher Markt, en Mitte, y Nollendorfplatz, en Schöneberg, y cubren toda el área metropolitana, incluidos los distritos exteriores. Las tarifas son las habituales.

Los transbordos en las estaciones más importantes están calculados para que sólo haya que esperar unos minutos. Si se desea tener un Plano de la red de autobuses debe solicitarse en el puesto de información del BVG (Plano 6).

En tranvía

Hasta hace poco, los tranvías eran un vestigio recordatorio de los tiempos en que no existían los trenes U/S-Bahn, pero la mayoría han sido reemplazados por modelos nuevos y cómodos. Sólo recorren la parte oriental, puesto que desaparecieron de Berlín Oeste en 1967.

Unas 30 líneas peinan la mitad este de Berlín, que pueden consultarse en el plano de rutas que proporcionan en el puesto de información del BVG (Plano 6).

En ferry

La BVG opera varios servicios de ferry, pero el único que suele ser útil al visitante es el F10, que va de Kladow al Wannsee. El viaje resulta espectacular y, dada la posibilidad de usar los billetes normales de la BVG, una excursión bastante barata. Las naves salen todo el año una vez cada hora, siempre que el tiempo lo permita, normalmente desde las 9.00 hasta el anochecer. Para información para navegar por la ciudad, véase el apartado "Cruceros", más adelante, en este capítulo.

EN AUTOMÓVIL Y MOTOCICLETA

Resulta más fácil conducir por Berlín que por muchas otras ciudades europeas porque la ciudad fue reconstruida prácticamente de la nada tras la II Guerra Mundial, siguiendo un trazado urbano moderno. No obstante, hasta que se acaben las obras viarias y de construcción –especialmente en los barrios del este–, y sólo Dios sabe cuándo será eso, es fácil encontrarse con problemas de tráfico. Es muy recomendable el cinturón A10, que permite moverse con facilidad por todo el perímetro urbano.

Los parkings son caros (de 1 a 1,50 € por hora), pero en muchos casos representan la única opción si se quiere llegar cerca de las principales zonas comerciales de interés. En el CityWest (Plano 6), por ejemplo, existen aparcamientos en Augsburger Strasse, en el Europa-Center e inmediatamente al oeste del zoo, en Budapester Strasse. La tarifa por día es de unos 12,50 €.

Aunque es prácticamente imposible estacionar en la calle por el centro, suele ser factible en las zonas residenciales, especialmente en los distritos del este. Hay que tener cuidado de las señales que indican restricciones o se corre el riesgo de ser multado o incluso que se lleve el coche la grúa.

No hay muchas zonas de parquímetro, pero el sistema de pago con justificante está bastante extendido. Supone tener que sacar un recibo para el tiempo que se tiene previsto dejar el coche en una máquina expendedora en cuanto se aparca (estos artefactos se suelen encontrar en la acera, a pocos metros). Luego hay que dejarlo sobre el salpicadero, dentro del coche, de forma que sea visible. Las tarifas suelen ser de 1 € por hora aproximadamente. Los horarios de pago están especificados en las máquinas o en las señales.

Los visitantes que se alojen en un hotel deben recordar que la mayoría no tienen garaje y que hay que buscar aparcamiento o dejar que el personal del hotel lo haga; ello incrementará el presupuesto en unos 12,50 € por noche.

Alquiler de coches

En Berlín están representadas todas las compañías internacionales de alquiler de coches. Las tarifas más bajas suelen empezar a partir de los 50 € al día y entre 200 y 250 € por semana, incluido IVA y kilometraje ilimitado. Se consiguen mejores precios en tarifas especiales de fin de semana, que comprenden del mediodía del viernes a las 9.00 del lunes, a partir de 60 €. Algunos paquetes incluyen seguro de accidentes, lo que supone un ahorro, en ocasiones de hasta 20 €. En la mayoría de agencias es obligatorio tener un mínimo de 21 años para alquilar un vehículo.

Robben und Wientjes, agencia berlinesa con oficinas en Prinzenstrasse 90-91, en Kreuzberg (Plano 5; ☎ 61 67 70) y en Prenzlauer Allee 96 (Plano 3; ☎ 42 10 36), suele proponer los mejores precios de la ciudad, con coches desde 15 € al día, con 100 km incluidos, y camiones desde 3 € por hora.

Las agencias internacionales están concentradas en Budapester Strasse y sus alrededores, cerca de la estación Zoo: Hertz (Plano 6; ☎ 261 10 53), en Budapester Strasse nº 39; Avis (Plano 6; ☎ 230 93 70), en la puerta contigua, en el número 41; SixtBudget (Plano 6; ☎ 219 90 90) y Europcar (Plano 6; ☎ 235 06 40), ambas en Kurfürstenstrasse 101. Europcar también tiene una agencia en Karl-Liebknecht-Strasse 19-21 (Plano 7; ☎ 240 79 00), en Mitte. Para más información sobre otras sucursales y agencias vale la pena consultar la sección *Autovermietung* en las páginas amarillas.

Una compañía que suele ofrecer buenas ofertas (aunque fluctúan según el cambio de divisa) es AutoEurope, con sede en EE UU. Tiene tarifas bajas y excelentes condiciones negociadas con todas las agencias de primera línea. Se pueden hacer reservas 24 horas al día a través de un número de teléfono gratuito. Hay vehículos de todos los tamaños y todas las categorías, y no se aplica recargo por devolver el coche en un punto diferente al de salida o en el aeropuerto. Tampoco se cobra por cancelaciones o cambios, y la edad mínima para alquilar un coche es de 19 años. Para viajar a Polonia y a la República Checa, se debe informar a AutoEurope en el momento de efectuar la reserva, aunque hay que pagar un suplemento. El período mínimo de alquiler es de tres días, pero no hay recargo por devolver el vehículo antes de tiempo. Desde Alemania se debe marcar ☎ 0130 82 21 98; desde Argentina, ☎ 0 800 555 4288, 800 730 8028, 0 800 222 1288, 800 730 8028, desde Chile, ☎ 1230 020 0055; desde Colombia, ☎ 980912 0443; desde España, ☎ 900 96 1280; desde Estados Unidos, ☎ 800 223 5555; desde México, ☎ 95 800 235 6321 o 95 800 223 5555; y desde Venezuela, ☎ 0 800 100 2946. Las llamadas son gratuitas y, además, en www.autoeurope.com, la compañía ofrece pormenorizada información internacional de sus servicios.

Un coche económico cuesta aproximadamente 104 € por un fin de semana y unos 173 € por una semana, con kilometraje ilimitado, IVA y seguro a terceros incluido, pero no de accidentes. Las personas que no dispongan de una tarjeta de crédito que cubra este riesgo deben abonar un suplemento de 17 € diarios.

Adquisición

La compra de un automóvil en Berlín o Alemania sólo está justificada si se piensa permanecer en el país por bastante tiempo, porque, aparte del coste, conlleva una gran cantidad de papeleo burocrático. Los residentes en un país miembro de la UE pueden registrar el coche en el departamento de orden público y tráfico (*Ordnungs-und Strassenverkehrsamt*) que tiene delegaciones en la mayoría de las grandes ciudades. Hay que presentar los documentos de propiedad, el seguro y el pasaporte o documento de identidad, y también pagar una tasa sobre los vehículos de motor. El coche debe, además, pasar, cada dos años, una inspección técnica por el correspondiente servicio (TÜV) para poder circular.

Los no residentes en la UE no pueden registrar un coche en Alemania, salvo que lo adquiera un amigo o familiar residente en el país, cosa que le resultará incómoda a esa persona porque puede perjudicar su expediente de conductor y aumentar el coste de su seguro.

Si, pese a todo lo anterior, se desea comprar un coche, hay que tener en cuenta que los expertos negociantes de los países del este de Europa se hacen con las mejores gangas y que resulta mucho más sencillo comprar (y revender) el vehículo en otros países vecinos, como los Países Bajos o Bélgica.

Berlín es uno de los mejores lugares de Alemania para las personas que desean encontrar coches de segunda mano, siempre que se sepa el vehículo que se quiere adquirir. Nunca hay que comprar sin comprobar que el coche está al corriente de pago del certificado de inspección (TÜV). El periódico berlinés *Zweite* publica un suplemento bastante completo dedicado a coches en el que aparecen miles de ofertas cada semana.

Alquiler de motocicletas

Hay muchas agencias de alquiler de motocicletas en Berlín, que ofrecen una forma divertida de hacer excursiones al campo. Los aficionados a las Harley pueden ponerse en contacto con Classic Bike Harley-Davidson (☎ 616 79 30), Skalitzer Strasse 127/8, en Kreuzberg 36. Alquilan una amplia gama de modelos por entre 50 y 130 € al día (10.00 a 22.00; límite: 300 kilómetros), y por 195 a 325 € por el fin de semana (de las 16.00 del viernes a las 10.00 del lunes; límite: 600 kilómetros). Esta última tarifa también es aplicable de las 16.00 del lunes a las 13.00 del viernes (con 900 km de límite). Los precios incluyen IVA y seguro. Los cascos se alquilan por 5 € al día.

Otra compañía es V2-Moto (☎ 61 28 04 90), cerca de la anterior, en Skalitzer Strasse 69, donde se alquilan modelos como la Voxan Cafe Racer, Roadster o Laverda 750 Sport por 95-115 € (al día) o 245-290 € (fin de semana o días laborables).

En taxi

Hay paradas de taxi con "columnas de llamada", *Rufsäule*, junto a las principales estaciones de tren y por toda la ciudad. La bajada de bandera cuesta 2,50 € y luego cuesta 1,50 € por kilómetro hasta los 7 km y 1 € por kilómetro a continuación. Se paga un suplemento de 1,25 € si son cinco pasajeros, y otro de 1 € por bulto de equipaje, si es voluminoso. Para pedir un taxi por teléfono hay que llamar a los ☎ 194 10, 21 01 01 o 21 02 02.

Si es necesario efectuar un desplazamiento rápido con una distancia corta cabe optar por la tarifa plana de 3 € que permite recorrer 2 km. Sólo es aplicable si se para un taxi por la calle y se solicita la tarifa de 3 € antes de subir.

En caso de tener algún problema con un taxista (lo cual no suele ocurrir), hay que exigir un recibo firmado y sellado con el precio, la fecha, la hora y la ruta, y luego reclamar al Innung des Berliner Taxigewerbes (☎ 23 62 71 01), Martin-Luther-Strasse 3, Schöneberg.

Velotaxi

Una alternativa no contaminante para trayectos cortos es el velotaxi, un cómodo carrito tirado por una bicicleta con un motor eléctrico auxiliar en el que caben dos personas. Siguen cuatro rutas: Kurfürstendamm, Unter den Linden, Friedrichstrasse y Tiergarten. Sólo hay que pararlo por la calle o llamar al ☎ 0172 32 88 88 88. Cuesta 1 € por kilómetro; seguir una ruta establecida sale por 2,50 € por persona; los trayectos de media hora valen 8 € por persona.

EN BICICLETA

Berlín es una ciudad fácilmente transitable para las bicicletas, pero hay que estar atento en las horas de más tráfico, aunque haya carriles de bicicleta.

No es obligatorio llevar casco. El transporte de una bicicleta en los vagones indicados del U/S-Bahn cuesta 1,25 €. En los del U-Bahn se pueden llevar este tipo de vehículo entre las 9.00 y las 14.00 y entre las 17.30 y el final del servicio los días laborables (los fines de semana a cualquier hora).

Llevarla en un tren de la DB cuesta 3 € en los trenes locales y regionales y 8 € en los trenes IC, EC e IR. Para trayectos de largo recorrido hay que hacer una reserva para la bicicleta (gratis). DB tienen una línea de atención telefónica sobre el particular en el número ☎ 01805 15 14 15 (0,12 € por minuto).

Fahrradstation es la mayor agencia de alquiler de bicicletas, con diversas sucursales por toda la ciudad y una línea directa de información y reservas en el ☎ 0180-510 80 00. Tiene una oficina en el patio nº VII de Hackesche Höfe, en Mitte (☎ 28 38 48 48); otra, cerca de allí, en Auguststrasse 29a (☎ 28 59 96 61); y otra en Bahnhof Friedrichstrasse, Friedrichstrasse 141/142 (☎ 20 45 45 00). Hay una cuarta en Kreuzberg 61, en Bergmannstrasse 9 (☎ 215 15 66).

En Fahrradstation también se venden bicicletas y se organizan circuitos organizados por todo Berlín y excursiones cortas al campo. Las tarifas empiezan a partir de los 10/25/35 € al día/fin de semana de tres días/semana por una bicicleta de ciudad y 20/45/65 € por una *mountain bike*.

Una alternativa es Fahrradservice (☎ 28 04 73 31), Reinhardstrasse 5, Mitte, que cobra entre 10 y 20 € por 24 horas de alquiler.

A PIE

El centro histórico de Berlín es sorprendentemente compacto y la mejor manera de visitarlo es a pie. Caminar permite experimentar la ciudad de cerca y suele dar una idea más clara de los diversos aromas de los diferentes barrios. No es peligroso pasear por ninguna parte de esta zona, incluidos los grandes parques como Tiergarten, aunque hay que tener una precaución especial por la noche. En el capítulo *Qué ver y hacer*, más adelante, se proponen varios circuitos a pie por cuenta propia. También se puede seguir un circuito guiado en inglés (véase la sección "Circuitos a pie" más adelante).

CIRCUITOS ORGANIZADOS
Circuitos en autobús

La mayoría de recorridos turísticos se basan en el principio de subir y bajar cuando se quiera del autobús y hay muy pocas diferencias entre operadores turísticos. Las principales empresas visitan 12 atracciones en las que se incluyen la Kurfürstendamm, la Puerta de Brandeburgo, el Schloss Charlottenburg, el Berliner Dom y la Alexanderplatz, en circuitos que duran unas dos horas sin bajarse. Tienen grabaciones con comentarios en ocho idiomas. Los vehículos salen más o menos cada media hora: el primero suele hacerlo sobre las 10.00 de algún punto de la Kurfürstendamm, cerca de la estación Zoo; los recorridos se acaban hacia las 18.00 (más pronto en invierno). El billete cuesta 18 €.

Los autobuses de Severin + Kühn (Plano 6, ☎ 880 41 90) salen de Kurfürstendamm 216; BVB (Plano 6, ☎ 88 68 37 11) lo hace de Kurfürstendamm 225, frente al Kranzler Eck y Berolina (Plano 6, ☎ 88 56 80 30), de Kurfürstendamm 220, en la esquina con Meinekestrasse.

Estos operadores turísticos también tienen un Super Berlin Tour, un circuito más convencional, comentado, que dura 3$^{1}/_{2}$ horas y cuesta 21 €, y que se realiza por la mañana y por la tarde. Los niños menores de 13 años disfrutan de un descuento del 50%.

BVG Top Tour (☎ 25 62 47 40). Adultos/niños de 6-14 años 18/15 €. Entre Semana Santa y octubre, hay salidas cada 30 minutos desde el Kranzler Eck, en Kurfürstendamm 18. Efectúa 23 paradas. Los billetes comprados a partir de las 15.00 son válidos hasta el final del día siguiente.

Tempelhofer (☎ 752 40 57). Adultos/3ª edad y estudiantes 15/12,50 €, niños de 7-12 años 7,50 €, menores de 6 años gratis. Los autobuses salen todo el año de Kurfürstendamm 231 (frente a los almacenes Hertie/Wertheim, Plano 6) y de Unter den Linden 14, en la esquina con Friedrichstrasse (Plano 7).

Circuitos a pie

Berlín cuenta con tres compañías que ofrecen circuitos organizados en inglés que son excelentes, informativos y entretenidos.

The Original Berlin Walks (☎ 301 91 94). Mayores/menores de 26 años 9/7,50 € (6,75 € con WelcomeCard), gratis para los menores de 14. Este paseo, a pie, es de los mejores circuitos organizados que se conocen. El circuito "Descubrir Berlín", que tiene una duración de tres a cuatro horas, cubre las principales atracciones de la ciudad, aportando una interesante información cultural y arquitectónica de carácter objetivo. Se inicia cada día a las 10.00 y a las 14.30 entre abril y octubre y sólo a las 10.00 el resto del año, y acaba en el Checkpoint Charlie. Berlin Walks también ofrece los circuitos "Lugares infames del III Reich" de marzo a diciembre y "Vida de los judíos en Berlín" de mayo a mediados de octubre, que ocupan un tiempo menor.

Se puede imprimir un vale de descuento de 1 € en la web (www.berlinwalks.com). Los circuitos empiezan frente a la entrada principal de la estación Zoo, en el punto donde comienza la fila de taxis. Se necesita un billete de largo recorrido (*Langstrecke*) del BVG (2,10 €); véase la sección "Cómo desplazarse", más adelante, en este capítulo); también puede comprárselo al guía. Los portadores de un abono de ferrocarril no lo necesitan para los circuitos "Descubrir Berlín" y "Vida de los Judíos en Berlín", puesto que se usa el S-Bahn.

Brewer's Best of Berlin (☎ 70 13 10 37). 7,50 €. La empresa, dirigida por Terry Brewer, antiguo diplomático de la Embajada Británica en Berlín Este, hace dos recorridos al día desde el mes de mayo hasta octubre (una vez al día el resto del año; no hay salidas desde finales de diciembre a principios de enero) saliendo desde la Sinagoga Nueva, así como de los albergues Circus, Clubhouse y Odyssee (véase "Dónde dormir", más adelante, en este capítulo). Los circuitos, entretenidos e informativos, duran por lo menos cinco horas, cubren mucho más de lo mínimo imprescindible y salen a muy buen precio. Se puede llamar por teléfono o bien informarse en los albergues para conocer de forma más detallada los horarios exactos de salida.

The Insider Tour (☎ 692 31 49). Mayores/menores de 26 años 10/7,50 € (6,50 € con WelcomeCard). Esta empresa organiza circuitos de 3½ horas por los principales lugares de interés de Berlín. Los recorridos empiezan a las 9.45 y a las 14.15 cada día desde el Reisebank, en la estación Zoo, y a las 10.00 y a las 14.30 desde frente al McDonald's de la misma estación. De noviembre a marzo sólo se hacen salidas por la mañana. De mayo a septiembre, Insider Tour también organiza circuitos de cuatro horas en bicicleta por 17,50/15 €, con el alquiler del vehículo incluido. Se inician a las 10.30 en el ala Fahrradstation de la Bahnhof Friedrichstrasse.

Cruceros

En los meses más cálidos hay una serie de cruceros turísticos que recorren los canales de Berlín, visitando los lugares de interés histórico del centro, así como pueblos pintorescos, parques y palacios. A bordo se vende comida y bebida, pero en realidad es bastante cara, así que es muy recomendable llevarse todas las provisiones necesarias.

Stern und Kreis Schifffahrt (☎ *536 36 00*). 3½ horas; 8,50/14 € sencillo/ida y vuelta. Esta compañía organiza diversos cruceros desde abril a diciembre. El crucero de 3½ horas desde Janowitzbrücke, cerca del Märkisches Museum, pasa el límite norte del parque Tiergarten hacia el Schlossbrücke, cerca del palacio de Charlottenburg, se realiza hasta ocho veces al día. Hay un recorrido de una hora alrededor de la Museumsinsel saliendo del Nikolaiviertel (7,50 €) que se efectúa hasta 17 veces al día. Los viernes y sábados a las 19.30 hay cruceros nocturnos (13,50 €; 2½ horas).

Los niños de menos de 6 años viajan gratis; los de menos de 14 tienen un descuento del 50%. También hay un descuento del 15% para estudiantes y la tercera edad, excepto en fines de semana y días de fiesta. Una Kombi-Tageskarte, que da acceso ilimitado en los cruceros regulares Stern y Kreis, así como al U/S-Bahn, a los autobuses y tranvías de Berlín y Potsdam, cuesta 13,50 €.

Reederei Bruno Winkler (☎ *349 95 95*) 3 horas; 12,25/11,25 €. Esta compañía organiza cruceros turísticos por el río Spree o el Landwehr Kanal de marzo a septiembre. El puesto de embarque principal queda en Schlossbrücke, justo al este del Schloss

Charlottenburg. Los barcos zarpan cada día a las 10.20 y a las 14.20; los viernes, además, hay otra salida a las 19.00. También se puede embarcar en la parada de Friedrichstrasse, en el Reichstagsufer (10,25/9,25 €). Esta compañía realiza muchos otros recorridos.

Berliner Wassertaxi Service (☎ 65 88 02 03) 1 hora; 6/4,50 €. Este servicio de taxi náutico, con base en el lado norte del Schlossbrücke, en Mitte, ofrece paseos por el Spree entre el Spree Kanal y la Bahnhof Friedrichstrasse, con salida cada media entre las 10.00 y las 16.30.

Berliner Wassertaxi Service (☎ 65 88 02 03) 1 hora; 6/4,50 €. Este servicio de taxi náutico, con base en el lado norte del Schlossbrücke, en Mitte, ofrece paseos por el Spree entre el Spree Kanal y la Bahnhof Friedrichstrasse, con salida cada media entre las 10.00 y las 16.30.

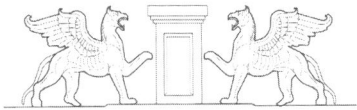

Qué ver y hacer

Berlín es una ciudad tan vibrante que resulta difícil quedarse sin nada que hacer. Y todo cambia a una velocidad tan impresionante que uno puede hacer sus propios descubrimientos. Sólo hay que escoger un barrio por el que moverse, absorber la atmósfera e intentar imaginar dónde estará todo eso dentro de unos años.

En este capítulo se describen los lugares de interés, museos y otras atracciones por distritos. Cada uno de los siete centrales (Charlottenburg, Friedrichshain, Kreuzberg, Mitte, Prenzlauer Berg, Schöneberg y Tiergarten) son objeto de una cobertura exhaustiva, incluyendo circuitos a pie en algunas secciones. Las siguientes ofrecen una visión de lo que hay que ver y hacer en los distritos periféricos. El capítulo acaba con una lista de actividades de recreo. El magnífico sistema de transporte público de Berlín es el mejor método para moverse por la ciudad y llegar a todas partes.

Charlottenburg

Para cualquiera que viajara a Berlín antes de la caída del Muro, Charlottenburg era el lugar de destino. Es donde se encontraban la mayoría de hoteles, restaurantes, tiendas y la vida nocturna. Esta zona fue perdiendo popularidad en la década de 1990, cuando Mitte y Prenzlauer Berg se convirtieron en el centro de todas las miradas; pero eso no significa que no valga la pena visitarla. Tal como se descubrirá en esta sección, hay mucho que ver y hacer en lo que ahora se conoce como CityWest. Los hoteles de la zona, aunque son más antiguos, poseen una buena relación calidad-precio, el distrito sigue siendo una de las mejores áreas comerciales de la ciudad y existen incluso nuevas y fascinantes muestras de arquitectura que han dado vida al anodino panorama urbano de la posguerra.

Charlottenburg nació tras la trágica e inesperada muerte de una reina amada. Cuan-

De interés

Berlín ofrece una gran variedad de experiencias, situaciones, vistas y atracciones, por lo que hacer una selección no es tarea fácil. A continuación ofrecemos una lista subjetiva –que no sigue ningún orden en especial– de nuestras preferencias. Esperamos que sean también del gusto del lector.

- Contemplar el Nuevo Distrito Gubernamental desde la magnífica cúpula del Reichstag
- Ver amanecer tras una noche de copas
- Explorar la ciudad con Berlin Walks, Brewer's Best of Berlin o Insider Tours
- Seguir las huellas de la historia por Unter den Linden
- Ir de clubes: se puede probar todo, desde el swing al electrojazz, a menudo en escenarios poco habituales
- Disfrutar de las compras y de la arquitectura en el Freidrichstadtpassagen
- Visitar los museos "imprescindibles": el Pergamon Museum, el Jüdisches Museum, la Gemäldegalerie y el Ägyptisches Museum
- Curiosear por el KaDeWe y picar algo en su opulento restaurante
- Mirar el panorama mientras se desayuna en Schöneberg
- Descubrir el distrito más nuevo de Berlín: Potsdamer Platz
- Ponerse las botas con los mejores *doner kebabs* a este lado de Estambul
- Ir a un concierto de música clásica en la Philharmonie
- Surcar los lagos, ríos o canales de Berlín
- Pasear y hacer un pícnic en el paisaje de cuentos de hadas de Pfaueninsel
- Ver la ciudad desde el autobús nº 100 o nº 200
- Disfrutar de las mejores vistas desde las alturas: Berliner Dom, Französischer Dom, Mirador Panorama.

do en 1705 falleció Sofía Carlota, esposa del rey Federico I, el monarca dio la categoría de ciudad al pequeño asentamiento que había surgido alrededor del palacio de verano de su mujer y lo llamó así en su honor. La escasa población de entonces fue aumentando lentamente. Hasta 1870, la zona aún tenía un claro carácter rural y sólo 17.000 habitantes.

La población creció cuando Berlín se convirtió en capital del Imperio Alemán –aunque a saltos–. En 1890 vivían 77.000 personas. En 1914 ya eran 320.000. En aquellos años se fundó la Technische Universität (1884) y la Hochschule der Künste (Universidad de las Artes, 1902). Durante el período de Weimar, este pequeño núcleo urbano se convirtió en el epicentro cultural berlinés, con teatros, cabarets, clubes de jazz y cafés literarios por todo Kurfürstendamm, principal arteria del distrito. De hecho, gran parte de la desbordante creatividad –y decadencia– de los "Felices años veinte" tenía aquí sus raíces. Aunque hoy en día es un lugar bastante más tranquilo, sigue siendo una parte de la ciudad llena de interés y vida.

CIRCUITO A PIE POR EL CITYWEST (Plano 6)

Este itinerario a pie recorre el centro del CityWest, empezando y acabando en la estación Zoo. Intenta dar una primera impresión de las calles comerciales y residenciales del distrito y lleva a los puntos de interés histórico, museos, tiendas y la zona del diseño y las galerías. El recorrido tiene una distancia de 4,5 km y se tarda entre dos y tres horas.

De la estación Zoo a Breitscheidplatz

Nuestro circuito empieza en la estación Zoo, inaugurada en 1881 y que toma su nombre del **Zoologischer Garten**, que está justo al este (para más información sobre el zoo, véase la sección "Tiergarten", más adelante en este mismo capítulo). Junto a la Ostbahnhof, en Friedrichshain, esta terminal es la que tiene un mayor volumen de viajeros, especialmente en trayectos largos. En las décadas de 1970 y 1980 toda la zona era conocida por los trapicheos de drogas que tenían lugar en ella, cruda realidad retratada en la obra *Wir Kinder vom Bahnhof Zoo* (Nosotros, los niños de Bahnhof Zoo). Es la biografía, y posterior película, de la adolescente Christiane F., que consiguió escapar del círculo de la adicción a la heroína, la prostitución y la violencia.

Desde aquí se va hacia el este por Budapester Strasse, pasando por el cine Zoo-Palast, que hasta 1999 era la sede del Festival Internacional de Cine de Berlín. En la planta baja, hay una oficina de Hekticket donde se pueden conseguir entradas de teatro a mitad de precio para las representaciones del mismo día (véase la sección "Teatro" en el capítulo *Ocio* para más detalles).

A poca distancia se levanta uno de los edificios históricos más famosos de Berlín, la medio derruida **Kaiser-Wilhelm-Gedächtniskirche** (iglesia en memoria del Káiser Guillermo, 1895). Las bombas aliadas sólo dejaron intacta la estructura de la torre oeste del templo neorrománico; hoy en día se erige tranquilo, desafiante y digno, rodeado por una actividad comercial frenética. La **Gedenkhalle** (*Sala conmemorativa, abierta de 10.00 a 16.00 o 17.00 de lunes a sábado*) contiene los mosaicos originales del techo, los relieves de mármol, objetos litúrgicos y fotografías del edificio antes y después de los bombardeos. En 1961 se construyó una moderna **Sala de adoración** (*entrada gratuita; abierta de 9.00 a 19.30 todos los días*) junto a la iglesia, con unos vitrales de una azul oscuro intenso y una estatua dorada de Jesucristo a escala aumentada "flotando" sobre el altar. A la derecha según se entra, se encuentra la denominada **Madonna de Stalingrado** (1942), un inquietante dibujo en carboncillo de una madre meciendo a su hijo. Lo realizó Kurt Reuber, sacerdote y médico alemán, en el reverso de un mapa de Rusia mientras estaba atrapado en el sitio de Stalingrado; en 1944 murió siendo prisionero de guerra.

Por el extremo sur, la Gedächtniskirche da a la **Breitscheidplatz**, una animada plaza peatonal que es el corazón del CityWest. Todo el mundo, desde los turistas cansados de caminar hasta los músicos callejeros, se reúnen alrededor de la estrafalaria **Weltbrunnen** (Fuente del mundo, 1983), obra de Joachim Schmettau. Hecha de granito rojo, muestra un mundo desgarrado con diversas escenas compuestas por esculturas de personas y animales en grupos. Naturalmente, los berlineses ya le han puesto un apodo: Wasserklops (albóndiga de agua).

El **Europa-Center** es un moderno contrapunto a la Gedächtniskirche. Se trata de un complejo comercial y de restauración con una actividad frenética, que en 1965, cuando abrió sus puertas, se convirtió en el primer rascacielos de la ciudad. Ocupa el lugar del Romanische Café, punto de encuentro preferido de los intelectuales de la República de Weimar. En el interior, el **Reloj del paso del tiempo**, de Bernard Gitton, mide las horas, los minutos y los segundos con una serie de ampollas y esferas que se llenan de un líquido verde de aspecto radioactivo. La **oficina de turismo central de la BTM** está en la planta baja del centro, en el lado de Budapester Strasse (norte).

Desde Breitscheidplatz se puede tomar un desvío hacia el sureste, por Tauentzienstrasse hasta Wittenbergplatz, para curiosear por el maravilloso templo de las tentaciones que son los grandes almacenes KaDeWe (véase el capítulo *De compras*). Por el camino, obsérvese la escultura icónica de vigas de metal entrelazadas llamada "Berlin", de Brigitte y Martin Matschinsky-Denninghof, en la mediana de la calle.

Kurfürstendamm

La Breitscheidplatz es el extremo este de la amplia Kurfürstendamm, de 3,5 km de longitud, conocida como Ku'damm para abreviar. Es la principal arteria comercial de CityWest, llena de grandes almacenes y cadenas y tiendas especializadas.

Bismarck fue el que convirtió Ku'damm en una versión berlinesa de los Champs-Elysées de París. En lo que hasta 1880 no era más que un camino que llevaba a los terrenos de caza del bosque de Grunewald, proyectó un bulevar adoquinado flanqueado por grandiosas mansiones. En la década de 1920 se le añadieron tiendas y hoteles de lujo, galerías de arte, restaurantes y locales de ocio que aún hoy caracterizan a toda esta avenida.

Paseando hacia el oeste, en la esquina con Joachimstaler Strasse, se levanta el moderno complejo de oficinas y comercios conocido como Neues Kranzler Eck, obra de Helmut Jahn (véase la sección especial "Arquitectura"). Ocupa el lugar del antiguo Cafe Kranzler, una de las cafeterías más tradicionales de la parte occidental de la ciudad, de la que únicamente queda la rotonda del techo.

Nombres populares en Berlín

Los berlineses son conocidos por sus juegos de palabras. También tienen una imaginación despierta, que se refleja en la cantidad de apodos que les han puesto a sus monumentos. He aquí una muestra:

Kaiser Wilhelm Gedächtniskirche	Hohler Zahn (El diente hueco)
Gedenkhalle	Lippenstift & Puderdose (El pintalabios y la polvera)
Haus der Kulturen der Welt	Schwangere Auster (La ostra preñada)
Reichstag Cupola	Eierwärmer (Cubrehuevos)
Torre de televisión	Telespargel (Tele-espárrago)
Funkturm	Langer Lulatsch (Lulatsch largo)
Centro de congresos ICC	Raumschiff (Nave espacial)
Siegessäule	Gold Else (Else de oro)
Lufgbrückendenkmal	Hungerhake (Rastrillo escuálido)
Wilhelminian pissoirs	Café Achteck (Café octógono)
Weltbrunnen	Wasserklops (Albóndiga de agua)

Fasanenstrasse

Se sigue hacia el oeste por Kurfürstendamm, girando hacia el sur por la moderna Fasanenstrasse, con sus galerías de arte y sus caras joyerías y *boutiques* de alta costura. Esta tranquila avenida con frondosos árboles está flanqueada por mansiones del siglo XIX, algunas de las cuales se han convertido en pensiones u hoteles (véase el capítulo *Dónde dormir*). Si se echa un vistazo a alguno de los vestíbulos se pueden descubrir los techos con molduras, los románticos murales, las chimeneas de mármol e incluso algún recargado ascensor Art Nouveau, hecho de latón o hierro forjado, con aspecto de una pajarera gigante.

Del mismo período proceden el trío de orgullosas y majestuosas casas señoriales, unidas por un pequeño jardín con esculturas, del lado oeste de la calle, conocidas en conjunto como el **Wintergarten-Ensemble**. En Fasanenstrasse 23 está ubicada la Literaturhaus, donde se puede asistir a conferencias y debates literarios, visitar la galería, curiosear por la librería o disfrutar de la comida en el sofisticado **Café Wintergarten** (véase el capítulo *Dónde comer*). En el número 24 se encuentra el **Käthe-Kollwitz Museum**, seguido de Villa Grisebach, que alberga la Galerie Pels-Leusden y una casa de subastas. Obsérvese atentamente la recargada estructura de hierro y la torrecilla de pizarra del edificio, que recuerda un sombrero de bruja.

Käthe-Kollwitz-Museum

Este exquisito museo privado está dedicado a una de las mayores artistas de Alemania (☎ 882 52 10, *Fasanenstrasse 24; adultos/con descuento 4/2 €; abierto de 11.00 a 18.00 de miércoles a lunes*). Kollwitz nació en 1867 en Königsberg (la actual Kaliningrado) y murió en Moritzburg, cerca de Dresde, en 1945, aunque pasó la mayor parte de su vida en el distrito obrero berlinés de Prenzlauer Berg. Estudió en las escuelas de arte de Berlín y Munich y también pasó temporadas en Florencia y París. A través de su arte, expresó un profundo compromiso y preocupación por la clase obrera, los desamparados, los oprimidos y los pobres, con un estilo atemporal y de fácil comprensión.

El núcleo de la colección está compuesto por litografías, tallas en madera, esculturas y dibujos. Su obra, reunida por el pintor y galerista Hans Pels-Leusden (muerto en 1993), se muestra en toda su versatilidad y complejidad. Entre las piezas más destacadas se encuentra la litografía contra el hambre *Brot* (Pan, 1924) y la serie de tallas en madera *Krieg* (Guerra, 1922-1923). Como temas favoritos de Kollwitz destacaban la maternidad y la muerte; a veces los dos aparecen extrañamente combinados, como en las composiciones que muestran la muerte como un personaje que alimenta y acuna a sus víctimas. La colección también incluye esculturas y diversos autorretratos (1889-1938). Además, se expone una copia del monumento a la artista creado por Gustav Seitz (1958), cuyo original se encuentra en la Kollwitzplatz (véase la sección "Prenzlauer Berg", más adelante en este capítulo). Dos o tres exposiciones especiales al año complementan la muestra permanente.

Vale la pena remarcar que los vigilantes de fiera frecuentes en la mayoría de museos de Berlín no están en este museo, lo que crea una atmósfera íntima y fresca, casi apta para la meditación.

Käthe Kollwitz, una de las mayores artistas de Alemania.

Se puede obtener una grabación explicativa de la colección (en inglés, francés o alemán) por 2 €.

Desde el museo, el recorrido sigue hacia el sur hasta Lietzenburger Strasse, luego continúa una travesía al oeste y hacia el norte, por Uhlandstrasse, hasta volver al Ku'damm, donde se gira a la izquierda.

El Story of Berlin

A la izquierda enseguida se encuentra el Ku'damm Karree, un centro comercial que también contiene un excelente –aunque algo caro– museo de historia local con un toque multimedia del siglo XXI: el Story of Berlin (☎ 88 72 01 00, *Kurfürstendamm 207-208; adultos/niños hasta 14 años 9/ 3 €; abierto de 10.00 a 20.00 todos los días, última entrada a las 18.00*). Equipado con auriculares futuristas cuyos comentarios se activan automáticamente al entrar en las salas, viajará en el tiempo a través de la fascinante historia de Berlín desde su fundación, en 1237, hasta la actualidad. El precio de la entrada también incluye un recorrido por el funcional búnker antiatómico que hay debajo del edificio. Hay que concederle por lo menos dos horas.

A continuación se sigue hacia el oeste por Ku'damm y luego al norte por Bleibtreustrasse. Tras pasar las vías elevadas del S-Bahn, se puede girar a la derecha por Savignypassage, en cuyo caso el recorrido sigue en la sección "Vuelta de Savignyplatz a la estación Zoo", más adelante, o dar un pequeño rodeo siguiendo al norte por Schlüterstrasse, que llega a...

Das Verborgene Museum

El Verborgene Museum de Berlín (*Museo de lo escondido,* ☎ *313 36 56, Schlüterstrasse 70; entrada 1,50/1 €; abierto de 15.00 a 19.00 jueves y viernes, de 12.00 a 16.00 sábados y domingos*) está dirigido por una organización de mujeres sin ánimo de lucro. Tiene como objetivo mostrar la obra de artistas femeninas, sobre todo las que trabajaron en el Berlín de las décadas de 1920 y 1930, "olvidadas" –o, en otras palabras, "eclipsadas"– por sus coetáneos varones. Se montan hasta tres exposiciones al año, con géneros de diferentes tipos, desde fotografía a escultura, arquitectura o pintura. También se celebran jornadas de lectura y conciertos. El circuito sigue volviendo atrás hasta el Savignypassage.

Vuelta de la Savignyplatz a la estación Zoo

En la década de 1980, el Savignypassage fue el primer lugar de Berlín donde los arcos de soporte de las vías elevadas del S-Bahn se convirtieron en galerías, tiendas y restaurantes, concepto copiado desde entonces por toda la ciudad, especialmente en Mitte. El pasaje peatonal lleva al extremo sur de la Savignyplatz, una superficie verde que ha sido el centro de la vida nocturna de Charlottenburg desde mucho antes de la caída del Muro. El ambiente aquí es más maduro, homogéneo e intelectual que en los distritos orientales. Véanse los capítulos *Dónde comer* y *Ocio* para encontrar algunas sugerencias sobre bares y restaurantes en la zona.

El circuito sigue hacia el este por Kantstrasse. El cruce con Uhlandstrasse se ha convertido en un centro del diseño de interiores, con su lugar de referencia en el enorme **Stilwerk**. Esta galería comercial, en forma de atrio a varios niveles, contiene representaciones de The Conran Shop, Bang & Olufsen, Alessi y otros grandes nombres (véase el capítulo *De compras*). El espacio también se usa para conciertos de música clásica y exposiciones especiales.

Más al este, en la esquina con Fasanenstrasse, se levanta el **Kantdreieck** (véase la sección especial "Arquitectura"). A unos pasos al sur, se encuentra la **Jüdisches Gemeindehaus** *(Casa de la comunidad judía,* ☎ *88 02 82 60, Fasanenstrasse 79-80)*, que ocupa el lugar de una sinagoga destruida durante la *Kristallnacht* (9 de noviembre de 1938). El único elemento original que sobrevive –el portal– está integrado en la moderna estructura actual. Hay un monumento conmemorativo a las víctimas del régimen nazi, salas de reuniones, un espacio de exposiciones, una biblioteca y un restaurante *kosher* llamado **Arche Noah** (El arca de Noé, véase el capítulo *Dónde comer*). Al igual que ocurre en la mayoría de lugares judíos de Berlín, el lugar suele estar vigilado por la policía.

Siguiendo hacia el este por Kantstrasse se llega enseguida al magnífico **Theater des Westens** (1896), cuyo arquitecto, Bernhard Sehring, consiguió combinar una gran variedad de estilos arquitectónicos (Barroco, Neoclásico, Art Nouveau) en un solo edificio. Tras un corto período en que fue el teatro de la ópera del Berlín Oeste, ha pasado a ser, sobre todo, una sala de conciertos.

A unos pasos al este, en la esquina de Kantstrasse con Joachimstaler Strasse, se ve el **Erotik Museum** de Berlín (☎ 886 06 66, *Joachimstaler Strasse 4; adultos/con descuento 5/4 €, sólo mayores de 18 años; abierto de 9.00 a 24.00 diariamente*). En el interior se encuentra una exposición de sorprendente buen gusto y contenido artístico gestada por Beate Uhse, la recién fallecida (a la edad de 82 años) reina de la comercialización de artículos eróticos. La muestra, bien iluminada y presentada, cuenta la historia de la sexualidad humana a través de los tiempos. Entre las obras se encuentran pipas de espuma de mar grabadas con temas clásicos, divertidos rollos de papel japoneses del siglo XIX, demonios balineses de la fertilidad, "libros de cabecera" y desternillantes películas eróticas de los primeros días del cine. La selección de cinturones de castidad del siglo XVII provoca constantes risitas entre los visitantes, especialmente entre las mujeres.

Desde este punto, la estación Zoo está a sólo una calle al norte, y así se llega al final del recorrido.

SCHLOSS CHARLOTTENBURG (Plano 2)

Schloss Charlottenburg es un palacio barroco único y uno de los pocos lugares que quedan en Berlín que reflejan el antiguo esplendor y la grandeza de la saga Hohenzollern. Construido a fines del siglo XVII por el elector Federico III (luego rey Federico I) como residencia de verano para la reina Sofía Carlota (1668-1705), se halla en Spandauer Damm, 3 km al noroeste de la estación Zoo. Además de diversos edificios importantes en el **Schlossgarten** (*Jardín del palacio; gratis*), hay algunos museos de calidad en el interior y en la zona. Para llegar, se debe tomar el U2 hasta Sophie-Charlotte-Platz, luego el autobús nº 210 hasta la tercera parada (o caminar aproximadamente hacia el norte un kilómetro desde la estación por Schlossstrasse hasta la entrada). En cada uno de los edificios del palacio hay que pagar una entrada independiente (véanse los detalles a continuación). Existe una entrada especial, la **Kombinationskarte Charlottenburg** (7,50/5,50 €) con la que es posible entrar en el Neuer Flügel (que incluye audioguía), al Neuer Pavillion, al Mausoleum, al mirador y a las plantas superiores del Altes Schloss.

Algunos fines de semana, y durante las vacaciones de verano, la demanda de entradas puede superar la capacidad, de modo que vale la pena llegar lo antes posible.

Iniciado por Johann Arnold Nering, fue ampliado posteriormente por Johann Friedrich Eosander. Con el tiempo, al aumentar las necesidades de representación de los Hohenzollern, otros arquitectos de renombre –como Schinkel, Knobelsdorff y Langhans– también pusieron su granito de arena. Para la creación de esta estructura de tres alas con una torre central con cúpula, de 1812, se inspiraron nada menos que en Versalles. En la parte más alta se alza una estatua dorada de la diosa Fortuna que se mueve con el viento, lo que la convierte de algún modo en una *glamourosa* veleta.

Tras ser bombardeado en 1943, la reconstrucción se convirtió en una prioridad, especialmente después de que en 1951 el gobierno de la RDA ordenara dinamitar el otro palacio Hohenzollern que medio sobrevivía, el Berliner Stadtschloss de Mitte. Cuando se completaron las obras, en 1966, la **Estatua ecuestre del Gran Elector** (1699) también volvió, restaurada, al patio que hay frente a la entrada principal.

Altes Schloss

También conocido como Edificio Nering-Eosander, en honor a sus dos arquitectos, constituye la sección central –y la más antigua– del palacio (☎ 32 09 11; *adultos/con descuento 8/5 €; de 9.00 a 17.00 de martes a viernes, de 10.00 a 17.00 sábados y domin-*

Breve introducción al panorama museístico de Berlín

El panorama cultural de Berlín se ve enriquecido por unos 170 museos que, por sí mismos, exportan una extraordinaria diversidad. Aunque hay algunas colecciones cerradas para su reestructuración, restauración y consolidación, son muchos los que han vuelto a abrir sus puertas en tiempo reciente. En 2001, por ejemplo, tuvo lugar la inauguración del espectacular Museo Judío y la reapertura de la Alte Nationalgalerie.

Muchos de los mejores museos de Berlín están administrados por la Staatliche Museen zu Berlin – Preussischer Kulturbesitz (Museos estatales de Berlín – Colección cultural prusiana, indicada en esta guía como "SMPK"; línea de atención telefónica ☎ 20 99 55 55). La entrada para adultos/con descuento cuesta 2/1 €, o 4/2 € por una *Tageskarte* (pase diario), válida en todos los museos de la SMPK. Es imprescindible llevar pase diario en los museos que atraen a multitudes, como el Pergamon Museum, la Hamburger Bahnhof, la Neue Nationalgalerie, la Neue Gemäldegalerie, el Ägyptisches Museum y la Sammlung Berggruen.

Información especial (para los turistas de presupuesto ajustado): la entrada a todos los museos de la SMPK es **gratuita** el primer domingo de cada mes.

Los aficionados a visitar museos deberían proveerse del **SchauLust Museen Berlin**, un pase para museos que cuesta 8/4 € y que da acceso a más de 50 museos de Berlín, incluidos los estatales, durante tres días. Se puede conseguir en las oficinas de turismo del Europa-Center y de la Puerta de Brandeburgo.

Las carteleras informativas suelen estar sólo en alemán, aunque la costumbre está cambiando con la modernización de las muestras. Cada vez son más populares las audioguías con grabaciones de varios idiomas (gratis o hasta 4 €).

A menos que se indique lo contrario, los museos comentados en este capítulo cierran los lunes.

---

gos, última entrada a las 16.00). Contiene los antiguos aposentos reales, que se pueden ver siguiendo una larga visita guiada de 50 minutos en alemán. Se puede pedir un folleto con información detallada en inglés de cada una de las salas en la taquilla.

El recorrido atraviesa 21 salas, cada cual más recargada de bordados, oro y opulencia en general. Entre las más destacadas cabe citar el **Salón de los espejos** (Sala 118); la preciosa **Sala oval** (Sala 116), con vistas de los jardines franceses y del mirador a lo lejos; el anemómetro del **Dormitorio de Federico I** (Sala 96); la fabulosa **Cámara de la porcelana** (Sala 95), cubierta desde el suelo al techo de piezas azules y otras figuras; y la **Capilla Eosander** (Sala 94), con sus arcos de trampantojo.

Tras el recorrido cabe visitar por cuenta propia la planta superior, con más pinturas, piezas de plata, vasos, tapices, armas, porcelana de Meissen y otras piezas indispensables para el estilo de vida de la realeza. Una gran mesa puesta exquisitamente con bandejas, cubertería, adornos, etc. –todo de plata– muestra el gran lujo al que estaba habituada la familia real.

Neuer Flügel

Durante el reinado de Federico II se añadió una nueva ala (1746), la alargada Knobelsdorff-Flügel (☎ *32 09 11; adultos/con descuento 5/2,50 €, incluye audioguía; abierto de martes a viernes de 10.00 a 18.00, sábados y domingos de 11.00 a 17.00*). Se encuentran algunas de las salas más bonitas del palacio, como el **Salón blanco**, antiguo comedor, con su elaborado techo cóncavo; la **Galería dorada**, una extravagancia rococó llena de espejos y dorados; y la **Sala de conciertos**. Todas las salas muestran obras de maestros franceses del siglo XVIII, como Watteau, Chardin, Boucher y Pesne.

A la derecha de las escaleras están las **Winterkammern** (cámaras de invierno) de Federico Guillermo II. Destacan los cuatro tapices gobelinos de las salas n⁰ˢ 351 y 352. En la planta baja se encuentra el dormitorio de la Reina Luisa, diseñado por Schinkel.

Schlossgarten

El Jardín de palacio fue diseñado originalmente en un estilo francés siguiendo los planos de Godeau, pero esta disposición cambió cuando los jardineros naturales ingleses se pusieron de moda a principios del siglo XVIII. Tras la II Guerra Mundial se llegó a una solución intermedia: la zona adyacente al palacio es de estilo francés y el parque inglés está en la parte posterior.

El terreno se encuentra salpicado de diversos edificios decorados. El **Neuer Pavillon** (*adultos/con descuento 2/1,50 €, con visita guiada sólo en verano 1,50/1 €, sin visita guiada sólo en invierno; abierto de 10.00 a 17.00 de martes a domingo*), también conocido como Schinkelpavillon en honor a su creador, sirvió durante una breve temporada como residencia de verano del rey Federico Guillermo III en 1824. Contiene pinturas, esculturas y obras de artesanía de principios del siglo XIX, incluidas obras del propio Schinkel.

El capricho rococó de 1788 conocido como **Belvedere** (*adultos/con descuento 2/1,50 €; abierto de 10.00 a 17.00 de martes a domingo entre abril y octubre; y de 12.00 a 16.00 de martes a viernes y de 12.00 a 17.00 sábados y domingos de noviembre a marzo*) fue diseñado por Langhans y sirvió como casa de té del rey Federico Guillermo II. Actualmente contiene una impresionante colección de porcelana de la factoría real KPM, con piezas de estilos que van del Rococó al Biedermeier.

El **Mausoleo** neoclásico (*adultos/con descuento 2/1,50 €; abierto de 10.00 a 17.00 de martes a domingo entre abril y octubre*) contiene las tumbas de la reina Luise (1776-1810) y su marido, Federico Guillermo III (1770-1840), entre otras, con esculturas de Christian Daniel Rauch.

Museum für Vor- und Frühgeschichte (SMPK)

En el ala oeste del palacio (Edificio Langhans) se encuentra el Museum für Vor- und Frühgeschicte (*Museo de la Prehistoria e Historia Antigua*, ☎ 20 90 55 55, *adultos/con descuento 2/1 €; 10.00-18.00 de martes a viernes, 11.00-18.00 los sábados y domingos*). Contiene piezas arqueológicas de las culturas en Europa y Oriente Medio desde la Edad de Piedra hasta la Edad Media.

En la planta baja, una selección de **calaveras** (algunas reales, otras parcialmente reconstruidas) ilustra la evolución de la vida humana, desde los seres protohumanos hasta los *homo sapiens*. El **esqueleto de alce** de diez mil años de antigüedad tiene un gran éxito, al igual que los **dioramas** de la vida prehistórica en las cavernas y las escenas de caza. Hay notables colecciones de herramientas, armas y ornamentos de la Edad de Bronce, y amplias explicaciones de cómo se conocen las diversas culturas –en los círculos arqueológicos– en razón de la forma de la cerámica que creaban o de sus prácticas funerarias.

La colección más destacada es la de antigüedades troyanas de la segunda planta, en la **Schliemann Sala**, que recibió este nombre en honor del arqueólogo Heinrich Schliemann (1822-1890), quien localizó la antigua Troya en 1871 en Hissarlik (Turquía).

Muchas piezas del museo y otras de diversas procedencias (2,5 millones de obras de arte, según se dice) fueron objeto de saqueos por parte del Ejército Rojo tras la caída de la ciudad y se trasladaron a museos de Moscú y Leningrado (la actual San Petersburgo).

Aun así, lo que queda en Berlín es una impresionante colección de bronces, enormes ánforas de arcilla usadas para guardar vino y aceite, así como réplicas de joyas de oro y otros objetos del "Tesoro de Príamo", cuyos originales están en el Museo Pushkin de Moscú.

Los carteles explicativos facilitan la información en varios idiomas.

MUSEOS DE LA ZONA DEL SCHLOSS (Plano 2)

Además del esplendor del palacio real y de sus dependencias externas, hay cinco museos cerca, de los que un par son de visita obligada.

Ägyptisches Museum (SMPK)

El Museo Egipcio (☎ *20 90 55 55, Schlossstrasse 70; adultos/con descuento 4/2 €; abierto de martes a domingo de 10.00 a 18.00*) ofrece un recorrido a través de 3.000 años de historia antigua. La pieza más preciada del museo es el **Busto de la reina Nefertiti**, la del grácil cuello y aspecto sorprendente (incluso tras los años pasados, unos 3.300, más o menos).

La pieza, bajo un espectacular haz de luz en una sala a oscuras, está inacabada (el ojo derecho, por ejemplo, no está engarzado) y sólo era un modelo para otros retratos de la reina, esposa del faraón Aknatón (que gobernó del 1379 al 1362 a.C.). El busto del faraón se puede contemplar en la sala principal de exposiciones.

La muestra se divide en nichos oscuros, cada uno dedicado a un personaje o un tema, como "la familia de Aknatón", "cortesanos y soldados", o "las mujeres y la música". Todos los objetos, incluidos bustos, relieves y figurillas de animales totémicos, proceden de la ciudad de Amarna, junto al Nilo, excavada por arqueólogos alemanes en 1912. Una excepción es la **Puerta Kalabsha**, un arco de arenisca que Alemania recibió como regalo por su ayuda en la protección de los tesoros arqueológicos durante la construcción de la presa de Asuán (1960-1970).

Una sala circular en la planta superior alberga el segundo objeto más preciado de la colección, la **Berliner Grüner Kopf**, escultura de una pequeña cabeza de hombre (500-400 a.C.) tallada en piedra verde y de estilo casi expresionista.

Sammlung Berggruen (SMPK)

Justo enfrente del Museo Egipcio se encuentra la Sammlung Berggruen (*Colección Berggruen;* ☎ *20 90 55 55, Schlossstrasse 1; adultos/con descuento 4/2 €; abierta de 10.00 a 18.00 de martes a viernes, de 11.00 a 18.00 sábados y domingos*). Esta colección, titulada "Picasso y su tiempo", pertenece al coleccionista privado y FOP (*Friend of Picasso*: "Amigo de Picasso") Dr. Heinz Berggruen y se mantendrá por lo menos hasta el año 2006.

Unas 75 pinturas, dibujos y esculturas dan una visión completa de la obra del genial malagueño. A las épocas azul y rosa (*Arlequín sentado*, 1905, entre otras) les siguen las primeras obras cubistas, como el retrato de George Braque (1910). Éstas contrastan claramente con el clásico *Seating Act, Drying her Feet* (Dos mujeres sentadas), de 1921. Las pinturas posteriores tienen un aire más familiar, como *The Yellow Pullover* (1939), que muestra a una mujer, Dora Maar, con garras de león en vez de manos.

En la segunda planta el centro de atención pasa a Paul Klee, representado a través de 31 piezas menores creadas entre 1917 y 1940. La colección se completa con obras de Cézanne y Van Gogh, así como esculturas africanas –que inspiraron tanto a Picasso como a Klee. También hay una serie de cuadros de sus contemporáneos Gauguin, Braque y Giacometti.

Se puede alquilar un equipo de guía auditiva de 50 minutos (3,50/2,50 €). Desgraciadamente, sólo está disponible en alemán.

Bröhan Museum

Este exquisito museo (☎ *32 69 06 00, Schlossstrasse 1a; adultos/con descuento 4/2 €; abierto de martes a domingo de 10.00 a 18.00*), al sur de la Colección Berggruen, está especializado en las artes decorativas y el diseño de 1889 a 1939; fue donado a la ciudad por Karl Bröhan en 1982.

En la planta baja se hallan las **salas de Art Nouveau y Art Déco**, con un mobiliario y una decoración extraordinarios (en algunos con obras de Hector Guimard y Émile Ruhlmann). La colección de objetos de plata, cristal, porcelana y esmaltes parece interminable, pero sorprende una y otra vez. Hay muebles de Francia, porcelana de Escandinavia y Alemania y pinturas de miembros de la Secesión Berlinesa, de finales del siglo XIX y principios del siglo XX, como Jaeckel y Baluschek.

En la planta superior se instalan exposiciones temporales y hay una sala dedicada a **Henry van de Velde** (1863-1957), con muebles, vajillas y otros objetos de la mano de este artista belga pluridisciplinar.

Charlottenburg – Zona de la Funkturm

Abgusssammlung Antiker Plastik

La Abgusssammlung Antiker Plastik (*Colección de escultura clásica;* ☎ *342 40 54, Schlossstrasse 69b; entrada gratuita; abierta de 14.00 a 17.00 de jueves a domingo*), con copias de esculturas griegas y romanas desde el 600 a.C. al 400 d.C., está compuesta por una gran cantidad de tipos desnudos sin nariz. Se ubica en el mismo edificio que el **Heimatmuseum Charlottenburg** (☎ *34 30 32 01; entrada gratuita; abierto de 10.00 a 17.00 de martes a viernes, de 11.00 a 17.00 sábados y domingos*), Museo de historia local del distrito.

ZONA DE LA FUNKTURM
(Plano 4)

Unos 3 km al suroeste del Schloss Charlottenburg, cerca de Theodor-Heuss-Platz, se encuentra el recinto ferial de Berlín (Messe) y el ICC (Centro Internacional de Congresos). No obstante, con mucho la estructura más visible de la zona es la **Funkturm** (Torre de la radio, Plano 1), con un perfil de filigrana que recuerda la Torre Eiffel de París. Data de la década de 1920 y mide 138 m de altura. Hay un restaurante a 55 m y un mirador a 125 m.

Desde lo más alto hay un buen panorama de la **AVUS**, primera pista de carreras de coches inaugurada en Alemania (1921); AVUS significa *Automobil-, Verkehrs- und Übungsstrecke* (Pista de automóviles, tráfico y pruebas). Los nazis la integraron en el sistema de Autobahn, del que aún forma parte. Hasta hace pocos años, no tenía límite de velocidad pero, debido a las presiones de los ecologistas, actualmente se ha fijado en 100 km/h.

ZONA DEL OLYMPIA-STADION
(Plano 1)

El Estadio Olímpico (☎ *301 11 00; circuitos sólo previamente concertados, 10 personas como mínimo; U-Bahn: U2 a Olympia-Stadion Ost y después 15 minutos a pie*), fue construido para los Juegos Olímpicos de 1936 por orden de Hitler, unos 4,5 km al oeste del Schloss Charlottenburg. En esas olimpiadas el atleta afroamericano Jesse Owens ganó cuatro medallas de oro y echó por tierra la teoría nazi sobre la superioridad de la raza aria (los todopoderosos *Übermenschen*) sobre las demás.

Diseñada por los hermanos Walter y Werner March, la colosal estructura sustituyó a un estadio anterior, construido por su padre Otto en 1913. Es uno de los mejores ejemplos de la arquitectura monumentalista de la era nazi.

Actualmente el estadio acoge muchas competiciones de fútbol, atletismo y otros deportes. No obstante, hasta 2005 por lo menos, sufrirá una renovación gradual que se supone que lo cambiará por completo para la final del campeonato de la Copa del Mundo de fútbol de 2006. El proyecto incluye un nuevo techo translúcido que cubrirá los 76.000 asientos. Se puede tener una idea del aspecto que tendrá el renovado estadio visitando la nueva exposición multimedia llamada Olympia-Stadion–Die Ausstellung (*Estadio Olímpico – La exposición; adultos/con descuento 2,50/1,50 €; abierta de 10.00 a 18.00 miércoles y domingos*), que también cuenta la turbulenta historia de esta estructura.

El **Maifeld**, amplio campo situado al oeste del estadio, se usó para las concentraciones masivas de los nazis (cabe más de medio millón de personas) y posteriormente se convirtió en el campo de entrenamiento de las fuerzas británicas de ocupación que, hasta 1994, tenían allí cerca su cuartel general. Actualmente tienen lugar conciertos pop multitudinarios.

En el extremo oeste se encuentra la **Glockenturm** (*Torre del reloj; adultos/niños 2/0,75 €; abierta de 9.00 a 18.00 todos los días entre abril y septiembre*), de 77 m, que ofrece buenas vistas del estadio, la ciudad y el Havel. Destaca la campana de la época nazi: pesa 2,5 toneladas y se tocó sólo dos veces: para indicar el inicio y el final de los Juegos Olímpicos.

Al noroeste se halla el **Waldbühne**, en la esquina de Glockenturmstrasse y Passenheimer Strasse. Es un encantador anfiteatro al aire libre con capacidad para 20.000 personas que acoge en verano conciertos, proyecciones y otros eventos culturales.

Friedrichshain

Friedrichshain se ha convertido en lo que era Prenzlauer Berg a principios y mediados de la década de 1990: un reducto antiburgués. Los alquileres son bajos, los edificios aún esperan que les laven la cara, y los restaurantes, bares y clubes conservan un aire creativo y descuidado. Este barrio, tradicionalmente obrero, goza actualmente de popularidad entre los estudiantes y otras gentes sin grandes fortunas en el banco, lo que se refleja en los precios en general.

Tiene pocas atracciones turísticas, pero es fácil llegar hasta la Boxhagener Platz, epicentro de la trepidante vida nocturna que ha surgido por toda la zona, especialmente en Simon-Dach-Strasse. La cultura *underground* prospera en Rigaer Strasse, al norte de Frankfurter Allee, donde los okupas regentan bares y clubes improvisados en viejos edificios. Al sur, Mühlenstrasse, paralela al Spree, también está flanqueada por populares discotecas.

El Spree fue el que contribuyó al establecimiento de las industrias en Friedrichshain a finales del siglo XIX. La RDA mantuvo muchas de las fábricas en funcionamiento, pero desde la caída del comunismo la mayoría han tenido que cerrar por falta de rendimiento, con lo que se han perdido 20.000 puestos de trabajo. El aspecto del barrio refleja sin lugar a dudas sus humildes orígenes. Una gran parte está ocupada por bloques y más bloques de Mietskasernen, y sólo el Volkspark suaviza la gris monotonía que caracteriza el lugar.

KARL-MARX-ALLEE (Plano 3)

Karl-Marx-Allee, que lleva al sureste desde la Alexanderplatz, fue el "primer paseo socialista" de Alemania Oriental y escenario de desfiles militares. Es un escaparate al aire libre único de la arquitectura de la RDA y una metáfora perfecta de la hinchada sensación de importancia y grandeza del régimen comunista. Conocido originalmente como Stalinallee tras la II Guerra Mundial, cambió de nombre en 1961, tras la muerte de Stalin.

Se construyó en dos tramos entre 1952 y 1965. La sección antigua, que va del Strausberger Platz a Frankfurter Tor, es un buen ejemplo de la grandilocuencia del Zuckerbäckerstil (estilo "pastel de bodas") tan de moda en la Rusia de Stalin. Ambos lados de la avenida, de 90 metros de anchura, están flanqueados por los denominados *Volkspaläste* (palacios del pueblo), inspirados en los de Lenin Allee, en Moscú. Estas moles de entre 100 y 300 metros de largo y entre siete y nueve pisos de altura, albergaban multitud de diminutos pisos para obreros. En una paradoja de la historia, fue precisamente la construcción de estos "palacios" la que el 17 de junio de 1953 provocó el alzamiento de los obreros que dejó a la RDA al borde del colapso. Véase la sección "Historia" en el capítulo *Sobre Berlín* para más detalles.

En realidad, estas viviendas ofrecían un mayor nivel de comodidad, al estar provistos de baños, calefacción central y ascensores. Pero los materiales de construcción eran de baja calidad y no pasó mucho tiempo antes de que empezaran a desmoronarse. Si se mira de cerca, se observan algunas fachadas parcialmente erosionadas que muestran cómo se construyeron: encima de la estructura de cemento hay una malla de acero sobre la que se pegaron enormes azulejos rectangulares, que actualmente están rotos y viejos. En 1993 un gran banco compró la mayoría de estos edificios y empezó a restaurarlos.

Entre 1959 y 1965 se construyó el segundo tramo de Karl-Marx-Allee entre la Alexanderplatz y la Strausberger Platz. A los lados del paseo, de 125 metros de anchura, se levantan bloques de cinco a diez pisos de altura al más puro estilo prefabricado de la RDA. Pero como demostración de que este régimen también quería ofrecer a su pueblo *algo* de diversión, se incluyeron dos cines que, con recientes renovaciones, vuelven a proyectar películas. Son el **Kosmos** (1962), en el número 131, y el **International** (1963), en el número 33. En el último se celebraron muchos preestrenos de filmes producidos por la DEFA, los estudios de cine de la RDA.

Como no hay ningún autobús que pase por Karl-Marx-Allee, la mejor manera de apreciar su grandeza es en bicicleta, en coche o a pie.

VOLKSPARK FRIEDRICHSHAIN (Plano 3)

El primer parque público de Berlín data de 1840, fecha de la celebración del centenario de la ascensión al trono de Federico II. Peter Lenné hizo los planos originales y en 1875 su discípulo Gustav Meyer diseñó el proyecto de ampliación. Durante la II Guerra Mundial esta zona verde lució dos torres antiaéreas que también servían de almacén de los tesoros de los museos de Berlín. La mayoría de éstos desaparecieron en un fuego devastador en 1945. Demolidas tras la contienda, los restos de las torres quedaron cubiertos con escombros de los edificios bombardeados, formando dos montículos artificiales llamados **Bunkerberge**, situados en el centro del parque y en el extremo nororiental.

Uno de los elementos más bonitos es la **Märchenbrunnen** (Fuente de cuentos de hadas, 1913), en la esquina de Am Friedrichshain y Friedensstrasse, aunque le haría falta una restauración. Ubicada junto a una estructura romántica en forma de media luna, consiste en una serie de pilas en cascada con esculturas representativas de los cuentos de los hermanos Grimm (como la Cenicienta, la rana que se convirtió en príncipe, etc.). En los meses de calor, se convierte en un lugar de contacto para gays. Se puede llegar hasta aquí con el autobús nº 100 o con el nº 200.

El parque también tiene un par de monumentos de la época de la RDA. A poca distancia de la fuente, siguiendo Friedensstrasse hacia el sureste, se encuentra el **Gedenkstätte für die Deutschen Interbrigadisten**, obra conmemorativa dedicada a los soldados alemanes que combatieron el fascismo integrados en las Brigadas Internacionales en la Guerra Civil española (1936-1939). Obsérvese la escultura de la figura con el puño en alto y blandiendo una espada. El relieve de bronce de la izquierda representa la batalla de Madrid.

En la esquina noreste está ubicado otro monumento (1972) conmemorativo de la lucha conjunta de los soldados polacos y la resistencia alemana durante la II Guerra Mundial. En el extremo sur hay un cementerio donde fueron enterrados los casi 200 manifestantes que murieron durante las revueltas revolucionarias de marzo de 1848.

Kreuzberg

Hasta la caída del comunismo, Kreuzberg era el patito feo de Berlín oeste. Situado justo en el límite con la zona oriental, se convirtió en el lugar donde iban a parar todos los marginados sociales –los pobres y los inmigrantes– y los estudiantes, okupas, punks y bohemios. En este clima florecieron diversas subculturas así como algunos movimientos reaccionarios radicales, y, en ocasiones, violentos. Todos los que llegaban venían atraídos por los bajos alquileres y aceptaban las condiciones de vida, en muchos casos por debajo de la media.

Con la reunificación, Kreuzberg (que se encuentra al sur de Mitte y al oeste de Friedrichshain) dejó de ser un distrito fronterizo y se encontró en el corazón de la ciudad. Como consecuencia, se ha ido aburguesando lentamente, sobre todo en su parte más occidental.

Su extensión aún está dividida de forma no oficial en dos secciones diferenciadas. La mitad oeste (conocida como Kreuzberg 61 por el antiguo código postal) es más elegante, con señoriales bloques de pisos del siglo XIX con fachadas decoradas. La oriental, Kreuzberg 36, fue en su día el núcleo de la escena política alternativa y se conocía por su desbordante vida nocturna.

Las cosas se calmaron en la década de 1990, pero se han vuelto a animar en los últimos años. Es un vecindario con una gran presencia de la comunidad turca de Berlín y su cultura domina gran parte de la vida de la calle en los alrededores de Kottbusser Tor y Görlitzer Bahnhof. La línea U1, que atraviesa la zona, ha recibido incluso el apodo de "Expreso de İstanbul".

CIRCUITO A PIE POR KREUZBERG (Plano 5)

Aunque este itinerario no recorre monumentos y atracciones convencionales, sirve de presentación de muchos de los particulares aspectos de este distrito. Empieza en la estación de U-Bahn Mehringdamm, en Kreuzberg 61, el encantador barrio de clase media que rodea la colina de Kreuzberg, y sigue por Südstern hasta el corazón de Kreuzberg 36, el epicentro del Berlín turco, para acabar en la estación de U-Bahn de Görlitzer Bahnhof. Tiene una longitud de unos 6 km, por lo que puede ocupar casi toda una mañana o una tarde.

De Mehringdamm a Viktoriapark

Yendo desde la estación de U-Bahn hacia el sur y cruzando Gneisenaustrasse se llega enseguida al **Schwules Museum** (*Museo Gay;* ☎ *693 11 72, Mehringdamm 61, Kreuzberg; adultos/con descuento 3,50/ 2 €; abierto de 14.00 a 18.00 de miércoles a domingo, hasta las 19.00 los sábados*). No hay una muestra permanente (todavía), pero un equipo de voluntarios trabajan con gran dedicación para presentar una serie de exposiciones sobre los diversos aspectos de la cultura, la historia y la vida diaria gay. Además hay debates, conferencias y otras actividades. Los temas tratados van desde la vida de Oscar Wilde hasta la persecución de los homosexuales bajo el régimen nazi. También dispone de una biblioteca y un archivo en constante expansión. Hay visitas guiadas en inglés.

A continuación, el recorrido vuelve atrás hasta llegar al cruce y luego sigue al oeste por Yorckstrasse, donde se pasa junto a las puntiagudas torres gemelas de la **Bonifatiuskirche**, una creación neogótica situada entre una hilera de bloques de apartamentos muy parecidos entre sí. Después están los dos gigantes que hacen de contrafuerte a una balconada y una puerta de hierro con motivos decorativos. Ambos elementos pertenecen al atractivo **Riehmers Hofgarten**, un enorme complejo en forma de bloque que envuelve un espacio lleno de follaje y de estatuas. A principios del siglo XX era el lugar donde residía la gente adinerada, pero ahora alberga un encantador hotel (véase el capítulo *Dónde dormir*). Para echar un vistazo de cerca se puede entrar en el patio atravesando la entrada de hierro. Se sale por el otro extremo, el sur, a Hagelberger Srasse, se gira a la derecha y luego a la izquierda por Grossbeerenstrasse. Si la puerta está cerrada, se puede ir hasta la esquina de Grossbeerenstrasse con Yorckstrasse y luego girar a la izquierda. Unos pasos más adelante se llega al pie de Kreuzberg, la colina que da nombre al distrito.

Kreuzberg y Viktoriapark

Obsérvese el algo decrépito **Café Achteck**, apodo que reciben los *pissoirs* (urinarios públicos) octogonales y de color verde de la época Wilhelmiana. Cerrados al público, van consimiéndose lentamente bajo el óxido (hay unos mejores en la Chamissoplatz, más adelante siguiendo este recorrido).

En este lugar también se encuentra una sugerente **Estatua de Neptuno** que muestra al dios y a una ninfa del océano disfrutando recíprocamente de la compañía. El estanque que hay detrás actúa como cuenca de recepción de una **cascada** que cae por un estrecho canal con rocas a los lados, un espectáculo muy agradable, aunque cabe decir que sólo se puede disfrutar si las arcas del Ayuntamiento (es un aviso) permiten tener el grifo abierto.

La mayor parte de la colina Kreuzberg, que tiene 66 m de altura, está cubierta por el **Victoriapark**, una zona verde algo anárquica y laberíntica por la que se puede "escalar" siguiendo unas cortas y escarpadas pistas. Fue diseñado por Gustav Meyer, discípulo del famoso arquitecto de jardines Peter Lenné.

En la cumbre está ubicado el recientemente restaurado **Monumento de Kreuzberg**, diseñado por Schinkel, conmemorativo de las Guerras de Liberación que enfrentaron a Napoleón y a las tropas prusas en 1813. Es una torre de unos 19 m de altura que recuerda una catedral, decorada con gran detalle. Tiene forma de cruz y culmina nuevamente en una cruz, *kreuz* en alemán, lo que explica el nombre de esta colina, que antes se llamaba Tempelhofer Berg.

El panorama desde allá arriba es fabuloso, especialmente en invierno, cuando la vista llega más allá de las copas de los árboles sin hojas. La noche de Fin de Año, toda la colina se convierte en una fiesta, quedando invadida por miles de jóvenes que celebran el acontecimiento mientras observan los fuegos artificiales. En verano hay una cervecería al aire libre bastante agradable llamada **Golgatha** en el lado occidental del parque (véase el capítulo *Ocio*).

Bajando Kreuzberg por el lado este se llega a Methfesselstrasse. Luego, hacia el este, se pasa por el **Viktoria Quartier**. Variopinto distrito que está naciendo a partir de una antigua destilería de cerveza, albergará oficinas, bloques de apartamentos tipo loft y la Berlinische Galerie, un museo de arte moderno, fotografía y arquitectura de apertura programada para finales de 2003. Siguiendo hasta Dudenstrasse, se gira a la izquierda (al este) y se llega a la Platz der Luftbrücke.

Luftbrückedenkmal y Tempelhof Flughafen

La Platz der Lufgbrücke se reconoce fácilmente por el **Luftbrückedenkmal** (Monumento conmemorativo del Puente Aéreo, 1951), que los lugareños llaman el *Hungerharke* (rastrillo escuálido). El trío de agujas representa los tres corredores aéreos de los Aliados, que aseguraron la supervivencia de la ciudad durante la época del Puente Aéreo de 1948-1949 (véase el recuadro "El Puente Aéreo de Berlín"). El monumento permanece como el símbolo de la protección que las fuerzas de Occidente ofrecieron a una población asediada. En el pedestal aparecen los nombres de los 79 pilotos y resto de personal que murieron durante esta asombrosa iniciativa.

El aeropuerto de Tempelhof, que técnicamente se encuentra en el distrito de Tempelhof, fue uno de los principales lugares de aterrizaje de los aviones Aliados durante el Puente Aéreo. Sus macizas y enorme estructuras, que parecen extenderse sin límites, sugieren un ejemplo de arquitectura nazi de libro de texto. De hecho, Tempelhof es anterior en unos diez años al Tercer Reich, pero los nazis contrataron a Ernst Sagebiel para ampliarlo, convirtiéndolo en uno de los complejos de edificios más grandilocuentes de la Europa continental. Un enorme patio central lleva a la terminal de 100 metros de longitud y al edificio de 400 m con sus numerosas puertas de embarque. A ambos lados de esta estructura se extiende una sucesión de hangares en disposición semicircular, con una longitud total de 1.200 m.

Al este de Mehringdamm

El recorrido sigue hacia el norte por Mehringdamm. Se gira a la derecha por Fidicinstrasse, pasando por la sede del teatro en inglés Friends of Italian Opera (véase el capítulo *Ocio*) y la **Wasserturm** (1888), de ladrillo y sin ventanas, que recuerda mucho la torre del cuento de Rapunzel.

Se continúa a la izquierda por Kopischstrasse y luego hasta la **Chamissoplatz**, una espléndida plaza junto a un tranquilo parquecito rodeado de majestuosos edificios del siglo XIX con balcones de hierro forjado. Este vecindario, uno de los pocos de Berlín que quedó intacto tras la II Guerra Mundial, nos transporta a un ambiente de época y tiene un aspecto casi irreal, como el decorado de un cine. De hecho, muchos directores lo usan como escenario natural para rodar películas que discurren en el "Berlín antiguo". Un urinario Café Achteck, que aún funciona en la Chamissoplatz, añade un realismo aún mayor a la escena.

A una manzana hacia el norte de la plaza se llega hasta Bergmannstrasse, la animada arteria principal de Kreuzberg 61. Es una calle divertida abarrotada de tiendas de segunda mano, librerías, restaurantes y cafeterías. Tiene una atmósfera especial que se puede respirar paseando, hasta llegar a la Marheinekeplatz, al este. El elemento más destacado de esta gran plaza es el **Marheineke Markthalle**, uno de los tres mercados municipales históricos que sobreviven en Berlín. El visitante disfrutará perdiéndose entre los pasillos donde se amontonan alimentos, quesos y salchichas, aunque puede evitar perfectamente los que venden ropa barata y juguetes.

La impresionante iglesia de ladrillo rojo situada en la esquina noreste de la plaza es la

Passionkirche, donde ocasionalmente se celebran conciertos de música clásica.

Siguiendo al este por Bergmannstrasse, se pasa por una serie de cementerios donde están enterrados muchos personajes importantes, como el canciller de la República de Weimar Gustav Stresemann. También se encuentra aquí el arquitecto Martin Gropius, muerto en 1880, el escultor Adolf Menzel (1905) y la novia de Schiller, Charlotte von Kalb (1843). Justo detrás está ubicada la estación de U-Bahn Südstern.

De Südstern a Kottbusser Tor
Südstern marca de forma no oficial el final de Kreuzberg 61 y sus vecindarios de más categoría. A partir de aquí empieza Kreuzberg 36 (conocido todavía por algunos como SO36, por su antiguo código postal), que en gran medida aún tiene el ambiente de un animado bazar gracias a la permanente presencia de una numerosa población turca. El **Mercado Turco**, que se celebra cada martes y viernes por la tarde en el Maybachufer, es un lugar ideal para respirar el ambiente del barrio (véase el capítulo *De compras*). Para llegar allí desde Südstern, hay que caminar hacia el noreste por Körtestrasse y su prolongación hacia el norte, Grimmstrasse, y luego hacia la derecha por Planufer, que se convierte en Maybachufer, al este de Kottbusser Damm. Este lugar es un tramo especialmente vistoso del Landwehrkanal. Ambas orillas están flanqueadas por bonitos edificios de pisos anteriores a la I Guerra Mundial que han sido renovados y, cuando hace buen tiempo, los campos de césped y los cafés y restaurantes se llenan de gente.

Menos atractiva es la arquitectura que se ve alrededor de la estación de U-Bahn de Kottbusser Tor, situado a poca distancia al norte por Kottbusser Damm, donde se hacen evidentes los crímenes arquitectónicos de la década de 1970. El **Neue Kreuzberger Zentrum** es un ejemplo perfecto de modernización mal orientada.

Kottbusser Tor es el centro del Kreuzberg turco. Los colmados, las panaderías, los supermercados, las tiendas, los grandes almacenes y los cafés tienen un claro sabor oriental. Las mujeres turcas llenan las calles, con el pelo escondido bajo sus pañuelos de colores y con el cuerpo oculto bajo túnicas. Las más jóvenes animan el atuendo tradicional con los labios pintados y mostrando lo justo los tobillos enfundados en medias negras. No obstante, la mayoría prefiere llevar el mismo tipo de ropa que sus coetáneas alemanas.

De Oranienstrasse a Görlitzer Bahnhof
Desde la estación de Kottbusser Tor se sigue hacia el norte por Adalbertstrasse, donde se encuentra el **Kreuzberg Museum** (☎ *50 58 52 33, Adalbertstrasse 95a; entrada gratuita; abierto de 14.00 a 18.00 de miércoles a domingo*), situado en una fábrica reconvertida. Todavía están en obras, por lo que la exposición se limita de momento al primer piso, que tiene como centro de atención la historia industrial de Kreuzberg –especialmente en lo relativo a la edición y la impresión. En el futuro se prevé incluir secciones sobre temas como el desarrollo de la ciudad, la migración, las protestas sociales y el aburguesamiento.

Adalbertstrasse cruza con **Oranienstrasse**, arteria conocidísima y de dudosa fama de la vida nocturna de Kreuzberg que se está redescubriendo en estos días. Muchos de sus cafés, bares y clubes conservan aún el aire radical que contribuyó a que SO36 llenara titulares en la salvaje década de 1980. Para información sobre el lugar, véase el capítulo *Ocio*. Si se sigue Oranienstrasse hacia el este se llega enseguida a la estación de U-Bahn Görlitzer Bahnhof, donde acaba este recorrido.

Otros puntos de interés en Kreuzberg 36
A poca distancia al norte de Oranienstrasse se encuentra el **Künstlerhaus Bethanien** (☎ *25 88 41 51 Mariannenplatz 2; precio de la entrada variable, en muchos casos gratuita; abierto de 14.00 a 19.00 de martes a domingo*), centro artístico que alquila estudios baratos a creadores jóvenes. El edificio apareció en 1847 como hospital y Theodor Fontane, antes de ser escritor, pasó una breve

temporada en este lugar como farmacéutico. La casa organiza frecuentes exposiciones.

Kreuzberg está unido con Friedrichshain a través del Spree por el **Oberbaumbrücke** (1896). Es un puente de ladrillo rojo con vistosas torretas y pináculos, paredes con almenas y pasajes abovedados, por lo que recuerda mucho el foso de un castillo medieval fortificado. Al otro lado se encuentra la Galería de la cara oeste, el fragmento más largo de Muro que queda. Véase el recuadro "El Muro de Berlín", en la sección "Mitte", en este capítulo.

NORTE DE KREUZBERG
(Plano 5)

La zona descrita en este apartado comprende a grandes rasgos el triángulo formado por las estaciones de U-Bahn Kochstrasse, al norte, Yorckstrasse, al suroeste y Mehringdamm, al sur. Aunque no es la parte más bonita de la ciudad, hay bastantes buenas razones para aventurarse por el barrio, en particular el sorprendente **Museo Judío**, una de las nuevas atracciones de Berlín. El **Checkpoint Charlie**, véase la sección "Mitte", más adelante en este capítulo, también está cerca.

Jüdisches Museum

En septiembre de 2001 se produjo la tan anunciada apertura del Museo Judío de Berlín (☎ *25 99 33 00, compra de entradas por teléfono* ☎ *308 78 56 81, Lindenstrasse 9-14; adultos/ con descuento 5,50/2,75 €; abierto todos los días de 10.00 a 20.00, admisión hasta las 19.00, cerrado los días de fiesta judía y el de Nochebuena*). Es el mayor museo judío de Europa y sus colecciones muestran la historia de este pueblo desde la Edad Media hasta la actualidad; sus contribuciones a la cultura, el arte, la ciencia y a otros campos en Alemania.

Estructurada cronológicamente, la exposición también incluye una sección sobre el Holocausto, aunque no es en absoluto el elemento central del museo. De hecho, lo que lo hace diferente es que contempla la historia judía yendo mucho más allá de los 12 años de gobierno nazi. Esta comunidad no aparece exclusivamente como víctima, sino como un elemento que ha jugado un papel decisivo en Alemania a lo largo de los siglos. Parte de la muestra también trata del resurgimiento de la población semita de Berlín tras la reunificación.

El museo en sí mismo es una asombrosa obra de arte diseñada por Daniel Libeskind y un excelente ejemplo de vigorosa modernidad en el paisaje del Nuevo Berlín. Los muros revestidos de zinc se elevan hacia el cielo siguiendo una estructura de marcados ángulos en zigzag, en una interpretación abstracta de la Estrella de David. La abstracción también se repite en las ventanas: unas aberturas triangulares, trapezoidales e irregulares en las brillantes fachadas del edificio.

El interior es más que un espacio de exposiciones y se convierte en una metáfora de la historia del pueblo judío. La entrada al lugar se efectúa a través de un pasaje subterráneo desde el Berlin Museum, que está al lado, que lleva a una pequeña plaza interior desde la que salen tres "caminos". El primero es una vía sin salida que conduce a la **Torre del Holocausto**, formando parte de la serie de "vacíos" que simbolizan la pérdida de la humanidad, de la cultura y del pueblo. El segundo camino acaba en el **ETA Hoffmann Garden**, un campo de columnas de cemento que representa la emigración y el exilio de los judíos. El pasaje principal llega hasta unas escaleras que llevan a las salas de exposiciones. Las entradas se pueden comprar en el museo o en las taquillas de Unter den Linden 36-38.

Con la entrada del Jüdisches también es posible acceder al **Taller para ciegos de Otto Weidt** (☎ *28 59 94 07, Rosenthaler Strasse 39, Mitte; entrada sólo al taller 1,75 €; abierto de martes a viernes de 13.00 a 16.00*). **Plano 7**. Contiene una exposición llamada *Fundación prociegos: vivir escondido en el Hackescher Markt, 1941-1943*, que cuenta cómo Otto Weidt, fabricante de escobas y cepillos, consiguió proteger de los nazis a sus obreros ciegos y sordos, judíos o no, hasta 1943.

Willy-Brandt-Haus

El edificio en forma de plancha del cruce de Stresemannstrasse y Wilhelmstrasse contiene la Willy-Brandt-Haus, de 1996 (☎ *25 99*

37 12, Wilhelmstrasse 140; entrada gratuita; galerías abiertas de 12.00 a 18.00 de martes a domingo, hasta las 20.00 los viernes*). Este inmueble, sede central del partido SPD, toma su nombre del que fue alcalde de Berlín y posteriormente canciller alemán (1969-1974). Una escultura del artista Rainer Fetting –que muestra a Brandt en una pose tranquila, con una mano en el bolsillo y la otra extendida– preside el luminoso vestíbulo triangular que, al igual que muchas de las galerías, también se usa como sede de exposiciones de arte, coloquios y conciertos.

Anhalter Bahnhof

Al salir de la estación de U-Bahn Anhalter Bahnhof se ven algunas elegantes arcadas que son todo lo que queda de la construcción neorrenacentista, que hasta la II Guerra Mundial era la estación de tren más bonita y activa de Berlín. Fue aquí donde Marlene Dietrich empezó en 1930 el viaje que la llevaría de Berlín hasta Hollywood. La terminal, muy dañada por los bombardeos, fue cayendo en el olvido durante años, hasta que a principios de la década de 1960 el Gobierno de la Alemania del Este la demolió. Por algún motivo, dejaron un pequeño fragmento de la fachada, que sigue en pie como triste recordatorio en medio del gran solar vacío. La estructura en forma de carpa que hay justo al sur de este lugar es la sede permanente del centro cultural **Tempodrom** (véase el capítulo *Ocio*).

Gruselkabinett

Al oeste de las ruinas de la Anhalter Bahnhof se encuentra el Gruselkabinet de Berlín (*Galería de los horrores;* ☎ *26 55 55 46, Schöneberger Strasse 23a; adultos/estudiantes/niños 6/5/4,50 €; abierto de 10.00 a 19.00 de domingo a martes y jueves, de 12.00 a 20.00 los viernes y de 12.00 a 20.00 los sábados*). Ocupa el único refugio antiaéreo no subterráneo accesible al público de Berlín –se entra a través del hueco que hay en el largo edificio de ladrillo rojo de Schöneberger Strasse. En el interior hay una exposición algo artificiosa combinación de museo de la guerra, casa medieval de los horrores y función de feria. En la "sección histórica" se muestran algunas pertenencias de los que cavaron este lugar para escapar de los ataques aéreos.

Un fragmento abierto del muro exterior muestra su grosor: 2,13 m. La planta baja está dedicada a las sangrientas técnicas de cirugía medievales, con una demostración gráfica (y cómica) con quejosos muñecos. Y luego está el nivel superior, donde se puede recibir algún susto de los gorilas gigantes que aparecen de pronto de entre la oscuridad. Si todo esto suena como un divertimento para niños, que conste que las emociones son bastante intensas.

Deutsches Technikmuseum

El gigante Museo Alemán de Tecnología (☎ *90 25 40, Trebbiner Strasse 9, Kreuzberg 61; adultos/con descuento 2,50/1 €; abierto de martes a viernes de 9.00 a 17.30, los sábados y domingos de 10.00 a 18.00; U-Bahn: U15 a Möckernbrücke o Gleisdreieck*) examina la tecnología a través del tiempo, desde la impresión y el transporte hasta la tecnología de la información, con muchos puntos interactivos. Es fácil pasarse todo un día en este lugar, especialmente si se va con niños.

Es posible ver maquetas y demostraciones del funcionamiento de maquinaria histórica por todo el museo. Los visitantes también pueden participar, imprimiendo tarjetas de visita con máquinas antiguas, elaborando papel, moliendo maíz o poniéndose detrás del micrófono en un falso estudio de televisión. Tiene una copia del primer ordenador del mundo, el Z1 de Konrad Zuse, y se realizan demostraciones de música por ordenador y juegos.

En el **Museumspark**, de seis hectáreas, hay molinos de viento y de agua, ferrocarril y una antigua destilería de cerveza.

Entre los chavales es muy popular el anexo **Spectrum** (se entra por Möckersnstrasse 26, a unos 300 m al este del edificio principal del museo), donde los chicos pueden participar en unos 300 experimentos que explican las bases científicas de la tecnología. Resulta el lugar ideal para quien se haya preguntado alguna vez por qué es azul el cielo o cómo funciona una pila.

Un nuevo inmueble, acabado en 2001, albergará exposiciones sobre navegación (la inauguración está prevista para finales de 2002) y aviación (finales de 2003).

Mitte

Mitte (literalmente, "medio") es el lugar donde nació Berlín y está lleno de atracciones turísticas y museos, lugares de ocio y hoteles. Este distrito, que ha sido el centro de la política, la cultura y el comercio desde siempre, formó parte tanto del reino de Brandeburgo-Prusia como del Imperio Germánico, de la República de Weimar, del III Reich o de la RDA. Y no tuvo que pasar mucho tiempo tras la caída del comunismo para convertirse otra vez en el centro del Berlín unificado.

Las oportunidades para el visitante son inmensas, como por ejemplo multitud museos de primera fila mundial. Algunos de los mejores arquitectos (como Schinkel, Nering o Langhans) han dejado su impronta con construcciones neoclásicas y barrocas en sus calles. Un paseo por **Unter den Linden**, el gran bulevar de Berlín, es un recorrido por una gran cantidad de sitios que nos cuentan la historia de la ciudad. El **Spandauer Vorstadt**, alrededor del Hackesche Höfe, se ha vuelto el lugar más popular de la vida nocturna de Berlín. Se pueden tomar cócteles en un tranquilo salón, ver la salida del sol tras una noche de marcha trepidante en un club de copas, asistir a la representación de una ópera famosa o a un teatro de moda.

Mitte cubre aproximadamente la misma superficie que ocupaba todo Berlín a principios del siglo XIX. La II Guerra Mundial redujo en casi un 80% la cantidad de edificios históricos, dejando en su lugar sólo algunos vestigios de su anterior grandeza. Como el distrito pertenecía al sector soviético, le tocó a la RDA hacer la limpieza. Parte de las obras de restauración llevadas a cabo durante las décadas en que Berlín Este era la capital de la Alemania Oriental son modélicas, tal como se puede observar, por ejemplo, en el Gendarmenmarkt o por Unter den Linden. Pero el régimen también se cubrió de gloria destruyendo –por razones ideológicas– estructuras tan perfectamente recuperables como el Stadtschloss (Palacio Municipal) de los Hohenzollern y reemplazándolas por monstruosidades como el Palast der Republik. Barrios enteros como el Spandauer Vorstadt y Friedrichstadt se dejaron abandonados durante décadas.

Limita con varias zonas de gran interés de otros distritos, en especial Tiergarten, con el que se fusionó administrativamente en 2000. El Nuevo Distrito Gubernamental, con el **Reichstag** y la **Nueva Cancillería Federal**, al norte de la Puerta de Brandeburgo, mientras que el recinto de la **Potsdamer Platz** se encuentra al suroeste. Véase la sección "Tiergarten", más adelante en este mismo capítulo, para más detalles. El **Checkpoint Charlie**, famoso símbolo de la Guerra Fría, está justo en el límite con Kreuzberg.

CIRCUITO A PIE POR EL MITTE HISTÓRICO (Plano 7)

Se trata de un paseo por el centro histórico de Berlín, empezando en la famosa Puerta de Brandeburgo y dirigiéndose luego al este por Unter den Linden, con un pequeño desvío por Friedrichstrasse hasta el Gendarmenmarkt. El recorrido acaba en el Schlossbrücke, puerta de entrada a la Museumsinsel, cuya fabulosa colección de museos trataremos por separado. Para quien llegue a Berlín por primera vez, este circuito, que cubre una distancia de unos 3 km, es una buena introducción a parte de lo mejor que tiene para ofrecer la ciudad en cuanto a puntos de interés histórico. Hay que concederle por lo menos dos horas, o más, si se pretende explorar más a fondo los lugares mencionados. Este itinerario se puede combinar con el Circuito I de la sección especial "Arquitectura".

Puerta de Brandeburgo

La Puerta de Brandeburgo, uno de los monumentos más fotografiados de la capital, fue en su día la frontera entre el Berlín Este y el Berlín Oeste. Frente a este escenario, en 1987, el entonces presidente de EE UU, Ronald Reagan, pronunció las famosas palabras: "Señor Gorbachov, derribe este Muro". El Muro cayó en 1989 y la Puerta –durante mucho tiempo símbolo de la división– se convirtió en el estandarte de la reunificación alemana.

La ciudad tenía en su día 18 puertas, de las que sólo sobrevive la de Brandeburgo. Fue diseñada en 1791 por Carl Gotthard Langhans con estilo Neoclásico y está coronada por una escultura que representa a la diosa Victoria. Y es una deidad muy viajera: Napoleón se la llevó a París en 1806 cuando ocupó Berlín, pero volvió triunfante en 1814, rescatada de los franceses por un galante general prusiano. Su ala norte acoge la **Raum der Stille** (*Sala del silencio; abierta de 11.00 a 18.00 entre abril y octubre; hasta las 17.00 en noviembre y entre enero y marzo; hasta las 16.00 en diciembre*), donde los fatigados pueden sentarse y disfrutar la paz y tranquilidad. El ala sur contiene una sucursal de la oficina de turismo (véase la sección "Oficinas de turismo" en el capítulo *Datos prácticos*). Con las obras de restauración en 2001 se cubrió su totalidad con una funda de plástico.

Pariser Platz

La Puerta de Brandeburgo se abre a la Pariser Platz, que está siendo objeto de una restauración para devolverle la grandeza de antes de la guerra, cuando se la conocía como el "Salón de recepciones del emperador". Cuando acaben las obras estará rodeada en tres de sus lados por las embajadas de EE UU y Francia, bancos, oficinas y la Academia de las Artes. Desde 1997 vuelve a estar en el centro de todas las miradas el **Hotel Adlon** (☎ *226 10, Unter den Linden 77*), en la esquina sureste, que acoge hoy como antaño a los visitantes más destacados. Por la parte exterior, al menos, el edificio es una réplica bastante fidedigna del original de 1907, que había alojado entre otros a Charlie Chaplin, Greta Garbo y Thomas Mann. Presidentes, músicos, diplomáticos, actores y ricos en general se congregan actualmente en este establecimiento, donde son recibidos por porteros con librea antes de entrar en el majestuoso vestíbulo coronado por una asombrosa cúpula con vitrales. El hotel está gestionado por la cadena Kempinski y oficialmente se llama Adlon Hotel Kempinski (véase el capítulo *Dónde dormir*).

Monumento del Holocausto

Justo al sur de la Pariser Platz, en el lado este de Ebertstrasse, está ubicado el lugar donde se levantará el Monumento a los judíos de Europa asesinados, conocido coloquialmente como Monumento del Holocausto. Fue diseñado por el arquitecto neoyorquino Peter Eisenman, que proyecta colocar unas 2.700 columnas de cemento situadas en una cuadrícula con una ligera inclinación. Un centro de información subterráneo servirá para personalizar la experiencia abstracta de la visita. Las exposiciones contarán historias sobre la vida de algunas de las víctimas, darán detalles sobre sus orígenes y crearán puentes virtuales con otros monumentos de recuerdo.

Unter den Linden

El paseo más espléndido de Berlín se extiende a lo largo de unos 1,5 km desde la Puerta de Brandeburgo hasta el Schlossbrücke. Antes de convertirse en un escaparate, Unter den Linden era sólo un camino que conectaba el Berliner Stadtschloss con el Tiergarten, en su día zona de caza de la realeza. Bajo el gobierno del elector Federico Guillermo [1640-1688] se plantaron los tilos que dan nombre al paseo, pero se tardó otro siglo en completar el armonioso conjunto de estructuras barrocas, neoclásicas y rococó. Con la guerra quedó especialmente destruido su extremo occidental; la mayoría de lo que se ve actualmente es un reflejo del gusto arquitectónico de la posguerra. No obstante, el tramo al este de Friedrichstrasse se ha restaurado con mucho gusto.

De la Pariser Platz a Charlottenstrasse

Siguiendo al este por Unter den Linden se llega a la enorme **Embajada rusa** (☎ *226 63 20, Unter den Linden 63-65*), una mole de mármol blanco de la era stalinista procedente de 1950. Está construida en el estilo arquitectónico conocido como Zuckerbäckerstil (estilo de pastel de bodas), tan en boga durante aquella época. Un alto muro

El Monumento del Holocausto: anatomía de un debate

Tras más de una década de debates e indecisión, parece que Berlín va a construir un monumento en memoria de los seis millones de judíos asesinados durante el Holocausto. El diseño de Peter Eisenmann fue aprobado por el Parlamento alemán en junio de 1999. La construcción tenía que empezar enseguida, pero desde entonces se ha pospuesto varias veces. En el momento de redactarse esta guía, la fecha máxima establecida era 2004, pero puede que se haya vuelto a cambiar. El coste, de unos 7,5 millones de euros, debe repartirse a partes iguales entre el estado de Berlín, el gobierno federal y una organización sin ánimo de lucro. La creación de este memorial ha supuesto uno de los debates más complicados y delicados de la Alemania reunificada.

He aquí una breve cronología:

1988
La historia empieza antes de la caída del comunismo, cuando la periodista Lea Rosh pide un monumento en memoria de los judíos asesinados. El gobierno de Alemania Occidental muestra interés, pero el asunto queda olvidado entre la euforia de la reunificación. Cuando se retoma, en 1993, el Canciller Kohl da apoyo a la idea y abre un concurso para el diseño.

1995
Un comité se decide por un diseño de Jackob Marcks que consiste en un gigantesco plano inclinado de cemento con los nombres de *todos* los judíos asesinados. A Rosh le gusta el diseño, pero Kohl veta la idea y exige un nuevo debate. Otros quieren un nuevo concurso. El Senado de Berlín pospone la decisión.

1996
El Bundestag debate la cuestión sin llegar a conclusiones.

1997
Se abre un nuevo concurso.

1998
Un diseño monumental de Peter Eisenmann recibe el apoyo de Kohl entre otros. Algunas figuras de la cultura y de la política, incluidos Günter Grass, Elie Wiesel, Martin Walser y el alcalde de Berlín, quieren acabar con todo el asunto del memorial. Eisenmann crea una versión menos grandilocuente, pero se oyen voces que piden un tercer concurso. Otros proponen instalar una sucursal de la Fundación Shoa de Steven Spielberg en lugar del monumento, que Lea Rosh sigue defendiendo.

1999
Aumenta la confusión cuando un grupo de políticos y de figuras del clero da apoyo a un diseño del teólogo Richard Schröder en forma de columna con la inscripción del 6º mandamiento: "No matarás" en alemán, en hebreo y en otros idiomas. La idea es rechazada por el Bundestag (con el ahora Canciller Gerhard Schröder a la cabeza).

Junio de 1999
El diseño de Eisenmann, en una escala reducida, encuentra suficientes apoyos (314 contra 209) en el Bundestag. Adopta la forma de un enorme campo accesible con 2.700 columnas de cemento de diversas alturas que, desde lejos, parece un cementerio. También se proyecta un centro de información.

Verano de 2001
Las obras del monumento, pospuestas tantas veces, empiezan por fin a finales de octubre de 2001.

permite una visión mínima del complejo, pero quien esté interesado en este tipo de construcciones monumentales puede girar por Karl-Marx-Allee, al este de la Alexanderplatz, donde se alzan una gran multitud de construcciones similares (véase la sección "Friedrichshain", antes, en este capítulo).

Unos pasos más allá se encuentran las taquillas de la **Komische Oper** (☎ *47 99 74 00, Unter den Linden 41*), uno de los tres escenarios de ópera de Berlín. Ha habido un teatro en este lugar desde 1764, pero el núcleo de la estructura actual data de 1892. Tras la II Guerra Mundial, el interior original —una lujosa extravagancia barroca con abundantes festones— fue sometido a una intensa labor de restauración, devolviéndole una imagen que choca e impacta con la fachada decididamente funcional de estilo de la década de 1960 (véase el capítulo *Ocio*).

En la cara norte de la manzana siguiente, justo antes de Charlottenstrasse, **Berlin Story** (☎ *20 16 61 39, Unter den Linden 40; abierto de 10.00 a 20.00*) es una gran librería con una exposición bilingüe sobre historia (véase el capítulo *De compras*). La muestra está organizada por la Sociedad de Historia de Berlín, una organización dedicada a la conservación de la imagen de antaño de Mitte, especialmente por Unter den Linden. Gran parte de esta propuesta está dirigida a la reconstrucción del Stadtschloss, que en su día ocupó el lugar del horroroso Palast der Republik (véase más adelante, en esta sección). Se pueden contemplar fotografías, pinturas, maquetas a escala y el curioso Kaiserpanorama, una especie de cine primitivo.

Deutsche Guggenheim Berlin

En la esquina sureste de Unter den Linden y Charlottenstrasse se encuentra el Deutsche Guggenheim Berlin (☎ *202 09 30, Unter den Linden 13-15; adultos/con descuento 2,50-4/1,50-2,50 €, gratis los lunes; abierto de 11.00 a 20.00 todos los días, hasta las 22.00 los jueves*). Este museo, iniciativa conjunta entre *Deutsche* Bank y la Fundación *Guggenheim*, es el quinto espacio de exposiciones —y el más pequeño— promovido por esta familia neoyorquina que, por cierto, es de origen alemán. La galería, de 510 m², con altos techos y arquitectura minimalista, alberga tres o cuatro exposiciones de arte moderno y contemporáneo de gran calidad cada año. También acoge una pequeña tienda y una cafetería.

Alte Staatsbibliothek

Frente al Deutsche Guggenheim Berlin se encuentra la Alte Staatsbibliothek, de 1914 (*Antigua Biblioteca Nacional;* ☎ *266 12 30, Unter den Linden 8; entrada gratuita; abierta de 9.00 a 21.00 de lunes a viernes; hasta las 19.00 los sábados*). Con 107 m de longitud y 170 m de anchura, es uno de los mayores edificios del centro de Berlín. Fundada por el Gran Elector Federico Guillermo en 1661, la colección de la librería comprende nueve millones de libros y periódicos, incluidos preciosos manuscritos (como los poemas de Hafiz, 1560), partituras originales (por ejemplo, de Bach, Mozart y Beethoven, entre otros) y mapas (por ejemplo de Alemania, por Nicolas von Kues, de 1491). A este inmueble cubierto de hiedra se llega a través de un patio interior con una tranquila cafetería ideal para tomarse un respiro. Hay visitas guiadas gratuitas cada primer sábado de mes a las 10.30. Los libros publicados a partir de 1955 se conservan en la Neue Staatsbibliothek (Nueva Biblioteca Nacional) que está cerca de Potsdamer Platz.

El circuito sigue dirigiéndose hacia el sur por Charlottenstrasse y luego una manzana hacia el oeste por Französische Strasse antes de girar al sur por Friedrichstrasse.

Friedrichstrasse

En su día Friedrichstrasse fue la principal arteria de Friedrichstadt, una comunidad residencial construida siguiendo el proyecto de Federico I. Con el paso de los siglos se convirtió en uno de los paseos más animados y elegantes de Berlín, hasta que la II Guerra Mundial y la división pusieron fin a este centro vital de la ciudad. Tras la caída del comunismo, se convirtió en el centro de un ambicioso proyecto de renovación para dar nueva vida al bulevar. Entre Französische Strasse y Mohrenstrasse, un equipo internacional de arquitectos creó un trío de complejos comerciales y de oficinas: el **Friedrichstadtpassagen**. Estas estructuras, llamadas "Quartiers", son como joyeros: sus exteriores de líneas elegantes esconden brillantes tesoros en su interior.

El Quartier 207 alberga los grandes almacenes franceses **Galeries Lafayette**, en cuyo centro Jean Nouvel ha creado un embudo de cristal translúcido que refleja la luz con la intensidad de un holograma. En el **Quartier 206** se encuentran los salones de las *boutiques* de diseño consagradas internacionalmente. Vale la pena echar un vistazo aunque Donna Karan no entre en nuestros planes: la decoración Art Déco posee la elegancia de las composiciones en mármoles de diversos tonos, dispuestos en formas caleidoscópicas bajo un techo como una carpa de cristal. El **Quartier 205** presenta una altura de dimensiones catedralicias y un luminoso patio en el que destaca una altísima obra de John Chamberlain.

Este último acaba en Mohrenstrasse, donde se gira al este para llegar al extremo sur del Gendarmenmarkt, a una manzana de ese punto.

Gendarmenmarkt

En su día fue un mercado de gran actividad, pero hoy el tranquilo y agradable Gendarmenmarkt es la plaza más bonita de Berlín. De 1736 a 1782 fue usado por un regimiento militar, los "gens d'arms" –de ahí su nombre– que tenían su cuartel general y sus establos principales en este lugar. Las iglesias gemelas de **Deutscher Dom** (catedral alemana) y **Französischer Dom** (catedral francesa) se complementan con la **Konzerthaus** de Schinkel, formando un trío arquitectónico de gran armonía. Entre los elementos unificadores están los pórticos con columnas y las torres acabadas en cúpula de los dos templos. Sólo la catedral francesa se usa como lugar de culto.

En el centro de la plaza se encuentra una magnífica **Estatua de Friedrich Schiller**, uno de los mayores dramaturgos alemanes. Los nazis la pusieron a buen recaudo y acabó en el oeste, desde donde volvió a Berlín Este en 1988, tras un intercambio de obras de arte entre los dos estados alemanes.

Deutscher Dom. La catedral alemana, acabada en 1708, está compuesta por una estructura pentagonal central rodeada de ábsides. Ochenta años más tarde incorporó su deslumbrante cúpula con una galería, diseñada por Karl Gontard, que se apoya en un anillo de finas columnas corintias. Restaurado tras la caída del comunismo, el Dom volvió a abrir sus puertas en 1996 como museo con las **Fragen an die Deutsche Geschichte** (*Cuestiones sobre historia alemana;* ☎ *22 73 21 41, entrada gratuita; abierta de 10.00 a 18.00 de martes a domingo*). Esta exposición se centra en la historia del Parlamento y la democracia en Alemania y está financiada por el Deutsche Bundestag (Parlamento alemán). Desde 1999, ha seguido una reestructuración gradual que debe acabar en 2002. La mayoría de secciones permanecen abiertas durante este proceso. Repartida por cuatro plantas, explica los breves flirteos de Alemania con la democracia durante la revolución de 1848-1849 y también el funcionamiento interno del Bundestag. Otras secciones cubren los años de la República de Weimar y el III Reich, así como las décadas de la división tras la II Guerra Mundial.

Französischer Dom. Reflejo del Deutscher Dom, la catedral francesa fue en su día el principal lugar de culto de la gran población de hugonotes franceses de Berlín que, perseguidos en su propio país, se instalaron aquí a finales del siglo XVII. Construida entre 1701 y 1705 por Louis Cayart, la iglesia se hizo a imagen de la principal iglesia de los hugonotes en Charenton, que había sido destruida en 1688. En 1785 ya disponía de su característica torre con cúpula diseñada por Gontard, que emulaba la de la catedral alemana.

Desde 1929, ha albergado el **Hugenottenmuseum** (*Museo Hugonote,* ☎ *229 17 60, Gendarmenmarkt 5; adultos/con descuento 1,50/1 €, entrada gratis a la iglesia; abierto de 12.00 a 17.00 de martes a sába-*

do, de 11.00 a 17.00 los domingos), que recuerda las vicisitudes de estos protestantes franceses en Francia y en Berlín-Brandeburgo desde el siglo XVII al XX. Se exponen libros, obras de arte, manuscritos y documentos. Las descripciones están en francés y en alemán.

Para disfrutar de una gran vista, se puede subir a la torre hasta un **mirador** exterior (*adultos/con descuento 3/2 €; abierto de 9.00 a 19.00 todos los días entre abril y octubre; de 10.00 a 18.00 entre noviembre y marzo*). Hay conciertos periódicos de **carillón** los sábados y domingos.

Este templo marca el extremo septentrional del Gendarmenmarkt. El recorrido continúa por Markgrafenstrasse, sigue una manzana hacia el norte y luego una al este por Behrenstrasse hasta la Bebelplatz.

Bebelplatz

Conocida originalmente como Opernplatz, la Bebelplatz cambió de nombre en 1947 en honor a August Bebel, el cofundador y líder del Partido Socialdemócrata (SPD). El 10 de mayo de 1933 los nazis celebraron su primera quema de libros oficial en este lugar, destruyendo obras de autores que consideraban subversivos, como Bertolt Brecht, Heinrich Mann y Jack London. Fue un acontecimiento de gran importancia que marcó la muerte de la grandeza cultural que había alcanzado Berlín durante los dos siglos anteriores. Un monumento conmemorativo en forma de librería vacía, obra del artista israelí Micha Ullmann, señala el lugar, pero desgraciadamente apenas se ve a través de la rayada vitrina de cristal.

La Bebelplatz está rodeada por varios edificios históricos. En el lado oriental está ubicada la famosa **Staatsoper Unter den Linden** (*Ópera nacional; ☎ 203 55 40, Unter den Linden 7*), construida en 1743, una de las primeras edificaciones neoclásicas que se levantaron en Berlín (véase la sección especial "Arquitectura").

Enfrente se alza la **Alte Königliche Bibliothek** (Antigua Biblioteca Real), apodada *Kommode* (cómoda, cajonera) por su forma abultada; actualmente forma parte de la facultad de derecho de la Humboldt Universität. En la esquina sureste de la plaza se levanta la gigantesca cúpula de cobre de la **St-Hedwigs-Kathedrale** (*☎ 203 48 10, Behrenstrasse 39; entrada gratuita; abierta de 10.00 a 17.00 de lunes a sábado, de 11.00 a 17.00 los domingos*), construida en 1773, en parte a imagen del Panteón de Roma. Fue la única iglesia católica de la ciudad hasta 1854 y ha sido la sede del obispado de Berlín desde 1929. Durante la II Guerra Mundial, fue el centro de la resistencia de esta comunidad religiosa bajo la dirección del Padre Bernard Lichtenberg (1875-1943), que fue apresado por los nazis y murió en un vagón de ganado de camino al campo de concentración de Dachau.

Humboldt Universität

La Bebelplatz también bordea Unter den Linden, en cuya parte norte se levanta la grandiosa Universidad Humboldt (*☎ 209 30, Unter den Linden 6*). Nació en 1753 como palacio del príncipe Heinrich, hermano del rey Federico II, y se convirtió en centro de estudios superiores en 1810 por iniciativa de Wilhelm von Humboldt, por aquel entonces ministro de cultura. Éste consiguió unir en una ilustre facultad a filósofos como Hegel y Fichte, y la universidad enseguida adquirió prestigio por toda Europa. Marx y Engels estudiaron en ella, y entre sus profesores más conocidos se encuentran los hermanos Grimm, Albert Einstein, Max Planck y el científico nuclear Otto Hahn. Muchos ganadores de premios Nobel han salido de sus aulas.

En noviembre de 2000, tras tres años de restauración, la **Estatua ecuestre de Federico II** (1851) de Christian Daniel Rauch volvió a ocupar su lugar habitual en el centro de Unter den Linden, concretamente frente a la universidad.

Neue Wache

El recorrido sigue hacia el este por Unter den Linden hasta la siguiente construcción, la Neue Wache (*Cuartel Nuevo; Unter den Linde 4, entrada libre; abierto todos los días de 10.00 a 18.00*), principal monumento alemán en memoria a las víctimas del nazismo y del militarismo. El edificio, construido en 1818 por Schinkel para Federico Guillermo III, contiene las tumbas de un soldado desconocido, un combatiente de la resistencia y una víctima de un campo de concentración, así como la escultura *Madre con su hijo muerto*, de Käthe Kollwitz. (Véase la sección especial "Arquitectura".)

Zeughaus y Kronprinzenpalais

La construcción de color rosa justo al este de la Neue Wache es la barroca Zeughaus (*Arsenal real; Unter den Linden 2*), construida en 1706 por Andreas Schlüter. Solía albergar el Museo de Historia Alemana, pero las obras de renovación y ampliación dirigidas por el chino-americano I.M. Pei lo mantendrán cerrado por lo menos hasta 2003. Su proyecto incluye un espectacular techo de cristal que llegará a cubrir el patio central (Schlüterhof) del histórico edificio y el añadido de una nueva ala para albergar exposiciones especiales. Pei, uno de los arquitectos más eminentes del mundo, es conocido sobre todo por la pirámide de vidrio de entrada al Louvre de París.

Mientras tanto, se pueden observar algunas exposiciones en las que se alternan piezas extraídas de la colección permanente del museo al otro lado de la calle, en el **Kronprinzenpalais**, característico por sus columnas (*Palacio del Príncipe de la Corona;* ☎ *20 30 40, Unter den Linden 3; entrada gratuita; abierto de 10.00 a 18.00 de jueves a martes*). Construido originalmente en 1664, sirvió como residencia real hasta la caída de la monarquía a finales de la I Guerra Mundial. La Galería Nacional ocupó el espacio en 1919 para mostrar su fondo de arte contemporáneo, con obras de artistas como Lovis Corinth, Otto Dix, Paul Klee y Lyonel Feininger. Los nazis, que consideraban el arte moderno "degenerado", cerraron el museo en 1933. El edificio fue bombardeado y quedó hecho añicos durante la II Guerra Mundial, pero a finales de la década de 1960 el Gobierno de la RDA construyó una réplica que usó como casa de invitados para los dignatarios que llegaban de visita. El 31 de agosto del año 1990 se firmó en este lugar el Tratado de Unificación Alemana.

El homólogo de este edificio es el Palacio de la Princesa de la Corona, de 1811, al lado (hacia el oeste). Conocido ahora como **Opernpalais**, alberga un refinado restaurante-cafetería (☎ *20 26 83, Unter den Linden 5*) famoso por su selección de pasteles, así como un pub y coctelería. El mejor momento para visitarlo es en verano, cuando está abierta la cervecería al aire libre. El circuito a pie acaba aquí.

MUSEUMSINSEL (Plano 7)

Al este del Arsenal real, el precioso **Schlossbrücke** (Puente del palacio), con sus estatuas de mármol diseñadas por Schinkel, lleva hasta la Spreeinsel (isla Spree), cuyo extremo sur fue el origen del primer asentamiento medieval de Berlín. La mitad norte es más conocida como Museumsinsel (Isla de los museos), aunque podría dársele un nombre más poético: el de "isla del tesoro", dado el calibre de las piezas expuestas, de primer orden mundial. El complejo, declarado Patrimonio de la Humanidad por la Unesco en 1999, está viviendo un proyecto de reforma global que debe acabarse hacia 2010. En el **Neues Museum**, que resultó gravemente dañado por la II Guerra Mundial, se está realizando un proceso completo de reconstrucción y albergará la colección de antigüedades egipcias a partir de 2007. El neobarroco **Bodemuseum**, en la punta septentrional de la isla, estará cerrado por lo menos hasta 2005. A finales de 2001 abrió de nuevo sus puertas la **Alte Nationalgalerie**, con lo que el número de museos abiertos al público vuelve a ser de tres.

Esta isla es una consecuencia de la tendencia imperante a finales del siglo XVIII entre las casas reales de Europa de compartir sus colecciones privadas con el público. El Museo Británico de Londres, el Louvre en París, el Prado en Madrid y la Glypothek en Munich proceden de esta época. Para no ser menos, Federico Guillermo III encargó a Schikel la construcción del **Altes Museum** (1829). Debido al crecimiento de las colecciones reales, en 1841 Federico Guillermo IV decidió convertir toda la isla en un complejo de museos. El Neues Museum quedó completado en 1855, seguido de la Alte Nationalgalerie (1876), el Bodemuseum (1904) y, por último, el **Pergamon Museum** (1930).

Alte Nationalgalerie (SMPK)

La Antigua Galería Nacional (*☎ 20 90 55 55, Bodestrasse 1-3; adultos/entrada con descuento 4/2 €; abierta de martes a domingo de 10.00 a 18.00*) abrió de nuevo en diciembre de 2001.

Escaparate de arte europeo del siglo XIX, incorpora las pinturas que anteriormente se podían contemplar en la Galería de los Románticos del Schloss Charlottenburg. Nombres como Caspar David Friedrich e impresionistas como Monet y Cézanne, están bien representados, junto a esculturas de Rodin y otros. (Véase la sección especial "Arquitectura".)

Altes Museum (SMPK)

El Museo Antiguo presenta una colección de arte y escultura de la antigua Roma y Grecia (*☎ 20 90 55 55, Museumsinsel, entrada desde el Lustgarten; adultos/con descuento 4/2 €; abierto de martes a domingo de 10.00 a 18.00, los jueves hasta las 22.00*). Este imponente edificio neoclásico (1830) de Karl Friedrich Schinkel fue la primera construcción de la Isla de los Museos y tiene una célebre rotonda con esculturas de Zeus y su entorno. (Véase la sección especial "Arquitectura").

Pergamon Museum (SMPK)

Si sólo se tiene tiempo para un museo en Berlín, tiene que ser el Pergamon Museum (*☎ 20 90 55 55, Am Kupfergraben; adultos/ con descuento 4/2 €; abierto de 10.00 a 18.00 de martes a domingo, hasta las 22.00 los jueves*). Atesora una gran colección de arte y arquitectura de la Grecia clásica, Babilonia, Roma, y del mundo islámico y Oriente Medio. Es de tal profusión y enormidad que puede dejar exhausto al visitante.

Bajo el techo de un edificio monumental que tardó casi 20 años en construirse (se acabó en 1930) hay tres colecciones del más alto nivel mundial: la Antikensammlung (**Colección de Antigüedades clásicas**), el Vorderasiatisches Museum (**Museo de Antigüedades de Oriente Próximo**), y el Museum für Islamische Kunst (**Museo de Arte Islámico**). El precio de la entrada incluye audioguías con comentarios. Se puede encontrar una información más amplia sobre las exposiciones particulares en las bandejas de plástico que contienen hojas explicativas en inglés, francés y alemán. Se cobra una pequeña tarifa por cada una: el visitante debe dejar el dinero en la caja por iniciativa propia al salir.

Se necesitan por lo menos dos horas para hacer justicia a este lugar. Si el tiempo disponible es limitado, vale la pena ceñirse a las obras indicadas a continuación.

Antikensammlung. La primera gran exposición es también una de las más espectaculares y la que da nombre al museo: el **Altar Pergamon** (165 a.C.) de Asia Menor, un descomunal santuario de mármol con la altura de un edificio de tres pisos. Es alucinante pensar que lo que se ve aquí no era más que la entrada a un enorme complejo. Para hacerse una idea se puede comparar con las maquetas a escala.

El **friso** que enmarca la pared de la sala, de 120 m, muestra a los dioses enfrentándose a los gigantes. Detrás del altar está el **Friso de Telephos**, al que se llega subiendo unos escalones, que representa la historia de la vida del legendario fundador de Pergamon.

El museo sigue detrás de la puerta norte (izquierda) con un gran número de esculturas antiguas. Si el tiempo apremia, es posible pasar de largo o echar un vistazo únicamente a la **arquitectura helenística** de la Sala 8, a la que se entra por el vestíbulo de mármol de un templo del siglo II a.C., donde se puede observar un asombroso mosaico en el suelo.

En la Sala 6 hay otra obra destacada, detrás de la entrada sur (derecha): la **Puerta de Mileto**, espléndidamente conservada, construida bajo el reinado el emperador Adriano a principios del siglo II d.C. El **Mosaico de Orfeo**, en la misma sala, procede de una villa de Mileto.

Vorderasiatisches Museum. Al atravesar la Puerta de Mileto se entra de pronto en otra cultura y en otro siglo: Babilonia durante el reinado de Nabucodonosor II [604-

562 a.C.]. Es la primera sala del Museo de Antigüedades de Oriente Próximo, cuya piedra de toque es la mundialmente famosa **Puerta de Ishtar**, con su "Procesión" de 30 m de longitud en la parte frontal (la original tenía 250 m). Las paredes de la construcción y los muros del camino están cubiertos de ladrillos de azul cobalto y ocre, y muestran relieves de leones en marcha (símbolo de la diosa Ishtar), caballos, dragones y unicornios. Las primeras miden 15 m de altura, lo que se supone equivale sólo a la mitad de la original.

La Sala 5 también merece una atención especial por su único **mosaico mural** de un templo de Uruk (3000 a.C.), compuesto por una enorme cantidad de piezas de arcilla de diferentes colores dispuestas de forma que crean un decorativo diseño. El motivo no fue tanto estético como de refuerzo de los frágiles muros de adobe del templo.

Museum für Islamische Kunst. El Museo de Arte Islámico está ubicado en el piso superior y muestra obras de arte y objetos de los siglos VII a XIX d.C., como alfombras, tallas en madera, cerámicas y libros. La primera pieza destacada se encuentra en las Salas 9 y 10 en forma de muro exterior del fortificado **Palacio del Califa en Mshatta**, probablemente construido durante el reinado del Califa al-Walid II [743-44 d.C.]. El Mshatta, que significa "campamento de invierno", se encontró cerca de la actual capital de Jordania, Ammán. El fragmento que se muestra en este lugar forma parte de la muralla que en su día rodeó un complejo de 144 por 144 m, custodiado por 25 torres. La fachada, de aspecto delicado, está cubierta de ornamentos que representan viñas y zarcillos, así como enigmáticos animales y personajes míticos.

La Sala 14 acoge un impresionante **Mihrab** (1226 d.C.), nicho para la oración de Kaschan, en Irán, revestido de azulejos dorados, azules y turquesa con inscripciones en árabe y ornamentos. Tampoco hay que perderse la Sala Aleppo (Sala 17) de la casa de un mercader cristiano en la actual Siria. Cada centímetro cuadrado de espacio de la pared está forrado de paneles de madera de vivos colores, pintados con un detalle impresionante. Si se mira de cerca, se pueden distinguir *La última cena* y *María y el niño* entre todos los ornamentos –enfrente, a la derecha de la puerta.

Berliner Dom

Por encima del grupo de museos se levanta la gran catedral neorrenacentista de Berlín, de 1905 (*☎ 20 26 90, Am Lustgarten; adultos/con descuento 5/3 € para la iglesia, la cripta y la galería panorámica, 4/2 € para la iglesia y la cripta; abierta de 9.00 a 20.00 de lunes a sábado y de 12.00 a 20.00 los domingos y festivos de abril a septiembre, hasta las 19.00 de octubre a marzo; último acceso a la galería panorámica a las 17.00 de abril a septiembre y a las 16.00 de octubre a marzo*). Es la antigua iglesia de la corte de la familia Hohenzollern, algunos de cuyos miembros fueron enterrados en la cripta. Es casi milagroso que este ostentoso símbolo del poder monárquico sobreviviera al fervor de la RDA por borrar cualquier vestigio del pasado imperial de Berlín, especialmente dado que sufrió graves daños durante la II Guerra Mundial. Reconstruido en su mayor parte a partir de fondos procedentes de las iglesias occidentales, su restauración no acabó hasta 1993, tres años después de la caída del comunismo.

La colosal estructura (114 m de longitud, 73 m de anchura, 85 m de altura) está coronada por una cúpula de cobre central con una cruz dorada en lo más alto y rodeada por cuatro torres más pequeñas. Para hacerse una idea de su enorme tamaño es aconsejable subir los 270 escalones hasta la **Galería-mirador** en la base del domo. Además de obtener una buena vista del centro de la ciudad, también permite admirar el intrincado diseño desde las alturas.

La iglesia principal presenta una rica decoración. Los nichos de los ábsides norte y sur albergan los elaborados sarcófagos de los miembros de la familia Hohenzollern. Otros ataúdes profusamente decorados, incluidos aquellos diseñados por Schlüter para el rey Federico I (1713) y su segunda esposa Sofía Carlota (1705), están a la vista en la **cripta**.

El programa de conferencias, lecturas y conciertos que se celebran en este lugar es muy apretado. Entre mayo y septiembre se dan recitales gratuitos de órgano a las 15.00 de miércoles a viernes.

Lustgarten

Frente a la catedral se encuentra el Lustgarten (Jardín del placer), creado a finales del siglo XVI como jardín, huerto y herbolario para la cocina del palacio adyacente. En 1650, las primeras patatas de Berlín se recolectaron en este lugar. El Rey Soldado, Federico Guillermo I, lo convirtió en escenario de desfiles, pero en 1830 Schinkel lo volvió a transformar en un pequeño parque para complementar su recién creado Altes Museum. Los nazis lo volvieron a pavimentar y ahora, tras largos debates, se le ha devuelto el aspecto que tenía en el siglo XIX.

SCHLOSSPLATZ Y ALREDEDORES (Plano 7)

Ubicada al sur del Lustgarten, no hay nada en la estéril Schlossplatz de hoy en día –la Marx-Engels-Platz de la época de la RDA–, que recuerde el magnífico edificio que se alzaba en este lugar desde 1451 a 1951: el Berliner Stadtschloss (Palacio de la ciudad). Iniciado como una estructura fortificada durante el reinado del elector Friedrich II, fue ampliado, reestructurado y renovado muchas veces, hasta llegar a ocupar toda la superficie de la plaza actual. Este edificio rectangular con dos patios interiores, tenía como características arquitectónicas más interesantes un portal en forma de arco de triunfo y una capilla octogonal con una enorme cúpula.

La II Guerra Mundial dejó su huella, pero la construcción no sufrió daños irreparables en su estructura. Incluso se usó provisionalmente como museo después de 1945. No obstante, en 1950 Walter Ulbricht, de la RDA, declaró de forma arbitraria que era "una ruina que no merecía la pena reconstruir" e, ignorando en su arrogancia las protestas de oriente y occidente, demolió este edificio de 500 años de antigüedad. En su lugar se estableció el centro neurálgico del Gobierno de la RDA, articulado alrededor del Palast der Republik, el Staatsratsgebäude y el Marx Engels Forum. Fue una decisión que incluso algunos dirigentes de la política de Berlín Este lamentarían posteriormente.

Palast der Republik

Hasta 1990, el Palacio de la República, tosca estructura de cemento y acero construida en 1976 con una deslumbrante fachada de vidrio de espejo rojizo, albergó el Parlamento de la RDA (la Volkskammer, o Cámara del Pueblo) y fue la sede de las convenciones del partido SED. El ciudadano de a pie también podía acceder al complejo durante los congresos, los bailes y los conciertos celebrados en una sala con un aforo de 5.000 personas (en una ocasión cantó aquí Harry Belafonte). Además, disponía de una galería, restaurantes y bares.

En 1990 se descubrió que el "palacio" estaba contaminado con asbesto, lo que obligó a su cierre inmediato. Durante años la demolición pareció inevitable pero, mientras se sucedían los debates sobre su futuro, se echó a perder, convirtiéndose en una lacra en el floreciente Berlín de hoy en día. En 1993-1994, yendo un paso más allá de Christo y su Reichstag envuelto, un artista francés cubrió la estructura con lonas de plástico con la imagen del antiguo Berliner Schloss, con lo que se avivó el interés por reconstruir la estructura original y por la formación de la Asociación Histórica de Berlín. Véase el apartado sobre la exposición de la historia de Berlín en páginas anteriores de esta sección.

Alrededores de la Schlossplatz

Tras la demolición del Stadtschloss sólo quedó en pie el arco de triunfo desde el cual Karl Liebknecht proclamó la República Socialista Alemana en 1918. A principios de la década de 1960 se incorporó al **Staatsratsgebäude** (*Edificio del Consejo Municipal;* ☎ *40 00 21 16, Schlossplatz 1*) que, tras la caída del comunismo, hizo las veces de Cancillería Federal. Si las puertas están abiertas se puede echar un vistazo para ver las ventanas de colores del *foyer* que representan la "evolución histórica" de la RDA desde los trágicos días revolucionarios de 1918-1919 hasta la fundación del estado comunista en 1949. Los retratos del centro muestran a Rosa Luxemburg y Karl Liebknecht, cofundadores del Partido Comunista Alemán (KPD). En el futuro, el edificio albergará el Bundesnachrichtendienst (o Servicio de Inteligencia Federal).

Al este del edificio del Consejo municipal se encuentra el del **Neue Marstall** (*Nuevos establos reales; Breite Strasse*), que en su día albergaba caballos y carruajes y que ahora contiene los Archivos Municipales. Cabe destacar los relieves de bronce de la pared frente al Palacio de la República, que representan héroes socialistas y episodios revolucionarios decisivos.

Inmediatamente al sur, en Breite Strasse 35-36, está ubicada la **Ribbeckhaus**, profusamente decorada y con el techo de dos aguas, el único edificio de finales del Renacimiento que queda en Berlín (1624). Actualmente contiene una biblioteca, el Zentrum für Berlin-Studien (Centro de Estudios de Berlín). Véase la sección "Bibliotecas" en el capítulo *Datos prácticos*.

Schinkelmuseum (SMPK)

Justo al oeste de Schlossplatz se halla la **Friedrichswerdersche Kirche** (1830), diseñada por Schinkel, que actualmente contiene el Schinkelmuseum (☎ *20 90 55 55, Werderscher Markt; adultos/con descuento 2/1 €; abierto de 10.00 a 18.00 de martes a domingo*). Ya no es un lugar de culto, sino que alberga una exposición de esculturas neoclásicas alemanas en la que están representados los principales exponentes de la época, como Johann Gottfried Schadow, Christian Friedrich Tieck y Christian Daniel Rauch. En la planta superior se expone una muestra sobre la vida y obra de Schinkel, el polifacético arquitecto y escultor. Para más información sobre Schinkel y el edificio, véase la sección especial "Arquitectura".

La estructura de aspecto macizo al sur de la iglesia en un tiempo alojó el Reichsbank, el banco nacional alemán durante el gobierno nazi. En la época de la RDA, el comité central del partido SED situó aquí su cuartel general. En la Alemania unificada, el edificio, con su moderna ampliación, ha pasado a albergar el Bundesaussenministerium (Ministerio de Asuntos Exteriores).

ALEXANDERPLATZ (Plano 7)

Al este del Schlossbrücke, Unter den Linden da paso a Karl-Liebknecht-Strasse, culminando en la Alexanderplatz, que en su día fue el principal núcleo comercial de Berlín Este.

La **Alexanderplatz**, conocida también como "Alex", se llama así en honor del zar Alejandro I, que visitó Berlín en 1805. Hasta entonces se la había denominado Ochsenplatz (plaza de los bueyes). En la actualidad no es más que una sombra del barrio de los bajos fondos que describió de manera tan gráfica Alfred Döblin en su novela *Berlin Alexanderplatz* (1929). Fue rediseñada en los últimos años de la década de 1920; bombardeada durante la II Guerra Mundial, su aspecto socialista data de la década de 1960. El 4 de noviembre de 1989 unas 700.000 personas se concentraron en este lugar para expresar su opinión contra el régimen de la RDA. La manifestación fue muy ruidosa pero pacífica, y consiguieron que se les oyera: cinco días más tarde cayó el Muro.

La primera impresión de Alexanderplatz es impactante. No parece que haya nada construido a escala humana. Una mezcla de torres de cemento y vidrio se combina con un desierto de asfalto sin árboles, lo que compone una de las plazas menos agraciadas y de más difícil orientación. Se trata del lugar adecuado para hacerse una rápida idea de los estilos de arquitectura impersonal en boga durante el período de existencia de la RDA.

Se hace difícil pensar que en realidad tenía un aspecto aún más gris durante la época comunista; por lo menos los carteles luminosos gigantes sobre los tejados y los anuncios de neón le han dado, digamos, una nota de color.

La Alexanderplatz siempre ha sido un cruce de caminos del transporte público. Hoy en día hay trenes que paran tanto bajo tierra como por las vías elevadas que atraviesan la plaza.

Tiene pocas atracciones. Una de ellas, aunque discreta, es el **Reloj de las horas del mundo** (1969), obra de Erich John, con paneles de esmalte y aluminio. Si se usan los lavabos subterráneos para hombres, se puede asistir a un desfile continuo de homosexuales.

La otra atracción es el monstruoso edificio-aguja de 365 metros, construido en 1969, llamado **Fernsehturm** (*Torre de televisión;* ☎ *242 33 33; adultos/niños 6/2, 50 €; 9.00-1.00 de marzo a octubre, 10.00-24.00 de noviembre a febrero*). Justo por debajo de la antena se encuentra una brillante esfera de acero que, al reflejar la luz del sol, forma una enorme cruz luminosa –lo cual en tiempos del régimen ateo de la RDA suponía un fastidio para el gobierno y una satisfacción para occidente, donde este fenómeno se dio a conocer como "la venganza del Papa". En un día claro, y si no hay demasiada cola, vale la pena pagar para subir. Aproximadamente a 207 metros de altura se alza el **Telecafé** (☎ *242 33 33; abierto de 10.00 a 13.00 de marzo a octubre, de 10.00 a 0.00 de noviembre a febrero*) que da dos vueltas completas al cabo de una hora; hay música en directo a las 19.00 de martes a sábado. Una oficina de información turística está ubicada en el vestíbulo.

Marienkirche

La gótica Marienkirche (☎ *242 44 76; Karl-Liebknecht-Strasse 8; entrada gratuita; abierta de 10.00 a 12.00 y de 13.00 a 16.00 de lunes a jueves y de 12.00 a 16.00 sábados y domingos*), iglesia luterana situada justo al oeste de la Alexanderplatz, es uno de los pocos edificios medievales de Berlín que quedan en pie (1270). En el interior, cabe destacar el púlpito de alabastro barroco de Andreas Schlüter (1703), con su espléndida canopia coronada por un grupo de querubines dispuestos sobre unos rayos de sol dorados. Otra gran obra es el fresco de la *Totentanz* (*Danza de la muerte*, 1485), con una representación de la parca con 14 aspectos diferentes que conduce a personas de todo tipo a la tumba. La restauración de este templo ha durado años y puede que aún no haya acabado.

Cerca de allí resulta posible ver la opulenta **Neptunbrunnen** (Fuente de Neptuno, 1891) de Reinhold Begas, que se trasladó hasta aquí desde la Schlossplatz. Las figuras femeninas simbolizan los ríos Rin, Elba, Oder y Weichsel.

SUR DE LA ALEXANDERPLATZ (Plano 7)

La zona al sur de la Alexanderplatz, limitada aproximadamente por el canal Spree y Alexanderstrasse, es la parte más antigua y con más historia de Berlín.

Rotes Rathaus

El palacio de la Rotes Rathaus (Ayuntamiento Rojo, 1860), residencia del alcalde y sede del Senado de Berlín, no tiene pérdida pues no hay un edificio mayor en esta zona. Debe su nombre al color de los ladrillos usados en su construcción (y no de la tendencia política de sus ocupantes). El diseño combina con éxito elementos del Renacimiento italiano con arquitectura del norte de Alemania. Obsérvese el friso de terracota de la fachada (1879) que representa toda la historia de la ciudad desde el siglo XIII. El palacio tiene una singular escalera con cuatro estatuas alegóricas que simbolizan diversos oficios, así como los salones de ceremonias (*entrada gratuita; abierto de 9.00 a 18.00 de lunes a viernes*) excepto durante las sesiones oficiales.

Nikolaiviertel

El barrio de Nicolás, un laberinto de callejuelas peatonales flanqueadas por casas diminutas, está ubicado justo al suroeste del Ayuntamiento Rojo y acaba por el sur en la amplia Mühlendamm. Aquí se encontraban algunas de las casas más antiguas de la ciudad hasta que cayeron bajo las bombas en 1944. Lo que se aprecia en la actualidad es un intento, no del todo fallido, por parte de los arquitectos socialistas de recrear una ciudad medieval. Seguro que los más puristas se sorprenderán al saber que sólo unos cuantos de estos edificios tienen un origen histórico o de que la mayoría están hechos con las placas prefabricadas de cemento tan populares en las construcciones de la época de la RDA –algunos bromistas incluso lo llaman "Disneyviertel" debido a lo artificial del lugar–. No obstante, existen edificaciones dignas de destacar. La casa **Zum Nussbaum** (☎ *242 30 95, Am Nussbaum 3*), por ejemplo, alberga un acogedor pub-restaurante que originalmente se encontraba en la cercana Fischerinsel (véase el capítulo *Dónde comer*). En la década de 1920 fue el lugar favorito de reunión de la leyenda del lugar, el humorista y dibujante de cómics Heinrich Zille. El reconstruido tribunal, el **Gerichtslaube**, también está situado en Poststrasse y en su interior existen un par de restaurantes caros.

Igualmente forman parte del Nikolaiviertel otros museos, pequeños y de interés relativo. Quien quiera visitar los tres debería comprar la *Verbundkarte* (entrada combinada) por 3/1,50 € en cualquiera de ellos; los miércoles la entrada es gratuita.

Museum Nikolaikirche. Las espléndidas torres gemelas de la iglesia más antigua de Berlín, la Nikolaikirche, del Gótico tardío (1230) se erigen sobre el Nikolaiviertel. Es uno de los pocos edificios que fue restaurado en vez de construirlo de nuevo. Ya no es lugar de culto, sino que acoge el Museum Nikolaikirche (☎ *24 00 21 82, Nikolaikirchplatz; entrada 1,50 €, 5/3 € durante las exposiciones especiales, gratis los miércoles; abierto de 10.00 a 18.00 de martes a domingo*). La muestra documenta los diversos períodos de construcción de este templo y su papel en la historia local. Quizás lo más interesante sean las esculturas repartidas por el salón, entre las que destacan un pórtico fúnebre de Andreas Sclüter y varias lápidas del Renacimiento.

Museum Knoblauchhaus. Originaria del siglo XVIII, la Knoblauchhaus (☎ *240 02 01 71, Poststrasse 23; adultos/con descuento 2,50/1,25 €, gratis los miércoles; abierto de 10.00 a 18.00 de martes a domingo*) es la vivienda original más antigua del Nikolaiviertel. Fue el hogar de la familia Knoblauch durante casi 170 años hasta 1928. Uno de los miembros de la familia, Eduard Knoblauch, fue el arquitecto de la sinagoga original de Oranienburger Strasse. En el primer piso hay cuatro salas de interés histórico que muestran la vida burguesa en la época Biedermeier. En el nivel superior se celebran exposiciones que cambian periódicamente. En la planta baja se encuentra el restaurante **Historische Weinstuben**, rústico pero elegante.

Ephraim-Palais. El Ephraim-Palais (☎ *24 00 21 21, Poststrasse 16; adultos/con descuento 2,50/1,25 €, gratis los miércoles; abierto de 10.00 a 18.00 de martes a domingo*) fue la residencia del tesorero de Federico II, Veitel Heine Ephraim. Presenta una fachada curva de estilo Rococó con delicados balcones forjados y dorados y esculturas decorativas: está considerado uno de los edificios más bonitos de Berlín.

Aunque el original, que se encontraba a unos 20 m de la ubicación actual, quedó destruido durante la construcción del puente de Mühlendamm en 1936, la preciosa fachada se desmontó y se conservó durante varias décadas en Berlín Oeste. En 1984 fue devuelta a Berlín Este para su integración en la construcción del edificio del Nikolaiviertel.

Actualmente el Ephraim-Palais alberga exposiciones periódicas sobre diversos aspectos de arte local y de historia cultural.

Molkenmarkt y alrededores

El transitado cruce de Mühlendamm, Stralauer Strasse y Spandauer Strasse, justo al sur del Nikolaiviertel, marca el centro de la zona de Molkenmarkt, que está llena de joyas escondidas. El nombre procede del mercado medieval de productos frescos que estaba ubicado en este lugar, aunque hay que ponerle una buena dosis de imaginación para reconocerlo entre el estruendoso tráfico. En el lado sur de Mühlendamm se halla el complejo de edificios del Ministerio de Cultura de la RDA, que incluía la antigua **Casa de la moneda** (1935) y el **Palais Schwerin**, de estilo Barroco.

Por encima de todo ello, se levanta la **Alte Stadthaus** (*Jüdenstrasse 34-42*), construida por Ludwig Hoffmann entre 1902 y 1911 como ampliación del Ayuntamiento

Rojo, con su característica torre de 80 m, con su cúpula y sus columnas. De 1960 a 1990 el Gobierno de la RDA la usó como Haus des Ministerrates (Casa del Consejo de Ministros). Desde 1995 está en proceso de restauración, que podría acabar hacia finales de 2002. Entre las principales mejoras exteriores se destaca la reparación del tejado abuhardillado, la reconstrucción de la torre y la recuperación de una escultura dorada de la Fortuna, que volverá a ocupar su privilegiada posición sobre la cúpula.

Siguiendo al norte por Jüdenstrasse, y luego a la derecha por Parochialstrasse, se llega a la **Parochialkirche**, de estilo Barroco, construida en 1703. Diseñada por Johann Arnold Nering (autor también de la sección más antigua del Schloss Charlottenburg), la iglesia aún muestra las heridas de la II Guerra Mundial. Su fachada exterior, sin restaurar, presenta cuatro semibóvedas en forma de concha alrededor de una torre cuadrada central. Con sus paredes desnudas, el techo abierto (se pueden ver incluso las vigas de madera), las puertas que cierran mal y los suelos de madera, crea un efecto por lo menos tan intenso como la Gedächtniskirche de Charlottenburg. En la actualidad es utilizado sobre todo para exposiciones y conciertos.

En Klosterstrasse también se encuentra el **Palais Podewil** (*Klosterstrasse 68-70*), preciosa mansión de principios del siglo XVIII convertida en centro cultural (véase el capítulo *Ocio*).

A unos pasos hacia el norte es posible visitar los restos de la **Franziskaner Klosterkirche** (Abadía Franciscana). Construida durante la primera mitad del siglo XIV, fue una escuela de enseñanza primaria en 1574. Entre sus alumnos más insignes se cuentan Karl Friedrich Schinkel y Otto von Bismarck. Sufrió graves daños durante la II Guerra Mundial, pero las ruinas están conservadas y componen un escenario en el que se celebran diversos espectáculos de música y teatro al aire libre.

El edificio que aparece ubicado tras la iglesia es el **Justizpalast** (*Tribunal de Justicia, Littenstrasse 13-17*), construido a principios del siglo XX y que merece una visita por su elegante escalera Art Noveau. Cerca de allí abre sus puertas el histórico pub-restaurante **Zur letzten Instanz** (☎ 242 55 28, *Waisenstrasse 14*). Véase el capítulo *Ocio*.

Märkisches Ufer

En la zona que rodea la estación de U-Bahn Märkisches Museum existen un par de lugares de interés relativo. Saliendo de la terminal hacia el este y yendo luego hacia el norte por Inselstrasse, se llega al punto en que el canal Spree se une al río. A la izquierda se levantan los grises bloques de **Fischerinsel**, nombre que recibe el extremo sur de la isla Spree (el extremo norte es la de los Museos). Tal como su nombre indica, en su día fue un asentamiento de pescadores, un abigarrado laberinto de callejuelas con sencillas casas de dos pisos y patios claustrofóbicos, lúgubres tabernas y diminutas tiendas aquí y allá. Hoy en día ya no hay una gran actividad pesquera.

Girando a la izquierda por Märkisches Ufer se llega a la barroca **Otto-Nagel-Haus** (*Märkisches Ufer 16-18*), que actualmente alberga los Archivos Pictóricos Prusianos. En el nº 12 se ubica una copia exacta de la casa rococó que en su día se encontraba en la orilla opuesta. El elemento más destacado es la **Ermeler-Haus** (*Märkisches Ufer 10*), una de las villas más bonitas de Berlín, a pesar de que también es una réplica. Actualmente forma parte del **art'otel berlin mitte** (véase el capítulo *Dónde dormir*) y la mejor manera de disfrutar de su precioso interior rococó es comiendo o cenando en su elegante restaurante.

De vuelta a Wallstrasse, girando a la izquierda hacia el Märkisches Museum, se entra en el **Köllnischer Park**. Esta zona formó parte en su día de las fortificaciones de la ciudad construidas bajo el reinado del Rey Soldado Federico Guillermo I. Como recuerdo de la época queda el denominado **Wusterhausensche Bär** (literalmente, "Oso de Wusterhausen"), torre de guardia que, a pesar de su nombre, no tiene nada que ver con los tres osos pardos encerrados en una jaula en el parque. Son las **mascotas oficiales de la ciudad** y se llaman Schnute (nacido en 1981), Maxi (1986) y Tilo (1990).

Märkisches Museum. El bloque de ladrillo rojo es el Märkisches Museum (*Museo de la Marca de Brandeburgo*, ☎ 30 86 62 15, *Am Köllnischen Park 5; adultos/ con descuento 4/2 €, gratis los miércoles; abierto de 10.00 a 18.00 de martes a domingo*). El exterior consiste en un batiburrillo de réplicas de diferentes edificios existentes en Brandeburgo. La torre, por ejemplo, es una copia del palacio del obispo de Wittstock, mientras que los hastiales góticos están inspirados en los de la iglesia de Sta. Catalina. Una reproducción de la estatua de Roland de la misma ciudad guarda la entrada del museo.

Es interesante la nueva exposición permanente sobre historia cultural de Berlín desde la Edad Media a la actualidad. Hay diversas secciones temáticas que reflejan visiones de la ciudad como residencia real, como capital, bajo el gobierno nazi, su infraestructura y muchas otras cosas. Destacan los ingeniosos **automatófonos**, instrumentos musicales mecánicos del siglo XVIII a los que se les da cuerda y que suenan a las 15.00 los domingos (suplemento de 2/1 €).

SPANDAUER VORSTADT (Planos 3 y 7)

El Spandauer Vorstadt (barrio periférico de Spandau) es una de las zonas más en la onda de Berlín y está plagada de clubes, bares y restaurantes. Aparte de Oranienburger Strasse, la arteria principal, gran parte de la acción discurre en las calles adyacentes como Auguststrasse y Tucholskystrasse.

El vecindario, limitado por Friedrichstrasse al oeste y Karl-Liebknecht-Strasse/ Prenzlauer Allee al este, recibió este nombre en la época en que lo atravesaba la principal vía hacia Spandau –la actual Oranienburger Strasse–. En la actualidad, se le llama con frecuencia "Scheunenviertel" (barrio de los graneros), lo que en realidad sólo corresponde a una pequeña sección del Spandauer Vorstadt, en los alrededores de la Rosa-Luxemburg-Platz. Véase "Scheunenviertel", más adelante, en este capítulo.

Durante siglos, la zona fue el centro de la **comunidad judía** de Berlín y ha vuelto a serlo desde la apertura de la **Nueva Sinagoga**.

La S1 o S2 a Oranienburger Strasse, la U6 a Oranienburger Tor o cualquier S-Bahn a Hackescher Markt llevan justo al centro del barrio.

Hackesche Höfe (Plano 7)

Multitud de turistas acuden a los bellos Hackesche Höfe (Patios Hackesche, 1907) como moscas a la miel. Tras las obras de restauración, que duraron aproximadamente tres años, en 1996 volvió a abrirse con gran pompa una serie de ocho patios. Este complejo multifuncional que combina apartamentos con restaurantes y cafés, teatros, galerías y *boutiques*, resulta uno de los mayores éxitos de Berlín. Aunque tiene un aire quizás exageradamente comercial, es muy recomendable visitarlo.

La entrada principal de Rosenthaler Strasse, con una preciosa fachada, lleva inmediatamente al patio más bonito, Hof I (Endellscher Hof). Tiene las paredes exteriores cubiertas por complicados mosaicos con motivos caleidoscópicos, obra del artista del Art Nouveau August Endell. También se encuentra aquí el **Chamäleon Varieté** (véase el capítulo *Ocio*), que ocupa lo que era la pista de baile del antiguo restaurante y vinatería Neumann, muy famoso en su época. En el Hof II (Theaterhof) se encuentra el Hackesches Hof-Theater, que rinde homenaje a la **cultura yiddish**, así como varios estudios de arquitectos. Los otros seis patios contienen más galerías, *boutiques* de moda, cafés y librerías.

Sophienstrasse (Plano 3)

Los Hackesche Höfe desembocan en Sophienstrasse, que fue objeto de gran atención por parte del régimen de la RDA con ocasión de la celebración del 750 aniversario de la ciudad en 1987. En aquel momento muchas de las casas del siglo XIX del lugar quedaron protegidas y se restauraron.

Un edificio de interés histórico es la **Handwerkervereinshaus** (*Sophienstrasse 18*), con los antiguos salones de congresos de la asociación de artesanos que se constituyeron en 1844. Este grupo crearía más tarde el núcleo seminal del movimiento obrero de Berlín, que llevaría con el tiempo a la fundación del Sozialdemokratische Partei (SPD) en 1869 por parte de August Bebel y Wilhelm Liebknecht. Ambos se dirigían al proletariado en los diversos auditorios de este lugar, el mayor de los cuales tenía cabida para 1.400 personas. Rebautizado actualmente como **Sophiensaele** (☎ *283 52 66, Sophienstrasse 18*), el espacio se ha convertido con el tiempo en un lugar de referencia para los conciertos, la danza y el teatro alternativo más innovadores. Se llevan a cabo producciones de gran calidad y algunas han pasado después a otros escenarios de mayor prestigio. El aclamado bailarín y coreógrafo Sasha Waltz, actualmente codirector del Schaubühne am Lehniner Platz, empezó aquí.

Justo después de la Handwerkervereinshaus se encuentra la entrada al tranquilo y digno trío de patios **Sophie-Gips-Höfe**, que albergan galerías y el popular café **Barcomi's** (véase el capítulo *Dónde comer*). Las vías peatonales que los comunican están iluminadas con luces de neón.

Desde allí ya se ve la silueta de la barroca **Sophienkirche** (☎ *282 58 77, Grosse Hamburger Strasse 29*), rodeada por un cementerio vallado. Esta iglesia, la única de Mitte que sobrevivió a la II Guerra Mundial, es una estructura de una sola nave con galerías, una decoración sobria y un delicado estucado en el techo. La torre, con su punta de cobre y oro, es la única de estilo Barroco de Berlín. Lamentablemente, el templo suele estar cerrado y sólo se puede ver en visitas guiadas –en alemán; llámese para más información. No obstante, cabe la posibilidad de pasear por el cementerio. Si la puerta de Sophienstrasse está cerrada, resulta posible caminar hasta la esquina con Grosse Hamburger Strasse, girando a la izquierda y pasando por el espacio que hay entre dos bloques de pisos.

También en Grosse Hamburger Strasse, a unos pasos de allí, se ubicaba el cementerio judío más antiguo de la ciudad (1672). Destruido por los nazis en 1938, contenía las tumbas de más de 10.000 personas, entre ellos el filósofo Moses Mendelssohn. En el espacio que ocupaba se alzan varios monumentos conmemorativos.

Neue Synagoge (Plano 3)
La reconstruida y flamante Sinagoga Nueva (*Oranienburger Strasse 29*) está coronada por la Cúpula Schwedler, en oro y plata, otro punto de referencia de Berlín. Construida en estilo Morisco-bizantino por Eduard Knoblauch (véase también la Knoblauchhaus, antes, en esta sección), era la mayor del país (3.200 asientos) y abrió sus puertas en 1866 en presencia de Otto von Bismarck y muchos otros dignatarios prusianos.

Durante las matanzas de la *Kristallnacht* del 9 al 10 de noviembre de 1938, miembros de las SA intentaron prenderle fuego, al igual que a casi todas las otras 13 sinagogas de Berlín, pero lo impidió Wilhelm Krützfeld, un jefe de policía del distrito. Una placa en la fachada conmemora este acto de valentía. Aun así, la sinagoga fue atacada por los nazis, aunque no fue destruida hasta que la alcanzaron los bombardeos de 1943.

En tiempos de la RDA, las ruinas se dejaron abandonadas hasta mediados de la década de 1980. La reconstrucción empezó antes de la caída del comunismo, en el 50 aniversario de la Kristallnacht, con una ceremonia a la que asistió Erich Honecker. El edificio volvió a abrir sus puertas en mayo de 1995, esta vez en presencia del entonces canciller Helmut Kohl y el presidente Roman Herzog.

Actualmente no es un lugar de culto, sino un centro social y de investigación llamado **Centrum Judaicum** (☎ *88 02 84 51, Oranienburger Strasse 28-30; adultos/con descuento 2,50/1,50 €; abierto de 10.00 a 20.00 lunes y domingos, de 10.00 a 18.00 martes y jueves, de 10.00 a 17.00 los viernes entre mayo y agosto; de 10.00 a 18.00 de domingo a jueves y de 10.00 a 14.00 los viernes entre septiembre y abril; visitas guiadas (en alemán) 2/1 € a las 16.00 los miércoles y a las 14.00 y 16.00 los domingos*). Su exposición permanente documenta la historia del edificio y de la vida y cultura judías en Berlín y Brandeburgo. Se muestran fotografías, mobiliario, documentos y objetos litúrgicos originales. Algunos "fragmentos sonoros" de la construcción y destrucción de la sinagoga, así como los murmullos de las oraciones y de la vida diaria en el barrio antes del Holocausto, apenas audibles, contribuyen a poner en situación. Es normal encontrarse con grandes controles de seguridad al entrar.

En la puerta contigua se encuentra la **Jüdische Galerie Berlin** (*Galería judía de Berlín;* ☎ *282 86 23, Oranienburger Strasse 31; entrada gratuita; abierta de 12.30 a 18.30 de lunes a jueves, de 13.00 a 17.00 los viernes, de 11.00 a 15.00 los domingos*), en la que –por supuesto, dado el lugar– se muestran obras de artistas judíos.

Kunsthaus Tacheles (Plano 3)

Paredes cubiertas de *graffitis*, escaleras descuidadas, fachadas destrozadas... la Kunsthaus Tacheles (☎ *282 61 85, Oranienburger Strasse 54-56*) es, sin duda, la antítesis del Mitte engalanado. Y sin embargo resulta una de las mayores atracciones de la ciudad, y no sólo para los artistas *underground* y anárquicos y para sus admiradores, sino también para el arte extremo, para los sonidos exagerados del futuro y constituye el lugar de origen de una explosión de creatividad casi infecciosa que ha permitido a este lugar seguir siendo un importante centro de interés para el arte en general.

La Tacheles, que originalmente formaba parte de un complejo comercial construido en el año 1909, se convirtió en una sala de exposiciones de los productos eléctricos AEG durante la República de Weimar. Tras la II Guerra Mundial, fue languideciendo durante décadas hasta los vertiginosos días de la reunificación. Poco después de 1989, alrededor de 50 artistas se instalaron en el ruinoso edificio esperando conseguir que lo declararan protegido. La ocupación se llevó a cabo en 1992, sentando las bases del gran centro alternativo de arte y cultura que aún hoy subsiste. Alberga estudios de artistas, galerías, un teatro y un cine, así como un café y un bar de copas. El caótico patio trasero es un "jardín escultórico" en constante evolución. Todo está dirigido por una organización independiente sin ánimo de lucro, compuesta en gran medida por los propios artistas.

El renacimiento judío en Berlín

Como un ave fénix que renace de las cenizas de los asesinados por los nazis, la vida judía está volviendo a florecer por toda Alemania, pero en ninguna parte con tanta fuerza como en Berlín. La capital tiene actualmente la comunidad semita con un mayor crecimiento, gracias en gran medida a la ola de inmigrantes de la ex Unión Soviética. En julio de 2001, oficialmente eran 12.500 personas, y puede que la cifra sea aún mayor porque las estadísticas sólo cuentan a los miembros afiliados a una sinagoga.

La comunidad tiene siete sinagogas, dos baños rituales mikve, diversas escuelas y un puñado de restaurantes kosher. La reconstruida Sinagoga Nueva de Oranienburger Strasse, en el histórico barrio semita, se ha convertido en un símbolo del renacimiento judío. Su historia en la ciudad, no obstante, al igual que ocurre casi en todas partes de Europa, es una trayectoria tortuosa de persecuciones, asesinatos e injusticias.

Los primeros llegaron en 1295, pero durante toda la Edad Media tuvieron que enfrentarse a las acusaciones de todo tipo de males sociales o económicos. Cuando se extendió la peste en 1348-1349, la sospecha de que ellos habían envenenado los pozos llevó a la ciudad a su primer gran pogrom. En 1510, 38 judíos fueron quemados en público tras acusarles de profanar hostias sagradas y de matar a niños cristianos. Todos los demás miembros de la comunidad fueron expulsados.

Las cosas cambiaron en parte en 1671, cuando el Gran Elector Federico Guillermo invitó a 50 ricas familias semitas desalojadas de Viena a instalarse en Berlín. Aunque –por lo menos en principio– puede que la motivación fuera económica, posteriormente amplió su oferta a los judíos en general.

Con el paso de los años la Tacheles no ha perdido su carácter alternativo, aunque esté incluida en la propaganda turística institucional y figure en la ruta de las excursiones desde Dinamarca y Bavaria. No obstante, pueda que acabe perdiendo su personalidad en un futuro próximo.

La zona que rodea el edificio va en camino de convertirse en lo que se llamará "Johannisviertel" (barrio de San Juan). Si se aprueba el proyecto, incluirá edificios de viviendas y oficinas, restaurantes, tiendas y un hotel de lujo. Este templo de lo alternativo se integrará en un flamante distrito nuevo, pero a la vez mantendrá un aire popular y anárquico; la forma exacta con que se conseguirá es todo un misterio. Sigan conectados.

Scheunenviertel (Plano 3)

El Scheunenviertel (barrio de los graneros) está enmarcado entre Münzstrasse, Alte Schönhauser Strasse, Torstrasse y Karl-Liebknecht-Strasse. La estación de U-Bahn Weinmeisterstrasse se encuentra en el corazón del barrio.

Tradicionalmente era una zona pobre de callejuelas estrechas con casas descuidadas. La prostitución, los delitos menores, y no tan menores, y los movimientos revolucionarios encontraron aquí un excelente caldo de cultivo durante el siglo XIX y hasta la II Guerra Mundial. A principios del siglo XX, el Scheunenviertel absorbió a enormes cantidades de inmigrantes judíos recién llegados de Europa del Este, y en sus calles y tiendas enseguida se comenzó a hablar en yiddish. La mayoría de los nuevos vecinos eran hasídicos que, por lo menos en un principio, tenían problemas para integrarse en la comunidad semita preexistente, más liberal, que vivía a unas manzanas al oeste.

El Scheunenviertel recibió este nombre porque en 1672 el Gran Elector, Federico Guillermo, decidió trasladar los graneros de heno –un peligro de incendios– fuera de los límites de la ciudad de entonces, hasta la zona de la actual Rosa-Luxemburg-Platz. Esta plaza está ocupada hoy en día por el **Volksbühne**, un teatro fundado por los

El renacimiento judío en Berlín

Por primera vez, se les permitía practicar su culto en público. El cementerio judío más antiguo de Berlín, en Grosse Hamburger Strasse, data de esta época, al igual que la primera sinagoga.

En 1743 llegó a Berlín el filósofo Moses Mendelssohn, que abrió el camino para la emancipación de esta comunidad. Cincuenta años más tarde se garantizaban todos los derechos civiles a la primera familia judía y en 1812 el Edicto de Emancipación por fin los convirtió en ciudadanos prusianos, con los mismos derechos y obligaciones. A finales del siglo XIX, muchos de los judíos de Berlín, que componían el 5% de la población aproximadamente, habían adoptado la lengua y la identidad alemanas. La comunidad siguió creciendo, en parte gracias a una ola de semitas hasídicos que escapaban de las persecuciones del este de Europa y que se instalaron en el Scheunenviertel, en aquella época un suburbio de inmigrantes. Hacia 1933, uno de cada tres judíos alemanes vivía en Berlín (unos 170.000). Los terrores del III Reich, bien documentados, provocaron la emigración de la mayoría y dejaron 60.000 muertos. Unos 7.000 sobrevivieron a los años de la guerra en Berlín, ganándose el apodo de "submarinos" por su habilidad para sumergirse en la ciudad asolada por la guerra.

Tras la II Guerra Mundial, la población judía siguió siendo mínima hasta la crisis de la Unión Soviética, que trajo una nueva oleada de inmigrantes. El Berlín judío no ha dejado de prosperar desde entonces, y el interés por su cultura es muy alto entre los berlineses. Su comida tradicional cada vez gusta más y está de moda, y sus eventos culturales tienen público de todo tipo. Un ejemplo destacado es el Hackesches Hof-Theater (☎ 283 25 87), en los Hackesche Höfe, donde se interpreta teatro y música yiddish. Una excelente fuente de información sobre la comunidad es la página web www.hagalil.com/brd/berlin/berlin.htm.

obreros en 1913 y dirigido originalmente por Max Reinhardt. Siempre ha gozado de buena reputación por sus producciones de vanguardia y radicales, tradición continuada por su director, Frank Castorf. Cerca de allí se encuentra la **Karl-Liebknecht-Haus** *(Kleine Alexanderstrasse 28)*, que albergaba el comité central del KPD, el partido comunista desde 1926 hasta 1933. Actualmente el PDS, partido sucesor del SED de la antigua Alemania Oriental, tiene aquí sus oficinas.

ZONA DE ORANIENBURGER TOR (Plano 3)
Brecht-Weigel Gedenkstätte

Desde 1953 y hasta su muerte, en 1956 y 1971 respectivamente, Bertolt Brecht y su esposa, Helene Weigel, vivieron en este edificio, que actualmente contiene la Brecht-Weigel Gedenkstätte *(Casa Museo Brecht-Weigel;* ☎ *283 05 70 44, Chausseestrasse 125; visitas guiadas adultos/con descuento 3/1,50 €; visitas (en alemán) cada media hora de 10.00 a 12.00 los martes y viernes, de 17.00 a 19.00 los jueves, de 9.30 a 12.00 y de 12.30 a 14.00 los sábados, a cada hora entre 11.00 y 18.00 los domingos)*. En el interior, el amplio pero bastante modesto lugar de residencia y de trabajo del dramaturgo está amueblado con sillas de piel de la década de 1930 y con algunas piezas Biedermeier, todo muy funcional. Su enorme librería contiene de todo, desde clásicos alemanes hasta libros sobre el FBI e historias de detectives. El diminuto dormitorio donde falleció el escritor (probablemente de un ataque al corazón) permanece como si acabara de morirse, con un sombrero y una gorra de lana en un colgador tras la puerta y obras de arte chino en las paredes.

En comparación, las habitaciones de Weigel, en la planta baja, aparecen abarrotadas y sorprendentemente tienen un aire *petit burgeois*, reflejado en su pasión por coleccionar jarrones, porcelanas, cristal y otras muchas cosas.

Hay que llamar para hacer reservas, puesto que las visitas están limitadas a ocho personas. La entrada está en el piso de arriba, a la derecha por el patio trasero.

Museum für Naturkunde

A poca distancia hacia el norte se encuentra el fascinante Museum für Naturkunde *(Museo de Historia Natural;* ☎ *20 93 85 91, Invalidenstrasse 43; adultos/con descuento 2,50/1,25 €; abierto de 9.30 a 17.00 de martes a domingo; U-Bahn: U6 hasta Zinnowitzer Strasse)*, afiliado a la Universidad Humboldt. La mundialmente famosa **Sala de los dinosaurios** ocupa un lugar preeminente, con su pieza más importante, un esqueleto de 23 m de largo y 12 de alto de un *Brachiosaurus brancai*, el mayor exhibido en el mundo. Los otros seis expuestos en la sala son más pequeños pero no menos interesantes, como tampoco lo es el **archaeopteryx** fosilizado, el eslabón prehistórico entre los reptiles y los pájaros.

La evolución es el tema de base de toda la exposición a lo largo de sus 16 enormes salas. Otra atracción importante es "Bobby", un gorila disecado que fue el primero criado en cautividad desde la primera infancia hasta la edad adulta.

En Invalidenstrasse 44, justo al oeste del museo, está ubicado el **Bundesministerium für Verkehr, Bau- und Wohnungswesen** (Ministerio Federal de Transportes, Construcción y Vivienda).

Hamburger Bahnhof (SMPK)

En una antigua estación de tren, unos 10 minutos a pie hacia el oeste desde el Museo de Historia Natural, se halla el museo de arte contemporáneo más importante de Berlín, el Hamburger Bahnhof *(*☎ *20 90 55 55, Invalidenstrasse 50-51; adultos/con descuento 4/2 €; abierto de 10.00 a 18.00 de martes a viernes, hasta las 10.00 los jueves, de 11.00 a 18.00 los sábados y domingos)*. Empieza donde acaba la Neue Nationalgalerie del Kulturforum. Grandes nombres, como Joseph Beuys, Andy Warhol, Robert Rauschenberg, Anselm Kiefer y Keith Haring, forman el centro de la colección, que abarca la segunda mitad del siglo xx. Se muestran obras en medios tradicionales y modernos, desde la pintura al vídeo, esculturas e instalaciones luminosas.

Por lo menos tan interesante como su contenido (y para algunos, quizás aún más) es la arquitectura del edificio. Esta antigua construcción de tres alas, de un blanco radiante, es una estructura neoclásica tardía de 1847 de aire palaciego, aunque el reloj de la torre derecha revela su origen mundano. De noche, una instalación de luces de Dan Flavin inunda su fachada con unos místicos tonos azules y verdes. Josef Paul Kleinhues (que también diseñó el Kantdreieck; véase la sección especial "Arquitectura") creó el magnífico exterior. Está articulado alrededor de una sala abovedada central que tiene el aire de una catedral gótica. En el interior, las paredes encaladas se apoyan en un esqueleto de vigas de acero a la vista, un entorno perfecto para los enormes lienzos y las instalaciones gigantescas. Las piezas de menor tamaño se exhiben en la Ostgalerie, de 80 m de longitud y abovedada, y en las alas laterales.

FRIEDRICHSTRASSE (Plano 7)

La zona que rodea la Bahnhof Friedrichstrasse ha sido el principal barrio de los teatros desde finales del siglo XIX, aunque la estación en sí misma tiene una historia aún más "dramática". Hasta 1990 fue la principal puerta de entrada de los visitantes de la Alemania Occidental a Berlín Este. En el edificio ocupado justo al norte de la salida de la terminal de U-Bahn se encontraba en su día el puesto de guardia de la frontera. Se le llamaba **Tränenpalast** (*Palacio de las lágrimas;* ☎ *206 10 00, Reichstagsufer 17*), porque era el lugar donde los visitantes occidentales tenían que decir adiós a sus amigos y familiares del Este, con lo que entre estos muros se vertían muchas lágrimas. Un fragmento del Muro recuerda aquellos tiempos. Hoy en día es un centro cultural donde se celebran eventos de importancia internacional (véase el capítulo *Ocio*).

Justo al otro lado del Weidendammbrücke se encuentra el **Berliner Ensemble** (☎ *28 40 81 55, Bertolt-Brecht-Platz 1*), llamado originalmente Theater am Schiffbauerdamm; el nombre hace referencia a los empleados de los astilleros, que solían trabajar aquí, a orillas del Spree. Llenó titulares a los pocos días de su apertura, en 1892, cuando se estrenó *Los tejedores*, de Gerhart Hauptmann, una obra censurada por el Imperio por su contenido de crítica social. El káiser respondió anulando su suscripción al palco real. En 1903, Max Reinhardt se estrenó como director en esta sala y, tras la II Guerra Mundial, el que en un tiempo fuera su protegido, Bertolt Brecht, se instaló aquí con su recién fundado Berliner Ensemble. Una **estatua** situada frente al teatro muestra a Brecht sentado, con las manos cruzadas sobre el regazo y rodeado de tres pilares de mármol negro con citas de sus obras grabadas.

A unos 200 m al este del teatro, siguiendo el Schiffbauerdamm, se encuentra el **Bundesministerium für Umwelt** (Ministerio Federal del Medio Ambiente), justo al otro lado de la calle de la **Bundespresseamt** (Oficina de Prensa Federal), en el Reichstagufer.

Siguiendo hacia el norte por Albrechtstrasse, se llega enseguida al **Deutsches Theater** (☎ *28 44 12 25, Schumannstrasse 13a*). Su repertorio estaba compuesto tradicionalmente por operetas clásicas hasta que Otto Brahm –un defensor incondicional de Hauptmann y otros naturalistas– se hizo cargo de él en 1894. El teatro experimentó su momento más álgido bajo la dirección de Reinhardt, que sucedió a Brahm y que lo dirigió, con interrupciones, de 1905 a 1932. Véase el recuadro "Max Reinhardt, extraordinario empresario".

Siguiendo hacia el este y volviendo a Friedrichstrasse se encuentra el **Friedrichstadtpalast** (☎ *23 26 24 74, Friedrichstrasse 107*), con su llamativa fachada. La estructura que vemos hoy en día es originaria de 1985, cuando sustituyó a la original de 1869. En un primer momento el edificio fue un mercado, luego albergó un circo y no se convirtió en teatro hasta 1919, bajo la dirección de Max Reinhardt. Actualmente presenta revistas musicales con coristas y música en directo.

Para más información sobre cualquiera de estos teatros, véase el capítulo *Ocio*.

BARRIO DEL GOBIERNO DEL III REICH (Plano 7)

Wilhelmstrasse, al sur de la Pariser Platz, fue el centro tradicional del gobierno desde finales del siglo XVIII hasta la época del

Max Reinhardt, extraordinario empresario

Max Reinhardt (1873-1943) fue una de las principales figuras de la historia de la dramaturgia alemana. Bajo su batuta, Berlín se convirtió en la principal ciudad del teatro durante las tres primeras décadas del siglo xx. Nacido en Viena y de ascendencia judía (su nombre original era Max Goldmann), enseguida cambió su contrato de formación en banca por los escenarios. En 1894, Otto Brahm le contrató como actor en el Deutsches Theater (DT), con lo que empezó su imparable carrera.

A los 27 años de edad, mientras aún actuaba en el DT, fue uno de los fundadores del primer cabaret literario de Berlín –Schall und Rauch–, la Nochevieja de 1900. En 1902 se convirtió en director del Kleines Theater y el Neues Theater –de 1903 a 1906 este último–, ganándose prestigio con una producción del *Nachtasyl* (Asilo nocturno, 1903), de Maximo Gorki. En 1905 heredó de Brahm el puesto de dirección del Deutsches Theater y, por su parte, fundó el Kammerspiele un año más tarde.

Desde el punto de vista estilístico, dio completamente la espalda al Naturalismo tan defendido por su mentor Brahm y abrió nuevos caminos usando innovaciones tecnológicas para potenciar los efectos de ilusionismo que permite el teatro. Integró en sus producciones efectos luminosos, música, el nuevo escenario giratorio y otras innovaciones, como en su famosa versión de *El sueño de una noche de verano* de Shakespeare. Exigía y obtenía grandes actuaciones de sus actores.

Durante la I Guerra Mundial, Reinhardt también dirigió el Neue Volksbühne, en cuya fundación colaboró en 1913. En 1919 abrió la Grosse Schauspielhaus (posteriormente Friedrichstadtpalast) y participó en la fundación del Festival de Salzburgo. En 1920, de pronto, cedió la dirección de sus teatros en Berlín a Felix Hollaender y se pasó los cuatro años siguientes yendo de un teatro a otro por Viena, Salzburgo y Berlín. Atraído de nuevo al Berlín de los "Felices años veinte" en 1924, fundó la Komödie am Kurfürstendamm y volvió a dirigir el DT hasta 1932. Reinhardt abandonó Alemania en cuanto Hitler ascendió al poder, pasando primero a Austria hasta 1938 y luego emigrando a EE UU tras la *Anschluss* (anexión). Murió en Nueva York el 30 de octubre de 1943.

III Reich. La Cancillería, el Palacio Presidencial y el Ministerio de Asuntos Exteriores se encontraban en este lugar. Con Hitler, la zona se convirtió en el nexo del poder y la perversión de la Alemania nazi de Hitler. A excepción del Ministerio de la Aviación del Reich, no queda nada de aquella época, de modo que hay que ejercitar la imaginación para hacerse una idea del aspecto que debía tener. El resto de estructuras quedaron destruidas durante la guerra o fueron demolidas posteriormente por los soviéticos y los alemanes del este.

Para sumergirse en la historia del barrio se puede seguir el **circuito a pie** "Lugares infames del III Reich" que ofrece The Original Berlin Walks. Véase la sección "Circuitos a pie" en el capítulo *Cómo desplazarse*.

Neue Reichskanzlei

La Neue Reichskanzlei de Hitler (Nueva Cancillería, 1938) debió ser una visión impresionante. Con más de 400 m de longitud, ocupaba prácticamente Vosstrasse de punta a punta, al oeste de Wilhelmstrasse. El jefe de arquitectos, Albert Speer, tuvo a más de 4.000 personas trabajando a destajo 24 horas al día para acabar la enorme estructura en sólo 11 meses, con dos días de adelanto sobre lo previsto. Construida en estuco amarillo y piedra gris, presentaba una entrada con columnas que llevaba a un gran patio interior.

Uno de los vestíbulos interiores medía 146 m, algo más que la Sala de los Espejos de Versalles –donde se firmó el humillante tratado de paz de la I Guerra Mundial. Sólo se usaron los mejores materiales de construcción, incluidos varios tipos de mármol, bronce, cristal y mosaicos. Se dice que el Führer ordenó a Speer que hiciera los suelos especialmente resbaladizos, bromeando con la idea de que los diplomáticos no tendrían ningún problema en caminar por ellos, puesto que estaban acostumbrados a caminar por terrenos de esas características.

Tras la guerra, los rusos arrancaron todo el mármol y lo reciclaron con gran creatividad en sus monumentos conmemorativos de Treptower Park y Strasse des 17 Juni.

El búnker de Hitler

El legendario Führerbunker, donde Hitler, Eva Braun y la familia Goebbels se suicidaron el 30 de abril de 1945, estaba a unos 200 m al oeste de la Nueva Cancillería, en el jardín de la antigua cancillería. En la actualidad, el lugar está cubierto de una gran zona verde con algunos arbolillos.

Hitler ordenó la construcción del búnker en 1943 pero sólo pasó las últimas seis semanas de su vida en él. Se entraba por un refugio anterior de 1935, conocido como el Vorbunker, y era muy profundo. La superficie del techo se encontraba a 1 m por debajo del suelo y estaba compuesto por una capa de 30 cm de cemento cubierto con 20 cm de tierra.

Tras la guerra, los soviéticos intentaron volar toda la estructura pero el cemento demostró su resistencia a los explosivos, de modo que lo quemaron y lo inundaron. Se dice que el techo se fue derribando por partes con explosivos hasta que todo el lugar se hundió. Durante la construcción del bloque de pisos adyacente, en 1988, se llenó de escombros.

Reichsluftfahrtministerium

Una de las reliquias más destacadas de la arquitectura nazi –el Reichluftfahrtministerium (Ministerio de la Aviación del Reich, 1936) de Hermann Göring–, se encuentra en Leipziger Strasse 5-7, en la esquina con Wilhelmstrasse. Diseñado por Ernst Sagebiel, el enorme edificio sobrevivió a los bombardeos de los Aliados sin sufrir grandes daños. Un ejército de obreros tardó menos de un año en construir esta especie de panal con más de 2.000 oficinas. La estructura de cemento y acero, de siete pisos de altura, rodea tres patios interiores y se abre a un parque trasero. Las conchas machacadas de la fachada ocultan el esqueleto de cemento y acero.

Durante la época de la RDA el edificio fue la sede del Consejo de Ministros. Tras la reunificación, la Treuhand-Anstalt, la agencia encargada de la venta de empresas y propiedades de Alemania del Este, se trasladó al complejo, que se había rebautizado como Detlev-Rohwedder-Haus, en honor al primer jefe de la Treuhand, que fue asesinado por terroristas de la Facción del Ejército Rojo en 1991. Actualmente alberga el Bundesfinanzministerium (Ministerio Federal de Economía).

Cuartel general de la Gestapo y Topographie des Terrors

En Prinz-Albrecht-Gelände, justo al este de la Martin-Gropius-Bau, tuvieron en su tiempo su sede algunas de las instituciones más temidas del III Reich. En primer lugar fue la Gestapo, que se apropió de la Escuela de Artes Aplicadas de Prinz-Albrecht-Strasse 8 (ahora Niederkirchner Strasse) en 1933. Al año siguiente, el alto mando de las SS se trasladó al adyacente Hotel Prinz Albrecht, y Richard Heydrich, secuaz de Hitler, estableció el cuartel general del Sicherheitsdienst (Servicio de Seguridad) de las SS a la vuelta de la esquina, en Wilhelmstrasse 102. En 1939, por último, la Oficina de Seguridad del Reich también se concentró en este lugar. En total llegó una cantidad incalculable de personas a este lugar, incluidos numerosos miembros de la resistencia, donde se les encarceló, interrogó, torturó y asesinó; cuando consideraban que ya no les servían, a muchos se les envió a campos de concentración a acabar sus días.

Todos los edificios fueron demolidos tras la guerra, pero una sobrecogedora exposición llamada "Topographie des Terrors"

(☎ 25 48 67 03, Stresemannstrasse 110; entrada gratuita; abierta de 10.00 a 18.00 todos los días) documenta gráficamente los crímenes cometidos en el complejo. Aún ocupa los antiguos sótanos de tortura de la Gestapo, pero hay un proyecto de traslado a unas instalaciones permanentes.

El edificio neorrenacentista del otro lado de la calle fue originalmente el **Preussischer Landtag** (*Parlamento prusiano;* ☎ 23 25 10 64, *Niederkirchner Strasse 3; entrada libre; abierto de 9.00 a 15.00 de lunes a viernes*), que luego pasó un tiempo bajo el gobierno nazi como el tristemente célebre Tribunal Popular (1934-1935), antes de que Göring lo convirtiera en un club para oficiales de la aviación. Desde la reunificación ha sido la **Abgeordnetenhaus**, sede del Parlamento berlinés. En la planta baja presenta una exposición gratuita llamada "100 años de Parlamento prusiano". Una franja del **Muro de Berlín** recorre Niederkirchner Strasse desde la Martin-Gropius-Bau hasta Wilhelmstrasse. Véase el recuadro "El Muro de Berlín", más adelante, en este capítulo.

Martin-Gropius-Bau

El Martin-Gropius-Bau (☎ 25 48 60, *Niederkirchener Strasse 7; el precio varía; normalmente abierto de 10.00 a 20.00 de miércoles a lunes*) empezó en 1881 como museo de artes aplicadas, diseñado por el tío del arquitecto de la Bauhaus Walter Gropius, y en el presente se usa para exposiciones especiales a gran escala. El bonito edificio es un cubo que rodea un patio de luces con rica decoración y con fachadas adornadas con mosaicos y relieves de terracota.

En la segunda planta está ubicado el **Museum der Dinge** (*Museo de las Cosas*, ☎ 25 48 69 00; *entrada libre; de miércoles a lunes de 10.00 a 20.00, los sábados hasta las 22.00*), antes conocido como Werkbundarchiv, que documenta el día a día del siglo XX a través de obras de arte, objetos y algunas baratijas.

CHECKPOINT CHARLIE Y ALREDEDORES (Plano 7)

El Checkpoint Charlie –en el cruce de Friedrichstrasse y Zimmerstrasse–, importante símbolo de la Guerra Fría, fue la principal puerta de entrada entre los dos Berlines para los no alemanes de 1961 a 1990. Poco después de la construcción del Muro, el mundo aguantó la respiración mientras los tanques de EE UU y la URSS ocupaban posiciones enfrentadas a ambos lados del puesto fronterizo en octubre de 1961.

Durante casi cuatro décadas una bandera americana ondeó sobre una caseta de guardia, un jeep estuvo estacionado enfrente y una indicación en inglés, ruso, francés y alemán avisaba: "Está saliendo del sector americano". Al ser el tercer puesto de control, se le llamó "Charlie", la tercera letra (alfa, bravo, charlie...) en la jerga militar. En 2001 se volvió a colocar una réplica de la caseta en su ubicación original. La auténtica se encuentra en el Museo de los Aliados de Zehlendorf (véase más adelante, en este mismo capítulo). Al igual que una copia del famoso letrero. En el lugar también se pueden ver unas fotos enormes de un soldado americano mirando al este y otro ruso mirando al oeste. Alrededor de este punto ha surgido un nuevo distrito de oficinas, con edificios diseñados por Philip Johnson y otros arquitectos de todo el mundo.

Haus am Checkpoint Charlie

La historia del Muro de Berlín se puede seguir a través de fotografías, documentos y objetos en la Haus am Checkpoint Charlie (☎ 25 29 62 45, *Friedrichstrasse 43-45; adultos/con descuento 6/3 €; abierta de 9.00 a 22.00 todos los días, incluso festivos*). En ella se pueden descubrir cosas sobre la evolución de las inhumanas instalaciones de seguridad fronterizas y testimonios particulares sobre los esfuerzos heroicos de algunos ciudadanos de la RDA por escapar de sus vigilantes. Entre las piezas más interesantes hay un submarino individual de fabricación artesana y fotografías de personas huyendo en compartimentos ocultos de coches y entre el equipaje. Una familia consiguió la libertad escapando en un globo aerostático de fabricación casera.

Otra parte de la exposición cuenta la historia de los dos Berlines desde el final de la II Guerra Mundial, centrándose en los episo-

El Muro de Berlín

Ha pasado más de una década desde la demolición del *Mauer*, la terrible cicatriz y símbolo de la inhumanidad y la opresión que dividió la ciudad en dos durante 28 años. El Gobierno de la RDA levantó lo que denominó "barrera de protección antifascista" en 1961 para frenar el éxodo de su propio pueblo hacia occidente. Se amplió en diversas ocasiones y rodeaba Berlín Occidental siguiendo un perímetro de 155 km. Los bloques de hormigón, que se podían tocar y pintar por la parte occidental, estaban protegidos por una tierra de nadie cubierta de alambradas, minas terrestres, perros de ataque y unas trescientas torres de vigilancia.

Más de cinco mil personas intentaron saltar el Muro. De ellas, 3.200 fueron capturadas y 191 murieron. La primera víctima, que intentó saltar a la parte oeste desde la ventana de su casa, lo hizo sólo unos días después de que levantaran el Muro. La crueldad del sistema se hizo evidente en toda su extensión el 17 de agosto de 1962, cuando Peter Fechtner, de 18 años, fue abatido por un disparo durante su intento de fuga y permaneció tendido desangrándose ante los ojos de la policía de Alemania Oriental.

En la actualidad queda poco más de 1,5 km del Muro. Tras la Guerra Fría, la mayor parte fue derribada a golpes de martillo por personas que querían guardar un recuerdo. Se enviaron grandes trozos a museos de todo el mundo, y el resto se recicló para usarlo en la construcción de caminos.

No obstante, se encuentran fragmentos del Muro, monumentos conmemorativos, museos e indicaciones por todo Berlín que recuerdan este terrible pero importante capítulo de la historia alemana. Para hacer más fácil la reconstrucción del recorrido de su emplazamiento, hay unos 8 km marcados con una doble hilera de losetas indicativas.

East Side Gallery (Plano 5)
Constituye el fragmento más largo, mejor conservado y más interesante que se guarda del Muro, y de visita obligada si se dispone de poco tiempo. Esta sección de 1.300 metros, que discurre paralelamente a Mühlenstrasse (Friedrichshain), es una galería al aire libre creada por artistas internacionales en 1990; algunos renovaron su obra en 2000. Algunos de los murales tienen mensajes políticos, otros muestran imágenes surrealistas, pero otros son puramente decorativos. En este lugar se encuentran las famosas pinturas del automóvil socialista Trabant que atravesaba el Muro, así como el beso de Erich Honecker y Leonidas Bréznev.

Para evitar malentendidos, hay que subrayar que no se trata de una galería de pago; se puede pasear sin más y disfrutar del arte.

Centro de Documentación del Muro de Berlín (Plano 7)
Rodeado por altas paredes de acero, este monumento conmemorativo situado en la esquina de Bernauer Strasse y Ackerstrasse es el único lugar de Berlín donde es posible ver el aspecto que tenía esta muralla de la muerte con todo detalle: el muro en primer lugar, la franja de grava, la pista de las patrullas, la franja iluminada y el muro posterior. También aquí se encuentra el Centro de Documentación, creado sin ánimo de lucro (☎ 464 10 30, *Bernauer Strasse 111; entrada gratuita; abierto de miércoles a domingo de 10.00 a 17.00; S-Bahn: Nordbahnhof*). Muestra fotografías, filmaciones y otros documentos sobre el Muro.

Monumento a las víctimas del Muro (Plano 7)
Justo al sur del Reichstag, en el extremo este de Scheidemannstrasse, se halla este triste monumento en recuerdo de las 191 personas que murieron intentando atravesar el Muro, la última de ellas sólo nueve meses antes de la caída; ésta permitió a los berlineses volver a moverse libremente de nuevo por su ciudad.

Niederkirchner Strasse (Plano 7)
Esta sección de 160 m recorre Niederkirchner Strasse desde Martin-Gropius-Bau hasta Wilhelmstrasse.

dios principales como la revuelta de los obreros de 1953, la construcción del Muro y el Acuerdo de las Cuatro Potencias. También se tratan los episodios relacionados directamente con el Checkpoint Charlie, como el enfrentamiento de los tanques estadounidenses y soviéticos y la muerte de Peter Fechtner, que intentó fugarse y acabó desangrándose como consecuencia de los disparos de los guardas fronterizos de la RDA.

Hay explicaciones en varios idiomas que ayudan a hacer de la visita a este museo una experiencia apasionante para cualquiera, aunque las salas sean algo lúgubres y estén mal organizadas. En el momento de redactarse esta guía se estaba planeando una renovación muy necesaria. En la cafetería se sirven platos del Reino Unido, EE UU, Rusia y Francia.

Museum für Kommunikation

Los famosos sellos rojo y azul de Mauricio, el primer teléfono del mundo y varias generaciones de ordenadores se cuentan entre las principales atracciones del recién renovado Museum für Kommunikation (*Museo de las Comunicaciones;* ☎ *20 29 40, Leipziger Strasse 16; entrada gratuita; abierto de 9.00 a 17.00 de martes a viernes, de 11.00 a 19.00 los sábados y domingos*). El museo reabrió sus puertas en 2000 en un atractivo edificio de finales del siglo XIX, justo al norte del Checkpoint Charlie. Está estructurado alrededor de un luminoso patio central donde los visitantes se pueden comunicar con robots y experimentar con varias exposiciones interactivas en la galería de comunicaciones adyacente, mientras que en el sótano se encuentra la "cámara del tesoro" del museo, con piezas como los preciosos sellos. También hay un bonito restaurante en el museo. Por la noche, el edificio está iluminado desde dentro y brilla como un bloque de cristal.

Prenzlauer Berg

Prenzlauer Berg ha evolucionado en los últimos años, pasando de ser un reducto obrero a uno de los vecindarios más bonitos y activos de Berlín. Las fachadas que aún presentaban las cicatrices de la guerra se repararon tras la caída del comunismo a un ritmo frenético. Al mismo tiempo, ha surgido un paisaje de cafés y pubs con una maravillosa diversidad. Algunos empresarios jóvenes y decididos han abierto tiendas, estudios, galerías y oficinas, trayendo consigo la energía, las ideas y el optimismo necesarios para inyectar nueva vida y color al distrito.

Incluso durante los pasados días de la RDA, Prenz'lberg, tal como lo llaman los berlineses, era un distrito especial. En muchos aspectos era la imagen simétrica de Kreuzberg. Ambos eran fronterizos, situados junto al Muro, descuidados y atestados de viejas viviendas claustrofóbicas. Los dos atraían a gente en busca de un estilo de vida alternativo: artistas de vanguardia, escritores, homosexuales y activistas políticos. Incluso era bastante frecuente la ocupación de edificios.

La tradición de Prenzlauer Berg de ir contra la mayoría se remonta a mucho tiempo atrás. Sólo se registró un 23% de votos a favor de los nazis en 1932, y durante las elecciones de la RDA en 1986, más del 5% protestó en silencio contra el régimen negándose a participar en la votación –toda una parodia, ya que sólo se presentaba el SED. Si este porcentaje parece poca cosa, recuérdese que el simple hecho de no votar era como extender una invitación a la Stasi.

Actualmente Prenzlauer Berg conserva parte de su aire experimental, aunque la zona de alrededor de Kollwitzplatz se ha aburguesado casi excesivamente. Para ver un vecindario menos lustroso hay que dirigirse al norte de Danziger Strasse.

CIRCUITO A PIE (Plano 3)

Este recorrido abarca la parte sur de Prenzlauer Berg, entre las estaciones de U-Bahn de Senefelderplatz y Eberswalder Strasse. Cubre una distancia de unos 2,5 km y puede realizarse en menos de dos horas sin entretenerse demasiado.

El circuito empieza en **Senefelder Platz** (por la salida sur de la estación de U-Bahn), una superficie triangular de césped bautizada en honor del inventor de la litografía,

Monumento del Puente Aéreo.

Reflejos de la luz solar en el Sony Center.

Conjunto escultórico de osos, mascotas de Berlín.

La Neues Kanzleramt en el Nuevo Distrito Gubernamental, en Mitte.

Relajada mañana de domingo: café, amigos y una animada conversación.

Música y baile: ¡juerga asegurada!

"¿Tiene este mismo modelo en color rosa?"

Amanecer en la ciudad más dinámica de Alemania.

Arriba: La Alte Nationalgalerie, que cuenta entre sus fondos con obras de Adolph Menzel, Monet, Degas y Renoir, reabrió sus puertas a fines de 2001 tras una completa rehabilitación.

Centro: La majestuosa cúpula de la catedral berlinesa fue restaurada tras sufrir importantes daños durante la II Guerra Mundial.

bajo: Del primer apogeo de la Potsdamer Platz sólo queda en pie la Weinhaus Huth.

Arriba: Los bloques rectangulares y paralelos del Berliner Volksbank se conectan entre sí en los pisos altos.

Centro: El atrio de la sede del Edificio DaimlerChrysler Services puede alardear de unas dimensiones y una acústica dignas de una catedral.

Abajo: El elegante y brillante Ku´damm Eck, en Charlottenburg, presenta muchas características de la moderna arquitectura del nuevo Berlín.

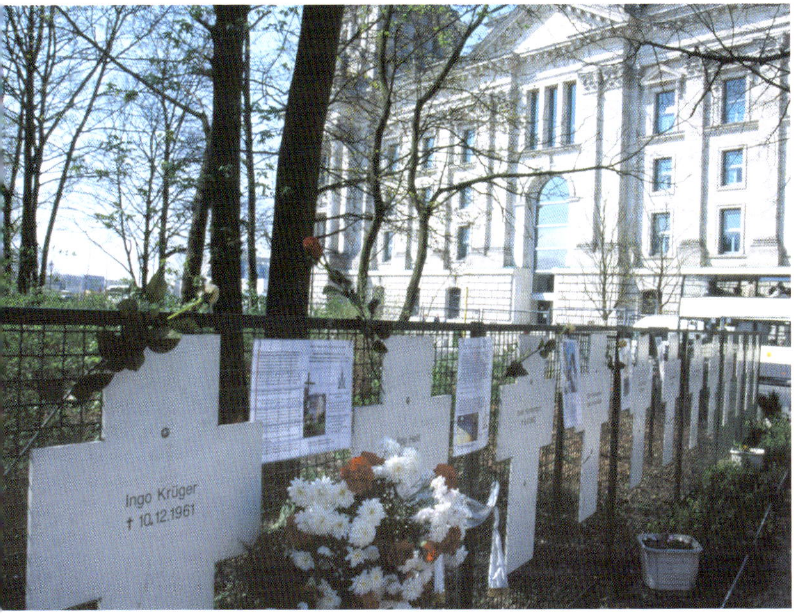

DAVID PEEVERS

Cruces en recuerdo de las 191 personas que murieron al intentar cruzar el Muro.

JONATHAN SMITH

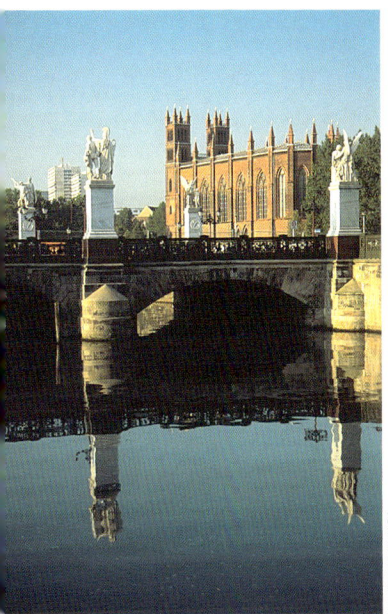

Schlossbrücke y la Friedrichwerdersche Kirche.

JONATHAN SMITH

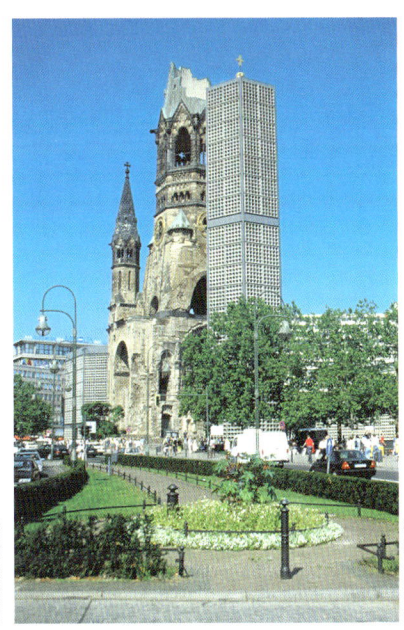

La Gedächtniskirche y la moderna Gedenkhalle.

DAVID PEEVERS

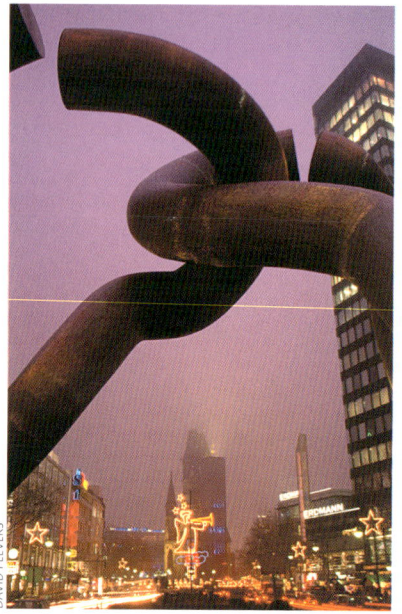

Escultura de metal entrelazado.

DAVID PEEVERS

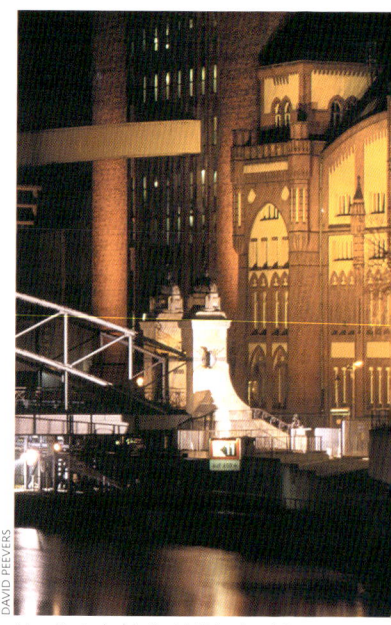

Una "catedral industrial" junto al Spree.

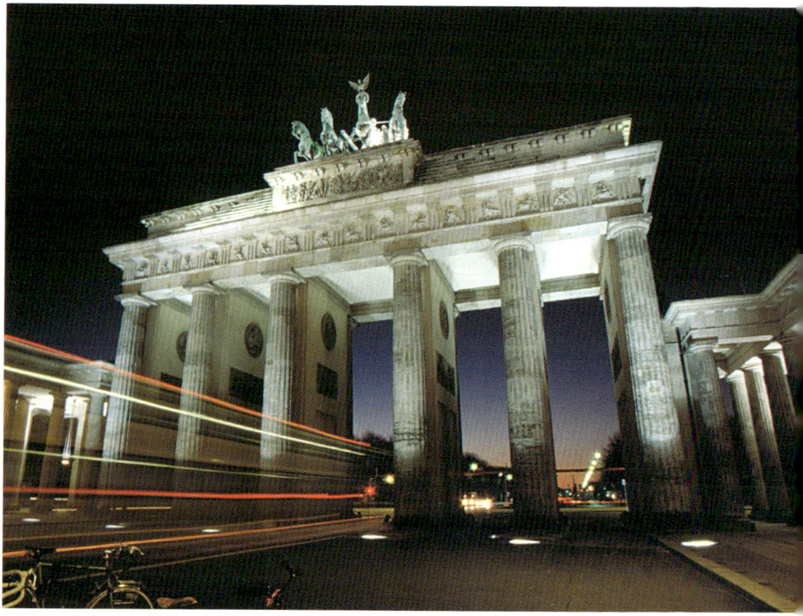

DAVID PEEVERS

La Puerta de Brandeburgo, toda una seña de identidad de Berlín.

El Sanssouci Park tiene múltiples atractivos.

Estatua de Wilhelm von Humboldt.

El legendario "capitán de Köpenick".

Monumento soviético en recuerdo de la guerra.

Escudos de armas alemanes en el Reichstag.

La estatua de Schiller en Gendarmenmarkt.

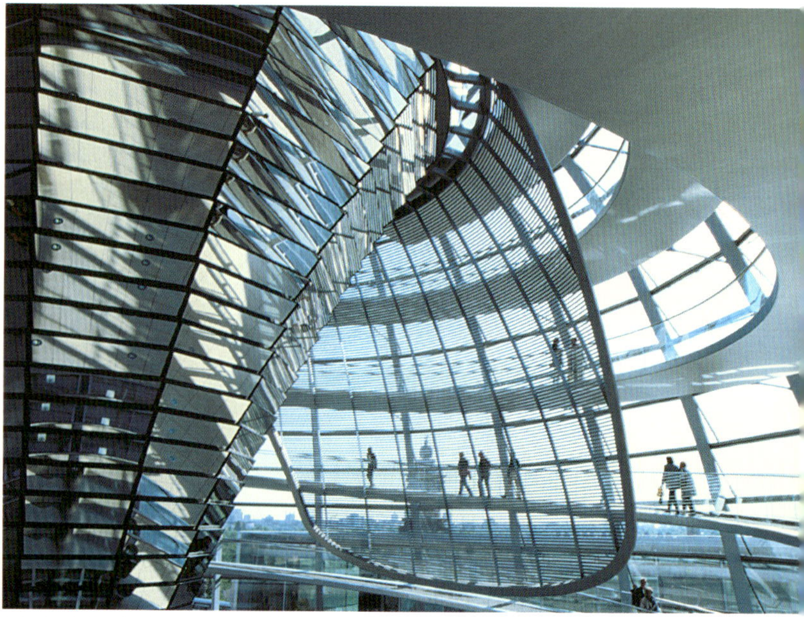

Interior de la cúpula del nuevo Reichstag, sede del Parlamento alemán.

Arte moderno en la East Side Gallery.

Mural de la época de la RDA.

Monumento a las Guerras de Liberación.

El Altar Pergamon es uno de los grandes tesoros artísticos del museo del mismo nombre.

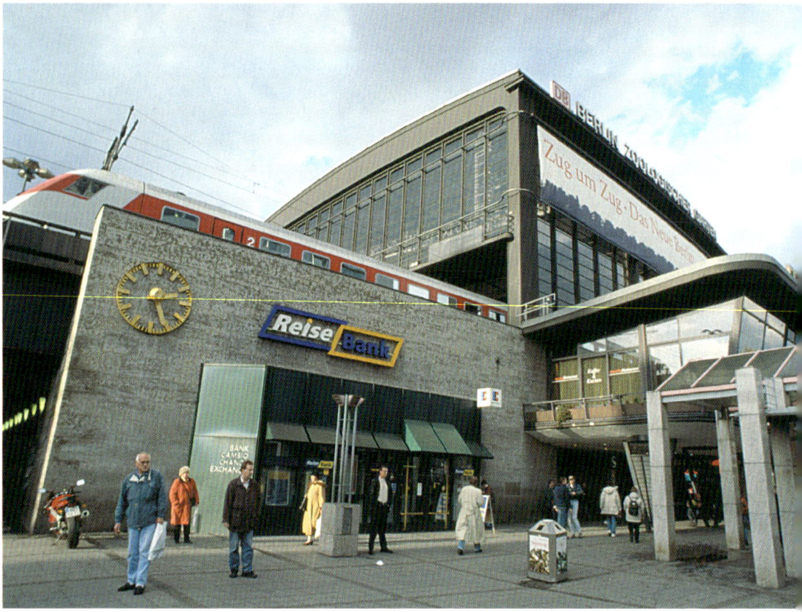

VERONICA GARBUTT

La transitadísima Zoo Station sirvió de inspiración al grupo irlandés U2.

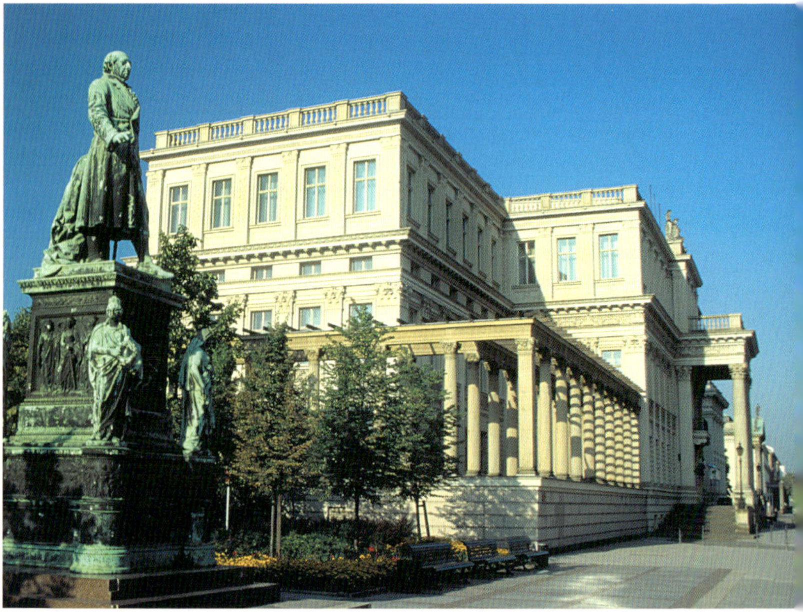
JONATHAN SMITH

El majestuoso Kronprinzenpalais se levanta en el célebre boulevard Unter den Linden.

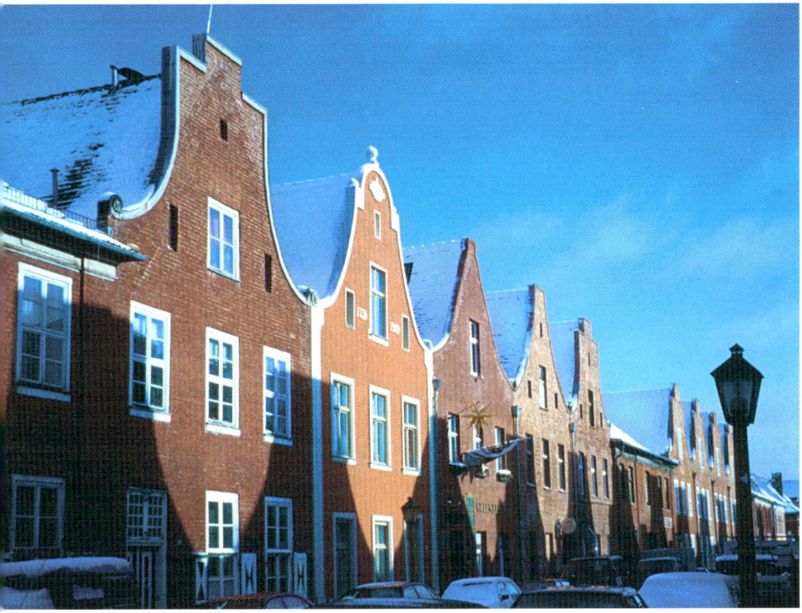

JEREMY GRAY

Edificios de ladrillo rojo en el Barrio Holandés de Potsdam.

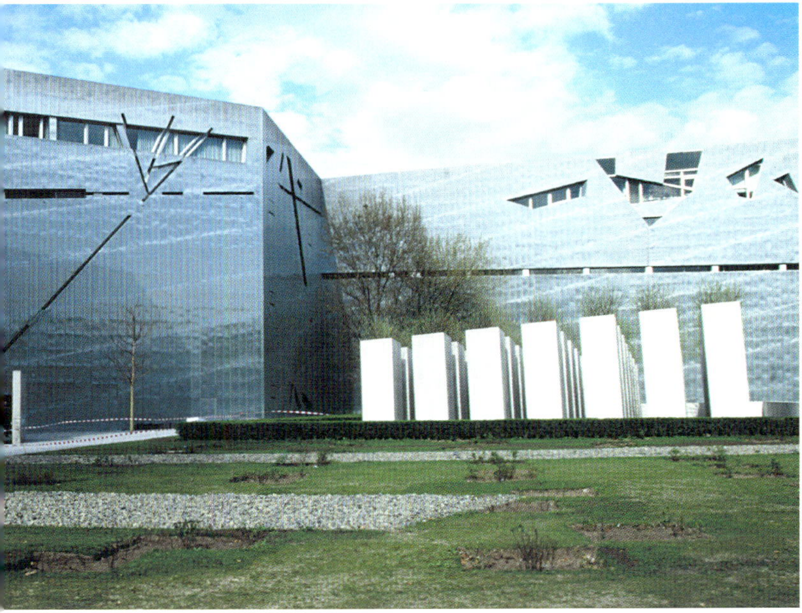

DAVID PEEVERS

Fachada revestida de zinc del Jüdisches Museum, el mayor museo judío de Europa.

DAVID PEEVERS

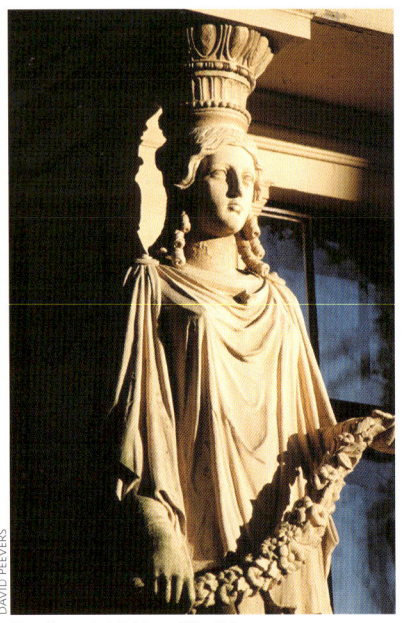

Escultura del Schloss Glienicke.

DAVID PEEVERS

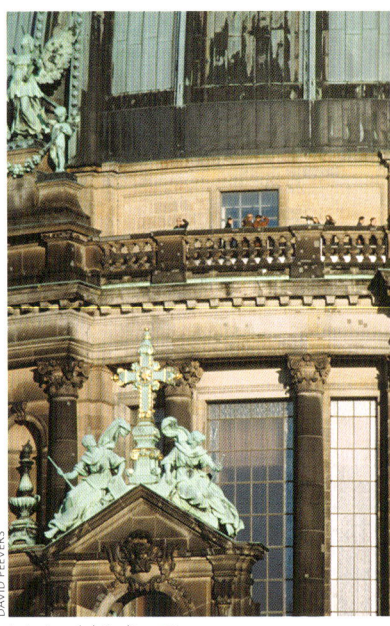

Interior del Berliner Dom.

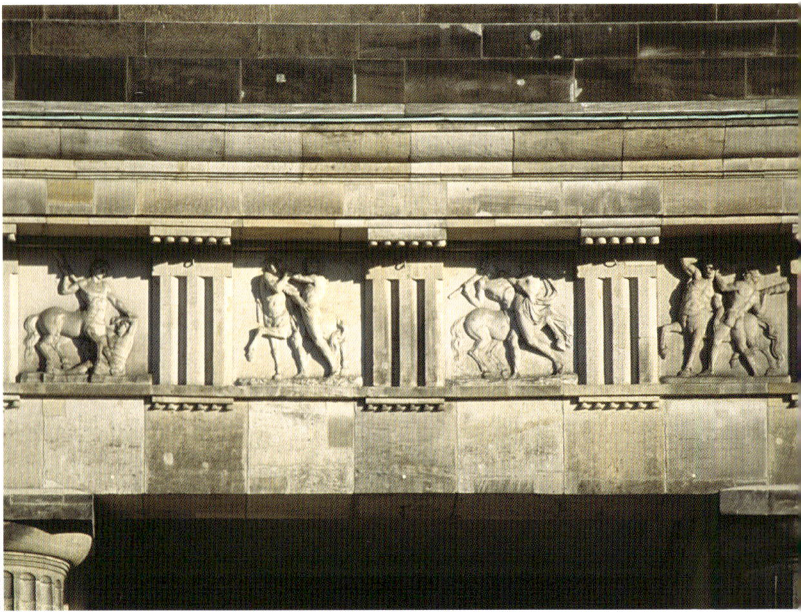

DAVID PEEVERS

Los relieves de la Puerta de Brandeburgo reproducen dioses, héroes y criaturas míticas.

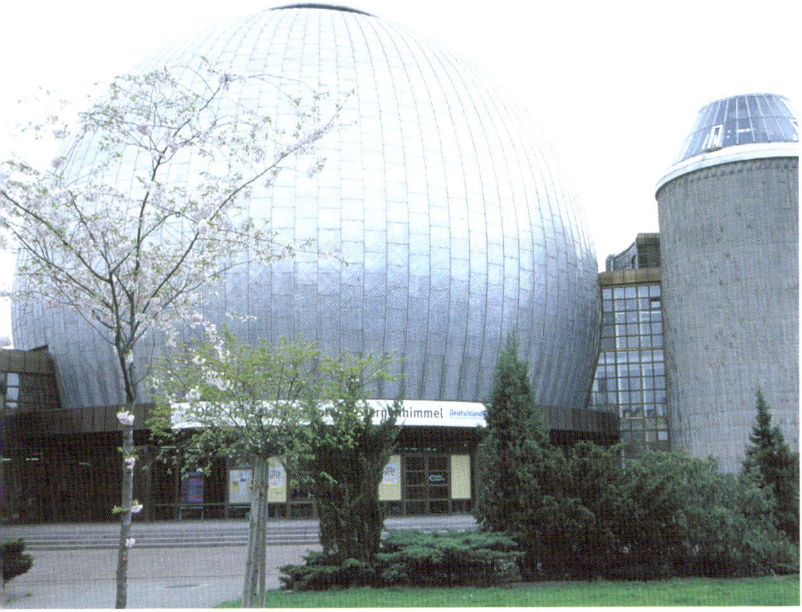

ANDREA SCHULTE-PEEVERS

En el Carl Zeiss Planetarium se puede disfrutar mirando las estrellas.

JON DAVISON

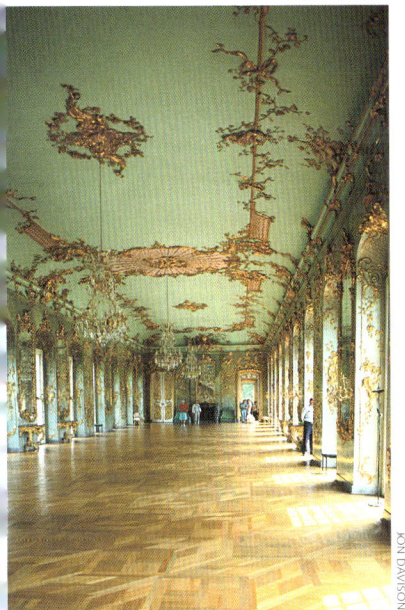

Galería dorada del Schloss Charlottenburg.

DAVID PEEVERS

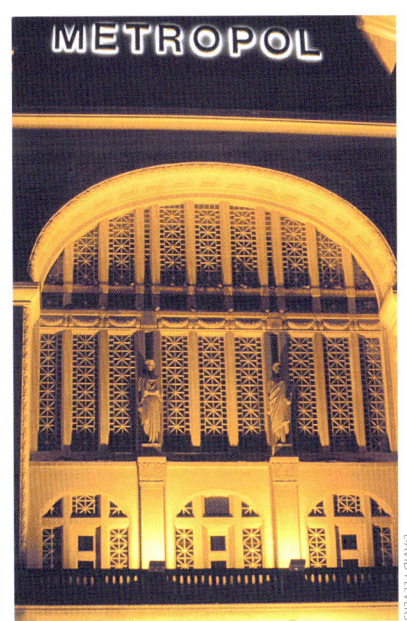

Fachada del teatro Metropol.

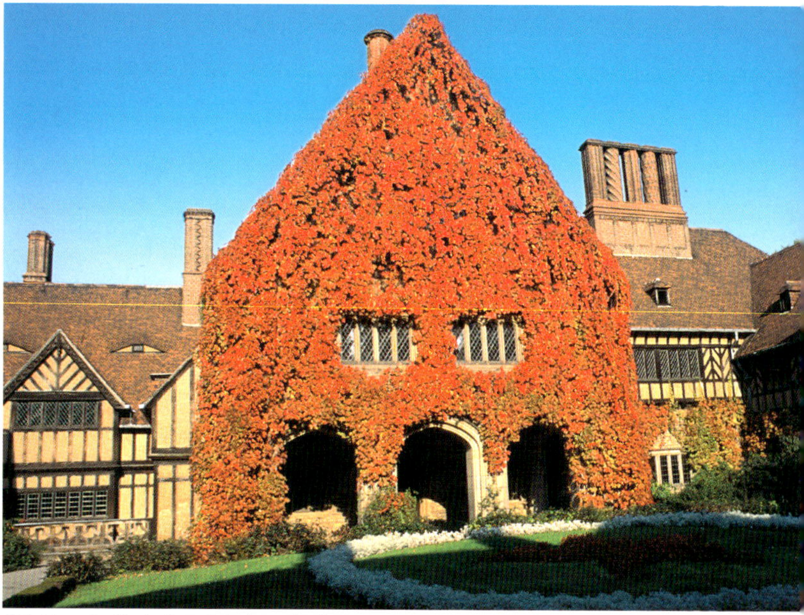

RICK GERHARTER

El Schloss Cecilienhof, en Potsdam, donde en 1945 se reunieron Stalin, Churchill y Truman.

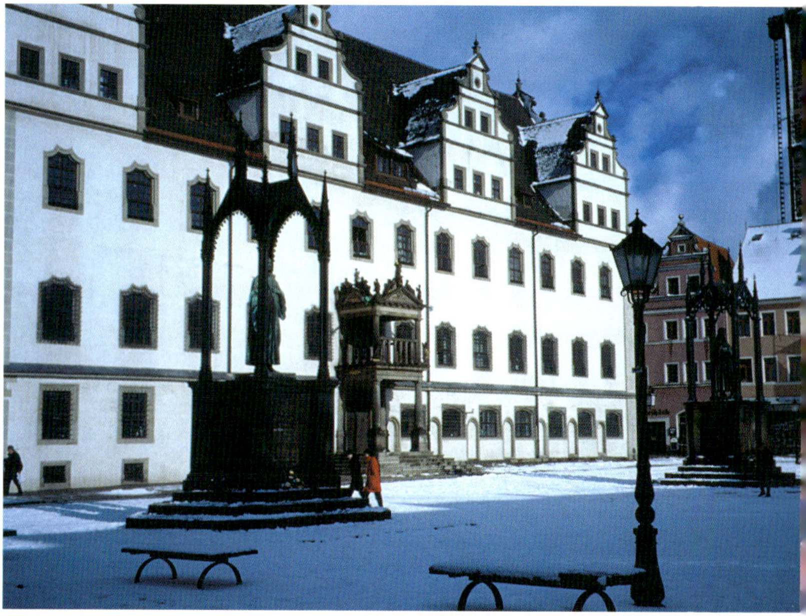

JEREMY GRAY

Estatuas de Lutero y Melanchthon en el Markt de Lutherstadt-Wittenberg.

ANDREA SCHULTE-PEEVERS

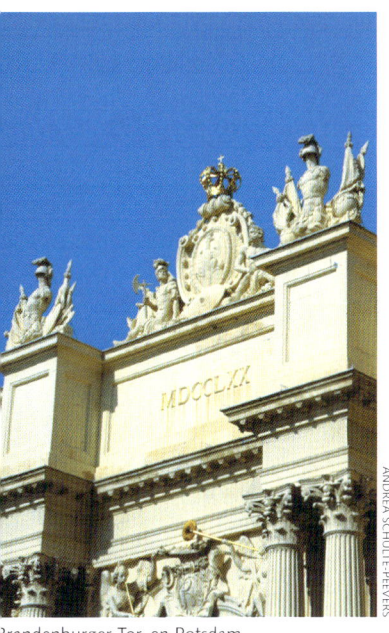

Brandenburger Tor, en Potsdam.

ANDREA SCHULTE-PEEVERS

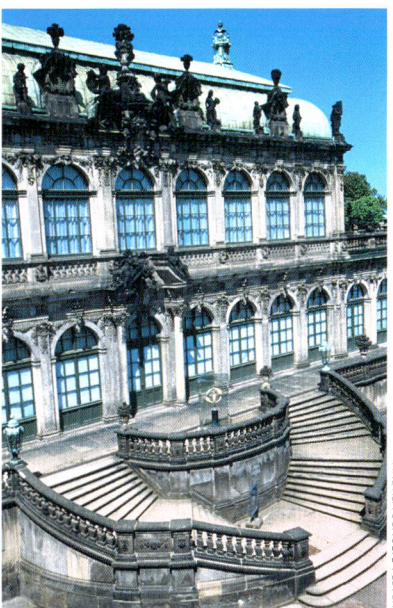

Fachada del Zwinger de Dresde.

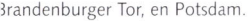

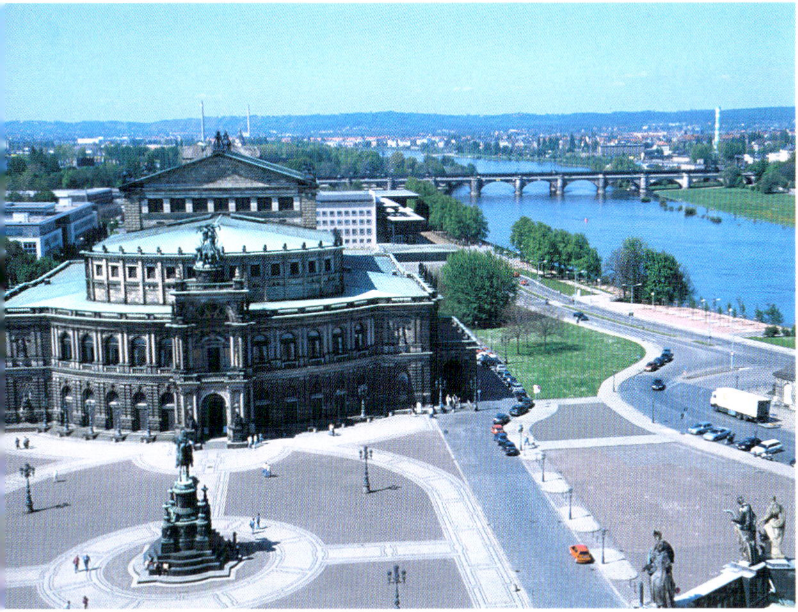

ANDREA SCHULTE-PEEVERS

Edificio de la Semperoper de Dresde, institución de amplia historia.

ANDREA SCHULTE-PEEVERS

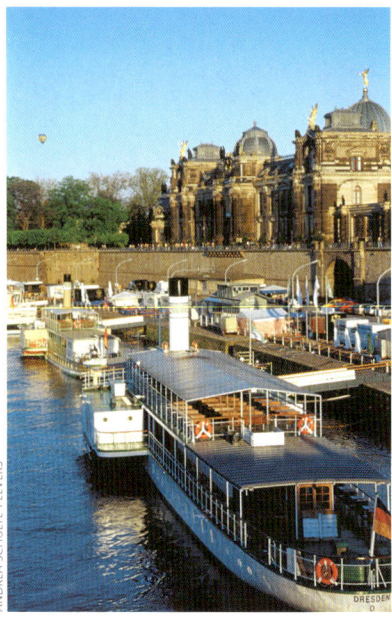

La Brühlsche Terrase en Dresde.

ANDREA SCHULTE-PEEVERS

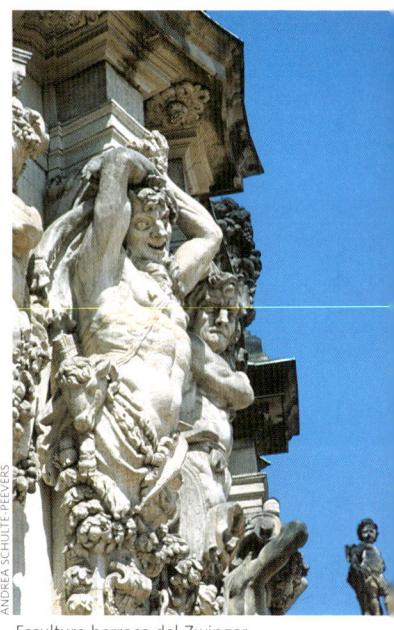

Escultura barroca del Zwinger.

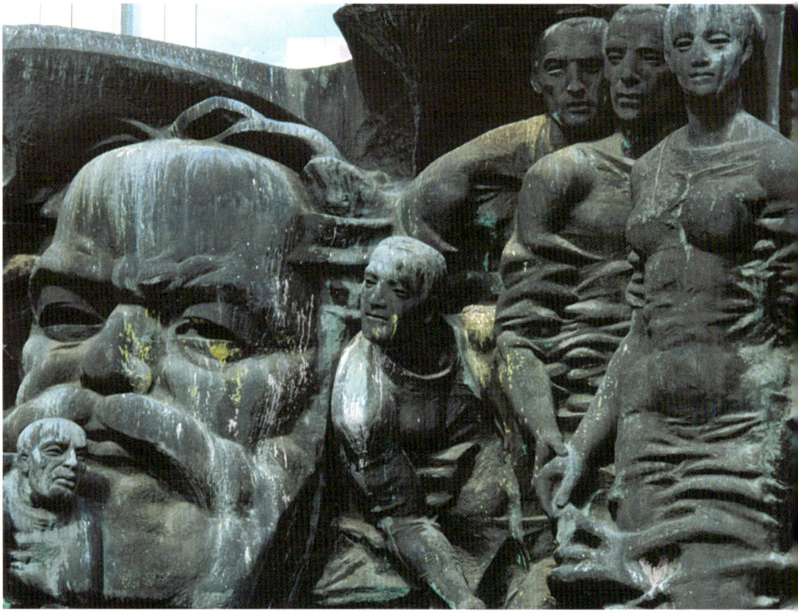

JOHN BORHTWICK

Escultura de Carlos Marx y otros símbolos comunistas en la Augustusplatz de Leipzig.

Aloys Senefelder (1771-1834); hay un monumento en su memoria en el pequeño parque de la plaza. Obsérvense también los últimos **urinarios octogonales** (apodados Café Achteck) de finales del siglo XIX, en la esquina noreste. Desde este punto, se sigue hacia el este por Metzerstrasse y luego hacia el norte por Kollwitzstrasse.

Inmediatamente, a la izquierda, en KollwitzerStrasse 35, se pasa por un **parque de aventuras** que incita a los más pequeños a jugar y explorar. Hay un taller donde los chicos pueden construir objetos con martillos y clavos, un puesto de reparación de bicicletas, una herrería, varias estructuras para trepar y muchas más cosas. El espacio lúdico, para niños de entre seis y catorce años, está supervisado por un asistente social y es gratuito. Este proyecto tan progresista fue el primero de estas características en Berlín Este cuando se abrió, en 1990.

Siguiendo hacia el norte enseguida se llega a la Kollwitzplatz, corazón de Prenzlauer Berg. Esta plaza, que hasta hace pocos años aún estaba rodeada por edificios devastados, marcados con las cicatrices de la guerra, se ha aburguesado mucho. Los autobuses de turistas la atraviesan constantemente y han surgido restaurantes, cafés y bares de moda por todas partes.

En el centro de la Kollwitzplatz se levanta una expresiva **escultura** de bronce de una anciana Käthe Kollwitz, obra de Gustav Seitz (1958). Tiene un aspecto fatigado, posiblemente debido a toda una vida de preocupaciones por la miseria que la rodeaba. Muchos niños se encaraman a esta escultura de escala superior a la realidad o se sientan en su regazo materno, cosa que probablemente habría gustado a Kollwitz, que realizó toda una serie de dibujos de madres con hijos. Entre 1891 y 1943, ella y su marido Karl, médico, vivieron en la esquina de Kollwitzstrasse y Knaackstrasse. La casa quedó destruida en 1943. Véase la entrada al Käthe-Kollwitz-Museum en la sección "Charlottenburg", antes en este capítulo.

Girando hacia el sureste por Knaackstrasse enseguida se llega a la escultórica **Wasserturm** (torre del agua, 1875). Situada sobre un pequeño montículo, actualmente acoge viviendas, pero durante el III Reich el sótano funcionó como cámara de torturas. Más hacia el este Knaackstrasse enseguida llega a Prenzlauer Allee, donde, a la vuelta de la esquina, se encuentra el **Prenzlauer Berg Museum** (☎ *42 40 10 97, Prenzlauer Allee 227; entrada gratuita; abierto de 11.00 a 17.00 martes y miércoles, de 13.00 a 19.00 los jueves y de 14.00 a 17.00 los domingos*). Presenta varias facetas de la historia local en exposiciones periódicas acompañadas de lecturas, películas y visitas guiadas.

Volviendo atrás, a la torre del agua, se sigue luego hacia el norte por Rykestrasse. A la izquierda, en el nº 53, se halla la única **sinagoga** de Berlín que sobrevivió a la Kristallnacht (aparentemente porque había oficiales nazis que vivían cerca de allí) y a los bombardeos aliados. Se encuentra algo apartada de la calle y normalmente no se puede acceder a su interior, aunque sí resulta posible contemplarla desde fuera a través de una valla.

Girando a la izquierda por Wörtherstrasse se vuelve a la Kollwitzplatz. Desde allí, se sigue hacia el norte por **Husemannstrasse**. El Gobierno de Alemania del Este le dio un repaso general a toda la calle para la celebración del 750 aniversario de Berlín, en 1987. Sin embargo Husemannstrasse tiene la misma pátina artificial que el Nikolaiviertel de Mitte, creado al mismo tiempo. Aparecieron muchas tiendas cursis, supuestamente a la moda a principios del siglo XX. Actualmente contienen antigüedades y baratijas, además de una pobre selección de muebles, libros y parafernalia de la RDA.

Después se gira a la izquierda por Sredzkistrasse, donde enseguida se ve el gigantesco complejo de la antigua **fábrica de cerveza Schultheiss**, en su tiempo la mayor del mundo. El complejo Art Nouveau de ladrillos amarillos, de mediados del siglo XIX, sobrevivió al paso del tiempo y a las guerras relativamente intacto. La producción se detuvo en 1967 y la construcción quedó olvidada hasta 1991, cuando se convirtió en el centro cultural **Kulturbrauerei** (☎ *441 92 69, Knaackstrasse 97*). Tras una restauración completa, tiene una actividad mayor que nunca, aunque ha perdido parte de su talante alternativo y *underground* (véase el capítulo *Ocio*). La entrada se encuentra cerca de la esquina de Knaackstrasse y Danziger Strasse.

Se puede seguir hacia el norte de Danziger Strasse, donde existen muchos más bares y restaurantes de moda por Lychener Strasse y en los alrededores de la Helmholtzplatz, o también girar a la izquierda por Danziger Strasse, que lleva directamente a la estación de U-Bahn de Eberswalder Strasse. Antes de subir al tren, vale la pena darse un rápido paseo hasta Kastanienallee 7-9, donde se encuentra el histórico **Berliner Prater**. En principio era una cervecería, pero se convirtió en lugar de reunión del movimiento obrero de Berlín a finales del siglo XIX. August Bebel y Rosa Luxemburg se encontraban entre los que arengaban a las masas con sus airados discursos en este lugar. Actualmente, el Prater es un escenario secundario del teatro Volksbühne, con producciones provocativas y poco convencionales. La enorme cervecería que hay justo detrás atrae a un público multigeneracional en verano. En invierno, el restaurante adyacente sirve desde siempre a un público de pelo cano. Aquí se acaba el circuito.

NORTE DE PRENZLAUER BERG (Plano 3)

El norte de Prenzlauer Berg, en los alrededores de la estación de U-Bahn Schönhauser Allee, es muy diferente a la zona de la Kollwitzplatz y aún conserva un ambiente genuino de la RDA. Aunque también está evolucionando, tal como demuestra no sólo la aparición de una serie de locales para gays y lesbianas en Gleimstrasse (véase el capítulo *Ocio*), sino también la llegada de un gran museo, el **Vitra Design Museum Berlin** (☎ 473 77 70, *Kopenhagener Strasse 58; adultos/con descuento 5/3 €, gratis para los menores de 12 años; abierto de 11.00 a 20.00 de martes a domingo*). Las visiones de Frank Lloyd Wright, Issey Miyake, Charles y Ray Eames, Verner Panton y otros grandes del diseño y la arquitectura son la base de sus exposiciones. Este museo, sucursal del museo "madre" que se encuentra en Weil, en el río Rin, cerca de la frontera suiza, ocupa una planta eléctrica construida por Hans Heinrich Müller en el año 1926 y reformada con gran gusto. Las exposiciones cambian varias veces al año y además se ofrecen visitas guiadas y conferencias.

Al este de Schönhauser Allee, en Stargarder Strasse, se encuentra la **Gethsemane Kirche**, uno de los centros del movimiento disidente que llevó a la caída del Gobierno de Alemania del Este. Más al este, donde Stargarder Strasse llega a Prenzlauer Allee, se levanta la cúpula del **Zeiss Grossplanetarium** (☎ 42 18 45 12, *Prenzlauer Allee 80; adultos/con descuento 4/3 €; pases a las 9.30 de lunes a viernes y miércoles, sábados y domingos por la tarde; viernes y sábados a las 20.00; a las 14.00 los domingos; S-Bahn; S4, S8 o S10 a Prenzlauer Allee*). Cuenta con el telescopio más moderno de Berlín, que explora el universo como parte de un espectáculo multimedia con música y láser. Recibe a muchos escolares, de modo que es mejor escoger el pase de la noche si se quiere estar tranquilo.

Al noreste del planetario, entre Sültstrasse y Sodtkestrasse, se alza un complejo residencial de 1930 llamado **Flamensiedlung** (Colonia flamenca) debido a que se inspiró en la arquitectura de los Países Bajos. Sus creadores, Bruno Taut y Franz Hillinger, intentaron romper la monotonía de las sombrías Mietskasernen creando espacios abiertos verdes y añadiendo balcones.

Schöneberg

Situado al sur de Tiergarten, Schöneberg es una cómoda zona de transición entre la calma del vecino Wilmersdorf, al oeste, y la extravagancia de Kreuzberg, al este. Sus calles están flanqueadas por bloques de pisos del siglo XIX restaurados con gran gusto y muchas de ellas albergan gran cantidad de pubs, cafés y modernos restaurantes.

Es difícil imaginar que tan recientemente, en la década de 1980, Schöneberg –especialmente la zona de Winterfeldtplatz– era un feudo de los *okupas*. Un ambicioso programa de aburguesamiento los sacó de allí, dejando sitio para un colectivo de la Generación X con tendencia al alza, que incluye muchas familias jóvenes. El vecindario es moderno y chic, y sus habitantes tienen el dinero y la educación necesarios para apreciar las mejores cosas de la vida.

También ha sido un centro activo de la escena gay desde la década de 1920, período descrito con todo detalle por Christopher Ihserwood, que fue vecino del distrito en *Adiós a Berlín*. Hay muchísimos locales homosexuales para todos los gustos, por los alrededores de la Nollendorfplatz, Motzstrasse y Fuggerstrasse

La hija predilecta de este barrio es Marlene Dietrich, que creció en Leberstrasse y está enterrada en Friedhof Friedenau. Véase el recuadro "Visita a los cementerios" más adelante, en este capítulo, y el recuadro "Marlene Dietrich" en el capítulo *Sobre Berlín*. Otro famoso asociado a este distrito es John F. Kennedy. Fue en el Ayuntamiento de Schöneberg donde le dijo al mundo: *"Ich bin ein Berliner"* (Soy un berlinés).

ZONA DE NOLLENDORFPLATZ
(Plano 4)

La Nollendorfplatz marca el inicio del barrio gay. Christopher Isherwood vivió en Nollendorfstrasse 17, a una manzana al sur de la plaza. Una **placa conmemorativa** triangular de granito rojo situada en el muro de la salida suroeste de la estación de U-Bahn Nollendorfplatz recuerda el tratamiento recibido por los homosexuales bajo el III Reich. Este colectivo sufrió tremendamente la persecución de los nazis, aunque sus penurias en general no han despertado reconocimiento ninguno. Los que no ocultaron su orientación tuvieron que llevar triángulos rosa y, en el mejor de los casos, quedaban aislados de la sociedad. Muchos fueron apresados, enviados a campos de concentración y asesinados.

El imponente edificio neobarroco que se levanta en la Nollendorfplatz es el antiguo **teatro Metropol**, donde actualmente se celebran esporádicamente fiestas gay (véase el capítulo *Ocio*). Cabe destacar el friso con motivos eróticos que decora la fachada.

Desde la plaza, Maassenstrasse lleva hacia el sur, hasta la **Winterfeldtplatz**, donde se celebra un estupendo **mercado de alimentos** las mañanas de los miércoles y de los sábados (véase el capítulo *De compras*). El del sábado es una ocasión ideal para observar a los modernos personajes de la escena de Schöneberg en acción. Familias jóvenes con niños pequeños se reúnen en la parte este de la plaza para charlar y tomar un café, mientras que los "dinks" (*double income, no kids*, "dos sueldos, sin hijos") se atracan con espléndidos desayunos en los muchos cafés. Sobre la plaza se levanta la **St-Matthias-Kirche**.

ZONA DE KLEISTPARK
(Plano 4)

Hay muchos lugares de interés en los alrededores de la estación de U-Bahn de Kleistpark. El parque propiamente dicho se encuentra a unos pasos al norte de Potsdamer Strasse y se entra a través de las elegantes **Königskolonnaden** de arenisca, diseñadas en 1780 por Karl von Gontard –que también creó las cúpulas de las catedrales alemana y francesa de Gendarmenmarkt. Las arcadas están decoradas con motivos esculturales y figuras de ángeles y de dioses. Las columnatas originalmente se encontraban al final de Königsstrasse (actual Rathausstrasse), en Mitte, pero se trasladaron aquí en 1910 debido a las obras del trazado urbano. El Kleistpark era anteriormente un jardín botánico.

Cerca del extremo oeste del parque se levantan los impresionantes **Kammergericht** (tribunales de justicia) que es donde el tristemente famoso Volksgericht (el tribunal popular) de los nazis, con el fanático juez Roland Freisler a la cabeza, celebraba algunos de sus juicios-espectáculo. Unos 2.500 prisioneros políticos recibieron su sentencia de muerte en este lugar y muchos de ellos fueron ejecutados en la prisión Plötzensee. Véase Gedenkstätte Plötzensee en la sección "Tiergarten", más adelante, en este capítulo. De 1945 a 1990, el Consejo de Control Aliado estableció aquí su sede. En la actualidad el Tribunal Constitucional de Berlín usa una parte del edificio.

Visita a los cementerios

Las leyendas de los muertos siguen ejerciendo una fascinación morbosa sobre los vivos, y los cementerios de Berlín sin duda están plagados de ellas. He aquí una pequeña guía de los lugares de descanso eterno de las estrellas de la ciudad.

Dorotheehstädtischer Friedhof – Mitte (Plano 3)

Este camposanto gana de largo el premio a la mayor densidad de cadáveres célebres. Reúne un verdadero panteón de grandes de Alemania enterrados en este lugar, como los arquitectos Schadow y Schinkel (que diseñó su propia lápida), los compositores Paul Dessau y Hanns Eisler, Heinrich Mann, Bertolt Brecht y su esposa, Helene Weigel. Brecht, de hecho, vivió en la casa que hay junto al cementerio, según se dice para estar cerca de sus ídolos, los filósofos Hegel y Fichte, que también están enterrados en este lugar. En 1985, el dramaturgo y director del Berliner Ensemble, Heiner Müller se unió al grupo; sus admiradores aún dejan cigarrillos sobre su tumba en su honor.

El cementerio (☎ 461 72 79) se encuentra en Chausseestrasse 126, cerca de la estación de U-Bahn Zinnowitzer Strasse. Se puede conseguir un plano para encontrar la situación de las tumbas al final del camino que lleva al recinto vallado. Está abierto de las 8.00 hasta la puesta del sol aproximadamente, aunque lo mejor es consultar los detalles en el letrero de la entrada y así evitar encontrarlo cerrado a la hora de salir.

Jüdischer Friedhof – Prenzlauer Berg (Plano 3)

El segundo de los cementerios judíos de Berlín está ubicado en Schönhauser Allee. Abrió en 1827, cuando el más antiguo, en Grosse Hamburger Strasse (Mitte), se quedó pequeño. En él se encuentran las tumbas del pintor impresionista Max Liebermann (1935), del compositor Giacomo Meyerbeer (1864) y del editor Leopold Ullstein (1899). Está cerrado los fines de semana y los viernes por la tarde. Los hombres tienen que cubrirse la cabeza al entrar. Se llega desde la estación Senefelder Platz, en la línea U2.

Al norte de este lugar, en la esquina de Goebenstrasse y Potsdamer Strasse, se encontraba el **Sportpalast**, un enorme recinto con cabida para 9.000 personas. Además de celebrarse en él carreras ciclistas y conciertos, fue también en este lugar donde, el 18 de febrero de 1943, Goebbels, de pie ante miles de berlineses castigados por la guerra pero aún fanáticos, exclamó: *"Wollt ihr den totalen Krieg?"* (¿Queréis la guerra total?). La respuesta fue "sí", y el resto forma parte de la historia. En 1973 el Sportpalast fue derribado.

Potsdamer Strasse es una calle bastante fea y descuidada que en realidad ha visto días *peores*, cuando era un centro de reunión de drogadictos y prostitutas. Aunque ese ambiente no ha desaparecido del todo, pero en general se trata de una calle comercial completamente normal con tiendas de ropa de segunda mano, de baratijas y fotografía, fruterías y verdulerías, etc. Sólo el **Wintergarten-Das Variété** le da cierta chispa (véase la sección "Cabaret" en el capítulo *Ocio*). Al sur de la estación Kleistpark, Potsdamer Strasse se convierte en Hauptstrasse, en el nº 152 de la cual vivieron en su día David Bowie e Iggy Pop.

RATHAUS SCHÖNEBERG (Mapa 4)

El Ayuntamiento de Schöneberg, en la John-F-Kennedy-Platz, es famoso sobre todo por ser el lugar donde JFK dio su discurso de

Visita a los cementerios

Friedhof Friedenau – Schöneberg (Plano 4)
Para rendir homenaje a la hija predilecta de la ciudad, Marlene Dietrich, hay que llegar hasta este diminuto camposanto. Aquí, el "Ángel azul" encontró su última morada en una parcela no especialmente glamourosa, cerca de la de su madre. Su lápida presenta sólo su nombre de pila, con la inscripción: "Aquí estoy, al final de mis días". El cementerio se encuentra en Stubenrauchstrasse 43-45; hay un mapa en el interior, junto a la entrada, que indica dónde se encuentra la tumba, en la parte más cercana a Fehlerstrasse (al norte) del cementerio. El pianista y compositor Ferruccio Busoni también está enterrado en este lugar. Para llegar se puede tomar la U9 hasta la Friedrich-Wilhelm-Platz y luego caminar unos 400 m hacia el noroeste por Görresstrasse hasta Südwestkorso. La entrada está en la parte oeste de la calle.

Matthäus-Kirchhof – Schöneberg (Plano 4)
En este bonito y pequeño cementerio se encuentran los restos mortales de los famosos Hermanos Grimm, que dieron clase en la Humboldt Universität, así como del médico y político Rudolf Virchow. También hay una lápida conmemorativa en honor de Claus Schenk Graf von Stauffenberg y sus compañeros de revuelta, ejecutados por los nazis tras su intento fallido de asesinar a Hitler en 1944. Se puede comprar un panfleto con otros nombres y con la localización de las tumbas por 0,50 € en la oficina de este lugar. Se llega con la S1/U7 hasta Yorckstrasse o con la U7 hasta Kleistpark.

Jüdischer Friedhof – Weissensee (Plano 3)
Ésta es la mayor necrópolis judía (1880) de Berlín y de Europa, con más de 100.000 tumbas. Incluso antes de la caída del comunismo, los judíos de Berlín Oeste enterraban a sus muertos en este lugar. Detrás de una imponente valla de ladrillo amarillo se encuentra una superficie circular con un monumento en recuerdo de las víctimas de los campos de concentración. Un mapa en la entrada muestra la ubicación de los sepulcros de algunos de los residentes más conocidos del lugar, como el pintor Lesser Ury y el editor Samuel Fischer. Cierra sus puertas los sábados y los días de fiesta judíos. Los hombres se tienen que tapar la cabeza al entrar. Se llega con el autobús nº 100 hasta el final de la línea, se cruza Michelangelostrasse y se atraviesa la urbanización hasta Puccinistrasse. A unos 100 m se gira a la derecha por Herbert-Baum-Strasse.

"Ich bin ein Berliner". De 1948 a 1990, la Rathaus fue la sede del senado de Berlín Oeste y del alcalde en el Gobierno (ahora de nuevo en la Rotes Rathaus de Mitte). Su Torre del reloj tenía 81 m pero se redujo en 10 m en 1950 para que cupiera la **Campana de la libertad**. Siete millones de estadounidenses donaron dinero para esta réplica de la de Filadelfia, que se regaló a Berlín como gesto de apoyo. Fue presentada a la ciudad por el general Lucius D. Clay, comandante del ejército de EE UU en Alemania.

En el interior del Ayuntamiento se puede visitar una exposición permanente (☎ *787 70 70; entrada gratuita; abierta de 10.00 a 18.00 todos los días*) sobre la vida y obra del antiguo canciller, Willy Brandt (1913-1992).

Tiergarten

El distrito de Tiergarten, que toma su nombre del amplio parque de la ciudad, entre la estación Zoo al oeste y la Puerta de Brandeburgo al este, alberga dos de los puntos de mayor desarrollo tras la caída del comunismo: el **Nuevo Distrito Gubernamental**, en su extremo noreste, y la zona de **Potsdamer Platz** en el sureste. La parte más meridional del parque vuelve a ser el barrio diplomático. Entre los puntos de interés más antiguos –aparte del propio espacio verde– se encuentran algunas interesantes muestras de arquitectura modernista de mediados del siglo XX (véase el Circuito II de la sección especial "Arquitectura") y, sobre todo, el complejo de museos de primera categoría mundial del Kulturforum.

NUEVO DISTRITO GUBERNAMENTAL (Planos 2 y 7)

La decisión del Gobierno Federal, en 1991, de trasladarse de Bonn a Berlín promovió un ambicioso programa de construcción para albergar todas las ramas del gobierno, cargos oficiales y funcionarios, por no mencionar a los cuerpos diplomáticos, miembros de lobbies y medios de comunicación. El centro del Nuevo Distrito Gubernamental es la denominada Band des Bundes, una serie de edificios gubernamentales entre los que destaca el Reichstag y la Neues Kanzleramt (Nueva Cancillería Federal), así como los edificios del parlamento y del gobierno en la parte este del Spreebogen (una curva en el curso del río Spree).

Reichstag (Plano 7)

Sólo a unos pasos al norte de la Puerta de Brandeburgo (véase la sección "Mitte", antes, en este capítulo), se encuentra otro lugar de interés, el Reichstag (*visita guiada gratuita; reservas en el Deutscher Bundestag, Besucherdienst, 11011 Berlín o ☎ 22 73 21 52*), construido por Paul Wallot en 1894. En mayo de 1999, el Bundestag –el Parlamento alemán– se trasladó a este edificio, que el arquitecto británico Norman Foster había convertido en un espacio de última generación, conservando sólo la estructura histórica, a la que le añadió una espectacular **cúpula de vidrio** gigante.

Al domo, importante atracción turística, se puede acceder mediante un ascensor que lleva a una **terraza mirador** en la azotea (*entrada gratuita; abierta de 8.00 a 24.00, última entrada a las 22.00*); también acoge un elegante restaurante. Desde aquí, una rampa en espiral lleva a la parte superior del resplandeciente "panal", en cuyo centro se encuentra un embudo cubierto de espejo que refleja la luz en todas direcciones. Los ascensores de bajada funcionan hasta la medianoche. Es un lugar muy popular y muy probablemente se encuentre cola para subir, con tiempos de espera que oscilan entre 30 minutos y una hora.

La imponente estructura del Reichstag –que mide 137 m por 97 m– ha sido escenario de importantes sucesos en la historia germana. Tras la I Guerra Mundial, Philipp Scheidemann proclamó la República Alemana desde una de sus ventanas. El incendio de la noche del 27 de febrero de 1933 destruyó una gran parte del mismo, hecho que Hitler aprovechó para culpar a los comunistas y afianzar su poder. Doce años más tarde, las bombas y los soviéticos victoriosos hicieron casi todo el trabajo restante. La fotografía de un soldado del Ejército Soviético izando la bandera roja sobre el edificio en llamas es famosa en todo el mundo. La restauración –sin cúpula– no se acabó hasta 1972.

La medianoche del 2 de octubre de 1990, el acto de reunificación de Alemania se celebró en este lugar. El verano de 1995, el Reichstag volvió a atraer la atención del mundo cuando el artista Christo y su esposa Jeanne-Claude lo envolvieron en tela durante dos semanas. Las obras de reconstrucción de Foster empezaron poco después.

Neues Kanzleramt (Plano 2)

La Neues Kanzleramt (*Nueva Cancillería Federal; Willy-Brandt-Strasse 1*) se ubica en la esquina opuesta al Reichstag. Diseñada por Axel Schultes y Charlotte Frank, generó una gran controversia incluso antes de que sus ocupantes se hubieran instalado en los despachos. El debate se centraba sobre todo en su tamaño. Algunos críticos la consideraban demasiado pretenciosa, mientras que otros pensaban que el diseño no era el adecuado para una oficina de gobierno. El canciller Gerhard Schröeder no se mostró precisamente entusiasta, prefiriendo distanciarse de lo que, al fin y al cabo, había sido un proyecto de su predecesor, Helmut Kohl.

La Nueva Cancillería está compuesta por tres secciones principales. Los despachos del canciller y de su equipo, su residencia, la sala de reuniones del consejo de ministros y una sala de conferencias se encuentra en un cubo blanco central de nueve pisos de altura y con aberturas semicirculares, flanqueado por dos bloques de oficinas alargados, que dan al complejo una forma de "H" desde lo alto. En el lado este del edificio se ubica el **Ehrenhof** (Tribunal de Honor), con una pared de cristal transparente a través de la cual se puede ver claramente un bosque de columnas (sello característico de Schultes) en su interior. Tras la Cancillería se halla el **Kanzlergarten** (Jardín del canciller). Este complejo no está abierto al público pero, para hacerse una idea de sus dimensiones, se puede atravesar a pie el Moltkebrücke hasta la orilla norte del Spree.

MOABIT (Plano 2)

Al norte del Nuevo Distrito Gubernamental, el vecindario tradicionalmente obrero de Moabit está en camino de experimentar cambios espectaculares en un futuro próximo. Los trajes están sustituyendo poco a poco a los monos de trabajo y el barrio se está transformando en un lugar para los negocios y el ocio de los parlamentarios y sus colaboradores, miembros de lobbies, industrias de servicios y todo el que tenga interés en estar cerca del Gobierno alemán. El **Bundesinnenministerium** (Ministerio del Interior Federal) ya se ha trasladado a una flamante nueva sede en el **Spree-Bogen Complex** del Alt Moabit.

Hacia el este, los fosos y las grúas que rodean la estación de S-Bahn de Lehrter Stadtbahnhof indican claramente la construcción de la **Lehrter Zentralbahnhof**, la futurista estación central de ferrocarril de Berlín. Las fechas de finalización de las obras se han retrasado muchas veces, de modo que no vamos a adelantar ninguna. La ampliación de la línea U5 desde la Alexanderplatz hasta esta estación, otro proyecto promovido por Helmut Kohl, ha sido objeto de polémica y también ha sufrido retrasos, e incluso interrupciones por falta de fondos. Los berlineses ya le han dado un apodo: Kanzlerlinie (línea del canciller). Otra gran obra es el **túnel Tiergarten**, que desviará el tráfico por debajo del parque, evitando los edificios del gobierno.

Moabit nació en 1718 como asentamiento de los hugonotes franceses, que llamaron a su colonia *Terre des Moabites* (tierra de los moabitas) porque fue allí donde, según el Antiguo Testamento, Eli Melech y su familia habían encontrado refugio. A finales del siglo XIX la zona se convirtió en parte del cinturón de suburbios obreros que rodeaban el centro de la ciudad por el norte y el este.

El aspecto de sus calles está cambiando, pero por ahora sus pocos encantos se pueden apreciar en un paseo rápido por Alt-Moabit a partir de la estación de U-Bahn Turmstrasse, el centro comercial de la zona. Sin embargo, antes de encaminarse hacia el este, vale la pena desviarse un poco hacia el norte hasta el **Arminius Markthalle** (☎ *396 09 50, Bremer Strasse 9*), el más bonito de los tres mercados históricos que permanecen abiertos (véase el capítulo *De compras*). Se llega yendo un poco hacia el oeste por Turmstrasse desde la estación y girando hacia la derecha por Jonasstrasse. El mercado está ubicado justo ahí, en la esquina con Arminiusstrasse.

De nuevo en Turmstrasse, el recorrido sigue una manzana hacia el sur hasta la calle llamada Alt-Moabit y continúa hacia el este. Enseguida se ve a la derecha el Spree-Bogen Complex, con el Ministerio del Interior. Poco después, se halla la **St Johanniskirche** (1835), una obra temprana de Karl Friedrich Schinkel. Tiene un pórtico con arcos de estilo italiano y una escalera muy empinada que lleva hasta la puerta de la iglesia, que suele estar cerrada.

Más hacia el este se encuentra el **Justizzentrum** (Centro de Justicia), que reúne a los juzgados penales municipales además de una cárcel. Ésta recuerda una fortaleza y ha tenido entre sus visitantes más destacados a terroristas de la Facción del Ejército Rojo, a Erich Honecker y a Erich Mielke, el último director de la Stasi.

Gedenkstätte Plötzensee (Plano 2)

Unos 3 km al norte del centro de Moabit (y técnicamente en Charlottenburg) se alza el Gedenkstätte Plötzensee (*Monumento Conmemorativo de Plötzensee;* ☎ *344 32 26, Hüttigpfad; entrada gratuita; abierto de 8.30 a 16.30 en enero y noviembre, de 8.30* a 17.30 en febrero y en octubre, de 8.30 a 18.00 en marzo y septiembre, de 8.30 a 16.00 en diciembre; U-Bahn: U9 a Hansaplatz, luego el autobús nº 123 a Gedenkstätte Plötzensee). Se erigió en honor de las 3.000 víctimas del régimen nazi ejecutadas en este lugar, la mayoría de ellas prisioneros políticos de todas las tendencias y nacionalidades. En una sola noche, en 1943, tras un ataque aéreo, fueron ahorcados 186 prisioneros con el fin de que no pudieran escapar de la prisión, parcialmente destruida. Un año más tarde, el 20 de julio de 1944, muchos de los conspiradores del fallido intento de asesinato de Hitler (entre los que se incluye a familiares y amigos del líder nazi, aunque la mayoría de ellos no estaban implicados) también fueron ahorcados en este lugar, un total de 86 personas, en un juicio que el Führer hizo grabar en película.

El monumento, escalofriante por su sencillez, se levanta en una nave de ladrillo de la prisión de Plötzensee. Lo más inquietante es la sala de ejecuciones, vacía a excepción de una barra de hierro con cinco ganchos. En la otra sala se muestran pruebas evidentes de las prácticas arbitrarias del sistema judicial nazi.

TIERGARTEN PARK
(Planos 2, 4 y 6)

El pulmón verde de Berlín está repleto de enormes y frondosos árboles, senderos bien cuidados, bosquecillos, lagos y prados. Se trata de un estupendo lugar para hacer ejercicio, organizar un pícnic o dar un paseo. Con sus 167 ha, también es uno de los parques urbanos más grandes del mundo. En primavera, cuando los arbustos de rododendro están floridos, la parte que rodea la isla Rousseau se convierte en un oasis para los sentidos. Las 68 campanas del mayor **carillón** de Europa, de mármol negro y bronce, en John-Foster-Dulles-Allee, justo al sur de la Nueva Cancillería, dan conciertos de campanas a las 12.00 y a las 18.00 cada día (Plano 2).

El Gran Elector Federico Guillermo [1640-1688] usó el terreno como zona de caza, aunque se facilitó la tarea haciendo que confinaran a los animales a una superficie vallada de 1 por 3 km. En el siglo XVIII se convirtió en parque, diseñado por el maestro jardinero Peter Lenné (1789-1866) en 1830. Durante el gélido invierno de 1946-1947 los berlineses talaron prácticamente todos los árboles para hacer leña.

Strasse des 17 Juni (Plano 2)

La amplia avenida conocida como Strasse des 17 Juni, que divide Tiergarten en dos, fue construida por el rey Federico I para unir el Stadtschloss con el Schloss Charlottenburg. Durante la época nazi se le llamó Eje Este-Oeste y sirvió a Hitler de escenario para sus entradas triunfales. Su nombre actual conmemora el alzamiento de los obreros en Berlín Este en 1953, que llevó a la RDA al borde del colapso.

En la parte norte, justo al oeste de la Puerta, se erige el **Sowjetisches Ehrenmal** (Monumento a los soviéticos que participaron en la guerra), flanqueado por los dos primeros tanques rusos (los n°s 200 y 300) que entraron en la ciudad en 1945. Se dice que el mármol marrón procedía de la cancillería de Hitler, que en su día se encontraba en Wilhelmstrasse. Este mármol reciclado también fue utilizado para construir el Monumento a los soviéticos de Treptower Park.

Como si fueran brazos de una estrella de mar, cinco grandes calles se funden en la rotonda llamada Grosser Stern, hacia el oeste de Strasse des 17 Juni. En el centro se encuentra la **Siegessäule** (Columna de la Victoria, Plano 4), de 69 metros de altura, que conmemora con cierta vanidad las conquistas militares prusianas. El friso de mosaico situado tras la cortina de columnas del suelo elevado representa la fundación del Imperio Germánico en 1870-1871. Los nazis trasladaron la columna a este lugar en 1938 desde la Königsplatz (ahora Platz der Republik), frente al Reichstag. El monumento, que culmina en una estatua dorada de la Victoria (llamada "Else de oro" por los berlineses), tiene una escalera en espiral (285 escalones) que lleva a su punto más alto, desde donde se contempla el parque y los alrededores (*adultos/con descuento 1/0,50 €, gratis para los menores de 12 años; abierto de*

9.30 a 18.30 de lunes a jueves, hasta las 19.00 de viernes a domingo).

Schloss Bellevue (Plano 2)

Justo al noreste de la Siegessäule se halla el Schloss Bellevue (1785), construido para el príncipe Fernando, hermano menor de Federico II, y actual residencia oficial del presidente alemán. Hasta 2005, Johannes Rau y su familia residirán en este edificio neoclásico en forma de U, con la fachada de un blanco cándido, columnas corintias y un tímpano con estatuas decorativas. Al káiser Guillermo II no le gustaba esta construcción y la usó como escuela para sus hijos. Los nazis lo convirtieron en museo de etnología alemana y posteriormente en residencia de invitados.

Zoologischer Garten (Plano 6)

Tras dar los últimos toques a Tiergarten, Peter Lenné centró su atención en la esquina suroeste del parque, cuyos terrenos había donado el rey Federico Guillermo IV para un zoo (*☎ 25 40 10, Budapester Strasse 34; adultos/con descuento/niños hasta 15 años 7,50/6/3,75 € la entrada al zoo o al acuario, 12/9,50/6 € la entrada combinada; abierto de 9.00 hasta el anochecer, 18.30 máximo, el acuario hasta las 18.00).* En el momento de su apertura, en 1844, el zoo, ahora el más antiguo de Alemania, contenía sobre todo los faisanes del rey y animales de la Pfaueninsel (véase la sección "Zehlendorf", más adelante, en este capítulo). Actualmente hay unos 19.000 animales de unas 1.500 especies (la mayoría en hábitats abiertos, rodeados de un foso), hecho que lo convierte en el más completo del mundo. Se entra a través de la impresionante **Puerta del elefante** (recubierta con motivos chinos).

El **Acuario** adyacente abrió al público en 1869 y contiene 10.000 animales de 650 especies. Destacan los tiburones y las medusas, así como el terrario, con sus serpientes, reptiles y cocodrilos.

Bauhaus Archiv/Museum für Gestaltung (Plano 4)

Más o menos un kilómetro al oeste, desde el Landwehr Kanal, están los Archivos y el Museo de Diseño de la Bauhaus (*☎ 254 00 20, Klingelhöferstrasse 14; adultos/con descuento 4/2 €, abierto de 10.00 a 17.00 de miércoles a lunes).* El museo está dedicado a los artistas de la escuela Bauhaus (1919-1933), que sentaron las bases de gran parte de la arquitectura contemporánea (véase el recuadro "La Bauhaus", más adelante, en este capítulo). La colección incluye obras de Paul Klee, Wassily Kandinsky y Oskar Schlemmer. Muebles, proyectos, maquetas y gráficos se presentan de forma muy atractiva y de fácil comprensión. Una pieza destacada es la maqueta original del edificio Bauhaus de 1925 de Dessau. Para más información sobre el edificio, véase la sección especial "Arquitectura".

POTSDAMER PLATZ

El ballet de grúas de construcción ya no llena el escenario de Postdamer Platz, el símbolo más visible del "Nuevo Berlín" y una de las principales atracciones turísticas de la ciudad. A pesar de su nombre, en realidad no es una plaza, sino una enorme zona de desarrollo urbano al este de Potsdamer Strasse y al oeste de Linkstrasse. La que era la plaza con más actividad de Europa hasta la II Guerra Mundial quedó ocupada por el Muro y la "pista de la muerte" hasta el momento de la reunificación.

El nuevo complejo se compone de dos secciones: **DaimlerCity**, inaugurada en 1998 y sede de una gran galería comercial, una sala IMAX, un teatro musical, un casino, un hotel de lujo, varios restaurantes, cafés y edificios de oficinas; y al norte, al otro lado de Potsdamer Strasse, el edificio del **Sony Center**, que abrió sus puertas en junio de 2000. Los rascacielos de oficinas (Sony Europa tiene aquí su cuartel general) rodean una plaza central adornada con una fuente y una carpa. El Filmmuseum (véase la sección siguiente), una tienda Sony Store, un complejo de cines con proyecciones en 3D e IMAX y un restaurante bávaro (véase el capítulo *Dónde comer*) completan las atracciones del lugar.

Ambas composiciones son un escaparate de la obra de los mejores arquitectos del mundo (aunque aún hay quien no ve claro que los más cualificados del mundo hayan dado en verdad lo mejor de sí mismos en Potsdamer Platz). Para más detalles, véase el Circuito III de la sección "Arquitectura".

Si se desea tener una visión general de Potsdamer Platz cabe tomar lo que se anuncia como el ascensor más rápido del mundo hasta el **mirador** (*Potsdamer Platz 1; adultos/con descuento 3/2 €; abierto de martes a domingo de 11.00 a 20.00*).

Filmmuseum Berlin

A los visitantes del Filmmuseum Berlin (☎ *300 90 30, Potsdamer Strasse 2; adultos/con descuento 6/4 €; abierto de martes a domingo de 10.00 a 18.00, los jueves hasta las 20.00*) les espera un viaje multimedia a través de la historia del cine alemán y una visión de los efectos especiales desde detrás de la cámara. Inaugurado a fines de 2000, la visita empieza con una teatralidad justificada, pasando por la sala de espejos deformados de *El gabinete del Dr. Caligari*. Entre los temas de la exposición sobresalen los pioneros y las primeras divas, la epopeya muda de Fritz Lang *Metrópolis*, la asombrosa y aterradora obra de la época nazi de Leni Riefenstahl *Olympia* y películas posteriores a la II Guerra Mundial. No obstante, tal y como le ocurría en vida, es la *femme fatale* Marlene Dietrich la que se queda con todo el protagonismo: la joya del museo es lo más destacado de la colección privada de esta actriz.

KULTURFORUM

En la década de 1950 le pidieron a uno de los mejores arquitectos de la época, Hans Scharoun, que creara la imagen de lo que se conocería como Kulturforum, un grupo

La Bauhaus

La fuerza más influyente en la arquitectura del siglo XX fue la Escuela de la Bauhaus. Fundada en Weimar en 1919 por el arquitecto berlinés Walter Gropius, aspiraba a unir el arte con los elementos cotidianos, desde los pomos de las puertas y los radiadores hasta el diseño de barrios y bloques de apartamentos completos. El movimiento atrajo a algunos de los pintores y arquitectos con más talento de la época. Entre ellos cabe destacar a Paul Klee, Wassily Kandinsky, Piet Mondrian, Lionel Feininger y Oskar Schlemmer.

Las ideas radicales de Gropius causaron demasiadas sorpresas en Weimar y, en 1925, la Bauhaus se trasladó a Dessau, donde se construyeron las cubistas oficinas centrales de la Hochschule für Gestaltung (Instituto de Diseño). Aquí, la escuela disfrutó de su período más floreciente, pues sus discípulos adornaban la ciudad con estructuras Bauhaus y vendían sus éxitos a gran escala –lámparas simples pero elegantes, sillas y papel pintado, por nombrar algunos artículos.

En 1932, la Bauhaus se trasladó a Berlín para huir de la opresión de los nazis, que sostenían que destruía los valores tradicionales (preguntaban: ¿cómo puede ser alemán un tejado horizontal?). En 1933, el III Reich disolvió la escuela y sus principales cerebros abandonaron el país. Tras la II Guerra Mundial, la Bauhaus fue elevada a la categoría de vanguardia de la arquitectura moderna, pero sus líderes permanecieron en el exilio.

– Jeremy Gray

Tiergarten – Kulturforum

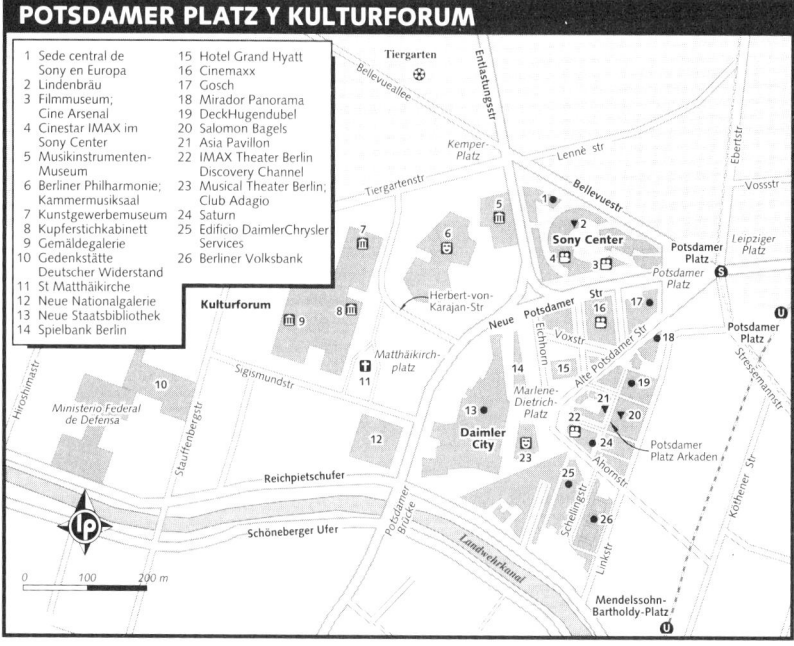

POTSDAMER PLATZ Y KULTURFORUM

1. Sede central de Sony en Europa
2. Lindenbräu
3. Filmmuseum; Cine Arsenal
4. Cinestar IMAX im Sony Center
5. Musikinstrumenten-Museum
6. Berliner Philharmonie; Kammermusiksaal
7. Kunstgewerbemuseum
8. Kupferstichkabinett
9. Gemäldegalerie
10. Gedenkstätte Deutscher Widerstand
11. St Matthäikirche
12. Neue Nationalgalerie
13. Neue Staatsbibliothek
14. Spielbank Berlin
15. Hotel Grand Hyatt
16. Cinemaxx
17. Gosch
18. Mirador Panorama
19. DeckHugendubel
20. Salomon Bagels
21. Asia Pavillon
22. IMAX Theater Berlin Discovery Channel
23. Musical Theater Berlin; Club Adagio
24. Saturn
25. Edificio DaimlerChrysler Services
26. Berliner Volksbank

de museos y salas de conciertos en el extremo sureste del Tiergarten, justo al oeste del barrio de Potsdamer Platz.

Scharoun empezó por la **Berliner Philharmonie** (1961), en Herbert-von-Karajan-Strasse 1, una sala de conciertos con una acústica increíble. Véase la sección especial "Arquitectura" y el capítulo *Ocio*. También diseñó la **Kammermusiksaal** (Sala para música de cámara, 1987), adyacente y más pequeña; el Museo de Instrumentos Musicales (1985) y la Neue Staatsbibliothek (1978), al otro lado de la calle, en Potsdamer Strasse 33. Los otros museos fueron obra de Ludwig Mies van der Rohe (Neue Nationalgalerie, 1968) y el equipo de Heinz Hillmer, Rolf Gutbrod y Christoph Sattler (Museo de Artes Aplicadas y Museo de Grabados y Dibujos).

Entre el moderno complejo de museos se encuentra algo perdida y desamparada la **St Matthäikirche** (☎ *261 36 76, Matthäikirchplatz; entrada al campanario 0,50 €; abierta de 12.00 a 18.00 de martes a domingo*), construida en ladrillo rojo 1846. El edificio neorrománico fue diseñado por Friedrich August Stüler. Un secreto bien guardado es la vista que hay del Kulturforum y de la Potsdamer Platz desde lo alto del campanario. La estación de U/S-Bahn más cercana es la de Mendelssohn-Bartholdy-Park, a 10 minutos a pie hacia el este. Los autobuses nº 129, 142 y 148 tienen parada más cerca del complejo.

Gemäldegalerie (SMPK)

Si sólo se puede ver un museo del Kulturforum, que sea la Galería de Pinturas (☎ *20 90 55 55; adultos/con descuento 4/2 €; abierta de martes a domingo de 10.00 a 18.00; los jueves hasta las 22.00*). Inaugurada en junio de 1998 en un edificio de diseño espléndido, está centrada en la pintura europea desde los siglos XIII al XVIII, con más de 1.300 obras de renombre. Las más destacadas son las de los maestros flamen-

Potsdamer Platz: un cambio radical

El nacimiento de Potsdamer Platz llegó con la construcción de la primera línea férrea a Potsdam en 1838. Desde fines del siglo XIX hasta los felices años veinte, la plaza evolucionó convirtiéndose en el centro de la vida metropolitana y del ocio en Berlín. Miles de personas pasaban por allí cada día, para tomar el té en el Café Josty, una cerveza en Pschörr o para encontrarse en el vestíbulo del elegante Hotel Esplanade. Potsdamer Platz se había convertido en un cruce de caminos tan importante que en 1924 se instaló allí el primer semáforo de toda Europa (operado a mano), para controlar el flujo diario de más de 100.000 personas, 20.000 coches y 30 líneas de tranvía.

La guerra acabó con toda la actividad de la zona, que resultó destruida en un 80%. Enseguida cayó en un coma profundo y languideció a la sombra del Muro. En la parte de la RDA se encontraba la temible "pista de la muerte", mientras que el oeste se extendía un terreno baldío abandonado y desolado. Casi todos los edificios históricos aún en pie fueron demolidos en aquella época, excepto el deteriorado Hotel Esplanade, emblema de Bellevuestrasse. Dos de sus suntuosas salas –la Kaisersaal y la Frühstückssaal (salón de desayunos)– se trasladaron a una nueva ubicación, con la ayuda de algún prodigio de la técnica, cuando por fin se derribó en 1996. En la actualidad forman parte del Sony Center y están perfectamente restauradas, con lo que han recuperado su antigua opulencia. En el momento de redactarse esta guía estaban reformándolas para convertirlas en un restaurante exclusivo.

Con la caída del Muro –y del comunismo– el capitalismo se instaló muy pronto en el lugar. Los inversores y las promotoras inmobiliarias percibieron de inmediato la descomunal potencia comercial de este enorme terreno, que rápidamente fue engullido por poderosas corporaciones como la Daimler-Benz (hoy DaimlerChrysler), Sony y la promotora A & T.

---

cos y holandeses como Rembrandt y Rubens; también las de los alemanes Cranach, Durero y Holbein; asimismo las de los italianos como Botticelli, Rafael y Tiziano; franceses como Watteau y De la Tour; británicos como Gainsborough y Reynolds y, por último, españoles como Goya y Velázquez. Se accede a las galerías a través del Gran Vestíbulo con columnas, del tamaño de un campo de fútbol, iluminado por tragaluces circulares.

Para no quedarse extasiado ante tanta grandeza, vale la pena hacerse con un plano nada más entrar y prepararse para pasar por lo menos dos horas y hacerse una idea general. La tarifa incluye audioguías con comentarios sobre algunas pinturas seleccionadas. Como orientación para quien quiera centrarse en algunos artistas en particular, éstos son algunos de los nombres más destacados:

Durero (Sala 4)
Cranach el Viejo (Sala 5)
Holbein el Joven (Sala 6)
Rubens (Salas VII y VIII)
Rembrandt (Sala 16)
Gainsborough y Reynolds (Sala 20)
Canaletto y Tiepolo (Sala XII)
Caravaggio (Sala XIV)
Tiziano y Tintoretto (Sala XVI)
Botticelli (Sala XVIII)

Musikinstrumenten-Museum (SMPK)

El Museo de Instrumentos Musicales (*☎ 25 48 10, Tiergartenstrasse 1; adultos/con descuento 2/1 €; abierto de 9.00 a 17.00 de martes a viernes, de 10.00 a 17.00 sábados y domingos*) se centra en la evolución de los mismos entre los siglos XVI y XX. Puede que los clavicémbalos del siglo XVII, las trompetas medievales y las gaitas de los pastores no atraigan al público en abundancia, pero el museo los presenta de un modo único y muy interesante. En sus pinturas históricas y sus figuras de porcelana se ve cómo se tocaban, y se dispone de auriculares por todo el museo para oír cómo suenan (o sonaban) algunos de ellos. También hay pianos Steinway y curiosidades, como un bastón musical.

El orgullo de este lugar es el **Órgano Gris** (1820) de Bathwick (Inglaterra), pero uno de los mejores es el "**potente Wurlitzer**" (1929), un órgano con más botones y teclas que una tropa de guardias reales. Desde una rampa elevada se puede mirar por las ventanas y ver una colección de instrumentos de percusión y de otro tipo conectados a esta "bestia" musical, lo que le permite ofrecer toda clase de efectos sonoros.

Las visitas guiadas (1,50 €), a las 11.00 los sábados, culminan a las 12.00 con un recital de esta pieza blanca y dorada (aunque no hace falta seguirla para oírlo). La mayoría de semanas hay conciertos de música de cámara (muchos de ellos gratuitos) a las 11.00 los miércoles y a las 15.30 los domingos.

Kunstgewerbemuseum (SMPK)

Las interminables rampas de mármol del interior del Kunstgewerbemuseum (*Museo de Artes Aplicadas;* ☎ *20 90 55 55, Matthäikirchplatz; adultos/con descuento 2/1 €; abierto de 10.00 a 18.00 de martes a viernes, de 11.00 a 18.00 sábados y domingos*) tienen un aire propio de Escher. El museo contiene obras de arte y de artesanía que van desde los cálices de plata dorada del siglo XVI hasta las piezas de cerámica de Art Déco y objetos del siglo XX.

Entre los tesoros medievales se encuentran los 34 relicarios de plata con piedras incrustadas que pertenecieron en su día a los concejales de Lüneburg, y el famoso **Welfenschatz** (tesoro de los Welf), con un recipiente de tapa abombada que se dice que contuvo en su día la cabeza de san Jorge. El Renacimiento está representado con bellas obras de cristal veneciano, de arcilla decorada (mayólica) y otras piezas.

En la planta superior (del Renacimiento al Art Déco) no hay que perderse la alocada colección de muebles de Carlo Bugatti (1885), que combina elementos de las culturas islámica, japonesa y de los indios americanos. También se exponen antiguos juegos de tablero, –desgraciadamente– en marfil y porcelana de Meissen. La Sala China del Palacio Graneri de Turín (Italia) es otro elemento destacado.

El sótano alberga la Colección Nueva, que presenta piezas de diseño internacional del siglo XX de artistas destacados, como Charles Eames.

Kupferstichkabinett (SMPK)

Una de las mejores y mayores colecciones de arte gráfico del mundo es la del Kupferstichkabinett (*Museo de Grabados y Pinturas;* ☎ *20 90 55 55, Matthäikirchplatz; adultos/con descuento 2/1 €; abierto de 10.00 a 18.00 de martes a viernes; de 11.00 a 18.00 sábados y domingos*). Los admiradores de Durero, Pieter Brueghel el Viejo, Rembrandt, Lucas Cranach el Viejo, Picasso y Giacometti serán felices en este lugar. Las ilustraciones de la *Divina comedia* de Dante, realizadas por Botticelli, ocupan un lugar destacado. Los manuscritos, que se presentan iluminados, completan la colección.

Lo que se ve no es más que una parte de todo el fondo artístico, ya que las obras expuestas van cambiando periódicamente para evitar el deterioro del frágil papel. Ello explica también que estén protegidas con cristal y con luces tenues. Todos los paneles explicativos son exclusivamente en alemán, de modo que vale la pena informarse de antemano sobre este tipo de arte.

Neue Nationalgalerie (SMPK)

La Nueva Galería Nacional (☎ *20 90 55 55, Potsdamer Strasse 50; adultos/con descuento 4/2 €; abierta de 10.00 a 18.00 de martes a viernes, de 11.00 a 18.00 sábados y domingos*) está situada a poca distancia al sur del complejo principal del Kulturforum. Se centra en pinturas y esculturas del siglo XX hasta la década de 1960 y están representados todos los géneros importantes: Cubismo (Picasso, Gris, Leger), Surrealismo (Dalí, Miró, Max Ernst), la Nueva Objetividad (Otto Dix, George Grosz), Bauhaus (Klee, Kandinsky) y, sobre todo, Expresionismo alemán (Kirchner, Schmitt-Rottluff, Heckel). Entre sus espléndidas piezas cabe destacar las retorcidas obras de Otto Dix, los trípticos de Beckmann, las magníficas figuras "cabeza-huevo" de George Grosz y la *Potsdamer Platz* de Kirchner (1914), que da una idea del aspecto que tenía la nueva plaza en sus días de gloria de principios de siglo XX.

Las exposiciones sirven para reforzar la impresionante simetría del edificio: las pinturas en las paredes crean unas líneas de fuga como si fueran vías de tren en la distancia. Evidentemente, el personal del museo, siempre atento, acecha a los visitantes, pero hay un café en el sótano que permite escapar de su vigilancia. Y el jardín de esculturas, en la parte trasera, es un lugar estupendo para poner los pies en alto y tomar un poco el sol, si lo hay. Para más información sobre el diseño del edificio, véase la sección especial "Arquitectura".

Neue Staatsbibliothek

El laberíntico edificio en la parte este de Potsdamer Strasse alberga la Neue Staatsbibliothek de Scharoun (*Nueva Biblioteca Nacional;* ☎ 26 61, *Potsdamer Strasse 33; entrada gratuita; abierta de 9.00 a 21.00 de lunes a viernes, hasta las 19.00 los sábados; visitas guiadas gratuitas a las 10.30 el tercer sábado de cada mes*). Abierta desde 1978, es una biblioteca académica de préstamo e investigación con enormes salas de lectura. En la Otto-Braun-Saal se celebran conciertos de música clásica.

Gedenkstätte Deutscher Widerstand

El Gedenkstätte Deutscher Widerstand (*Museo Conmemorativo de la Resistencia Alemana;* ☎ 26 99 50 00, *Stauffenbergstrasse 13-14; entrada gratuita; abierto de 9.00 a 18.00 de lunes a viernes; de 9.00 a 13.00 sábados y domingos; visitas guiadas a las 11.00 los domingos*) ocupa lo que había sido el centro de mando del ejército del III Reich, al suroeste del Kulturforum muestra una faceta importante –en muchos casos olvidada– de la resistencia alemana contra el régimen de terror nazi. Fotografías, documentos y paneles explicativos muestran cómo grupos diversos de obreros, estudiantes, judíos, soldados, prisioneros y exiliados arriesgaron su vida y su *modus vivendi* para luchar contra Hitler.

Quizás el episodio más famoso fue la conspiración para asesinar al Fürher, protagonizada en 1944 por Claus Schenk Graf von Stauffenberg. El tirano, por supuesto, sobrevivió, y el resultado fueron las ejecuciones de los principales conspiradores en el patio del Bendlerblock la noche del atentado. Al final, más de 200 personas fueron acusadas de estar implicadas; prácticamente la mitad acabaron colgadas o decapitadas en la prisión de Plötzensee, también convertida en monumento conmemorativo. (véase en páginas anteriores de esta sección).

Distritos del norte

PANKOW

En Pankow, el distrito más al norte de Berlín, residió la elite del Gobierno de Alemania del Este y desde 2001 ha incorporado los antiguos distritos de Prenzlauer Berg (véase en páginas anteriores de este capítulo) y Weissensee. Este vecindario ha conservado un ambiente agradable de pequeña ciudad, pero los lugares de interés para los turistas son más bien modestos. Parte de su atractivo radica en los bosques y parques que cubren más de un tercio del terreno. A su arteria principal, Breite Strasse, se llega tras un paseo de 500 m hacia el norte desde la estación de S-Bahn de Pankow (S8 y S10) por Berliner Strasse. En el cruce de ambas calles se encuentra la **Dorfkirche**, una iglesia gótica medieval de ladrillo rojo con torres octogonales (abierta los domingos). A otros 500 m aproximadamente hacia el oeste destaca la impresionante **Rathaus** de Pankow, neobarroca, donde los soviéticos celebraron el juicio público del comandante del campo de concentración de Sachsenhausen.

Aún más al oeste, se extiende el popular **Bürgerpark** (parque de la gente), que se funde con el Schönholzer Heide y también con un cementerio soviético para los caídos en la Batalla de Berlín.

Schloss Niederschönhausen

El principal punto de interés de este distrito es el Schloss Niederschönhausen (1664) que, tras la fundación de la RDA, en 1949, se convirtió en la "Casa Blanca" del Staatspräsident (presidente del Estado) Wilhelm Pieck, quien vivió en este lugar hasta 1960. Su sucesor, Walter Ulbricht, continuó en el palacio durante cuatro años más, hasta la finalización del Staatsratsgebäude (Edificio del Consejo Estatal) en Schlossplatz (Mitte); véase la sección "Mitte" en páginas anteriores de este capítulo. Entonces se convirtió en casa de invitados del Gobierno y acogió, entre otros, a Mijail Gorbachov y Fidel Castro. Hasta 1991 todo el complejo estaba cerrado al público pero tras la caída del Muro, parte de las negociaciones de la Mesa Redonda dirigidas a la reunificación se celebraron en este lugar.

El palacio, de dos pisos, no tiene rasgos destacables. Se halla en el interior de un jardín cercado (y cerrado al público entre diciembre y Pascua) que rodea el Schlosspark, diseñado por Peter Lenné y siempre abierto. El pequeño Panke, río que da nombre a Pankow, atraviesa el parque. Se accede a toda la zona del Schloss a través de unas verjas de hierro que anteriormente estaban vigiladas. Para llegar allí se toma el tranvía nº 52 o 53 desde la estación de S-Bahn Pankow hasta la parada de Tschaikowskystrasse y luego se sigue a lo largo de Tschaikowskystrasse a pie unos 400 m, hasta llegar a la puerta oeste.

Todo el barrio que rodea el palacio, especialmente por Majakowskiring, era una comunidad exclusiva donde las principales figuras del partido vivían hombro con hombro junto a prominentes artistas, científicos y escritores, como Hanns Eisler, Christa Wolf y Arnold Zweig. Era necesario disponer de un pase para entrar, con lo que el público no podía ver las espléndidas villas y el lujo del que estaban rodeados sus gobernantes mientras casi todos los demás tenían que vivir sin cosas tan necesarias como un coche o un teléfono.

Weissensee

El poco poblado distrito de Weissensee es uno de los más agradables del antiguo Berlín Este, al haber conservado un aire provinciano y una gran cantidad de espacios verdes. Se libró de la destrucción a gran escala de la II Guerra Mundial y buena parte de sus edificios del siglo XIX sobrevivieron.

Weissensee toma su nombre del **Weisser See**, un lago casi redondo situado en Berliner Allee (U2, S8 o S10 a Schönhauser Allee, y luego el tranvía nº 23 o 24 hasta la parada de Berliner Allee/Indira-Gandhi-Strasse). Cuando hace buen día este lugar se llena de familias y parejas jóvenes y las tranquilas aguas quedan salpicadas de botes y patines. En la orilla oriental hay un estanque situado junto al lago que recuerda viejos tiempos.

Al este se ubica la **Brecht-Haus** (*☎ 926 80 44, Berlinier Allee 185; el precio de la entrada varía; abierto de 14.00 a 18.00 de miércoles a domingo*), donde se instalaron Bertolt Brecht y Helene Weigel cuando volvieron del exilio en 1949. La villa neoclásica, que linda con el lago, es en la actualidad un foro artístico y cultural en el que se celebran conferencias, conciertos y proyecciones en los meses más cálidos.

Weissensee también alberga el mayor Cementerio Judío de Europa (véase el recuadro "Visita a los cementerios", en la sección "Schöneberg").

Hundemuseum. Relojes que dan la hora con ladridos, perros disecados y de porcelana, medallas, pósters, velas en forma de perro, e incluso un "anuncio para reclutar perros" de 1945... todo ello se puede encontrar en el extravagante Hundemuseum (*Museo de los perros; ☎ 474 20 31, Alt-Blankenburg 33; adultos/con descuento 1/0,50 €; abierto de 15.00 a 18.00 martes, jueves y sábado, de 11.00 a 17.00 domingos; S-Bahn: S8 o S10 a Blankenburg, luego 10 minutos a pie hacia el este*). Esta interesante muestra para los amantes de los perros es el resultado de la pasión de Margarete y Gerhard Laske, que durante toda la vida han acumulado hasta 20.000 artículos, todos ellos relacionados con los canes y que muestran en sus siete salas de exposición, ganándose así un lugar en el *Libro Guinness de los récords*.

Distritos del este

LICHTENBERG

Desde 2001, el insulso Lichtenberg, al oeste de Friedrichshain, también ha incorporado el antiguo vecindario de Hohenschönhausen. En 1995, Lichtenberg fue el primer distrito de Berlín donde se eligió a un alcalde del Partei Demokratischer Sozialisten (PDS), sucesor del SED de la RDA. Es sorprendente este arranque de nostalgia por los días del comunismo, dado que éste era el lugar donde se encontraba el cuartel general del temido Ministerio de Seguridad del Estado (la Stasi), así como una de las principales prisiones. Desde sus oficinas en Normannenstrase, el amplio sistema de vigilancia se extendía no tanto a los enemigos extranjeros como a los propios ciudadanos de la RDA (véase el recuadro "La Stasi: miedo y odio en la RDA"). Lichtenberg también tiene un **zoo**, un **Schloss** y otra exposición conmemorativa importante, el **Museum Karlshorst**.

Otros espacios verdes, un par de lagos (Orankesee y Obersee) y una urbanización de villas convierten al **Hohenschönhausen** en algo más atractivo. En cuanto a lugares de interés, en realidad sólo hay uno, y es bastante escalofriante.

Schloss Friedrichsfelde y Tierpark

El Schloss Friedrichsfelde (☎ *513 81 41, Am Tierpark 125; U-Bahn U5 a Tierpark*) es un palacio del Barroco tardío (1695). Sobrevivió a la II Guerra Mundial prácti-

La Stasi: miedo y odio en la RDA

Las paredes oían. Estructurado a imagen y semejanza de la KGB soviética, el Ministerium für Staatssicherheit de Alemania del Este (Ministerio de Seguridad del Estado, abreviado "Stasi") se fundó en 1950. Era una policía secreta, una agencia central de inteligencia y un departamento de investigación criminal, todo en uno. Llamada el "escudo y la espada" de los paranoicos líderes del SED –que lo usaban como instrumento de miedo y opresión para asegurarse el poder– la Stasi creció progresivamente en poder y tamaño durante las cuatro décadas de su existencia. Al final, el ministerio tenía 91.000 funcionarios empleados a jornada completa. Sus armas secretas, no obstante, eran sus 173.000 IM (inoffizielle Mitarbeiter: empleados no oficiales) reclutados entre el público en general para espiar a sus colegas, amigos, familiares y vecinos. Se registraba hasta la mínima información y cuando cayó el sistema, tenía archivados datos de seis millones de personas.

La capacidad de la Stasi de llegar a todas partes era inimaginable, al igual que la de invadir la esfera privada de sus propios ciudadanos. Aunque sus métodos no conocían límites, las técnicas más comunes eran las escuchas telefónicas, la observación por vídeo y la lectura del correo privado. Quizás la forma más retorcida del terror de la Stasi fue la conservación del olor corporal de cualquier presunto "enemigo". Durante los interrogatorios se tomaban muestras –generalmente frotando la entrepierna de la pobre víctima con un trapo de algodón– y se guardaban en frascos de vidrio herméticos. Si había que identificar a una persona, entraban en acción unos perros especialmente entrenados para detectar olores y conocidos con el eufemismo de "perros diferenciadores de olores".

Para ver la oficina de Erich Mielke, el último director de la Stasi, así como unos ingeniosos instrumentos de observación, parafernalia comunista y documentos que hielan la sangre sobre los campos de internamiento de la RDA, se puede visitar el antiguo cuartel general de la Stasi en el distrito de Lichtenberg. El denominado "Museo Stasi" (☎ *553 68 54, Ruschestrasse 103 (Casa 1); adultos/con descuento 2,50/1,50 €; abierto de 11.00 a 18.00 de lunes a viernes; de 14.00 a 18.00 los sábados y domingos; U-Bahn: U5 a Magdalenenstrasse*) presenta una exposición sobre esta criminal organización y sobre la vida en la RDA en general. Está financiada por la Forschungs- und Gedenkstätte Normanenstrasse (Centro Conmemorativo y de Investigación Normanenstrasse).

mente intacto pero tras la guerra se usaron partes del mismo como cobijo para los animales del adyacente Tierpark. Sólo tras una restauración completa, llevada a cabo entre 1973 y 1981, recuperó su elegante aspecto. En el momento de escribirse esta guía, el palacio estaba cerrado al público mientras se decidía el destino que se le iba a dar.

Para compensar a sus ciudadanos por la pérdida del famoso Zoologischer Garten, el gobierno de Berlín Este convirtió el antiguo Schlosspark en un zoo. El **Tierpark Friedrichsfelde** (*☎ 51 53 10; adultos/estudiantes/niños 7/6/3,75 €; abierto de 9.00 a 16.00 entre noviembre y febrero, de 9.00 a 18.00 marzo y octubre, de 9.00 a 19.00 abril y septiembre*) abrió sus puertas en 1954 y en el último censo (finales de 2001) tenía registrados más de 8.000 animales de casi 1.000 especies, que vivían en espacios abiertos rodeados por un foso. Entre sus residentes más populares se encuentran muchas especies de ungulados raros, como caballos salvajes, antílopes orix y ciervos sika vietnamitas, todos ellos extinguidos en la práctica.

Museum Berlin-Karlshorst

Esta fascinante exposición (*☎ 50 15 08 41, Zwieseler Strasse 4, esquina con Rheinsteinstrasse, Karlshorst; entrada libre; de martes a domingo de 10.00 a 18.00*) sobre la relación germano-soviética desde 1917 hasta la reunificación. Documentos, objetos, uniformes y fotografías exploran todas las fases de las relaciones haciendo especial hincapié en la II Guerra Mundial.

Trata de un modo muy informativo y objetivo temas como las relaciones germanosoviéticas antes de la ascensión de Hitler al poder, la dureza de la vida del soldado y el destino de los civiles soviéticos durante la guerra de un modo muy informativo y objetivo.

La villa que alberga la exposición tiene una historia turbulenta. Fue en este lugar, durante la noche del 8 de mayo de 1945, donde se firmó la rendición incondicional de Alemania que ponía fin a la II Guerra Mundial en Europa.

Durante el conflicto, el edificio sirvió como comedor de oficiales de la escuela de la Wehrmacht y en 1945 se convirtió en el cuartel general de la Administración Militar Soviética en Alemania. En este lugar adquirió calidad de estado la RDA en 1949. Aún se puede ver la **oficina del mariscal Zhukov**, el comandante en jefe soviético, así como el **Gran Salón** en el que se firmaron los términos de la rendición. En el exterior se encuentra una batería de **armas militares soviéticas**, incluido un cañón Howitzer y el lanzacohetes múltiple *Katjiuscha* (conocido como el "órgano de Stalin").

Para llegar al museo hay que tomar la S3 hasta Karlshorst y seguir luego Treskowalee hacia el norte hasta Rheinsteinstrasse, donde se debe girar a la derecha. En total son 10 minutos a pie. Las indicaciones informativas están sólo en alemán y en ruso, pero también se puede obtener un folleto en inglés (gratis) y un catálogo (2,50 €).

Gedenkstätte Hohenschönhausen

La Gendenkstätte Hohenschönhausen (*Memorial Hohenschönhausen;* ☎ *9862 42 19, Genslerstrasse 66; entrada y visita guiada gratuitas; visitas a las 13.00 los martes y jueves, a las 11.00 los viernes y sábados y previa cita*) es una antigua prisión muy temida en su tiempo y que ha atravesado tres etapas diferenciadas. De mayo de 1945 a octubre de 1946 funcionó como "Speziallager Nr 3" (Campo especial n° 3), centro de distribución de hasta 20.000 prisioneros de guerra alemanes destinados al Gulag. Posteriormente, los soviéticos la convirtieron en prisión convencional, temida sobre todo por sus "U-Boats", celdas subterráneas sin ventanas donde se sometía a los presos a diversas formas de tortura. En 1951 fue devuelta al Gobierno de la RDA, que la convirtió en la prisión central de la Stasi. Aquí se interrogó y se torturó a los detenidos como sospechosos de ser enemigos del régimen hasta 1989.

De momento, sólo puede accederse al lugar en visitas guiadas (en alemán). Hay que llamar con tiempo para efectuar reservas. Para llegar se toma la S7 hasta Marzahn y luego se vuelve hacia el sur con el tranvía n° 6, 7 o 17 hasta Genslerstrasse.

'Viviendas de lujo' al estilo de la RDA

Marzahn, Hohenschönhausen y Hellersdorf son ciudades satélite del este, creadas con una eficiencia de laboratorio a finales de la década de 1970 y durante la de 1980. Su rasgo más característico es la disposición de los gigantes e impersonales bloques de materiales prefabricados, uno tras otro (los llamados *Plattenbauten*), que se levantan como enormes estalagmitas de cemento. Sólo en Marzahn se construyeron más de 62.000 pisos para 160.000 personas entre 1976 y 1979, lo que le valió el dudoso honor de ser el mayor complejo de nueva construcción de toda Alemania. Muchas de estas colmenas de diminutos apartamentos tienen hasta 17 pisos de altura. Las puertas de entrada lucen diferentes colores, símbolos o animales pintados para que resulte más fácil, especialmente para los niños, encontrar la puerta de casa. Los habitantes de la RDA les habían puesto incluso un mote a sus pequeñas moradas: Arbeiterschliessfächer (las taquillas de los obreros).

El hecho es que había una gran demanda de estas viviendas en la Alemania comunista. Al contrario que los edificios en los barrios más antiguos del centro de Berlín, por ejemplo en Prenzlauer Berg y Friedrichshain, disponían de algunos lujos relativos, como baño propio, ascensor y calefacción central. Otros servicios, como los parques infantiles y los aparcamientos, también suponían un valor añadido.

En los años inmediatamente posteriores a la caída del comunismo, la gente que vivía en estas cajas de cemento pertenecía sobre todo a la gama más baja del espectro social. Pero últimamente estos vecindarios han ido despertando la atención de los jóvenes modernos de recursos limitados, muchos de ellos procedentes de otras partes de Alemania. Este entorno funcional parece atraer especialmente a artistas, arquitectos, periodistas y otros personajes creativos que aprecian esta urbanidad extrema y encuentran cierto atractivo a esta arquitectura brutalista. Los bajos alquileres también resultan tentadores pero, más que cualquier otra cosa, lo más estimulante puede que sea su violento choque con el preciosismo cada vez mayor que se extiende por todos los rincones de la ciudad. Los impersonales Plattenbauten se han convertido en la expresión de un estilo de vida personal. ¿Qué dirían de eso los urbanistas de la RDA?

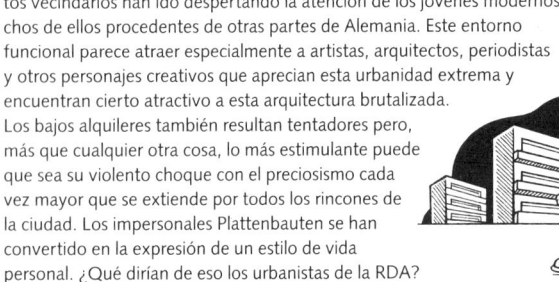

MARZAHN-HELLERSDORF

Los que tengan curiosidad por saber cómo eran las viviendas "de vanguardia" en la RDA hasta la década de 1980 sólo tienen que tomar el S7/75 hasta Springpfuhl y luego el tranvía nº 8 o 18 para encontrarse en el corazón de Marzahn. Tras sentirse espantados por una estética horrorosa, que se preparen para la gran sensación: el **Alt-Marzahn**, una minúscula superficie de historia medieval reconstruida entre los impersonales desfiladeros de cemento. Hay de todo: una preciosa iglesia con un campanario de tejados escalonados, caminos de adoquines, un molino de madera e incluso una pequeña granja. Es una especie de Disneylandia al estilo de la RDA construida en el lugar donde se encontraban los edificios originales en el siglo XIV.

También está ubicado en este lugar el **Dorfmuseum Marzahn** (☎ *541 02 31, Alt-Marzahn 13, adultos/con descuento 2,50/ 1,25 €, gratis los miércoles; abierto de 10.00 a 18.00 de martes a domingo)*, que alberga dos pequeños museos: el sorprendente **Friseurmuseum** (Museo de la Peluquería), muy interesante, y el **Handwerksmuseum** (Museo de la Artesanía). El primero no sólo arroja luz sobre los misterios del lavado, cortado, rizado y teñido del cabello, sino que también nos acerca al complicado mundo de la fabricación de pelucas. Destacan los muebles diseñados por Henry van de Velde, el pionero del Art Nouveau, para un salón de peluquería de Berlín. El Handwerksmuseum, en la planta superior, presenta exposiciones periódicas sobre diferentes tipos de artesanía en el Berlín medieval.

Hellersdorf es un fiel reflejo de Marzhan, con 40.000 pisos en sus guetos de Plattenbauten. El único encanto que se le puede encontrar son las villas del siglo XIX del barrio periférico de Mahlsdorf.

Gründerzeit Museum

Hellersdorf también cuenta con uno de las propuestas más poco corrientes de Berlín, el Gründerzeit Museum (☎ *567 83 29, Hultschiner Damm 333; entrada 3,50/1,50 €; abierto de 10.00 a 18.00 los miércoles y domingos; S-Bahn: S5 a Mahlsdorf y luego a dos paradas en el tranvía nº 62*). Situado en la Mahlsdorfer Gutshaus, una casa solariega histórica, su creador es Charlotte von Mahlsdorf, nacido Lothar Bergfelde, el travestido más famoso de la RDA. Una de sus pasiones era coleccionar muebles y objetos artísticos de finales del siglo XIX, que después dispuso con todo cariño en un museo organizado por estancias de diferentes períodos, incluyendo sala de estar, cocina, lavadero y habitación de servicio. Desgraciadamente, Charlotte voló a Suecia en 1995 y se llevó consigo algunas de las piezas más famosas de la colección, pero dejó muchas tras de sí, que compró la administración del distrito de Hellersdorf. En la actualidad se organizan visitas guiadas por voluntarios. Es mejor llamar antes de aventurarse.

Distritos del sur

NEUKÖLLN (Plano 5)

Neukölln, el distrito más densamente poblado de Berlín, es un ejemplo de contrastes. El norte, que limita con Kreuzberg, ha sido tradicionalmente un feudo del proletariado y sigue habitado por los segmentos más pobres de la población, entre ellos muchos inmigrantes. La arteria principal, Karl-Marx-Strasse, es una transitada calle mayor llena de establecimientos baratos de productos importados y cadenas de tiendas económicas.

Por otra parte, los barrios de Britz, Buckow y Rudow, al sur, han conservado su personalidad y el carácter tranquilo de las ciudades de provincias, con paseos con árboles, casas unifamiliares y una población de clase media en su mayor parte. Gropiusstadt es una excepción, un enorme complejo de rascacielos que constituye un buen ejemplo del tipo de aberraciones arquitectónicas que se cometían en la década de 1970.

Volkspark Hasenheide

Este magnífico parque une Neukölln con Kreuzberg, y originalmente era la reserva de conejos de la familia real (de ahí su nombre, que literalmente significa "parque de los conejos"). El arquitecto y paisajista Peter Lenné también puso parte de su magia en el Hasenheide en 1938. Tras la II Guerra Mundial abrió al público, con senderos, zonas de columpios, un teatro al aire libre y un santuario de animales. En la actualidad se ha convertido un lugar de reunión de los vecinos, que lo utilizan para jugar a la petanca, charlar o pasear. El **Rixdorfer Höhe**, de 70 m de altura, es otra de las Trümmerberge (montañas de escombros) de Berlín.

Britz

A los aficionados a la arquitectura les espera una exquisitez en la **Hufeisensiedlung** (Colonia de la herradura), un complejo de viviendas expresionistas de finales de la década de 1920 situado en el barrio de Britz. Es obra de Bruno Taut y Martin Wagner, que pretendieron crear espacios vitales amplios y humanos como alternativa a las abigarradas y oscuras viviendas del centro de la ciudad.

La estructura, en Lowise-Reuter-Ring, ilustra perfectamente los principios desarrollados. Alrededor de un estanque preexistente, crearon una zona verde y la rodearon con una estructura redondeada de tres pisos en forma de herradura. Lo que parece un solo edificio enorme está compuesto, en realidad, de secciones individuales, cada una de ellas con una orientación diferente para conseguir el efecto de redondez. Todas las viviendas tienen balcones de cara al parque y cada sección, su propio jardín. El conjunto presenta un aspecto muy bonito y limpio.

Habiendo llegado hasta aquí, vale la pena echar un vistazo a la calle **Hüsung**, justo al oeste de Lowise-Reuter-Ring, donde se suceden filas ininterrumpidas de estrechas casas unifamiliares de dos plantas que siguen el trazado rómbico de la travesía. Los diminutos jardines delanteros están separados de la acera por setos de idéntica altura; los árboles se han distribuido de forma regular, con unos 10 m de separación. La sorprendente simetría y homogeneidad de este complejo resulta a la vez inquietante e interesante.

Para llegar a la "Herradura" y al "Rombo" debe tomarse la línea U7 hasta Parchimer Allee y luego caminar hacia el norte unos 250 m.

Otro lugar de interés es el **Schloss Britz** (☎ 606 60 51, Alt-Britz 73; *exposiciones: adultos/con descuento 3/2 €; visitas guiadas por petición previa; parque abierto de 9.00 al anochecer todos los días; 2/1 €*). Se llega caminando unos 500 m hacia el oeste desde la estación de U-Bahn de Parchimer Allee (U7). En realidad no es un palacio, sino una gran finca donde vivió un miembro de la corte, y que fue construida en 1706 en estilo Renacimiento francés. Tras la II Guerra Mundial, se usó como orfanato, pero actualmente está restaurada y se organizan en ella exposiciones, recepciones, conciertos y otros actos culturales. La mayoría de las salas, abiertas al público, están repletas de muebles originales. El parque de la finca, a su vez, es un lugar muy agradable para descansar o hacer un pícnic.

Gropiusstadt

Al sureste de Berlín se encuentra Gropiusstadt, la respuesta de Berlín Oeste a Marzahn y a otras colonias desoladas del antiguo Berlín Este. Construida entre 1964 y 1975, es un desierto de vidrio y cemento con pisos para más de 50.000 personas. Aunque se basó en diseños del fundador de la Bauhaus, Walter Gropius, el resultado final probablemente le haría retorcerse en su tumba. Su visión de una comunidad agradable para los peatones, con gran cantidad de espacios verdes abiertos y edificios de hasta cuatro plantas se convirtió en un bosque de rascacielos –algunos llegan a 31 pisos– tan cerca unos de otros que se puede ver incluso cómo se lava los dientes el vecino. En este lugar no hay nada que pueda despertar el interés de los turistas, pero quien quiera hacerse una idea de cómo es, puede bajarse en cualquiera de las cuatro estaciones de Johannisthaler Chaussee (U7) hacia el sur. En la parada de Wutzkyallee hay un centro comercial.

TREPTOW

La personalidad de Treptow está marcada por el río Spree y la gran zona de recreo formada por el bosque de Plänterwald y Treptow Park, que se extienden por la orilla oeste del río. **Stern und Kreis Schifffahrt** (☎ *536 36 00, los barcos salen de Hafen Treptow, cerca de la estación de S-Bahn de Treptower Park*) realiza cruceros de mayo a octubre, y también alquila botes de remos y patines.

Esta zona, que en su día fue un importante centro artesanal, apuesta actualmente por la alta tecnología. La antigua planta de producción de televisores de Adlershof, en el sur del distrito, se está transformando en un enorme parque tecnológico llamado Wissenschafts- und Wirtschaftsstandort Adlershor (WISTA, Centro científico y económico de Adlershof). Parte del complejo lo ocupa el campus de ciencias de la Humboldt Universität.

Las principales atracciones para los visitantes son el enorme **Monumento soviético en recuerdo de la guerra** de Treptow Park y, para los niños, el Spree-Park.

Museum der Verbotenen Kunst (Plano 5)

Situada en lo que era la "Franja de la muerte", se alza la única torre que aún sobrevive de las que empleaban los soldados de la RDA para vigilar la frontera entre las dos Alemanias. Un grupo de jóvenes artistas no sólo impidieron su demolición, sino que también crearon un espacio único en su interior, el Museum der Verbotenen Kunst (*Mu-*

seo del Arte Prohibido; ☎ *229 16 45; entrada gratuita; abierto de miércoles a domingo de 12.00 a 18.00).* Las exposiciones cambian constantemente pero suelen mostrar obras de arte del período de división del país o sobre ese tema. En la planta superior se exhiben piezas que documentan la naturaleza opresiva del sistema fronterizo. En verano se llevan a cabo actuaciones, conciertos y proyecciones al aire libre en la zona que rodea la torre. Desde la estación de U-Bahn Schlesisches Tor (U1/15) hay que caminar hacia el sureste unos 10 minutos, o tomar el autobús nº 265. Si se accede por la estación de S-Bahn de Treptower Park, está a la misma distancia aproximadamente hacia el noroeste.

Sowjietisches Ehrenmal (Plano 1)

Justo en el centro de Treptow Park se encuentra el mayor monumento conmemorativo soviético (1949), un complejo colosal que atestigua tanto la inmensidad de las bajas de la II Guerra Mundial como lo desmesurado de la importancia que se otorgó a sí mismo el estado soviético bajo la dirección de Stalin. El memorial siempre está abierto. Desde la estación de S-Bahn Treptower Park hay que caminar hacia el sur unos 750 m por Puschkinallee y luego entrar al parque a través de la grandiosa puerta de piedra.

Al acercarse al complejo, primero se pasa junto a una estatua de la Madre Rusia, llorando por sus hijos muertos. El acceso está flanqueado por dos grandes paredes hechas de mármol rojo, procedente de la Nueva Cancillería de Hitler, con soldados arrodillados delante.

En este punto se abre una amplia plaza con ocho sarcófagos a cada lado simbolizando las 16 repúblicas soviéticas. Cada uno de los bloques está cubierto con relieves que escenifican la guerra y citas de Stalin (en ruso y alemán). En el gran campo central están enterrados 5.000 soldados que cayeron en la batalla de Berlín. Acaba en un montículo coronado por una estatua de 13 m de altura, que representa a un soldado ruso con un niño en los brazos mientras su espada descansa sobre una esvástica rota en pedazos. En el plinto hay un mosaico al estilo del Realismo Socialista que muestra a ciudadanos soviéticos agradecidos (obreros, campesinos y minorías de Asia central).

Archenhold Sternwarte (Plano 1).

A poca distancia del monumento se halla el observatorio público más antiguo de Alemania (☎ *534 80 80; adultos/con descuento 2/ 1,50 €; abierto de 14.00 a 17.30 de lunes a jueves y de 14.00 a 19.30 de viernes a domingo).* Se inauguró en 1909 por iniciativa del astrónomo Friedrich Simon Archenhold. En 1915 Albert Einstein presentó aquí su teoría de la relatividad. El museo, modernizado, contiene una **lente refractante gigante** *(demostraciones a las 15.00 los domingos, exposición al público a las 20.00 los segundos viernes de mes entre octubre y marzo)* y muestra diversas exposiciones sobre temas relacionados con el espacio. La forma más sencilla de llegar es caminando por el parque desde la estación de S-Bahn Plänterwald.

Spree-Park Plänterwald (Fuera del plano 1)

Los niños más pequeños disfrutan en el Spree-Park Plänterwald (☎ *53 33 50, Kiehnwerderallee 1-3; adultos/niños de 3 a 12 años 15/14 € con pase a las atracciones; horario habitual: 9.00 a 18.00 de lunes a viernes, 10.00 a 19.00 sábados y domingos entre marzo y principios de noviembre).* Nació como el mayor parque de atracciones de la RDA y recibe unos 1,5 millones de visitantes al año. En 1991 se vendió a una empresa privada que ha modernizado las instalaciones. Es bastante sencillo, con algunas atracciones con aguas (no tan) bravas, una noria, una montaña rusa y la "ciudad de los cowboys" de Colorado City. También tienen unos cuantos bares y restaurantes modestos. La estación de S-Bahn más cercana es Plänterwald, desde donde hay unos 15 o 20 minutos a pie hacia el noreste; también la U1 o U15 hasta Schlesisches Tor y luego el autobús nº 265 hasta la parada de Rathaus Treptow. La entrada está en Neue Krugallee.

Anna Seghers Gedenkstätte (Fuera del plano 1)

Puede que a los lectores de la escritora Anna Seghers (1900-1983) les interese hacer un peregrinaje a la pequeña exposición conmemorativa que hay en el interior de la que fue su vivienda (☎ 677 47 25, *Anna-Seghers-Strasse 81; adultos/con descuento 2/ 1 €; abierta de 10.00 a 16.00 martes y miércoles, de 10.00 a 18.00 los jueves; S-Bahn: S6, S8, S9, S45 a Adlershof*). Aún se conservan la sala de estar y el despacho atestados de libros, así como diversos objetos sobre su vida y su obra. Comunista comprometida, Seghers (cuyo nombre real era Netty Radvanyi, Reiling de soltera) pasó la II Guerra Mundial en México, antes de elegir Berlín Este como domicilio a su vuelta del exilio. Su obra más famosa es *La séptima cruz* (1941), un escalofriante relato de los horrores del régimen nazi. La estación de S-Bahn más cercana es Adlershof.

KÖPENICK

Köpenick, en el extremo sureste de Berlín, se asoció administrativamente con Treptow en 2001, y es con mucho el distrito más verde, ya que más de dos tercios de su territorio están cubiertos por bosques y lagos: el mayor lago de Berlín (Müggelsee), el mayor bosque (Köpenicker Stadtforst) y la mayor elevación natural (Müggelberge, 115 m) se encuentran aquí. Hay muchas opciones para remar, nadar, navegar, hacer windsurf y realizar excursiones.

Este lugar es el tercer asentamiento medieval de la zona, tras Spandau y Berlín y adquirió estatus de ciudad en 1232, 30 años antes que Berlín, del cual se mantuvo independiente hasta 1920. Los admiradores de la cultura y la arquitectura pueden disfrutar de su **Altstadt** protegida, del **palacio barroco** y del antiguo pueblo de pescadores, Kietz.

A pesar de su gran atractivo natural, la RDA ubicó en sus alrededores una gran cantidad de industria llego a tener unas 100 fábricas con 35.000 trabajadores. La mayoría han cerrado ya, aunque quedan empresas menores con actividades "más limpias", como algunas de electrónica y cosmética.

Se llega fácilmente con la S3 desde las principales estaciones de S-Bahn del centro de Berlín. Köpenick es un excelente lugar para escapar del ajetreo de la gran ciudad y además realizar una excursión de un día o de media jornada. Se puede empezar por la **oficina de turismo** del distrito (☎ *655 75 50, Alt-Köpenick 34; abierta de 9.00 a 19.00 de lunes a viernes, de 10.00 a 14.00 sábados y domingos*).

Gedenkstätte Köpenicker Blutwoche

A principios del siglo XX, Köpenick era un feudo de los partidos KDP (comunista) y SPD (social demócrata). En marzo de 1920 los obreros del lugar participaron en la lucha contra el golpe de estado del radical de extrema derecha Wolfgang Kapp (véase la sección "Historia" en el capítulo *Sobre Berlín*). Bajo el liderazgo de Alexander Futran, cerraron el paso de las tropas leales a Kapp en su marcha sobre Berlín. Futran fue capturado y ejecutado, pero Köpenick siguió siendo comunista. Trece años más tarde, cuando Hitler llegó al poder, se alzó desafiantemente la bandera roja en este lugar.

Naturalmente, los nazis no dejaron que esa provocación quedara impune. En la semana del 21 al 26 de junio de 1933, las SA arrestaron y torturaron brutalmente a cientos de oponentes al movimiento nacionalsocialista, matando a 91 de ellos. Las atrocidades, que pasaron a la historia como la *Köpenicker Blutwoche* (Semana sangrienta de Köpenick), tuvieron lugar en la prisión de los juzgados de **Amtsgericht Köpenick**. Actualmente acoge una pequeña **exposición conmemorativa** (☎ *657 14 67, Puchanstrasse 12; entrada gratuita; abierta de 10.00 a 16.30 martes y miércoles, de 10.00 a 18.00 los jueves, de 14.00 a 18.00 los sábados*), que incluye una celda reconstruida. Un **monumento** (1969) con un puño apretado en alto recuerda a las víctimas de la Blutwoche en la Platz des 23 April, justo al sur.

Altstadt

Se ha restaurado recientemente gran parte de la Altstadt (centro histórico) incluidos calles y edificios. Al contrario que la mayor parte de la de Spandau, la Altstadt de Köpenick no se ha adaptado para peatones, y muchas de sus antiguas calles adoquinadas aún conservan su trazado medieval. La calle con más historia es Böttcherstrasse, pero es más reco-

El 'capitán de Köpenick'

Frente a la Rathaus (Ayuntamiento) se encuentra una estatua de bronce del Hauptmann von Köpenick (el "capitán de Köpenick"), legendario personaje, famoso por haberse burlado de la autoridad prusiana. Se llamaba Wilhelm Voigt y era un tarambana que había pasado gran parte de su vida en la cárcel por delitos menores. Cuando por fin fue liberado en 1906, este zapatero sin trabajo decidió volverse honesto y empezar de nuevo en otro país. Sólo necesitaba un pasaporte. Pero tenía un problema: como ex convicto sin dinero ni trabajo, las posibilidades de conseguir uno eran exiguas.

La frustración de Voigt llegó a un nivel insostenible. Pero entonces tuvo una idea ingeniosa. Se puso un uniforme de capitán que había encontrado en una tienda de disfraces, salió a la calle y tomó a su mando al primer grupo de soldados que pasaban por allí, ordenándoles que tomaran la Rathaus de Köpenick. La tropa ocupó el Ayuntamiento, arrestó al alcalde y confiscó los fondos de la ciudad. Nadie se molestó en preguntar quién era o si tenía la autoridad para hacerlo. Su uniforme era toda la identificación que precisaban. Con todos los soldados en posición de firmes, Voigt desapareció con el dinero.

En cuanto la prensa aireó el asunto, todo el mundo se rió del ridículo que había hecho la autoridad militar prusiana y el "capitán" se convirtió inmediatamente en una celebridad mediática. No obstante, no se salió con la suya. Diez días más tarde fue atrapado y sentenciado a cuatro años de cárcel. Pero hasta al káiser le pareció tan divertido el incidente que ordenó que liberaran al zapatero al cabo de sólo dos años. A su salida, Voigt viajó a todos los rincones del mundo –de Viena a Londres, de Budapest a Nueva York– dando entrevistas y firmando contratos de películas, libros y música.

Sin embargo, con el estallido de la I Guerra Mundial su fama se esfumó; ya nadie se reía del ejército prusiano. Abatido, se instaló en Luxemburgo y murió en 1922, tan pobre y miserable como había sido durante la mayor parte de su vida.

La Rathaus de Köpenick ha montado una pequeña exposición gratuita en su –¡ejem!– honor.

---

mendable Strasse Alt-Köpenick. La casa más antigua es la que está en el nº 36 (construida en 1616); la nº 14 data de 1800 y las nºˢ 6 y 10, de 1830.

Se reconoce fácilmente la **Rathaus** (1904), un complicado edificio neogótico de ladrillo rojo con recargadas torretas y una gran torre de 54 m. Obsérvese también la fachada con gabletes escalonados, típica de la arquitectura del norte de Alemania. Frente a la entrada principal se levanta una estatua del legendario "capitán de Köpenick".

Schloss Köpenick

El sencillo pero grácil Palacio Köpenick se encuentra en la Schlossinsel, una isla del Dahme. Fue construido en estilo Barroco holandés entre 1677 y 1682 y fue la residencia del príncipe Federico hasta que se convirtió en el elector Federico III (y posteriormente en el rey Federico I). Años más tarde se utilizó como prisión y seminario, hasta que la RDA instaló aquí su Museo de Artes Aplicadas, en 1963. Tras la caída del comunismo, el lugar se convirtió en la sucursal del museo homónimo del Kulturforum. No obstante, las colecciones no estarán expuestas al público hasta que se lleve a cabo una restauración completa del edificio, proceso que puede llevar hasta pasado el año 2004.

En octubre de 1730 un tribunal militar reunido en la Wappensaal del Schloss, un salón de espléndida decoración situado en la segunda planta, dictó una cruel sentencia. Los acusados: dos capitanes. El delito: intento de deserción. Veredicto: guillotina para uno y el trono para el otro, que tuvo la suerte de ser hijo del rey Federico Guillermo I, el futuro rey Federico II.

Frente al Schloss se levanta la **Schlosskapelle** (1885), de estilo Barroco, fue construida siguiendo los planos del arquitecto del palacio de Charlottenburg, Johann Arnold Nering. Está rodeada por el encantador **Schlosspark**.

Distritos del oeste – Spandau

Kietz

Situado al sureste de la Altstadt, Kietz es el pueblecito medieval de pescadores de Köpenick y aún conserva los preciosos edificios restaurados de una y dos plantas donde vivían los pescadores ya en el siglo XVIII. Entre ellos destaca el **Wäschereimuseum** (*Museo de la Colada*, ☎ 656 38 21, *Luisenstrasse 23; visitas guiadas: adultos/con descuento 2/1 €; visitas de 15.00 a 18.00 el primer viernes de cada mes; tranvía: n° 62 a Müggelheimer Strasse/Wendenschlossstrasse*). Este espacio único procede del siglo XIX, cuando Köpenick era un centro del negocio del lavado de ropa, y entre las piezas expuestas hay lavadoras a vapor, planchas a gas y antiguos rodillos escurridores.

Se realizan visitas guiadas (en alemán) con un gran sentido del humor, pero desgraciadamente sólo se efectúan una vez al mes.

Grosser Müggelsee

El Müggelsee se llama "Grosser" con motivo. Con 4 km de longitud y 2,5 km de anchura, es el mayor lago de la zona de Berlín. Junto a la orilla noroeste se halla el barrio de **Friedrichshagen**, al que se accede en el tranvía n° 61 desde la estación de S-Bahn de Friedrichshagen. En 1753, Federico II situó en este terreno a cien familias bohemias, cuya labor consistía en cultivar moreras para alimentar a los gusanos de seda que se criaban para hacer tejidos. A finales del siglo XIX, un círculo de poetas y escritores, entre ellos Gerhart Hauptmann, también se instaló aquí.

En el punto donde el Spree converge con el lago están situados los embarcaderos de la compañía de cruceros **Stern und Kreis Schiffhart** (☎ *536 36 00*). Tienen varios barcos al día que cubren el recorrido de media hora hasta la orilla sur por cuyos bosques se pueden hacer buenas excursiones, (es ahí donde se encuentran la colina de las Müggelberge), y viceversa entre mayo y octubre. La ida cuesta 2 € o 3,50 € dependiendo de la parada final. El billete completo sale por 5,50 €. Al oeste del lago, el **Köpenicker Stadtforst** se extiende varios kilómetros hacia el sur, llegando hasta las Müggelberge.

También en la orilla hay dos estanques junto al lago: el **Seebad Friedrichshagen**, justo al este de los embarcaderos de la orilla norte, y el **Strandbad Müggelsee**, en la ribera oriental, en el pueblo medieval de pescadores de Rahnsdorf (tranvía n° 61).

Grünau

Grünau es una bonita colonia fundada en 1749 en la orilla oeste del río Dahme, al sur de la Altstadt de Köpenick. En esta sección del río, llamada **Langer See** se celebraron las regatas olímpicas en 1936. Aquí se encuentra el **Wassersportmuseum** (*Museo de Deportes Acuáticos*, ☎ *674 40 02, Regattastrasse 141; entrada gratuita; abierto de 14.00 a 16.30 los sábados*), con una exposición de la historia de esta actividad deportiva en Berlín-Brandeburgo. La muestra incluye banderas, medallas, ropas, artículos de periódicos, fotografías, embarcaciones y accesorios. Para llegar hay que tomar el S8 hasta Grünau y luego caminar cinco minutos hacia el norte, o subir al tranvía n° 68 hasta la parada de Wassersportallee. Otra opción es viajar en el tranvía n° 62 hasta la parada de Müggelbergallee y cruzar el Dahme en un pequeño ferry con el mismo billete.

Distritos del oeste

SPANDAU

Situado a unos 10 km al noroeste de la estación de Zoo, Spandau es el destino adecuado para realizar una preciosa excursión y supone todo un respiro en la gran ciudad. Al no haber sido víctima de fuertes bombardeos, conserva lo que resulta excepcional en Berlín, un centro histórico completo, con estrechas calles empedradas, una plaza de mercado y una iglesia medieval. Con todo, su principal atractivo es la casi intacta ciudadela del siglo XVI.

Otra de sus ventajas son sus bosques (sobre todo el **Spandauer Forst**, al norte), que ocupan una cuarta parte del distrito y proporcionan un entorno excelente para pasear. Pueden encontrarse venados, conejos e incluso, jabalíes.

Distritos del oeste – Spandau

Como rápidamente dicen sus habitantes, Spandau no es Berlín. Desde el año 1920, durante la formación del Gran Berlín, sus ciudadanos se han resistido a perder su independencia. Incluso en la actualidad se refieren a "ir a Berlín" cuando salen de su vecindario.

Varios ex nazis condenados a prisión en los juicios de Nuremberg cumplieron condena en la antigua **Alliierte Kriegsverbrechergefängnis** (prisión aliada para criminales de guerra), en Staaken, el distrito occidental de Spandau. Entre ellos figuraban Albert Speer, liberado en 1966, y Rudolf Hess. La cárcel fue demolida cuando Hess, el único prisionero en los últimos años, falleció en 1987.

Spandau Zitadelle

La ciudadela de Spandau (1560-94) está muy bien conservada y constituye una impresionante estructura renacentista en un pequeña isla del río Havel. Un foso la protege por tres de sus lados, mientras que el cuarto se abre al río. Su diseño básico forma un cuadrado y cada esquina está bien custodiada por un bastión, una sección de piedra en forma de punta de flecha. Su espectacular perfil se aprecia mejor en invierno, cuando puede admirarse a través de los árboles sin hojas del parque que la rodea.

Al entrar desde el puente que parte de Strasse Am Juliusturm, se pasa por la puerta que presenta el restaurado escudo de la dinastía Hohenzollern, con sus dos águilas negras distintivas. Pasear por el patio central es gratis, pero, aparte de algunas esculturas, hay pocas cosas que ver.

Resulta más interesante ascender los 36 m de la **Juliusturm**, la almenada torre del extremo suroeste, desde donde se aprecia mejor el diseño de la ciudadela, así como disfrutar de una vista de los ríos Havel y Spree, y de la Altstadt. Entre 1873 y 1919, Bismarck guardó aquí el *Reichskriegsschatz* (literalmente, "tesoro de guerra imperial"). Se trataba del equivalente, en oro, a 120 mi-

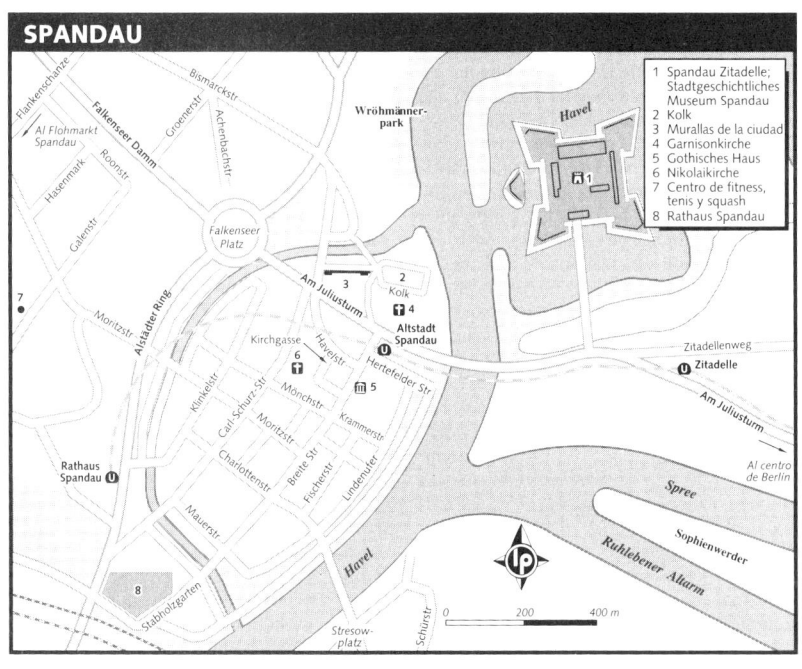

llones de marcos, una parte de la indemnización pagada por los franceses tras la guerra de 1870-1871.

También reviste interés el **Stadtgeschichtliches Museum Spandau** (*☎ 354 94 40, adultos/con descuento 2/1 €, incluida la Juliusturm; abierto de 9.00 a 17.00 de martes a viernes, de 10.00 a 17.00 los sábados y domingos*), el museo de historia local en la antigua Zeughaus (armería). Otra exhibición de la historia de la ciudadela ocupa el interior de la **Kommandantenhaus** (Casa del comandante), a la derecha de la puerta de entrada. En este punto también se sitúa la taquilla de venta de entradas para ambos museos y para la torre (si el tiempo lo permite). La ciudadela se halla 200 m al oeste de la estación del U-Bahn Zitadelle (U7).

Altstadt

La Altstadt se extiende a un corto paseo al oeste de la ciudadela, y consta de dos secciones, separadas por Strasse Am Juliusturm. La parte más antigua, llamada **Kolk**, se encuentra inmediatamente a la derecha (al norte), tras cruzar el Havel. Comparada con el tamaño de la fortificación, esta zona parece una miniatura. Resulta ideal pasear por sus tranquilas calles jalonadas por pequeñas casas, algunas de ellas con vigas entramadas. La **Garnisonskirche** (iglesia de la guarnición), también conocida como Marienkirche, data de 1848, pero fue destruida en la II Guerra Mundial y reconstruida en 1964. Al oeste de aquí se alzan los 78 m de restos de las **murallas** medievales de 6 m de altura.

La mayor parte de la peatonal Altstadt está situada al sur de Strasse am Juliusturm. Se trata del centro comercial de Spandau y hay tiendas en sus principales calles: Carl-Schurz-Strasse y Breite Strasse. La grácil iglesia en la esquina entre Carl-Schurz-Strasse y Mönchstrasse es la **Nikolaikirche** (*☎ 333 12 51, Carl-Schurz-Strasse; entrada gratuita; abierto de 11.00-14.00 los miércoles, de 15.00 a 18.00 los jueves, de 11.00 a 15.00 los sábados, de 14.00 a 16.00 los domingos*). Tuvo un papel clave durante la Reforma, cuando el primer servicio religioso protestante de Brandeburgo se celebró en su interior, en 1539. Esto fue posible porque el elector Joachim II, cuya estatua se alza en el exterior de la iglesia, se convirtió al protestantismo en esa fecha. Un pastor de esta religión leyó el sermón mientras un sacerdote católico repartía la sagrada comunión. Al cabo de algunos años, el protestantismo se convirtió en el culto dominante de la Marca de Brandeburgo.

La Nikolaikirche aparece mencionada por primera vez en 1240, pero el edificio actual se remonta al siglo XV. Los muros de la torre oeste, que ejercía de atalaya de vigilancia y defensa, alcanzan los 3 m de grosor. La iglesia presenta un diseño gótico en tres naves y sus paredes encaladas están decoradas con pinturas al óleo. Resultan de interés la **fuente bautismal** (1398) y el **púlpito barroco** (1714). Sin embargo, el orgullo del lugar es el **altar** del Renacimiento tardío (1582), cuyo panel central representa la Última Cena. Durante la II Guerra Mundial, una pared levantada en torno al altar lo protegió del bombardeo de 1944.

Otro importante edificio medieval es la **Gotisches Haus** (*Casa gótica; ☎ 333 93 88, Breite Strasse 32; entrada gratuita; abierto de 10.00 a 17.00 de lunes a viernes, de 10.00 a 13.00 los sábados*). Posiblemente se remonta al siglo XIII, con lo que constituye un raro ejemplar de casa realizada completamente en ladrillo (y no en madera). Ésta alberga una pequeña exposición que ilustra sobre la construcción de la ciudad antigua de Spandau desde la Edad Media hasta tiempos recientes. Es digna de admiración la red de bóvedas góticas del techo, que data de alrededor de 1500.

WILMERSDORF (Plano 1)

El amplio distrito de Wilmersdorf se extiende desde Kurfürstendamm, al norte, hasta Zehlendorf, al sur, y el bosque de Grunewald ocupa la mitad de su superficie. Al igual que sus vecinos del norte y del este, Charlottenburg y Schöneberg, respectivamente, se trata de un barrio residencial de clase media. Aunque escaso en atractivos y puntos de interés, muchos visitantes se familiarizan con Wilmersdorf debido al gran número de hoteles asequibles que existen en sus calles. También abundan los bares y restaurantes, aunque el vecindario no está, en absoluto, de moda, a excepción quizás de la zona que rodea Ludwigkirchplatz y Pariser Strasse.

Grunewald

Este amplio bosque de 32 km² está rodeado por el río Havel al oeste, Heerstrasse al norte, Clayallee al este y el lago Schlachtensee al sur. La autopista A115 (AVUS) lo divide en dos: la zona de Wilmersdorf, al norte, y la de Zehlendorf, al sur. Los lugares de interés de esta última se explican más adelante, en la sección "Zehlendorf".

Hasta 1903, el bosque era el coto de caza privado de la familia real. Los ateridos berlineses talaron el 70% de los árboles para sobrevivir a los rigurosos inviernos durante la II Guerra Mundial y al bloqueo de Berlín; así pues, lo que se ve en la actualidad es, en su mayoría, bosque de nueva formación. Gunewald es el lugar favorito para las salidas de los ciudadanos y proporciona entretenimiento, descanso y distracciones a sus visitantes.

Teufelsberg. La región boscosa del norte está dominada por la Teufelsberg, de 115 m, la Trümmerberg (literalmente "montaña de escombros") más alta de Berlín, formada a partir de 25 millones de metros cúbicos de cascotes de guerra. Desde 1950, se ha convertido en un lugar popular de ocio, sobre todo en los escasos días de nieve, cuando sus pistas de esquí y trineos (!) y la zona destinada a saltos aparecen repletos de alegres niños. También dispone de una pared de escalada y rutas para bicicleta de montaña; además, en otoño, su cielo se llena de coloreadas cometas. El pequeño lago al pie de la colina se llama **Teufelssee** (no es apto para el baño). Al norte queda el elevado páramo, Teufelsfenn.

Havelchaussee. Un precioso camino recorre toda la orilla derecha del río Havel. Los conductores circulan por la Havelchausse, que cruza el bosque desde Scholzplatz/Am Postfenn en el norte (abandonando Heerstrasse por el sur, el único lugar desde donde se puede salir conduciendo), hasta el barrio de Zehlendorf, Nikolassee, al sur. Si resulta posible, debe evitarse ir allí en coche en un domingo de primavera soleado, cuando se forma una caravana a lo largo de los 6 km.

A unos 2,5 km del camino se alza la **Grunewaldturm** (*Havelchaussee 61; adultos/con descuento 1/0,50 €; abierto de 10.00 al anochecer; en verano, a menudo hasta medianoche; S-Bahn: S1 o S7 hasta Wannsee, seguido del autobús nº 218 hasta Grunewaldturm*). Construida en 1899, esta torre de 56 m de altura era conocida como Kaiser-Wilhelm-Turm por Guillermo I, cuya estatua de mármol se yergue en su vestíbulo. Desde el **mirador**, al que se llega tras subir 204 peldaños, se tiene una magnífica vista sobre el río, los barrios de Gatow y Kladow, y de todo el camino hasta Pfaueninsel (véase el apartado "Zehlendorf"), y a veces incluso hasta Potsdam. Cuenta, además, con un buen restaurante, que sirve desayunos hasta las 15.00.

ZEHLENDORF

Constituye uno de los barrios más verdes de Berlín (sólo superado por Köpenick), ya que posee la mitad de su territorio cubierto por bosques, ríos y lagos. Los elegantes barrios de Dahlem y Wannsee, con sus villas y fincas, contribuyen en gran medida al carácter de pueblo de Zehlendorf. Tiene mucho que ofrecer, tanto a visitantes como a locales. La mitad sur del bosque de Grunewald y del lago Wannsee resultan ideales para realizar actividades al aire libre, mientras que sus museos proporcionan estímulos intelectuales. Un par de palacios, importantes emplazamientos históricos, una universidad y bellos jardines se suman a sus atractivos.

Complejo del Museo Dahlem

El boscoso barrio de Dahlem alberga un extraordinario grupo de museos centrados en el arte y la cultura de pueblos de todo el mundo. En 2000, dos colecciones, el Museo de Arte Indio y el Museo de Arte de Extremo Oriente, volvieron a abrir.

Ethnologisches Museum (SMPK). El Museo de Etnología (*☎ 830 14 38, Lansstrasse 8; adultos/con descuento 2/1 €;*

abierto de martes a viernes de 10.00 a 18.00, los sábados y domingos de 11.00 a 18.00; U-Bahn: U1 a Dahlem-Dorf) tiene una de las mayores y más notables colecciones de objetos y piezas de arte preindustrial de fuera de Europa que existen en el mundo. Es imposible describir minuciosamente la extraordinaria riqueza del museo. Hay que dedicar por lo menos un par de horas a pasear por su laberíntica red de salas: es un recorrido revelador que se pasa volando. En la actualidad el museo se está restaurando de forma gradual, lo que significa que algunas secciones pueden estar cerradas en un momento determinado.

Las civilizaciones africanas y **precolombinas** están especialmente bien representadas. Entre las piezas más destacadas de arte precolombino se cuentan esculturas de piedra de Guatemala y figuritas, tallas y armas de la cultura maya. Las joyas y yelmos de oro son brillantes ejemplos de estas ricas civilizaciones. A la mayoría de los visitantes les suele gustar la sección de **Mares del Sur**, en la que se exponen objetos de Nueva Guinea, Tonga, Melanesia y también de otras islas. Lo más destacado quizás sea la sala de las embarcaciones, donde es posible entrar en enormes canoas con balancines, entre las cuales se encuentra una de doble casco de Tonga.

La muestra de **África** constituye una gran contribución al conocimiento de unas culturas supuestamente "primitivas" de aquel continente; la consecuencia lógica es la superación de los estereotipos y prejuicios que nutren aquella apreciación. La colección reúne gran cantidad de máscaras, ornamentos, vasos, instrumentos musicales y otros objetos ceremoniales y de uso diario, la mayoría procedente de países de África occidental, como Camerún, Nigeria o Benin. El alto nivel de la artesanía se hace maravilla en un trono con cuentas, regalo del rey Njoya de Camerún al emperador Guillermo II.

El importe de la entrada al Museo Etnológico también da acceso al **Museum für Indische Kunst** (Museo de Arte Indio), que reabrió sus puertas en unas instalaciones reformadas a fines de 2000. Expone muestras de bellas artes y artes aplicadas de la India, del sureste asiático y de Asia central, desde el siglo II a.C. hasta la actualidad. Destaca la colección de finas piezas de terracota, esculturas de piedra y los objetos de bronce, así como por sus pinturas murales y sus esculturas encontradas en templos budistas rupestres de la Ruta de la Seda.

En el mismo complejo, el **Museum für Ostasiatische Kunst** (Museo de Arte del Lejano Oriente), reformado hace poco tiempo, en el que se exponen cerámicas, bronces, piezas lacadas, objetos de jade y escritos de China, Japón y Corea.

Museum Europäischer Kulturen (SMPK). Las muchas facetas del legado cultural de los pueblos y países europeos es el tema principal del Museo de Culturas Europeas (☎ *20 90 55 55, Im Winkel 6-8; adultos/con descuento 2/ 1 €; abierto de martes a viernes de 10.00 a 18.00, los sábados y domingos de 11.00 a 18.00*). La muestra –titulada "Contactos culturales en Europa: la fascinación de la imagen"– se basa en un concepto bastante abstracto y, a su vez, ambicioso. Intenta representar los aspectos comunes y la diversidad de los países europeos en el contexto de la producción, la distribución y también el uso de imágenes. Este nivel de exhibición se traduce en muestras más tangibles y, en muchos casos, realmente interesantes de todo tipo de muebles, azulejos, alfombras, pinturas, fotografías, películas y televisión, o de cualquier otro útil en el que la imagen juegue un papel importante en la vida cotidiana de las personas.

Domäne Dahlem. Esta enorme granja y museo al aire libre permite viajar atrás en el tiempo hasta el Berlín preindustrial (☎ *832 50 00, Königin-Luise-Strasse 49; adultos/ con descuento 2,5/1,25 €, gratis los miércoles; abierto de 10.00 a 18.00 de miércoles a lunes; U-Bahn: U1 hasta Dahlem-Dorf*). En el centro del complejo se encuentra una amplia mansión de 1560, uno de los edificios más antiguos de la ciudad, que muestra exposiciones sobre la historia de la arquitectura de la región, artesanía rural y apicultura. Destaca una histórica mercería amueblada con gran autenticidad y encanto. Otros edificios más pequeños albergan talleres en los que voluntarios realizan demostraciones de técnicas como el hilado, el tejido, la alfarería, la pintura de muebles y otros. Se trata, asimismo de una auténtica granja (orgánica) que vende sus productos en Hofladen. Aquí se celebran, además, populares mercados temáticos: alfarería, textil, navideño... Se recomienda llamar para conocer detalles de los próximos eventos.

Freie Universität

Los edificios de la Freie Universität (*Universidad Libre, FU;* ☎ *83 81; U-Bahn: U1 hasta Dahlem-Dorf*) están repartidos por todo Dahlem. Se fundó en 1948 como contrapunto a la tradicional Humboldt Universität de Berlín, en Mitte, que iba sucumbiendo cada vez más al influjo del marxismo-leninismo. Los estudiantes y los profesores demócratas de la Universidad Libre se arriesgaban al abuso, al despido y hasta al arresto. En principio, las clases tenían lugar en casas deshabitadas, pero en el año 1955 se inauguró el Henry-Ford-Bau como primera estructura permanente, financiada con una donación de la fundación del mismo nombre.

La creación de una institución totalmente nueva constituía, además, una oportunidad para acabar con los elementos del anticuado sistema universitario alemán. Los alumnos de la FU podían expresarse a través de un consejo estudiantil, al tiempo que se prohibían las singulares hermandades, que organizaban actividades como los duelos (con sable). En la década de 1960, los estudiantes de la FU proporcionaron la chispa al movimiento estudiantil nacional que, entre otras, exigía reformas de los sistemas político y universitario.

Botanischer Garten

El impresionante jardín botánico de Berlín (☎ *83 85 01 00, o bien* ☎ *83 85 00 27 para un mensaje grabado, Königin-Luise-Strasse 6-8, entrada por Unter den Eichen o Königin-Luise-Platz; adultos/con descuento 4/ 2 € para los jardines y museos, mitad de precio si se llega dos horas antes de cerrar; abierto de 9.00 al anochecer, como máximo a las 21.00*) ofrece una sinfonía de perfumes y colores durante un paseo de 15 minutos al este de la estación de U-Bahn Dahlem-Dorf (U1). Con algo más de cien años de existencia, crecen en él más de 20.000 especies de plantas de todo el mundo, dispuestas sobre 43 hectáreas. Aquí se encuentra también el **Botanisches Museum** (*mismo tel., adultos/con descuento 1/0,5 €; abierto de 10.00 a 18.00 cada día*), que complementa el jardín, con información científica acerca del mundo vegetal.

Alliierten-Museum

El Alliierten-Museum (*Museo Aliado;* ☎ *818 19 90, Clayallee 135; entrada gratuita; abierto de 10.00 a 18.00 de martes a domingo; U-Bahn: U1 hasta Oskar-Helene-Heim*) presenta una apasionante exposición multimedia en el antiguo cine de avanzada de las tropas de EE UU. Da fe de la historia y los desafíos a que se enfrentaron los aliados occidentales durante la guerra fría. El original remolque de guardia de Checkpoint Charlie, un trozo del muro de Berlín llamativamente pintado, una torre de vigilancia de la RDA, un avión militar de EE UU y un tren militar francés constituyen los pintorescos vestigios que dan la bienvenida al museo.

La exhibición se divide en dos períodos. El primero, de 1945 a 1950, abarca la victoria de los Aliados, las relaciones entre los ocupadores y los vencidos, y los duros tiempos del Puente Aéreo de Berlín. Ésta continúa en la puerta contigua y culmina con la caída del Muro, la reunificación y la retirada de las fuerzas de ocupación en 1994.

Una muestra especialmente fascinante es la recreación parcial del túnel espía de Berlín, construido por la CIA para pinchar el sistema telefónico central de los soviéticos. Con 2 m de anchura y 450 m de altura, registró más de medio millón de llamadas entre mayo de 1955 y 1956, hasta que un doble agente dio el soplo a los soviéticos.

Este interesante lugar, por desgracia, recibe pocas visitas, probablemente porque da la sensación de encontrarse muy alejado.

Pero no es así: el viaje en U-Bahn desde, por ejemplo, Nollendorfplatz, en Schöneberg, dura unos 20 minutos, seguidos de un paseo de entre 5 y 10 minutos hacia el norte por Clayallee. El esfuerzo merece la pena. Todos los paneles informativos están en alemán, inglés y francés.

Grunewaldsee y Jagdschloss Grunewald (Plano 1)

La mitad sur del bosque de Grunewald presume de un par de puntos de interés y de varios lagos donde nadar (Grunewaldsee, Schlachtensee y Krumme Lanke). El primero, de mayor extensión, es un paraíso para los perros, y cuenta con una playa para estos animales. Por desgracia, la idea de recoger lo que "dejan" nuestros amigos no ha arraigado aquí, por lo que hay que ir con cuidado al andar. Además, este hecho convierte el lugar en poco adecuado para niños pequeños.

Jagdschloss Grunewald. (☎ *969 42 02 o 813 34 42, Am Grunewaldsee 29; adultos/con descuento 2/1,5 €; abierto de 10.00 a 17.00 de martes a domingo entre mayo y octubre, de 10.00 a 16.00 los sábados y domingos entre noviembre y abril*), al sur de Grunewaldsee, constituye el palacio más antiguo de Berlín. Edificación renacentista construida por el elector Joachim II en 1542, se alza junto al lago. Su dueño denominaba a este lugar "Haus am Grünen Walde" (casa en los bosques verdes), de donde procede el nombre del bosque y la zona. En su interior existe una galería de pintura alemana y holandesa de los siglos XV a XIX muy recomendable. Entre las exquisitas obras se cuentan óleos de Lucas Cranach el Viejo, un altar de principios del siglo XV, y *Venus y Marte* del holandés Jan Lievens (1630-1673). Puede prescindirse de la otra muestra, la **Jagdzeugmagazin** (colección de caza), con artículos de caza, cornamentas y pinturas representando escenas de cacería.

Debe tomarse el U1 hasta Dahlem-Dorf, seguido del autobús nº 183 hasta la parada Clayallee y, a continuación, caminar 15 minutos al oeste por el bosque; o bien el U7 hasta la Fehrbelliner Platz, seguido del autobús nº 115 hasta Pücklerstrasse, y luego dar un pequeño paseo en dirección al oeste.

Brücke Museum (Plano 1)

Las obras del grupo de artistas expresionistas Die Brücke (El Puente; 1905-1913) se exponen en este pequeño pero valioso museo (☎ *831 20 29, Bussardsteig 9; adultos/con descuento 4/2 €; abierto de 11.00 a 17.00 de miércoles a lunes; U-Bahn: U1 hasta Dahlem-Dorf, seguido del autobús nº 115 hasta Pücklerstrasse, más un corto trecho hacia el oeste*). Está ubicado justo al este de Jagdschloss Grunewald. Sus fundadores, Karl Schmidt-Rottluff, Erich Heckel y Ernst Ludwig Kirchner fueron seguidos muy pronto por otros pesos pesados como Emil Nolde, Max Pechstein y Otto Müller. Aspiraban a acabar con las convenciones de las academias de arte tradicional. Caracterizaban sus cuadros las formas y figuras, que apuntan a la abstracción –sin acabar de llegar a ella—, los colores llamativos y exagerados, y las perspectivas inusuales. Como era de esperar, los nazis consideraron subversiva esta obra y destruyeron una gran parte. Por suerte, sobrevivió una buena cantidad que incluía unos 400 cuadros y miles de bocetos y acuarelas de los principales miembros de Die Brücke, a partir de los que se configuran las exposiciones temporales de este museo.

Museumsdorf Düppel

Para averiguar cómo era un pueblo medieval de la zona de Berlín, hay que visitar el **Museumsdorf Düppel** (*Pueblo Museo Düppel;* ☎ *802 66 71, Clauertstrasse 11; adultos/con descuento 2,50/1,25 €; abierto de 15.00 a 19.00 los jueves, de 10.00 a 17.00 los domingos entre abril y principios de octubre, admisión hasta una hora antes de cerrar; S-Bahn: S1 hasta Mexicoplatz, seguido del autobús nº 211 o 629*). Esta recreación en el terreno de un asentamiento del siglo XII, se compone de más de una docena de edificios con tejados de juncos, rodeados de campos y bosques. Los voluntarios del museo se han comprometido también a proteger especies de plantas amenazadas y a criar un tipo especial de oveja local llamada "Skudde", así como el Düppeler Weideschwein (cerdo de los prados de Düppel), ambos en peligro de extinción. Los domingos tienen lugar muestras de varias técnicas antiguas como la herrería y la alfarería. Está en Düppel, un barrio al sur de Zehlendorf.

Wannsee

Este barrio residencial lleno de chalés, el más occidental de Zehlendorf, constituye uno de los más valiosos de la ciudad. El nombre de la zona proviene del lago homónimo, formado por el Grosser Wannsee y el Kleiner Wannsee. A orillas de éste, el poeta romántico Heinrich Kleist y su amante Henriette Vogel se suicidaron en 1811. La tumba de Kleist se encuentra en el lado sureste del puente Wannsee (entrada por Bismarckstrasse 3).

Este entorno lacustre constituye un paraíso para marineros, windsurfistas y remeros, y la Strandbad Wannsee, una popular piscina junto al lago, que data del 1907, un alivio en los cálidos días de verano (véase el apartado "Natación", más adelante). Al noreste, el bosque de Grunewald abraza las orillas del lago, mientras que el Berliner Düppel Forest se extiende hacia el oeste.

Cruceros. Varios cruceros zarpan de los muelles cerca de la estación de S-Bahn Wannsee (S1 y S7). Los niños menores de seis años viajan gratis y hasta los 14, pagan el 50%. Estudiantes y jubilados obtienen el 15% de descuento entre semana.

Stern und Kreis Schifffahrt (☎ *536 36 00*) realiza trayectos por el Wannsee y sus aguas adyacentes entre abril y octubre

Grosse Havelrundfahrt (*Gran recorrido por el Havel, hasta cuatro veces al día 7/9 € billete sencillo/ida y vuelta, cerca de 1 1/4 horas en cada sentido*) va desde Wannsee hasta Kladow y de Pfaueninsel hasta Potsdam, y vuelve

7-Seen-Rundfahrt (*Recorrido de los siete lagos; 2 horas, 8 €, entre seis y ocho veces al día*) conduce a varios lagos del Havel y pasa por Pfaueninsel y por el puente Glienicke. Se puede desembarcar cuando se desee.

Si sólo se pretende dar una pequeña vuelta en barco, puede tomarse el **ferry 10**, que zarpa cada hora durante todo el año (si el tiempo lo permite) entre Wannsee y Kladow, por el precio de un billete BVG normal (2,1 €).

Pfaueninsel

Como salida de un cuento de hadas, esta isla de ensueño del río Havel es uno de los lugares más encantadores de Berlín y resulta ideal para huir de la ciudad. Esta ínsula fue la fantasía romántica del rey Federico Guillermo III. En este lugar construyó en 1797, un pequeño palacio de imitación medieval, perfecto para divertirse con su amante lejos de las miradas curiosas de la corte. El exotismo del exterior sigue en el interior, que puede visitarse (☎ *805 30 42; adultos/con descuento 3/2,5 €, ferry incluido; visitas de 10.00 a 17.00 de martes a domingo entre abril y octubre*).

El prolífico Peter Lenné diseñó los jardines donde los pavos reales, que dieron nombre a la isla, se pasean majestuosamente. Dado que todo el lugar es una reserva protegida, la lista de *verboten* (prohibiciones) resulta larga e incluye fumar, las bicicletas, nadar, los animales y los aparatos de radio. Con todo, el pícnic sigue estando permitido y este lugar resulta ideal para ello.

Los **ferries** zarpan de los muelles al final de Nikolsloer Weg (*tarifa y entrada a la isla 1 €; barcos de 8.00 a 20.00 entre mayo y agosto, hasta las 18.00 entre abril y septiembre, de 9.00 a 17.00 entre marzo y octubre, de 10.00 a 16.00 entre noviembre y febrero*). En coche, debe seguirse Nikolsloer Weg –quizá algún mapa indique otras rutas, pero éstas quedan fuera de los límites. El autobús nº 216 realiza cada hora el recorrido desde la estación Wannsee del S-Bahn.

Haus der Wannsee Konferenz

En enero de 1942, un grupo de oficiales nazis de elite dirigidos por Reinhard Heydrich, jefe de la oficina principal de seguridad del Reich, se reunió en esta idílica casa junto al lago. El objetivo del encuentro era decidir el destino del pueblo judío. El debate fue rápido y mortal. La "Solución Final" que acordaron pasaba por deportar y exterminar a todos los judíos europeos de una manera sistemática y organizada, empezando de modo inmediato.

Hoy en día, el mismo edificio alberga el **Monumento de la conferencia de Wannsee** (☎ *805 00 10, Am Grossen Wannsee 56-58; entrada gratuita; abierto de 10.00 a 18.00 de lunes a viernes, de 14.00 a 18.00 los sábados y domingos; S-Bahn: S1 hasta Wannsee, seguido del autobús nº 114 hasta la Haus*). Se puede pasear por la sala donde se tomó la decisión y estudiar las actas de la conferencia, tomadas por Adolf Eichmann. También se muestran los retratos y unas breves biografías de los principales culpables, a la mayoría de los cuales se permitió vivir hasta avanzada edad. El resto de la exposición constituye una crónica, exhaustiva y gráfica, de los horrores perpetrados hasta y durante el Holocausto. Las fotografías y documentos muestran los crecientes actos de crueldad infligidos a los judíos, desde los guetos hasta Auschwitz. Hay que llamar al timbre para entrar.

Schloss Glienicke y alrededores

Este castillo en Königsstrasse, al extremo suroeste de Berlín, está rodeado por un romántico parque proyectado por Lenné. El palacio, una confusa maraña de edificios, obtuvo su aspecto actual gracias a Karl Friedrich Schinkel quien, en 1826, amplió la antigua estructura para crear una residencia de verano para el príncipe Carlos de Prusia (tercer hijo del rey Federico Guillermo III). El interior del Schloss alberga una exposición (☎ *969 42 02; adultos/con descuento 3/2,5 €; abierto de 10.00 a 17.00 los sábados y domingos entre mediados de mayo y mediados de octubre*) sobre las complejidades del diseño de jardines, y por unas cuantas salas con mobiliario de época, que son totalmente prescindibles.

La zona ajardinada que lo rodea resulta más interesante que el edificio, sede de algún concierto ocasional. Aquí creó Schinkel el **Grosse Neugierde** (Gran Curiosidad), estilo pabellón, inspirado en el monumento a Lisícrates de Atenas. Se encuentra en el extremo suroeste, desde donde se disfrutan vistas al Havel y a las afueras de Potsdam. El famoso arquitecto, además, convirtió una antigua casa de billar en el **Kasino**, una villa italiana con una pérgola doble, al oeste del palacio. El cercano **Klosterhof** está formado por las piezas reensambladas de una cartuja italiana.

El propio príncipe Carlos coleccionaba antigüedades con avidez, y gran parte de lo que puede verse lo trajo a Berlín (algunos dirían que lo robó) desde lugares como Pompeya y Cartago.

La construcción al sur de Königsstrasse se llama **Jagdschloss Glienicke** (*Castillo de caza de Glienicke, 1682;* ☎ *80 50 10, Königstrasse 36b*), levantado bajo el período del Gran Elector y después usado como fábrica de papel pintado, antes de ser adquirido por el príncipe Carlos en 1859; él mismo ordenó ampliarlo en estilo Neobarroco francés a cargo de Ferdinand von Arnim. Desde finales de la II Guerra Mundial, se ha utilizado como lugar de reunión para celebrar conferencias internacionales y también de formación.

Como sabrán los aficionados a las novelas de espías, el **Glienicker Brucke**, al oeste de los palacios, sirvió de espectacular escenario para los intercambios de espías durante la guerra fría. La estructura de acero verde abarca el Havel durante 125 m y conecta Berlín con Potsdam.

Para llegar al parque y al puente, puede tomarse el S7 hasta Wannsee y seguir en el autobús nº 116, que pasa a intervalos de 20 minutos.

Actividades

Los numerosos parques y bosques de Berlín están hechos a medida para pasear y correr. Además existen docenas de piscinas para elegir. Fútbol, voleibol, balonmano y otros deportes de equipo gozan también de popularidad, pero normalmente hay que formar parte de un club para poder participar.

En los barrios de las afueras, pueden encontrarse grandes centros deportivos que aglutinan, en un mismo edificio, pistas de squash y tenis, sala de fitness, sauna, etc. Uno de los más céntricos es el Sport-und

Erholungszentrum (SEZ, Plano 3), en el distrito de Friedrichshain (véase el apartado "Piscinas cubiertas", más adelante), que cuenta incluso con pista de hielo.

Para conocer detalles acerca de la compra entradas para acontecimientos deportivos (fútbol, baloncesto, hockey sobre hielo, carreras de caballos y otros), véase la sección "Deportes" del capítulo *Ocio*.

CICLISMO

La oficina en Berlín de la asociación ciclista denominada Allgemeiner Deutscher Fahrradclub (Club Ciclista General de Alemania, ADFC) ha publicado un plano *Radwegekarte* que muestra todas las rutas ciclistas de la ciudad. Cuesta 7,8 € y puede adquirirse en librerías y en la oficina de la ADFC (☎ *448 47 24, Brunnenstrasse 28, Mitte; abierto de 12.00 a 20.00 de lunes a viernes, de 10.00 a 16.00 los sábados; U-Bahn: U8 hasta Bernauer Strasse*).

El campo en torno al centro de Berlín ofrece magníficas rutas ciclistas. Las principales librerías (véase el capítulo *De compras*) venden guías con descripciones detalladas de las rutas. *Mit dem Rad durch Berlin*, de Peter Becker, representa una opción; otra es *Auf Tour – Ohne Auto Mobil*, publicada por la compañía pública de transportes BVG. Véase el capítulo *Cómo desplazarse* para obtener detalles sobre el alquiler de bicicletas y su traslado en transporte público.

GIMNASIOS Y CENTROS DE FITNESS

Los gimnasios de Berlín resultan caros y quizá no alcancen el nivel de calidad que resulta deseable esperar. Muchos de ellos funcionan como clubes y obligan a firmar un contrato (normalmente por un mínimo de un año), pagar una tasa de inscripción y las cuotas mensuales. A continuación se detallan los que venden pases de un día al precio, que acostumbra a ser el estándar, de 23 €, aunque algunos permitan hacer una prueba gratuita. No pasa nada si se pregunta.

El **Jopp Frauen Fitness** (☎ *21 01 11, Tauentzienstrasse 13a, Charlottenburg; abierto de 7.00 a 11.00 de lunes a viernes, de 10.00 a 20.00 los sábados y domingos*) **Plano 6**; (☎ *24 34 93 55, Karl-Liebknecht-Strasse 13, Mitte; abierto de 8.00 a 22.00 de lunes a viernes, de 10.00 a 17.00 los sábados y domingos*) **Plano 7** es un centro sólo para mujeres con un programa muy amplio de fitness, pesas, saunas y otras actividades. Deben consultarse las Páginas Amarillas para conocer otras sucursales.

Para los chiflados por el fitness, destaca el puntero **Healthland** (☎ *20 63 53 00, Behrenstrasse 48, Mitte; pase de un día 25 €; abierto de 6.00 a 23.00 de lunes a viernes, de 10.00 a 22.00 los sábados y domingos*) **Plano 7**. Con sus 2.500 m^2, constituye un gigantesco lugar para la práctica de ejercicios cardiovasculares y pesas en zonas libres. También ofrece clases de *spinning*.

En Kreuzberg 36 está situada una de las pocas sucursales alemanas de la cadena estadounidense **24-Hour Fitness** (☎ *69 80 79 90, Hermannplatz 10, Kreuzberg 36*) **Plano 5**. Cuenta con el equipo más moderno de pesas libres y clases de fitness. Y, como su nombre indica, abre 24 horas al día, 7 días a la semana.

Varios tipos de clases de yoga (iyengar, asthanga, "power-yoga") garantizan el bienestar físico y espiritual en este moderado estudio, **Moveo** (☎ *69 50 52 54, Am Tempelhofer Berg 7d, Kreuzberg 61*) **Plano 5**. Una sesión de prueba cuesta 7,5 €; las habituales, 12,5 €.

El veterano entre los gimnasios se llama **Gold's Gym** (☎ *442 82 94, Immanuelkirchstrasse 3-4, Prenzlauer Berg; abierto hasta las 23.00 de lunes a viernes, hasta las 18.00 los sábados y domingos*) **Plano 3**. Dispone de sala de pesas, clases de aeróbic y sauna. Debe tomarse el autobús nº 1 desde la estación de U-Bahn Rosa-Luxemburg-Platz hasta Knaackstrasse.

Ars Vitalis (☎ *788 35 63, Hauptstrasse 19, Schöneberg; abierto de 8.00 a 23.30 cada día*) **Plano 4**. Son unas amplias instalaciones con aeróbic, pesas y ejercicios cardiovasculares, además de sauna y piscina.

PATINAJE SOBRE HIELO

Berlín cuenta con varias pistas de hielo municipales cubiertas recomendables que

Museos y actividades gratis

Resulta fácil gastarse una fortuna en Berlín y la mayoría de museos y actividades cuestan dinero. A continuación, se facilita una lista de lugares adonde ir y cosas qué hacer sin tener que abrir la cartera. Todas se describen detalladamente en esta guía.

Museos y memoriales (gratuitos)
- Museo Alliierten
- Abgusssammlung Antiker Plastik
- Heimatmuseum Charlottenburg
- Museo Kreuzberg
- Fragen an die Deutsche Geschichte, en la Deutscher Dom
- Deutsches Historisches Museum, en Kronprinzenpalais
- Neue Wache
- Museum Berlin-Karlshorst
- Gedenkstätte Deutscher Widerstand
- Museum der Dinge, en el Martin-Gropius-Bau
- Gedenkstätte Hohenschönhausen
- Dokumentationszentrum Berliner Mauer
- Museo de Comunicación
- Museo Prenzlauer Berg
- Haus der Wannsee Konferenz
- Willy-Brandt-Haus
- Gedenkstätte Köpenicker Blutwoche
- Museum der Verbotenen Kunst
- Wassersportmuseum, en Grünau
- Gotisches Haus, en Spandau
- Topographie des Terrors
- Cúpula del Reichstag
- Gedenkstätte Plötzensee

Museos (gratuitos en algunas ocasiones)
- Deutsche Guggenheim Berlin - Lunes
- Museo Märkisches - Miércoles
- Museo Nikolaikirche - Miércoles
- Museo Knoblauchhaus - Miércoles
- Ephraim-Palais - Miércoles
- Dorfmuseum Marzahn - Miércoles
- Domäne Dahlem - Miércoles
- Todos los museos SMPK – Primer domingo de mes (incluidos los Altes Museum, el Schinkelmuseum, el Museo Pergamon, el Hamburger Bahnhof, la Gemäldegalerie, el Kupferstichkabinett, el Kunstgewerbemuseum, la Neue Nationalgalerie, el Museo Egipcio, el Sammlung Berggruen, la Alte Nationalgalerie, el Museo für Vor- und Frühgeschichte, el Museo Etnológico, el Museo Europäischer Kulturen)

Ocio
- Recitales de carillón en Tiergarten, Französischer Dom, conciertos de órgano en el Berliner Dom
- Lunes o martes en el club de jazz A-Trane
- Películas gratuitas en el Filmriss (capítulo Ocio)
- Conciertos en la Hochschule für Musik Hanns Eisler
- Visitas a la Alte y a la Neue Staatsbibliothek

Actividades – 'Footing' 187

abren entre mediados de octubre y principios de marzo. Las tarifas son de 3/1,5 €, más entre 2,5 y 3,5 € por el alquiler de patines. La sesión varía en las diferentes instalaciones, pero suele ser de tres horas. Hay que llamar para conocer los horarios. La pista del SEZ (véase la sección "Piscinas cubiertas", en esta página) abre de 9.00 a 22.00 cada día entre noviembre y mayo (hasta las 20.00 los domingos). La entrada de un día cuesta 3 € adultos/con descuento, más 3 € por el alquiler de patines.

Entre las diferentes opciones destacan:

Horst-Dohm-Eisstadion (☎ 823 40 60, *Fritz-Wildung-Strasse 9, Wilmersdorf; U-Bahn: U1 hasta la Heidelberger Platz*) **Plano 4**. La entrada incluye dos horas de patinaje

Erika-Hess-Eisstadion (☎ 45 75 55 57, *Müllerstrasse 185, Wedding; U-Bahn: U6 hasta Reinickendorfer Strasse*) **Plano 3**

Sportpark Neukölln (☎ 62 84 40 07, *Oderstrasse 182, Neukölln; U-Bahn: U8 hasta Hermannstrasse*) **Plano 1**.

'FOOTING'

Berlín resulta ideal para correr debido a sus numerosos parques. El más popular, con diferencia, por su gran tamaño y céntrica situación, es el Tiergarten, aunque también gozan de adeptos el Volkspark Hasenheide de Neukölln, el Tegeler Forst de Tegel y el Grunewald de Wilmersdorf/Zehlendorf. El recorrido en torno al espectacular Schlachtensee ocupa 5 km. Si se prefiere correr en un lugar histórico, puede intentarse en los jardines del Schloss Charlottenburg, pese a que los atletas experimentados quizá lo encuentren demasiado fácil a causa de su reducido tamaño.

NATACIÓN

Cada distrito de Berlín rebosa de piscinas cubiertas y al aire libre. Algunas quizá no permitan el acceso al público determinadas mañanas, cuando se hallan ocupadas por grupos escolares. Otras están restringidas a colectivos específicos (mujeres, hombres, nudistas, tercera edad) en momentos concretos de la semana. Las descubiertas y las que se encuentran junto a los lagos abren de 8.00 a 20.00 cada día entre mayo y septiembre. En esta época, algunas de las cubiertas pueden estar cerradas. En general, los horarios dependen del día, la piscina y la estación. Para conocer los detalles, puede llamarse directamente a la instalación deportiva o a la **línea de información BBB**, al ☎ 01803 10 20 20; otra opción consiste en consultar la web www.bbb.berlin.de, en alemán, o un folleto en cualquiera de ellas. Si no se indica lo contrario, las entradas cuestan 3,25/2,25 € adultos/con descuento.

Piscinas cubiertas

La ciudad cuenta con piscinas cubiertas, de calidad diversa, casi en cada distrito.

Bad am Spreewaldplatz (☎ 69 53 52 10, *Wiener Strasse 59h, Kreuzberg 36; U-Bahn: U1 o U15 hasta Görlitzer Bahnhof*) **Plano 5**. Dispone de pileta de olas, cataratas y tobogán, además de una de 25 m. La sauna vale 5,5/7,5 € adultos/con descuento.

Una moderna instalación "recreativa" con toda la gama de atracciones es la **Blub Badeparadies** (☎ 60 90 60, *Buschkrugallee 64, Neukölln; 4 horas adultos/con descuento 11/9 €, pase de un día 13/11,5 €; abierto de 10.00 a 23.00; U-Bahn: U7 hasta Grenzallee*). Cuenta con piscina de olas, catarata, tobogán de 120 m, pileta de agua salada, de remolinos, sauna y restaurantes.

El **Sport- und Erholungszentrum** (*Centro deportivo SEZ*, ☎ 42 18 23 20, *Landsberger Allee 77, Friedrichshain; piscina adultos/ con descuento 5,25/2,75 € por 2$\frac{1}{2}$ horas, 3,25/1,75 € por 1$\frac{1}{2}$ horas, 4,25/2,25 € de 19.00 a 22.00; S-Bahn: S8 o S10 hasta Landsberger Allee*) **Plano 3** constituye un enorme complejo deportivo con siete propuestas (una con olas) y un tobogán. También posee una pista de hielo y una sala de fitness. Una sesión de sauna sale por unos 5/7,5 € adicionales, adultos/con descuento.

Se recomiendan las dos piscinas de **Stadtbad Charlottenburg** (*Alte Halle* ☎ 34 38 38 60, *Neue Halle* ☎ 34 38 38 65, *Krumme Strasse 10; U-Bahn: U2 o U7 hasta Bismarckstrasse*) **Plano 2**. La Alte Halle (sala antigua) una de las pocas del mundo que, además, es un monumento protegido. Con su techo Art Nouveau y las coloristas baldosas de 1898, posee carácter de museo, una de 25 m con agua tibia (28ºC) y sauna. Durante las sesiones nudistas de los martes, miércoles y viernes por la noche, se llena de gays. La moderna Neue Halle (sala nueva), de 50 m de longitud, resulta más adecuada para los nadadores. La sauna vale 11,5 €.

Stadtbad Mitte se halla en un edificio Bauhaus restaurado de 1928 (☎ *30 88 09 10, Gartenstrasse 5; S-Bahn: S1 o S2 hasta Nordbahnhof*) **Plano 3**. Dispone de una pileta de 50 m; en su agua a 28 °C uno se siente como si nadara en un cubo de cristal.

Stadtbad Neukölln fue proclamada la piscina más hermosa de Europa al inaugurarse en 1914 (☎ *68 24 98 11, Ganghoferstrasse 3; entrada a la zona de sauna adultos/con descuento 13/11 €; U-Bahn: U7 hasta Rathaus Neukölln*) **Plano 5**. Se trata de uno de los templos del baño más impresionantes de Berlín, con mosaicos y frescos, mármol y bronce. Dispone de instalaciones de 25 y 20 m. También cuenta con sauna seca, baño romano y sala de vapor (entrada aparte, 12,5/10 € adultos/con descuento).

Piscinas al aire libre y junto a lagos

Uno de los placeres veraniegos de la cerrada Berlín lo ofrecen sus numerosos lagos. Se permite nadar en ellos, pero si se prefieren algunas atracciones, se puede probar en las piscinas públicas que se encuentran junto a ellos y que se mencionan a continuación. Sommerbad Kreuzberg y Sommerbad Olympia-Stadion son exteriores normales y céntricas, si lo que se desea es un rápido chapuzón.

Freibad Halensee se halla bien situada en un bosque (☎ *891 17 03, Königsallee 5a, Wilmersdorf*) **Plano 4**. Goza de fama entre los que prefieren nadar "al natural". En ocasiones, cierra debido a la mala calidad del agua. Para llegar hasta aquí hay que tomar el autobús nº 115 hasta Herbertstrasse. Desde Kurfürstendamm, debe bajarse por Bornstedter Strasse y cruzar la autopista por un puente peatonal.

La **Sommerbad Olympia-Stadion** fue construida con ocasión de los juegos olímpicos de 1936 (☎ *30 06 34 40, Olympischer Platz, Osttor (puerta este), Charlottenburg, U-Bahn: U2 hasta Olympia-Stadion Ost*). Pueden hacerse largos en la misma piscina de 50 m donde nadaron los grandes, bajo la mirada de enormes esculturas y cuatro relojes gigantescos.

La instalación más céntrica, multicultural y popular se llama **Sommerbad Kreuzberg** (☎ *616 10 80, Prinzenstrasse 113-119, Kreuzberg 36*) **Plano 5**. Más conocida como Prinzenbad (piscina de la princesa), suele rebosar de adolescentes alterados. Cuenta con dos piletas de 50 m, un tobogán y una zona nudista.

Strandbad Müggelsee dispone de una buena playa de arena y una situación idílica en la orilla este del Müggelsee (☎ *648 77 77, Fürstenwalder Damm 838, Köpenick; S-Bahn: S3 hasta Friedrichshagen, más el tranvía nº 61 hasta Strandbad Müggelsee*). Está especialmente indicada para los niños.

Con la pretensión de ser la mayor piscina en un lago de Europa, la **Strandbad Wannsee** funciona desde 1907 (☎ *803 56 12, Wannseebadweg 25, Zehlendorf; S-Bahn: S1, S3 o S7 hasta Nikolassee, seguido del autobús nº 513 hasta Strandbad Wannsee*). A menudo denominada el "Lido" de Berlín, su kilómetro de playa de arena está casi tan concurrido como el original italiano. Además de nadar, cabe la posibilidad de alquilar barcas, realizar una clase de gimnasia, comer y beber en varios restaurantes o relajarse en un enorme sillón de mimbre típico de las playas alemanas. El agua posee una calidad aceptable.

Saunas

Los alemanes son de todo menos mojigatos, y las saunas suelen ser mixtas y nudistas, por lo que conviene informarse en recepción. No obstante, hay horas reservadas a mujeres, por lo que conviene telefonear para saber cuáles son. Las saunas más baratas pertenecen a las piscinas públicas. Véase antes "Piscinas cubiertas".

Las instalaciones privadas suelen contar con servicios suplementarios y pueden resultar incluso lujosas.

Thermen am Europa-Center (☎ *257 57 60, Nürnberger Strasse 7; 1 hora 9,2 €; cada hora adicional 4,1, un día 17,9; abierto* *de 10.00 a 24.00 de lunes a sábado, de 10.00 a 21.00 los domingos*) **Plano 6**. Ofrece elegantes instalaciones junto a la Gedächtniskirche. Incorpora nueve saunas, piscinas cubiertas y exteriores, dotadas con aguas termales ricas en sales, con salas de gimnasia, restaurantes y una terraza para broncearse.

Hamam (☎ *615 14 64, Mariannenstrasse 6, Kreuzberg; una hora 6 €; 2½ horas 9 €; abierto de 12.00 a 22.00 de martes a domingo, de 15.00 a 22.00 los lunes*) **Plano 5**. Constituye una casa de baños turcos, en el piso inferior del Schoko Café, sólo para mujeres. Permite relajarse en la sala de vapor o disfrutar de los servicios de belleza.

TENIS Y SQUASH

La mayoría de los principales centros de deportes de raqueta quedan lejos del centro y resultan de difícil acceso en transporte público.

Uno de los mayores y más céntricos es el **Tennis & Squash City** (☎ *873 90 97, Brandenburgische Strasse 53, Wilmersdorf; abierto de 7.00 a 1.00 cada día; U-Bahn: U7 hasta Konstanzer Strasse*) **Plano 6**. Los precios varían según la pista, la franja horaria y el día de la semana, pero oscilan entre los 12 y los 30 € por una hora de tenis y entre 5 y 16 € por 45 minutos de squash. También dispone de solarium y sauna.

El **Tennis, Squash und Fitnesscenter** (☎ *333 40 83, Galenstrasse 33, Spandau; U-Bahn: U7 hasta Rathaus Spandau*) tiene pistas cubiertas de tenis y squash, además de sauna, solarium y sala de fitness.

Para los fanáticos del squash, una buena opción céntrica es la que presenta **Fit Fun** (☎ *312 50 82, Uhlandstrasse 194; precios adultos/con descuento a partir de 10/6 €; abierto de 9.00 a 24.00*) **Plano 6**. Sus 13 pistas suelen estar ocupadas por los estudiantes de la universidad técnica vecina.

CURSOS
De idiomas

El Goethe-Institut promociona la cultura y la lengua alemanas en el extranjero. Se trata de una organización lingüística y cultural, sin ánimo de lucro, subvencionada por el gobierno, que también ofrece cursos de alemán en varias ciudades, entre ellas Berlín.

Su sede berlinesa (☎ *25 90 63, fax 25 90 64 00, Neue Schönhauser Strasse 20, Mitte*) **Plano 7** propone cursos para todos los grupos de edades y niveles: desde principiantes absolutos hasta nivel profesional. El programa se organiza en tres grados generales de conocimientos: *Grundstufe* (básico), *Mittelstufe* (intermedio) y *Oberstufe* (avanzado), cada uno de ellos dividido en subniveles.

Los **cursos intensivos** cuestan, aproximadamente, entre 1.546 y 1.602 € (ocho semanas), de 862 a 878 (cuatro semanas) y 694 (dos semanas), alojamiento y comidas aparte. El instituto realiza, además, programas de verano con una duración de tres semanas para niños y jóvenes de entre 10 y 20 años, a partir de 1.750 €, con alojamiento y comidas. Se ofrecen cursos durante todo el año, pero se recomienda contactar con el Goethe-Institut para conocer las fechas específicas. El personal de la oficina de Berlín está bien preparado y es muy servicial. Puede encontrarse información detallada en Internet, en la web www.goethe.de (en alemán e inglés).

Europa Sprachenschule (*Escuela de idiomas Europa,* ☎ *618 88 63, fax 618 95 57, Taborstrasse 17, Kreuzberg 36; U-Bahn: Schlesisches Tor*) **Plano 4**. Es una escuela privada que imparte clases de alemán para extranjeros que parece obtener buenas calificaciones. Ofrece cursos intensivos cada semana para principiantes y nivel avanzado desde 33 € (grupos de 15 estudiantes) hasta 90 € (grupos de 5). También propone otras opciones. Para obtener más información, conviene llamar al centro.

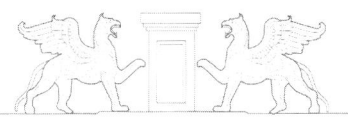

Dónde dormir

Berlín atrae cada año a un número creciente de visitantes, por lo que a veces puede estar algo saturado. Se recomienda reservar durante la temporada alta (de mayo a septiembre). La afluencia disminuye considerablemente entre noviembre y marzo, cuando descienden las tarifas y abundan las ofertas. Los precios vuelven a dispararse durante las fiestas (Navidad y Año Nuevo), durante acontecimientos como el Love Parade de julio y durante las grandes ferias comerciales, como la feria del turismo internacional, a principios de marzo.

Con más de 62.000 plazas, la ciudad ofrece la gama completa de opciones de alojamiento –desde albergues hasta hoteles de lujo—y, en comparación con otras capitales europeas, resulta bastante asequible. Cada dos por tres se inauguran nuevos establecimientos, sobre todo en distritos populares, como Mitte o Prenzlauer Berg, donde la demanda sigue superando a la oferta. La mayoría de alojamientos pertenecen a las categorías media o alta, aunque tampoco faltan los albergues de juventud. Con todo, cabe conseguir una mayor selección y mejores precios en las propuestas de larga tradición en los distritos occidentales de Charlottenburg y Wilmersdorf.

Muchos pequeños hoteles y pensiones se hallan en diversas plantas de históricos bloques de apartamentos. Normalmente, hay que llamar al timbre de la calle para entrar, y dado que la mayoría de estos locales familiares no disponen de personal a todas horas, conviene llamar con antelación para asegurarse de que va a haber alguien al llegar. En el momento de registrarse, debería recibirse un juego de llaves (en ocasiones dejando un depósito) para poder entrar en todo momento.

Algunos de los establecimientos más antiguos, en especial los que fueron convertidos en amplios apartamentos, disponen de habitaciones con diversos niveles de confort. Mientras que algunas tienen baño propio (ducha o bañera y lavabo), otras obligan a compartir servicios con otros huéspedes. En algunos casos, los dormitorios poseen ducha, pero no lavabo. Este panorama explica por qué existe una gama tan amplia de precios.

La fama de la limpieza en Alemania se extiende hasta el alojamiento: incluso los lugares baratos suelen estar inmaculados. El televisor y el teléfono no constituyen servicios habituales en los hoteles más antiguos, por lo que, si se consideran necesarios, es conveniente cerciorarse de antemano. Por otra parte, los ascensores no escasean tanto como uno pudiera imaginar, y suelen pertenecer al curioso tipo "jaula".

Una de sus magníficas características es que los precios de las habitaciones casi siempre incluyen desayuno, presentado como un amplio bufé de quesos y embutidos, mermelada y miel, varios tipos de pan y panecillos, una selección de cereales y café y té a voluntad. Al tratarse de una comida sin límites, uno puede no tener hambre hasta media tarde. Excepto si se especifica lo contrario, las tarifas que se indican a continuación incluyen desayuno.

En ocasiones, se pueden descubrir hoteles y pensiones ocultos en la parte trasera de un amplio complejo de apartamentos del siglo XIX. Suelen disponer de timbre, pero no de interfono, por lo que habrá que orientarse a partir de las informaciones que se muestran en la puerta principal o, aún mejor, llamando al propietario con antelación para pedirle que espere en la planta baja.

Los conductores deben tener en cuenta que los alojamientos más céntricos carecen de aparcamiento. Quizá estacionar en la calle resulte bastante difícil y se acabe dejando el coche en un *parking* (unos 13 € por noche), que incluso puede quedar lejos del hotel. Los establecimientos de lujo acostumbran a disponer de garaje o aparcacoches, pero también esto añadirá 13 € por día a la factura del hotel.

Conviene tener en cuenta que este capítulo resulta vulnerable a los cambios que puedan surgir espontáneamente al renovarse las habitaciones, cambiar de dirección los hoteles o ser adquiridos por cadenas. Por lo tanto, todos los precios indicados funcionan como referencia.

CÁMPING

Los campings de Berlín no abundan ni resultan especialmente prácticos. Todos se encuentran lejos del centro y resulta difícil llegar hasta ellos sin vehículo propio. Se llenan con facilidad, pues las pequeñas caravanas ocupan mucho espacio. Es recomendable llamar con antelación para informarse acerca de las vacantes. Los horarios de oficina van de 7.00 a 13.00 y de 15.00 a 21.00 cada día. Para información específica, conviene ponerse en contacto con Deutscher Campingclub (☎ 218 60 71) en Geisbergstrasse 11, Schöneberg.

Estos dos terrenos de acampada quedan relativamente cerca del transporte público.

Campingplatz Kohlhasenbrück (☎ 805 17 37, *Neue Kreisstrasse 36, Zehlendorf*). Precio por persona 5 €; por tienda 3,50-6,50 €. Abierto de marzo a octubre. S-Bahn: nº 7 a Griebnitzsee. Está situado en un tranquilo emplazamiento con vistas al Griebnitzsee, unos 15 km al suroeste del centro de la ciudad. Desde la estación de Griebnitzsee hay un paseo de 10 minutos. También es posible bajar en la parada anterior, Wannsee, y tomar el autobús nº 118, que se dirige directamente al cámping.

Campingplatz Dreilinden (☎ 805 12 01, *Albrechts-Teerofen, Zehlendorf*). Precio por persona 5 €; por tienda 3,50-6,50 €. Abierto de marzo a octubre. Si el Kohlhasenbrück está lleno, éste se encuentra a unos 2 km hacia el este por el Teltow Kanal, en Albrechts-Teerofen. Hay 30 minutos a pie desde la estación de S-Bahn de Griebnitzsee y 20 minutos hasta la parada de autobús más cercana (nº 118), adonde llegan los autobuses desde la estación de Wannsee.

A los otros cámpings de Berlín es más difícil llegar si no se posee vehículo.

Campingplatz Kladow (☎ 365 27 97, *fax 365 12 45, Krampnitzer Web 111-117*). Precio por persona 5 €; por tienda 3,50-6,50 €. El Kladow está 18 km al oeste del centro de la ciudad. Para tiendas y caravanas. Abierto todo el año. U-Bahn: U7 hasta Rathaus Spandau, luego autobús nº 134 que llega hasta Alt-Kladow y autobús nº 234 hasta el cámping.

Campingplatz Gatow (☎ 365 43 40, *fax 36 80 84 92, Kladower Damm 207-213*). Precio por persona 5 €; por tienda 3,50-6,50 €. Es una alternativa cercana al anterior. Se puede llegar con el autobús nº 134. Es un lugar tranquilo y las instalaciones están en buenas condiciones.

Campingplatz Am Krossinsee (☎ 675 86 87, *fax 675 91 50, Wernsdorfer Strasse 45, Köpenick*). Precio por persona 5 €; por tienda 3,50-6,50 €. Abierto todo el año. Situado unos 35 km al sureste del centro de la ciudad. Para llegar hay que tomar el S8 hasta Grünau, luego el tranvía nº 68 a Schmückwitz y luego el autobús nº 755 a Königs Wusterhausen. Una vez aquí, se planta la tienda entre bosques junto al lago; existe una completa gama de servicios, como el alquiler de barcas y de bicicletas.

ALBERGUES
Albergues DJH

Los tres albergues DJH de Berlín están abiertos todos los días del año, pero se llenan rápidamente los fines de semana y durante el verano. En otoño y primavera suelen estar ocupados por bulliciosos grupos de escolares.

Todos exigen el carné de DJH (web www.djh-ris.de) o de HI; véase la sección "Carné de hospedaje" en el capítulo *Datos prácticos*, si no se dispone de él. Ninguno cuenta con derecho a cocina, pero los precios incluyen desayuno (almuerzo y cena disponibles por un precio adicional). Para reservar, hay que llamar directamente al albergue.

Jugendherberge Berlin International (☎ 261 10 97, *fax 265 03 83, jh-berlin@jugendher berge.de, Kluckstrasse 3, Tiergarten*). **Plano 4**. U-Bahn: U1/15 a Kurfürstenstrasse. Jóvenes/mayores 18,50/22,50 € en habitaciones de cuatro o cinco camas. Este céntrico albergue DJH tiene 350 camas, un pequeño cine y servicio de bar las 24 horas e Internet.

Jugendherberge Ernst Reuter (☎ *404 16 10, fax 404 59 72, jh-ernst-reuter@jugend herber ge.de, Hermsdorfer Damm 48-50, Tegel*). **Fuera del plano 1**. U-Bahn: Alt-Tegel, a continuación el autobús nº 125 hasta la puerta. Este albergue de 111 camas está unos 15 km al noroeste del centro de la ciudad. Cierran por la noche a partir de la 1.00.

Jugendgästehaus am Wannsee (☎ *803 20 34, fax 803 59 08, jh-wannsee@jugendher berge.de, Badeweg 1, esquina con Kronprinzessinnenweg, Zehlendorf*). S-Bahn: Nikolassee. Jóvenes/mayores 17,90/22 € en habitaciones de cuatro camas. Este agradable lugar, con sus 264 camas, está situado junto al lago Grosser Wannsee, unos 20 km al suroeste del centro de Berlín. Desde la estación de S-Bahn hay que dirigirse hacia el oeste por encima del puente peatonal, girar a la izquierda por Kronprinzessinnenweg y se verá el albergue a la derecha. Desde el centro de la ciudad se tarda en total 45 minutos.

Albergues independientes y casas de huéspedes

No se necesita el carné DJH para los establecimientos que se indican a continuación. Ninguno impone una hora de llegada y varios de ellos están dirigidos por antiguos excursionistas que han viajado mucho, saben lo que la gente necesita y conocen todo acerca de Berlín.

Charlottenburg. *Jugendhotel Berlin* (☎ *322 10 11, fax 322 10 12, info@jugendho tel-berlin.de, Kaiserdamm 3*). **Plano 4**. Habitaciones individuales/ dobles/triples a 24-29 € por persona con desayuno incluido, sábanas 3,50 € para estancias de menos de 3 noches. Este albergue está dirigido básicamente a los menores de 27 años, pero acepta a personas de más edad si hay camas libres a un precio más alto (46-90 €).

Friedrichshain. En este nuevo barrio de moda han aparecido varios alegres albergues con un personal capaz de hacer sentir "en la onda" de Berlín al viajero en un par de días.

A&O Backpackers (☎ *29 00 73 65, 01805-HOSTEL, Boxhagener Strasse 73*). **Fuera del plano 5**. S-Bahn: Ostkreuz. Camas en dormitorios de 4 a 10 camas 11,50-13,50 €, dobles 36 €, sábanas 2 €, desayuno 3 €. Este albergue, bastante nuevo, ofrece una gama de servicios e instalaciones mejor que la media, que incluye alquiler de bicicletas, lavandería y cerveçería al aire libre.

Odyssee Globetrotter Hostel (☎*/fax 29 00 00 81, odyssee@hostel-berlin.de, Grünberger Strasse 23, 2º patio, 1ª planta*). **Plano 5**. Desde Ostbahnhof, tomar el autobús n°s 240 o el 147; desde el U/S-Bahn Warschauer Strasse está aproximadamente a cinco minutos andando hacia el norte. Dormitorios 12,50-16,50 € por persona, individuales/dobles 33/49 € (ducha privada), sábanas incluidas, ofrecen diversos descuentos. Este albergue está dirigido por cuatro jóvenes que crecieron en el Berlín Este comunista (y que pueden contar un par de anécdotas sobre esos días). Las habitaciones están decoradas con imaginación, son limpias y tienen taquillas. La hora límite de salida es a las 13.00 y el desayuno-bufé sólo cuesta 3 €. La sala de la recepción se convierte en bar-salón de actos (ambos abiertos las 24 horas) con billar y cerveza barata (sí, las fiestas son antológicas). Hay publicaciones para lectores y viajeros.

Pegasus Hostel (☎ *29 35 18 11 66, correo electrónico hostel@pegasushostel.de, Strasse der Pariser Kommune 35*). **Plano 3**. U-Bahn: U5 hasta Weberwiese, S-Bahn: S3, S5, S7, S9 hasta Ostbahnhof. Camas en dormitorio común 12,5/15 €, individuales/dobles 26/37, sábanas 2 €, desayuno 4 €. Se había llamado Frederik's Hostel, y se trata de un enorme lugar situado en una antigua escuela para niñas judías. Dispone de tranquilas habitaciones soleadas y remodeladas, con lavabo, cocina equipada y acceso a Internet. En verano, el patio trasero se utiliza para organizar barcacoas.

The Sunflower Hostel (☎ *44 04 42 50, hos tel@sunflower-berlin.de, Helsingforser Strasse 17*). **Plano 5**. U/S-Bahn: Warschauer Strasse. Camas en dormitorio 13-17,50 €, individuales/dobles 33/40 €, dobles con ducha 48 €, sábanas gratis, desayuno 2,50 €. Este lugar es obra de los jóvenes propietarios del Odyssee y tiene el mismo ambiente y una ubicación aún mejor.

Hay un bar en la planta baja, y las habitaciones son agradables y bien pintadas.

Kreuzberg. *BaxPax* (☎ *69 51 83 22, fax 69 51 83 72, info@baxpax.de, Skalitzer Strasse 104*). **Plano 5**. U-Bahn: Görlitzer Bahnhof. Camas en espacios colectivos 12,50-16 €, individuales/dobles/triples/cuádruples 28/42/58/72 €, algo menos en invierno; sábanas 2 €. Este lugar, de aparición bastante reciente en el panorama de los albergues, se distingue por sus extravagantes habitaciones con decoración temática (una incluye escenas de la ex RDA, otra un escarabajo Volkswagen antiguo, etc.) y por su gran cocina equipada con terraza. En los dormitorios caben hasta ocho personas.

Die Fabrik (☎ *611 71 16, fax 618 29 74, info@dietfabrik.com, Schlesische Strasse 18*). **Plano 5**. U-Bahn: Schlesisches Tor. Camas en estancia copartida: 15,50 €, individuales/dobles/triples/cuádruples desde 33/48/ 61,50/74 €. Die Fabrik ocupa cinco plantas (sin ascensor) de una antigua fábrica de teléfonos. Los precios más económicos son los de un espacio gigante de la planta baja, pero también hay habitaciones más pequeñas para los que prefieren algo más de intimidad. El desayuno (no incluido) se sirve en el café Eisenwaren de la planta inferior.

Gästehaus Freiraum (☎ *618 20 08, fax 618 20 06, Wiener Strasse 14, Kreuzberg 36*). **Plano 5**. U-Bahn: U1/12/15 hasta Görlitzer Bahnhof. Individuales/dobles/triples/cuádruples 22,5/42,5/50/55 €. Esta pequeña casa de huéspedes se halla en el tranquilo patio trasero de un edificio de principios del siglo XX, y cuenta con habitaciones modernas con baño compartido y apartamentos más grandes con cocina, TV y baño propios. Los precios dependen del número de huéspedes y de la duración de la estancia. Se recomienda preguntar acerca de los descuentos. Está vinculada a una Mitwohnzentrale y queda cerca de cafeterías y locales nocturnos.

Jugendgästehaus Schreberjugend (☎ *615 10 01, fax 61 40 11 50, Franz-Künstler-Strasse 4-10*). **Plano 5**. U-Bahn: U6 o U15 hasta Hallesches Tor. Camas: 20 € por persona en dormitorios de dos o tres camas, desayuno incluido; sábanas 3 € para estancias de menos de 3 noches. Este lugar cuenta con 124 habitaciones y se encuentra en una calle tranquila cerca del nuevo Museo Judío.

Hotel Transit (☎ *789 04 70, fax 78 90 47 77, welcome@hotel-transit.de, Hagelberger Strasse 53-54*). **Plano 5**. Camas en dormitorio común 18 €, individuales/dobles/triples/cuádruples 50/57,5/75/100 €, desayuno incluido. Es uno de los preferidos por las escuelas, y también popular entre los trotamundos. Las habitaciones son amplias, limpias y poseen mesa, caja fuerte, estufa y lavabo. Dispone de acceso a la red y de una amplia cafetería con TV.

Mitte. *Circus - The Hostel* (☎ *28 39 14 33, fax 28 39 14 84, info@circus-berlin.de, Rosa-Luxemburg-Strasse 39-41*). **Plano 3**. U-Bahn: Rosa-Luxemburg-Platz. Camas: 12,50 € en piezas que reúnen de cinco o seis; individuales/dobles/triples/cuádruples 25/20/17,50/15 € por persona, sábanas 2 €. Merece la pena hacer lo que sea para asegurarse una cama en este albergue. El personal es muy agradable y solícito, y los dormitorios y las zonas comunes están limpios y pintados con alegres colores. Quizás lo más interesante sean los pequeños apartamentos con baño privado, cocina y buenas instalaciones. El desayuno (no incluido) se sirve en el café junto a la calle.

Clubhouse Hostel (☎ *28 09 79 79, fax 28 09 79 77, mailto:welcome@clubhouse-berlin.de, Kalkscheunenstrasse 4-5*). **Plano 3**. U/S-Bahn: Friedrichstrasse. Dormitorios 13-15 €, individuales/dobles/triples 25/20/17,50 € por persona, sábanas 2 €, desayuno-bufé 3,50 €. Situado sobre el club Kalkscheune, este lugar bastante nuevo se ha creado un público fiel gracias a su agradable personal, a su situación céntrica y a sus habitaciones, grandes y limpias.

Mitte's Backpacker Hostel (☎ *28 39 09 65, fax 28 39 09 35, info@backpacker.de, Chausseestrasse 102*). **Plano 3**. U-Bahn: U6 a Zinnowitzer Strasse. Dormitorios: 12-15 €, dobles/triples/cuádruples 21/19/18 € por persona. Su decoración imaginativa y bohemia da una personalidad particular a este popular albergue. Atrae a una gran cantidad de público muy sociable y siempre impera el ambiente festivo. Entre los servicios complementarios que ofrece figuran el alquiler de bicicletas (5 € por día), una cocina comunitaria e Internet.

Prenzlauer Berg. *Lette 'm Sleep* (☎ *44 73 36 23, fax 44 73 36 25, info@backpackers. de, Lettestrasse 7*). **Plano 3**. U-Bahn: Eberswalder Strasse. Dormitorios de tres a seis camas 13-17,50 € por persona; dobles 45 €, con cocina. Este agradable y tranquilo albergue tiene una pequeña cocina comunitaria, sala de televisión y cervecería al aire libre en la parte trasera. Los dormitorios disponen de lavabo y taquillas, y el acceso a Internet es gratuito. El lugar ha recibido los elogios de algunos de nuestros lectores, que lo han definido como "impoluto" y "el más agradable". Está a cinco minutos a pie desde la estación de U-Bahn, en plena zona de moda de ocio nocturno.

Schöneberg. *Studentenhotel Meininger 10* (☎ *78 71 74 14, fax 78 71 74 12, info @sutdentenhotel.de, Meininger Strasse 10*). **Plano 4**. U-Bahn: U4 hasta Rathaus Schöneberg. Dormitorios 12,50 €, individuales/dobles/triples/cuádruples/quíntuples 30/44/60/80/100 €, con desayuno y sábanas incluidos. A pesar de su nombre, este moderno lugar, con Internet, salón, recepción funciona las 24 horas y otros servicios.
Jugendgästehaus des CVJM (☎ *264 91 00, fax 261 43 08, jgh@cvjm-berlin.de, Einemstrasse 10*). **Plano 4**. U-Bahn: U2 o U1/15 hasta Nollendorfplatz. Camas 20-30 €. El equivalente alemán del YMCA tiene una tarifa única para camas en habitaciones dobles o dormitorios con duchas compartidas.

Tegel. El distrito de Tegel se extiende unos 12 km al noroeste de la estación del Zoo.
Backpacker's Paradise (*antes Internationales Jugendcamp Fliesstal;* ☎ *433 86 40, fax 434 50 63, Ziekowstrasse 161*). U-Bahn: U6 hasta Alt-Tegel, luego el autobús nº 222 hasta Tituswege. Parcela para una tienda 5 €; incluye sábanas, colchones de espuma y duchas; abierto de finales de junio a agosto. Si el presupuesto es en verdad "apretado" y no importa la vida "agreste" se puede dormir en la gran tienda de 260 plazas. Hay comida barata y servicios como Internet y alquiler de bicicletas. Llegar aquí es toda una odisea.
Jugendgästehaus Tegel (☎ *433 30 46, fax 434 50 63, Ziekowstrasse 161*). **Fuera del plano 1**. Camas a 19 € en habitaciones de tres a ocho plazas, con desayuno y sábanas incluidos. Detrás de este albergue con capacidad para 220 huéspedes hay una tienda comunitaria dentro de un edificio señorial de ladrillo rojo.

Tiergarten. *Haus wichern* (☎ *395 40 72, fax 396 50 9Z Waldenser Strasse 31*). **Plano 2**. U-Bahn: U9 hasta Turmstrasse. Dobles/ cuádruples 23 € por persona, sábanas 3 € para estancias de menos de 3 noches. Cerca del histórico mercado de Arminius, en Tiergarten-Moabit, esta casa de huéspedes contemporánea y limpia ocupa un bonito edificio con murales en la fachada que representan diversas artes y oficios.

Wedding. *BDP Gaeste Etage* (☎ *493 10 70, fax 494 10 63, Osloer Strasse 12*). **Fuera del plano 2**. U-Bahn: U8 o U9 hasta Osloer Strasse. Camas en habitaciones de entre 2 y 9 plazas 14 €, desayuno 1,50/3 €, sábanas 4 €. Dirigido por la Asociación Alemana de Chicas escolta, este pequeño lugar de 14 dormitorios posee cocina a disposición de los huéspedes, que también pueden disfrutar de su desayuno continental.

Wilmersdorf. *Jugendgästehaus Central* (☎ *873 01 88, fax 861 34 85, jugend.hotelcentral@snafu.de, Nikolsburger Strasse 2-4*). **Plano 6**. U-Bahn: Hohenzollernplatz o Güntzelstrasse. Camas en dormitorio común 20 € por persona, desayuno incluido, sábanas 3,5 € para estancias de menos de 3 noches. Enorme lugar con 450 plazas, orientado a una clientela de grupos escolares.
Studentenhotel Hubertusallee (☎ *891 97 18, fax 892 86 98, studentenhotel.hubertusberlin@t-online.de, Delbrückstrasse 24*). **Plano 4**. Individuales/dobles/triples con baño, 40/55/65 €, estudiantes 24/35/45 €, desayuno incluido. Abierto de marzo a octubre. Queda cerca del lago Hubertusee. Desde Ku'-

damm, hay que tomar el bus nº 119 (dirección oeste) hasta la parada Hasensprung, o bien el nº 129 hasta Delbrückstrasse.

Jugendgästehaus St-Michaels-Heim (☎ *89 68 80, fax 89 68 81 85, Bismarckallee 23*). **Fuera del plano 4**. Camas 17/19 € por persona. Este lugar de nueva creación cuenta con 35 modernas y agradables habitaciones con ducha compartida, y se encuentra cerca del lago Herthasee. En el hotel adyacente, las individuales/dobles cuestan a partir de 60/75 €. Dispone, además, de un restaurante *self-service* con terraza.

Jugendhotel Vier Jahreszeiten (☎ *873 20 14/17, fax 873 82 23, Bundesallee 31a*). **Plano 4**. U-Bahn: Güntzelstrasse. Camas en habitaciones de entre 1 y 6 plazas, 20 €, desayuno incluido. Los grupos escolares adoran este lugar. Durante la temporada baja (de noviembre a febrero), los precios pueden descender unos 4 € por persona y noche.

HABITACIONES EN CASAS PARTICULARES

La oficina de turismo de Berlín, la BTM, ya no alquila habitaciones en casas particulares, pero existen varias agencias especializadas en ello. Una opción la constituye ***Bed & Breakfast in Berlin*** (☎ *44 05 05 82, fax 44 05 05 83, bedbreakfa@aol.corn, Tietjenstrasse 36*), en Tempelhof. Su propietario, Bernd Rother, puede conseguir individuales/dobles/triples desde 27,5/43/68 €, comisión y desayuno incluidos, 16% de IVA aparte.

Otras opciones que merecen la pena incluyen ***Agentur Wohnwitz*** (☎ *861 82 22, fax 861 91 92, Holsteinische Strasse 55*), en Wilmersdorf, y ***Berliner Zimmer*** (☎ *312 50 03, fax 312 50 13, Goethestrasse 58*), en Charlottenburg.

HOTELES
Reservas
La BTM (☎ 25 00 25, web www.btm.de) gestiona reservas sólo para sus hoteles asociados. Cabe la posibilidad de efectuarlas en persona en las oficinas de turismo del Europa-Center o de la Puerta de Brandeburgo. Véase la sección "Oficinas de turismo" en el capítulo *Datos prácticos* para conocer las direcciones.

Para servicios de reservas privados, una buena alternativa es Berlin-Direkt-Touristik (llamada gratuita ☎ 0130 21 30 o ☎ 787 77 70, fax 78 77 77 89, berlin-direkt@t-online.de), en Feurigstrasse 27, en Schöneberg, que también busca opciones gratuitamente en sus 250 hoteles asociados (comprende todas las categorías de precios). Otra posibilidad es Reservierungsdienst (☎ 822 18 79, fax 821 02 92), en Blissestrasse 62, Wilmersdorf.

También cabe contactar con los alojamientos directamente (se ha facilitado el teléfono, fax y correo electrónico cuando han estado disponibles), aunque el primer precio que facilitan es el de la habitación más cara. Hay que habituarse a solicitar la más barata: a menudo suele haber una.

La mayoría de los hoteles más pequeños, independientes, y pensiones no aceptan reservas con tarjeta de crédito y pueden exigir una paga y señal mediante giro postal o letra. Aunque no sea agradable, siempre conviene pedir confirmación escrita de la reserva y del pago adelantado.

Si se exige acordar una hora de llegada, se debe ser puntual (o llamar en caso de retraso). De lo contrario, y de no existir una paga y señal, quizá la habitación sea cedida a otros.

Hoteles – Económico

Las habitaciones de esta categoría (dobles a 80 € o menos) disponen de pocos adornos y, posiblemente, haya que compartir baño, aunque suelen tener lavabo. Muchos de los lugares mencionados cuentan, además, de habitaciones más caras con baño y otros servicios.

Charlottenburg. *Hotel Berolina* (☎ *32 70 90 72, fax 32 70 90 73, hotel-pension-berolina@t-online.de, Stuttgarter Platz 17*). **Plano 6**. Individuales/dobles/triples/cuádruples 31/41/47/52 €, desayuno 6 € por persona. Esta agradable, aunque anticuada, pensión proporciona alojamiento estándar con servicios suplementarios compartidos a precios muy aceptables. La zona no figura entre las mejores, pero la Messe está muy cerca, en el S-Bahn.

City Pension Berlin (☎ *327 74 10, fax 324 50 08, city-pension-berlin@t-online.de, Stuttgarter Platz 9*). **Plano 6**. Individuales/dobles/triples/cuádruples 32/48/68/75 € (con ducha). Esta pensión familiar tiene 20 agradables ambientes con televisión, teléfono y línea de acceso a Internet. Los dueños, muy solícitos, llevan un pequeño bar privado y también sirven aperitivos.

Hotel Crystal (☎ *312 90 47, fax 312 64 65, Kantstrasse 144*). **Plano 6**. Individuales 35/61 €, dobles 46/76 €. No todas las habitaciones son iguales en el Crystal, por lo que conviene inspeccionarlas antes de aceptar una. Para conseguir una tranquila, es mejor pedirla en la parte trasera. Un lector dijo que "el personal es muy amable" y el desayuno "excelente".

Pension Fischer (☎ *218 68 08, fax 213 42 25, Nürnberger Strasse 24a*). **Plano 6**. Individuales/dobles 25/35 € (sin baño), 35/66 €. La decoración de los 10 aposentos puede traer a la mente imágenes de la década de 1970, pero ¿cómo quejarse con estos precios? El desayuno cuesta 5 € por persona.

Herberge Grosse (☎ *324 81 38, fax 32 76 46 17, berlin@herbergegrosse.de, Kantstrasse 71, 4º piso*). **Plano 6**. U-Bahn: U7 hasta Wilmerdorfer Strasse. Individuales y dobles 55 €, triples 75 € (12 € por noche adicional), desayuno 8 € por persona. Con sólo tres dormitorios, resulta íntimo y da la sensación de estar alojado en casa de unos amigos. Los baños son compartidos y los huéspedes pueden utilizar la cocina y la lavadora. Las alcobas están amuebladas con un aire escandinavo, tienen teléfono con línea al exterior y TV por cable; cuenta con acceso gratuito a Internet, alquiler de bicicletas y un servicio de enlace a la estación de Zoo, al aeropuerto de Tegel y a la ZOB. Es uno de los mejores lugares (cuando hay habitaciones).

Pension Knesebeck (☎ *312 72 55, fax 313 95 07, Knesebeckstrasse 86*). **Plano 6**. Individuales/dobles 35/60 €, con ducha 50/75 €, desayuno 6 €. Mobiliario ecléctico, pero confortable, en esta popular pensión regentada por un simpático propietario.

Pension München (☎ *857 91 20, fax 85 79 12 22, hotel-pension.muenchen@arcor mail.de, Güntzelstrasse 62, 3er piso*). **Plano 6**. Individuales/dobles 33/66 €, 53/81 € (con baño). Este lugar, cuyo propietario es un artista, tiene mucho carácter y ocho estancias de decoración alegre con instalaciones modernas. El desayuno se sirve en un bonito salón con las paredes revestidas de azulejos.

Hotel-Pension Majesty (☎ *323 20 61, fax 323 20 63, Mommsenstrasse 55*). **Plano 6**. Individuales/dobles 41/51 €, con ducha 56/84 €. Con sólo cuatro estancias, a este lugar le falta intimidad, pero le sobra encanto. Está decorado con buen gusto, en un estilo moderno.

Pension Peters (☎ *312 22 78, fax 312 35 19, penspeters@aol.com, Kantstrasse 146*). **Plano 6**. Individuales/dobles 35/51 € (sin baño), 56/66 € (con baño). La pensión tiene una decoración agradable y luces cálidas, adornada con estilo nórdico y obras de arte de buen gusto.

Pension Viola Nova (☎ *313 14 57, fax 312 33 14, email@violanova.de, Kantstrasse 146*). **Plano 6**. Individuales/dobles 45/60 €, con ducha 55/75 €, con baño 65/80 €. La dueña, Helga Kammertöns, intenta adecuar el presupuesto del visitante a la disponibilidad, motivo por el cual este entrañable lugar, vecino del elegante Savignyplatz, atrae a una variopinta clientela, desde excursionistas hasta hombres de negocios. Las habitaciones son bastante amplias y poseen suelos de parqué y techos estucados.

Kreuzberg. *Hotel am Anhalter Bahnhof* (☎ *251 03 42, fax 251 48 97, hotel-abb@t-online.de, Stresemannstrasse 36, Kreuzberg 61*). **Plano 5**. Camas en habitaciones de 5 y 6 plazas 20,45 €; individuales/dobles 41/56 €, con baño 61/81 €; triples/cuádruples 76/81 €. Puede elegirse entre una amplia gama de niveles de comodidad en esta agradable pensión de ambiente internacional. Los dormitorios se hallan diseminados por tres plantas; las más caras, con servicios privados, no dan a la calle. Queda bastante cerca de la Potsdamer Platz y del Museo Judío.

Gasthaus Dietrich Herz (☎ *691 70 43/44, fax 693 11 73, Marheinekeplatz 15*). **Plano 5**. Individuales 45/65 €, dobles

65/75 €, desayuno 5 €. Quizá los humos del Schnitzel entren por las ventanas de este hotel restaurante en pleno centro del distrito de ocio de Kreuzberg 61. Algunas de las 16 hogareñas alcobas disponen de balcón. Las que dan a la plaza resultan más tranquilas y más caras.

Pension Kreuzberg (☎ 251 13 62, fax 251 06 38, Grossbeerenstrasse 64). **Plano 5**. Dormitorio 21 € por persona, individuales/dobles 40/50 € (sin baño). El visitante encontrará un lugar sencillo y agradable donde se recibe sobre todo a viajeros con mochila, con bajos precios.

Mitte. *Artist Hotelpension Die Loge* (☎/fax 280 75 13, die-loge@t-online.de, Friedrichstrasse 115). **Plano 3**. Individuales/dobles 35/56 € (sin baño), 51/71 € (con baño), desayuno 6 €. Esta pensión de siete habitaciones, que ofrece uno de los mejores tratos de la ciudad, la dirige una pareja joven que sirve sensacionales desayunos a la luz de las velas. No se los pierda. Está equipada con modernas instalaciones y buenos muebles.

Hotel Honigmond (☎ 284 45 50, fax 28 44 55 11, Tieckstrasse 12). **Plano 3**. Individuales/dobles 35/50 € (sin baño), 50/76 € (con baño), desayuno no incluido. Esta nueva pensión está situada sobre un restaurante tradicional en un edificio de 1899 y tiene los techos estucados, suelos de madera y piezas limpias y agradables. En tiempos de la antigua RDA, el restaurante del piso de abajo, entonces llamado Borsig-Eck, solía congregar a los disidentes.

Hotel-Pension Merkur (☎ 282 82 97, fax 282 77 65, Torstrasse 156). **Plano 3**. Individuales/dobles 35/51 €, con baño 76/85 €. Desde esta pensión familiar se puede ir a pie hasta los locales nocturnos más de moda de Mitte. El edificio parece ruinoso, pero las habitaciones resultan correctas.

Pension mitArt (☎ 28 39 04 30, fax 28 39 04 32, mitart@t-online.de, Friedrichstrasse 127). **Plano 3**. Individuales 49 €, dobles 66/80 €. Este minúsculo lugar está regentado por un simpático propietario y asociado a una galería de arte contemporáneo. Los dormitorios y las zonas comunes están decorados con cuadros lo que le da un toque muy acogedor. Cada una de las seis estancias dispone de suelo de madera y de mobiliario sencillo pero agradable.

Prenzlauer Berg. *Hotel Transit Loft* (☎ 789 04 70, fax 78 90 47 77, loft@hotel-transit.de, Greifswalder Strasse 219, entrada desde Immanuelkirchstrasse 14). **Plano 3**. Tranvía: 2, 3 o 4 hasta Hufelandstrasse. Camas en dormitorios comunes 19,50 €, individuales/dobles/triples/cuádruples 60/70/90/120 €. Este novísimo establecimiento cuenta con mobiliario funcional, alcobas luminosas y servicios suplementarios privados. Ocupa la tercera y cuarta planta de un antiguo almacén. También tiene un amplio dormitorio común para trotamundos.

Schöneberg y Tiergarten. *Hotel Gunia* (☎ 218 59 40, fax 218 59 44, hotelgunia@on line.de, Eisenacher Strasse 10, Schöneberg). **Plano 4**. Individuales/dobles 40/66 € (sin baño), 76/92 € (con baño). Este hotel de agradable atmósfera se alza en el corazón del barrio gay.

Hotel Les Nations (☎ 392 20 26, fax 392 50 10, Les-Nations-Berlin@t-online.de, Zinzendorfstrasse 6, Tiergarten). **Plano 2**. Individuales/dobles 45/80 € (sin baño), 85/110 € (con baño). Es un establecimiento popular entre los viajeros más jóvenes por sus habitaciones de estilo antiguo pero cómodas. Hay zonas para no fumadores y *parking*. Los precios bajan considerablemente fuera de temporada.

Wilmersdorf. *Pension Curtis* (☎ 883 49 31, fax 885 04 38; Pariser Strasse 39-40, 2º piso). **Plano 6**. Individuales/dobles con ducha desde 38/61 €. Este pequeño y agradable lugar aplica descuentos para estancias largas. Si está completo, otras tres pensiones ofrecen precios similares en el mismo edificio: Austriana, Rügen y Marco Polo.

Hoteles – Precio medio

Los hoteles de esta categoría (dobles entre 80 y 140 €) resultan cómodos sin llegar a ser formales y, normalmente, son lo bastante pequeños como para proporcionar atención personalizada. La mayoría de habitaciones se rigen por los mismos criterios, más o menos, aunque no siempre se encuentran todos los servicios suplementarios, especialmente en los más antiguos. Es probable que cuenten con teléfono y TV en la habitación; otros extras, como secador y tabla de planchar, van ganando terreno. Cabe la posibilidad de que algunos locales de esta categoría dispongan de opciones más baratas con servicios compartidos.

Charlottenburg. *Hotel-Pension Alexandra* (☎ 885 77 80, fax 88 57 78 18, *Wielandstrasse 32*). **Plano 6**. Individuales/dobles: 56/76 €, con baño 79-99 €. A un paseo al norte de la Ku'damm, esta pensión, con sus piezas reformadas (algunas decoradas en tonos lila) y un generoso desayuno-bufé, resulta muy atractiva.

Hotel California (☎ 88 01 20, fax 88 01 21 11, *info@hotel-california.de*, *Kurfürstendamm 35*). **Plano 6**. Individuales con baño 99/140 €, dobles con baño 114/156 €. Palmeras, decoración cinematográfica y un arco iris de color le confieren a este lugar un ambiente elegante y muy alegre. Buenas tiendas, restaurantes y teatros aguardan a cuatro pasos.

Los adeptos al ejercicio pueden utilizar el pequeño gimnasio o alquilar una bicicleta por 10 € al día.

Hotel-Pension Castell (☎ 882 71 81, fax 881 55 48, *messe.castell@t-online.de*, *Wielandstrasse 24*). **Plano 6**. Individuales 51/84 €, dobles 56/97 €. Caracterizado por un toque personal en la dirección, ofrece un estilo Art Nouveau, habitaciones remodeladas y espaciosas (algunas sólo con ducha, otras con baño) y servicios suplementarios adicionales modernos a precios razonables.

Hotel-Pension Funk (☎ 882 71 93, fax 883 33 29, *Fasanenstrasse 69*). **Plano 6**. Individuales 34/72 €, dobles 52/97 €. Techos estucados, ventanas Art Nouveau, paredes empapeladas a la antigua y muebles de la década de 1920 figuran entre los toques nostálgicos de esta encantadora pensión, que fue residencia de la estrella del cine mudo Asta Nielsen. Resulta una auténtica ganga y goza de gran fama: es conveniente reservar con antelación.

Hotel Imperator (☎ 881 41 81, fax 885 19 19, *Meinekestrasse 5*). **Plano 6**. U-Bahn: U1, U9, U15 hasta Kurfürstendamm. Individuales 41/56 €, dobles 72/92 €, desayuno 6,5/10 €. Este curioso establecimiento está situado a cuatro pasos del Ku'damm y cuenta con 11 grandes dormitorios que combinan muebles antiguos y modernos. Músicos, actores y otros artistas se cuentan entre sus fieles clientes.

Pension am Lietzensee (☎ 325 45 39, fax 322 31 59, *Neue Kantstrasse 14*). **Plano 4**. U-Bahn: U2 hasta Sophie-Charlotte-Platz, S-Bahn: S4 hasta Witzleben. Individuales 61/72 €, dobles 87/97 €. Esta preciosa y pequeña pensión de nueve habitaciones proporciona casi todos los servicios y una perfecta ubicación junto al lago Lietzensee y su idílico parque. La mayoría de las estancias disfrutan de vistas.

Pension Korfu II (☎ 212 47 90, fax 211 84 32, *Rankestrasse 35*). **Plano 6**. Individuales 47/87 €, dobles 64/104 €. La propuesta de este lugar, próximo a la Gedächtniskirche, reúne gran calidad y un profuso desayuno de bufé. Las 11 alcobas cuentan con baño propio, además de TV, teléfono y caja fuerte.

Hotel-Pension Nürnberger Eck (☎ 235 17 80, fax 23 51 78 99, *Nürnberger Strasse 24a*). **Plano 6**. Individuales/dobles 40/66 €, con ducha 56/92 €. Los nostálgicos de la década de 1920 acertarán con este diminuto establecimiento, que funciona desde la loca época del jazz y el cabaret. Sus ocho alcobas disponen de servicios modernos junto a muebles de la época. Decoran las zonas comunes originales obras de arte, entre las que se cuentan algunas que dejaron antiguos inquilinos. Los precios son relativamente asequibles.

Kreuzberg y Friedrichshain. *East Side City Hotel* (☎ 29 38 33, fax 29 38 35 55, *info@eastsidecityhotel.de*, *Mühlenstrasse 6*). **Plano 5**. Individuales 58-95 €, dobles 69-107 €. Este establecimiento, renovado con gusto y situado en un edificio del siglo XIX, está frente a la East Side Gallery, el fragmento más largo del Muro que se mantiene en pie. Las zonas de diversión de Kreuzberg y Friedrichshain se encuentran a un corto paseo de allí. Las estancias son agradables y están bien iluminadas.

Juncker's Hotel Garni (☎ *293 35 50, fax 29 33 55 55, junckers-hotel@t-online.de, Grünberger Strasse 21, Friedrichshain*). **Plano 5**. Individuales 48-71 €, dobles 66-87 €, desayuno 6 €. El Juncker's ofrece una buena relación calidad/precio; no está lejos del barrio de moda nocturno. Las 30 habitaciones están decoradas con muebles contemporáneos. Sus tarifas dependen de la orientación y el tamaño del aposento, pero todos tienen baño.

Hotel Riehmers Hofgarten (☎ *78 09 88 00, fax 78 09 88 08, info@hotel-riehmers-hofgarten.de, Yorckstrasse 83, Kreuzberg 61*). **Plano 5**. Individuales 85/125 €, dobles 110/140 €. Merece mención especial por sus 21 artísticas habitaciones cerca de Viktoriapark. Forma parte de un complejo protegido del año 1891 que rodea un tranquilo patio interior, el cual, sin duda alguna, deleitará a los románticos. Las estancias están decoradas con muebles de estilo clásico-moderno hechos a medida, obras originales de artistas contemporáneos y toques de color.

Mitte. ***Dietrich Bonhoeffer-Haus*** (☎ *284 671 86, fax 284 671 45, hotel-dbh@t-online.de, Ziegelstrasse 30*). **Plano 7**. Individuales 82/102 €, dobles 122/148 €. Este hotel que lleva el nombre del teólogo y miembro de la resistencia alemán asesinado por los nazis, propone una situación céntrica, un cálido ambiente y habitaciones modernas y agradables. En diciembre de 1989, tuvo lugar aquí la primera mesa redonda que abrió el camino a las elecciones libres en la RDA y a la reunificación.

Hotel Kastanienhof (☎ *44 30 50, fax 44 30 51 11, info@hotel-kastanienhof-berlin.de, Kastanienallee 65*). **Plano 3**. Individuales 72/82 €, dobles 92/128 €. Todas las estancias disponen de baño privado; las más caras son más espaciosas y tranquilas. No se permite fumar en el comedor para el desayuno y el personal está bastante informado. Queda a medio camino entre Prenzlauer Berg y Mitte.

Künstlerheim Luke (☎ *28 44 80, fax 28 44 84 48, info@kuenstlerheim-luise.de, Luisenstrasse 19*). **Plano 7**. Individuales/dobles 50/75 €, dobles 75/120 €. Este local ha sido ampliado y transformado recientemente. La reforma la han llevado a cabo un grupo de artistas internacionales, que diseñaron cada una de sus 33 habitaciones.

Hotel Märkischer Hof (☎ *282 71 55, fax 282 43 31, hotelmh@t-online.de, Linienstrasse 133*). **Plano 3**. Individuales 48,5/76 €, dobles 71,50/102 €. Está regentado con un toque personal y constituye un excelente punto de partida para explorar los lugares de interés de Mitte, incluso teniendo en cuenta que los dormitorios podrían mejorarse.

Schöneberg & Tiergarten. ***Hotel Delta Berlin*** (☎ *26 00 20, fax 26 00 21 11, Delta@cityconact-hotels.de, Pohlstrasse 58, Schöneberg*). **Plano 4**. Individuales/dobles 60/105 €, dobles 68/133 €. Este moderno establecimiento presenta un diseño creativo y una bonita terraza. Todas las alcobas disponen de baño propio y son diferentes: algunas con ventanas circulares, e incluso una con un baño circular. Tiene también salas para no fumadores, además de bar y servicio de habitaciones. Se aceptan niños y perros.

Scandotel Castor Berlin (☎ *21 30 30, fax 21 30 31 60, scandotel@t-online.de, Fuggerstrasse 8, Schöneberg*). **Plano 4**. Individuales 94/120 €, dobles 107/148 €. Este moderno titán dispone de 78 habitaciones pintadas con brillantes combinaciones de colores. Cuenta con un bar, una planta para no fumadores y aparcamiento (6 € por noche). Los niños menores de 12 duermen gratis con sus padres (lo hacen en una cama plegable).

Hotel Tiergarten (☎ *39 98 96 00, fax 393 86 92; hotel.tiergarten@t-online.de, Alt-Moabit 89, Tiergarten*). **Plano 2**. Individuales 76/107 €, dobles 92/133 €. Moderno establecimiento al que acude una clientela del mundo de los negocios. Entre sus servicios suplementarios figuran aparcamiento y habitaciones para no fumadores. Si se desea una tranquila, hay que solicitarla en la parte de atrás.

Wilmersdorf. *Hotel Albatros* (☎ 89 78 30, fax 89 78 31 00, team@albatros-hotel.de, Rudolstädter Strasse 42). **Plano 4**. Individuales/dobles 50/61 €, con baño 74/132 €. Moderno aunque estrafalario, ofrece 139 dormitorios y 8 apartamentos. Fresca y agradable decoración. Los precios son razonables.

Hotel Alexander (☎ 887 16 50, fax 88 71 65 65, Pariser Strasse 37). **Plano 6**. Individuales 92,5/112,5 €, dobles 107,50/135 €, cama suplementaria 25 €. Cromo, mármol y estampados de flores caracterizan este lugar, que aloja a gente del cine, el arte y los negocios. Si se solicitan, pueden conseguirse precios especiales de fin de semana. Entre sus servicios, se incluye un pequeño TV por cable, teléfono, minibar y secador.

Hotel Bogota (☎ 881 50 01, fax 883 58 87, hotelbogota@t-online.de, Schlüterstrasse 45). **Plano 6**. Individuales/dobles 44/65 €, dobles con baño 110 €. Este establecimiento se lleva las calificaciones más altas por parte de nuestros lectores. Situado en un edificio de principios del siglo XX, es barato, tranquilo y muy cercano a la acción de Ku'damm. Los muebles de las 125 habitaciones resultan anticuados pero con clase. En verano se alquilan bicicletas.

Propeller Island Lodge (☎ 891 90 16, fax 892 87 21, www.propeller-island.com, Albrecht-Achilles-Strasse 58, Wilmersdorf). **Plano 6**. Individuales 75/90 €, dobles 95/110 €, desayuno 5 € por persona. Si seduce la idea de pasar la noche en una obra de arte, conviene hacer una parada aquí, el hotel más excéntrico de Berlín. Invención del artista/músico Lars Stroschen, dispone de 30 dormitorios con muebles y accesorios diseñados y elaborados personalmente por él. El resultado es una serie de entornos únicos, perfectos para gente con imaginación y espíritu aventurero. Una de las habitaciones posee una cama circular sobre pilares, y otra –llamada la Celda de Goma— está tapizada totalmente con cuero verde. ¿Y qué tal la Habitación Símbolo, cubierta desde el techo hasta el suelo de azulejos blancos y negros, con un símbolo diferente cada uno? Los servicios suplementarios varían ligeramente. No se trata de un lugar convencional, por lo que no puede esperarse recepción las 24 horas ni servicio de habitaciones. Lars sólo acepta reservas por fax y hay que convenir la hora de llegada, a fin de que haya alguien esperando para poder entrar.

Hotel Savigny (☎ 881 30 01, fax 882 55 19, Hotel.Savigny@t-online.de, Brandenburgische Strasse 21). **Plano 6**. Individuales/doble 65/90 €, cama suplementaria 20 €. Establecimiento recomendable, a buen precio, ubicado en un edificio tradicional de techos altos y con un ascensor de 1912. Las alcobas, 50 en total, resultan de dimensiones razonables y con pocos muebles pero prácticos. Todas cuentan con servicios suplementarios modernos y relucientes baños privados. Es mejor solicitar una de las renovadas.

Hotel-Pension Wittelsbach (☎ 864 98 40, fax 862 15 32, Wittelsbacherstrasse 22). **Plano 6**. Individuales 66/92 €, dobles 92/112. Dispone de una planta especial para familias, con un auténtico decorado de cuento de hadas, con el castillo de la Bella Durmiente y toneladas de juguetes. Resulta algo *kitsch*, pero a los niños les encanta. Existen alojamientos más tranquilos en otros pisos.

Hoteles – Precio alto

En Berlín no faltan relucientes palacios del confort que proporcionan todos los servicios suplementarios que un miembro de la jet-set internacional podría esperar: TV por cable, espacio de trabajo, minibar, caja de seguridad, piscina, gimnasio, restaurante, etc. Por supuesto, tanto lujo tiene su precio (a partir de 140 € la habitación doble), aunque sus precios se mantienen por debajo de los de la mayoría de capitales europeas. Obsérvese que las tarifas no incluyen desayuno (unos 15 € más por persona), aunque para quien pueda permitirse alojarse en uno de estos hoteles, probablemente no suponga una gran cantidad.

Charlottenburg. *Hotel Askanischer Hof* (☎ 881 80 33, fax 881 72 06, Kurfürstendamm 53). **Plano 6**. Individuales 100/110 €, dobles 127/205 €. Un lugar con estilo, de la década de 1920, que ha contado con David Bowie y Wim Wenders entre sus huéspedes. Las habitaciones son amplias, de estilo Art Nouveau y disponen de los servicios suplementarios habituales. Posee salas para no fumadores y servicio de habitaciones.

Hotel Bleibtreu (☎ *88 47 40, fax 88 47 44 44, info@bleibtreu.com, Bleibtreustrasse 31*). **Plano 6**. Individuales 138/188 €, dobles 186/236 €. Si existe un hotel "ecológicamente correcto", es éste. La decoración destaca especialmente por un derroche de muebles de roble sin tratar, de diseño exclusivo, alfombras de lana virgen 100% y paredes pintadas con bonitas tinturas orgánicas. Oculto entre una floristería, una cafetería y una tienda de *delicatessen*, el Bleibtreu cuenta, además, con un bar y restaurante de primera categoría, que gozan de gran popularidad entre los berlineses.

Hecker's Hotel (☎ *889 00, fax 889 02 60, info@heckers-hotel.com, Grolmannstrasse 35*). **Plano 6**. Individuales 116/204 €, dobles 156/217 €, desayuno bufé 12,50 €. Este establecimiento ofrece un ambiente absolutamente moderno en sus zonas comunes espaciosas y con estilo, como el vestíbulo con vidrieras. Recibe a muchas personalidades que buscan intimidad. Sus 72 amplias habitaciones están decoradas con agradables tonos tierra. Algunas disponen de vestidor, grandes camas dobles y baño de mármol.

Hotel Palace Berlin (☎ *250 20, fax 25 02 11 61, hotel@palace.de, Budapester Strasse 45*). **Plano 6**. Individuales 168/286 €, dobles 194/311 €, incluido el bufé del desayuno. Parte de las 302 habitaciones de este alojamiento estilo centro de negocios del Europa-Center posee vistas a la Gedächtniskirche. Los dormitorios, que han sido objeto de una remodelación rigurosa, responden a la definición de lujo (minibar, aire acondicionado, televisor, etc.), aunque todo esté presentado de una manera bastante funcional. El restaurante First Floor figura entre los mejores de Berlín.

Mitte. *Adlon Hotel Kempinski* (☎ *226 10, fax 22 61 22 22, adlon@kempinski.com, Unter den Linden 77*). **Plano 7**. Individuales 276/301 €, dobles 312/337 €, desayuno de bufé 22 €. Las posibilidades de encontrarse con un famoso o un político son bastante altas en el principal establecimiento de Berlín. Con vistas de primera categoría de la Puerta de Brandeburgo y un suntuoso ambiente "histórico restaurado", no deja ningún deseo por satisfacer. El personal es políglota, la zona de piscina y sauna ofrece una tranquilidad celestial y las calles de compras, vida nocturna y turísticas quedan a sólo un paseo. Las habitaciones resultan proporcionalmente lujosas.

Hotel Alexander Plaza (☎ *24 00 10, fax 24 00 17 77, info@alexander-plaza.com, Rosenstrasse 1*). **Plano 7**. Individuales 120/186 €, dobles 135/201 €. Este histórico inmueble destaca entre los feos edificios de la RDA que rodean la Alexanderplatz. Su interior elegante y funcional contrasta con su señorial fachada restaurada, que data de 1897. Está muy concurrido por gente de negocios, pero ofrece suficientes toques personales para los turistas. En algunos dormitorios no se permite fumar. También cuenta con bar y restaurante.

art 'otel berlin mitte (☎ *24 06 20, fax 24 06 22 22, reservation@artotel.de, Wallstrasse 70-73*). **Plano 7**. Individuales 123/173 €, dobles 148/198. El arte de vivir es famoso en este elegante hotel. Fusiona un ala modernista con una casa patricia del siglo XVIII mediante un atrio espectacular. Durmiendo aquí, uno se siente como en un museo, puesto que rebosa de obras del pintor alemán contemporáneo Georg Baselitz. Es caro, pero el gasto quizá merezca la pena.

Dorint Am Gendarmenmarkt (☎ *20 37 50, 20 37 51 00, Charlottenstrasse 50-52*). **Plano 7**. Individuales 181/278 €, dobles 202/294 €. Con menos de 100 habitaciones, este selecto local presta servicios de un gran hotel de lujo. Entre los interesantes extras se incluyen el correo electrónico por voz en las habitaciones y el gimnasio con baño romano y sauna.

Hilton Berlin (☎ *202 30, fax 20 23 42 69, Mohrenstrasse 30, Mitte*). **Plano 7**. Individuales 160/240 €, dobles 179/260 €, desayuno de bufé 18 €. Tras una profunda remodelación, vuelve a brillar en este deslumbrante palacio de cristal cercano al Gendarmenmarkt. El estilo es clásico y elegante. Para conseguir vistas a la plaza, hay que reservar las habitaciones 4001, 5001, 5007, 5009, 6013 o 6016.

Prenzlauer Berg. *Myer's Hotel Berlin* (☎ *44 01 40, fax 44 01 41 04, Metzerstrasse 26*). **Plano 3**. Tranvía: 1 hasta Metzerstrasse. Individuales 85/125 €, dobles 110/160 €. Cerca de la Kollwitzplatz, se alza este distinguido *boutique-hotel*, una curiosa entrada de lujo a Prenzlauer Berg. Sus 41 estancias resultan espaciosas y están equipadas con todos los servicios suplementarios modernos.

Tiergarten. *Sorat Hotel Spree-Bogen* (☎ *39 92 00, fax 39 92 09 99, spree-bogen@SORAT-Hotels.com, Alt-Moabit 99*). **Plano 2**. Individuales 127/225 €, dobles 162/260 €. Este clásico hotel ocupa una lechería reconvertida y ofrece una sabia mezcla de la elegancia contemporánea y la arquitectura industrial de principios del siglo XX. De aspecto moderno, está ubicado en un idílico trecho del río Spree, con el distrito gubernamental a la vuelta de la esquina. Sus minimalistas habitaciones contienen muebles de diseño y las zonas comunes resultan agradables y con un espíritu creativo. El desayuno de bufé con champaña es suntuoso. Se recomienda, por último, preguntar por los platos de fin de semana.

Grand Hotel Esplanade (☎ *25 47 80, fax 254 78 82 22, info@esplanade.de, Lützowufer 15*). **Plano 4**. Individuales 135/273 €, dobles 135/317 €, incluido el desayuno de bufé. Al otro lado –al sur—del distrito de Tiergarten se encuentra este postmoderno alojamiento. Sólo hay que mirar el titán cubierto de espejos que ocupa un pintoresco tramo del canal. Famosos, altos ejecutivos y ricachones se relajan aquí con masajes, se dejan llevar en el Rolls Royce del hotel o beben cócteles en el tan de moda Harry's New York Bar. Véase la sección "Bares y pubs" en el capítulo *Ocio*.

Hoteles para la comunidad homosexual

Por ley, ningún establecimiento puede rechazar a una pareja homosexual, aunque algunos sí lo hacen, o acepten a estos clientes de mala gana. En la actualidad, existe un grupo, que va en aumento, de *Bed and Breakfast*, pensiones y casas de huéspedes exclusivamente para gays y lesbianas, entre los que se incluyen los siguientes:

enjoy bed & breakfast (☎ *23 62 36 10, fax 23 62 36 19, www.ebab.de, Nollendorfplatz 5 –Haus B, Schöneberg*). **Plano 4**. Se duerme aquí desde 20 € por persona, desayuno incluido. Este servicio de referencia de habitaciones en casas particulares es una iniciativa de Mann-O-Meter y dispone de una excelente web. Es tanto para gays como para lesbianas.

Timmy's Gay B&B (☎ *81 85 19 88, fax 81 85 19 89, www.gaybed.de, Perleberger Strasse 7, Tiergarten*). **Plano 2**. U-Bahn: U9 hasta Birkenstrasse. Individuales/dobles 30/40 €, descuentos para estancias largas. Esta agradable casa de alojamiento y desayuno se halla en un renovado edificio de finales del siglo XIX en Alt-Moabit, al norte del parque Tiergarten. Queda lejos de los principales distritos homosexuales, pero atrae a mucha gente. Es imprescindible efectuar reserva.

Frauenhotel Intermezzo (☎ *22 48 90 96, fax 22 48 90 97, frauen@hotelinterrnezzo.de, An der Kolonnade 14, Mitte*). **Plano 7**. Camas en habitaciones de 3 y 4 plazas 30 €, individuales/dobles 40/65 €, desayuno 5 €. Dirigido por tres jóvenes mujeres, este hotel sólo para mujeres queda cerca de la Potsdamer Platz y Unter den Linden. Sus dormitorios son bastante grandes y disponen de mobiliario escandinavo.

Pension Amsterdam (☎ *44 00 94 54, fax 448 07 92, info@pension-amsterdam.de, Gleimstrasse 24, Prenzlauer Berg*). **Plano 3**. Individuales/dobles/triples con baño 35/70/91 €, desayuno de bufé 6,50 €. Agradable lugar que posee una alegre decoración y limpias alcobas con TV, en una de las calles de más ambiente de Prenzlauer Berg. El desayuno se sirve en la cafetería restaurante adyacente hasta las 15.00, y se ofrece acceso gratuito a Internet.

Eastside Gayllery (☎ *43 73 54 84, fax 43 73 54 85, reservations@eastside-gayllery.de, Schönhauser Strasse 41, Prenzlauer*

Berg). **Plano 3**. Habitaciones desde 35 € por persona. Esta casa de huéspedes consta de algunas alcobas funcionales detrás de una tienda gay, pero el ambiente de la zona y Ulli, el anfitrión, permitirán sentirse pronto en la onda. Pueden solicitarse descuentos de lunes a jueves.

ArtHotel Connection (☎ *210 21 88 00, fax 217 70 30, Fuggerstrasse 33, Schöneberg*). **Plano 6**. Habitaciones 56/150 €, desayuno incluido. Sobre la discoteca Connection, este alojamiento ofrece elegantes habitaciones, casi todas con servicios suplementarios privados. Las palmeras confieren un ambiente tropical a la sala del desayuno. Se admiten visitas.

Hotel Arco Garni (☎ *235 14 80, fax 21 47 51 78, arco-hotel@t-online.de, Geibergstrasse 30, Schöneberg*). **Plano 6**. Individuales 56/71,5 €, dobles 71,5/92 €, desayuno incluido. Todo el mundo es bienvenido en este local situado en pleno distrito homosexual. Las estancias, recientemente renovadas, están bien decoradas y ofrecen toda la gama de servicios suplementarios. Cuando hace buen tiempo, se sirve el desayuno en el jardín.

Frauenhotel Artemisia (☎ *873 89 05, fax 861 86 53, Brandenburgische Strasse 18, Frauenhotel-Berlin@t-online.de*). **Plano 6**. Individuales/dobles 55/86 €, con baño 75/101 €; conviene preguntar por los precios especiales. En este distinguido y tranquilo refugio sólo para mujeres, cada habitación posee su propia y relajante decoración en tonos salmón y verde, y recibe el nombre de una mujer famosa. Obras de arte originales de artistas contemporáneas decoran las zonas comunes. Dispone, además, de una magnífica terraza para desayunar o tomar el sol. Sólo cuenta con 12 alcobas, por lo que resulta imprescindible reservar con tiempo suficiente.

ESTANCIAS LARGAS

Si los planes apuntan a pasar en Berlín un mes o más, conviene considerar el alquiler de una habitación o de un apartamento a través de una de las numerosas *Mitwohnzentrale* (agencias de pisos compartidos), que pone en contacto a personas que quieren arrendar sus casas por un tiempo con los que necesitan un hogar temporal. El alojamiento es muy diverso: cualquier cosa, desde un piso de estudiantes a una vivienda totalmente amueblada. Los precios dependen de la agencia y del tipo de lugar, pero siempre resultan inferiores a los de los hoteles. En Berlín, debe preverse pagar unos 275 € al mes por una habitación estándar, y 400 € por un estudio. En general, cuanto más tiempo se vaya a permanecer, más barata es la tarifa a abonar. Incluso si no se va a pasar el mes entero, quizá resulte más barato pagar el alquiler mensual completo.

Además del precio, debe añadirse la comisión de la agencia, un 25% del alquiler, más un 16% de IVA. Dicho de otro modo, si un mes cuesta 400 €, el total será de 564 € (100 € de comisión y 64 € de IVA).

Para encontrar un lugar, primero hay que rellenar una solicitud en una Mitwohnzentrale y especificar el período, el precio máximo que se desea pagar, el tipo de alojamiento que se busca, etc. A continuación, la agencia presenta una relación de opciones que cumplen los requisitos. Acto seguido, se telefonea a los propietarios (quizá alguien amable del personal quiera hacerlo por el cliente, si éste no domina el alemán), se visita el lugar y se escoge. En caso de llegar a un acuerdo satisfactorio, el total, incluida la comisión, se abona por adelantado, a menos que se vaya a pasar varios meses, en cuyo caso podrán convenirse pagos mensuales.

Entre las agencias que merecen una visita figuran:

Casa Nostra (☎ 235 51 20, fax 23 55 12 12, Winterfeldtstrasse 46, Schöneberg)

City Mitwohnzentrale (☎ 194 30, fax 216 94 01, berlin@city-mitwohnzentrale.com, www.city-mitwohnzentrale.com, Hardenbergplatz 14, Charlottenburg)

Erste Mitwohnzentrale (☎ 324 30 31, fax 324 99 77, Sybelstrasse 53, Charlottenburg)

HomeCompany (☎ 194 45, fax 882 66 94, Joachimstaler Strasse 17, Charlottenburg)

Mitwohnagentur am Mehringdamm (☎ 786 20 03, fax 785 06 14, info@wohnagentur-berlin.de, Mehringdamm 66, Kreuzberg 61).

Dónde comer

Berlín acoge a multitud de personas de todo el planeta que sienten esta ciudad como su hogar, y es que esta especie de ONU de la cocina que consigue que salir a comer en este lugar resulte emocionante. Desde un simple *kebab* o una *currywurst* hasta el *foie-gras* y los róbalos chilenos, desde hamburguesas estadounidenses a estofado de Zambia, son algunas de las múltiples opciones que pueden hallarse en un menú. En realidad, localizar platos cien por cien alemanes o berlineses resulta cada vez más una aventura en la más internacional de las capitales europeas (eso sí, este capítulo contiene una lista de buenos candidatos). Berlín no ha tenido fama, tradicionalmente, por soberbios y sofisticados restaurantes, pero como puede leerse en el recuadro "Templos de tentación", una nueva generación de chefs demuestra que la alta cocina no está totalmente desterrada.

GASTRONOMÍA
Costumbres locales

Comer fuera constituye algo informal y pocos restaurantes exigen vestir elegantemente. La hora de la cena se inicia entre las 19.30 y las 20.00, por lo que conviene reservar si se elige un establecimiento concurrido, sobre todo en una noche de viernes o sábado. Sólo en los establecimientos más formales, en cadenas estadounidenses como el Hard Rock Café, o si se ha hecho una reserva, alguien dirige a los comensales a la mesa asignada; lo normal es buscar sitio uno mismo. En las cafeterías de estudiantes y otros restaurantes informales, quizás se solicite compartir mesa. Se espera que el cliente acepte, pero no hay por qué conversar con los comensales, ni tan siquiera presentarse.

En la mayoría de lugares, sirven sólo uno o dos turnos por noche, por lo que no hay que pensar en salir corriendo al acabar. Cabe la posibilidad de quedarse una hora más tomando una bebida, charlando o simplemente disfrutando del ambiente. La cuenta sólo llega cuando uno la pide.

El servicio, por desgracia, sigue siendo un punto débil: casi puede preverse que será malo. Reinan por doquier largas esperas, comida tibia, poca atención o simple mala educación. En vista de ello, el gremio de hoteles y restaurantes de Berlín ha pedido al personal que contribuya a mejorar la imagen de la ciudad adoptando una actitud más positiva y sonriendo más a menudo. Parece que va mejorando, pero aún queda mucho camino por recorrer.

Fumar sigue siendo una práctica generalizada (incluso en algunos restaurantes vegetarianos) y las zonas de no fumadores escasean.

Precios

Si no se tiene la intención de tomar comidas abundantes, sentado a la mesa, tampoco será necesario gastar demasiado. Los puestos de Imbiss (tentempiés) constituyen un magnífico sistema para saciarse por poco dinero, al igual que los ubicuos restaurantes turcos de comida para llevar. En éstos puede comprarse una *lahmacun* (pizza) turca por unos 2 € o un *kebab*, delgados filetes de carne –normalmente pollo o cordero— servidos con ensalada y salsa de yogur con ajo dentro de una pita, por unos 2,5 €.

Las cafeterías son lugares excelentes para comer barato, ya que no sólo ofrecen pasteles, sino también comida de taberna como *quiche*, bocadillos, sopas, etc., por menos de 5 €. La mayoría de lugares, coquetos y alegres, permiten relajarse leyendo el periódico o escribiendo postales.

Si se desea una comida algo más sustanciosa, el almuerzo casi siempre es más económico que la cena. En concreto, los restaurantes chinos e indios llegan a proponer gangas formadas por tres platos a unos 5,5 €. Los establecimientos al viejo estilo alemán a veces disponen de *Stammgericht*, un plato principal que cambia diariamente al mediodía, y que cuesta 5,5 € más o menos.

Salir a cenar puede resultar también asequible –incluso en restaurantes elegantes–

> ### Puro humo
>
> Los berlineses figuran entre los fumadores más empedernidos del mundo. Entrar en un bar, discoteca o restaurante puede resultar una experiencia asfixiante para los pulmones y lacerante para los ojos, que deja la ropa ahumada y el pelo suplicando un lavado. Algunos locales disponen de zona para no fumadores, cosa que no cambia nada, al tener que compartir una pequeña sala con 50 chimeneas.
>
> Con todo, algo cabe hacer para minimizar los riesgos contra la salud, la higiene y la colada. Dado que el humo sube, hay que procurar sentarse siempre en la planta baja. Colocarse junto a una puerta o ventana también resulta una buena idea; cualquier cosa que se haga para soportarlo merecerá la pena.
>
> Cuando resulte necesario pasar algunas horas en un local lleno, nunca hay que ponerse la última camisa limpia de la maleta o mochila. Si se tiene el pelo largo, mejor recogerlo o esconderlo bajo un sombrero o pañuelo.
>
> Deben elegirse lugares con techos altos o con una buena ventilación. Si no atrae el hecho de ser el único comensal en un restaurante, cabe la posibilidad de comer por la tarde; la mayoría de cocinas abre todo el día.
>
> Una última cuestión sobre el comportamiento con el tabaco. Se trata de Berlín y la gente de aquí fuma. Sólo se conseguirán miradas de incredulidad si se le pide a alguien que no lo haga. Es mejor imaginar que se está en una antigua película de Bette Davis.

si consiste en un solo plato y una bebida. Si se desea alcohol, que sea cerveza, y si es vino, mejor pedir una copa del vino de la casa y no una botella. Las pizzerías resultan locales perfectos para comer por poco dinero, en los que, además, sirven pasta y ensaladas; normalmente cuesta unos 10 € o menos por persona, con bebida incluida.

El precio del servicio se incluye siempre en la cuenta, aunque el personal de los restaurantes alemanes acostumbra a estar bien remunerado. Sin embargo, a menos que sea realmente detestable, la mayoría deja una pequeña propina que suele consistir en redondear el precio o, a veces, incluso el 10% de la cuenta.

BEBIDA
Bebidas sin alcohol

El agua del grifo se puede beber, pero pedir un vaso en un restaurante despertará miradas desaprobadoras, en el mejor de los casos, o un claro rechazo, ya que lo que desean es vender una cara botella de agua mineral (*Mineralwasser*). Ésta suele ser con gas, aunque cada vez gana más adeptos el agua sin gas. En caso de preferencias concretas, conviene especificar qué se desea al pedir. Los refrescos resultan fáciles de encontrar; entre los light, los más habituales son Coca-Cola y Pepsi Cola. En general, poseen un sabor algo distinto al que uno está acostumbrado (probablemente más dulce), debido a variaciones en sus fórmulas para satisfacer los gustos alemanes. Una bebida refrescante es el *Apfelschorle* y consiste en zumo de manzana mezclado con agua mineral con gas.

El café es el rey tanto en Berlín, en particular, como en Alemania, en general, y suele ser fresco y fuerte. Se sirve en tazas (*Tasse*) o tazones (*Kännchen*) y se debe especificar cómo se desea en el momento de encargarlo. La leche condensada y el azúcar se ponen al mismo tiempo. Las cafeterías de moda están llenas de gente tomando enormes tazas de café, llamado *Milchkaffee* (café con leche), que contienen una gran cantidad de leche caliente. Los establecimientos de diseño al estilo Starbucks han proliferado en los últimos dos años. Las cadenas más habituales son Balzac y Einstein, aunque sufrirán la competencia con la omnipresente Seattle.

Una advertencia: repetir gratis *no* se estila, y una sola taza puede llegar a costar 2,5 €.

Si se encarga té y no se desea un tazón, hay que pedir *ein Glass Tee* (un vaso de té). Suele servirse en bolsa de té con azúcar y, quizás, una rodaja de limón. Si se quiere leche, hay que pedir *Tee mit Milch*.

Bebidas alcohólicas

Cerveza. La bebida alcohólica más habitual es –como no– la cerveza, que los alemanes han convertido en una ciencia. Todas las cervecerías están adheridas a la *Reinheitsgebot* (ley de la pureza), aprobada en 1516 en Baviera. Existe una desconcertante amplitud de opciones, las más populares son la algo amarga Piels y la algo más dulce y espumosa Weizenbier. La Schwarzbier y la Köstrizer, son tan negras como la Guinness, pero ni tan cremosas ni con un sabor tan fuerte, y se encuentran fácilmente. Otros términos que conviene dominar son helles Bier y dunkles Bier, o sea, cervezas claras y oscuras, respectivamente. La Berliner Weisse o "Berlín blanca" constituye una espumosa cerveza de trigo, con poco alcohol, que suele mezclarse con sirope rojo (frambuesa) o verde (aspérula). La Alsterwasser está compuesta por Pils y limonada, y suele tomarse en verano.

Vino. Existen vinos de todo el mundo en los bares y restaurantes de Berlín. Los de California y Australia están de moda y, en consecuencia, son más caros. Por otra parte, los caldos chilenos ofrecen una excelente calidad. Tampoco faltan vinos de otros países europeos como España, Italia y Francia.

A pesar de lo que se dice (o se vende) por ahí, los vinos germanos merecen ser destacados. Su reputación de dulzones y cabezones resulta inmerecida. Lo que pasa es que Alemania no produce grandes cantidades de vino y los propios alemanes se beben el mejor. Sólo la bazofia que sobra acaba en la exportación. En los supermercados, los más baratos cuestan casi tan poco como el agua o los refrescos, e incluso éstos resultan bastante buenos. Cabe la posibilidad de conseguir una deliciosa botella de blanco seco (*trocken*) por 2,5 €.

Riesling, Müller-Thurgau y Silvaner destacan entre las variedades alemanas. A menos que se encargue una botella, se sirve en copas de 20 o 25 cl. Un Weinschorle consiste en vino mezclado con agua mineral con gas. El vino se toma como aperitivo o en las comidas.

Véase el capítulo *Idioma* para obtener un glosario sobre comida y bebida que puede resultar útil.

RESTAURANTES

A los berlineses les encanta salir a cenar y disponen, literalmente, de miles de restaurantes y cafeterías para elegir. En cualquier punto de la ciudad en el que uno se encuentre, no hay que ir muy lejos, ya que cada barrio tiene su propia oferta que comprende toda la gama de cocinas y categorías de precios.

De no indicar lo contrario, los restaurantes mencionados abren cada día para el almuerzo (normalmente, a partir de las 11.00 o las 12.00) y la cena. Los que abren sólo al atardecer, lo hacen en torno a las 17.00 o 18.00. Para estar a la altura de la tendencia a trasnochar de los berlineses, muchos establecimientos abren más allá de la hora de la cena, a menudo hasta las 2.00, o incluso hasta las 4.00 durante los fines de semana, aunque la cocina suele cerrar a medianoche.

Alemanes

Charlottenburg. *Luisen-Bräu* (☎ *341 93 88, Luisenplatz 1*). **Plano 2**. Platos principales 6-15 €. Tras un día de turismo en el Schloss Charlottenburg, es ideal esta microcervecería para descansar; sirve cerveza recién elaborada y reconstituyente comida.

Kreuzberg. *Gasthaus Dietrich Herz* (☎ *693 11 73, Marheinekeplatz, Kreuzberg 61*). **Plano 5**. Platos principales 3,5-8,5 €. Quien crea que un *schnitzel* es un *schnitzel* y ya está, debe pasar por este establecimiento para descubrir que no es necesariamente así. Cuenta con una docena de variedades, algunas tan enormes que salen fuera del plato al servirlas, y todas a 5,5 €. Pueden tomarse abundantes desayunos por 3 €. (Véase también el capítulo *Dónde comer*.)

Grossbeerenkeller (☎ 251 30 64, *Grossbeerenstrasse 90, Kreuzberg 61*). **Plano 5**. Platos principales 6,5-12,5 €. Abierto hasta 16.00, los sábados hasta 18.00. Los nostálgicos del "antiguo Berlín" deberían aventurarse en esta rústica bodega. El menú ofrece lo mejor de la comida alemana, incluidas deliciosas bombas de colesterol, como las patatas fritas, el cerdo asado y los *Matjes* (arenques en escabeche) con salsa de nata.

Weltrestaurant Markthalle (☎ 617 55 02, *Pücklerstrasse 34, Kreuzberg 36*). **Plano 5**. Platos principales 6-15 €. Adjunto al histórico Eisenbahn Markthalle (véase la sección "Mercados", más adelante en este capítulo), este restaurante también transporta cien años atrás. Propiedad de los dueños de la discoteca Tresor, atrae a una clientela sin pretensiones, formada por habitantes de Kreuzberg entrados en años, así como gente sana del barrio que quiere saber lo que come. Su especialidad se llama *Königsberger Klopse* (bolas de carne en salsa de alcaparras).

Mitte. *Historische Weinstuben* (☎ 242 41 07, *Poststrasse 23*). **Plano 7**. Platos principales 6-15 €. Dentro de la Knoblauchhaus de Nikolaiviertel, esta apacible taberna dispone de una increíble selección de vinos alemanes de todas las regiones, incluidas las zonas emergentes de Saale-Unstrut y Sajonia en el este del país. Encajan sorprendentemente bien con la copiosa cocina berlinesa que los acompaña.

Kartoffelkeller (☎ 282 85 48, *Albrechtstrasse 14b*). **Plano 7**. Platos principales 6-10 €. Platos de patata procedentes de siete países se sirven en este restaurante, ubicado en un sótano burgués. Conviene estar preparados para la paella de patata con pollo y marisco, la cazuela de patata con *feta* y otras creaciones por el estilo.

Kellerrestaurant (☎ 282 38 43, *Chausseestrasse 125*). **Plano 3**. Platos principales 9-14 €. Almuerzos y cenas de lunes a viernes; sábados y domingos sólo cenas. Los devotos de Brecht tienen la posibilidad de saborear lo mismo que su ídolo en esta bodega de la casa memorial Brecht-Weigel. Gran parte de los platos austro-húngaros que se sirven aquí se basan en las recetas de la esposa de Brecht, Helene Weigel. En verano las cenas tienen lugar en un apacible patio interior.

Keyzer Soze (☎ 28 59 94 89, *Tucholskystrasse 33*). **Plano 3**. Platos principales 3-11,5 €. Moderno y estructurado restaurante especializado en la cocina alemana. La *Maultaschen* (pasta parecida a los raviolis) de Suabia, las pequeñas salchichas picantes de Nuremberg y, por supuesto, la *Berliner Boulette* (empanada de hamburguesa) tienen su lugar en el menú. Sus precios moderados atraen a multitudes, lo que hace que el servicio sea lento.

Lindenbräu (☎ 25 75 12 80, *Bellevuestrasse 3-5*). Platos principales 7,25-15 €, almuerzos de negocios 7,5 €, de lunes a viernes. El nivel de colesterol se mantiene en esta cervecería neobávara cerca del Sony Center. Disfruta de una gran terraza en la planta superior con vistas a la plaza central,

---

Cocina berlinesa

Aunque parece que guste a poco a los berlineses, no por ello deja de existir una cocina tradicional de la ciudad. En general, tiende al exceso de calorías, a la abundancia y a los platos de carne obstruye-arterias. El cerdo, preparado de mil maneras, resulta básico, incluidas las *Kasseler Rippen* (costillas de cerdo ahumado) y las *Eisbein* (manitas de cerdo). Ambos platos suelen compartir protagonismo con el *chucrut* o las patatas hervidas o trituradas.

Un clásico berlinés es la *Currywurst*, una salchicha picante servida con una fuerte salsa de curry. Existe un gran debate acerca de cuál es el Imbiss que sirve la mejor comida.

La carne picada suele presentarse en forma de *Boulette*, un híbrido entre albóndiga y hamburguesa que se come con un panecillo seco. Otros platos habituales de los menús berlineses son el pollo asado, el *schnitzel*, el *Sauerbraten* (buey marinado) y los *Matjes* (arenques en escabeche).

cerveza por litros (12 € por ocho vasos de 0,2 l) y destructoras raciones de platos tradicionales del sur como el *Schweinshaxn* y el *Leberkäs*. Véase el plano "Potsdamer Platz y Kulturforum" en el capítulo *Qué ver y hacer*.

Stäv (☎ 282 39 65, *Schiffbauerdamm 8*). **Plano 7**. Platos principales 4-12 €. Este lugar empezó congregando a políticos y trabajadores de Bonn nostálgicos de la *joie de vivre* del Rin. El nombre procede de *Ständige Vertretung*, nombre que recibía la embajada de la RFA en la antigua RDA.

Zum Nussbaum (☎ 242 30 95, *Am Nussbaum 3*). **Plano 7**. Platos principales 6-9 €. Entre sus paredes de madera se han servido comidas desde 1571, lo que lo convierte en el restaurante más antiguo de Berlín. El lugar no sólo atrae a los turistas, puesto que mantiene una atmósfera agradable y precios asequibles.

Prenzlauer Berg. *Offenbach stuben* (☎ 445 85 02, *Stubbenkammerstrasse 8*). **Plano 3**. Platos principales 8-17 €. Sólo para cenar. Esta reliquia de la RDA ha superado en el tiempo la caída del Muro con estilo. Resulta algo asfixiante pero con clase, y tiene la apariencia de un teatro abandonado. Los amantes de la carne se sentirán a sus anchas, ya que el menú incluye casi todo el reino animal, incluidos pato, cordero, cerdo y conejo. Los platos reciben su denominación a partir de las obras del inspirador del nombre del restaurante, Jacques Offenbach, compositor de opereta. Hay que llegar pronto, pues todo empieza a calmarse en torno a las 22.00.

Restauration 1900 (☎ 442 24 94, *Husemannstrasse 1*). **Plano 3**. Platos principales 8-13,5 €. En plena Kathe-Kollwitz-Platz, este distinguido restaurante sirve moderna cocina berlinesa en un decorado Art Deco con paredes de espejo, muebles oscuros y centelleantes manteles blancos. Menús de tres y cuatro platos salen por 20/23 €.

Spandau. *Zitadellenschänke* (☎ 334 21 06, *Am Juliusturm*). Menú con 7 platos 40 €, 5 platos 24 €; también carta disponible. Abierto de lunes a viernes sólo para cenar; almuerzos y cenas los sábados y domingos. En plena ciudadela de Spandau, las mesas chirrían por el peso los pantagruélicos banquetes medievales que se sirven bajo estas bóvedas, al son de música de juglares. Se recomienda reservar, ya que se trata del tipo de lugar que atrae a concurridas fiestas de empresa y de cumpleaños. Véase el mapa "Spandau" en el capítulo *Qué ver y hacer*.

Tiergarten. *Alte Meierei* (☎ 39 92 07 20, *Alt-Moabit 99*). **Plano 2**. Platos principales 14-17 €. Esta elegante joya se esconde entre los establos de una antigua lechería, junto al Sorat Hotel Spree-Bogen (véase el capítulo *Dónde dormir*). Sirve versiones actualizadas de clásicos platos berlineses a una clientela adinerada. Los *gourmets* con poco presupuesto deberían acudir a la hora del almuerzo.

Australianos

Woolloomooloo (☎ 34 70 27 77, *Röntgenstrasse 7, Charlottenburg*). **Plano 2**. Platos principales 10-18 €. Sólo para cenar. ¿Suspirando por un poco de canguro? Las cenas a base de canguro en el restaurante australiano más antiguo de Berlín cuestan unos 16 €, aunque el filete de cocodrilo en escabeche también obtiene su buena puntuación. Todo regado con pintas de la espumosa Foster's. En verano, se puede ver cómo brillan las estrellas sobre las plácidas aguas del Spree.

Chinos

Good Friend (☎ 313 26 59, *Kantstrasse 30, Charlottenburg*). **Plano 6**. Platos principales 7/17 €. Abierto cada día de 12.00 a 2.00. Este ajetreado local, con comida deliciosa pero con poco ambiente, es cantonés auténtico. Disfruta de él una hambrienta clientela, en la que se cuentan muchos chinos. Si los platos orientales constituyen un reto demasiado difícil, existen otros adaptados a los paladares occidentales.

Bambussprosse (☎ 28 04 76 82, *Reinhardtstrasse 11, Mitte*). **Plano 7**. Platos del día en el almuerzo 3/3,75 €; platos principales 3,75/8 €. Abierto de 12.00 a 22.00. Este pequeño restaurante, totalmente libre de cursiladas, prepara un amplio menú que incluye pato, cerdo, pollo y pescado, pero pocos platos vegetarianos. El plato del día se sirve desde las 11.00 hasta las 15.00, sólo de lunes a viernes. Existe servicio a domicilio y, si el pedido supera los 10 €, la entrega es gratis.

Ostwind (☎ 441 59 51, *Husemannstrasse 13, Mitte*). **Plano 3**. Platos principales 6,5/13 €. Abierto cada día para cenar y los domingos también para almorzar. Se trata de un elegante laberinto de color pastel donde uno puede comer en mesas comunes sentado en la posición del loto sobre almohadones. Comida creativa por encima de la media. Especialidad en *fondue* china (12/21 € para una/dos personas).

Españoles

El Borriquito (☎ 312 99 29, *Wielandstrasse 6, Charlottenburg*). **Plano 6**. Platos principales 7-13 €. Abierto de 19.00 a 5.00. Especie de casa de campo española rústica que se anima sobre todo después de medianoche, cuando la música de guitarra suena de manera espontánea: ¡qué empiece la fiesta! Se recomienda disfrutar del ambiente mientras se hinca al diente a los platos a base de carne.

Don Quijote (☎ 881 32 08, *Bleibtreustrasse 41, Charlottenburg*). **Plano 6**. Platos principales 10-15 €. Cenas cada día. Este lugar con una barra de azulejos ofrece tapas, pescado y paella excelentes.

Bar-Celona (☎ 282 91 53, *Hannoversche Strasse 2, Mitte*). **Plano 3**. Tapas 2-3,5 €, paella 11-13 €. Local en forma de túnel que cuenta con estrafalarias lámparas, una paella de rechupete (con una espera de 30 minutos) y, algunas noches, flamenco en vivo.

Yosoy (☎ 28 39 12 13, *Rosenthaler Strasse 37, Mitte*). **Plano 7**. Tapas 2,5-4,5 €, bandeja de tapas 7,5 €; paella, 10 € (mínimo dos personas). Este encantador bar de tapas transporta directamente al sur de España, con sus soleadas paredes, sus azulejos y su animado ambiente.

Estadounidenses

Juleps (☎ 881 88 23, *Giesebrechtstrasse 3, Charlottenburg*). **Plano 6**. Platos principales 8/16 €. Para algo más que hamburguesas y costillas, esta coctelería restaurante de cálida iluminación ofrece un menú que refleja todos los matices del crisol multiétnico de los EE UU, aunque se necesite un bolsillo lleno para disfrutar de todo.

Hard Rock Café (☎ 88 46 20, *Meinekestrasse 21, Charlottenburg*). **Plano 6**. Platos principales 7,5/16 €. Un Trabant deteriorado por el tiempo proporciona el toque local a la filial berlinesa de la madre de todos los restaurantes temáticos. Es famoso por su "bocadillo de cerdo" (con cerdo ahumado), aunque también sirve las habituales hamburguesas y ensaladas. Dispone también de acceso a Internet.

Pow Wow (☎ 694 56 06, *Dieffenbachstrasse 11, Kreuzberg 36*). **Plano 5**. Platos principales 7,5/12,5 €. Arte de los indios americanos, una gran mesa de billar y jugosas hamburguesas (incluso vegetarianas) contribuyen a conformar el más divertido de los locales al estilo de los EE UU a este lado de la Estatua de la Libertad. Bistecs y comida Tex-Mex también forman parte del menú, junto con una selección de platos vegetarianos.

Jimmy's Diner (☎ 882 31 41, *Pariser Strasse 41, Wilmersdorf*). **Plano 6**. Platos principales 3/8 €, hamburguesas 6/7,5 €. El restaurante económico más antiguo de Berlín resulta perfecto para empaparse del universo *American Graffiti*. Tras deslizarse en uno de los asientos de imitación de piel color carmín, pueden clavarse los dientes en una de sus jugosas hamburguesas.

Fabulous Route 66 50's Diner (☎ 883 16 02, *Pariser Strasse 44, Wilmersdorf*). **Plano 6**. Platos principales 3/12,5 €. Si el Jimmy está lleno, puede probarse esta opción cercana. Algo más caro y exagerado, resulta alegre y sirve comida convincente. Un aspecto divertido: cada mesa tiene una gramola en miniatura (0,5 €, dos canciones).

Franceses

Cour Careé (☎ 312 52 38, *Savignyplatz 5, Charlottenburg*). **Plano 6**. Platos principales 8-15 €. Bonita taberna, muy concurrida en verano, cuando se puede ver lo que pasa en la plaza desde su precioso jardín. Ideal para aperitivos como el Flammekuche (6,5 €), pero también con buenos precios en sus platos principales, como las chuletas de cordero (10 €).

Paris Bar (☎ *313 80 52, Kantstrasse 152, Charlottenburg*). **Plano 6.** Platos principales 13-25 €. El personal de este estirado local los ha visto a todos: David Bowie, Jack Nicholson, Madonna, los directores de cine Wim Wenders y Volker Schlöndorff y otros muchos famosos. Quizá por ello adopten una actitud tan indiferente cuando sirven a simples mortales algunos platos que, quizás, superen las habilidades del chef.

Le Cochon Bourgeois (☎ *693 01 01, Fichtestrasse 24, Kreuzberg 36*). **Plano 5.**

Templos de tentación

Berlín era una tierra gastronómicamente baldía donde la imaginación de los cocineros finalizaba en la *Currywurst* y las *Bouletten* (salchicha con curry y empanadas de buey fritas). Los tiempos han cambiado. Una nueva generación de maestros de la cocina está protagonizando una auténtica revolución en toda la ciudad, bendecida por los críticos y celebrada por los aficionados con criterio y dinero. Por lo tanto, un *gourmet* serio, o quien quiera celebrar una ocasión especial o probar el límite de su tarjeta de crédito quizás desee reservar en uno de estos templos culinarios.

Ana e Bruno (☎ *325 71 10, Sophie-Charlotten-Strasse 101, Charlottenburg*). **Plano 2.** Platos principales, 23-30 €. Sólo para cenar, abierto de martes a sábado. Bruno Pellegrini goza del favor de los críticos culinarios desde hace tiempo gracias a sus muy inspiradas creaciones. Los raviolis de queso de cabra con judías y panceta constituyen una especialidad habitual. Conviene dejar un hueco para el espectacular postre de delicia de sésamo con moca. Queda cerca del Schloss Charlottenburg.

E.T.A. Hoffmann (☎ *78 09 88 09, Yorckstrasse 83, Kreuzberg 61*). **Plano 5.** Platos principales, 24-30 €. Sólo para cenar, abierto de lunes a sábado. Este templo culinario, situado en el Hotel Riehmers Hofgarten (véase "Dónde dormir"), funciona bajo la tutela de Tim Raue, la nueva estrella del panorama gastronómico berlinés. Cautiva a los comensales con innovadoras propuestas de alta cocina, en las que sólo utiliza ingredientes frescos de temporada (el chateaubriand con puré de alcachofas y salsa de trufa constituye una reciente incorporación). En verano, el mejor lugar del local es el bucólico patio.

Borchardt (☎ *20 39 7117, Französische Strasse 47, Mitte*). **Plano 7.** Platos principales, 14-23 €. El más antiguo de los refinados restaurantes que brotan por todo Gendarmenmarkt y uno de los más selectos. Los techos son tan altos como largos los delantales de los camareros; la cocina es franco-alemana y cambia cada día, aunque a veces se sirve con una innecesaria dosis de afectación.

Margaux (☎ *22 65 26 11, Unter den Linden 78, Mitte*). **Plano 7.** Platos principales, 19-36 €. Abierto de martes a sábado. A Michael Hoffmann le costó sólo un año convertirse en chef estrella, o sea, con una estrella Michelin. Hoffmann y su equipo crean deslumbrantes platos de cocina francesa clásica con toques de vanguardia para la gente con Rolls Royce. El refinado interior –techos planos dorados, suelos de mármol— fue diseñado por la aclamada arquitecta berlinesa Johanne Nalbach, mientras que la antigua ayudante de Andy Warhol Ingeborg zu Schleswig-Holstein ideó los joviales lienzos.

Vau (☎ *202 97 30, Jägerstrasse 54-55, Mitte*). **Plano 7.** Platos principales, 30-38 €. Abierto de martes a sábado. Tiene otra estrella Michelin, y su chef es Kolja Kleeberg. Vivió una ascensión estratosférica cuando fue inaugurado, hace unos años, pero sus ambiciosas elaboraciones culinarias resultan a veces excesivas. La presentación de los platos constituye un fiable banquete para los ojos; la decoración es fría y minimalista, con bancos de fino cuero y sillas de mimbre; y el conjunto del local muestra un toque elitista con lienzos de gran calidad.

Platos principales 12-20 €. Sólo para cenar; cerrado los domingos y lunes. Una cosa es preparar platos exquisitos con sabrosos ingredientes y otra muy distinta hacerlo utilizando ingredientes comunes. En "El Cerdo Burgués", así lo hace el chef Hannes Behrmann (¡carpaccio de morro de cerdo!), normalmente con gran éxito.

Theodor Tucher (☎ *22 48 94 64, Pariser Platz 6a, Mitte*). **Plano 7**. Desayuno 5,50-10,50 €, comida 10-15 €, cena 5-10 €. La cocina es mediterránea y creativa (pescado fresco, pasta, ensaladas, etc.), pero el interior es más una sala de lectura que un restaurante. En la planta superior hay una pequeña librería; las paredes también están cubiertas de libros y periódicamente vienen algunos autores a leer su obra.

Nö (☎ *201 08 71, Glinkastrasse 24, Mitte*). **Plano 7**. Platos principales 6-11 €. Abierto de lunes a viernes para almorzar y cenar; los sábados sólo para cenar. Sin concesiones a la moda, esta acogedora vinatería ha conseguido gustar a la gente. Sirve excelentes vinos, quesos perfectamente curados y buena cocina francesa.

Gugelhof (☎ *442 92 29, Knaackstrasse 37; Prenzlauer Berg*). **Plano 3**. Desayuno 4-9 €, platos principales 8-15 €. Abierto desde las 10.00, desayuno hasta las 16.00. Fusiona la cocina suiza, la alsaciana y la del Baden. Entre las opciones seguras figuran la *raclette* (un plato a base de queso fundido) y el *chucrut* y, por supuesto, el *Gugelhupf*, un postre delicioso del que disfrutó Bill Clinton durante su visita a Berlín.

Storch (☎ *784 20 59, Wartburgstrasse 54, Schöneberg*). **Plano 4**. Platos principales 7,5-16 €. Sólo para cenar. Ubicado en un elegante barrio alejado del circuito turístico. El mismo propietario, Volker Hauptvogel, suele saludar a los comensales. Permite disfrutar de excelentes vinos mientras se saborea el que tal vez sea el mejor *Flammekuche* de la ciudad u otros platos principales más sustanciosos. Resulta una buena idea reservar.

Griegos

La competencia entre los restaurantes griegos resulta especialmente feroz en Schöneberg.

Ypsllon (☎ *782 45 39, Hauptstrasse 163*). **Plano 4**. Platos principales 7,5-12 €. Sólo para cenar. Este exitoso restaurante de barrio ha mejorado considerablemente, convirtiéndose en un gran lugar de encuentro para la comunidad griega y para los vecinos de Schöneberg. Los aperitivos, que constituyen comidas completas, resultan inmejorables si se toman en una tranquila noche de verano en la cervecería al aire libre. Música en vivo los fines de semana.

Nemesis (☎ *781 15 90, Hauptstrasse 154*). **Plano 4**. Sólo para cenar. Platos principales 7,5-15 €. Unas casas más abajo queda este otro restaurante famoso, normalmente atestado de gente expansiva que se atiborra de *souvlaki* y alza vasos de áspera *retsina*.

Ousies (☎ *216 79 57, Grunewaldstrasse 16*). **Plano 4**. Platos principales 5-14 €. Sólo para cenar. Otro lugar con reminiscencias de unas vacaciones de verano en Grecia: una alegre taberna con un amplísimo menú que consiste, en su mayor parte, en aperitivos fríos y calientes. Se pueden elegir dos o tres entre la excelente selección (7,5 €) y quedarse tan feliz como Zorba el griego. Acostumbra a estar lleno, por lo que hay que reservar.

Ellopia (☎ *446 41 35, Erich-Weinert-Strasse 55, Prenzlauer Berg*). **Plano 3**. Platos principales 6-12 €. Almuerzos y cenas cada día. Murales de estilo minoico que evocan el palacio de Knossos de aquella antigua civilización forman el telón de fondo de este cómodo restaurante. Ofrece todos los productos principales de la cocina griega, incluidos 10 platos sin carne. Si se desea probarlos en su lugar de origen, cabe la posibilidad de realizar una reserva en la agencia de viajes adjunta.

Hindúes

Charlottenburg. *Ashoka Bar* (☎ *313 20 66, Grolmanstrasse 51*). **Plano 6**. Platos principales 2,5-6,5 €. Popular rincón para tentar el olfato con aromáticos currys y platos de carne que vuelan sobre el mostrador desde la humeante cocina.

Kalkutta (☎ *883 62 93, Bleibtreustrasse 17*). **Plano 6**. Platos principales 7,50-13 €.

También emana de este oscuro y exótico lugar una seductora mezcla de jengibre, cilantro y comino.

Kreuzberg. *Amrit* (☎ *612 55 50, Oranienstrasse 203, Kreuzberg 36*). **Plano 5**; (☎ *28 88 48 40, Oranienburger Strasse 45, Mitte*). **Plano 3**. Platos principales 6-12,5 €. Con sus sólidas mesas de pino y sus lienzos de intensos colores, quizás esté amueblado como un salón sueco, pero la comida compite con la mejor de la India. Las raciones son generosas, fragantes y humeantes. Tiene incluso vino indio.

Chandra Kumari (☎ *694 12 03, Gneisenaustrasse 4, Kreuzberg 61*). **Plano 5**. Platos principales 4-12 €. Este pequeño restaurante de decoración discreta, con paredes de color azafrán, sirve platos que combinan los sabores de Sri Lanka con los indios. Sólo usan carnes libres de hormonas. Los vegetarianos cuentan con multitud de ofertas, pero a los amantes de la carne quizá les guste saber que sólo se utiliza carne de animales de granja. Para un capricho especial, puede encargarse el *Hochzeitsmenu* ("menú de boda", aunque sin esmoquin ni velo), un banquete para dos que cuesta 47,5 €.

Prenzlauer Berg. *Himalaya* (☎ *441 25 01, Lychener Strasse 3*). **Plano 3**. Platos principales 3,5-7 €. Abierto de 12.00 a 0.00. Puede elegirse entre más de 20 platos vegetarianos o probar una de las especialidades de cordero. Otras opciones son el pollo, el pescado y el *tandoor*. Los platos principales se sirven con arroz o pan *naan* y una pequeña ensalada.

Tandoor (☎ *440 84 93, Rykestrasse 42*). **Plano 3**. Platos principales 3-4,5 €. Nadie puede competir con sus precios. Los platos son deliciosos y suculentos, pero el servicio se demora. La zona de restauración resulta pequeña y espartana, pero en verano cabe la posibilidad de comer fuera en mesas con banquetas de madera.

Schöneberg. *Rani* (☎ *215 26 73, Goltzstrasse 32*). **Plano 4**. Comidas 3-6,5 €. Abierto de 9.00 a 2.00. Acogedor, con una cálida iluminación y buen gusto en cuanto a la decoración, destaca entre los restaurantes indios de Winterfeldtplatz. Hay que pedir en la barra, hacer acopio de cubiertos, buscar una mesa y experimentar cómo la boca se hace agua, anticipándose a grandes raciones de arroz basmati aderezadas con carne o curry vegetal. Con el buen tiempo, las mesas situadas en la acera resultan las más frescas.

Maharaja (☎ *215 78 25, Goltzstrasse 20*). **Plano 4**. Platos del día de almuerzo 3,5 €, platos principales 3,5-10 €. Frente al Rani, dispone de un menú más amplio, amables camareros y un ambiente relajado, aunque lejos de las tendencias actuales.

Internacionales

Charlottenburg. *Lubitsch* (☎ *882 37 56, Bleibtreustrasse 47*). **Plano 6**. Platos principales 6-20 €. Abierto desde las 9.30, desde las 18.00 los domingos. Se trata de una reluciente taberna frecuentada por gente sofisticada que charla y traga entre madera estucada y paredes amarillas. El menú cambia cada día.

Marché (☎ *882 75 78, Kurfürstendamm 14-15*). **Plano 6**. Precios 2,15-9 €. Este informal *self-service* ofrece bufé de ensaladas, verduras, pasta y pasteles, además de varios platos calientes preparados por encargo. También constituyen una buena opción sus promociones especiales, como el bufé libre de pasta a partir de las 18.30, los martes (9,5 €). Los niños que miden menos de 1,20 m comen gratis.

Kreuzberg. *Bergmann 103* (☎ *694 83 23, Bergmannstrasse 103, Kreuzberg 61*). **Plano 5**. Tentempiés 2,50-5 €, platos principales 6,50-11,5. Abierto de 9.30 a 1.00. Su menú satisface los gustos culinarios cosmopolitas. La mejor apuesta quizá sea el *Flammekuche* alsaciano, aunque se dice que los platos de estilo turco también merecen la pena. El servicio, ¡oh, dioses!, resulta exasperantemente lento y rutinario.

Mitte. *Ganymed* (☎ *28 59 90 46, Schiffbauerdamm 5*). **Plano 7**. Platos principales 12,50-21 €. Este modernizado remanente de la RDA se asienta a la sombra del teatro Berliner Ensemble (lo que le aporta un elevado porcentaje de clientes famosos). Cocina alemana sofisticada con precios a juego. Todo es consumido en banquetas de color chocolate rodeadas de espejos, madera y baldosas holandesas azules.

Hackescher Hof (☎ *283 52 93, Rosenthaler Strasse 40-41*). **Plano 7**. Platos principales 6-16 €. Abierto de 7.00-2.00, sábados y domingos desde las 9.00. Este local del tamaño de una cafetería ha sacrificado su ambiente cultural para atraer al turismo. Casi siempre está lleno, lo que hace que el personal ronde niveles de estrés potencialmente explosivos. En la parte positiva destaca la altura del techo, que facilita la rápida desaparición del humo.

Maxwell (☎ *280 71 21, Bergstrasse 22*). **Plano 3**. Platos principales 19-25 €. Sólo para cenar. Perfectamente ubicado con una enorme terraza, constituye una buena referencia para los paladares exigentes. Utilizando sólo productos caseros, el chef aporta sustancia en vez de pirotecnia culinaria. El menú cambia cada temporada y puede dar cabida al salmón ahumado irlandés, la sopa de langosta o el pato en salsa de pimienta negra. Exige llevar una cartera bien llena.

Prenzlauer Berg. *Weitzmann* (☎ *442 71 25, Husemannstrasse 2*). **Plano 3**. Desayuno 1,65-12 €, platos principales 7,50-11. Las mesas en el exterior de este café a la antigua permiten vistas de primera fila de la Käthe-Kollwitz-Platz y de los autobuses turísticos que merodean por el barrio. Cocina alemana con toques humanos. Las aves nocturnas pueden curar aquí su resaca con un *Schwarzes Frühstück* (desayuno negro): café sólo y un cigarrillo.

Schöneberg. *Toronto* (☎ *781 92 30, Crellestrasse 17*). **Plano 4**. Desayuno 3-8 €, platos principales 9-15 €. Abierto desde las 9.00 de lunes a sábado, desde las 10.00 los domingos. Este lugar es tan contemporáneo y sin pretensiones como la ciudad que le da nombre. Los chefs mezclan sin miedo cocinas étnicas para ofrecer interesantes mezclas, aunque la mayoría de clientes acuden para tomar los estupendos desayunos.

Wilmersdorf. *Hamlet* (☎ *882 13 61, Uhlandstrasse 47*). **Plano 6**. Platos principales 8-12,5 €. Abierto de 8.00 a 3.00. El menú de esta bella y elegante taberna se centra en el Mediterráneo: cuscús, pechuga de pollo a la plancha, *scampi, ristotto*.

Manzini (☎ *885 78 20, Ludwigkirchstrasse 11*). **Plano 6**. Desayuno 6-10 €, platos principales 10-17,5 €. Abierto de 8.00 a 2.00. A pocos pasos del anterior, en este restaurante en forma de túnel, siempre de moda, las lámparas de araña se balancean sobre los comensales, sentados en cómodas banquetas de cuero verde. La cocina es creativa partiendo de ingredientes de temporada. Los *risottos* gozan de gran popularidad.

Italianos
Charlottenburg. *Ali Baba* (☎ *881 13 50, Bleibtreustrasse 45*). **Plano 6**. Pizzas 1,5-6,5 €. Abierto hasta las 3.00. No hay cueva ni ladrones, pero la crujiente y fina pizza es fresca y lleva una abundante guarnición. Los clientes quedan satisfechos con los copiosos platos de pasta (dos tamaños a elegir).

XII Apostoli (☎ *312 14 33, Bleibtreustrasse 49*). **Plano 6**. Desayuno 3,50-10 €, pizza 8-10 €, platos principales desde 15 €. Abierto 24 horas. Recomendamos rematar la noche con un desayuno en este ostentoso restaurante con una exagerada e hilarante decoración tipo iglesia, con querubines al estilo de Rubens, frescos tirando a cursis y llamativas lámparas de araña. En otros horarios rebosa de gente con dinero que quiere fundírselo en caras pizzas que llevan los nombres de los apóstoles.

Biscotti (☎ *312 39 37, Pestalozzistrasse 88*). **Plano 6**. Platos principales 10-16 €. Sólo para cenar, abierto de lunes a sábado. *Trattoria* selecta con sillas de mimbre, manteles blancos, frondosas plantas y un refinado menú a base de pasta, carne y pescado.

Pizzeria Piccola Taormina (☎ *881 47 10, Uhlandstrasse 29*). **Plano 6**. Pizzas 2,75-6,25 €. Una serenata de pop italiano acompaña la degustación de pizzas, con abundante guarnición y crujiente masa, en este ajetreado laberinto de paredes azules. El personal ahorra sonrisas, pero ¿a quién le importa si la pizza contiene una generosa dosis de champiñones, pimientos y otras delicias? La porción cuesta sólo 1 €. *Self-service*.

Kreuzberg. *Il Casolare* (☎ *69 50 66 10, Grimmstrasse 30, Kreuzberg 36*). **Plano 5**. Pizzas 5-8 €, platos principales 6-12,5 €. En un espectacular tramo del Landwehrkanal, esta tranquila *trattoria* resulta tan confortable como el abrazo de un viejo amigo. Está dirigida por una familia del norte de Italia sirve grandes cantidades de pasta fresca y platos del día, aunque es la pizza crujiente la que hace que los habituales –desde yuppies hasta familias jóvenes— vuelvan a por más.
Sale e Tabacchi (☎ *252 11 55, Kochstrasse 18, Kreuzberg 61*). **Plano 7**. Platos principales 13-24 €. Abierto de 9.00 a 2.00, de lunes a viernes; de 10.00 a 2.00, los sábados y domingos. Ubicado en la sede central del periódico *Die Tageszeitung*, aquí acude una mediática multitud, en especial, a la hora de comer. Al *chef* le gusta moverse en torno a ingredientes exquisitos, como las colas de langosta, los corazones de alcachofa y las costillas de ternera, lo que convierte el hecho de comer en una propuesta relativamente cara.

Mitte. *Cantamaggio* (☎ *283 18 95, Alte Schönhauser Strasse 4*). **Plano 3**. Platos principales 10-22 €. El Cantamaggio ya distribuía deliciosa pasta y platos sustanciosos mucho antes de que los turistas "descubrieran" el Scheunenviertel. Las mesas suelen estar atestadas a veces de actores y directores del cercano Volksbühne. Se recomienda reservar.
Zucca (☎ *24 72 12 12, Am Zwirngraben, arcos del S-Bahn 11 y 12*). **Plano 7**. Desayuno 1,50-8 €, platos principales 6-17,5 €. Se trata del sueño de infancia de Klaus Behrendt, un conocido detective televisivo alemán. Evoca la elegancia de una cafetería de la década de 1920 al estilo italiano: espejos, lámparas de araña, antigüedades, murales, elegantes colores, sobre todo beige y negro. En cuanto a comida, combina bocadillos de pan chapata ingeniosamente rellenos (desde 3 €) con platos del día que cambian a diario. Además, buen capuchino.
Die Zwölf Apostel (☎ *201 02 22, Georgenstrasse, arcos del S-Bahn 177-180*). **Plano 7**. Platos principales 8-16 €. Abierto de 9.00 a 1.00. Lugar perfecto para culminar un día de inmersión cultural en la Isla de los Museos. Hay que relajarse bajo las bóvedas de la arcada del S-Bahn, observados por querubines, mientras se saborea una pizza tamaño carretilla recién salida del horno de leña. Nota para los que estén sin blanca: entre las 12.00 y las 17.00, todas las pizzas cuestan la mitad.

Prenzlauer Berg. *Kommandatur Pizzeria* (☎ *44 03 14 68, Knaackstrasse 18*). **Plano 3**. Platos principales 5-13 €. Este antiguo bar anarquista lleno de humo se ha metamorfoseado en elegante restaurante italiano, popular entre turistas y vecinos por igual. Se recomienda hincarle el diente a las creativas pizzas, el *carpaccio* de atún o cualquiera de los platos de pescado.
Lappeggi (☎ *442 63 47, Kollwitzstrasse 56*). **Plano 3**. Platos principales 8-16 €. Frecuenta esta moderna *trattoria* una variopinta clientela formada por artistas, actores y periodistas. La sopa de pescado está especialmente buena y se preparan platos vegetarianos. Se puede ver furtivamente el marco de la Kolwitzplatz desde las mesas exteriores.

Schöneberg. *Lucky Pizzeria* (☎ *781 12 93, Willmanndamm 15*). **Plano 4**. Platos principales 3-8 €. Este concurrido lugar sirve pizzas de tres tamaños. Es acogedor, barato y alegre; y lo ha sido durante más de 30 años, que no es poco en un Berlín en cambio permanente.
Petite Europe (☎ *781 29 64, Langenscheidtstrasse 1*). **Plano 4**. Platos principales 10-13 €. Sólo para cenar. Este restaurante de barrio sirve comida italiana a buen precio en un entorno rústico. Conviene llegar pronto para conseguir mesa; mejor aún es reservar.
Trattoria á Muntagnola (☎ *211 66 42,*

Fuggerstrasse 27). **Plano 6**. Platos principales 8-17 €. Salsas llenas de sabor, pasta fresca y sustanciosos platos de carne constituyen los pilares del menú en este popular restaurante. Las ristras de ajo, las pesadas lámparas y los clásicos manteles blancos y rojos contribuyen a sentirse transportado a Sicilia.

Japoneses

Sachiko Sushi (☎ *313 22 82 Savignypassage, arco del S-Bahn 584, Charlottenburg*). **Plano 6**. Platos individuales de *sushi* 3,5-5,5 €, plato del día para el almuerzo 9,5 €. Abierto de 12.00 a 0.00 cada día. Los platos de *sushi*, sobre bandejas de colores que indican el precio, flotan junto a los comensales en un pequeño "río" formado en la barra ovalada. El precio final se calcula sumando las bandejas. La mejor opción es el plato del día del almuerzo: tres bandejas más todo el té verde que se desee.

Sushi-Bar (☎ *281 51 88, Friedrichstrasse 115, Mitte*). **Plano 3**. Bandejas de *sushi* 8-11 €. Comida siempre fresca y excelente en este local ubicado en la planta baja del Hotelpension die Loge. Los *nigiri* (barras de arroz coronadas por filetes de pescado) cuestan 2,5-3,5 € en un plato de dos raciones, y los *maki-sushi* (rollo de arroz con rellenos diversos envuelto en algas) salen por 8 €.

Tabibito (☎ *624 13 45, Karl-Marx-Strasse 56, Neukölln*). **Plano 5**. Platos principales 10-20 €. Sólo para cenar, abierto de miércoles a sábado. ¡Sorpresa! Uno de los mejores locales de *sushi* de Berlín –y con precios muy razonables— no está en el ultramoderno Mitte, sino en el obrero Neukölln. El menú de este local íntimo y auténtico depende de la temporada y de lo que el chef Mitsuru encuentre en el mercado del pescado. Un verdadero hallazgo.

Además, por todo Berlín han aparecido locales de *sushi* para llevar.

Kiraku Sushi (☎ *216 52 02, Motzstrasse 8, Schöneberg*). **Plano 4**. *Maki sushi* 2,5-8 €, *nigiri sushi* 2,5-3 €. Abierto cada día. Este minúsculo restaurante para comer de pie o para llevar, prepara un magnífico *sushi* fresco, además de platos del día a buen precio para almorzar (6-7 €).

Flying Fish Sushi (☎ *782 06 63, Eisenacher Strasse 67*). **Plano 4**. *Maki* 2,5-5 €, *nigiri* 2,5-3,5 €. También muy recomendable, se halla en Schöneberg.

Sushi Imbiss (☎ *881 27 90, Pariser Strasse 44, Wilmersdorf*). **Plano 6**; (☎ *215 49 30, Goltzstrasse 24, Schöneberg*). **Plano 4**. *Nigiri sushi* 1,75-2,5 €, *maki sushi* 2,5-3 €. Abierto cada día, desde las 16.00 los domingos. Este impecable local sirve bocados de pescado crudo cortados con maestría. Se puede ahorrar encargando una combinación de bandejas a partir de 5,5-18 €.

Kosher y judíos

Gracias a una creciente población judía –y a un interés creciente por esta cultura– han proliferado este tipo de restaurantes. Sólo los tres primeros son estrictamente *kosher*, es decir cumplen la ley judía.

Arche Noah (☎ *882 61 38, Fasanenstrasse 79, Charlottenburg*). **Plano 6**. Platos principales 12-17 €, plato combinado 11-13 €. Abierto de 11.30 a 15.30 cada día, de 18.30 a 23.00 de domingo a viernes. El restaurante *kosher* más antiguo de Berlín se halla en el interior de la Casa de la Comunidad Judía. Además de un amplísimo menú a la carta, sirve por la noche menús de varios platos. Es aconsejable acudir la noche de los martes, cuando se ofrece un bufé libre con 30 opciones (17,50 €). Se recomienda llamar y reservar.

Beth Café (☎ *281 31 35, Tucholskystrasse 40, Mitte*). **Plano 3**. Platos principales 2-8 €. Abierto de 11.00 a 22.00 de domingo a viernes (hasta las 20.00 los lunes). Se trata de una cafetería-taberna, con buena relación calidad-precio, donde no se permite fumar. Tiene un hermoso patio interior y es el lugar ideal para probar tostadas con salmón ahumado, ensaladas diversas, pescado *gefilte* y otros platos básicos de la cocina judía. Está afiliado a la congregación de Adass Jisroal, que también dirige el **Kolbo**, un pequeño supermercado *kosher* en Auguststrasse 77-78.

Plaetzl (☎ *217 75 06, Passauer Strasse 4, Schöneberg*). **Plano 6**. Platos principales 3,5-7,5 €. Este Imbiss *kosher* sirve ensaladas, platos vegetarianos, pescado *gefilte* y otros platos en un entorno relajado. Existe la posibilidad de adquirir provisiones en el supermercado adjunto. Otro supermercado es el **Schalom** (☎ *312 11 31, Wielandstrasse 43, Charlottenburg*). **Plano 6**.

Algunos otros restaurantes también sirven comida judía e israelí, pero carecen del certificado Kashrut.

Oren (☎ *282 82 28, Oranienburger Strasse 28, Mitte*). **Plano 3**. Platos principales 6-12 €. Abierto de 10.00 a 1.00. La fusión de un frío diseño moderno y de una ecléctica concurrencia da como resultado este brillante local en el corazón del corredor turístico de Mitte. La bandeja Orient-Express de *mezze* (aperitivos, 10 €) es sobresaliente. Los vegetarianos tienen mucho donde escoger.

Rimón (☎ *28 38 40 32, Oranienburger Strasse 26, Mitte*). **Plano 3**. Platos principales 7,5-12,5 €. En la planta baja del centro cultural judío, este restaurante gira en torno a todas las especialidades judías de la Europa del este, desde *latkes* a *kreplach* o *falafel*. Está especialmente atestado cuando la comida se sirve con un acompañamiento de música *klezmer* en vivo, más o menos cada dos semanas.

Am Wasserturm (☎ *442 88 07, Knaackstrasse 22, Prenzlauer Berg*). **Plano 3**. Platos principales 10-13 €. Junto a una sinagoga, prepara un exhaustivo menú que va más allá de la cocina judía habitual, con interesantes mezclas, incluidas opciones vegetarianas, para todos los bolsillos. Está decorado con murales y explicaciones de algunas de sus oraciones más celebradas. Cuando hace buen tiempo, lo mejor es comer en la terraza.

Latinoamericanos

Los sabores Tex-Mex han llegado a Berlín con las cantinas abiertas en los barrios de moda. Si se han conocido los auténticos, quizás la escasez de picante en la mayoría de los platos provoque decepción.

Locus (☎ *691 56 37, Marheinekeplatz 4, Kreuzberg 61*). **Plano 5**. Platos principales 6-8 €. Permite observar a los niños trotando por la plaza peatonal desde una rústica mesa exterior; sirve los habituales platos mexicanos, desde enchiladas a burritos, pasando por fajitas.

Lone Star Taqueria (☎ *692 71 82, Bergmannstrasse 11, Kreuzberg 61*). **Plano 5**. Platos principales 4,50-9 €. *Happy hour*: 17.00 a 20.00. Aquí se encuentran raciones de comida mexicana abundante y de mejor calidad que la media. Si se tiene prisa es preferible no ir: suele estar lleno y el servicio puede ser algo lento.

Frida Kahlo (☎ *445 70 16, Lychener Strasse 37, Prenzlauer Berg*). **Plano 3**. Desayuno 4-7,50 €, platos principales 5,50-11,50 €. Abierto desde las 10.00. Es el lugar para darse un atracón de elaboradas raciones de clásicos mexicanos, desde enchiladas a fajitas, en un ambiente muy animado y rodeado de una interesante decoración y paredes pintadas con motivos aztecas.

Durante el verano, se extiende hacia la calzada con vistas a la plaza Helmholtz.

Poco Loco (☎ *881 18 68, Pariser Strasse 18, Wilmersdorf*). **Plano 6**. Platos principales 3-8 €. Abierto desde las 15.00. Entre los restaurantes latinos de la zona figura esta *kitsch* pero divertida cantina mexicana con paredes empapeladas con pósters y fantásticas muñecas y figurillas colgando del techo. La comida es muy buena y abundante.

Brazil (☎ *28 59 90 26, Gormannstrasse 22, Mitte*). **Plano 3**. Platos principales 10-15 €. Sólo para cenar. En este lugar cavernoso y de moda se puede cenar un aromático *frango estufado* (pollo braseado al vino), *feijoada* (contundente asado) y buenas ensaladas. Y, para bajarlo todo, hay que probar las deliciosas *caipirinhas*.

Oriente Medio y Rusia

Pasternak (☎ *441 33 99, Knaackstrasse 22-24, Prenzlauer Berg*). **Plano 3**. Platos principales 10-15 €. Abierto de 10.00 a 2.00 cada día. Uno de los primeros restaurantes cerca de la histórica *Wasseturm*, el Pasternak revive la nostalgia de Rusia con versiones actualizadas de especialidades tradicionales (*borscht, pelmeni*, buey *stroganoff*). El *Farschmacker* constituye un buen antídoto contra la resaca: vodka más arenques triturados mezclados con huevo, pepino y cebolla sobre una tostada. ¡Mmmm!

Scarabeo (☎ *885 06 16, Ludwigkirchstrasse 6, Wilmersdorf*). **Plano 6**. Platos principales 12-16 €. Con estilo de galería y nada remilgado, este clásico egipcio para *gourmets* impresiona con un suculento cordero, pollo o ternera asados con especias. Aperitivos clásicos, como *baba ganush* y *kibbe* (empanadas de *bulgur*), también tientan al paladar.

Tailandeses y del sureste asiático

Sticks (☎ *312 90 42, Knesebeckstrasse 15, Charlottenburg*). **Plano 6**. Platos principales 8-13 €. Especializado en cocina tailandesa y vietnamita sus infinitas variedades posibilitan que el cliente escoja entre los aromáticos platos de fideos y arroz, además de especialidades de pato, *tofu* y marisco. Los vegetarianos deberían solicitar el menú especial.

Good Time (☎ *28 04 60 15, Chausseestrasse 1, Mitte*). **Plano 3**. Platos principales 6,5-12,5 €. Una decoración étnica, las servilletas dobladas casi como flores de loto y un menú que va más allá del tradicional repertorio tailandés caracterizan este agradable restaurante. Algunos platos tienen un toque indonesio.

Kamala (☎ *283 27 97, Oranienburger Strasse 69, Mitte*). **Plano 3**. Platos principales 9-14 €. Este pequeño restaurante indonesio, situado en un sótano, suele estar abarrotado. Su sencilla decoración contrasta con los espectaculares platos, que incluyen deliciosos currys y fideos acompañados de carne o verduras.

Mao Thai (☎ *441 92 61, Wörther Strasse 30, Prenzlauer Berg*). **Plano 3**. Platos principales 10-12,5 €. Los propietarios del Kamala dirigen también este local, donde el menú resulta tan fascinante como sus tallas y su arte asiático original. Su sublime cocina tailandesa se caracteriza por sabores complejos y tiende hacia lo picante. Los precios son elevados, pero para los *gourmets* con poco presupuesto existe un menú en el almuerzo a 8 € (servido hasta las 15.00 entre semana). Se recomienda reservar. Dispone de zona para no fumadores.

Rice Queen (☎ *44 04 58 00, Danziger Strasse 13, Prenzlauer Berg*). **Plano 3**. Platos principales 5-9 €. Las paredes pintadas de vivos colores y los muebles modernistas indican que no se trata del habitual restaurante asiático. El chef Garry Chan parte de los ingredientes y técnicas de cocción de Malasia, China, Indonesia y Tailandia para elaborar una cocina mestiza, imaginativa y ligera.

Tuk-Tuk (☎ *781 15 88, Grossgörschenstrasse 2, Schöneberg*). **Plano 4**. Platos principales 8-16 €. Entrar en este establecimiento es como introducirse en una choza de Yakarta. Los platos indonesios de carne y vegetarianos se sirven acompañados de una relajante música de *gamelan*.

Angkor Wat (☎ *393 39 22, Paulstrasse 22, Tiergarten*). **Plano 2**. Platos principales 10-16 €. Este lugar exótico y cavernoso sirve *fondue* de Camboya, que consiste en cocinar uno mismo la carne y las verduras en un caldero colocado en la mesa (30 € para dos). El resto de platos, muchos de ellos a base de leche de coco, ofrecen una intrigante mezcla de sabores.

Turcos

La cocina turca llega mucho más allá del omnipresente *kebab*, tal como demuestran los siguientes restaurantes.

Hitit (☎ *322 45 57, Knobelsdorffttrasse 35, Charlottenburg*). **Plano 4**. Platos principales 7,5-15 €. Un éxito situado entre los amantes de la carne y los vegetarianos, este fresco y elegante restaurante presenta relieves en las paredes y una fuente de mármol. La bandeja de aperitivos tiene mucho éxito, pero los platos de carne a la parrilla, además de las cazuelas de verduras, también convencen. El servicio es bueno.

Bagdad (☎ *612 69 62, Schlesische Strasse 2, Kreuzberg 36*). **Plano 5**. Platos principales 7-12 €. Aunque lleve el nombre de la capital de Irak, prepara sobre todo platos turcos, además de ensaladas que, en verano, se disfrutan más en el relajante jardín. Actuaciones de danza del vientre los viernes y sábados por la noche.

Merhaba (☎ *692 17 13, Hasenheide 39, Kreuzberg 36*). **Plano 5**. Platos principales 10-13 €. Lo mejor de este excelente restaurante son sus carnes de calidad (el cordero es su especialidad) y las verduras, muy sanas, preparadas a la brasa. En verano la cervecería al aire libre también ejerce su atractivo.

Malete (☎ *280 77 59, Chausseestrasse 131, Mitte*). **Plano 4**. Platos principales 7,50-12,50 €. Este sencillo restaurante atiende a una variada clientela de estudiantes, oficinistas y turistas. Sirve desayunos interesantes.

Hasir Mitte (☎ *28 04 16 16, Oranienburger Strasse 4, Mitte*). **Plano 3**. Platos principales 11-14 €. Restaurante insignia de esta pequeña cadena que seduce por su atento servicio, su exótica decoración y su deliciosa comida picante. La bandeja de aperitivos, con un festival de sabores, está buenísima, al igual que las humeantes hogazas de *Fladenbrot*.

Miro (☎ *44 73 30 13, Raumerstrasse 28/29, Prenzlauer Berg*). **Plano 3**. Desayuno 4-7,50 €, platos principales 7-11 €. Abierto de 10.00 a medianoche. Las mesas más solicitadas son las bajas, donde los comensales se sientan sobre blandos cojines. No obstante, la comida resulta igual de buena en el comedor principal de paredes de ladrillo y suelos de madera. Todos los platos se preparan al instante y muchos son cocinados únicamente con verduras.

Vegetarianos

Los restaurantes "vegetarianos" suelen servir también pescado. La mayoría de restaurantes y cafeterías mencionados en este capítulo ofrecen, al menos, un plato vegetariano, además de ensaladas. Los establecimientos hindúes, tailandeses, vietnamitas y de otros países de Asia disponen también de una buena selección de platos sin carne.

Einhorn (☎ *881 42 41, Mommsenstrasse 2, Charlottenburg*). **Plano 6**; (☎ *211 25 04, Wittenbergplatz 5-6, Schöneberg*). **Plano 7**. Artículos del bufé 1,5 € los 100 g. Platos principales 5-7,5 €. Abierto de 9.00 a 18.30 de lunes a viernes, sábados de 10.00 a 16.00. Se come en la barra, con un bufé de entrantes, ensaladas y platos calientes del día. El establecimiento de Wittenbergplatz resulta ideal para visitarlo tras una sesión de compras en el cercano KaDeWe. El menú realiza incursiones en varias cocinas de todo el mundo.

Satyam (☎ *312 90 79, Goethestrasse 5, Charlottenburg*). **Plano 6**. Platos principales 3-6,5 €. Este tranquilo restaurante totalmente vegetariano sirve comida india con sabores tanto suaves como fuertes.

PI Bar (☎ *0170-527 58 82, Gabriel-Max-Strasse 17, Friedrichshain*). **Plano 5**. Platos principales 6,50-13,50 €. En el PI, la creatividad se ha dirigido tanto al diseño como a los platos, que presentan algún toque mediterráneo. En la parte de atrás hay una coctelería.

Thymian (☎ *69 81 52 06, Gneisenaustrasse 57, Kreuzberg 61*). **Plano 5**. Platos principales 8-15 €. Sólo cenas; abierto de martes a domingo. La original mezcla de verduras y especias anima los platos de pescado y verduras de este acogedor restaurante. Tiene pocas mesas, así que se recomienda reservar.

Abendmahl (☎ *612 51 79, Muskauer Strasse 9, Kreuzberg 36*). **Plano 5**. Platos principales 8-16 €. Sólo cenas. Este elegante restaurante tiene una carta creativa que incluye pescados y platos con nombres ingeniosos, como "Asesinato en el acuario" (dorada a la plancha) o "Suicidio celestial" (un postre). Es un lugar con estilo, dominado por una estatua de Jesucristo. Por desgracia, el servicio es bastante lento, algunos platos están por encima de las habilidades del chef y las raciones son escasas.

Seerose (☎ *69 81 59 27, Mehringdamm 48, Kreuzberg 61*). **Plano 5**. Platos 2-5 €. Cereales, ensaladas frescas, cazuelas y otras saludables delicias se pueden encontrar en el bufé del día de este local económico. Hay que pedir en el mostrador y pagar al marcharse.

Little Shop of Foods (☎ *44 05 64 44, Kollwitzstrasse 90, Prenzlauer Berg*). **Plano 3**. Platos principales 3-7 €. por persona. Alimentarse en este local resulta un viaje por el reino vegetal. Es más bien un restaurante que una tienda; se trata de un entorno sobrio adornado con bonitos azulejos y revestimientos florales. El cocinero usa alimentos frescos y de temporada para elaborar platos deliciosos y, a veces, algo excéntricos. "De rechupete", para citar a uno de nuestros lectores.

Hakuin (☎ *218 20 27, Martin-Luther-Strasse 1, Schöneberg*). **Plano 4**. Platos principales 13-17 €. Dirigido por una organización budista, este restaurante hace de cada comida una celebración, usando una gama de ingredientes muy interesantes, como originales setas, algas o tofu. La atención puede resultar de una frialdad glacial.

CAFETERÍAS

Las cafeterías constituyen una genial institución alemana, y su número y variedad en Berlín resultan asombrosos. Son lugares perfectos para relajarse tomando un café mientras se lee un periódico o una revista, o se charla con los amigos. El *Kaffee und Kuchen* (café y pastel) de la tarde es una tradición alemana, aunque en los últimos tiempos la practica sobre todo la gente mayor.

Los cafés atraen a gente de todas las edades y estilos de vida. La mayoría ha ampliado su oferta culinaria para incluir tentempiés fríos y calientes, y algunos sirven incluso comidas más sustanciosas.

Muchos cafés de Berlín tienen una identidad camaleónica: inician el día como bar de desayunos, ofreciendo después un menú de mediodía ligero, con pasteles a media tarde y convirtiéndose en bar restaurante o en bar de copas por la noche. De hecho, varios de los lugares indicados en este apartado podrían incluirse perfectamente en el de "Restaurantes" o en el de "Bares y pubs" del capítulo *Ocio*.

Charlottenburg

Café Hardenberg (☎ *312 26 44, Hardenbergstrasse 10*). **Plano 6**. Desayuno 2,75-5 €, platos 2,25-6,50 €. Los estudiantes de la Technische Universität, al otro lado de la calle, consideran este establecimiento como otro bar de estudiantes. Suele estar lleno. Desafortunadamente, el humo acumulado ha formado una pátina amarilla en el bonito techo estucado, y la popularidad del local puede implicar lentitud en el servicio, por lo que conviene armarse de paciencia.

Café Kranzler (☎ *882 69 11, Kurfürstendamm 18-19*). **Plano 6**. Comidas 4-8 €. Abierto de 8.00 a 0.00. De la cafetería más antigua de Berlín, en funcionamiento durante unos 175 años, sólo queda un pequeño recuerdo en una rotonda de la planta superior de la tienda de ropa Gerry Weber. Únicamente el nombre del nuevo negocio y complejo comercial en el que se ha integrado –el Neue Kranzler Eck– rinde homenaje a días de mayor gloria.

Leysieffer (☎ *882 79 61, Kurfürstendamm 218*). **Plano 6**. Desayuno 2,75-14 €; pasteles 3 €; platos principales 5-10 €. Abierto de 9.00 a 20.00 de lunes a sábado, de 10.00 a 18.00 los domingos. Los aficionados a los chocolates exquisitos no deberían olvidar nunca las elaboradas exquisiteces de la tienda de la planta baja. Los que se aventuren a subir a la planta superior descubrirán una elegante cafetería-taberna que sirve dulces refinados y también deliciosos bocados bajo techos de estuco y espejos en las paredes.

Schwarzes Café (☎ *313 80 38, Kantstrasse 148*). **Plano 6**. Platos 4,50-9 €. Este local, abierto todo el día, es el favorito de los estudiantes y los turistas jóvenes. Fue fundado en 1978 por 15 mujeres que cobraban a los hombres una entrada de 1 marco (0,50 €). Los fondos recogidos se destinaban a un albergue de acogida para mujeres. Esta práctica se ha abandonado. Sirven desayunos a todas horas. También se ha hecho famoso –ejem– por el creativo diseño de los lavabos.

Café Wintergarten (☎ *882 54 14, Fasanenstrasse 23*). **Plano 6**. Desayuno 4,50-14 €, platos principales 10-16 €. Abierto de 9.30 a 1.00. Este acogedor local reúne a intelectuales, artistas y paseantes para charlar o para comer platos deliciosos de todo tipo. En verano, las mesas del jardín son las más solicitadas.

Friedrichshain

Entre los numerosos locales modernos que han aparecido en este distrito, algunos destacan por su ambiente jovial y sus económicos precios.

Conmux (☎ *29138 63, Simon-Dach-Strasse 35*). **Plano 5**. Platos principales 4-7,5 €. En el centro de la calle principal, tiene una decoración industrial y ofrece un menú de verduras, carne y pescado preparado al estilo casero.

Truxa (☎ *29 00 30 85, Wühlischstrasse 30*). **Fuera del plano 5**. Platos principales 6-12 €. Abierto desde las 16.00. Cercano al anterior, este simpático establecimiento prepara un menú completamente caribeño. Cada sábado hay clases de baile gratuitas para los amantes de la salsa.

Kreuzberg

Atlantic (☎ *691 92 92, Bergmannstrasse 100, Kreuzberg 61*). **Plano 5**. Desayuno 3-10 €, aperitivos 3-7 €. Abierta de 9.00 a 2.00. Es una de las cafeterías más famosas para desayunar (hasta las 16.00) en la zona, y nunca parecen faltarle clientes. Algunas fotos y poca cosa más decoran las paredes amarillas. Ideal para respirar el ambiente del barrio.

Barcomi's (☎ *694 81 38, Bergmannstrasse 21, Kreuzberg 61*). **Plano 5**. Artículos 1-4,25 €. Abierto de 9.00 a 0.00 de lunes a sábado, de 10.00 a 0.00 los domingos. Este local de estilo americano está siempre concurridísimo. Su principal atracción son los cafés recién tostados, que combinan perfectamente con los dulces.

Hannibal (☎ *611 23 88, Wiener Strasse 69, Kreuzberg 36*). **Plano 5**. Desayuno 2-8 €, platos principales 6-9 €. Abierta de 8.00 a 3.00 de lunes a sábado, de 9.00 a 3.00 los domingos. Es una moderna cafetería apropiada para los niños, con viejos asientos de S-Bahn y lámparas que parecen tapacubos al revés. Abundan los platos a buen precio, entre los que se incluyen ensaladas y hamburguesas, y cuenta con acceso a Internet. Sirve desayunos hasta las 16.00.

Kichererbse (☎ *694 98 69, Bergmannstrasse 96, Kreuzbeg 61*). **Plano 5**. Desayuno 5 €, platos principales 3,5-8 €. Abierto de 10.00 a 1.00. Para cambiar de sabores, puede probarse uno de sus desayunos árabes. Dispone de ocho variedades para elegir; la tortilla de dátiles con la patata dulce constituye la opción más habitual. A otras horas hay que probar los cuscús o las cazuelas vegetales.

Café Morena (☎ *611 47 16, Wiener Strasse 60, Kreuzberg 36*). **Plano 5**. Platos 3-8 €, bandejas de tapas 6,5-9,5 €. Abierto de 9.00 a 4.00. Se trata de un local clásico con toques hispanos y abundante clientela. Lo mejor: sus crepes, cubiertas de frutas y aderezadas con jarabe de arce, que se sirven hasta las 17.00. De noche, las sabrosas tapas combinan mejor con cócteles o cerveza.

Morgenland (☎ *611 31 83, Skalitzer Strasse 35, Kreuzberg 36*). **Plano 5**. Platos principales 5-9 €. Es uno de los mejores lugares para desayunar, sobre todo los fines de semana, cuando hay bufé libre por 8 €. El resto de días la comida es europea muy variada, desde pasta a cordero o pescado frito.

Café Rix (☎ *686 90 20, Karl-Marx-Strasse 141, Neukölln*). **Plano 5**. Desayuno 2-8 €, platos principales 3-10 €. Una joya en el deprimido Neukölln, este café integrado en un complejo cultural posee un encantador ambiente Art Deco, combinado con techos estucados con pan de oro. El menú intercultural va desde el *falafel* a los *tagliatelle*, pasando por la tortilla de patatas, todo a buen precio.

Mitte

Café Adler (☎ *251 89 65, Friedrichstrasse 206*). **Plano 7**. Desayuno 2-6 €, platos principales 6-10 €. Abierto de 9.30 a 0.00. Este pequeño café ya estaba en este lugar cuando el Checkpoint Charlie funcionaba. Hoy en día mira hacia el cruce vacío, pero sigue siendo un buen lugar para descansar tras visitar el museo Haus am Checkpoint Charlie.

Café Aedes (☎ *285 82 75, Rosenthaler Strasse 40-41*). **Plano 7**. Desayuno 4,5-10 €, platos principales 7-10 €. Abierto desde las 10.00. Los turistas exhaustos vuelven a nacer al beber un capuchino fuerte en este café de moda en el interior del Hackescher Höfe. También lo frecuentan los berlineses atraídos por su interior vanguardista. La breve carta ofrece cada día tres platos con carne y tres sin carne.

Barcomi's (☎ *28 59 83 63, Sophienstrasse 21*). **Plano 3**. Tentempiés 1,5-5 €. Abierto de 9.00 a 22.00 de lunes a sábado, de 10.00 a 22.00 los domingos. A diferencia de su primo de Kreuzberg, el Barcomi's de Mitte es más un local de *delicatessen* que una cafetería, aunque también sirve dulces y café. Otras opciones comprenden quesos marinados y deliciosos pero caros bocadillos a gusto del cliente. Se halla en el patio central del Sophie-Gips-Höfe.

Café Orange (☎ *282 00 28, Oranienburger Strasse 32*). **Plano 3**. Desayuno 2,5-8 €, platos principales 4,5-12 €. Abierto de 9.00 a 1.00. Si no está invadido por turistas, este local junto a la nueva sinagoga constituye un elegante reducto con altos techos estucados y un agradable ambiente. Las pizzas, pastas y ensaladas resultan muy asequibles, pero los platos más sustanciosos a base de carne y pescado cuestan unos 10 €. También se puede acudir sencillamente para ver a la gente y tomar una enorme (aunque cara) taza de café.

Prenzlauer Berg

Anita Wronski (☎ *442 84 83, Knaackstrasse 26-28*). **Plano 3**. Desayuno 3-5 €, desayuno-almuerzo de fin de semana 6,5 €, platos principales 4-11 €. Abierto de 10.00 a 15.00. Este espacio construido sobre dos niveles fue uno de los primeros cafés de Prenzlauer Berg. Permite observar a locales y turistas en acción, aunque la vista de la histórica Wasserturm a través del ventanal también depara placer. Es un lugar popular para desayunar los fines de semana (hasta las 15.00).

Houdini (☎ *441 25 60, Lychener Strasse 35*). **Plano 3**. Comidas 3,5-7 €. Si uno desaparece en la noche, puede volver a emerger en esta cafetería donde el desayuno se sirve hasta las 17.00. A continuación, siguen las cenas a la luz de velas, con sopa, pasta y empanadas.

November (☎ *442 84 25, Husemannstrasse 15*). **Plano 3**. Desayuno, 4-9 €; platos principales 7-9 €. Una decoración nada recargada caracteriza a este agradable café, cuyas enormes vidrieras dan la sensación de encontrarse en una pecera. Se sirven desayunos hasta después de mediodía. Es perfecto para charlar tranquilamente ante un café cargado (o una cerveza, si se prefiere). Sirven desayunos hasta la tarde.

Café Xion (☎ *44 03 66 88, Pappelallee 56*). **Plano 3**. Platos 3-11 €. La combinación de colores terrosos procura un apaciguador telón de fondo para las agotadas aves nocturnas en este entrañable café. La hora del desayuno es la más concurrida, si bien los platos sin carne también atraen a mucha gente en otras horas del día.

Schöneberg

Las cafeterías son a Schöneberg lo que la espuma al capuchino.

Café Berio (☎ *216 19 46, Maassenstrasse 7*). **Plano 4**. Desayuno 4-25 €, platos principales 3-5 €. Abierto de 8.00 a 1.30. Esta cafetería construida sobre dos niveles ofrece música clásica y pasteles tan dulces como la más empalagosa carta de amor. Bastante de moda, se caracteriza por su ajetreo, especialmente durante el mercado de Winterfeldtplatz que tiene lugar los sábados. De noche es frecuentado por muchos homosexuales.

Montevideo (☎ *213 10 20, Victoria-Louise-Platz 6*). **Plano 6**. Desayuno 3,50-9 €, platos principales 3,50-12,50 €. El Montevideo tiene el aspecto de un bar clásico americano y sirve desayunos extraordinarios de todos los estilos: japonés, americano, canadiense, holandés, italiano, finlandés, etc.

Phoenix Lounge (☎ *215 75 67, Kyffhäuser Strasse 14*). **Plano 4**. Desayuno 3-10 €, platos principales 6-9,5 €. Una mesa, una gran taza de humeante Milchcafe (café con leche) y empezar a investigar la extensa carta de desayunos. Panecillos y salmón ahumado, o quizá un queso manchego español con jamón o... Hay que tomarse un tiempo: nada de ir deprisa.

Sidney (☎ *216 52 53, Winterfeldrstrasse 40*). **Plano 4**. Desayuno 3,5-9 €, platos 3-8 €. Abierto de 9.00 a 14.00 de domingo a jueves, de 9.00 a 15.00 los viernes y sábados. Este lugar está decorado con un toque australiano que incorpora mimbre y palmeras. Es mejor acudir un sábado por la mañana, cuando sus grandes ventanales permiten contemplar la actividad en el mercado de Winterfeldtplatz.

TTT- TeeTeaThé (☎ *21 75 22 40, Goltzstrasse 2*). **Plano 4**. Desayuno y platos principales 4-8 €. Abierto de 9.00 a 0.00 de lu-

El placer de desayunar

Uno de los pequeños lujos de esta vida es desayunar sin prisas, y los berlineses han perfeccionado este arte. Cualquier día de la semana, una heterogénea combinación de resacosos, ricos ociosos, estudiantes y dormilones se congrega en las incontables cafeterías para zamparse grandes bandejas de huevos, carne, quesos, pan, mantequilla, mermelada y una plétora de otras comidas.

Los domingos, muchos locales despliegan auténticos bufés de desayunos descomunales que incluyen ensalada, salmón ahumado y queso cremoso, *quiches*, pasta, carne caliente y cualquier cosa que se le ocurra al chef. Es fácil atiborrarse en estos bufés libres.

Un desayuno puede costar tan sólo 2,5 € por un café, un cruasán y mermelada, o tanto como 12 € por un generoso banquete con copa de champaña. En muchos lugares es posible desayunar hasta las 16.00 o 17.00. Los siguientes locales hacen algo más que huevos revueltos y café. Todos ellos están descritos con el mayor detalle en este capítulo.

Charlottenburg
XII Apostoli, Café Hardenberg, Leysieffer, Cafe Wintergarten, Schwarzes Cafe

Kreuzberg
Atlantic, Café Adler, Barcomi's, Gasthaus Dietrich Herz, Hannibal, Kichererbse, Melitta Sundstrom (véase el capítulo Ocio), Café Morena, Morgenland, Café Rix

Mitte
Aedes East, Barcomi's, Einstein, Gugelhof, Malete, Café Orange, Zucca

Prenzlauer Berg
Frida Kahlo, Houdini, Miro, November, Amsterdam y Schall und Rauch (véase el capítulo Ocio), Weitzmann, Anita Wronski, Café Xion

Schöneberg
Café Berio, Montevideo, Phoenix Lounge, Sidney, Toronto, TTT

Tiergarten
Café am Neuen See, Einstein

Wilmersdorf
Hamlet, Manzini

---

nes a sábado, desde las 10.00 los domingos. Para tomar una taza de té perfectamente preparada, hay que ir a este sereno lugar decorado con la moderación estética del este asiático. Todos los tes –unas 150 variedades— están a la venta y, además, prepara pasteles y tentempiés caseros muy buenos. No se permite fumar.

Tiergarten
Einstein (☎ 261 50 96, *Kurfürstenstrasse 58*). **Plano 4**. Desayuno 3-12,50 €, platos principales 9-19 €. Este café de estilo vienés es el más elegante, con sus encimeras de mármol, sus grandes espejos y sus bancos tapizados de rojo. La hora del desayuno, sobre todo los fines de semana, resulta el mejor momento para disfrutar el ambiente. Los platos principales tienen un ligero toque austríaco.

Café am Neuen See (☎ 254 49 30, *Lichtensteinallee 1*). **Plano 6**. Desayuno 2,50-12 €, platos principales 7-12 €. Situado en el parque Tiergarten, este local es ideal para las tranquilas noches de verano. El servicio de terraza suele ser bastante lento, pero eso da más tiempo para observar a la gente y mirar al lago.

TENTEMPIÉS Y COMIDAS RÁPIDAS

Berlín constituye un paraíso para los consumidores de comida rápida con prisas: las especialidades turcas, griegas, italianas, chinas, de Oriente Medio y cualquier otra que se piense, se venden en los puestos de Imbiss que hay por toda la ciudad.

Soup Kultur (☎ 74 30 82 95, *Kurfürstendamm 224, Charlottenburg*). **Plano 6**; *(Kantstrasse 56a, Charlottenburg)*. **Plano 6**; *(Rosa-Luxemburg-Strasse 7, Mitte)*. **Plano 7**. Sopas 2,5-4,5 €. Minúsculo local de comida rápida que sirve diez tipos de sopas recién hechas de todo el mundo (desde la energética sopa de patata hasta el refrescante gazpacho, pasando por la exótica *sousboontje* de Suráfrica).

Gosch (☎ 88 68 28 00, *Kurfürstendamm 212, Charlottenburg*). **Plano 6**; (☎ 25 29 68 20, *Alte Potsdamer Strasse 1, Tiergarten*). Véase el plano "Potsdamer Platz y Kulturforum", en el capítulo *Qué ver y hacer*. Bocadillos 2-3,5 €, platos principales 5,5-11,5 €. Lo único que falta en esta elegante taberna especializada en pescado, idéntica al local de la isla frisia de Sylt, es el agudo viento del Mar del Norte. Ideal para un rápido bocadillo para llevar, o bien para elegir uno mismo el pescado en el mostrador y esperar a que sea transformado en una deliciosa comida.

Salomon Bagels (☎ *881 81 96, Joachimstaler Strasse 13, Charlottenburg*). **Plano 6**; (☎ *25 29 76 26, Potsdamer Platz Arkaden, Tiergarten*). Véase el plano "Potsdamer Platz y Kulturforum", en el capítulo *Qué ver y hacer. Bagels* (un tipo de bollos) 1,25-4,25 €. El humilde *bagel* se trata aquí con reverencia espiritual; la contracubierta del menú explica "la historia del *bagel* desde un punto de vista salomónico". Se puede elegir entre varios rellenos, entre ellos, el clásico salmón ahumado y queso cremoso, además de ensaladas frescas. Un *bagel* solo cuesta 0,75 €.

Bagels & Bialys (☎ *283 65 46, Rosenthaler Strasse 46-48, Mitte*). **Plano 7**. Platos 2-5 €. *Bagels*, cazuelas, ensaladas, sopas, *shawarma*, chapata: hay para todos los gustos en este local frente al Hackesche Höfe.

Salsabil (☎ *44 04 60 73, Wörther Strasse 16, Prenzlauer Berg*). **Plano 3**. Platos 2-5 €. Se come como un pachá en este limpio y agradable Imbiss oriental, donde es posible hincar el diente a un gran *falafel* o a un *shawarma* sentado en una mesa de madera con bajorrelieves.

Habibi (☎ *61 65 83 46, Oranienstrasse 30, Kreuzberg 36*). **Plano 5**; (*Winterfeldplatz 24, Schöneberg*). **Plano 4**; (☎ *787 44 28, Akazienstrasse 9, Schöneberg*). **Plano 4**. Precios 1,75-5 €. Abierto hasta las 3.00, hasta las 5.00 los viernes y sábados. Esta cadena es la pionera del circuito del *falafel* y el *shawarma* en Berlín. Cabe la posibilidad de comer a la carta o encargar la bandeja Habibi, una generosa combinación de buñuelos de garbanzos y carnes con una pequeña ensalada (5,5 €). Todas sus sucursales son idóneas para recuperar el equilibrio mental tras haber estado de bares por el barrio.

Hot Dog Laden (☎ *215 69 32, Goltzstrasse 15, Schöneberg*); (*Motzstrasse 1,* *Schöneberg*) ambos **Plano 4**. Perritos calientes 1,5-2 €. El perrito caliente alcanza aquí su cumbre. La mostaza amarilla tradicional satisface a los puristas, mientras que los más osados pueden optar por una salchicha vienesa aderezada con aromático chile. También disponen de algunas variedades vegetarianas.

Fish & Vegetables (☎ *821 68 16, Goltzstrasse 32, Schoneberg*). **Plano 4**. Comidas 3,75-5,5 €. "Barato, auténtico y delicioso" son los adjetivos que definen esta cocina tailandesa idéntica a la de las calles de Bangkok (sólo que con más limpieza). Una salsa de jengibre, limoncillo y ajo acompaña los platos de *tofu*, *tempeh*, pollo, cerdo, pescado o gambas. Tras hacer el pedido, se puede llevarlo a casa o comer de pie.

Shayan (☎ *215 15 47, Goltzstrasse 23, Schöneberg*). **Plano 4**. Aperitivos y ensaladas 3 €, platos principales, 4-6 €. "Kosch Armadid": Bienvenido. "Nusche Yan": Buen provecho. Una visita a este pequeño restaurante persa se completa mediante una rápida clase de lengua. Sentado en un taburete entre paredes amarillas como el sol, se saborean exquisiteces como el pollo con granada y salsa de nueces (6 €).

Asia Pavilion (☎ *25 29 69 17, Potsdamer Platz Arkaden, Tiergarten*). Véase el plano "Potsdamer Platz y Kulturforum", en el capítulo *Qué ver y hacer*. Comidas 2,50-6,25 €. Este *self-service* en la planta superior de un centro comercial atrae, con sus enormes bandejas de fideos fritos, a un sinfín de hambrientos clientes.

Nordsee (☎ *213 98 33, Karl-Liebknecht-Strasse 6, Mitte*). **Plano 7**. Platos 2-8 €. Abierto de 10.00 a 21.00 de lunes a sábado, de 11.00 a 21.00 los domingos. Esta cadena cuenta con sucursales por toda la ciudad que sirven bocadillos de pescado fresco rápidos y baratos, listos para llevar, así como una selección de platos calientes.

MERCADOS DE ALIMENTACIÓN

KaDeWe (☎ *212 10, 6ª planta, Tauentziensstrasse 21, Schöneberg*). **Plano 6**. Legendario mercado, donde cabe la posibilidad de elegir entre una docena de variedades de caviar, unos deliciosos entrantes y un asombroso surtido de quesos y salchichas (según se dice, más de 1.800 variedades de cada). Existen pequeños bares y puestos de comida donde los adinerados rematan una exitosa incursión de compras con una copa de Moet & Chandon. Organizar aquí una merienda costaría una fortuna. Si sólo se desea llenar la panza, mejor recurrir a la cafetería de la séptima planta.

Wertheim bei Hertie (☎ 88 00 35 00, *Kurfürstendamm 231, Charlottenburg*). **Plano 6**. En este mercado-cafetería los precios son más bajos y el ambiente más tranquilo, pero tiene menor surtido.

Galeries Lafayette (☎ 20 94 90, *Französische Strasse 23, Mitte*). **Plano 7**. Estos almacenes cuentan con una tienda de alimentación en el sótano donde los *gourmets* con los bolsillos llenos se apoyan en los relucientes mostradores para comer ostras o bandejas de aros de calamar servidos sobre un lecho de angulas.

Quartier 205 (*Französische Strasse, Quartier 205, Mitte*). **Plano 7**. Para precios más razonables y comida deliciosa más común, sólo hay que ir dos edificios más hacia el sur, hasta el pequeño mercado de comida situado en la planta baja de Quartier 205. La taberna de la derecha sirve apetitosos platos de arroz y fideos directamente de la sartén por unos 6 €, mientras que NK Insel, a la izquierda, prepara platos de pasta por 4-5 €. De postre, puede elegirse entre la suculenta repostería de la panadería del centro.

En la nueva **Potsdamer Platz Arkaden,** (véase el plano "Potsdamer Platz y Kulturforum", en el capítulo *Qué ver y hacer*) también hay una gran variedad de opciones de comida rápida en el sótano, además de un par de excelentes restaurantes descritos

Delicias turcas

¿Cuál es la comida rápida más popular de Berlín? Ni las hamburguesas ni las salchichas. Se trata del elaborado *kebab*. En cualquier punto de la ciudad pueden encontrarse pequeños restaurantes de comida para llevar donde gigantescos conos de carne con especias giran entorno a una parrilla vertical, esperando ser laminadas en finas tiras con las que se rellena un pan ligeramente tostado, con ensalada y una salsa de yogur y ajo. Una comida completa que no cuesta más de 2,5 €.

En Turquía, la carne ha estado en movimiento de esta manera durante dos siglos, pero la idea de servirla en un bocadillo nació en Berlín. Aunque nadie está seguro, el mérito de la creación suele atribuirse a Mehmed Aygün, un emprendedor emigrante turco que, a la tierna edad de 16 años, abrió el primer puesto de *kebab* en Neukölln, en 1971. El éxito del sabio invento de Aygün le catapultó a la dirección de la pequeña cadena de restaurantes turcos Hasir, incluido su local insignia, en Oranienburger Strasse 4.

El secreto de un buen *kebab* radica en la preparación de la enorme masa de carne, tradicionalmente formada por un 90% de ternera y un 10% de cordero. Capas de carne picada se alternan con rodajas gruesas que se han dejado marinar en una secreta mezcla de especias durante 24 horas. Los *kebabs* de pollo son relativamente recientes, y su popularidad ha aumentado desde el pánico que desataron la fiebre aftosa y las vacas locas. Se estima que los 1.500 puestos de *kebab* que existen en Berlín llegan a vender unos 100 millones de unidades cada año. No todos ofrecen la misma calidad, pero la siguiente lista incluye establecimientos de total garantía.

Bosporus Grill (☎ 34 20 45 77, *Wilmersdorfer Strasse 105, Charlottenburg*). **Plano 6**

Grill & Schlemmerbuffet Zach (☎ 283 21 53, *Brunnenstrasse 197, Mitte*). **Plano 3**. Nota: queda justo delante de la salida noroeste de la estación de U-Bahn Rosenthaler Platz, y no hay que confundirlo con el Imbiss cercano de Torstrasse, mucho más grande

Hasirimbiss (☎ 215 60 60, *Maassenstrasse 10, Schöneberg*). **Plano 4**, (☎ 614 23 73, *Adalbertstrasse 10*). **Plano 5**

Hisar (estación de U-Bahn Yorckstrasse, Schöneberg). **Plano 6**.

en la sección "Tentempiés y comidas rápidas", antes, en este capítulo.

CAFETERÍAS DE ESTUDIANTES

Las cafeterías universitarias se conocen en toda Alemania como *Mensa*, nombre que, por cierto, procede de la palabra latina que significa "mesa", y no tiene nada que ver con la sociedad intelectual. Si no se indica lo contrario, las *Mensas* abren de 11.15 a 14.30, de lunes a viernes. Los menús cambian a diario, pero suelen consistir en una selección de platos calientes y fríos, ensaladas y postres. Se puede comer por tan poco dinero como 3 € y difícilmente se gastarán más de 6 €.

Quizá se exija un carné de estudiante, y si no se dispone de uno, habrá que pagar un poco más.

Technische Universität Mensa (☎ *311 22 41, Hardenbergstrasse 34, Charlottenburg*). **Plano 6**. Aquí puede comer todo el mundo, ya sea estudiante o no. Los que no lo son pagan algo más, pero llenan una bandeja con tres platos por menos de 5 €. La cafetería de la planta baja abre de 8.00 a 19.45 y ofrece bebidas, tentempiés y platos principales básicos a 2,5-3,5 €. La entrada se encuentra al otro lado de Steinplatz. En la segunda planta hay un restaurante más pequeño y más caro.

Humboldt Universität Mensa (☎ *20 93 27 32, Unter den Linden 6, Mitte*). **Plano 7**. Hay que entrar por el portal principal, cruzar la primera puerta a la izquierda, girar a la derecha al final del pasillo y, finalmente, dejarse llevar por el olfato. Es necesario mostrar un carné de estudiante (de cualquier universidad) o pagar los precios para no estudiantes.

Mensa der Hochschule für Musik Hanns Ekler (☎ *203 09 23 40, Charlottenstrasse 55, Mitte*). **Plano 7**. Abierto de 8.30 a 15.00 de lunes a viernes. Se precisa el carné de estudiante para comer en la *Mensa* de esta escuela de música.

Mensa Freie Universität (☎ *83 00 25 11, Otto-von-Simson-Strasse 23, Zehlendorf*). **Fuera del plano 1**. U-Bahn: U1 hasta Thielplatz. A esta *Mensa* se la conoce por el apodo de "Rostlaube" (glorieta oxidada).

KANTINEN

Los fines de semana se puede disfrutar de una comida caliente subvencionada (3-5 €) en una cafetería gubernamental, en la que el cliente debe limpiar su mesa. Cada uno de los 12 distritos de Berlín posee un Ayuntamiento, y todos cuentan con *Kantinen* abiertas al público, aunque sólo sirven almuerzos.

Entre las más céntricas figuran: **Rathaus Charlottenburg** (*Otto-Suhr-Allee 100*). **Plano 2** cerca del Schloss Charlottenburg (en el sótano) y **Rathaus Kreuzberg** (*Yorckstrasse 4-11*). **Plano 5**, en la planta 10, con buenas vistas.

Las *Arbeitsämter* (oficinas de empleo) también disponen de *Kantinen* baratas. Una buena es la **Arbeilsamt IV** (*5º piso; Charlottenstrasse 90, Kreuzberg 61*). **Plano 7**. U-Bahn: U6 hasta Kochstrasse.

COMPRA DE ALIMENTOS

Para prepararse uno mismo la comida, conviene empezar comprando en los económicos supermercados Aldi, Lidl, Plus o Penny Markt, que poseen centros por todo Berlín, o en el algo menos habitual Tip. Quizá sea necesario soportar largas colas, pero el precio a pagar por los artículos básicos se reduce considerablemente. También son los lugares más económicos para comprar cerveza y vino de mesa. Entre las cadenas algo más selectas se cuentan Kaiser's, Reichelt, Spar y Bolle.

Aldi es un supermercado muy bien situado, en Joachimstaler Strasse (**Plano 6**), en la primera planta frente a la estación Zoo; hay otro en Leibnizstrasse 72 (**Plano 6**), cerca de Kantstrasse; ambos están en Charlottenburg. *Tip* y *Penny Markt* se encuentran uno junto al otro, cerca de la esquina de Hohenstaufenstrasse y Martin-Luther-Strasse. Hay supermercados *Kaiser's* en Nollendorfplatz, (**Plano 4**) Wittenbergplatz en Schöneberg (**Plano 6**) y Bleibtreustrasse 19 en Charlottenburg (**Plano 6**). *Spar* también está por todas partes.

Plus cuenta con un punto de venta en la esquina sureste de Savignyplatz, en Charlottenburg (**Plano 6**). *Spar* tiene tiendas por doquier.

Lidl tiene dos sucursales abiertas el domingo (hasta las 21.00), lo cual es poco común; se ubican junto a las paradas de U-Bahn Innsbrucker Platz, en Schöneberg, y Ostbahnhof (**Plano 6**), en Friedrichshain.

Algunos consejos sobre el comportamiento en un supermercado alemán: en la caja, uno mismo tiene que guardar la compra en bolsas. Y mejor ser rápido, para no aumentar las colas ni provocar miradas fulminantes en las estresadas *Hausfraus* (amas de casa). Hay que empezar a empaquetar los artículos a medida que van siendo registrados. Muchos alemanes utilizan sus propias bolsas de plástico o de tela para llevar las compras. Si no se dispone de propias, las bolsas de plástico cuestan unos 0,2 €.

Los mejores lugares para comprar productos frescos son los mercados de granja (véase el capítulo *De compras*).

Ocio

Berlín no es sólo la capital política de Alemania, sino también su corazón cultural. En ningún otro lugar del país el panorama artístico resulta tan diverso, dinámico e internacional. Esto vale tanto para la ópera, danza, teatro y música clásica como para la cultura pop o experimental en forma de clubes de baile, salas de música en directo, centros vanguardistas y cine.

La ciudad posee una gran diversidad de locales de entretenimiento. A los berlineses les encanta emplear en ellos su dinero y su tiempo. Y al no existir hora de cierre, lo hacen a casi todas horas.

La vida nocturna tiene diferentes características según el distrito. Charlottenburg (Plano 6) ofrece los acontecimientos de mayor categoría, en especial en los alrededores de Savignyplatz y en las calles adyacentes, como Blebtreustrasse y Grolmannstrasse. El barrio del teatro de la parte occidental se encuentra cerca de allí, alrededor de la Ku'damm. La zona de Mehringdamm, Gneisenaustrasse y Bergmannstrasse, en Kreuzberg 61 (Plano 5), es una alternativa, pero con toques más modernos, mientras que Kreuzberg 36 (Plano 5), por Oranienstrasse y Wiener Strasse, tiene un ambiente alternativo algo *grunge* y decadente. Alrededor de Winterfeldtplatz, en Schöneberg (Plano 4), el visitante encontrará treintañeros a la última moda haciendo equilibrios entre su estilo de vida alternativo y las exigencias de su vida profesional y familiar. La zona cercana a Nollendorfplatz y a lo largo de Fuggerstrasse y Motzstrasse es una de las mecas del panorama gay de Berlín.

Aunque la vida nocturna en los barrios occidentales está bastante asentada y no ofrece sorpresas, la de los del este aún está evolucionando. Mitte, el barrio de "marcha" típico tras la caída del comunismo, se ha convertido en un escaparate para los turistas, sobre todo en el triángulo formado por Oranienburger Strasse, Auguststrasse y Hackescher Markt (Plano 3). Pero aún es un barrio divertido para salir por la noche y no cuesta mucho encontrar un lugar al gusto de cada uno. El barrio de los teatros del este también está aquí, por Friedrichstrasse al norte de Unter den Linden.

Prenzlauer Berg todavía conserva parte de su estilo experimental, aunque cada vez menos en la zona más comercial de Käthe-Kollwitz-Platz y las calles contiguas. Es posible encontrar algo más auténtico en Knaackstrasse y más al norte de Danziger Strasse.

Los locales "a la última" se ubican en Friedrichshain, casi todos a lo largo de Simon-Dach-Strasse y en los alrededores de Boxhagener Platz, que está llena de bares y restaurantes muy interesantes. Los precios de las bebidas y de la comida en este lugar siguen siendo mucho más baratos. Mühlenstrasse se ha modernizado y han aparecido líneas de bares, uno junto al otro.

Al norte de Frankfurter Allee, en especial en Rigaer Strasse, resisten unos cuantos cafés *underground* y asociaciones de okupas. Estos locales suelen durar poco, no se anuncian y apenas hay indicios de su existencia. Se debe confiar en la amabilidad de los extraños para encontrar los lugares punteros. Los guías que muestran los circuitos a pie del capítulo *Cómo desplazarse* y el personal de los albergues de la zona suelen informar bien.

Guías

Zitty (2,2 €) y *Tip* (2,5 €) son dos guías de ocio quincenales que proporcionan información de gran interés y publican coloristas artículos que reproduce el Berlin Zeitgeist, también en permanente evolución. *Tip* resulta algo más convencional y para una edad más avanzada y *Zitty*, algo más radical. Puede leerse el folleto gratuito *030* para conocer las fiestas especiales, las noticias sobre los clubes y las variantes de la moda. El mensual *Prinz* (2,5 €) y *Berlin Programm* (1,6 €) no ofrecen datos tan actualizados. Otra fuente de información se llama *Ticket* (0,5 €), el suplemento de los jueves del periódico *Tagesspiegel*.

Todas las publicaciones salen en alemán, pero resultan útiles incluso con un mínimo dominio del idioma.

Entradas

Hay taquillas, distribuidas por muchos puntos de la ciudad, donde se venden entradas para los acontecimientos culturales y deportivos. Suelen cargar un 15% de comisión por la venta. La mayoría de agencias aceptan reservas por teléfono con tarjetas de crédito. Si se dispone de tiempo suficiente, remiten las entradas por correo; si no, se deben recoger en la taquilla.

La línea telefónica de venta de billetes de las oficinas de turismo del BTM (véase, antes, el capítulo *Datos prácticos*) es un buen recurso directo. Otras opciones son el Theaterkasse Centrum (☎ *882 76 11, Meineckestrasse 25*) **Plano 6** y Concert & Theaterkasse City (☎ *313 88 58, Knesebeckstrasse 10*) **Plano 6,** ambos en Charlottenburg. En Schöneberg hay una taquilla de Theaterkasse (☎ *215 54 63, Nollendorfplatz 7*) **Plano 4.** Las de Showtime (☎ *217 77 54, Tauentzienstrasse 21*) están en los grandes almacenes KaDeWe.

Véase la sección "Teatro" para conocer detalles del Hekticket, que permite obtener de último minuto entradas a mitad de precio.

BARES Y PUBS

Los bares y pubs forman parte integral de la vida nocturna de Berlín. Siempre se está cerca de uno, en cualquier punto de la ciudad. Una información importante sobre ellos: hay que entregar la cuenta en el momento de pagar.

Charlottenburg

Gainsbourg (☎ *313 74 64, Savignyplatz 5*). **Plano 6.** Este bar americano tiene una clientela de treinta y tantos años. Permite relajarse en un ambiente de cálida iluminación mientras se saborea uno de los premiados cócteles del maestro Frido Keiling. También prepara un menú básico.

Hegel (☎ *312 19 48, Savignyplatz 2*). **Plano 6.** "Abrevadero" preferido de universitarios y expatriados rusos con cultura. Aquí es posible ingerir bebidas con nombres como Zarenblut (sangre de Zar) y Hegel's Todestrunk (bebida de muerte de Hegel). La nostalgia reina cuando alguien aporrea clásicos al piano.

Friedrichshain

Boxhagenener Platz y alrededores concentran el ocio de este distrito.

Astro Bar (☎ *29 66 16 15, Simon-Dach-Strasse 40*). **Plano 5.** Bar que transporta en el tiempo a la "espacial" década de 1960. La música de DJ cada noche tiene bailando a la gente desde las 22.00.

Dachkammer (☎ *296 16 73, Simon-Dach-Strasse 39*). **Plano 5.** Este lugar padece doble personalidad: rústico aspecto campesino, contundentes tentempiés y montones de revistas en el piso de abajo; *flashback* a la década de 1950 en la coctelería de arriba.

Mana Mana (☎ *296 45 89, Niederbarnimstrasse 23*). **Plano 5.** Local popular entre los punks (sólo los "amigables", asegura). Su decoración, en cambio permanente, resulta salvaje y creativa, como sus grupos de música. Los cócteles son baratísimos (3-5 €).

Supamolly (☎ *292 27 44, Jessnerstrasse 41*) **Plano 1.** Este lugar se ha metamorfoseado desde tugurio okupa a respetable pub de ecléctico programa. Suele haber conciertos en directo, teatro y cine.

Die Tagung/Cube Club (☎ *292 87 56, Wühlischstrasse 29*). **Plano 5.** Parafernalia de la RDA, desde banderas a bustos de Lenin, y antiguos anuncios permiten sumirse en la añoranza de la época anterior a la caída del Muro. El íntimo Cube Club del sótano abre a las 23.00 de martes a sábado.

Para un ambiente algo más diferente, debe visitarse Rigaer Strasse, donde okupas de la línea dura regentan algunos anárquicos bares y cafeterías. La mayoría abren cuando a alguien le apetece y su existencia se ve constantemente amenazada por las redadas. Al escribir estas líneas, figuraban entre estos antros casi establecidos *Fischladen* en el nº 83 y *Schizzotempel* en el 77, ambos en el **Plano 3.**

Filmriss (☎ *221 96 27, Rigaer Strasse 103*). **Plano 3**. Antigua casa ocupada que se ha convertido en una respetable cafetería-pub a la vez que oscura y húmeda. Exibe gratis películas de culto, antiguas o modernas, dos veces a la semana (normalmente miércoles y domingos). Conviene llegar pronto: es pequeña y famosa. Además sirve cerveza barata.

Kreuzberg

Ankerklause (☎ *693 56 49, Kottbusser Damm 104, Kreuzberg 36*). **Plano 5**. Mala estética pero estimulante energía en esta perla de Kreuzberg situada en la antigua casa del capitán del puerto sobre el Landwehrkanal. Desayuno en la terraza, café después de comprar en el mercado turco, charla por la tarde y bebida toda la noche. Está lleno a cualquier hora. Los martes hay discoteca.

Oranienstrasse constituye la principal zona de ocio en Kreuzberg 36.

Bierhimmel (☎ *615 31 22, Oranienstrasse 181*). **Plano 5**. Se trata de un buen lugar para pasar la resaca con un periódico o conversando. Atrae también a un apreciable cantidad de homosexuales, sobre todo la noche de los viernes. Un reciente traspaso se concretó en suelo de mosaico, paredes de color puré de guisantes y lámparas con conchas marinas.

Flammende Herzen (☎ *615 71 02, Oranienstrasse 170*). **Plano 5**. Paredes del color del ocaso, espejos y multitud de cachibaches conforman el decorado de este local *kitsch* de moda, apreciado entre la comunidad homosexual.

Franken (☎ *614 10 81, Oranienstrasse 19*). **Plano 5**. Informal, duro, efervescente. El mejor momento se alcanza de madrugada, cuando la concurrencia –desde yuppies hasta punks– brinda al amanecer. Después, a la piltra.

Schnabelbar (☎ *615 85 34, Oranienstrasse 31*). **Plano 5**. Posee un ambiente festivo, buena música que va del jazz al house y una minúscula pista de baile atrás.

Würgeengel (☎ *615 55 60, Dresdener Strasse 122, Kreuzberg 36*). **Plano 5**. Abierto cada día desde las 19.00. Su nombre, "ángel exterminador", rinde homenaje a la película homónima de Luis Buñuel de 1962. Con todo, las espectaculares paredes cubiertas de terciopelo rojo sangre, a juego con los mullidos sofás, y un singular techo de estuco y baldosas recuerdan más bien a un burdel de la Belle Époque. Sirve cócteles mortales y se llega a tener la sensación de llevar una camisa de fuerza cuando acude el gentío del adyacente cine Babylon.

Mitte

925 Lounge Bar (☎ *20 18 71 77, Taubenstrasse 19*). **Plano 7**. Si se desea destacar entre el diluvio de nuevos bares de Mitte, hay que pensar una propuesta inteligente. Este local es de aquellos que justifican la frase "verlo para creerlo". Sus 70 kg de plata de ley de 925 (de ahí su nombre), encarnadas paredes y cómodas butacas contribuyen a un ambiente selecto.

Bar Lounge 808 (☎ *28 04 67 28, Oranienburger Strasse 42/43*). **Plano 3**. La gente guapa de la zona bebe potentes martinis en un ambiente retro en este salón de la zona turística. La forma de enorme acuario da lustre al lugar, pero grandes cortinas frenan el "efecto pecera" evitando las miradas curiosas de los transeúntes.

Bergwerk (☎ *280 88 76, Bergstrasse 68*). **Plano 3**. Su sutil encanto industrial capta a una clientela más o menos estudiantil que busca cerveza y tentempiés. Los fines de semana se baila en el piso de abajo.

Broker's Bier Börse (☎ *26 47 48 23, Schiffbauerdamm 8*). **Plano 7**. Abierta desde las 8.00. En esta peculiar y divertida cervecería, la demanda fija el precio de las bebidas. Después de las 17.00, como en una bolsa en miniatura, los precios se muestran en una pantalla digital sobre la barra. Si suben los encargos de una bebida, bajan los precios, y viceversa. De vez en cuando suena una pesada campana de bronce y se desata una tormenta porque se revientan los precios. Cierto, resulta un truco que encanta a los turistas, pero no puede negarse el factor diversión. También sirve comida (platos principales 5-9 €).

Jubinal (☎ *28 38 73 77, Tucholskystrasse 34*). **Plano 3**. Se trata de un lugar similar con un bien calibrado aire retro. La música va del klezmer al jazz y los cócteles cuestan a partir de 6 €.

Kurvenstar (☎ *28 59 97 10, Kleine Präsidentenstrasse 4*). **Plano 7**. Con una decoración absurda tomada de las décadas de 1960 y 1970, este bar-restaurante-club mezcla música, baile y comida de todo el mundo.

Lore.Berlin (☎ *28 04 51 34, Neue Schönhauser Strasse 20*). **Plano 7**. Abierto desde las 21.00, cerrado los domingos. Este bar a la última, con una barra de 30 m de largo, permite a los bebedores entendidos elegir entre más de 200 combinados (6-10 €). Cabe la posibilidad de consultar el correo electrónico en el terminal de alta velocidad y acabar de dejar pasar el día envueltos en sonidos futuristas y experimentales. Ocupa una carbonera con antiguas calderas como telón de fondo. Hay que estar realmente preparado para ver a mucha gente con ganas de aparentar.

Newton (☎ *20 61 29 90, Charlottenstrasse 57*). **Plano 7**. Desnudos de Newton (Helmut, el fotógrafo) adornan las paredes en este *über-chic* local, donde turistas y berlineses modernos hasta el extremo se relajan en sillones de cuero rojo o degustan cócteles en un bar donde se guardan los licores en jaulas.

Obst und Gemüse (☎ *282 96 47; Oranienburger Strasse 48/49*). **Plano 3**. Ofrece un *self-service* con mucho ambiente. Mantiene el nombre de la tienda de frutas y verduras que ocupó el local y es uno de los bares posteriores a la caída del Muro más antiguos de la zona. Normalmente está lleno hasta la bandera.

Oscar Wilde (☎ *282 81 66, Friedrichstrasse 112a*). **Plano 3**. Este patriótico bar irlandés tiene una clientela de grandes bebedores, un poco brutos y entrañables. A veces hay música en directo y otras, partidos de la liga inglesa de fútbol en televisión. Puede tomarse Guinness, Kilkenny y Murphy's de barril, además de comida de pub.

Reingold (☎ *28 38 76 76, Novalisstrasse 11*). **Plano 3**. Algo apartado de la turística Oranienburger Strasse, este *glamouroso* bar de la década de 1930 congrega a profesionales treintañeros con un toque intelectual. Programa ocasionales lecturas de autores locales bajo una enorme fotografía de Klaus y Erika Mann.

Seven Lounge (☎ *0177 273 24 50, Ackerstrasse 20*). **Plano 3**. Abierto desde las 19.00. Una amable iluminación ofrece la oportunidad a todo el mundo de tener buen aspecto en este salón propiedad de Mo Asumang, antiguo presentador de un programa de TV erótico. Los cócteles cuestan 5 € (☎ durante la *happy hour* (de 19.00 a 20.00).

Silberstein (☎ *281 20 95, Oranienburger Strasse 27*). **Plano 3**. Elaboradas sillas de metal y esculturas de vanguardia adornan este bar-galería donde, algunas noches, hay que entrar con calzador. Sus activos incluyen música que no impide hablar y un pequeño bar que sirve *sushi* (bandejas 7,5-14 €) para los que necesiten proteínas.

Verkehrsberuhigte Ostzone (☎ *28 39 14 40, Auguststrasse 92*). **Plano 3**. Ideal para un soplo de Ostalgie, nueva fusión de palabras, de Ost (este) y Nostalgie, para indicar nostalgia de la RDA. Bar artísticamente decorado con recuerdos de la Alemania del Este (fotos enmarcadas de Honecker y Marx, piezas de Trabant, etc.).

Zosch (☎ *280 76 64, Tucholskystrasse 30*). **Plano 3**. El cercano Zosch constituye una referencia apreciada entre estudiantes. Simpáticos camareros, bóvedas de ladrillo y ocasionales actuaciones de grupos o DJ en el sótano (a menudo gratis).

Prenzlauer Berg

Akba Lounge (☎ *441 14 63, Sredzkistrasse 64*). **Plano 3**. Este salón de moda combina magistralmente una tranquila cafetería en forma de túnel en la planta baja y un íntimo club en el piso de arriba, donde puede oírse el funk más fuerte.

Luna Bar (☎ *447 63 53, Schliemannstrasse 20*). **Plano 3**. Más un pub de barrio que una coctelería selecta, resulta tan cómodo como unos zapatos viejos. Los precios son misericordiosamente bajos; la clientela se compone de una pintoresca mezcla de curiosos locales y jóvenes visitantes, y la cocina no cierra (tentempiés 2,5-5,5 €).

Uluru Resort (☎ *44 04 95 22, Rykestrasse 17*). **Plano 3**. Acogedor bar australiano que suele presentar música en directo y un ambiente ruidoso.

Mientras que los bares en torno a Kollwitzplatz captan toda la atención, el paisaje está igual de vivo a cuatro manzanas, al norte de Danziger Strasse. Para llegar allí debe tomarse el U2 hasta Eberswalder Strasse. Lychener Strasse, por ejemplo, se ha convertido en una calle de moda.

La Bodeguita del Medio (☎ 442 96 98, *Lychener Strasse 6*). **Plano 3**. Esta animada taberna cubana posee una clientela multicultural y un gran surtido de tequila y ron, además de tapas desde 3 €. Recibe el nombre del local preferido de Hemingway en La Habana.

Wohnzimmer (☎ 445 54 58, *Lettestrasse 6*). **Plano 3**. Su nombre se traduciría como "salón", término que describe perfectamente lo confortable y apacible de este minúsculo y comunicativo bar-pub-café-coctelería. Los huéspedes del vecino albergue Lette 'm Sleep obtienen descuentos especiales.

X-Bar (☎ 443 49 04, *Raumerstrasse 17*). **Plano 3**. Se necesitan algún que otro fajo de billetes y mucha resistencia para conseguir beberse toda la carta de cócteles (300 en el último recuento) en este divertido bar. Quizás por esa razón existan dos *happy hours* (de 18.00 a 20.00 y de 0.00 a 1.00 de lunes a sábado, de 18.00 a 21.00 los domingos). También cuenta con bar de *sushi* en la parte posterior.

Schöneberg

Pueden hallarse muchos bares y cafeterías en Maassenstrasse, Winterfeldtplatz y Goltzstrasse.

Café M (☎ 216 70 92, *Goltzstrasse 33*). **Plano 4**. Este paraíso de la ostentación goza del estatus de bar de culto desde hace mucho y sigue siendo un buen lugar para empapar del ambiente de Schöneberg. Pese a su decoración, que recuerda una sala de espera de una estación, está lleno a todas horas.

Mister Hu (☎ 217 21 11, *Goltzstrasse 39*). **Plano 4**. La decoración estilo Picapiedra en las dos salas tipo gruta consigue, de algún modo, resultar clásica, no hortera. Los habituales de la zona bebiendo imaginativos cócteles en mesas bajas también alegran la vista.

N.N. Bar (☎ 787 50 33, *Hauptstrasse 159*). **Plano 4**. Bar chic, en forma de tubo con una barra tan larga como la lista de cócteles, soul en el tocadiscos y un personal eficiente. Los fines de semana se celebran bailes.

N.N Train (☎ 78 71 06 17, *Hauptstrasse 162*). **Plano 4**. La fiesta sigue en el cercano N.N. Train, establecido en un vagón del S-Bahn reconvertido. Ambiente más relajado en la gran cervecería al aire libre, con una zona de juegos infantil, de la parte de atrás.

Slumberland (☎ 216 53 49, *Goltzstrasse 24*). **Plano 4**. Abierto desde las 21.30. Este bar de playa en el corazón de la urbana Berlín ha existido siempre y sigue captando muchedumbres gracias a sus palmeras de plástico y la arena del suelo.

Zoulou Bar (☎ 784 68 94, *Hauptstrasse 4*). **Plano 4**. Minúsculo establecimiento que pretende evocar el ambiente de EE UU en 1930 y que acostumbra a estar más lleno que un concierto de los Stones.

Tiergarten

En Tiergarten hay un par de locales apreciados por quienes tienen poderosas cuentas corrientes.

Bar am Lützowplatz (☎ 262 68 09, *Lützowplatz 7*). **Plano 4**. En otro tiempo nombrado el "mejor bar de Alemania", atrae a bellezas de ceño fruncido y barrigudos caballeros, que consumen cócteles caros pero exquisitos tanto en la barra sin fin como en los cómodos sillones. No apto para bolsillos pequeños, excepto durante la *happy hour* (de 17.00 a 21.00).

Harry's New York Bar (☎ 25 47 88 21, *Grand Hotel Esplanade, Lützowufer 15*). **Plano 4**. Para no ser menos en cuanto a honores, fue elegido "Bar de 1996" por la revista *Playboy*. Su refinada atmósfera –perfeccionada con un piano negro y sofás de cuero rojo– combina perfectamente con gente demasiado rica o demasiado flaca. Cócteles a partir de 8 €.

Bares típicos de Berlín

Los bares de Berlín de gusto antiguo se caracterizan por poseer su propia tradición de hospitalidad: cerveza, *schnapps*, abundantes raciones y un curioso humor local, todo servido en un entorno rústico y lleno de humo. En ocasiones, se entra en un *Kneipe* (bar) que los nativos del barrio –normalmente alopécicos obreros con barriga– han delimitado como jardín privado y las miradas hostiles reciben al que se introduce en su humeante guarida a través de una robusta puerta de madera. Un extraño que ose invadir su territorio (debe saberse que tratan igual a todos los intrusos, alemanes o extranjeros), claro, puede disfrutar con la experiencia, pero probablemente se divierta más en otro lugar. Se han elegido algunos locales que aúnan ambiente y buena cerveza alemana.

Dicke Wirtin (☎ *312 49 52, Carmerstrasse 9, Charlottenburg*). **Plano 6**. A pocos pasos de la selecta Savignyplatz, suele rebosar de estudiantes de la cercana Technische Universität. El menú ofrece asados y otros platos contundentes por menos de 5 €, además de seis tipos de cerveza de barril a 2,3 €.

Zur letzten Instanz (☎ *242 55 28, Waisenstrasse 14, Mitte*). **Plano 7**. Circulan mil historias sobre este histórico local, que tiene el misterioso nombre de "Última instancia". Según se cuenta, hace unos 150 años una pareja acudió desde el cercano juzgado para celebrar su recién obtenido divorcio, y cuando iban bien borrachos, a punto ya de marcharse, decidieron volverse a casar, ante lo cual exclamó otro cliente: "¡Este bar es el tribunal de última instancia!".

Zum Nussbaum (☎ *242 30 95, Am Nussbaum 3, Mitte*). **Plano 7**. Otro histórico local al que venían a beber el caricaturista de principios del siglo XX Heinrich Zille y el humorista Otto Nagel. Recientemente se ha restablecido como parte del Nikolaiviertel (véase el capítulo *Dónde comer*).

E&M Leydicke (☎ *216 29 73, Mansteinstrasse 4, Schöneberg*). **Plano 4**. U-Bahn: U1, U2 or U7 hasta Yorckstrasse. Abierto desde las 16.00. Otro bar berlinés antiguo (fundado en 1877), que embotella su propio *schnapps* y licores de frutas.

Cervecerías al aire libre

Tan pronto como se agotan las últimas tormentas invernales, los pálidos berlineses se reconcilian con el sol. Restaurantes, bares y cafeterías empiezan a llenar aceras, jardines y patios con mesas y sillas para proclamar la temporada de las cervecerías al aire libre. Resulta jovial y divertido, sobre todo en pleno verano, cuando la luz del día dura hasta las 23.00. Además, suelen ofrecer tentempiés (a veces incluso costillas, filetes, mazorcas de maíz, etc.).

Golgatha (☎ *785 24 53, Dudenstrasse 48-64, Kreuzberg 61*). **Plano 5**. Cerrada desde mediados de octubre hasta marzo. Situada en el Viktoriapark, ha estado aquí desde que se tiene memoria y sigue siendo genial para tentempiés a la parrilla y refrescos en una cálida noche. Un DJ entra en acción después de las 22.00.

Prater (☎ *448 56 88, Kastanienallee 7-9, Prenzlauer Berg*). **Plano 3**. La más antigua cervecería al aire libre de Berlín resulta además una de las más bonitas. Ideal para beber bajo un toldo de castaños maduros. Forma parte de un complejo que incluye un pequeño escenario dirigido por la Volksbühne y un anticuado restaurante que sirve comida alemana desde 5-10 €.

Loretta am Wannsee (☎ *803 51 56, Kronprinzessinenweg 260, Zehlendorf*). **Fuera del plano 1**. S-Bahn: S1, S3 o S7 hasta Wannsee. Este enorme lugar (más de 1.000 sillas) es perfecto como colofón a un caluroso día de verano tras nadar en el lago.

Luise (☎ *841 88 80, Königin-Luise-Strasse 40-44, Zehlendorf*). **Fuera del plano 1**. U-Bahn: U1 hasta Dahlem-Dorf. Legendario reducto estudiantil con sitio para 700 personas.

Entre otros lugares con increíbles cervecerías al aire libre que se describen en diferentes apartados figuran ***Pfefferberg*** y ***Podewil*** (véase la sección "Centros culturales", más adelante), y ***Café am Neuen See*** y ***Ypsilon*** (véase el capítulo *Dónde comer*).

CLUBES

Berlín tiene fama de desenfrenada y muy nocturna: nunca hay que presentarse antes de medianoche. Muchos locales organizan fiestas distintas cada noche, dependiendo del DJ y de la clientela que se busca: *freaks* del techno, fanáticos del *Schlager* (pop alemán empalagoso), amantes de la salsa... ¡Incluso parece que vuelven los bailes de salón! Al igual que en otras capitales europeas en plena ebullición, lo *in* y lo *out* cambia rápida e inesperadamente, por lo que los auténticos aficionados a las discotecas deberían dedicar parte del tiempo a informarse en las guías de ocio o a buscar invitaciones en las cafeterías y los bares.

Entrar en un club o disco resulta más sencillo en Berlín que en otras ciudades alemanas, como Munich o Hamburgo, donde reina la tropa de Gucci o Armani. Aquí la imaginación supera los ingresos, o sea que ¡adelante! Los precios de las entradas (cuando las hay) van de 2,5 a 10 € y, a veces, incluyen una consumición.

Friedrichshain

De día, turistas de Dublín o Madrid se abren paso por Mühlenstrasse para maravillarse ante el mayor tramo en pie del Muro de Berlín, la East Side Gallery. Pero las noches de viernes y sábados, se transforma en una "calle de bares" con fiestas salvajes y extrañas en una docena de locales como, por ejemplo, los siguientes.

Maria am Ostbahnhof (☎ 29 00 61 98, www.clubmaria.de, *Strasse der Pariser Kommune 8-10*). **Plano 5**. Abierto hasta las 22.00 viernes y sábados. Entrada 5-10 €. Maria recibe a su corte con música drum'n'bass, house, funk y otros sonidos en un centro de distribución postal abandonado. Al escribirse esta guía, la supervivencia del local en este sitio se veía seriamente amenazada, por lo que vale la pena comprobar que no se ha trasladado.

Matrix (☎ 29 49 10 47, *Warschauer Platz 18*). **Plano 5**. Abierto de martes a sábado. Éste es un gran club de música house y techno que atrae a marchosos muy jóvenes. Sus varias pistas de bailes ocupan los sótanos de ladrillo rojo bajo los arcos del U-Bahn de Warschauer Strasse.

Non Tox (☎ 29 66 72 06, *Mühlenstrasse 12*). **Plano 5**. Abierto desde las 23.00 viernes y sábado. Entrada 4-5 €. Presenta una oscura atmósfera y DJs que practican el "scratch" con una música mestiza para un público de habituales.

Ostgut (☎ 29 00 05 97, *Mühlenstrasse 26-30*). **Plano 5**. Abierto desde las 0.00 viernes y sábados. Entrada 5-10 €. Se trata de uno de los lugares para que los amantes del techno escuchen hoy el sonido de mañana. Primero baile y, después, *chill out* en el Panorama Bar del primer piso. También forma parte del complejo el **lab.oratoy**, un refugio para los hombres homosexuales amantes de la "sexperimentación", con fiestas con nombres como "Hechos amarillos" o "Fausthaus". Su supervivencia también resulta incierta, pues las inmobiliarias planean construir una sala de grandes espectáculos en el perímetro. Mejor informarse.

Geburtstagsclub (☎ 42 85 13 35, *Am Friedrichshain 33*). **Plano 3**. Abierta desde las 23.00 de jueves a sábado. Lejos de la zona de Mühlenstrasse, junto al Volkspark Friedrichshain, queda esta discoteca de barrio para mayores de 25 años. Como música, conviene estar preparado para todo el espectro musical: house, reggae, funk, hip-hop...

Kreuzberg

SO36 (☎ 61 40 13 06, *Oranienstrasse 190*). **Plano 5**. Abierto cada noche. Es a Kreuzberg como la nata a las fresas. En otro tiempo reducto de punks alternativos, este interesante local programa conciertos en directo y noches temáticas: de house a hip-hop, de bailes de salón (!) a techno (véase la sección "Berlín para la comunidad homosexual", más adelante, en este capítulo).

Mitte

Adagio (☎ 25 92 95 50, *Marlene-Dietrich-Platz 1*). "Amor, lujuria y pasión" es el lema de esta gran sala con una fabulosa decoración de fantasía estilo Las Vegas. Queda justo detrás del teatro musical de DaimlerCity (véase el plano "Potsdamer Platz y Kulturforum" en el capítulo *Qué ver y hacer*). Dados los elevados precios de entrada y consumiciones, la clientela se compone principalmente de yuppies y turistas de mediana edad, y su perfil encaja con los poseedores de sólidas cuentas corrientes. Lástima.

Delicious Doughnuts (☎ 28 09 93 74, *Rosenthaler Strasse 9*). **Plano 3**. Abierto a las 23.00. Sus propietarios, Axel y Peter, han creado una discoteca salón a la última con toques caseros y románticos en pleno Mitte. Cada noche suena un ritmo distinto: house, electrojazz, años sesenta o soul.

Knaack Club (☎ 44 27 06 01, *Greifswalder Strasse 224*). **Plano 7**. Se trata de un cómodo local de baile que empezó como club juvenil en la década de 1950. La entrada suele ser gratuita o barata.

Mudd Club (☎ 27 59 49 99, *Grosse Hamburger Strasse 17*). **Plano 7**. Este club rinde homenaje al original local del Soho, centro del movimiento *underground* de Nueva York en las décadas de 1970 y 1980. El local, en un sótano, resulta difícil de encontrar, puesto que está algo apartado de la calle y se llega a través de una empinada escalera.

Der Grüne Salon (*Salón verde; 28 59 89 36, Rosa-Luxemburg-Platz, dentro del teatro Volksbühne*). **Plano 3**. Una atmósfera de sofisticación y nostalgia reina en este acogedor local con un recuerdo a los perversos años veinte. Sus noches de salsa, tango y swing son legendarias (es recomendable informarse sobre las clases de baile), y las de chanson, teatro cómico o lecturas también tienen gran éxito. Acude gran cantidad de famosos.

Der Rote Salon (*Salón rojo; 24 06 58 06, Rosa-Luxemburg-Platz*). **Plano 3**. Abierto desde las 21.00. Los antiguos sillones rojos y las lámparas de araña conforman un *glamouroso* decorado para lecturas, conciertos y bailes, en este local situado dentro del teatro Volksbühne. Las fiestas que tienen lugar después de los estrenos resultan especialmente concurridas.

Oxymoron (☎ 28 39 18 86, *Rosenthaler Strasse 40-41*). **Plano 7**. Entrada 3-13 €. Este lugar, ubicado en el Hackesche Höfe, muda de aspecto con el movimiento del sol. De día, el opulento salón –con mullidos sofás de terciopelo, espejos dorados y lámparas de araña– se nutre de amantes del café. De noche se transforma en un restaurante, antes de convertirse en una discoteca *chic* después de las 23.00, cuando el jazz y el rock se funden sin fisuras con drum'n'bass y hip-hop suave. En la entrada se muestran liberales, pero es mejor dejar las zapatillas de deporte en el hotel.

Sage Club (☎ 278 98 30, *Köpenicker Strasse 76*). **Plano 7**. U-Bahn: Heinrich-Heine-Strasse. Abierto de jueves a domingo. Entrada 5 €. Los matones de la puerta deciden quién es suficientemente rico o llamativo para adentrarse en este fantasmagórico emporio del baile, donde un dragón que escupe fuego flota sobre la pista de baile. La multitud se reparte en dos pistas de baile, tres barras (72 combinados), un salón para relajarse y un jardín. En cuanto a música, funk, soul, rock, house y trance.

Sophienklub (☎ 282 45 52, *Sophienstrasse 6*). **Plano 3**. Nadie acusará a este local de marcar modas, pero está bien para los habituales. Quienes piensen que los clubes de Berlín se han vuelto algo exagerados, se sentirán bien aquí. Cuenta con dos pisos con varios sonidos: soul, funk, R&B o Brit pop.

Tresor/Globus (☎ 609 37 02, *Leipziger Strasse 128a*). **Plano 7**. Abierto desde las 23.00 miércoles, viernes y sábados. Entrada 2,5-10 €. Un sonido house envuelve el Globus, la discoteca de la planta baja de este legendario local de dos ambientes. Unas escaleras conducen al Tresor, situado en el interior de una cámara de unos antiguos grandes almacenes y uno de los lugares donde nació la revolución techno berlinesa de principios de la década de 1990. Quizás tenga los días contados, puesto que las obras de la cercana Leipziger Platz se están aproximando. Consultar, antes de acudir, las revistas especializadas.

WMF (☎ 28 38 88 50, *Ziegelstrasse 23*). **Plano 7**. Se trata de un clásico berlinés que se ha visto obligado a trasladarse más de una vez y que posiblemente pronto vuelva a hacerlo (consúltense las guías de ocio). Los domingos se convierte en "GayMF" (véase "Clubes" dentro de "Berlín para la comunidad homosexual", más adelante).

Prenzlauer Berg

Duncker (☎ 445 95 09, *Dunckerstrasse 64*). **Plano 3**. S-Bahn: S8 o S10 hasta Prenzlauer Allee. Este antiguo club juvenil de la ex RDA no tiene un aspecto externo muy prometedor, pero detrás de la fachada llena de pintadas esperan al visitante un animado establecimiento y un agradable jardín.

Schöneberg, Tiergarten y Wilmersdorf

90 Grad (☎ *23 00 59 54, Dennewitzstrasse 37, Schöneberg*). **Plano 4**. Entrada 7,50 €. Este lugar mantiene su encanto y sigue de moda tras muchos años de actividad, pero la exigencia de los porteros es un obstáculo que desanima a muchos. Los DJs pinchan una salvaje mezcla de todo (excepto techno) colgados de un palco gigante en mitad de la pista. El jueves es la noche gay.

El Barrio (☎ *262 18 53, web www.el-barrio.de, Potsdamer Strasse 84, Tiergarten*). **Plano 4**. Abierta desde las 22.00 de martes a domingo. Ideal para sensuales noches de salsa. En esta bodega las parejas se contonean bajo apasionados ritmos latinos. A veces ofrece música en directo y, con regularidad, clase de salsa y merengue. Para conseguir la programación, se puede llamar por teléfono o entrar en la web.

Far Out (☎ *32 00 07 17, Kurfürstendamm 156, Wilmersdorf*). **Plano 6**. Abierto de martes a domingo. Entrada gratuita/ 5 €. Uno de los más antiguos locales en el oeste de la ciudad, carece del toque radical de los clubes del este. Resulta un lugar confortable donde mover el esqueleto. Los mayores de 30 entran gratis los miércoles, en las fiestas "Eterna juventud".

BERLÍN PARA LA COMUNIDAD HOMOSEXUAL

Conocida como "Homópolis", la ciudad tiene el más amplio panorama homosexual de

Ataque a los clubes de Berlín

La cultura de club de Berlín es legendaria. Sobre todo, lugares pequeños, a contracorriente, han hecho brotar impulsos conocidos en todo el mundo, con la explosión del techno como mejor ejemplo. Todo empezó después de la caída del muro, cuando los pioneros del género se mudaron a edificios de la RDA abandonados y, a menudo, casi en ruinas. Tresor encontró un hogar en la caja de unos antiguos grandes almacenes. E-Werk se inauguró en una central eléctrica transformada. Maria am Ostbahnhof ocupó un centro de distribución de correos. Lo único que hacía falta era una idea loca, mucha creatividad y algo de dinero. Claro, algunos clubes flirteaban con la ilegalidad, pero las autoridades lo toleraban, pues, tras la reunificación, tenían problemas mayores.

Pero como tantas cosas en Berlín, los tiempos cambian. Algunos de los establecimientos más populares se ven ahora obligados a cerrar o a trasladarse, expulsados por inmobiliarias que sueñan con edificios de oficinas, apartamentos y grandes acontecimientos. Por supuesto, no es nada nuevo. Los clubes ya tuvieron que trasladarse antes. La diferencia radica en que se están acabando las ubicaciones adecuadas pues el aburguesamiento de Mitte y la conversión de Prenzlauer Berg en una zona comercial los convierten en demasiado caros para estas operaciones de cuatro cuartos.

En resumen, ¿está muriendo la cultura de club de Berlín?

No, si la recién fundada comisión de clubes puede evitarlo. Esta cooperativa de propietarios de clubes, cada vez más ruidosa, aspira a mantener viva la creativa movida underground para que puedan nacer nuevos sonidos y movimientos anticonvencionales. Presiona contra la creciente comercialización y el crecimiento sin trabas de las normativas, esperando que los representantes de la ciudad, inversores e inmobiliarias permitan que los clubes puedan continuar utilizando edificios vacíos. El grupo señala que "la movida" constituye un factor económico además de imagen. El portavoz, Marc Wahlberg, dijo en una entrevista al semanario de información *Der Spiegel*: "Las empresas que se han trasladado a Berlín en los últimos años lo han hecho porque se trata de un lugar interesante para la gente joven. Y valoran la ciudad no sólo porque tiene tres salas de ópera y teatros musicales subvencionados, sino porque los locales experimentales, que marcan tendencias, han brotado aquí durante los últimos 10 años". Diez años ya, ¿se ha convertido el techno en una especie de tango?

toda Alemania. Se calcula que viven en Berlín unos 500.000 gays y lesbianas. La tradición se remonta a 1897, cuando Magnus Hirschfeld, estudioso de la conducta sexual, sentó las bases para los derechos del movimiento gay y lésbico de esta ciudad. El escritor Christopher Isherwood (autor de *Adiós a Berlín*, obra en la que se basó la película *Cabaret*), vivió en Schöneberg en los años veinte. En 2001, con el nombramiento de Klaus Wowereit como alcalde provisional tras la dimisión de Diepgen (véase la sección "Historia", antes, en el capítulo *Datos prácticos*), Berlín se convirtió en la segunda ciudad de Europa (tras París) gobernada por un político homosexual.

Todo está permitido en el movimiento gay berlinés actual, y todo es *todo*. Una o dos veces al mes se celebran las fiestas más salvajes en diferentes locales. Antes de salir a bailar se puede cenar en algún restaurante gay o tomar una copa en alguno de los numerosos cafés y bares de ambiente. Los cuartos oscuros resultan muy comunes y casi *de rigeur* en los bares y pubs nuevos.

La escena se concentra en cuatro distritos: alrededor de Nollendorfplatz en Schöneberg (**Plano 4**); Oranienstrasse en Kreuzberg 36 (**Plano 5**); Mühlenstrasse en Friedrichshain (**Plano 5**); y Prenzlauer Berg, sobre todo en las cercanías de Gleimstrasse (**Plano 3**).

La publicación gratuita *Siegessäule* es la biblia de los espectáculos gays y lésbicos de Berlín, mientras que *Sergej* es sólo para hombres. Entre las guías del ambiente sobresalen *Berlin von Hinten* (Berlín por detrás, de Bruno Gmünder Versand), *Homopolis*, de Micha Schulze, y *Lesbisches Berlin*, de Traude Bührmann, todas ellas disponibles en las librerías *lesbigay* y en otras de tipo general.

Cines

Kino International (☎ 247 56 00, *Karl-Marx-Allee 33, Mitte*). **Plano 3**. Con sus pendulantes lámparas de cristal de bohemia, revestimientos, relucientes cortinas y parqué, el Kino constituye un espectáculo en sí mismo. Los lunes por la noche programa clásicos, importaciones y pre-estrenos de tema homosexual. El glamouroso bar del vestíbulo abre a las 21.00, proyecciones a las 22.30.

Xenon (☎ 782 88 50, *Kolonnenstrasse 5-6, Schöneberg*). **Plano 4**. El segundo cine más antiguo de la ciudad exhibe, sobre todo, películas homo y muchas películas extranjeras. Atención a los Dykescreen, ocasionales ciclos de cine lésbico.

Cafeterías y bares

Roses (☎ 615 75 70, *Oranienstrasse 187, Kreuzberg 36*). **Plano 5**. Se caracteriza por una exagerada decoración de ambiente (luces de colores, paredes enmoquetadas e imágenes de vírgenes), bebidas fuertes y ambiente de cháchara.

Melitta Sundström (☎ 692 44 14, *Mehringdamm 61, Kreuzberg 61*). **Plano 5**. Buen lugar para empezar el día con café con leche y tortilla. Es un relajado café con aires intelectuales y paredes cubiertas de arte de brillantes colores.

Schall und Rauch (☎ 448 07 70, *Gleimstrasse 23, Prenzlauer Berg*). **Plano 3**. Taberna de día (platos principales 5-10 €), se convierte en una chic coctelería cuando cae la noche. Tiene un premio de diseño y precios también de diseño que pagan gustosamente los jóvenes y entusiastas clientes. Ofrece un bufé diario de desayuno (5 €), pero el almuerzo del domingo (7 €) ha alcanzado categoría de culto.

Café Amsterdam (☎ 448 07 92, *Gleimstrasse 24, Prenzlauer Berg*). **Plano 3**. Justo al lado, este popular local, con música house y techno, permite conocer gente e integrarse. De día, tienen gancho el bufé de desayuno (5 €) y los pasteles.

Café PositHIV (☎ 216 86 54, *Alvenslebenstrasse 26, Schöneberg*). **Plano 4**. Abierta de martes a domingo. Esta cafetería regentada por voluntarios proporciona un entorno relajado y divertido para los infectados por el VIH, sus amigos y cualquiera.

Clubes. ***Die Busche*** (☎ 589 15 85, *Mühlenstrasse 11-12, Friedrichshain*). **Plano 5**. Abierto desde las 21.30 miércoles, viernes y sábados. El precio de la entrada varía. Los fantasmas del comunismo fueron exorcizados hace tiempo en la que fue la única discoteca gay durante los días de la RDA, que continúa con gran vitalidad. La música alta, las salas con espejos y una clientela joven y variada (bi-lésbica-gay-hétero) componen los ingredientes de sus atrevidas fiestas.

SO36 (☎ *61 40 13 06, Oranienstrasse 190, Kreuzberg 36*). **Plano 5**. En este antiguo centro de la escena punk alternativa, el "Esso", en la actualidad se ofrecen noches temáticas para gays y lesbianas, como la Electric Ballroom (techno) los lunes, Hungry Hearts (house) los miércoles y Cafe Fatal (pop alemán y música disco) los domingos. La Gayhane, una fiesta multicultural, es un divertido cóctel que combina pop turco y alemán, travestis, danza del vientre y otros ingredientes. Se celebra el cuarto sábado de cada mes. El tercer viernes de todos los meses, lesbianas y drag queens se dejan caer durante la *glamourosa* "Noche Jane Bond".

SchwuZ Basement (☎ *693 70 25, Mehringdamm 61, Kreuzberg 61*). **Plano 5**. Los sábados, el Melitta Sundström (véase la sección "Cafeterías") se convierte en el bar de esta discoteca del centro gay SchwuZ, situado detrás del café. Frecuentado por las *drag queens* más espectaculares, se suda la gota gorda en sus dos pistas de baile.

WMF (☎ *28 38 88 50, Ziegelstrasse 23, Mitte*). **Plano 7**. Los domingos se vuelve "GayMF" y se convierte en el "lugar" donde acabar el fin de semana durante su "Gay T-Dance". A algunos asiduos les gusta reponer fuerzas durante el "Club del Dulce" en el Bar Launge 808 antes de acudir aquí (véase "Bares y pubs", más atrás).

Otros locales con ocasionales actividades homo incluyen: ***Tränenpalast***, ***Tresor***, ***Sage Club***, ***Oxymoron***, ***Kalkscheune*** y ***90 Grad***. Las direcciones se encuentran en las anteriores secciones "Clubes" y "Centros culturales".

Acontecimientos especiales

Para obtener información específica sobre acontecimientos homosexuales, hay que ponerse en contacto con ***Mann-O-Meter*** (☎ *216 80 08*), **Plano 4**. En febrero tiene lugar la ceremonia de los premios Teddy –el premio de cine gay y lésbico—como parte del Festival Internacional de Cine de Berlín. El festival centrado en el cuero tiene lugar en torno a Pascua, mientras que la carrera de gays y lesbianas se celebra en mayo. Junio no estaría completo sin el desfile en la calle Christopher. El festival de cine lésbico tiene lugar en octubre, seguido, en noviembre, por el festival internacional de cine homo.

Sólo para hombres

Bares. Schöneberg, que solía ejercer de epicentro de los bares homo de Berlín, padece hoy la competencia del emergente Prenzlauer Berg.

Greifbar (☎ *444 08 28, Wicherstrasse 10, Prenzlauer Berg*). **Plano 3**. Es un sencillo local para ligar con un cuarto oscuro muy concurrido que cuenta con cabinas privadas para retirarse a buscar algo de intimidad. Atrae a una clientela de gays más madura (de unos 30 años).

Pick Ab (☎ *445 85 23, Greifenhagener Strasse 16, Prenzlauer Berg*). **Plano 3**. Disfruta de un ambiente de flirteo, alimentado por una clientela y una decoración atractivas. En cuanto edad, hay de todo.

Stiller Don (☎ *445 59 57, Erich-Weinert-Strasse 67, Prenzlauer Berg*). **Plano 3**. Otro remanente de la RDA, alcanza la cumbre la noche del lunes, cuando una tranquila clientela acude a por cerveza y cacahuetes gratuitos.

Andreas Kneipe (☎ *218 32 57, Ansbacher Strasse 29, Schöneberg*). **Plano 6**. Este bar de otros tiempos ofrece un ambiente jovial y permite conocer a berlineses, incluso de día.

Hafen (☎ *214 11 18, Motzstrasse 19, Schöneberg*). **Plano 4**. Lleno de yuppies homosexuales que reponen fuerzas antes de continuar (algunos dicen, reptar) hasta el Tom's Bar (véase más adelante).

Lenz (☎ *217 78 20, Eisenacher Strasse 3, Schöneberg*). **Plano 4**. Lo mejor de esta bonita coctelería son las 150 bebidas distintas que sirven atractivos camareros a los jóvenes clientes.

Prinzknecht (☎ *218 14 31, Fuggerstrasse 33, Schöneberg*). **Plano 6**. Junto al Connection (véase el apartado "Clubes", más adelante, en este capítulo) se ubica este bar de estilo americano y con encanto, con sus paredes de ladrillo, sus lámparas cromadas y lienzos con composiciones florales de Georgia O'Keefe.

Tom's Bar (☎ *213 45 70, Motzstrasse 19, Schöneberg*). **Plano 4**. Abierto desde las 22.00. El Tom's, al lado del Hafen, suele ser la siguiente parada en el circuito nocturno. Su bar, profundo y oscuro, es un buen lugar para ligar, y también hay un sótano muy concurrido. Los que vayan de caza no deben presentarse antes de medianoche.

Clubes. *Metropol* (☎ *21 73 68 41, Nollendorfplatz, Schöneberg*). **Plano 4**. En este antiguo teatro de fachada festoneada, con seductoras esculturas de desnudos, se celebran intensas fiestas gays, como la Cocker Party o la Çilli Bom, de temática oriental.

Connection (☎ *218 14 32, Fuggerstrasse 33, Schöneberg*). **Plano 6**. Es una de las discotecas más antiguas y populares de la ciudad para las noches de los viernes y sábados. El laberinto de cuartos oscuros del sótano es legendario. En la planta superior hay tres salas para "conectar", una pista de baile con espejos y música techno a todo trapo.

Saunas. *Apollo Sauna* (☎ *213 24 24, Kurfürstenstrasse 101, Charlottenburg*). **Plano 6**. Abierta de 13.00 a 7.00 de lunes a viernes, 24 horas sábado y domingo. Esta tradicional sauna gay cuenta con salas de vapor, vestíbulos donde flirtear y cabinas. Famosa por sus infusiones de Slivovitz.

Gate Sauna (☎ *229 94 30, Wilhelmstrasse 81, Mitte*). **Plano 7**. Abierta de 11.00 a 7.00 de lunes a viernes, 24 horas sábado y domingo. Una de las mayores y más activas, se halla al sureste de la Puerta de Brandeburgo. Además de dos pisos y saunas y salas de vapor modernas y limpias, cuenta con bar y sala de vídeo y televisión.

Treibhaus Sauna (☎ *448 15 03, Schönhauser Allee 132, Prenzlauer Berg*). **Plano 3**. Abierta de 15.00 a 7.00 de lunes a viernes, 24 horas sábado y domingo. Una de las saunas más bonitas de la ciudad.

Las taquillas, en todos los locales, cuestan 10-15 € (las cabinas, 5-6 € más). A veces, se ofrecen descuentos entre semana o para estudiantes.

Flirteo. Debe comprobarse en Mann-O-Meter dónde está lo último en este campo. Mientras, algunos lugares clásicos: el puente de Löwenbrücke en el Tiergarten cerca de Siegessaule; Märchenbrunnen en el Volkspark Friedrichshain, **Plano 3**; y la zona que rodea el aparcamiento de Pappelplatz en Grunewald. También gozan de aceptación los días nudistas (martes, miércoles y viernes) en la Alte Halle de la Stadtbad Charlottenburg, **Plano 2**.

Sólo para mujeres

La movida lésbica de Berlín solía tener su cuartel general en Schöneberg, pero ahora Kreuzberg está ganando terreno. Además de todos los locales sólo para mujeres aquí indicados, existen fiestas, algunas mensuales, en lugares como SchwuZ, Kalkscheune y Tränenpalast. Uno de los grupos organizadores se llama ***MegaDykes*** (☎ *78 70 30 94*); se deben conseguir sus invitaciones o consultar las guías.

Die 2 (☎ *302 52 60, Spandauer Damm 168, Charlottenburg*). **Plano 1**. Lesbianas de todas las edades y estilos se reúnen en este bar algo cerrado de miras con discoteca los miércoles, viernes y sábado.

Schoko Café (☎ *615 15 61, Mariannenstrasse 6, Kreuzberg 36*). **Plano 5**. Situado sobre un *hammam* (un baño turco), es un punto de encuentro multicultural con una buena selección de pastelería. La discoteca del segundo sábado de cada mes es muy popular.

Café Seidenfaden (☎ *283 27 83, Dircksenstrasse 47, Mitte*). **Plano 7**. Abierto de 13.00 a 19.00, de domingo a viernes. Los hombres, el alcohol y el tabaco están prohibidos en esta sencilla y comunicativa cafetería, especialmente orientada a mujeres que se recuperan de su adicción al alcohol o las drogas.

pe (☎ *218 75 33, Kalcreuchstrasse 10, Schöneberg*). **Plano 4**. El más antiguo bar lésbico de la ciudad, anteriormente conocido como "Pour Elle", ha cambiado de propietario y ahora es más mixto. La única noche reservada "sólo para mujeres" es la del sábado.

Begine (☎ *215 43 25, Potsdamer Strasse 139, Schöneberg*). **Plano 4**. Las cosas se han calmado considerablemente desde los días en que este histórico edificio estaba controlado por okupas femeninas. Hoy constituye una cafetería y centro cultural para mujeres, sobre todo lesbianas, con preocupaciones intelectuales. Hay conciertos, lecturas y proyecciones, así como la Begine Disco el cuarto sábado de cada mes.

CENTROS CULTURALES

Los centros culturales forman una parte importante del panorama berlinés. Estos locales multiusos ocupan, en general, espacios inusuales, como, por ejemplo, antiguos almacenes, destilerías y otros grandes espacios. Ofrecen varias formas de entretenimiento, incluyendo todos los siguientes o una mezcla de ellos: cine, baile, música en vivo, teatro, bares, cafeterías, restaurantes, exposiciones y hasta circo. Las actividades van de lo más convencional a lo más marciano, con una buena dosis de multiculturalidad.

Tempodrom (☎ *263 99 80, Anhalter Bahnhof, saliendo de Möckernstrasse, Kreuzberg 61*). **Plano 5**. Esta venerada institución berlinesa, añorada con amargura desde 1998, tenía previsto reabrir a finales de 2001. Obligada a mudarse de su antigua posición en Tiergarten debido a la construcción de la nueva cancillería federal, retomará su ecléctico programa en nuevos edificios permanentes en el terreno de la antigua Anhalter Bahnhof.

Kalkscheune (☎ *28 39 00 65, Johannisstrasse 2, Mitte*). **Plano 3**. Siempre da que hablar con un ecléctico programa que va de lo sofisticado (tango, jazz, chanson) a lo salvaje y popular *Schöne Party* (fiesta de diversión) para los mayores de 25.

Podewil (☎ *24 74 96, Klosterstrasse 68-70, Mitte*). **Plano 7**. U-Bahn: U2 hasta Klosterstrasse. Ofrece una mezcla de cine, danza, teatro y música en vivo, además de una cafetería, en un palacio de 1704. La cervecería al aire libre abre a las 21.30 si el tiempo lo permite.

Tacheles (☎ *282 61 85, Oranienburger Strasse 54-56, Mitte*). **Plano 3**. Este edificio deshauciado, cubierto de grafitis, parece un parque infantil para adultos. De aspecto postatómico destaca por su activa programación cultural, que incluye danza, jazz, el *Café Camera*, cabaret, lecturas, talleres, extrañas galerías y estudios de arte, cine, teatro y más. La cervecería al aire libre resulta ideal en verano y también cuenta con la discoteca *Zapata*. Véase además "Qué ver y hacer" en "Mitte".

Tränenpalast (*Palacio de las lágrimas,* ☎ *206 10 00, Reichstagsufer 17, Mitte*). **Plano 7**. En una instalación fronteriza abandonada, este palacio ofrece una amplia gama de ocio multicultural, desde jazz suave a flamenco serio, del cabaret estrafalario a sesudas lecturas.

Kulturbrauerei (☎ *441 92 69, Knaackstrasse 97, Prenzlauer Berg*). **Plano 3**. Los edificios originales de esta fábrica de cerveza del siglo XIX se han convertido en un gran complejo de ocio nocturno con una variada mezcla de cine, teatro, disco, restaurante y cafetería.

Pfefferberg (☎ *449 65 34, Schönhauser Allee 176, Prenzlauer Berg*). **Plano 3**. También en una fábrica de cerveza, este centro, más alternativo, promociona proyectos interculturales. Ofrece música en vivo en la sala de conciertos, discoteca en el Subground, comida y bebida en la cervecería al aire libre de la azotea y arte en la galería.

UFA-Fabrik (☎ *75 50 30, Viktoriastrasse 10-18, Tempelhof*). **Plano 1**. U-Bahn: U6 hasta Ullsteinstrasse. Otro club cultural multimedia ocupa los antiguos estudios de cine de la UFA. Música, teatro, danza, cabaret y circo todo el año. De junio a septiembre las actuaciones se realizan al aire libre.

Akademie der Künste (☎ *39 07 60, Hanseatenweg 10, Tiergarten*). **Plano 2**. Esta "academia de las artes" de Berlín conforma una cooperativa internacional de artistas y sus seguidores que tiene sus raíces en la Academia de las Artes prusiana fundada en 1696 por el rey Federico I. Presenta exposiciones temporales de arte, además de un vivo programa de lecturas, películas, danza, teatro, coloquios, talleres... Va tomando forma un nuevo edificio en Pariser Platz 4, que era su emplazamiento original de antes de la guerra.

Haus der Kulturen der Welt (☎ 39 78 71 75, *John-Foster-Dulles-Allee 10, Tiergarten*). **Plano 2**. La "casa de las culturas del mundo" trae artistas contemporáneos, en especial, de África, América Latina y Asia, a Berlín. Las muestras de danza, música, teatro, arte, cine y literatura se completan con festivales, congresos intelectuales y conferencias. Ocupa un fascinante edificio, descrito en detalle dentro de la sección especial sobre arquitectura.

Die Insel (☎ *53 60 80 20, Alt-Treptow 6, Treptow*). **Fuera del plano 1**. S-Bahn: S6, S8, S9 o S10 hasta Plänterwald. Se trata de un antiguo club juvenil de la RDA, ubicado en el interior de un falso castillo medieval en una isla del Spree, al que se llega por un romántico puente. Hay para todos, desde talleres para jóvenes a conciertos de rock, cine al aire libre (de junio a septiembre), fiestas de baile de todos los estilos musicales. Dispone incluso de un café familiar (fines de semana), donde los padres se relajan mientras los retoños se entretienen con manualidades o marionetas.

MÚSICA EN DIRECTO
Clásica

Los aficionados a la música clásica tienen dónde escoger casi cada noche de la semana, excepto durante el paréntesis de verano. Un concierto en la Philharmonie o la Konzerthaus es algo muy especial. Los aficionados menores de 27 que tengan prevista una larga estancia en Berlín o la visiten varias veces, pueden aprovechar la oferta de la Classic Card. Véase el recuadro "El arte de los descuentos" en el capítulo *Datos prácticos*.

Konzerthaus Berlin (☎ *20 30 90, Gendarmenmarkt 2, Mitte*). **Plano 7**. Entradas de pie 6 €; asientos 6-40 €, más durante conciertos especiales. La espectacular Konzerthaus, diseñada por Schinkel, constituye uno de los grandes templos de la música clásica en Berlín. El "conjunto local" es la prestigiosa Berliner Symphonie Orchester, dirigida por Eliahu Inbal. Dispone además de dos auditorios y un club para eventos literarios e infantiles. Los conciertos de órgano (7 €) también se celebran aquí.

Hochschule für Musik Hanns Eisler (☎ *203 09 24 11, Charlottenstrasse 55, Mitte*) **Plano 7**. Esta academia musical de primera mantiene varias orquestas, un coro e incluso una "big band" que, en conjunto, llevan a cabo hasta 400 actuaciones anuales, incluyendo conciertos, musicales y óperas. Muchas de ellos son gratis o económicas.

Berliner Philharmonie (☎ *25 48 80, Herbert-von-Karajan-Strasse 1, Tiergarten*; véase el plano "Potsdamer Platz y Kulturforum" en el capítulo *Qué ver y hacer*). Entradas de pie 7 €; asientos 15-51 €, más durante conciertos especiales. La Philharmonie –nombre tanto del edificio como de la orquesta– es el mejor lugar de Berlín para escuchar música clásica gracias a su perfecta acústica suprema. Sir Simon Rattle relevará a Claudio Abbado como director musical en septiembre de 2002. La adyacente ***Kammermusiksaal***, más pequeña, está destinada a la música de cámara. Los asientos de ambas salas resultan cómodos.

Deutsches Symphonie-Orchester (☎ *20 29 87 11 para las entradas, Charlottenstrasse 56, Mitte*). Entradas 9-55 €. Esta orquesta, dirigida por Kent Nagano, constituye una extensión de la RIAS Symphonie Orchester, fundada en 1946 y financiada por EE UU hasta 1953. Sin local permanente, actúa en la Philharmonie, la Konzerthaus y la Otto-Braun-Saal, en la biblioteca nacional, Potsdamer Strasse 33.

Hochschule der Künste (*Universidad de las artes,* ☎ *31 85 22 04, Hardenbergstrasse 33, Charlottenburg*). **Plano 6**. Su sala de conciertos dispone de un buen programa durante la temporada.

Jazz

Los adictos al jazz no encontrarán problemas para conseguir su dosis en Berlín, que en los últimos tiempos se ha convertido en un escenario interesante impulsado por artistas locales, además de talentos nacionales e internacionales.

A-Trane (☎ *313 25 50, Bleibtreustrasse 1, Charlottenburg*). **Plano 6**. Abierto cada noche. Entrada 5-20 €, lunes y martes normalmente gratuita. El público puede resultar algo afectado, pero el talento artístico –tanto incipiente como consolidado– constituye el principal motivo para venir aquí. Los estilos cubren todo el espectro, desde el jazz moderno y el bebop al jazz de vanguardia, convencional y vocal. Se trata de un lugar íntimo con mesas redondas y sin una sola silla con mala visibilidad.

Quasimodo (☎ *312 80 86, Kantstrasse 12a, Charlottenburg*). **Plano 6**. Abierto desde las 21.00 cada día, programa actuaciones a partir de las 22.00. Entrada 7,5-12,5 €; martes y miércoles, 2,5, una bebida incluida. Músicos nacionales e internacionales de gran interés. Su pequeño tamaño acerca el escenario, pero el techo bajo, las paredes negras y el humo acaban provocando claustrofobia. La espaciosa cafetería del primer piso es un buen lugar para descansar del gentío o tomar algo antes del espectáculo.

Junction Bar (☎ *694 66 02, Gneisenaustrasse 18, Kreuzberg 61*). **Plano 5**. Abierto desde las 20.00. Entrada 3,5-6 €. Al descender a este sótano resulta posible escuchar cualquier estilo, desde jazz tradicional hasta jazz-rap. El bar del primer piso sirve tentempiés.

b-flat (☎ *280 63 49, Rosenthaler Strasse 13, Mitte*) **Plano 3**. Abierto desde las 20.00. Entrada 2,5-7,5 €. El jazz sigue siendo lo principal en este popular local, aunque últimamente las noches latinas (salsa y tango sobre todo) condimentan la oferta.

Jazzbar Pfandleihe (☎ *28 09 71 59, Linienstrasse 98, Mitte*). **Plano 3**. Jazz en vivo desde las 21.00 o 22.00 cada día, además de un almuerzo dominical con esta música y una jam session los lunes. La *happy hour* va de las 18.00 a las 21.00. Se accede por el patio entre Torstrasse 164 y Linienstrasse 98.

Schlot (☎ *448 21 60, Chausseestrasse 18, Mitte*). **Plano 3**. Abierto desde las 19.30. Entrada 4-7,5 €. El Schlot, que significa "chimenea", es un local sin pretensiones que despuntó justo después de la reunificación alemana y que se granjeó rápidamente una reputación por su buen jazz y su cabaret. Dirigido por dos corredores de maratón, ofrece una interesante y ecléctica mezcla de actuaciones y estilos en un espacioso decorado de hierro, ladrillo y madera.

Flöz (☎ *861 10 00, Nassauische Strasse 37, Wilmersdorf*). **Plano 4**. U-Bahn: U7 o U9 hasta Berliner Strasse. Abierto cada día, conciertos desde las 21.00. Jazz moderno, folk y rock figuran en el menú musical de este antiguo sótano que cuenta con un público viejo y sabio.

Grandes escenarios

Relumbrantes estrellas como U2 o los Tres Tenores, y producciones itinerantes (al estilo *Lord of the Dance*) suelen asomarse a estos grandes escenarios.

Olympia Stadion (☎ *30 06 33, Olympischer Platz 3, Charlottenburg*). **Plano 1**. En una renovación gradual hasta 2004, este histórico estadio puede llegar a albergar hasta 70.000 espectadores.

Waldbühne (☎ *23 08 82 30, Am Glockenturm, Charlottenburg*). **Plano 1**. U-Bahn: U2 hasta Olympia-Stadion Ost, seguido por un autobús de enlace gratuito o el bus 18. Este anfiteatro al aire libre funciona de mayo a septiembre. Espacio de sobras para que 20.000 personas disfruten de conciertos de rock, pop y música clásica. También cuentan con gran éxito de público las noches de cine con pantalla gigante.

Max-Schmeling-Halle (☎ *44 30 45, Am Falkplatz, esquina entre Gaudystrasse y*

Berlín tiene una intensa actividad jazzística.

Prenzlauer Berg). **Plano 3**. Esta sala de 8.100 plazas, finalizada en 1997, es el recinto donde juega el equipo de baloncesto de Berlín, el Alba, y también programa conciertos, teatro y conferencias.

Velodrom *(☎ 44 30 45, Paul-Heyse-Strasse 26, esquina entre Fritz-Riedel-Strasse y Prenzlauer Berg*). **Plano 3**. Grandes competiciones ciclistas y de otros deportes, además de acontecimientos musicales y conferencias, tienen lugar en esta instalación de 11.000 asientos.

ÓPERA Y MUSICALES

Deutsche Oper Berlin *(☎ 343 84 01, Bismarckstrasse 35, Charlottenburg*). **Plano 6**. Entradas de ópera 9-72 €, ballet 9-36 €. Rara vez hay problemas para conseguir entradas los días laborables. La mayor ópera de Berlín forma un monstruo de cristal y acero edificado en 1961, al que quizás le falte esplendor visual, pero no calidad artística. Tras la muerte del tanto tiempo director artístico Götz Friedrich, está actualmente dirigida por Udo Zimmermann, también compositor. Programa una mezcla heterogénea, desde óperas románticas a obras menos conocidas, como *Intoleranza* de Luigi Nono. Todas se ofrecen en idioma original.

Staatsoper Unter den Linden *(☎ 208 28 61 para el programa,* ☎ *20 35 40 taquilla,* ☎ *204 47 62 entradas disponibles, Unter den Linden 5-7, Mitte*). **Plano 7**. Entradas 8-60 €. La ópera nacional, bajo la batuta de Daniel Barenboim, presenta grandes producciones de dimensión internacional en un templo neoclásico de la música. Felix Mendelssohn-Bartholdy ejerció aquí como director musical. Barenboim tiene preferencia por las óperas barrocas y a los grandes románticos alemanes, además de compositores posteriores, como Wagner. En 2001, la directora de cine Doris Dörrie dirigió *Cosi fan tutte*, de Mozart. Todas las óperas se ofrecen en idioma original.

Komische Oper *(☎ 47 99 74 00, Behrenstrasse 55-57, Mitte*). **Plano 7**. Entradas 8-55 €, taquilla en Unter den Linden 41. Teatro musical, ópera ligera, opereta y danza constituyen los pilares de este teatro fundado en 1947. Un carácter menos elitista, pues el repertorio resulta más ligero y, a menudo, más teatral en su representación. Todas las producciones son en alemán.

Neuköllner Oper *(☎ 68 89 07 77, Karl-Marx-Strasse 131-133*). **Plano 5**. U-Bahn: U7 hasta Karl-Marx-Strasse. Entradas 7,50-20 €. Este lugar, en el obrero Neukölln, es mucho más vanguardista que lo que su nombre indica. El repertorio incluye óperas raras de Mozart y Schubert y también espectáculos infantiles y experimentales. Todo se realiza con poco dinero y mucha creatividad en un salón de baile de antes de la guerra. Congrega a un público joven sin pretensiones.

Musical Theater Berlin *(☎ 01805- 44 44, Marlene-Dietrich-Platz 1*; véase el punto "Potsdamer Platz y Kulturforum" en el capítulo *Qué ver y hacer*). Entradas 42-110 €. Este moderno teatro musical en DaimlerCity se inauguró en 1999 con el estreno mundial del musical "El jorobado de Notre Dame", basado en la novela de Victor Hugo. Todas las actuaciones son en alemán.

Theater des Westens *(☎ 882 28 88 o ☎ 01805- 99 89 99, Kantstrasse 12, Charlottenburg*). **Plano 6**. Entradas 7-60 €. Se encuentra situado cerca de la estación de Zoo, se presenta como un tradicional teatro de musicales, tanto en gira como estables, normalmente en alemán y de una calidad muy variable. Conviene saber que cuesta ver algo desde los asientos más baratos.

CABARET

Unos cuantos locales intentan revivir los espectáculos animados y coloristas de moda durante los felices años veinte. Sus representaciones incluyen bailarinas, cantantes, malabaristas, acróbatas y otros artistas que realizan, cada uno, un número breve.

Chamäleon Varieté *(☎ 282 71 18, Rosenthaler Strasse 40-41, Mitte*). **Plano 7**. Entrada 15-20 € lunes y martes; 25 € viernes y sábados; a medianoche, 14 €. Actuaciones viernes y sábado, 20.30; domingo, 19.00; a medianoche viernes y sábados. Íntimo local en un antiguo salón de baile de Hackesche Höfe. Presenta malabaristas, cómicos y trapecistas. Se disfruta del espectáculo desde una mesa a la luz de las velas.

Cabarets en Berlín: ¡Que empiece la diversión... de nuevo!

En todos los sentidos, Berlín es el cabaret. No hay ninguna otra forma de espectáculo que guarde una relación tan intensa con la capital alemana, y no sólo desde el momento en que Bob Fosse y Liza Minelli nos obsequiaron con el clásico del cine. El cabaret alcanzó su momento culminante con la llegada de los desenfrenados años veinte. Noche tras noche, más de 150 teatros atraían a multitudes con un variado programa lleno de cantantes, bailarinas, malabaristas, magos y otros artistas, muchos de los cuales procedían del mundo del circo.

El espíritu del cabaret se adaptó a las circunstancias políticas y sociales de los años veinte. La caída de la monarquía tras la I Guerra Mundial había puesto fin a siglos de censura, y los artistas enseguida capitalizaron su recién encontrada libertad. Florecieron las sátiras políticas y los políticos de la República de Weimar, corruptos por naturaleza, fueron fuente de inspiración para los números ácidos. Al mismo tiempo, la atenazadora hiperinflación de 1923 trasladó a la gente una sensación de fatalismo, llevándola a divertirse desenfrenadamente como si se acabara el mundo. La nueva música –el jazz, o *Yatz*, como se le llamaba aquí– liberó aún más la libido del público. Berlín se convirtió en el centro de diversión de Europa, capital de drogas y decadencia. Era un mundo de morbosos placeres y escarceos amorales que quedaron reflejados de forma muy inteligente en la obra *Adiós a Berlín*, del escritor Christopher Isherwood.

La llegada de Hitler al poder puso fin de forma tajante a este breve período de desenfreno; a continuación empezó la guerra y la división. Sin embargo, desde la reunificación el cabaret ha vivido un resurgimiento, aunque de forma mucho más moderada. En muchos espectáculos es más fácil encontrar a los *Piratas de Penzance* de Gilbert y Sullivan que a un andrógino cargado de opio. Incluso las *drag queens* se han vuelto respetables. En lugares como el **Wintergarten** y el **Friedrichsstadtpalast** se ofrecen espectáculos cuidadosamente coreografiados, pero en locales más pequeños, como el **Bar jeder Vemunflt** y el **Chamäleon Varieté** quizás se pueda tener una impresión más clara de lo que fueron los días locos de los dorados años veinte. MW

Friedrichstadtpalast (☎ 23 26 24 74, *Friedrichstrasse 107, Mitte*). **Plano 7**. Entradas 12,5-40 €. Es el mayor teatro de revista de Europa, suelen acabarse las entradas en este local de 2.000 plazas. Producciones estilo Las Vegas, con un ballet de 80 bailarines y excelentes orquesta y cantantes garantizan una noche entretenida.

Scheinbar Varieté (☎ 784 55 39, *Monumentenstrasse 9, Schöneberg*). **Plano 4**. U-Bahn: U7 hasta Kleistpark. Entradas (disponibles antes del espectáculo) 6-10 €. Actuaciones 20.30 de miércoles a sábado. Decir que es minúsculo se queda corto. Con todo, la intimidad del lugar permite buenas vistas del escenario y la posibilidad de hablar con los artistas al terminar la función. Pantomima, malabares y payasos forman parte de sus espectáculos y muchos artistas se inician aquí antes de trasladarse a espacios mayores, como el glamouroso Wintergarten.

Wintergarten-Das Varieté (☎ 25 00 88 88, *Potsdamer Strasse 96, Tiergarten*). **Plano 4**. Entradas 18-50 €. El interesante Wintergarten recupera la tradición del vodevil. Cada noche, los mejores magos, payasos, acróbatas y artistas de todo el mundo demuestran sus habilidades bajo el cielo estrellado de este teatro. Se trata de un lugar clásico, con reluciente latón, terciopelo y señoritas con bandejas que venden caramelos. El elenco artístico cambia cada pocos meses y la calidad puede variar, pero merece la pena probarlo. El Wintergarten original (1887-1944) ocupaba el Hotel Central de Friedrichstrasse.

Bar jeder Vernunft (☎ *883 15 82, Schaperstrasse 24, Wilmersdorf*). **Plano 6**. Entradas 15-30 €. Los artistas que actúan en este maravilloso local son objeto de auténtico culto y las funciones, a menudo con un toque raro o pasado de moda, suelen agotar las entradas. Parte del atractivo radica en el exquisito escenario: una histórica carpa Art Nouveau rematada con deslumbrantes espejos y reservados con terciopelo rojo y velas. Tras el espectáculo, se convierte en un tranquilo piano bar abierto a todo el mundo; en verano cuenta además con una agradable cervecería al aire libre.

Por cierto, no se debe confundir cabaret con "Kabarett", la sátira política que presenta una serie de *Kabarettisten* que ofrecen una serie de monólogos. Resultan hilarantes (para quien entienda el alemán). Las principales compañías son:

Die Stachelschweine (Los puercoespines; ☎ 261 47 95, Europa-Center, Charlottenburg). **Plano 6**. Entradas 10-20 €. Funciones de martes a sábado.

Die Wühlmäuse (Los campañoles; ☎ 30 67 30 11, Pommernallee 2-4, Charlottenburg). **Plano 1**.

BKA-Berliner Kabarett Anstalt (☎ 251 01 12, Mehringdamrn 32-34, Kreuzberg). **Plano 5**. Funciones diarias 11-18 €.

Die Distel (El cardo; ☎ 204 47 04, Friedrichstrasse 101, Mitte). **Plano 7**. Entradas 13-40 €. Funciones de martes a sábado.

CASINO

Spielbank Berlin (☎ *85 59 90, Marlene-Dietrich-Platz; acceso a las máquinas tragaperras 1 €; a las mesas 2,5 €*). Abierto de 22.30 a 3.00, sólo mayores de 21 años. Forma parte del complejo de ocio de Potsdamer Platz (véase el plano "Potsdamer Platz y Kulturforum" en el capítulo *Qué ver y hacer*). Afirma ser el mayor casino de Alemania y cuenta con mesas y tragaperras distribuidas en tres pisos y divididas en Casino Leger (ninguna exigencia en el atuendo) y Casino Royal (vestido formal).

TEATRO

El teatro ha brillado en Berlín durante más de un siglo. Con más de 100 teatros, desde espléndidos locales de larga tradición a pequeños reductos experimentales, hay para todos los gustos. En el lado este del centro, se agrupan en Friedrichstrasse; en el City-West, y a lo largo de Ku'damm. Muchos cierran los lunes y entre mediados de julio y finales de agosto.

Es posible conseguir buenas localidades el mismo día de una actuación, pues las que están sin adjudicar se venden 30 minutos antes de alzarse el telón. Suelen verse a algunas personas intentando vender las entradas de sobras y resulta perfecto comprarles alguna, pero hay que asegurarse de que sea auténtica y tener cuidado con los revendedores. Algunos teatros acostumbran a ofrecer descuentos de hasta el 50% a estudiantes y jubilados.

Los poseedores del Kekticket también consiguen entradas a mitad de precio el día de la representación. Algunas oficinas se encuentran en la planta baja del cine Zoo-Palast, *Hekticket* (☎ *24 31 24 31, Hardenbergstrasse 29a, Charlottenburg*). **Plano 6** y (☎ *230 99 30, Liebknechtstrasse 12, cerca de Alexanderplatz*). **Plano 7**. Obviamente, las opciones se reducen a lo que, oficialmente, no se haya vendido. Las ventas se inician cada día a las 14.00 y deben adquirirse y pagarse las entradas en persona en la oficina de Hekticket, pero se pueden recoger en el teatro.

A continuación figura una pequeña selección de teatros, casi todos en Mitte. Deben consultarse las guías de ocio para conocer los teatros más pequeños y experimentales. Berlín no es exigente con la etiqueta, por lo que uno puede vestir como desee.

Grandes teatros

Renaissance-Theater Berlin (☎ *312 42 02, Hardenbergstrasse 6, Charlottenburg*). **Plano 6**. Entradas 11-29 €. Sus producciones caen más del lado del entretenimiento ligero, pero también incluyen estrenos de autores alemanes contemporáneos.

Deutsches Theater (☎ *28 44 12 25, Schumannstrasse 13a, Mitte*). **Plano 7**. En tradas 5-30 €. Este teatro de una rica tradición cuenta con Max Reinhardt como uno de sus antiguos directores (1905-33). Sin embargo, desde la reunificación no acaba de conectar con el público, aunque esto puede que cambie ahora que Bernd Willms, anteriormente en el Maxim-Gorki-Theater, se ha puesto al timón. Con él se ha incorporado una joven y enérgica compañía, que también actúa en el más pequeño *Kammerspiele* de al lado.

Berliner Ensemble (☎ 28 40 81 55, *Bertolt-Brecht-Platz 1, Mitte*). **Plano 7**. Entradas 6-30 €. El antiguo teatro de Bertolt Brecht (*La ópera de cuatro cuartos* se estrenó aquí) pasó a manos del aclamado director Claus Peymann en 1999. En su programación abundan los escritores austríacos además de los clásicos alemanes y Shakespeare. El edificio, en sí, resulta magnífico, y se pueden conseguir entradas baratas.

Volksbühne am Rosa-Luxemburg-Platz (☎ 240 67 72, *Linienstrasse 227, Mitte*). **Plano 3**. Entradas 10 € o 15 €. Sexo, sangre, chillidos y dolor: las representaciones del local no se dirigen a almas tiernas. Inconformismo, radicalidad, extremismo y provocación constituyen las máximas de su excéntrico director, Frank Castorf, y del grupo de directores invitados. Este estilo triunfa sobre todo entre los jóvenes: uno de cada tres espectadores tiene entre 15 y 35 años. Obras aún más alternativas se ofrecen en el *Berliner Prater* (*Kastanienallee 7-9, Prenzlauer Berg*). **Plano 4**, en un escenario menor.

Maxim Gorki Theater (☎ 20 22 11 29, *Am Festungsgraben 2, Mitte*). **Plano 7**. Entradas 11-23 €, con descuento por reservas anticipadas. Volker Hesse, el nuevo director, adora las obras contemporáneas y la colaboración con otros grupos innovadores. Alta calidad y producciones que suelen provocar debate.

Schaubühne am Lehniner Platz (☎ 89 00 23, *Kurfürstendamm 153, Wilmersdorf*). **Plano 6**. Entradas 8-28 €, estudiantes (sólo en reservas anticipadas) 7 €, por cualquier asiento. En un cine de la década de 1920 reconvertido, el aclamado coreógrafo Sahsa Waltz y el director Thomas Ostermeier presentan producciones que cubren un amplio espectro estilístico.

Teatro para niños y jóvenes

Berlín cuenta con varios teatros para jóvenes, todos ellos con representaciones en alemán.

Grips Theater (☎ 391 40 04, *Altonaer Strasse 22, Tiergarten*). **Plano 2**. U-Bahn: U9 hasta Hansaplatz. Entradas 5-13 €. El mejor y más conocido, con obras de gran calidad, actuales y críticas, para niños y adolescentes.

Gente de todas las edades e idiomas puede disfrutar del teatro de marionetas. Entre las compañías establecidas figuran *Berliner Figurentheater* (☎ 786 98 15, *Yorckstrasse 59, Kreuzberg*), **Plano 5**, *Puppentheater Firlefanz* (☎ 283 35 60, *Sophienstrasse 10, Mitte*), **Plano 3** y *Schaubude Puppentheater Berlin* (☎ 423 43 14, *Greifswalder Strasse 81-84, Prenzlauer Berg*), **Plano 3**.

Cabuwazi (☎ 533 72 44). Su misterioso nombre significa "Chaotisch-Bunter Wander Zirkus" (caótico y colorista circo itinerante), una compañía sin afán de lucro que enseña las artes del circo a los niños de entre 10 y 17 años, y después actúa por la ciudad. Para informarse sobre sus actuaciones, es preciso llamar o consultar las guías.

DANZA

El ballet clásico se representa en la Staatsoper Unter den Linden y la Deutsche Oper (véase antes la sección "Ópera"), mientras que coristas poco vestidas pasean su arte en el Friedrichstadtpalast (véase antes la sección "Cabaret").

La danza independiente de Berlín ha anunciado su deseo de ser tomada en serio y varios locales y compañías se esfuerzan por garantizar que la ciudad obtenga un puesto entre los centros de la danza europeos. Junto con el Schaubühne am Lehniner Platz de Sasha Waltz (véase antes "Teatro"), los siguientes locales también programan danza moderna y experimental de altos vuelos.

Hebbel Theater (☎ 25 90 04 27, Stresemannstrasse 29, Kreuzberg). **Plano 5**

Sophiensaele (☎ 283 52 66, Sophienstrasse 18, Mitte). **Plano 3**

Tanzfabrik Berlin (☎ 786 58 61, Möckernstrasse 68, Kreuzberg). **Plano 5**

Tanzwerkstatt Berlin im Kunsthaus Podewil (☎ 24 74 96, Klosterstrasse 68-70, Mitte). **Plano 7**.

CINE

Los cines resultan bastante caros y las entradas del sábado por la noche en los que están de moda pueden llegar a costar 9 €. Si se ve una película durante el *Kinotag* (día del espectador, martes o miércoles) o antes de las 17.00 es posible ahorrar unos 2,5 €. Los grandes cines pasan, sobre todo, producciones convencionales de Hollywood dobladas al alemán.

Las salas más pequeñas e independientes suelen resultar algo más baratas y quizás ofrezcan descuentos a estudiantes. Muchas películas se exhiben en versión original (sin subtítulos), que se indica con el acrónimo "OF" (Originalfassung); las que sí tienen subtítulos se indican con "OmU" (Original mit Untertiteln).

Discovery Channel IMAX Theater Berlin (☎ 44 31 61 31, *Marlene-Dietrich-Platz 4*; véase el plano "Potsdamer Platz y Kulturforum" en el capítulo *Qué ver y hacer*). Este gran cine proyecta los habituales documentales IMAX sobre viajes, astronomía y naturaleza.

Cinestar IMAX im Sony Center (☎ 26 06 62 60, *Potsdamer Strasse 4*; véase el plano "Potsdamer Platz y Kulturforum" en el capítulo *Qué ver y hacer*). Otro IMAX con películas de 2D y 3D.

Cinemaxx (☎ 44 31 63 16, *Potsdamer Platz 5, Mitte*; véase el plano "Potsdamer Platz y Kulturforum" en el capítulo *Qué ver y hacer*). Este moderno mega-complejo incluye la sala principal del festival de cine internacional. Hasta 20 películas en cartel en todo momento.

Entre los cines que ofrecen películas OmU y OF con frecuencia figuran:

Die Kurbel (☎ 883 53 25, *Giesebrechtstrasse 4, Charlottenburg*). **Plano 6**. Programa estrenos recientes de Hollywood en idioma original.

Babylon (☎ 61 60 96 93, *Dresdner Strasse 126, Kreuzberg 36*). **Plano 5**. U-Bahn: U1, U8, o U15 hasta Kottbusser Tor. También pasa principalmente los últimos estrenos comerciales.

Eiszeit (☎ 611 60 16, *Zeughofstrasse 20, Kreuzberg 36*). **Plano 5**. U-Bahn: U1 hasta Görlitzer Bahnhof. Cada día un programa distinto, con películas complejas y alternativas.

Acud (☎ 44 35 94 98, *Veteranenstrasse 21, Mitte*). **Plano 7**. Películas poco conocidas de todo el mundo proyectadas en versión original, normalmente a las 20.00.

Central (☎ 28 59 99 73, *Rosenthaler Strasse 39, Mitte*). **Plano 7**. Este artístico cine junto a Hackescher Höfe presenta películas de calado intelectual.

Hackesche Höfe (☎ 283 46 03, *Rosenthaler Strasse 40/41, Mitte*). **Plano 7**. Películas antiguas y modernas, sobre todo de países anglófonos, se exhiben en esta pequeña sala.

Odeon (☎ 78 70 40 19, *Hauptstrasse 116, Schöneberg*). **Plano 4**. U-Bahn: U4 hasta Innsbrucker Platz o también S1, S45 o S46 hasta Schöneberg. Estrenos recientes en inglés.

Arsenal (☎ 26 95 51 00, *Potsdamer Strasse 21, Sony Center; Tiergarten*; véase el plano "Potsdamer Platz y Kulturforum" en el capítulo *Qué ver y hacer*). Una mezcla de películas no convencionales de todo el mundo, habitualmente dobladas al inglés, pueden verse en este novísimo teatro.

DEPORTES
Atletismo

El ISTAF, una reunión internacional en pista cubierta y al aire libre, se celebra a principios de septiembre en el estadio olímpico. Para reservar entradas, ☎ 30 38 44 44. En el mismo mes, existe la oportunidad de presenciar el Maratón de Berlín o de participar en él. La marcha se inicia en la Charlottenburger Tor, en Strasse des 17 Juni, y finaliza en la Gedächtniskirche. Para información, ☎ 302 53 70.

Baloncesto

El equipo de baloncesto de Berlín, el Alba, ganó el campeonato de liga alemán de la temporada 2001-2002. Los partidos tienen lugar en el ***Max-Schmeling-Halle*** (☎ 44 30 45 *información,* ☎ 44 30 44 30 *entradas, Am Falk-*

platz, esquina Gaudystrasse). **Plano 3**. Entradas a partir de 6 € para encuentros de liga; 12 €, para la liga europea. Los partidos suelen celebrarse a las 15.00 los domingos. Tiene capacidad para unos 8.000 espectadores.

Carreras de caballos

Berlín cuenta con tres hipódromos.

Galopprennbahn Hoppegarten (☎ *03342-389 30, Goetheallee 1, Dahlwitz-Hoppegarten*). S-Bahn: S5 hasta Hoppegarten. De pie 4 €; asientos, 5-10 €. Carreras normalmente a la 13.00, los domingos entre los meses abril y octubre; mejor llamar para confirmar. Construido en 1867 al noreste de la ciudad, realmente se trata de uno de los hipódromos europeos más elegantes, con 2.350 m de largo.

Trabrennbahn Karlshorst (☎ *50 01 70 o ☎ 25 09 92 92 para el contestador automático, Treskowallee 129, Lichtenberg*). S-Bahn: S3 hasta Karlshorst. Tranvía: 26, 27 hasta Treskowallee/Ehrlichstrasse. Entrada 1-0,5 €. Encuentros 14.00 sábado; a veces, 18.00 martes (entrada gratuita). Se remonta a 1862, pero quedó completamente destruido durante la II Guerra Mundial. Tras la guerra constituía la única pista de la RDA.

Trabrennbahn Mariendorf (☎ *740 11 21, Mariendorfer Damm 222, Tempelhof*). U-Bahn: U6 hasta Alt-Mariendorf. Autobús: 176 o 179 hasta Trabrennbahn. Carreras a las 18.30 los miércoles gratis; 13.30 domingo 2,5/1.5 € todo el año. Fundado en 1913, se trata del hipódromo frecuentado por políticos y gente de negocios.

Hockey sobre hielo

Muy popular en Berlín, que dispone de dos equipos en la liga nacional. Los Berlin Capitals juegan en el ***Deutschlandhalle*** (☎ *885 60 00, Messedamm 26, Charlottenburg*), S-Bahn: S5, S75 hasta Eichkamp. De pie adultos/con descuento/niños menores de 11 años 11/8/5 €, asiento 20-40/15-25/7,5-20 €. Entradas disponibles en taquilla, en la oficina central de Kurfürstendamm 214 y en los puntos de venta de entradas en general.

El otro equipo de Berlín, EHC Eisbären, juega en el ***Sportforum Hohenschönhausen*** (☎ *97 18 40 40 para entradas, Steffenstrasse, Hohenschönhausen*). S-Bahn: S75 hasta Hohenschönhausen, seguido del tranvía 15 hasta Simon-Bolivar-Strasse. De pie 12,5 €; asientos, 20-33 €. Las entradas se venden en taquilla, en los puntos de venta habituales o por teléfono.

Fútbol

El equipo de la Bundesliga, el Hertha BSC, disfruta de una hinchada fiel que suele acudir al estadio para presenciar los partidos. El saque de centro suele ser a las 15.30 los sábados. La temporada va desde principios de septiembre hasta mayo o junio, con una pausa invernal entre diciembre y enero.

Las entradas (☎ 01805-43 78 42) cuestan de 5 a 50 €. El estadio se llena si lo visita algún equipo famoso, como el Bayern de Munich o el Borussia Dortmund; de lo contrario, se consiguen entradas sin problemas el mismo día del partido en las taquillas del estadio (que acostumbran a abrir dos horas antes del inicio). Las entradas anticipadas pueden obtenerse en las taquillas, por Internet (web www.herthabsc.de) o por teléfono.

Cada año se celebran dos finales nacionales en Berlín. En enero tiene lugar el campeonato anual de fútbol sala, patrocinado por la DFB (la Federación alemana de fútbol), en el ***Max-Schmeling-Halle*** (☎ *44 30 44 30 información*), **Plano 3**. Muy popular es la DFB Pokalendspiel, la final de la copa de Alemania. Se juega en el estadio olímpico, pero las entradas resultan difíciles de conseguir y deben encargarse con meses de antelación escribiendo a Berliner Fussballbund, Humboldtstrasse 8a, 14193 Berlin, o llamando al 896 99 40 para obtener información.

Tenis

El Abierto de Alemania para mujeres se celebra en mayo en el club de tenis Rot-Weiss, en el bosque de Grunewald, cerca del lago Hundekehlesee. Con frecuencia atrae a jugadoras de calidad y a mucho público. Martina Hingis, Conchita Martínez, Amelie Mauresmo y Justive Henin lo conquistaron en 1999, 2000, 2001 y 2002, respectivamente. Las entradas, sobre todo para las últimas rondas, resultan complicadas de obtener; puede probarse el teléfono de BTM, ☎ 25 00 25, los principales puntos de ventas de entradas o en el propio club de tenis: ☎ 89 57 55 20/21.

De compras

Del puño más cerrado al peor manirroto, todos pueden comprar casi cualquier cosa en Berlín. A diferencia de, por decir algo, Londres con Oxford Street o Nueva York y la Quinta Avenida, las compras de Berlín no se concentran en una sola calle. Cada vecindario ofrece su apuesta de compras con una mezcla especial de tiendas. Charlottenburg se especializa en ropa convencional; Friedrichstrasse, en la alta costura; el multiétnico Kreuzberg está flanqueado por tiendas de segunda mano y de trastos; Mitte rebosa galerías de arte, moda de diseñadores locales a la última y curiosas tiendas de cachivaches. También hay que probar los mercadillos: suelen contener tesoros ocultos de objetos exclusivos de Berlín.

QUÉ COMPRAR
Antigüedades y artículos de coleccionista

Las tiendas de antigüedades y de coleccionista se congregan a lo largo de Goltzstrasse en Schöneberg (muebles, equipamiento del hogar, lámparas), en torno a la Savignyplatz en Charlottenburg (joyería, muebles clásicos caros y objetos de coleccionista típicos de Berlín), en Bergmannstrasse en Kreuzberg 61 (ropa, accesorios y artes decorativas) y a lo largo de Husemannstrasse en Prenzlauer Berg (recuerdos de la RDA, muebles y libros).

En Kupfergraben, saliendo del extremo norte de la Museumsinsel, queda el Berliner Kunst & Nostalgiemarkt; no se trata de un mercado sino de una serie de tiendas bajo las arcadas del S-Bahn entre Planckstrasse y Geschwister-Scholl-Strasse. Las tiendas están especializadas en períodos como el Art Nouveau o la década de 1950 y en objetos de coleccionista como lámparas, insignias militares o porcelana. Barato no es, aunque, con suerte, quizá se consiga alguna ganga.

Libros
De interés general. Pueden buscarse libros alemanes en las siguientes librerías.

Hugendubel (☎ 21 40 60, *Tauentzienstrasse 13, Charlottenburg*). **Plano 6**; (☎ 253 91 70, *Potsdamer Platz Arkaden, Tiergarten*; véase el mapa "Potsdamer Platz y Kulturforum" en el capítulo *Qué ver y hacer*). Esta excelente cadena dispone de un extenso catálogo de libros Lonely Planet. El lugar anima a los clientes a hojear los libros e incluso los mullidos sofás invitan a la lectura. También pueden llevarse libros a la cafetería del recinto.

Kiepert (☎ 31 18 80, *Hardenbergstrasse 4-5, Charlottenburg*). **Plano 6**; (☎ 201 71 30, *Friedrichstrasse 63, Mitte*). **Plano 7**. Estas tiendas disponen de un surtido similar al de Hugendubel.

Berlin Story (☎ 20 45 38 42, *Unter den Linden 10, Mitte*). **Plano 7**. En esta céntrica tienda es posible adquirir planos de Berlín, vídeos, revistas y libros de todo tipo (guías, de cocina, de historia).

Para periódicos internacionales y revistas de varios idiomas, puede probarse en el *Presse Zentrum* (☎ 313 98 49, *vestíbulo principal, estación de Zoo*) o el *Europa Presse Center* (*planta baja, Europa-Center*), ambos en Charlottenburg (**Plano 6**).

Viajes. Muchas librerías disponen de una sección de viajes, pero algunas están especializadas en guías y mapas.

Outdoor (☎ 693 40 80, *Bergmannstrasse 108, Kreuzberg 61*). **Plano 5**. Vende libros y mapas, algunos con descuento, y se orienta en especial a los viajeros con poco presupuesto.

Reisebuch (☎ 28 38 61 07, *Auguststrasse 89, Mitte*). **Plano 3**. Esta ordenada librería, dirigida por dos jóvenes empresarias, permite soñar con China, Italia o cualquier país que uno desee.

Schropp Landkarten (☎ 23 55 73 20, *Potsdamer Strasse 129, Schöneberg*). **Plano 4**. Con el mapa adecuado comprado en este comercio, ninguna excusa vale para perderse. Pueden adquirirse mapas topográficos, de caminos (a pie o en bici) y también de carreteras de todo el mundo, además de un surtido de libros de viajes.

Otra buen establecimiento es ***Globetrotter Ausrüstungen***. Véase "Equipo de acampada, actividades al aire libre y deportes" más adelante.

Especializados. Para aquellos volúmenes especializados difíciles de conseguir, cabe la posibilidad de investigar en estas tiendas.

Bücherbogen (☎ *318 69 50, dentro del arco 593 del S-Bahn, Savignyplatz, Charlottenburg*). **Plano 6**. Forma parte de una pequeña cadena dedicada al arte y a la arquitectura. Otras sucursales figuran en las páginas amarillas.

Hammet (☎ *691 58 34, Friesenstrasse 27, Kreuzberg 61*). **Plano 5**. Para la novela negra, nada mejor que esta librería que lleva el nombre de Dashiell Hammet.

Richard Schikowski (☎ *218 54 95, Motzstrasse 30, Schöneberg*). **Plano 4**. Particular muestrario de libros esotéricos.

Comunidad homosexual. La mayoría de librerías convencionales disponen de secciones homo, pero los siguientes establecimientos resultan difíciles de superar por catálogo y personal entendido.

Prinz Eisenherz (☎ *313 99 36, Bleibtreustrasse 52, Charlottenburg*). **Plano 6**. Se trata de una de las mejores librerías para hombres, con una selección menor para lesbianas.

Chronika Buchhandlung (☎ *693 42 69, Bergmannstrasse 26, Kreuzberg 61*). **Plano**

Extraño, absurdo, útil: Berlín en estado puro

No existe una última frontera para las compras en Berlín. En esta ciudad donde reina la creatividad, han abierto en los últimos años muchas tiendas inusuales. Presentamos una pequeña selección de los comercios más extraños de la ciudad.

Berliner Zinnfiguren (☎ *315 70 00, Knesebeckstrasse 88, Charlottenburg*). **Plano 6**. Abierto de 10.00 a 18.00 de lunes a viernes, sábados de 10.00 a 15.00. Uno puede construirse su propio ejército prusiano –en miniatura—en esta tradicional tienda de figuritas, abierta desde 1934. Mentes más pacifistas pueden elegir entre una colección de reproducciones de personajes históricos. La mayoría de artículos están pintados a mano.

Mondos Arts (☎ *42 01 07 78, Schreinerstrasse 6, Friedrichshain*). **Plano 3**. Abierta de 10.00 a 19.00 de lunes a viernes, sábados de 11.00 a 16.00. Lo mejor de la cultura de la RDA sigue vivo en esta curiosa tienda que recibe el nombre de la marca de condones que se vendía al otro lado del Telón de Acero. Sus dueños también fueron los impulsores de la campaña (que, al final, tuvo éxito) para salvar el *Ampelmännchen*, el hombrecillo de los semáforos de peatones de la RDA, que hoy lo adorna todo, desde camisetas hasta alfombrillas para el ratón, y constituye un souvenir especial.

Laden der Blindenanstalt von Berlin (☎ *25 88 66 12, Oranienstrasse 26, Kreuzberg 36*). **Plano 5**. Abierto de 9.00 a 16.45 de lunes a jueves, hasta las 15.45 los viernes. Imbricados cestos y cepillos de todas las formas y colores se venden en este establecimiento. ¿Qué tiene de especial? Todo lo elaboran los artesanos del instituto de ciegos de Berlín. Está muy bien.

Berliner Bonbonmacherei (☎ *44 05 52 43, Oranienburger Strasse 32, Mitte*). **Plano 3**. Abierta de 12.00 a 20.00 de miércoles a sábado. Asomar la nariz en la cocina del sótano de esta tienda de caramelos de Heckmann-Höfe permite ver cómo se hacen a mano los dulces y caramelos tradicionales.

Bärliner (☎ *41 71 75 07, Rykestrasse 26, Mitte*). **Plano 3**. Abierta de 14.00 a 20.00 de martes a viernes, de 11.00 a 14.00 en sábado. El símbolo de Berlín, el oso, asume un papel central en esta tienda. Se puede elegir entre un completo zoo de peluche, lleno de mimosos compañeros, desde la versión de coleccionista hecha a mano por varios cientos de euros hasta el más barato y pequeño que cabe en cualquier mochila.

5. Gran selección de literatura de mujeres y para mujeres, homosexuales o no.

Adam (☎ *448 07 92, Gleimstrasse 23, Prenzlauer Berg*). **Plano 3**. Aunque con una tendencia más clara hacia los hombres, también tiene algo para lesbianas, e incluso condones y consoladores.

Bruno's (☎ *21 47 32 93, Nürnberger Strasse 53, Wilmersdorf*). **Plano 6**. Hombres homosexuales compran aquí revistas internacionales, novelas, libros de gran formato y guías de viaje. También se vende y alquila vídeos.

Moda

Convencional. Los lugares más obvios donde buscar ropa habitual son los centros comerciales (véase la sección "Dónde comprar", más adelante), que disponen de boutiques, sucursales de cadenas y centros más grandes. Otros buenos lugares se hallan en Wilmersdorfer Strasse, Kurfürstendamm y Tauentzienstrasse en Charlottenburg.

Gap (☎ *219 00 90, Tauentzienstrasse 13, Charlottenburg*). **Plano 6**. Esta cadena americana vende ropa informal clásica y bien hecha para hombre y mujer.

Diesel Jeans Store (☎ *88 55 14 53, Kurfürstendamm 17, Charlottenburg*). **Plano 6**. Al oeste de Gap, dispone de toda la colección de la marca Diesel.

Peek & Cloppenburg (☎ *24 90 51, Tauentzienstrasse 19, Charlottenburg*). **Plano 6**. Ropa resistente y de calidad para hombre y mujer a precios decentes en esta tienda de varios pisos al oeste del KaDeWe.

Hennes & Mauritz (*H&M;* ☎ *882 62 99, Tauentziensfrasse 13a, Charlottenburg*). **Plano 6** (☎ *201 20 10, Friedrichstrasse 79, Mitte*). **Plano 7**. Moda joven a bajo precio, éste es el tema de la omnipresente H&M, cadena sueca con sucursales en toda la ciudad.

East & West (☎ *55 48 91 96, Frankfurter Alee 111, Friedrichshain*). **Plano 1**. Una buena selección de ropa informal, incluidas las marcas Diesel, Levi's y Big Star, se vende en esta curiosa tienda pertrechada como un rancho de EE UU.

Diseñadores berlineses. Merece la pena comprobar los siguientes establecimientos por sus creaciones a la última de diseñadores locales.

Groopie de Luxe (☎ *217 20 38, Goltzstrasse 39, Schöneberg*). **Plano 4**. Dispone de productos excepcionales de los diseñadores locales, incluso su propia marca, Groopie Culture, y accesorios de calidad superior. Sirve para vestir bien en cualquier lugar, desde una fiesta trance hasta una noche swing estilo 1930. Precios medios-altos.

Claudia Skoda (☎ *885 10 09, Kurfürstendamm 50, Charlottenburg*). **Plano 6**; (☎ *280 72 11, Linienstrasse 156, Mitte*). **Plano 3**. La subestimada confección femenina de Claudia Skoda cuenta con una larga e importante presencia en el panorama berlinés. En su genial tienda cubierta de aluminio en Charlottenburg se puede encontrar ropa hecha a medida, mientras que en Mitte queda la línea prêt-à-porter.

Eisdieler (☎ *285 73 51, Kastanienallee 12, Mitte*). **Plano 3**. Nada pasajera, la ropa urbana diseñada por esta cooperativa de cinco personas y vendida en una antigua heladería se ha consolidado en el mundo del diseño berlinés. Sobre una base de camisetas, pantalones y jerseys, se vende también modelos exclusivas de joyas, calzado, bolsos y demás accesorios.

Nix (☎ *281 80 44, Auguststrasse 86, Mitte*). **Plano 3**. El nombre corresponde a las siglas de New Individual X-tras y vende una línea inusual –y bastante asequible– de moda para mujeres, hombres y niños modernos, diseñada por el equipo de Barbara Gebhardt y Angela Herb.

Tagebau (☎ *28 39 08 90, Rosenthaler Strasse 19, Mitte*). **Plano 3**. Este espacio tamaño almacén está regido por otra cooperativa de seis jóvenes diseñadores. Recomendamos los fantásticos sombreros de Angela Klöck, las joyas hechas con materiales inusuales (huesos, pieles) de Eva Sörensen y Michaela Binder, los impactantes vestidos de Gizella Koppany, la ropa formal de Karsten Fischer y los muebles de Diemo Alfons.

Ultramarin (☎ *441 87 94, Wörther Strasse 33, Prenzlauer Berg*). **Plano 3**. Variedad, sobre todo variedad: llamativos colores para los radicales urbanos, tejidos románticos, clásicos trajes de oficina, incluso teatrales vestidos de novia. Todo hecho a medida.

Segunda mano. Puede encontrarse ropa usada en Bergmannstrasse y Mehringdamm, en Kreuzberg 61; Oranienstrasse, Kreuzberg 36, Rosenthaler Strasse, Mitte; y Maassenstrasse y Goltzstrasse, Schöneberg.

Humana (Joachimstaler Strasse 43, Charlottenburg). **Plano 6** (☎ *422 20 18, Frankfurter Tor 3, Friedrichshain).* **Plano 3**, (☎ *21 75 21 04, Nollendorfplatz 6, Schöneberg).* **Plano 4**. Se trata de una cadena económica con muchas tiendas, algunas de ellas casi tan grandes como almacenes, por toda la ciudad.

Checkpoint (☎ *694 43 44, Mehringdamm 57, Kreuzberg 61).* **Plano 5**. La reciente moda de la década de los años setenta quizá vaya de baja, pero nadie lo diría paseando por la colección de pantalones de campana y psicodélicas camisas de nylon de esta tienda.

Colours (☎ *694 33 48, primer piso, detrás de Bergmannstrasse 102, Kreuzberg 61).* **Plano 5**. Esta gran sala está atiborrada de artículos de segunda mano adecuados tanto para la oficina como para una fiesta de disfraces. Se venden vestidos de fiesta, vaqueros, chaquetas, faldas y otros adornos de varias décadas. La mayoría en buen estado.

Sterling Gold (☎ *28 09 65 00, Heckmann Höfe, saliendo de Oranienburger Strasse 32, Mitte).* **Plano 3**. Atesora soberbios vestidos y trajes de cóctel de las décadas de 1950 a 1980. No resulta barato, pero todo tiene clase y está en buen estado.

Monroe (☎ *440 84 48, Kollwitzstrasse 102, Prenzlauer Berg).* **Plano 3**. Afiliado al establecimiento Checkpoint de Kreuzberg, ofrece un surtido similar de ropa y calzado, de primera y segunda mano, a precios mínimos.

Maassen 10 (☎ *215 54 56, Maassenstrasse 10, Schöneberg).* **Plano 4**. Este pequeño lugar junto al restaurante Hasir Imbiss está especializado en económicos vaqueros Levi's (o de otras marcas habituales de ropa informal) usados o con pequeñas taras.

Garage (☎ *211 27 60 Ahornstrasse 2, Schöneberg).* **Plano 4**. Este almacén en un sótano constituye el nirvana para los buscadores de tesoros con poco dinero. Los precios varían según el peso (1 kg, 13 €), pero se debe elegir con cuidado entre las innumerables estanterías, pues los artículos suelen estar harapientos o sucios.

Made in Berlin (☎ *262 24 31, Potsdamer Strasse 106, Schöneberg).* **Plano 4**. Los berlineses sin dinero pero con estilo rebuscan en esta popular tienda, con mejor calidad que Garage.

Excéntrica y de discoteca. Hay varios lugares donde ataviarse para una noche disco.

Kaufhaus Schrill (☎ *882 40 48, Bleibtreustrasse 46, Charlottenburg).* **Plano 6**. Este lugar ofrece ropa y excéntricos complementos para crear originales atuendos eléctricos capaces de animar cualquier fiesta.

Planet (☎ *885 27 17, Schlüterstrasse 35, Charlottenburg).* **Plano 6**. Se trata del cuartel general de esta marca propiedad de un músico. Los techno serios, y con fondos, se proveen de atractivos vestuarios.

Waahnsinn Berlin (☎ *282 0029, Rosenthaler Strasse 17, Mitte).* **Plano 3**. Abierto de 12.00 a 20.00, de martes a sábado. Se requiere un estrafalario sentido de la estética, además de una buena dosis de humor, para encontrar algo entre los horrorosos vestidos, accesorios y complementos de hogar de esta tienda. Pero garantiza causar sensación en el circuito de clubes.

Lencería y erotismo. Si se planean actividades cuerpo a cuerpo, quizá resulte de interés visitar estas tiendas.

Hautnah (☎ *882 34 34, Uhlandstrasse 170, Charlottenburg).* **Plano 6**. Cuenta con tres pisos llenos de todo lo que mujeres y hombres con imaginación pueden necesitar para una noche de travesuras.

Fishbelly (☎ *28 04 51 80, Sophienstrasse 7a, Hackesche Höfe, Mitte).* **Plano 7**. Vende preciosidades acordes con su lema que reza "ropa sexy para mujeres sexy". Ya sean bragas, sujetadores o picardías, se encuentran marcas conocidas y diseños propios.

Schwarze Mode (☎ *784 59 22, Grunewaldstrasse 91, Schöneberg).* **Plano 4**. Confecciona moda fetichista de las variedades más extrañas. Primero se buscan ideas en la librería de al lado y después se hace acopio de provisiones de látex, cuero y goma.

Les Dessous (☎ 883 36 32, *Fasanenstrasse 42, Wilmersdorf*). **Plano 6**. La mejor ropa interior, aunque quizá el dinero desembolsado pese más que el *negligé* adquirido.

Calzado. Los toques finales de una vestimenta de moda se adquieren en los siguientes establecimientos.

Riccardo Cartillone (☎ 313 29 57, *Savignyplatz 4, Charlottenburg*). **Plano 6** (☎ 28 09 96 94, *Neue Schönhauser Strasse 7, Mitte*). **Plano 7**. Aquí podrá hallarse calzado de toda la Bota italiana; ideal para mujeres preocupadas por la moda.

Calypso (☎ 28 54 54 15, *Rosenthaler Strasse 23, Mitte*). **Plano 3**. Esta tienda cuenta con su gran sentido de calzado femenino histórico. Se puede buscar entre un amplio surtido de botas de cordones de la década de 1920, tacones de aguja de la de 1960, plataformas de la de 1970 y otros estilos retro.

Orlando (☎ 28 04 78 58, *Rosenthaler Strasse 48, Mitte*). **Plano 7**. El diseño de la tienda es para puristas: suelo de madera, estantes de madera. Por suerte, se ha utilizado algo más de imaginación en las elegantes botas, que se venden a precios razonables.

Schuhtick Last Minute (☎ 214 09 80, *Maasenstrasse 5, Schöneberg*). **Plano 4**. Ofrece algunos de los zapatos más guays de la ciudad, para la oficina o la disco, pero normalmente a precios estratosféricos.

Galerías de arte

Berlín cuenta con unas 300 galerías privadas que ocupan casas patricias, almacenes o fábricas con espaciosos y elegantes escaparates. Existen dos zonas importantes: en Charlottenburg a lo largo de Fasanenstrasse, Knesebeckstrasse, Mommsenstrasse, Pestalozzistrasse y otras calles del Ku'damm; y en Mitte, a lo largo de Auguststrasse, Sophienstrasse, Gipsstrasse, Torstrasse y otras calles en torno al Hackesche Höfe. Como era de esperar, la primera resulta más establecida, intelectual y convencional; la segunda, más experimental y vanguardista.

La mejor fuente de información actualizada la constituye el mensual *Berlin Artery–Der Kunstführer* (1,8 €), disponible en quioscos, librerías y galerías. Para las nuevas galerías alternativas, mejor buscar invitaciones en bares y discos.

Joyería

Los diseñadores de joyas que fabrican piezas exclusivas artesanas abundan en Berlín. La mayoría disponen de una combinación de tienda-taller y pueden personalizar sus creaciones para adaptarse al gusto del cliente. Como se podía imaginar, no resulta barato... He aquí una pequeña muestra:

Treykorn (☎ 31 80 23 54, *Savignyplatz 13, Savignypassage, Charlottenburg*). **Plano 6**. Los anillos, collares y pulseras de Sabine y Andreas Treykorn tienen un aire contemporáneo. Se elaboran y exhiben en su innovadora galería-estudio.

Fritz & Fillmann (☎ 615 17 00, *Dresdener Strasse 20, Kreuzberg 36*). **Plano 5**. Manuel Fritz y Manuela Fillmann tienen dotes para los metales preciosos. Sus diseños, innovadores y muy llevables, alcanzan calidad de museo y se venden junto con las obras de otros joyeros de toda Alemania.

Schmucklabor (☎ 28 38 46 82, *Oranienburger Strasse 32, Heckmann-Höfe, Mitte*). **Plano 3**. Oro, plata y platino se funden para elaborar diseños únicos con un toque industrial. Muy estilo Berlín.

Doris Imhoff Schmuck & Perlen (☎ 78 71 67 00, *Akazienstrasse 26, Schöneberg*). **Plano 4**. Permite hacer acopio de perlas y encargar joyas personalizadas o bien elegir entre las innovadoras creaciones del propietario.

Música

Zweitausendeins (☎ 312 50 17, *Kantstrasse 41, Charlottenburg*). **Plano 6**. Mucha música del mundo, clásica y pop, con grandes descuentos.

L&P Classics (☎ 88 03 30 43, *Knesebeckstrasse 33, Charlottenburg*). **Plano 6**. Dispone de un excelente surtido de música clásica que incluye obras difíciles de encontrar de compositores famosos y menos conocidos.

Canzone (☎ *312 40 27, Arco 583 del S-Bahn, Savignyplatz, Charlottenburg*). **Plano 6**. Buen servicio y buen catálogo de música del mundo, rara y comercial, distinguen a esta conocida tienda.

Space Hall (☎ *694 76 64, Zossener Strasse 33, Kreuzberg 61*). **Plano 5**. Este espacio rompe moldes y ofrece una selección "de otro mundo", sobre todo de techno y house; parada habitual de los DJ.

Saturn (☎ *24 75 16, Alexanderplatz 8, Mitte*). **Plano 7** (☎ *25 92 40, Alte Potsdamer Strasse 7, Tiergarten*; véase el plano "Potsdamer Platz" en el capítulo *Qué ver y hacer*). Esta enorme tienda presenta los mejores precios en CD comerciales, además de muchas ofertas. Tiene cabinas de audición para escuchar antes de comprar (algo raro en Alemania).

DNS Recordstore (☎ *247 98 93, Alte Schönhauser Strasse 39-40, Mitte*). **Plano 3**. Los puristas del vinilo pueden combinar su nostalgia con el deseo de sonido del milenio (drum'n'bass, techno, trip-hop, acid, etc).

Flashpoint (☎ *44 65 09 59, Schivelbeiner Strasse 47, Prenzlauer Berg*). **Plano 3**. Para adquirir los últimos sonidos de club: drum'n'bass, trance, goa, techno clásico y muchos más.

Mr Dead & Mrs Free (☎ *215 14 49, Bülowstrasse 5, Schöneberg*). **Plano 4**. De un estilo similar resulta esta tienda que se especializa en importaciones desde EE UU o Gran Bretaña, además de en sellos independientes y vinilos.

Equipo de acampada, actividades al aire libre y deportes

Der Aussteiger (☎ *441 04 14, Schliemannstrasse 46, Prenzlauer Berg*). **Plano 3**. Establecimiento ideal para el equipamiento de todo tipo de expediciones.

Globetrotter Ausrüstungen (☎ *850 89 20, Bundesallee 88, Steglitz*). **Plano 1**. U-Bahn: Walter-Schreiber-Strasse. Aunque se trata de uno de los mayores y más conocidos comercios, queda un poco a trasmano.

Bannat (☎ *882 76 01, Lietzenburger 65, Wilmersdorf*). **Plano 6**. Figura entre los mayores especialistas en equipamiento para actividades al aire libre en el oeste de la ciudad.

Mont K (☎ *448 25 90, Kastanienallee 83, Prenzlauer Berg*). **Plano 3**. Expertos escaladores y fanáticos de la aventura encontrarán aquí todos los mosquetones y botas impermeables que necesiten. El joven personal proporciona todo una colección de consejos.

Step by Step (☎ *784 84 60, Kaiser-Wilhelm-Platz 4, Schöneberg*). **Plano 4**. Cuenta con una excelente selección de botas de montaña y otra de equipo de aventura.

Niketown (☎ *250 70, Tauentzienstrasse 7b, Charlottenburg*). **Plano 6**. Esta rama berlinesa de Niketown resulta ideal para equipamiento deportivo en general.

Karstadt Sport (☎ *88 02 40, Joachimstaler Strasse 5-6*). **Plano 6**. Estos grandes almacenes cerca de la estación Zoo venden equipos y trajes para cualquier deporte (desde tenis a espeleología).

Porcelana y regalos

Meissener Porzellan (☎ *204 35 81, Unter den Linden 39, Mitte*). **Plano 7**. Esta tienda tiene la famosa porcelana que se elabora en a ciudad sajona de Meissen. Deliciosa a la vista pero con precios a partir de 50 € por una pieza sin pintar, resulta una compra dolorosamente cara. Un cenicero pintado de 7 cm x 10 cm puede llegar a costar unos 150 €.

KPM (*Königliche Porzellan Manufaktur,* ☎ *881 18 02, Kurfürstendamm 26a, Charlottenburg*). **Plano 6**. Esta real fábrica de porcelana posee su propia línea de bellas piezas en una gama de precios similar a Meissener.

Rosenthal Studio (☎ *881 70 51, Kurfürstendamm 216, Charlottenburg*). **Plano 6**. Sucursal de una cadena dedicada a la venta de vajillas, jarros y cuchillos. La calidad es extremadamente alta y los diseños van de lo tradicional a lo contemporáneo.

0-Ton Keramik (☎ *615 38 66, Oranienstrasse 165a, Kreuzberg 36*). **Plano 5**. Puede verse cómo se fabrican las piezas en el torno de la trastienda. Entre la cerámica figuran vasos, tazones, jarras, tazas, etc., muy caras pero únicas y hechas a mano.

DÓNDE COMPRAR
Kurfürstendamm/Tauentzienstrasse – Charlottenburg (Plano 6)

Ku'damm, la principal zona comercial del CityWest, se extiende al oeste de la Gedächtniskirche durante unos 3 km, mientras que Tauentzienstrasse se abre paso al sureste de la Breitscheidplatz hasta la Wittenbergplatz. Se centra en cadenas que venden moda joven asequible. Las tiendas más exclusivas, alta costura, porcelana, etcétera, ocupan sobre todo las calles laterales, como Fasanenstrasse y Bleibtreustrasse. Rematan la mezcla tiendas de electrónica, farmacias, perfumerías, tiendas de muebles y grandes almacenes.

Los centros comerciales cubiertos comprenden el Karree de Ku'damm, justo al oeste de la estación Uhlandstrasse del U-Bahn, caracterizada por los cuatro pisos de electrónica de ProMarkt, y el Europa-Center de la Breitscheidplatz que cuenta con un supermercado, quioscos, boutiques y restaurantes.

Tauentzienstrasse se ve dominada por los grandes almacenes KaDeWe (véase la sección "Grandes almacenes", más adelante).

Wilmersdorfer Strasse – Charlottenburg (Plano 6)

La primera zona peatonal de Berlín se extiende desde Kantstrasse a la Bismarckplatz. Aquí pueden visitarse cadenas como H&M, grandes almacenes como Hertie y Karstadt y cadenas de tiendas de ropa como C&A. Es donde compran los berlineses la ropa normal de cada día. Hay que bajar en la parada del U7 Wilmersdorfer Strasse.

Bergmannstrasse – Kreuzberg 61 y Oranienstrasse – Kreuzberg 36 (Plano 5)

Entre los restaurantes y cafeterías de la zona figuran modernas tiendas de ropa de segunda mano, librerías y tiendas de productos étnicos.

Hackesche Höfe y cercanías – Mitte (Planos 3 y 7)

Galerías a la última, comercios con inesperados accesorios para la casa, tiendas de música, talleres de joyería y muchos locales interesantes proliferan aquí en los últimos años.

Recomendamos pasar la tarde buscando en esta zona comercial, la más de moda de Berlín.

Friedrichstadtpassagen – Mitte (Plano 7)

Las compras más sofisticadas se desarrollan en este trío de galerías comerciales cubiertas de Friedrichstrasse (U-Bahn: U6 hasta Französische Strasse) en Mitte. En primer lugar se encuentran las Galeries Lafayette, sucursal de los famosos almacenes parisinos (véase "Grandes almacenes", más adelante), que están conectadas mediante un túnel subterráneo con Quartier 205 y Quartier 206. Éste último contiene el Departmentstore, un nombre algo mundano para un exclusivo punto de venta de moda, muebles, vajilla, perfumes y otras delicadezas de todo el mundo, orientado a los gustos selectos con carteras a la par.

Alexanderplatz – Mitte (Plano 7)

Aquí las compras gravitan en torno a los enormes almacenes Galeria Kaufhof, con un buen surtido de artículos tradicionales. Saturn es una gran tienda de electrónica con buenos precios pero mal servicio. Las tiendas más pequeñas completan la oferta. Debe tomarse cualquier S/U-Bahn que se detenga en la Alexanderplatz.

Potsdamer Platz Arkaden – Tiergarten

Este centro comercial de tres pisos resulta idóneo para ir de compras. Cuenta con una interesante colección de tiendas especializadas, una librería Hugendubel y cadenas que venden toda clase de artículos desde gafas excéntricas a cigarros o libros o esmóquines. En el sótano, se hallan ubicados varios supermercados y un mercado de alimentación.

Otros restaurantes y una apreciada heladería copan el piso superior. En la planta baja, funciona además una oficina de correos. Véase el plano "Potsdamer Platz y Kulturforum" en el capítulo *Qué ver y hacer*.

Pariser Strasse/Olivaer Platz – Wilmersdorf (Plano 6)

Tiendas de gama media-alta que venden ropa de moda y, a veces, exclusiva, además de accesorios, se suceden a lo largo de Pariser Strasse. Resultan más exclusivas cuanto más cerca están de la Olivaer Platz, donde se agrupan los talleres de los diseñadores. Desde Ku'damm, se toman los autobuses 109, 119, 129 o 219 hacia el oeste y se desciende en la parada Olivaer Platz.

Altstadt Spandau – Spandau

La ciudad antigua de Spandau, completamente peatonal, resulta ideal para comprar con calma. No está a la última, pero si sólo se desea ropa convencional, artículos de tocador, equipamiento del hogar, material de oficina y similares, todo puede encontrarse en Breite Strasse y Carl-Schurz-Strasse. Debe tomarse el U7 y bajar o en Altstadt Spandau o en Rathaus Spandau.

GRANDES ALMACENES

KaDeWe (☎ *212 10, Tauentzienstrasse 21, Schöneberg*). **Plano 6**. "Si no lo tenemos, probablemente no existe" reza el lema de este famoso templo del consumo. Abreviatura de Kaufhaus des Westens (grandes almacenes del oeste), realmente son uno de los mayores almacenes de Europa, con unos 30 millones de clientes que hacen sonar las cajas con casi 250 mil millones de euros al año. En general tienen precios competitivos (cuando no bajos). El mercado de alimentación del sexto piso alcanza cotas de leyenda (véase *Dónde comer*).

Wertheim bei Hertie (☎ *88 00 30, Kurfürstendamm 231, Charlottenburg*). **Plano 6**. El segundo mayor de los grandes almacenes de Berlín ofrece un agradable complemento al KaDeWe. Resulta menos selecto, algo más barato y con una oferta casi tan buena.

Galeries Lafayette (☎ *20 94 80, Französische Strasse 23, Friedrichstadtpassagen, Mitte*). **Plano 7**. Esta ramificación de los grandes almacenes franceses presenta mayor interés por su arquitectura que por su oferta de diseñadores exclusivos. Construidas como un atrio circular, la pieza central queda en un núcleo de cristal translúcido en forma de embudo donde la luz rebota para impresionar. La ropa, complementos y cosméticos de diseño francés resultan bastante habituales y caros. Cuenta con un mercado de alimentación en el sótano (véase *Dónde comer*).

Dussmann-Das Kulturkaufhaus (☎ *20 25 24 40, Friedrichstrasse 90, Mitte*). **Plano 7**. Abierto de 10.00 a 22.00. Lugar de moda donde proveerse de libros (tres plantas), CDs (dos plantas) y libros y material de la RDA. Sus servicios únicos comprenden gafas gratuitas si se han olvidado en casa, envoltorios para regalo y sillas portátiles para descansar las piernas. Todo redondeado con un programa cultural que incluye noches de cabaret, programas de televisión en directo y lecturas. Otra ventaja: abre hasta las 22.00.

Stilwerk (☎ *31 51 50, Kantstrasse 17, Charlottenburg*). **Plano 6**. Gran centro del buen gusto donde puede encontrarse todo para la casa, desde hueveras hasta utensilios de cocina en cromo o cocinas profesionales completas, en 57 tiendas de diseño internacional. Una vez aquí, también recomendamos asomarse al *Rahaus* (☎ *313 21 00, Kantstrasse 151*), **Plano 6**, en la esquina opuesta, para encontrar cachivaches, accesorios del hogar y muebles de diseño modernista y fantástico.

MERCADOS
Mercados al aire libre

Türkenmarkt (*Mercado turco, Maybachufer, Kreuzberg 36*). **Plano 5**. Abierto de 12.00 a 18.30 martes y viernes. Montones de frutas y verduras normales y exóticas, montañas de deliciosos panes, cubos rebosantes de aceitunas, deliciosos quesos feta: esta apetitosa bonanza culinaria es lo que se encuentra en este lugar, que parece un trozo de Estambul. Los precios son de los más baratos de la ciudad y el personal se muestra amable y servicial. Entre los buenos artículos para una merienda destaca el feta con especias, mejor dentro de un recién horneado *simit*, un panecillo de sésamo en forma de anillo.

Winterfeldtmarkt (*Winterfeldtplatz, Schöneberg*). **Plano 4**. Abierto de 8.00 a 14.00

de miércoles a sábado. Considerado uno de los mejores mercados de barrio para productos frescos, sus frutas y verduras figuran entre las mejores, aunque los precios tiendan a ser elevados. Hay también puestos de productos lácteos, carnes y salchichas. Para captar la movida de Schöneberg, conviene presentarse el domingo al mediodía. Tras dar una vuelta, recomendamos pelearse por una mesa en una de las muchas cafeterías de la plaza y pedir un copioso desayuno.

Mercados cubiertos

Berlín cuenta con algunos de los pocos mercados cubiertos que quedan en Alemania. Se trata de lugares perfectos donde preparar sabrosos tentempiés comprando, pan, queso, jamón y productos frescos. La ciudad los edificó a finales del siglo XIX con la intención de desplazar los mercados callejeros a su interior. El primero de estos mercados se inauguró en 1886; hacia 1900 había 14. Algunos cayeron en las guerras; otros cerraron por falta de beneficios. Los que quedan muestran techos elevados y decoración de otra época. Todos abren de 8.00 a 18.00 de lunes a viernes y hasta las 13.00 los sábados.

Arminius Markthalle (*Arminiusstrasse 2, Tiergarten-Moabit*). **Plano 2**. U-Bahn: U9 hasta Turmstrasse. Este mercado ocupa un edificio de ladrillo rojo y amarillo desde 1891. Hace algunos años, el Lange's Imbiss (justo a la izquierda al entrar desde Arminiusstrasse) adquirió fama como decorado

Rastrillos y mercados de antigüedades

Los numerosos rastrillos de Berlín ofrecen tesoros escondidos de recuerdos únicos, típicas curiosidades de la ciudad, baratijas, antigüedades, ropa excéntrica y simples trastos viejos. Desde luego es muy recomendable regatear y, dependiendo de la habilidad del comprador, es fácil conseguir un descuento del 10 al 50% del precio inicial. A continuación se ofrece una lista de los más habituales.

Strasse des 17 Juni (Charlottenburg). **Plano 6**. Abierto los sábados y domingos de 10.00 a 17.00. Situado al oeste de la parada de S-Bahn Tiergarten, este mercado es uno de los favoritos de los turistas y ofrece interesantes artículos de recuerdo de Berlín. Resulta caro, pero muy entretenido.

Boxhagener Platz (Friedrichshain). **Plano 5**. U-Bahn: U5 a Frankfurter Tor). Se instala los domingos de 11.00 a 18.00. En este gran mercado callejero de aficionados se encuentran trastos viejos y baratos. Hay de todo: recuerdos de la ex RDA, chatarra y muchos objetos originales.

Berliner Kunst y Nostalgiemarkt. Mitte. (**Plano 7**). Abierto de 11.00 a 17.00 sábado y domingo. Un mercado para turistas ubicado a lo largo de Am Kupfergraben, en el extremo noroeste de la Museumsinsel. Pueden encontrarse objetos de coleccionista, libros, artesanía étnica y recuerdos de la RDA (no siempre auténticos), aunque hay que pagar bastante. Debe tomarse el bus 100 hasta Lustgarten y después caminar al norte durante algunos minutos; si no, cabe la posibilidad de descender en la estación de Friedrichstrasse (U/S-Bahn) y caminar al este por Georgenstrasse durante 10 minutos.

Flohmarkt am Arkonaplatz (Mitte). **Plano 5**. U-Bahn: U8 a Bernauer Strasse. Abierto los sábados y domingos de 8.00 a 16.00. Tiene objetos de colección de la posguerra, baratijas, muebles y muchas más cosas.

Flohmarkt Rathaus Schöneberg (Schöneberg). **Plano 4**. U-Bahn: U4 a Rathaus Schöneberg. Abre los sábados y domingos de 9.00 a 16.00. Profesionales y aficionados se mezclan en este mercado vecinal, donde a menudo hay buenas oportunidades en ropa usada y libros.

Flohmarkt Spandau (Spandau). U-Bahn: U7 a Rathaus Spandau; luego en autobús (nos 131, 331 o 231) hacia el norte hasta Hohenzollernring. Abierto los sábados y domingos de 8.00 a 16.00. Situado en Streitstrasse, en la esquina con Hohenzollernring, está lleno de vendedores privados, lo que hace que la oferta sea interesante y a precios razonables.

principal de una famosa serie de televisión alemana.

Marheineke Markthalle (*Marheinekeplatz, Kreuzberg 61*). **Plano 5**. U-Bahn: U7 hasta Gneisenaustrasse. Por desgracia, este mercado cuenta con más puestos de juguetes baratos y ropa que de productos frescos, lácticos o carne (aunque algunos sí posee).

Eisenbahn Markthalle (*Eisenbahnstrasse 43-44, Kreuzberg 36*). **Plano 5**. U-Bahn: U1 o U15 hasta Görlitzer Bahnhof. Este mercado resulta bastante decadente, pero su magnífico Weltrestaurant del ala oeste proporciona un agradable contraste. Para obtener más información véase el capítulo *Dónde comer*.

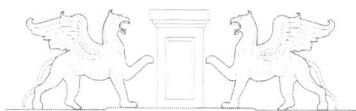

Excursiones

Casi todo lo que merece la pena ver en los alrededores de Berlín se halla en el vecino estado de Brandeburgo, incluidos Potsdam, Brandeburgo (la ciudad), el antiguo campo de concentración de Sachsenhausen, (en Oranienburg), el Spreewald, Cottbus, Rheinsberg, Chorin y Niederfinow. Todos estos destinos están conectados adecuadamente mediante tren con Berlín.

Los eficientes enlaces ferroviarios incluyen ciudades más alejadas, como Lutherstadt-Wittenberg, en el estado de Sajonia-Anhalt. Las ciudades sajonas de Dresde y Leipzig resultan también de fácil acceso y constituyen buenos destinos para realizar excursiones desde la capital.

Brandeburgo

Este estado rodea Berlín, pero sus atractivos cuentan por sí mismos, no constituyen una mera prolongación de los de la capital alemana. Brandeburgo es una región de lagos y marismas, de ríos y canales que conectan el Oder y el Elba a través de los ríos Havel y Spree, cuya confluencia tiene lugar en Spandau, al noroeste de Berlín. Su terreno llano resulta ideal para el remo, la pesca, las caminatas y las excursiones en bicicleta.

En Brandeburgo vivieron originalmente los wendos –antepasados de los sorabos– pero fueron conquistados en 1157 por Alberto el Oso, que se convirtió en margrave (*Markgraf*) de Brandeburgo. Federico I Hohenzollern llegó a comienzos del siglo XV y en 1618, los príncipes electores de Brandeburgo adquirían el ducado de Prusia, en el Báltico oriental. La unión de los dos estados dio origen al poderoso reino de Prusia, que extendió su control a toda Alemania y lideró la unificación y la creación del Imperio Alemán en 1871.

Circuitos organizados

Berolina (☎ 88 56 80 30), Severin + Kühn (☎ 880 41 90) y BVB (☎ 88 68 37 11), que organizan visitas guiadas en autobús por Berlín, ofrecen también circuitos de cuatro horas hasta Potsdam y Sanssouci (con comentarios en inglés y alemán) por 33 €. Es necesario reservar. Por el mismo precio, también gestionan circuitos de siete horas por el Spreewald, entre mayo y principios de octubre.

El recorrido también incluye un paseo en batea por los canales. Véase además la sección "Circuitos organizados" en el capítulo *Cómo desplazarse*.

POTSDAM
☎ 0331 • 142.000 hab.

Potsdam, a orillas del Havel, bajo la punta suroeste del Gran Berlín, es la capital del estado de Brandeburgo. En el siglo XVII, el príncipe elector Federico Guillermo de Brandeburgo [1640-1688] tuvo aquí su segunda residencia. Con la creación del reino de Prusia, Potsdam se convirtió en sede real y guarnición militar y, a mediados del siglo XVIII, Federico II el Grande [1740-1786] construyó varios de los maravillosos palacios del Parque Sanssouci, que atraen hoy a multitud de visitantes.

En abril de 1945, los bombarderos de la RAF devastaron el centro histórico de Potsdam, incluyendo la residencia real en el Alter Markt, pero por fortuna muchos otros palacios se salvaron de la destrucción. Para subrayar su victoria sobre la máquina militar germana, los Aliados escogieron el palacio de Cecilienhof como sede de la Conferencia de Potsdam de agosto de 1945, donde se acordó la división de Berlín y de Alemania en zonas de ocupación.

El barrio de Babelsberg aloja un histórico estudio cinematográfico que está de nuevo en funcionamiento y que es un verdadero parque temático del cine alemán. En 2001 Potsdam acogió el *Bundesgartenschau* (Exhibición del Jardín Nacional) en sus parques y jardines, con lo que esta encantadora ciudad floreció aún más.

Excursiones en Berlín

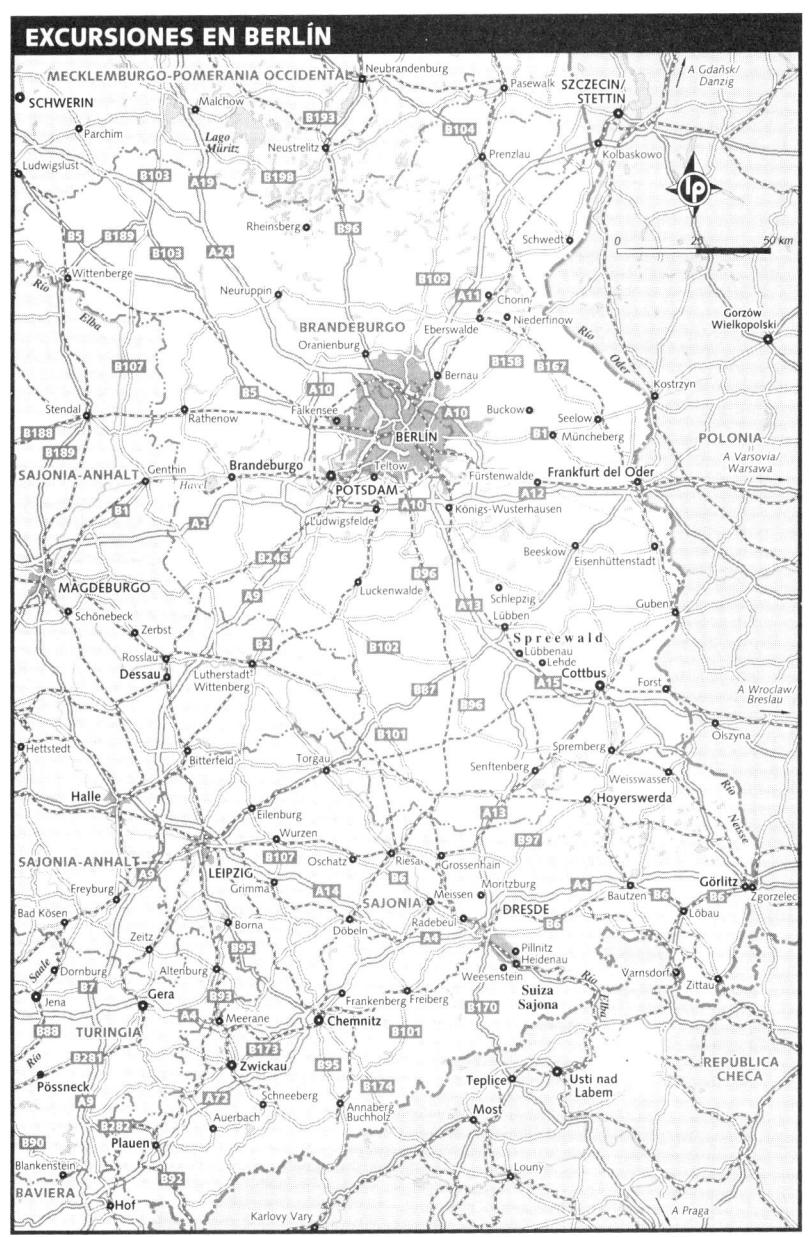

La oficina de turismo de Potsdam (☎ 27 55 80, fax 275 58 29, correo electrónico information@potsdam.de) atiende en Friedrich-Ebert-Strasse 5, junto a Alter Markt. Entre abril y octubre, su horario es de 9.00 a 19.00 de lunes a viernes, y de 10.00 a 16.00 los fines de semana. De noviembre a marzo, está abierto de 10.00 a 18.00 entre semana y hasta las 14.00 los fines de semana. Aquí se vende la Berlin WelcomeCard (véase la sección "Oficinas de turismo" en el capítulo *Datos prácticos*), que también ofrece algunos descuentos en Potsdam.

La oficina de turismo de Sanssouci (☎ 969 42 00), que proporciona información sobre los palacios del parque, se encuentra cerca del antiguo molino de viento frente al Schloss Sanssouci. Abre de 8.30 a 17.00 cada día entre abril y octubre, y de 9.00 a 16.00 el resto del año.

Parque Sanssouci

Este extenso espacio, situado al oeste del centro de la ciudad, permanece abierto desde el amanecer hasta el crepúsculo y es gratuito; los palacios y otras construcciones que aloja, incluidos por la Unesco en la lista de Patrimonio de la Humanidad, tienen horarios y precios diferentes. Un pase para todo un día, que incluye todos los palacios y otros lugares del parque, cuesta adultos/con descuento 15,50-10,25 €. Verdaderamente, hay que moverse rápido si se quiere ver todo.

El Parque Sanssouci es un gran laberinto; si no se utiliza el plano de la oficina de turismo, se vuelve a los mismos tramos cada poco tiempo. Los palacios están distanciados unos de otros; por ejemplo, hay 2 km entre el Neues Palais (Palacio Nuevo) y el Sanssouci, y el circuito completo tiene cerca de 15 km. Por desgracia, las bicicletas están estrictamente *verboten* (prohibidas).

Schloss Sanssouci

El circuito del parque comienza por el palacio Sanssouci de Georg Wenzeslaus von Knobelsdorff (1747), un célebre edificio rococó con interiores gloriosos (*adultos/con descuento 8/5 €; abierto de 9.00 a 17.00, de martes a domingo, de abril a octubre; 9.00 a 12.30 y 13.00 a 16.00, de martes a domingo, desde noviembre hasta abril*). Es preciso realizar una visita guiada, así que para conseguir plaza se debe llegar temprano y evitar los fines de semana y días festivos. Sólo se aceptan 2.000 visitantes al día, según la reglamentación de la Unesco, por lo que las entradas no están a la venta después de las 14.30, incluso en temporada baja. No obstante, la visita preparada por la oficina de turismo (véase "Circuitos organizados", antes, en este capítulo) garantiza el acceso (*275 58 50; adultos/con descuento 20/10 € de abril a octubre*).

Las estancias favoritas son la recargada y rococó **Konzertsaal** (sala de conciertos) y los dormitorios de la **Damenflügel** (ala de las damas), que incluye un "Voltaire durmió aquí". Desde la terraza norte se ve el **Ruinenberg**, un conjunto de "ruinas" clásicas que, en realidad, es una locura construida por Federico el Grande en 1754.

Alrededores del Parque Sanssouci

Frente al palacio está ubicado el **Historische Mühle** (*molino histórico; 969 42 02; adultos/con descuento 1,50/1 €; abierto todos los días de abril a octubre de 10.00 a 18.00; sólo los sábados y domingos de noviembre a marzo*). Fue diseñado para dar al Schloss un aire rústico y rural.

El palacio se encuentra flanqueado por las gemelas **Neue Kammern** (*nuevas cámaras; adultos/con descuento 3/2,50 €; abiertas de 10.00 a 17.00 de jueves a sábado, desde el mediados de mayo hasta mediados de octubre; de 10.00 a 17.00 sábados y domingos de abril a mediados de mayo*), que servían respectivamente como casa de huéspedes e invernadero de naranjos. Incluyen la vasta Ovidsaal, con sus relieves dorados, los suelos de mármol verde y blanco y las figuras de porcelana de Meissen en la última habitación hacia el oeste.

Al lado, la **Bildergalerie** (*galería de pintura; 969 42 02; adultos/con descuento 3/2,50 €; abierta de 10.00 a 17.00, de jueves a domingo, de mediados de mayo a mediados de octubre*) fue terminada en 1764 como la primera propuesta de un museo alemán de pintura. Contiene una rica colección del siglo XVII, con obras de Rubens, Van Dyck, Caravaggio y otros.

Al oeste de las Neue Kammern está el **Sizilianischer Garten** (jardín siciliano) de plantas subtropicales, que fue diseñado a mediados del siglo XIX.

Orangerieschloss y alrededores

Este palacio renacentista (☎ 969 42 02, *adultos/con descuento 3/2,50 €; abierto de 10.00 a 17.00, de martes a domingo, desde mediados de mayo hasta mediados de octubre*) fue construido en 1864 para alojar las realezas extranjeras y es el más grande de Sanssouci, aunque no el más interesante. Entre sus seis suntuosas habitaciones abiertas al público se incluyen la **Raphaelsaal**, con copias de pinturas del Renacimiento italiano realizadas por artistas alemanes del siglo XIX y una **torre** a la que merece la pena subir (1 €) por sus vistas panorámicas del parque y del Neues Palais. Parte del ala oeste se usa aún como invernadero para las plantas más sensibles al frío invierno del norte alemán.

Al oeste, a corta distancia del Orangerieschloss, se encuentran dos edificios interesantes: la **Drachenhaus** (casa del dragón, 1770), con forma de pagoda y un café-restaurante (cerrado los lunes), y el rococó **Belvedere**, la única construcción del parque que sufrió serios daños durante la II Guerra Mundial, aunque fue completamente restaurado en 1999.

Neues Palais

Lejos, al oeste del Parque Sansouci, se encuentra el Palacio Nuevo (☎ 969 42 02; *adultos/con descuento 6/5 € de abril a octubre y 5/4 € de noviembre a marzo; abierto de 9.00 a 17.00, de sábado a jueves, de abril a octubre; de 9.00 a 16.00, sábado a jueves de noviembre a marzo*), de estilo barroco tardío. Fue construido en 1769 como residencia de verano de la familia real. Es uno de los palacios más imponentes del parque y el primero que hay que ver si se dispone de poco tiempo. La visita abarca más o menos una docena de sus 200 habitaciones; destaca la **Grottensaal**, una delicia rococó de conchas, fósiles y chucherías en las paredes y techos; la **Marmorsaal** (salón de frutas), una vasta sala para banquetes revestida de mármol de Carrara con un maravilloso fresco en las alturas; la **Jagdkammer** (cámara de caza), con un lote de cosas muertas y peludas en las paredes, además de finas tracerías de oro; y varias cámaras tapizadas del suelo al techo con ricos damasquinos rojos. Es curioso el *Fahrstuhl*, un ascensor eléctrico de escalera fabricado en 1899 que subía a los reales ancianos desde la planta baja.

El **Schlosstheater** del ala sur ofrece conciertos de música clásica los fines de semana.

Schloss Charlottenhof y alrededores

En el lado oeste del parque está la principal contribución (1826) del arquitecto Karl Friedrich Schinkel al parque debe ser recorrida en una visita guiada de 30 minutos (☎ 969 45 02; *adultos/con descuento 4/3 €, de 10.00 a 17.00, de martes a domingo, de mediados de mayo a mediados de octubre*). Si la cola es muy larga, no cabe esperar; de hecho, el exterior, modelado como una villa romana, resulta más interesante que el interior, sobre todo el pórtico dórico y la fuente de bronce del lado este.

A poca distancia, al noreste del pequeño Maschinenteich (caseta de la maquinaria del estanque), se encuentran los **Römische Bäder** (*baños romanos;* ☎ 969 42 02; *adultos/con descuento 3/2,50 €; abiertos de 10.00 a 17.00, de martes a domingo, de mediados de mayo a mediados de octubre*), construidos en 1836 por un discípulo de Schinkel y jamás usados. Impresionan los mosaicos del suelo y las cariátides inspiradas en los baños de Herculano, pero también llama la atención la escupidera en el caparazón de una almeja situada cerca de la entrada.

Siguiendo el sendero norte, por la orilla oeste del Schafgraben al Ökonomieweg, y encaminándose luego hacia el este, se llega a lo que muchos consideran la perla del parque: la **Chinesisches Haus** (*casa china de té; entrada 1 €; abierta de 10.00 a 17.00, de martes a domingo, de mediados de mayo a mediados de octubre*), un pabellón circu-

Excursiones – Potsdam

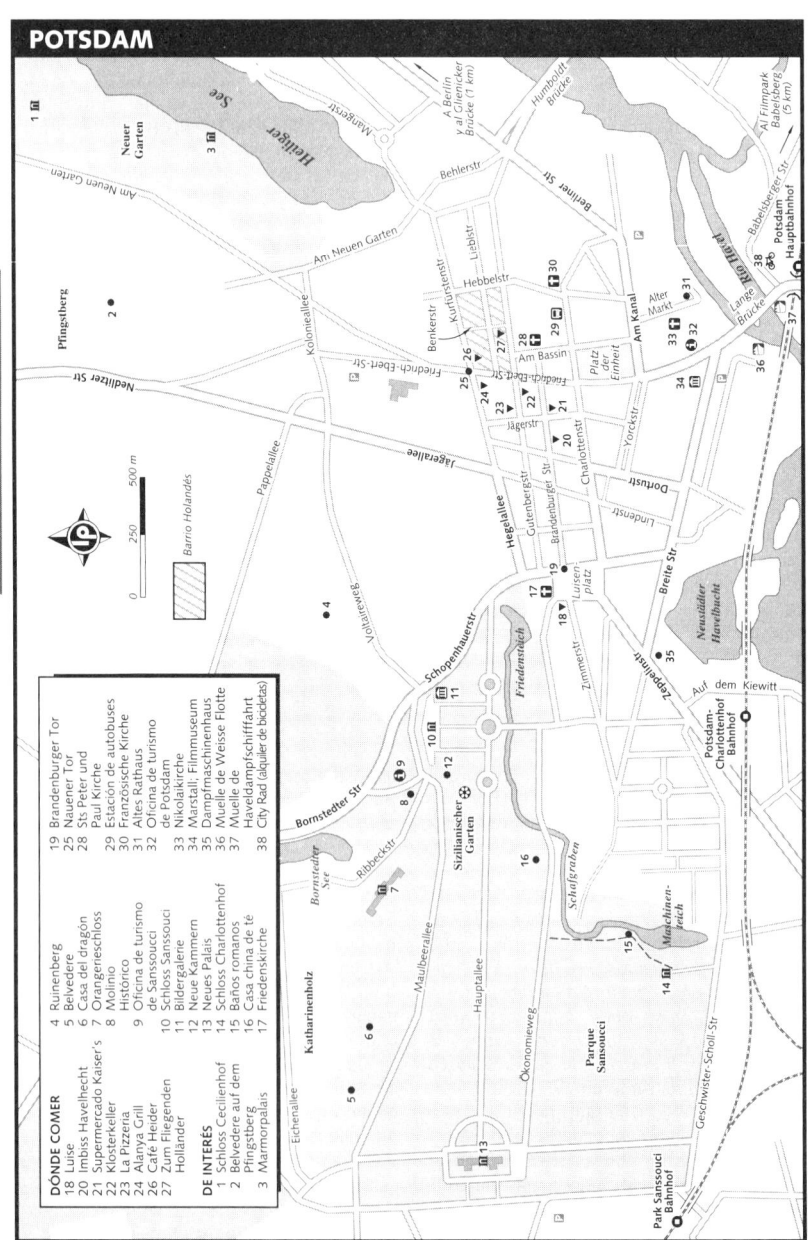

lar de columnas doradas, palmeras y figuras de músicos chinos y de animales, construido en 1757. Se dice que uno de los monos tiene los rasgos de Voltaire.

Altstadt

La barroca Puerta de Brandeburgo, en Luisenplatz, en el extremo oeste de la ciudad vieja, palidece frente a su homónima de Berlín pero de hecho es más antigua (1770). Desde esta plaza, la peatonal Brandenburger Strasse discurre hacia el este hasta la **Sts Peter und Paul Kirche** (iglesia de los Santos Pedro y Pablo, 1868). La **Französische Kirche** (iglesia francesa), al sureste en Charlottenstrasse y antigua sede de los hugonotes de la ciudad, fue construida en 1753.

Al noroeste de los edificios religiosos, delimitado por Friedrich-Ebert-Strasse, Hebbelstrasse, Kurfürstenstrasse y Gutenbergstrasse, el **Holländisches Viertel** (barrio holandés) tiene 134 viviendas de ladrillo rojo con gabletes, construidas por los trabajadores holandeses que vinieron a Potsdam en la década de 1730 por invitación de Federico Guillermo I, aunque no permanecieron mucho tiempo. Las casas han sido primorosamente restauradas y en la actualidad albergan galerías, cafés y restaurantes. Muy próxima hacia el noroeste, en Friedrich-Ebert-Strasse, está la **Nauener Tor** (1755), otro arco monumental.

Al sureste de la céntrica Platz der Einheit sobresale la imponente cúpula neoclásica de la **Nikolaikirche**, obra de Schinkel (1850), sobre el Alter Markt. En el costado este de la plaza se halla el **Altes Rathaus** (*entrada gratis, abierta de martes a domingo*), que actualmente aloja varias galerías de arte en sus pisos altos.

Al oeste del Alter Markt, en Breite Strasse, ocupando los **Marstall**, los antiguos establos reales diseñados por Knobelsdorff en 1746, está el minimalista **Filmmuseum** (☎ *271 81 12, Schlossstrasse, 1; adultos/con descuento 6/ 2 €; abierto de 10.00 a 18.00 todos los días*). Repasar la historia del cine en los estudios de la cercana Babelsberg constituye una delicia para los aficionados a este arte. Puede observarse un bioscopio, el proyector tipo inventado por Max Skladanowsky en 1895 (véase la sección "Cine" en el capítulo *Sobre Berlín*), además de los vestidores de las primeras damas de la UFA, entre ellas, Marlene Dietrich. También se exhiben extractos de clásicos como *Metropolis* y *El Ángel Azul*, y es posible conocerlo todo acerca de Hans Albers, una de las principales estrellas del cine alemán. El complejo cuenta además con un cine (entradas, 3-4,5 €) y una cafetería.

La fachada de azulejos y el estilizado minarete que se ubican al este, a lo largo de Breite Strasse, no pertenecen a una mezquita sino a la **Dampfmaschinenhaus** (*Casa de bombeo de vapor; circuitos adultos/con descuento, 2/1,5 €; abierto de 10.00 a 17.00 los sábados y domingos entre mediados de mayo y mediados de octubre*), construida en 1842 para llevar agua a las fuentes del Parque Sanssouci.

Situada al norte de esta casa morisca, en el extremo sureste del Parque de Sanssouci, se ubica la **Friedenskirche** (*Iglesia de la paz; entrada gratuita; abierto de 9.00-18.00 cada día entre mayo y octubre, de 12.00 a 15.00 cada día entre noviembre y abril*). Un conjunto escultórico, terminado en 1854 en estilo neorrománico, contiene el mausoleo de Federico Guillermo IV [1840-1861].

Neuer Garten

Este serpenteante parque junto al lago, en la orilla oeste del Heiliger See y al noreste del centro, constituye un lugar ideal para relajarse tras todo el barroco-rococó y el imponente arte del Parque Sanssouci. Fue construido en 1786 durante el reinado de Federico Guillermo II y muestra el estilo del paisajista Peter Joseph Lenné.

En el interior del parque, el recientemente restaurado **Marmorpalais** (*Palacio de mármol;* ☎ *969 42 02; circuitos adultos/con descuento 3/2,5 € entre abril y octubre, 2/1,5 € entre noviembre y marzo; abierto de 10.00 a 17.00 de martes a domingo entre abril y octubre, de 10.00-16.00 sábados y domingos entre noviembre y marzo*) se eleva en pleno lago y fue diseñado por Carl Gotthard Langhans en 1792. Obsérvense los ángeles dorados que bailan en torno a la cúpula.

Hollywood en el Havel

Antes de la aparición de la Paramount (1914) o de la Warner Brothers (1918), ya giraban las bobinas en la fábrica de los sueños de Babelsberg, casi en las antípodas de Hollywood. La producción de la primera película, *Der Totentanz* (La danza de la muerte), con Asta Nielsen, se inició en 1912. En la década de 1920 el talento de celebrados directores, como Fritz Lang, F.W. Murnau, Ernst Lubitsch y Josef von Sternberg, alimentó el mito de Babelsberg.

Bajo la bandera de la UFA, el estudio producía una película tras otra, muchas de las cuales son clásicos en la actualidad, como *Metrópolis*, de Lang. Una de las primeras superproducciones del mundo requirió la construcción de un gigantesco escenario (que sigue siendo el mayor de Europa) y de 36.000 extras. Hacia 1945 habían salido de Babelsberg unas 1.300 películas, entre ellas, la primera película hablada en alemán, *El Ángel Azul*, con Marlene Dietrich, e innumerables películas de propaganda nazi.

Tras la II Guerra Mundial, de las cenizas de la UFA surgió la DEFA, productora de la RDA que se dedicaba, sobre todo, a rodar material antifascista e infantil de éxito internacional. Tras la caída del Muro, el grupo francés Vivendi adquirió lo que hoy se denomina Studio Babelsberg, colocando al director Volker Schlöndorff (*El tambor de hojalata*) al mando. Varias compañías de posproducción, empresas de animación por ordenador y productoras de televisión y radio también se han establecido aquí. Los rodajes (interrumpidos en torno a 1990) se han reanudado, y Babelsberg reivindica, poco a poco, su papel en el panorama mundial de la cinematografía.

Más al norte se halla el **Schloss Cecilienhof** (☎ *969 42 02; circuitos adultos/con descuento 5/4 € entre abril y octubre, 4/3 entre noviembre y marzo, abierto de 9.00 a 17.00 entre abril y octubre, de 9.00-16.00 entre noviembre y marzo, cerrado los lunes*), una casa de campo de estilo inglés conocida principalmente por haber sido la sede de la Conferencia de Potsdam en 1945. En su interior se exhiben grandes fotografías de sus participantes (Stalin, Truman y Churchill).

Para disfrutar de algunas de las mejores vistas de Potsdam, conviene ir al oeste del parque, al **Belvedere** (☎ *969 42 02; adultos/con descuento 3,5/2,5 €; abierto de 10.00 a 18.00 de viernes a domingo entre abril y mayo y entre agosto y septiembre, de 10.00 a 20.00 de viernes a domingo en junio y julio, de 10.00 a 16.00 de viernes a domingo en octubre, de 11.00 a 16.00 los sábados y domingos en noviembre*), situado en la cima del Pfingstberg.

Filmpark Babelsberg

Filmpark Babelsberg (☎ *01805 34 56 72, August-Bebel-Strasse 26-53, entrada desde Grossbeerenstrasse; adultos/con descuento 14,5/13 €; abierto de 10.00 a 18.00 entre mediados de abril y octubre, de 10.00 a 20.00 en julio y agosto*), la respuesta alemana a Hollywood, se sitúa al este del centro de la ciudad. Se ha recaudado el rodaje de películas (véase el recuadro "Hollywood en el Havel"), aunque la principal razón para venir aquí la ofrece el parque –al estilo de los Universal Studios—que cosntruido en la zona. Cada año se añaden nuevas atracciones, pero las predilectas actualmente comprenden una exhibición de especialistas dentro de un falso volcán; una simulada "última" inmersión en un submarino ruso (quizá algo poco adecuado, debido al desastre del *Kursk* en 2000), y el recorrido de 30 minutos por un tramo del estudio donde hay decorados cinematográficos antiguos y nuevos. También cabe asistir a la preparación de animales como si de actores se tratase, así como visitar el retorcido **gabinete del Dr Caligari**, cuya expresionista fachada constituye un magnífico ejemplo de arquitectura cinematográfica. Existe, además, un **paseo en tren guiado** (en alemán) en torno a los espacios de rodaje, durante el cual se pasa por los estudios de sonido y por los de producción, además de por las salas de *atrezzo* y vestuario.

Para llegar al parque, debe tomarse el S7 hasta Babelsberg, seguido del autobús 690 o 698 hasta Ahornstrasse. Como alternativa, se puede descender del S-Bahn en Griebnitzsee y tomar el autobús 696 hasta la parada de Drewitz.

Weisse Flotte (☎ *275 92 20; circuitos en barco 9.00-15.45, cada día entre abril y principios de octubre*) ofrece servicios de barcos, en el Havel y en los lagos que rodean Potsdam, que zarpan del muelle pasado el Hotel Mercure, cerca del Lange Brücke. Entre los viajes se incluyen algunos a Wannsee (7,75 €, ida y vuelta), Werder (8,25 €) y Spandau (11 €).

Haveldampfschifffahrt (☎ *270 62 29; circuitos adultos/con descuento 9/5 €; cada día excepto lunes y viernes, de mediados de abril a finales de septiembre*) organiza circuitos por la misma zona en vapores, que zarpan del extremo sur del Lange Brücke, frente al muelle de Weisse Flotte.

Dónde comer

Klosterkeller (☎ *29 12 18, Friedrich-Ebert-Strasse 94*). Platos principales 9,44-12,75 €. Este rústico local sirve platos regionales tradicionales, y también cuenta con un bar especializado en vinos, una cervecería al aire libre y una coctelería.

Café Heider (☎ *275 42 11, Friedrich-Ebert-Strasse 29*). Platos del día 4,25-11,25 €. Al otro lado de la calle, junto a la puerta Nauen, constituía el principal lugar de reunión para los intelectuales de la RDA.

Zum Fliegenden Holländer (☎ *27 50 30, Benkerstrasse 5*). Platos principales 5-17 €; almuerzo formado por dos platos 8 €. Servicio agradable, decoración de madera y refinada cocina alemana es lo que caracteriza a este espacioso bar restaurante del barrio holandés.

Luise (☎ *90 36 63, Luisenplatz 6*). Platos principales de 5,25 a 14,50 €. Imaginativa cocina californiano-italiana en un sitio moderno y popular con vistas al parque; debe hacerse reserva.

La Pizzeria (☎ *280 04 29, Gutenbergstrasse 90*). Comida de 4,75 a 15,75 €. Reabierto hace poco, es muy popular por sus pizzas baratas y sus pastas.

Si se quiere comer algo rápido, el pintoresco ***Alanya Grill*** de Friedrich-Ebert-Strasse 86 prepara *kebabs* y otras especialidades turcas, y el ***Imbiss Havelhecht*** compagina la venta de pescado con un snack-bar en Brandenburger Strasse 25. Para comprar comida, hay que ir al supermercado ***Kaiser's***, en Brandenburger Strasse 30.

Cómo llegar y salir

Llegar a Potsdam resulta fácil. El S7 enlaza el centro de Berlín con la Hauptbahnhof de Potsdam, al sureste del centro de la ciudad, cada 10 minutos. El viaje dura unos 33 minutos. Los trenes regionales DB viajan más rápido, pero son menos frecuentes. Se necesita un pase de tránsito que cubra las zonas A, B y C (2,4 €).

Cómo desplazarse

Potsdam cuenta con sus propios autobuses y tranvías integrados en la red de transporte público de Berlín. Para llegar a la Altstadt desde la Hauptbahnhof, debe tomarse el autobús 609 o el 638, o el tranvía 92, o bien ir a pie (1 km hasta Brandenburger Strasse). El tranvía 92 sigue hacia el norte hasta Neuer Garten con Schloss Cecilienhof. El autobús 695 llega hasta Schloss Sanssouci, Orangerieschloss y Neues Palais. Para ir a Schloss Charlottenhof, hay que tomar el tranvía 98 hasta el final del trayecto.

City Rad Potsdam (☎ 61 90 52, invierno ☎ 280 05 95) alquila bicicletas cerca de la Hauptbahnhof, aunque cambia de dirección con frecuencia. Los alquileres (más un depósito de hasta 75 €) suman 10 € por bicicletas de paseo o montaña (estudiantes 30% de descuento). También organiza un recorrido guiado de cuatro horas en bicicleta los domingos a las 10.00, por otros 10 € adicionales por persona.

BRANDEBURGO
☎ 03381 • 82.600 hab

Situada a 60 km al suroeste de Berlín, es la ciudad más antigua de la Marca de Brandeburgo, con una historia que se remonta, al menos, al siglo VI, cuando los eslavos se instalaron cerca de la catedral actual. Aunque quedó muy dañada durante la II Guerra Mundial, la ciudad fue restaurada, y sus iglesias barrocas y su situación junto al agua la convierten en un destino ideal para pasar un día.

El río Havel, el Beetzsee y sus canales dividen la ciudad en tres secciones: la Neustadt, en una isla del centro; Dominsel, al norte y la Altstadt, al oeste, que están conectadas entre sí mediante seis puentes. La estación de tren se halla 1,5 km al sur del céntrico Neustädtischer Markt.

Una pequeña oficina de turismo (☎ 194 33, fax 22 37 43), en Hauptstrasse 51, abre de 10.00 a 18.00 de lunes a viernes, y hasta las 17.00 los sábados (hasta las 14.00 entre noviembre y marzo).

Circuito a pie

Es recomendable dar una vuelta por Brandeburgo partiendo del románico **Dom St Peter und Paul** (☎ *20 03 25, Domlinden 25; entrada gratis; abierta de 10.00 a 16.00 de lunes a viernes, de 10.00 a 17.00 los sábados y de 11.00 a 17.00 los domingos*), en el lado norte de Dominsel. Iniciado en 1165 por monjes premonstratenses y terminado en 1240, contiene la maravillosa decoración de la Bunte Kapelle (capilla coloreada), con una bóveda pintada; el esculpido Böhmischer Altar (altar bohemio) del siglo XIV en el crucero sur; un fantástico órgano barroco de 1723; y el **Dommuseum** (☎ *20 03 25, Domlinden 25; adultos/con descuento 2,50/1,50 €; de 10.00 a 16.00 de lunes a viernes, de 10.00 a 17.00 los sábados, de 11.00 a 17.00 los domingos*), con tesoros litúrgicos. Gran parte de la catedral está siendo reconstruida y algunos elementos han sido desplazados o trasladados.

Desde la catedral, se puede caminar hacia el sur por St Petri hacia Mühlendamm. Antes de cruzar el Havel para ir a la Neustadt, se halla a la derecha el **Hauptpegel**, el medidor de agua construido para vigilar las crecidas del río. Al otro lado está el **Mühlentorturm**, la puerta-torre del molino que en un tiempo marcó el límite entre las ciudades separadas de Dominsel y Neustadt.

Molkenmarkt, la continuación de Mühlendamm, discurre paralelamente a Neustädtischer Markt y a la **Pfarrkirche St Katharinen**, un templo gótico del siglo XIV de ladrillo que originalmente tuvo dos capillas. Es divertido observar la "pradera del cielo" pintada en el techo. Al suroeste, al final de Steinstrasse, se halla **Steintorturn**, la segunda de las cuatro torres conservadas.

Para llegar a la Altstadt se retrocede por Steinstrasse hasta la peatonal Hauptstrasse y al oeste del Havel está el **Museum im Frey-Haus** (☎ *52 20 48; Ritterstrasse 96; adultos/con descuento 2/1 €; abierto de 9.00 a 17.00, de martes a viernes; de 10.00 a 17.00 sábados y domingos*). Se trata de un museo de historia local que pone mucho énfasis en la factoría EP Lehmann, donde se producen hermosos juguetes mecánicos y cerámicas.

Al noreste, a muy corta distancia, se ubica el edificio gótico de ladrillo rojo de la **Altstädtische Rathaus**, joya que tiene enfrente la **estatua de Roldán** (1474), con armadura, que simboliza la independencia de la ciudad.

Dónde comer

Blaudruck Café (☎ *22 57 34, Steinstrasse 21*). Platos principales 4,50-13 €. El restaurante de la pensión presenta un limitado menú diario, pero por la noche se pueden comer platos regionales en una bodega sin luz eléctrica.

Dom Café (☎ *52 43 27, Burghof 11*). Platos principales 3-11,25 €. Abierto de 11.00 a 18.00. Destaca por sus ensaladas, pescado fresco y tartas caseras; junto a la catedral.

Bismarck Terrasen (☎ *30 09 39, Bergstrasse 20*). Platos principales 6-14 €. Es como para sentirse prusiano al degustar una de las más finas gastronomías franco-alemanas de la ciudad. Está al lado de un parque y el interior parece una exposición en memoria del canciller Bismarck.

Para comidas baratas están ***Pizzeria Nº 31*** (*Steinstrasse 31*), ***Orient Grill*** (*Steinstrasse 43*), con *doners* desde 2 € y un ***Asia Imbiss*** (*Steinstrasse 65*).

Cómo desplazarse

Los trenes regionales enlazan con frecuencia Brandeburgo con la estación Berlín-Zoo (8,60 €, 35 minutos).

Los tranvías n°s 6 y 9 circulan desde la Brandenburg Hauptbahnhof hasta Hauptstrasse por Steinstrasse y Neustädtischer

Markt. Un billete sencillo cuesta 1,05 € y el abono de un día, 2,30 €. Pueden alquilarse bicicletas en Velo (☎ 31 74 72), Gerostrasse 15 en la Altstadt, por 6 €/día y 12,50 €/fin de semana.

SPREEWALD

El Spreewald, el húmedo bosque Spree (287 km²), con sus ríos, canales y arroyos, 80 km al sureste de Berlín, es lo más cercano que tiene la capital como gran área de recreo. Excursionistas de un día y "guerreros de fin de semana" vienen en manadas a bogar por más de 400 km de vías de agua, a deambular por los innumerables senderos naturales y pescar en esta zona declarada por la Unesco Reserva de la Biosfera en 1990. Los núcleos de mayor actividad los constituyen las ciudades gemelas de Lübben y Lübbenau. En el Spreewald reside la mayor parte de la minoría soraba alemana, que llama Blota a esta región. Su capital no oficial es Cottbus, 30 km al sureste.

Lübben y Lübbenau

Hay un debate frecuente entre los berlineses acerca de Lübben (Lubin en sorabo) y de Lübbenau (Lubnjow), a 13 km de distancia. ¿Cuál es la "capital" más histórica, turística y pintoresca de Spreewald?

Lübben, una pulcra y atractiva villa en el centro del más seco Unterspreewald (Bajo Spreewald), posee una historia por lo menos dos siglos más antigua que Lübbenau, se jacta de una arquitectura más interesante y se siente como una "auténtica" ciudad.

Lübbenau, en el Oberspreewald (Alto Spreewald) es asimismo pintoresca, aunque saturada todo el año de turistas que intentan viajar por los canales en *Kähne* (bateas), antaño el único medio de moverse por estos lugares. La visita a ambas ciudades tiene su interés.

La Hauptbahnhof de Lübben se halla en Bahnhofstrasse, al suroeste del céntrico Markt central. Para llegar al corazón de la ciudad, debe caminarse al noroeste por

Los sorabos

Los antepasados de los sorabos, la única minoría étnica indígena de Alemania (con una población de 60.000 miembros), fueron los wendos eslavos, que se establecieron entre los ríos Elba y Oder en el siglo V, en una zona llamada Lusacia (Luzia en sorabo, de "luz" o "prado").

Los germanos conquistaron Lusacia en el siglo X, la sometieron a una brutal asimilación durante la Edad Media y la dividieron en 1815. La Sorabia Inferior, en torno al Spreewald y a Cottbus, quedó en manos de Prusia, mientras que Sorbia Superior, alrededor de Bautzen (Budessin), 53 km al noreste de Dresde, acabó en Sajonia. El lenguaje de esta parte, muy ligado al checo, disfrutó de cierto prestigio en Sajonia, al tiempo que el reino de Prusia intentaba suprimir el de la Sorabia Inferior, similar al polaco. Los nazis intentaron erradicar ambos.

MW

Aunque los sorabos estaban protegidos por la RDA, sus orgullosas tradiciones folclóricas y sus trajes no se ajustaban al régimen "proletario". Sin embargo, desde la unificación alemana, el interés por su cultura ha revivido gracias a las emisiones de televisión y radio y a las representaciones de teatro en su idioma. Entre las fiestas más pintorescas se cuenta la **Vogelhochzeit** o "Boda de los pájaros", el 25 de enero, **una procesión a caballo en Pascua** y una simbólica "quema de brujas", el 30 de abril, variante local de la **Walpurgisnacht**.

Para obtener más información, hay que ponerse en contacto con el Instituto Sorabo (☎ 03591-497 20), en Bahnhofstrasse 6, 02625 Bautzen, o con el Instituto de Estudios Sorabos (0341- 973 76 50), en Augustusplatz 9, 04109 Leipzig.

– Jeremy Gray

Friedensstrasse y cruzar el Hain, un gran parque. La oficina de turismo esta en el Schloss Lübben (☎ 03546- 30 90, fax 25 43), Ernst-von-Houwald-Damm 15, y abre de 10.00 a 18.00 de lunes a viernes, hasta las 16.00 los sábados y hasta las 15.00 los domingos, con un horario más reducido en invierno.

La Hauptbahnhof y la estación de autobuses se encuentran en Poststrasse, unos 600 m al sur de la oficina de turismo (☎ 03542 36 68, fax 467 70), en Ehm-Welk-Strasse 15. Entre abril y octubre, ésta abre de 9.00 a 18.00 de lunes a viernes, hasta las 16.00 los fines de semana. Durante el resto del año el horario es de 9.00 a 16.00, sólo los fines de semana. También en Lübbenau, la Haus für Mensch und Natur (☎ 03542 89 21 11, fax 89 21 40), en Schulstrasse 9, facilita más información sobre la reserva de la biosfera de Spreewald. Su horario es de 10.00 a 17.00, cada día entre abril y octubre, de 10.00 a 16.00 sólo los fines de semana entre noviembre y marzo.

Excursiones. En Spreewald hay senderos para excursiones al gusto de todos. La oficina de turismo vende mapas, imprescindibles si se toma el paseo en serio.

Desde Lübben un camino fácil sigue el Spree, al sur hacia Lübbenau (13,2 km) y hacia Schlepzig, al norte (12,3 km). Desde Lübbenau, un sendero natural (30 minutos) hacia el oeste lleva a Lehde, la "Venecia del Spreewald", con su maravilloso **Freilandmuseum** (☎ *03542 24 72; adultos/estudiantes/ niños 2-12 años 3/2/1 €; abierto de 10.00 a 18.00 desde abril hasta mediados de septiembre; de 10.00 a 17.00 desde mediados de septiembre a octubre*) de casas y establos tradicionales sorabos con techos de paja. El Leiper Weg, que arranca cerca del Grosser Hafen en Dammstrasse, Lübbenau, es parte de la **red E10 de Senderos Europeos** desde el Báltico al Adriático y conduce al suroeste a Leipe, accesible en barca sólo desde 1936. Otra senda muy popular sale de Topfmarkt, al noreste, y lleva al restaurante Wotschofska (3 km) tras cruzar catorce puentes.

Navegación. El Kahnfährhafen de Lübben, pequeño puerto donde se puede embarcar en **bateas** (por persona/hora 2,50-3,50 €), se extiende a lo largo del Spree, al suroeste de la oficina de turismo.

Bootsverleih Gebauer (☎ 03546 71 94) dispone de kayaks para una o dos personas por 3,50/4 € la primera hora y 2/2,50 € para las siguientes. Hay pases para los días laborables por 15/17,50 € y 17,50/21 € los fines de semana. Las canoas para la primera hora/siguientes cuestan 5/3,50 € y día laborable/fin de semana 25/28 €.

En Lübbenau se encuentra el Kleiner Hafen, en Spreestrasse, unos 100 m al noreste de la oficina de turismo, y el Grosser Hafen, 300 m al sureste, en Dammstrasse. Se pueden alquilar barcas por 2,50 € aproximadamente (una vuelta por los canales dura más o menos dos horas). La zona alrededor del Grosser Hafen alberga numerosas compañías enfocadas a los negocios; una buena opción es **Manfred Francke** (☎ *27 22, Dammstrasse 72*).

Dónde comer – Lübben. *Goldener Löwe* (☎ *03546-73 09, Hauptstrasse 15*). Platos principales 7-11 €. Es un lugar turístico pero muy bien arreglado, con una hermosa cervecería al aire libre y platos de pescado fresco.

Café Ambiente (☎ *03546 18 33 07, esquina Renatestrasse y Gerichtsstrasse*). Comidas 4-7 €. Abierto de 8.00 a 18.00. Idóneo para desayunos, carnes ligeras, café y pasteles.

Hay varios *Imbisse* económicos en torno a Hauptstrasse.

Dónde comer – Lübbenau. *Lübbenauer Hof* (☎ *03542 831 62, Ehm-Welk-Strasse 20*). Platos principales 9-12 €. Acogedor a pesar de su gran tamaño, resulta una de las mejores ofertas de la ciudad.

Pension Spreewald-Idyll (☎ *03542 22 51, Spreestrasse 13*). Platos principales 7-12 €. Este restaurante-cervecería al aire libre, situado en una pensión, sirve pescado de río y de mar, además de platos más variados.

Strubel's (☎ *03542 27 98, Dammstrasse 3; entrada desde Apothekengasse*). Platos principales 6-12,50 €. Excelentes sus anguilas, lucios y percas pescados en el Spree.

Cottbus

Cottbus (Chosebuz en sorabo, 115.000 habitantes) está situada 115 km al sureste de Berlín y es una atractiva ciudad con una hermosa arquitectura y una considerable oferta de actividades culturales. La oficina de turismo (☎ 0355 242 54, fax 79 19 31), que ocupa una dependencia en el centro comercial Spree Galerie, abre de 9.00 a 18.00 entre semana y hasta las 13.00 0 14.00 los sábados.

El **Sorbische Kulturinformation Lodka** (☎ 0355-79 11 10; Wendisches Haus, August-Bebel-Strasse 82) proporciona información sobre los sorabos y sirve auténticas especialidades de la gastronomía local en su acogedora cafetería.

Quienes se interesen por la cultura soraba deben visitar el **Wendisches Museum/Serbski muzej** (☎ 79 49 30, *Mühlenstrasse 12; adultos/niños 2/1 €; abierto de 8.30 a 17.00 entre semana, de 2.00 a 16.00 sábados y domingos*). Se trata de un completo museo dedicado a la historia, el idioma y la cultura soraba.

Otros lugares que merece la pena ver son la **Oberkirche**, del siglo XV, en la Oberkirchplatz en el suroeste; y el **Branitzer Park**, en el sureste, con un precioso castillo barroco del siglo XVIII y la Seepyramide, una curiosa pirámide cubierta de hierba que parece que flota en un pequeño lago.

Cómo llegar y desplazarse

Los trenes regionales que salen cada hora desde Berlin Ostbahnhof llegan hasta Lübben (11,5 €, 50 minutos), Lübbenau (13 €, 1 hora) y Cottbus (16,5 €, 1 ½ horas).

La oficina de turismo de Lübben alquila bicicletas por 5 € al día, igual que Karl-Heinz Oswald (☎ 03546 40 63), en An der Spreewaldbahn 6, al noroeste del centro. En Lübbenau, se puede intantar en Kretschmann (☎ 03542 433), en Poststrasse 16, ofrecen el mismo servicio.

MEMORIAL Y MUSEO DE SACHSENHAUSEN

En 1936, los nazis inauguraron un "modélico" **Konzentrationslager** para hombres (*campo de concentración;* ☎ *03301 20 02 00; entrada gratuita; abierto de 8.30 a 18.00 de martes a domingo entre abril y septiembre, y de 8.30 a 16.30 de martes a domingo entre octubre y marzo*), en una abandonada destilería en Sachsenhausen, cerca de la ciudad de Oranienburg (26.000 hab.), unos 35 km al noroeste de Berlín.

Los inquilinos, "indeseables" políticos, gays, judíos, gitanos... –los habituales objetivos nazis–, fueron forzados a fabricar ladrillos, granadas de mano y armas; hacer dólares y billetes de banco falsos (lo que suposo estragos económicos en los países aliados) e incluso fueron obligados a probar la piel de las botas haciendo largas caminatas. Desde 1945, 220.000 personas de 22 países pasaron por las puertas del Sachsenhausen KZ. Cerca de 100.000 murieron.

Después de la guerra los soviéticos y los líderes comunistas de la nueva RDA crearon el *Speziallager nº 7* (Campo Especial nº 7) para presos políticos, ex nazis, monárquicos o cualquiera que no se acomodase a su molde político. Se estima que unas 60.000 fueron internadas entre 1945 y 1960, y se cree que más de 12.000 murieron. Hay un cementerio de las víctimas en este campo y otro, 1,5 km al norte.

Para llegar al amurallado campo (31 hectáreas) se debe dar un ligero paseo de 20 minutos al noreste de la estación de tren de Oranienburg. También se pueden tomar los autobuses 804 o 805 hasta la esquina entre Bernauer Strasse y Strasse der Einheit.

En la oficina de información del campo venden mapas, folletos y libros.

Cómo llegar y salir

La manera más rápida de viajar a Oranienburg es en el tren RB desde Berlin-Lichtenberg, que realiza el trayecto en 30 minutos. La alternativa es viajar en el S1 hasta la última estación del norte: realiza salidas más frecuentes pero tarda el doble de tiempo. El billete cuesta, en ambos medios, 2,40 €.

RHEINSBERG
☎ 033931 • 5.300 hab

Situado unos 90 km al norte de Berlín, Rheinsberg tiene mucho que ofrecer: un encantador palacio renacentista, paseos por el precioso Schlosspark, los barcos sobre el lago y el Rin, algunos restaurantes selectos.

La ciudad abraza la orilla sureste del Grienerickseee, un gran lago. El Markt queda 1 km al noroeste de la estación de tren. En la Markt's Kavalierhaus se halla la oficina de turismo (☎ 20 59, fax 347 04), abierta de 9.30 a 17.00 de lunes a sábado y de 10.00 a 14.00 los domingos. Los autobuses se detienen en Mühlenstrasse, al sur de Schlossstrasse.

Schloss Rheinsberg

Al inicio de la Edad Media se erguía un castillo con foso, en la ribera sureste del Grienerickseee, para proteger la frontera norte de la marca de Brandeburgo de los intrusos de Mecklemburgo. Sin embargo, el Schloss Rheinsberg (☎ 969 42 02; *adultos/niños/familias 3/2/15 €; museo sólo adultos/con descuento 1/0,50 €; abierto de 9.30 a 12.30 y de 13.00 a 17.00, de martes a sábado, de abril a octubre; de 10.00 a 17.00, el resto del año*) que se ve ahora sólo tomó forma en 1566, cuando su dueño, Achim von Bredow, lo reconstruyó con estilo renacentista. Federico Guillermo I compró el castillo en 1734 para su heredero de 22 años, el futuro Federico el Grande; éste lo amplió, lo convirtió en palacio y aseó la ciudad, pavimentando caminos, pintando las fachadas y arreglando los tejados.

El príncipe Federico, que permaneció en el lugar cuatro años estudiando y preparándose para el trono [1734-1740], manifestó más tarde que fue el período más feliz de su vida. Él supervisó gran parte de la remodelación del palacio llevada a cabo por Johann Gottfried Kemmeter y Knobelsdorff; se dice que éste fue el "ensayo" del grandioso Sanssouci (1747) de Potsdam.

Durante la II Guerra Mundial, los tesoros artísticos de Potsdam se guardaron en el Schloss Rheinsberg. Por desgracia, fue saqueado en 1945 y utilizado como sanatorio por los comunistas a partir 1953. Hoy es una sombra de lo que fue, aunque se está renovando aceleradamente.

Una gira por el palacio abarca un par de docenas de habitaciones, casi todas vacías, del primer piso, que incluyen las más antiguas: el **Salón de los espejos**, donde el joven Federico luchaba con la flauta; la **Cámara de la torre**, donde el príncipe estudiaba y que se copió en el Berlin Schloss en 1745; y la **Sala Bacchus**, en cuyo cielo raso está pintado un actualmente deteriorado Ganímedes. Pero las más destacadas son la **Habitación Lacquer**, con su colección de porcelanas; la **Alcoba del príncipe Federico**, con un exquisito trampantojo en el techo; y la rococó **Sala de la concha**.

La planta baja del ala norte alberga el **Kurt Tucholsky Gedenkstätte**, un pequeño museo conmemorativo dedicado a la vida y la obra del escritor Kurt Tucholsky (1890-1935). Escribió la popular novela *Rheinsberg*, en la que el joven Wolfgang deambula por el palacio con su amada Claire. Esta obra introduce el edificio y la ciudad de Rheinsberg en el universo de la literatura.

Dónde comer

Zum Alten Fritz (☎ *20 86, Schlossstrasse 11*). Platos principales 4,75-12,25 €. Este excelente lugar ofrece especialidades del norte de Alemania como *Krustenbraten* (jamón con judías y patatas con perejil) y platos de pescado.

Seehof (☎ *383 03, Seestrasse 19c*). Platos principales 7,25-14,25 €. Se trata de un restaurante de primera con un agradable patio trasero. Los propietarios conocen bien la escena teatral local.

Schloss Rheinsberg (☎ *27 77, Seestrasse 13*). Platos principales 7-13,75 €. Situado dentro del Deutsches Haus Atrium Hotel, es el restaurante con "cubiertos de plata" de la ciudad y sirve cocina regional alemana con precios a tono.

El centro comercial del pasaje del Rin, en el extremo sur de la localidad, tiene lugares de comidas razonables, como *Al Castello* (☎ *380 84*), con pizzas y pastas desde 3,50/4,25 €, y *Garden* (☎ *378 11*), un restaurante chino con almuerzos durante la semana desde 6,50 €.

Cómo llegar y salir

Los trenes RE de Charlottenburg a Rheinsberg salen cada dos horas (12,8 €, 2 ¼ horas). La estación de tren de Rheinsberg queda 1 km al sureste del Markt, en Berliner Strasse.

CHORIN
☎ 033366 • 522 hab.

El **Kloster Chorin** (*monasterio de Chorin;* ☎ *033366 703 77; Amt Chorin 11a; adultos/niños 2,50/1,50 €, parking 2,50 €; abierto de 9.00 a 18.00, entre abril y octubre; de 9.00 a 16.00 el resto del año*) de esta pequeña villa, situada 60 km al noreste de Berlín, está considerado como una de las más hermosas estructuras góticas de ladrillo rojo del norte de Alemania. Además, el festival de música clásica (Choriner Musiksommer), que se celebra en su claustro en verano, tiene categoría mundial.

No posee oficina de turismo, pero la recepción del Hotel Haus Chorin, cruzando el lago (☎ *03 33 66-500; Neue klosteralle, 10*) actúa de hecho como una especie de centro de información.

Chorin fue fundado por monjes cistercienses en 1273 y quinientos de ellos trabajaron durante seis décadas para levantar su abadía y su iglesia de ladrillo rojo sobre una base de granito. El monasterio fue secularizado en 1544 tras la conversión al protestantismo del príncipe elector Joaquín II y, después de la Guerra de los Treinta Años, quedó abandonado. La restauración del edificio (recomendada por Schinkel) se ha hecho de cualquier manera desde principios del siglo XIX.

La entrada al monasterio cruza la ornamentada fachada oeste, de rojo brillante, y conduce al claustro central, donde se realizan los conciertos. Al norte está la **Klosterkirche**, de estilo gótico temprano, con sus maravillosos pórticos grabados y largas ventanas ojivales en el ábside. En el suelo se aprecia en los muros la base de granito que soporta la porosa estructura de ladrillo. El celebrado **Choriner Musiksommer** tiene lugar a las 15.00 casi todos los sábados y domingos entre los meses de junio y agosto; es posible escuchar algún talento de primera línea. Para más información se puede contactar con los organizadores en ☎ 03334 65 73 10, Schickelstrasse 5, en Eberswalde Finow. Las entradas están disponibles en las agencias de Berlín. A las 16.00 de algunos domingos de finales de mayo a agosto hay conciertos de música de cámara en la iglesia, de la que se dice que tiene una acústica perfecta.

El Schiffshebewerk en acción sobre el agua.

Cómo llegar y salir
Se debe tomar un tren regional desde Lichtenberg hasta Eberswalde, o desde Ostbahnhof hasta Britz, y después el autobús 912 desde cualquiera de estas ciudades hasta el monasterio (8,7 €, 1 hora). Como alternativa, cabe la posibilidad de viajar directamente a la estación de tren de Chorin desde la Ostbahnhof (8,7 €, 50 minutos), y caminar unos 3 km por un recorrido indicado.

NIEDERFINOW
☎ 033362 • 700 hab.

El **Schiffshebewerk** (*elevador de barcos;* ☎ *03 33 69 461, Hebewerkstrasse; adultos/niños 1/0,50 €; abierto de 9.00 a 18.00 de mayo a septiembre; de 9.00 a 16.00 de octubre a abril*) de Niederfinow (700 hab.), unos 10 km al sureste de Chorin y 50 km al noreste de Berlín, es una de las construcciones más destacadas de la ingeniería de las primeras décadas del siglo XX (1934).

Es también muy divertido, sobre todo para los niños. Los barcos flotan en una suerte de bañera gigante que los sube o baja, con agua y todo, unos 36 m entre el río Oder y el canal Oder-Havel. Tratándose de Alemania, los datos técnicos de la estructura están señalados por todas partes (60 m de altura, 27 m de ancho, 94 m de largo, etc.), pero es más asombroso ver en la grúa la señal de 1.200 toneladas de las barcazas polacas cargadas con carbón.

Puede mirarse sin costo alguno el ascensor desde Hebewerkstrasse, pero resulta más divertido trepar los escalones hasta la plataforma más alta para ver desde arriba los 10 minutos de la operación.

Cómo llegar y salir
A Niederfinow llega un tren regional directo cada hora desde Berlín-Lichtenberg (8,7 €, 55 minutos). El Schiffshebewerk se encuentra 2 km al norte de la estación, y el camino está indicado.

Más allá de Brandeburgo

LUTHERSTADT-WITTENBERG
☎ 03491 • 53.000 hab

Esta ciudad se encuentra unos 100 km al suroeste de Berlín, en el estado de Sajonia-Anhalt. Es conocida, sobre todo, como el lugar en el que Lutero lanzó la Reforma en 1517, un acto de la mayor importancia cultural para Europa y el mundo. También goza de fama por su universidad, donde Lutero ejerció de profesor de teología, así como por haber sido la residencia del elector de Sajonia hasta 1547. En aquella época también vivió aquí Lucas Cranach el Viejo.

Desde la estación principal de tren, el centro de la ciudad queda a un paseo de 15 minutos por Collegienstrasse, la calle principal. Los lugares de interés de la ciudad se hallan en el interior de la Altstadt. Collegienstrasse cruza de este a oeste por el Markt, y pasa a denominarse Schlossstrasse en su extremo occidental.

Wittenberg-Information (☎ 49 86 10, fax 49 86 11), en Schlossplatz 2, frente a la Schlosskirche, abre de 9.00 a 18.00 entre semana, de 10.00 a 15.00 los sábados y de 11.00 a 16.00 los domingos. Para guiarse uno mismo por la ciudad, aquí puede obtenerse una audioguía (5 €).

Lutherhalle Wittenberg
El Lutherhalle (☎ 420 30, Collegien-strasse 54; adultos/con descuento 3,5/2 €; abierto de 9.00 a 18.00 de martes a domingo entre abril y septiembre y de 10.00 a 17.00 de martes a domingo entre octubre y marzo) figura entre los museos más completos del mundo dedicados a la Reforma. Ocupa un antiguo monasterio agustiniano que sirvió como hogar y lugar de trabajo para Lutero durante más de cuatro décadas. Aquí escribió sus obras más importantes e impartió clases a sus alumnos, en el auditorio del edificio. Siguen conservándose las salas originales, pero, desgraciadamente, no será posible verlas hasta finales de 2002, cuando finalice la remodelación del museo. En 1996 el Lutherhalle, junto con otros lugares de Wittenberg relacionados con Lutero y otras poblaciones de Sajonia-Anhalt, fueron declarados Patrimonio de la Humanidad por la Unesco.

El **Luthereiche**, el lugar donde Lutero quemó una copia de la bula papal que le amenazaba con la excomunión, está en la esquina entre Lutherstrasse y Am Bahnhof.

Martín Lutero fue la figura principal de la Reforma.

Melanchthon Haus

La casa donde el humanista Philipp Melanchthon (1497-1560) vivió durante 24 años se ha conservado casi en su estado original y funciona como museo (☎ *40 26 71, Collegienstrasse 60; adultos/con descuento 2,5/1,5 €; abierto de 9.00 a 18.00 de martes a domingo entre abril y septiembre, y de 9.00 a 17.00 entre octubre y marzo*). Melanchthon fue discípulo y amigo íntimo de Lutero, al que ayudó a traducir la Biblia al alemán. Finalmente, él mismo se convirtió en defensor de la reforma. Llegó a la ciudad en 1518 como profesor de la universidad y permaneció aquí hasta su muerte. Las ideas innovadoras de Melanchthon iban más allá de la religión: su principal objetivo consistía en replantear el sistema educativo alemán, que hasta entonces era totalmente en latín.

Stadtkirche

En la Kirchplatz, a pocos pasos al este del Markt, la Stadtkirche aparece repleta de tesoros artísticos. El gran altar de esta iglesia, diseñado por Lucas Cranach el Viejo y su hijo, fue completado en 1547. Muestra a Lutero, Melanchthon y otras figuras de la Reforma, así como al propio Cranach el Viejo, en contextos bíblicos. En 1525, Lutero se casó con una ex monja llamada Katharina von Bora en esta iglesia, donde también predicaba. En ella destacan la fuente bautismal octogonal en bronce y el gran número de buenas pinturas, en especial, *La Viña del Señor*, de Cranach el Joven, situada detrás del altar, en la esquina sureste de la iglesia.

Markt

Al norte del Markt se encuentra la **Rathaus** (1523-40), un paradigma de los prósperos ayuntamientos renacentistas del centro de Alemania. Ante la Rathaus se levantan dos grandes **estatuas**. La que se halla en el centro de la plaza corresponde a Lutero (1821) y la de su derecha, a Melanchthon (1865).

Cranachhaus

En un extremo del Markt se erige la casa donde Lucas Cranach el Viejo vivió en Wittenberg. Se accede a ella desde un pintoresco patio. En el interior, se puede visitar la restaurada **Gallerie im Cranachhaus** (☎ *420 19 17, Markt 4; entrada 2 €, abierto de 10.00 a 17.00 martes, miércoles y viernes, de 10.00 a 18.00 los jueves y de 13.00 a 17.00 los sábados y domingos*), con exposiciones de arte itinerantes y un buen audiovisual.

Saliendo por la parte trasera se halla el **Historische Druckerstube** (*abierto de 9.00-17.00 de lunes a viernes*), donde se siguen realizando tipos e impresiones a mano, y se exhiben bosquejos de dibujos en blanco y negro realizados por Lutero.

Schloss Wittenberg

En el extremo occidental de la ciudad se levanta este castillo (1499), con su enorme y reconstruida **Schlosskirche** (*Schlossstrasse; entrada gratuita, visitas en alemán 1 €, abierto de 14.00 a 17.00 los lunes, de 10.00 a 17.00 de martes a sábado, de 11.30 a 17.00 los domingos entre mayo y octubre; abierto hasta las 16.00 entre noviembre y abril*). Aquí existe una réplica de la puerta en la que se supone que Lutero clavó las 95 tesis el 31 de octubre de 1517. La puerta original fue destruida en un incendio en 1760, y ha sido sustituida por otra de bronce (1858), con las tesis grabadas en latín. La lápida de Lutero yace bajo el púlpito y la de Melanchthon, enfrente.

Hundertwasser Schule

Al noreste del centro se ubica el Martin-Luther-Gymnasium, una escuela caprichosamente remodelada por el arquitecto vienés Friedensreich Hundertwasser, con su personal estilo de cuento de hadas. Se trata de un edificio espectacular, con sus cúpulas estilo mezquita, la luminosa y estrafalaria fachada y la vegetación en el techo. Para llegar a ella hay que caminar 20 minutos desde el centro: se asciende por Berliner Strasse y se gira a la derecha en Schillerstrasse, hasta llegar a la cuarta esquina a la izquierda (en Strasse der Völkerfreundschaft).

Dónde comer

Gran parte del mundo de la restauración se concentra en Collegienstrasse. Se recomienda probar el *Speckkuchen*, una masa similar a la pizza cubierta con bacon y huevos revueltos con crema de leche y cebolla. El *Lutherbrot* consiste en una preparación parecida al pan de jengibre, con chocolate y azúcar glas.

Stadtkantine (☎ *41 13 89, Coswigerstrasse 19*). Platos 3-4 €. Éste es el mejor local para una comida rápida, barata y caliente; es recomendable el rollo relleno de cerdo.

Creperie Lorette (☎ *40 40 45, Collegienstrasse 70).* Comidas 3-8 €. Encantador local que sirve buenos crepes con varios rellenos (dulces y salados) y fantásticas ensaladas.

Zum Schwarzen Baer (☎ *41 12 00, Schlossstrasse 2*). Tentempiés 2,5-3,5 €, platos principales hasta 10 €. Buen establecimiento para los tentempiés a base de patata, e incluso para las pizzas y las comidas completas a base del tubérculo favorito de Alemania. En la parte trasera tiene un agradable pub.

Zur Schlossfreiheit (☎ *40 29 80, Coswigerstrasse 24).* Platos principales 6-10 €. Característico por sus platos sobre temas históricos; por ejemplo, el Lutherschmaus (delicioso pato en salsa picante de pasas).

Cómo llegar y salir

Wittenberg recibe directamente los rápidos trenes ICE cada dos horas desde Ostbahnhof (23 €, 1 hora); los trenes regionales requieren cambiar en Jüterbog, y tardan 1 3/4 horas, aunque sólo cuestan 16 €.

DRESDE

☎ 0351 • 485.000 hab.

La capital de Sajonia, situada a unos 200 km al sur de Berlín, era conocida en toda Europa como "la Florencia del norte" en el siglo XVIII. Durante los reinados de Augusto el Fuerte [1694-1733] y su hijo Augusto III [1733-63], artistas, músicos, actores y artesanos de Italia, sobre todo de Venecia, acudían a la corte de Dresde.

El pintor italiano Canaletto reflejó la rica arquitectura de la época en cuantiosas pinturas que en la actualidad se exhiben en la Galería de los Antiguos Maestros de Dresde junto a numerosas y magníficas obras adquiridas por Augusto III con las rentas obtenidas de las minas de plata de Sajonia.

Gran parte de la capital regional resultó devastada por los bombardeos angloamericanos en febrero de 1945. Al menos 35.000 personas murieron en el ataque, que ocurrió en un momento en que la ciudad estaba abarrotada de refugiados y cuando la guerra casi había terminado. El bombardeo de Dresde desató una gran polémica; al parecer estuvo motivado más por venganza que por necesidades estratégicas.

Un buen número de las grandiosas construcciones barrocas que adornan la ciudad han sido totalmente restauradas. La antigua obra maestra de la arquitectura de la ciudad, la Frauenkirche, tiene prevista su reapertura en 2006.

El Elba divide la ciudad formando una tosca V, con el distrito de los bares bohemios de la Neustadt al norte y la Altstadt, o parte antigua, al sur.

Gran parte de los valiosos tesoros artísticos de Dresde están al sur del Elba, en dos grandes edificios, el Albertinum y el Zwinger, en puntos opuestos de la Altstadt. Están unidos por la agradable Brühlsche Terrasse, que se extiende a orillas del Elba, con los embarcaderos debajo.

Desde la Hauptbahnhof, la peatonal Prager Strasse conduce al norte hacia el antiguo centro. La mayoría de trenes se detiene, además, en la estación de Neustadt. Para llegar a los principales puntos de interés desde aquí, debe caminarse al este por Antonstrasse hasta la Albertplatz, y seguir al sur por la peatonal Hauptstrasse hasta el Augustusbrücke, que conecta la Neustadt con la Altstadt.

Dresden-Information puede ayudar a encontrar el alojamiento adecuado. Se ubica justo al norte de la Hauptbahnhof, en Prager Strasse 21 (☎ 49 19 20, fax 49 19 21 16, correo electrónico info@dresden-tourist.de, web www.dresden-tourist.de). Abre de 9.00 a 19.00 de lunes a viernes, hasta las 16.00 los sábados. Una segunda oficina atiende en Schinkelwache, en Theaterplatz 2, cerca del Zwinger. Abre de 10.00 a 18.00 de lunes a viernes, hasta las 16.00 los sábados.

Ambas oficinas venden la Dresden Card

(15 €) de 48 horas, que facilita la entrada a once museos, descuentos menores en los recorridos por la ciudad y en los paseos en barco, además de transporte público ilimitado. Si se pasa en la ciudad un solo día, quizás la oferta no sea tan recomendable, puesto que los pases de un día para el transporte público individuales/familiares cuestan 4/6 € y los pases de un día para museos, válidos en la mayoría de museos (incluidos los "obligados" Zwinger y Albertinum) salen por 6/3,5 €. Obsérvese que los menores de 16 años entran gratis en estos museos si van acompañados de sus padres.

Altstadt

Un paseo de 10 minutos al norte de Prager Strasse desde la Hauptbahnhof conduce a la zona del Altmark, el núcleo histórico de Dresde. A la derecha, puede verse la reconstruida **Kreuzkirche** (1792), la principal iglesia protestante. Es famosa por su coro formado por 150 niños, cuyo canto se puede escuchar normalmente gratis durante las misas de las 18.00 los sábados y los domingos a las 9.30. Además, la torre de la iglesia (1/0,5 €) ofrece buenas vistas.

Cruzando la amplia Wilsdruffer Strasse, se llega a la barroca **Landhaus**, que alberga el **Stadtmuseum** (*Museo histórico de la ciudad;* ☎ *49 86 60, adultos/con descuento 2/1 €; abierto de 10.00-18.00 de martes a domingo*), que recoge la historia de la ciudad hasta 1989.

Neumarkt

Subiendo Landhausstrasse por el noroeste se llega al Neumarkt, dominado por la **Frauenkirche**, que aún sigue cubierta de andamios. Hasta el final de la II Guerra Mundial fue la mayor iglesia protestante de Alemania, con su enorme cúpula conocida como la "campana de piedra". Los bombardeos del 13 de febrero de 1945 la arrasaron y los comunistas decidieron conservar los escombros como un recuerdo de la guerra. Después de la reunificación, se llevó a cabo una movilización popular para la reconstrucción del templo y en 1992 se inició una gigantesca operación arqueológica. En 2001 podían verse más de 10.000 piezas del edificio apiladas al aire libre en el Neumarkt. Los trabajos necesarios para armar este descomunal puzzle deberán estar acabados en 2006 (800 aniversario de Dresde), pero las donaciones han sido tan generosas que podrían terminarse antes. Es posible contratar una visita guiada de una hora. Son gratuitas, pero el propósito es conseguir donativos.

En el extremo occidental del Neumarkt se halla el Johanneum, del siglo XVI, donde se ubicaban los antiguos establos reales y hoy día tiene sede del interesante **Verkehrsmuseum** (*Museo del transporte;* ☎ *864 40, Augustusstrasse 1; adultos/niños 2/12 €; abierto de 10.00 a 17.00 de martes a domingo*), con su fascinante colección de monedas, tranvías, dirigibles, carruajes y otros vehículos históricos.

La parte posterior (norte) del edificio, en Augustusstrasse, está cubierta por los 102 m del **Fürstenzug** (Procesión de los príncipes), un llamativo mural realizado con 24.000 baldosas de Meissen, donde aparecen todos los gobernantes de Sajonia entre 1123 y 1904.

Schlossplatz

Augustusstrasse conduce directamente a la Schlossplatz y a la barroca **Katholische Hofkirche** (1755), antigua iglesia de la corte y en la actualidad catedral de Dresde, cuya cripta contiene el corazón de Augusto el Fuerte. Al sur se levantan los múltiples torreones del **Residenzschloss** (Palacio real), una confección de estilo neorrenacentista. Su rehabilitación no finalizará hasta 2006, año en que se reabrirá como gran centro museístico. Mientras, se ofrecen exposiciones itinerantes en la torre de palacio, la **Hausmannsturm** (☎ *491 46 22; adultos/niños 2,5/1,5 €, aunque el precio puede cambiar; abierto de 10.00 a 17.00 de martes a domingo entre abril y octubre*). Desde su mirador se puede echar una ojeada al bonito patio interior del palacio, y disfrutar de los principales emblemas de la ciudad a vista de pájaro.

Semperoper

Al oeste, Hofkirche se encuentra al lado de otra de las grande plazas de Dresde, la Theaterplatz, dominada por la gloriosa Sempero-

276 Excursiones – Dresde

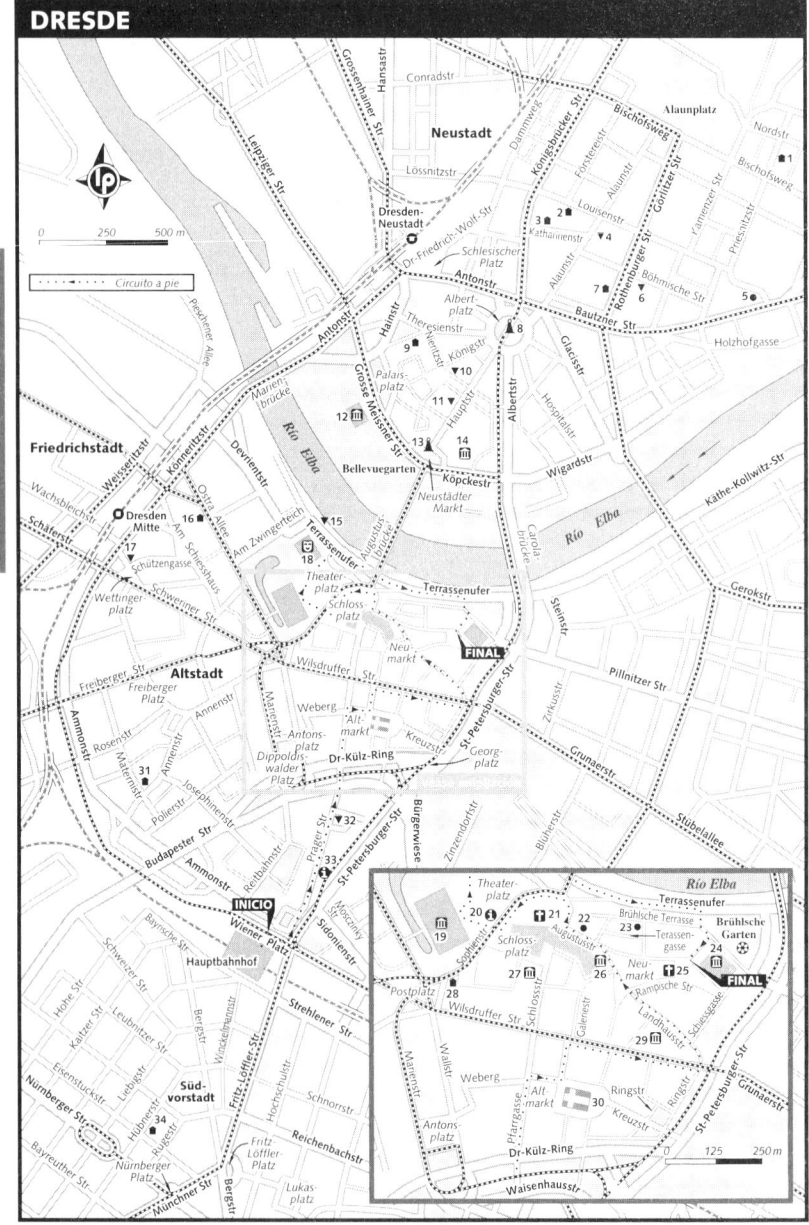

DRESDE

DÓNDE DORMIR
1. Pension Edith
2. Jugendhotel Die Boofe
3. Hostel Mondpalast
7. Rothenburger Hof
9. Hotel Martha Hospiz
16. art'otel Dresden
28. Hotel Kempinski Taschenberg Palais; Sophienkeller
31. Jugendgästehaus Dresden
34. Jugendherberge Rudi Arndt

DÓNDE COMER
4. Scheunecafé
6. Raskolnikoff
10. El Español
11. Kügelgenhaus
15. Opernrestaurant
17. brennNessel
32. CaféBörse

DE INTERÉS
5. Pfunds Molkerei
8. Monumento a Schiller
12. Japanisches Palais; Ladesmuseum für Vorgeschichte
13. Goldener Reiter
14. Museum für Volkskunst
18. Semperoper
19. Zwinger; Museos del Zwinger
20. Dresden-Information
21. Katholische Hofkirche
22. Fürstenzug
23. Kasematten
24. Albertinum; Museos del Albertinum
25. Frauenkirche
26. Verkehrsmuseum
27. Residenzschloss; Hausmannsturm
29. Stadtmuseum
30. Kreuzkirche
33. Dresden-Information

---

per (☎ *491 17 05, para visitas* ☎ *491 14 96, Theaterplatz 2; visitas adultos/con descuento 4,5/3 €, diariamente*), con una tumultuosa historia. La original, diseñada por Gottfried Semper, fue inaugurada en 1841, pero se incendió en 1869 y fue reconstruida por su hijo Manfre, entre 1871 y 1878. De nuevo destruida en 1945, volvió a abrir en 1985, después de que los comunistas invirtieran millones en su restauración. La ópera la Dresde disfruta de una tradición que se remonta a 350 años, y ha sido testigo de estrenos de Richard Strauss, Carl Maria von Weber y Richard Wagner.

Las entradas cuestan a partir de 15 €, pero suelen agotarse incluso con un año de antelación.

Zwinger

El más famoso complejo de edificios de Dresde es el amplio y tardo-barroco Zwinger (1728). Desde el teatro de la ópera, unos pocos metros al sur en la Theaterplatz, destaca el extenso edificio barroco del Zwinger (1728). Su atractivo patio, ornamentado con fuentes, está flanqueado por una galería abierta y hermosos pórticos (a uno se llega por un largo puente de ladrillo construido sobre un foso).

El Zwinger aloja cinco museos. El más importante es la **Gemäldegalerie Alte Meister** (*Galería de Antiguos Maestros;* ☎ *491 46 22, Theaterplatz 1; adultos/con descuento 3,50/2 €; abierto de 10.00 a 18.00, de martes a domingo*). Todos los grandes nombres del arte están representados en ella, incluidos renacentistas italianos como Rafael y Tiziano y maestros holandeses y flamencos como Rubens, Rembrandt y Vermeer. El museo ocupa el edificio Semperbau, orientado hacia Theaterplatz. La entrada permite admirar además la **Rustkammer** (*armería;* ☎ *491 46 60, Theaterplatz 1; adultos/con descuento 1,50/1 €; abierto de 10.00 a 18.00, de martes a domingo*) que expone una soberbia colección de armas ceremoniales.

En el **Salón de matemáticas y física**, al otro lado del patio (☎ *491 46 60, Zwinger; adultos/con descuento 1,50/1 €; abierto de 10.00 a 18.00, de viernes a miércoles*), destaca un despliegue de instrumentos, globos terráqueos y relojes antiguos. Las exhibiciones de historia natural se concentran en el **Museum für Tierkunde** (*Museo de Zoología;* ☎ *495 25 03, Zwinger/Unterm Kronentor; adultos/con descuento 1/0,50 €; abierto de 10.00 a 18.00, de miércoles a lunes*). La deslumbrante **Colección de porcelana** (☎ *491 46 22; Glockenspielpavillon*), una de las más famosas del mundo, está cerrada por renovación hasta finales de 2002.

Brühlsche Terrasse

Este espectacular paseo junto al río se inicia justo al este del Augustusbrücke. Conocido como el "Balcón de Europa", se trata de una pasarela elevada sobre la orilla sur del Elba. En verano resulta ideal para pasear, con perfectas vistas del río, surcado por vapores con paletas, y, al otro lado del Elba, la estatua del Goldener Reiter y la Neustadt.

Debajo del paseo está situado el bastión de ladrillo renacentista conocido como **Kasematten**. El museo del interior (*☎ 491 47 86; adulto/niño 3/2 €; abierto de 10.00 a 17.00 entre abril y octubre cada día; de 10.00 a 16.00 entre noviembre y marzo*) dispone de audioguías en varios idiomas.

Albertinum

El Albertinum (*☎ 491 47 14, Brühlsche Terrasse; adultos/con descuento 3,5/2 €; abierto de 10.00 a 18.00 de viernes a miércoles*) queda en el extremo este del paseo. Al igual que el Zwinger, alberga varios museos llenos de joyas del arte. Aquí puede verse la **Galerie Neue Meister** (Galería de los Nuevos Maestros), con prestigiosos cuadros de los siglos XIX y XX, incluidos los impresionistas. No hay que olvidar la **Grünes Gewölbe** (Bóveda verde), una de las mejores colecciones del mundo de objetos preciosos con incrustaciones de joyas. Con el tiempo, la Grünes Gewölbe volverá a ocupar su ubicación original en el Palacio real. Entre sus tesoros se incluyen el mayor diamante verde del mundo –41 quilates–, minúsculas esculturas hechas a partir de perlas irregulares y un imponente grupo de 137 figuras con incrustaciones. Aquí también se encuentran la **Skulpturensammlung**, que incluye piezas clásicas y egipcias, y el **Münzkabinett**, que recorre la historia de la numismática desde el siglo VII hasta 1871.

Neustadt

Pese al nombre, se trata de una parte antigua de Dresde, casi intacta tras los bombardeos de la guerra. Tras la reunificación se convirtió en el centro del panorama alternativo de la ciudad, pero con el creciente aburguesamiento está perdiendo su duro núcleo bohemio. Königsstrasse, paralela al oeste de Hauptstrasse, se está convirtiendo en un elegante barrio comercial.

Es interesante el **Goldener Reiter** (1736), una estatua ecuestre de Augusto el Fuerte, en el extremo norte del Augustusbrücke. Desde aquí, Hauptstrasse, un agradable paseo peatonal, conduce a la Albertplatz, donde se erige un bello **Monumento a Schiller** de mármol.

Entre los museos de la Neustadt figuran **Museum für Volkskunst** (*Museo de Arte Folclórico; ☎ 803 08 17, Köpckestrasse 1; adultos/niños 1,5/1 €, abierto de 10.00 a 18.00 de martes a domingo*), con tres plantas que documentan la vida diaria de la gente de Sajonia a lo largo de los años. Se muestran armarios pintados, cestos, alfarería, juguetes, adornos navideños, trajes folclóricos sajones y sorabos, y muchas cosas más.

En la cercana Palaisplatz, el **Japanisches Palais** (1737) contiene el famoso **Landesmuseum für Vorgeschichte** (*Museo de Arqueología del Estado, ☎ 892 66 03, Palaisplatz 11; adultos/niños 4,5/3 €, abierto de 10.00 a 18.00 de martes a domingo*).

Pfunds Molkerei

Se anuncia como "la lechería más bonita del mundo" por una buena razón: de un extremo al otro, su interior (*☎ 816 20, Bautzner Strasse 79*) muestra una espléndida multitud de azulejos pintados a mano y esculturas esmaltadas. Fundada por los hermanos Pfund en 1880, la lechería pretende haber inventado la leche condensada. En la tienda se venden deliciosos vinos, quesos y, por supuesto, leche. En la planta superior, un café restaurante ofrece platos preparados con productos lácteos.

Circuitos organizados

Hamburger Hummelbahn (*☎ 494 04 04*) realiza recorridos por la ciudad en autobuses de dos pisos y trenecitos. Los circuitos (en alemán) salen de Postplatz varias veces al día, duran 90 minutos y cuestan a partir de 13/12 € adultos/con descuento.

Stadtrundfahrt Dresden (*☎ 899 56 50*) organiza circuitos turísticos durante todo el año, en los que se permite subir y bajar cuando uno desee a partir de 15/8 €, adultos/niños entre 14-17 años. Los autobuses, que parten a intervalos regulares desde Theaterplatz/Augustusbrücke, realizan 19 paradas y están equipados con auriculares para quienes no hablen alemán.

Dónde dormir

Los precios resultan algo desorbitados, aunque últimamente han aparecido algunos lugares económicos. La oficina de turismo ofrece un servicio de reservas en el ☎ 49 19 22 22, a un precio de 2,5 € por persona.

Jugendgästehaus Dresden (☎ 49 26 20, fax 492 62 99, jghdresden@djh-sachsen.de, Maternistrasse 22). Individuales 24 €, habitaciones de 2 o 3 camas jóvenes/adultos, 16,50/20 €, más 2,5 € para ducha y lavabos propios. Fantástico lugar, antiguo centro de instrucción del partido comunista.

Hostel Mondpalast (☎/fax 804 60 61, mondpalast@t-online.de, Katharinenstrasse 11-13). Camas en dormitorios comunitarios 12,50 €, individuales/dobles 20/32 €. Muchos lectores han escrito sobre esta opción económica en la Neustadt, con sencillos dormitorios decorados por temas y un estupendo bar al lado.

Jugendhotel Die Boofe (☎ 801 33 61, fax 801 33 62, boofe@t-online.de, Louisenstrasse 20). Individuales/dobles 28/41,50 €. Las habitaciones son más bonitas que las de un hostal corriente, pero puede ser un poco ruidoso, ya que hay un bar abajo y un puesto de bomberos al lado.

Jugenherberge Rudi Arndt (☎ 471 06 67, fax 472 89 59, Hübnerstrasse 11). Las camas para jóvenes/adultos en dormitorios comunitarios cuestan 15,50/18 €. Está en una barriada residencial histórica a 20 minutos andando desde la Hauptbahnhof en dirección sur.

Pension Edith (☎/fax 802 83 42, Priesnitzstrasse 63). Individuales/dobles con ducha 39/51,50 €. Esta pensión, situada en un paraje tranquilo, ofrece piezas básicas; es pequeña y por tanto resulta aconsejable reservar con mucha antelación.

Hotel Martha Hospiz (☎ 817 60, fax 817 62 22, marthahospiz.dresden@t-online.de, Nieritzstrasse 11). Habitaciones individuales/dobles 70/100 € con lavabo y ducha. La tranquilidad reina en esta amplia y encantadora posada con mobiliario rústico que perteneció a una iglesia.

Rothenburger Hof (☎ 812 60, fax 812 62 22, kontakt@dresden-hotel.de, Rothenburger Strasse 15-17). Individuales/dobles 52,50/ 82,50 €. En plena Neustadt, este lugar destaca por un ambiente limpio y reluciente, sus baños de vapor y la sauna.

art'otel dresden (☎ 492 20, fax 492 27 77, dresden@artotel.de, Ostra-Allee 33). Individuales/dobles 215/255 €. Hay una galería al lado, y tiene un elegante restaurante y cuenta con imaginativas habitaciones.

Hotel Kempinski Taschenberg Palais (☎ 491 20, fax 491 28 12, reservation@kempinski- dresden.de, Taschenberg 3). Individuales/dobles 205/230 €. Se trata de un establecimiento extraordinariamente lujoso. Situado en una restaurada mansión del siglo XVIII, frente al Zwinger.

Dónde comer

Café Börse (☎ 490 64 11, Prager Strasse 8a). Platos principales 4,45-8,75 €. Bebidas y crepes constituyen la principal oferta de este moderno establecimiento. Además, se ve pasar a la gente desde la terraza sobre la bulliciosa Prager Strasse.

La Altstadt dispone de unos cuantos lugares que también merecen la pena.

brennNessel (☎ 494 33 19, Schützengasse 18). Platos principales 5-9,25 €. Este local de estilo campestre sirve especialidades vegetarianas, como tallarines de harina integral con queso de oveja en salsa de pimienta y estofado de puerros, patatas y semillas de girasol.

Sophienkeller (☎ 49 72 60, Taschenberg 3). Menús completos 12,50-20 €, platos principales 8-14 €. Decorado como una feria de 1730, destaca por sus buenas especialidades locales y vinos. Ofrece también actuaciones de cantantes con trajes del siglo XVIII.

Opernrestaurant (☎ 491 15 21, Theaterplatz 2). Platos principales 6-15 €. Al otro lado del Semperoper, este elegante local elabora una cocina variada, básicamente italiana y alemana con unos precios bastante moderados. Es un buen lugar para tomar copas después de una función.

Existen más restaurantes en la Neustadt, entre los que se incluyen los siguientes:

Raskolnikoff (☎ 804 57 06, Böhmische Strasse 34). Platos principales 3,50-12 €.

Este local bohemio ofrece platos económicos rusos, como la *borscht* (sopa de remolacha) y la *wareniki* (pasta amasada con patatas y setas). Está debajo del letrero de la Galerie Erhardt.

Scheunecafé (*☎ 803 66 19, Alaunstrasse 36*). Banquete para 2 personas 17,50 €. Especializado en comida india, tiene una buena relación calidad precio en un ambiente rockero; el menú comprende cinco platos deliciosos.

Kügelgenhaus (*☎ 527 91, Hauptstrasse 13*). Platos principales 6,50-11 €. Para comidas especiales, bajo el Museo del Primer Romanticismo de Dresde, en la Neustadt. Presenta una completa y buena carta de platos sajones y cuenta con una bodega de cervezas.

El Español (*☎ 804 86 70, An der Dreikönigskirche 7*). Tapas y entrantes 3,75-12,75 €. Los lectores nos han escrito recomendando este acogedor local español en un lujoso vecindario.

Cómo llegar y salir
Pese a la distancia desde Berlín, Dresde se halla sólo a dos horas de esta ciudad en tren EC (30 € por trayecto), con salidas cada dos horas desde Ostbahnhof. En coche, debe tomarse la A113 hasta la A13, al sur. Si se sale temprano de Berlín, resulta posible ver lo más destacado de Dresde en un día, aunque esta fabulosa ciudad bien merece una estancia más larga.

Cómo desplazarse
La red de transportes de Dresde cobra 1,5 € por un billete para una sola zona, y 5 € por cuatro billetes, mientras que los pases válidos para 24 horas cuestan 4 € (individual) o 6 € (familia).

LEIPZIG
☎ 0341 • 480.000 hab.

Se trata de un importante centro económico y de transporte del este de Alemania, con una acusada tradición artística, se convirtió en la "Stadt der Helden", o "ciudad de los héroes", por su papel dirigente en la revolución democrática de 1989. Sus habitantes organizaron las protestas contra el régimen comunista en mayo de aquel año; en octubre centenares de miles ocuparon las calles, encendieron velas en los peldaños del acceso al cuartel general de la Stasi y asistieron a servicios por la paz en la iglesia de San Nicolás. Su acciones tuvieron repercusiones: el 9 de noviembre cayó el Muro.

Desde el descubrimiento de ricas minas de plata en el Erzgebirge en el siglo XVI, Leipzig ha disfrutado de una casi continua prosperidad.

La ciudad ha sido escenario de ferias comerciales desde la época medieval, y durante el período comunista constituyó un punto clave de intercambios Este-Oeste. Después de la reunificación ha invertido enormes sumas de dinero en la construcción de un ultramoderno recinto con el objetivo de volver a ser una de las grandes ciudades feriales de Europa.

Leipzig se caracteriza por su peso en el mundo de la ópera y la música clásica del país, y su literatura y artes escénicas son florecientes. Fue hogar de Bach, Wagner y Mendelssohn, y de Goethe, que concibió una de las escenas clave de *Fausto* en la bodega de su taberna preferida. Y la Universidad de Leipzig atrae estudiantes de todo el mundo.

El centro de Leipzig está delimitado por una carretera de circunvalación que rodea las fortificaciones medievales de la ciudad. Para llegar a él desde la Hauptbahnhof, se ha de cruzar la Willy-Brandt-Platz y seguir hacia el sur por Nikolaistrasse durante cinco minutos. El Markt está un par de manzanas al suroeste. La deslumbrante sede de ferias comerciales de Leipzig (Neue Messe) se halla 5 km al norte de la Hauptbahnhof (allí llega el tranvía nº 16).

El excelente Servicio de Turismo de Leipzig (☎ 710 42 60/65, fax 710 42 71, lipsia@aol.com) en Richard-Wagner-Strasse 1, cerca de la Hauptbahnhof, permanece abierto de 9.00 a 19.00, de lunes a viernes; hasta las 16.00 los sábados y hasta las 14.00 los domingos. Aquí puede adquirirse la Leipzig Card (5/10,5 €) de uno o tres días, que ofrece entrada gratuita o a precios reducidos a los museos y al zoo, además de transporte público ilimitado.

Excursiones – Leipzig

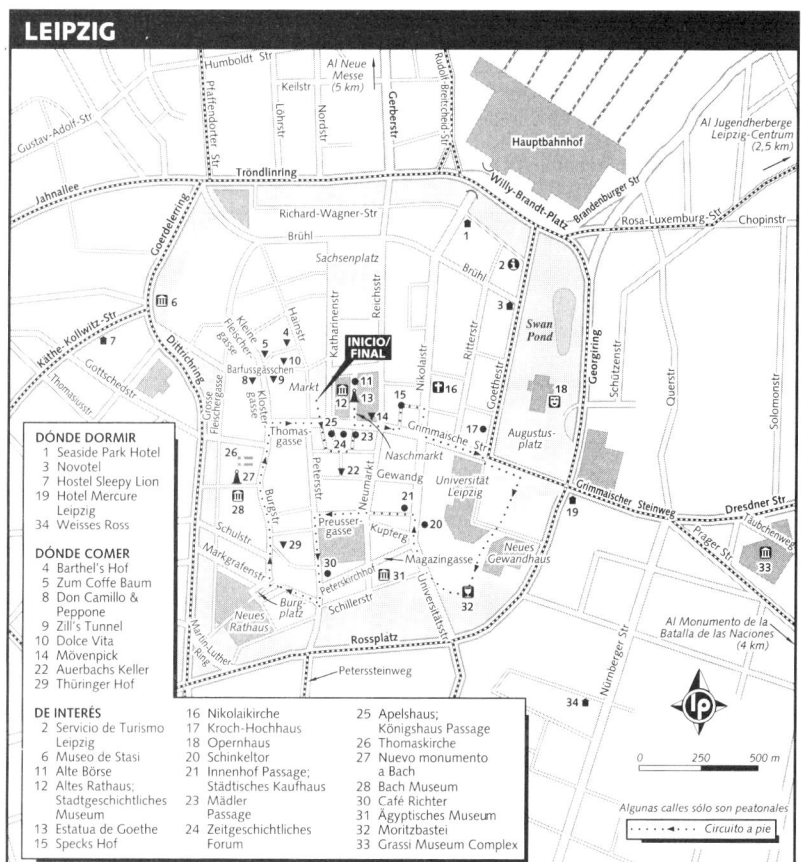

LEIPZIG

DÓNDE DORMIR
1 Seaside Park Hotel
3 Novotel
7 Hostel Sleepy Lion
19 Hotel Mercure Leipzig
34 Weisses Ross

DÓNDE COMER
4 Barthel's Hof
5 Zum Coffe Baum
8 Don Camillo & Peppone
9 Zill's Tunnel
10 Dolce Vita
14 Mövenpick
22 Auerbachs Keller
29 Thüringer Hof

DE INTERÉS
2 Servicio de Turismo Leipzig
6 Museo de Stasi
11 Alte Börse
12 Altes Rathaus; Stadtgeschichtliches Museum
13 Estatua de Goethe
15 Specks Hof
16 Nikolaikirche
17 Kroch-Hochhaus
18 Opernhaus
20 Schinkeltor
21 Innenhof Passage; Städtisches Kaufhaus
23 Mädler Passage
24 Zeitgeschichtliches Forum
25 Apelshaus; Königshaus Passage
26 Thomaskirche
27 Nuevo monumento a Bach
28 Bach Museum
30 Café Richter
31 Ägyptisches Museum
32 Moritzbastei
33 Grassi Museum Complex

Algunas calles sólo son peatonales

· · · · · ◀ · · · · Circuito a pie

Circuito a pie por el centro histórico

Este circuito de 4 km comienza en el Markt y sigue, en el sentido de las agujas del reloj, hacia Augustusplatz antes de explorar el atractivo lado sur del barrio antiguo. El recorrido se extiende 1 ½ horas pero puede ocupar casi todo un día en caso de realizar todas las paradas.

En el Markt, el renacentista **Altes Rathaus** (1556), uno de los más asombrosos ayuntamientos de Alemania, alberga el **Stadtgeschict liches Museum** (*Museo de Historia de la Ciudad;* ☎ 96 51 30; *adul-*

tos/niños 2,50/1,25 €; abierto de 10.00 a 18.00, de martes a domingo).

Cruzando la calle hacia el sur se llega a la barroca y anaranjada **Apelshaus** (1607), de color crepúsculo y con encantadores saledizos de las ventanas. Es ahora un moderno centro comercial, conocido popularmente como el pasaje Königshaus, aunque la impresionante lista de huéspedes de sus buenos tiempos incluye a Pedro el Grande y Napoleón.

El pasaje Königshaus lleva directamente al **pasaje Mädler**, que debe de ser uno de los centros comerciales más bellos del mundo. Mezcla de estilo neorrenacentista y Art Nouveau, abrió como galería comercial en 1914 y fue renovado con grandes inversiones al comienzo de la década de 1990. En la actualidad alberga tiendas sofisticadas, restaurantes y cafés y, lo más notable, el restaurante **Auerbachs Keller** (veáse más adelante, en esta sección, "Dónde comer"). Hay también estatuas relacionadas con Fausto (estudiantes, Mefistófeles y Fausto) en la salida este, donde las escaleras descendentes llevan al restaurante.

Desde el Naschmarkt, yendo hacia el este a lo largo de Grimmaische Strasse, se dobla hacia la izquierda y se desciende por un corredor hacia **Specks Hof**, otra galería de tiendas. Desde el portal este de Specks Hof se ve la **Nikolaikirche** (iglesia de San Nicolás; 1165). Iniciada con estilo románico fue después ampliada en gótico tardío, con un sorprendente interior clásico. Más recientemente, la iglesia fue el punto principal de reunión de los manifestantes pacíficos de 1989. Un folleto narra la historia de cómo 600 leales miembros del partido, enviados a la iglesia para boicotear un acto religioso, escucharon el sermón y se unieron a los manifestantes.

Siguiendo al sureste por Nikolaistrasse, hay que continuar luego al este por Grimmaische Strasse, hasta la Augustusplatz, donde se recibe un curso acelerado sobre arquitectura monumental del siglo XX. La plaza está cubierta de estructuras de cristal que brillan por la noche, otorgando a los bloques de cemento parte de la tan necesaria calidez.

Al norte se sitúa la funcional **Opernhaus**, construida en 1960, mientras que la pequeña sombra de la izquierda está proyectada por las once plantas de la **Kroch-Hochhaus** (1928), el primer "rascacielos de Leipzig", en la actualidad parte de la universidad. Obsérvese su vestíbulo Art Déco.

Al otro extremo de la plaza, se encuentra la inolvidable (por claustrofóbica) **Neues Gewandhaus** (1981), donde tienen lugar conciertos de jazz y música clásica. Ocupando gran parte del lado oeste de la plaza, se levanta la gigantesca **Universität Leipzig** (1975), de la época de la RDA, con su rascacielos conocido como "Uniriese" (Universidad gigante) o "Weisheitszahn" (muela del juicio). Se supone que parece un libro abierto.

Hacia el sur desde la Gewandhaus, se llega al **Moritzbastei**, en otro tiempo parte de las fortificaciones de la ciudad y hoy en día un gran club estudiantil. Hacia el norte, por Universitätstrasse, se llega a la **Schinkeltor**, en el lado oeste del edificio de la universidad. Esta puerta de mediados del siglo XIX constituye el único fragmento original de la universidad que sobrevivió a la II Guerra Mundial y a la RDA.

Justo al oeste se extiende el **Innenhof Passage**, en la espectacular Städtisches Kaufhaus. Hay que salir por el oeste, cruzar la calle y, más hacia el oeste, por Preussergasse, se llega a Petersstrasse, uno de los principales bulevares comerciales. Desde aquí se puede ver a la izquierda el **Café Richter** (☎ *960 52 35, Peterstrasse 43*), el punto de venta de café más antiguo de la ciudad (desde 1879). Este fabuloso edificio ecléctico, con su escalera de caracol de hierro dorado, es digno de contemplar; también resultan ideales sus deliciosos café (500 g por 4 €).

Algo más al sur, se debe girar al oeste hacia Markgrafenstrasse, hasta llegar a la Burgplatz, dominada por el barroco **Neues Rathaus** (Nuevo Ayuntamiento). Acabado de renovar, el interior hace de él uno de los mejores edificios municipales de Alemania, con una grandiosa escalera. En el vestíbulo se muestran exposiciones itinerantes de arte, la mayoría sobre temas históricos.

Siguiendo al norte por Burgstrasse se llega a la **Thomaskirche** (1212), donde la tumba de Johann Sebastian Bach se encuentra frente al altar. La iglesia, ampliada en estilo Gótico en 1496, ha sido escenario de los bautizos de Richard Wagner, Karl Liebknecht y de todos los hijos de Bach.

Bach trabajó aquí como director de coro desde 1723 hasta su muerte, acaecida en 1750. En el exterior de la iglesia, la **Nuevo Monumento de Bach** (1908) muestra al compositor en pie ante un órgano, con el bolsillo izquierdo de su chaqueta vuelto del revés (siempre se las dio de pobre, algo nada sorprendente ya que tenía 20 hijos fruto de dos matrimonios). Se celebran con regularidad conciertos del *Thomanerchor*, el coro de niños que dirigiera Bach.

Ubicado al norte de aquí, Burgstrasse se une a Thomasgasse; girando hacia la derecha se llega de nuevo al Markt en uno o dos minutos.

Museos

Frente a la Thomaskirche está situado el **Bach Museum** (☎ *96 41 10, Thomaskirchhof 16; adultos/con descuento 3/2 €; abierto de 10.00-17.00*). Contiene retratos, manuscritos y otros recuerdos sobre la vida del compositor en Leipzig. Bach escribió algunas de sus mayores obras –entre ellas la Pasión según San Juan, la Pasión según Mateo, el Oratorio de Navidad, la Misa en Si Bemol– en esta ciudad.

En el edificio Runde Ecke (esquina redonda), se alza el antiguo cuartel general del Ministerio para la Seguridad del Estado de la RDA (Stasi), en la actualidad el **Stasi Museum** (☎ *961 24 43, Dittrichring 24; entrada gratuita; abierto de 14.00 a 18.00 de miércoles a domingo*). Contiene muestras de propaganda, absurdos disfraces, fotografías de vigilancias y, en la parte posterior, montones de cartón piedra que generó la Stasi cuando destruía y después empapaba los documentos secretos, antes de la caída de la RDA.

Inaugurado en 1999, el **Zeitgeschichtliches Forum Leipzig** (*Foro de historia contemporánea de Leipzig;* ☎ *222 20; Grimmaische Strasse 6; entrada gratuita; abierto de 9.00 a 18.00 de martes a viernes, de 10.00 a 18.00 los sábados y domingos*) constituye un aterrador y edificante museo sobre la historia de la RDA desde la división del país hasta la dictadura y la resistencia. Permite admirar los ásperos utensilios de limpieza de la RDA y vídeos de familias que lloran mientras se construía el Muro de Berlín entre ellas.

El **Ägyptisches Museum** (*Museo Egipcio;* ☎ *973 70 10, Universidad de Leipzig, Schillerstrasse 6; adultos/niños 1,5/0,75 €; abierto de 13.00 a 17.00 de martes a sábado, de 10.00 a 13.00 los domingos*) posee una colección formada por aproximadamente 9.000 piezas de antigüedades egipcias, y figura entre las más importantes de Europa. La exposición incluye recipientes de piedra del III milenio a.C., artes decorativas de Nubia y sarcófagos.

El complejo del **Grassi Museum**, en Universität Leipzig, Täubchenweg 2 y 2c, integra tres museos.

El **Museum für Völkerkunde** (*Museo Etnológico;* ☎ *214 20; Täubchenweg 2 & 2c; adultos/con descuento 2,5/1 €; abierto de 10.00 a 17.30 de martes a viernes, de 10.00 a 17.00 los sábados y domingos*) ofrece una vasta colección de artículos culturales de todo el mundo. El **Musikinstrumenten-Museum** (☎ *214 21 20, Täubchenweg 2 & 2c; adultos/con descuento 2,5/1 €; abierto de 10.00 a 17.00 de martes a sábado, de 10.00 a 13.00 los domingos*) presume de poseer una colección de casi 1.000 instrumentos musicales. El **Museum für Kunsthandwerk** (☎ *214 21 75, Täubchenweg 2 & 2c; adultos/con descuento 2,5/1 €; abierto de 10.00 a 18.00 de martes a domingo, hasta las 20.00 los miércoles*) exhibe arte y artesanía locales.

Hay que señalar que el complejo estaba cerrado por obras en el momento de escribirse esta guía, y que se habían trasladado las exposiciones a otro punto de la ciudad; con toda probabilidad volverá a estar abierto en el momento de la publicación.

Völkerschlachtdenkmal

Al sureste del centro se levanta el monolítico **Völkerschlachtdenkmal** (*Monumento de la batalla de las naciones; adultos/con descuento 2,50/1,25 €; abierto de 10.00 a 17.00 entre mayo y octubre*), de 91 m de altura, construido en 1913 para conmemorar la decisiva victoria de la coalición de las fuerzas prusianas, austríacas y rusas frente a Napoleón, acaecida 100 años antes. Para obtener una buena vista de la ciudad y alrededores se debe subir a la torre.

Viajes organizados

El Servicio de turismo de Leipzig (☎ *710 42 60/65, fax 710 42 71, Richard-Wagner-Strasse 1*) organiza un paseo de dos horas con guía que se inicia en esta oficina a las 16.00, de lunes a sábado (5 €). De abril a diciembre se realiza también un recorrido diario en autobús por la ciudad, con salida a las 10.30 y a las 13.30, que dura 2 y 2^{1}/2 horas (10/8 y 14/10 €, respectivamente).

Dónde dormir

Los hoteles de Leipzig aumentan sus precios y se llenan rápido durante las grandes ferias comerciales, por lo que conviene reservar con antelación. El servicio turístico de Leipzig cuenta con ofertas de alojamiento (☎ 710 42 55), con individuales/dobles desde 22,5/40 €.

Jugendherberge Leipzig-Centrum (☎ *245 70 11, fax 245 70 12, Volksgartenstrasse 24*). Jóvenes/adultos 12/14,50 €. Este albergue está situado en el barrio de Schönefeld, al este, en un edificio con aspecto de alojar oficinas. Para llegar se pueden tomar los tranvías n°s 17, 27, 37 o 57 hacia Löbauer Strasse.

Hostel Sleepy Lion (☎ *993 94 80, fax 993 94 82, info@hostel-leipzig.de, Käthe-Kollwitz-Strasse 3*). Dormitorios de 4-8 camas 14/15 €, individuales/dobles 23/ 36 €, sábanas 2 €, desayuno 2,50 €. Abierto en 2000, este alegre hostal disfruta de una inmejorable ubicación en el centro de la ciudad. Tiene habitaciones amplias, todas con baño y lavabo, y resulta aún más barato si se opta por un dormitorio de ocho camas. El acceso a Internet cuesta 2,50 € por hora. Existe la posibilidad de alquilar bicicletas (5 € un día).

Weisses Ross (☎ *960 59 51, Rossstrasse 20*). Individuales/dobles 30/47,50 €, con ducha 35/55 €. Fue renovado, pero el barrio no tiene nada de especial.

Hotel Mercure Leipzig (☎ *214 60, fax 960 49 16, Mercure_Leipzig@t-online.de, Augustusplatz 5-6*). Individuales/dobles 49,50/69,50 €. A pesar de su sombría fachada, este local tiene una ubicación inmejorable, sus habitaciones son confortables y el desayuno es bueno.

Novotel (☎ *995 80, fax 995 82 00, h1784 @accor-hotels.com, Goethestrasse 11*). Habitaciones desde 82,50 €. Situado frente a la estación de tren, este es uno de los pocos hoteles de la ciudad con aire acondicionado.

Seaside Park Hotel (☎ *985 20, fax 98 57 20, seaside-hotels@regionett.de, Richard-Wagner-Strasse 7*). Individuales/dobles desde 97,50/116,50 €. Ocupa un hermoso edificio estilo Art Nouveau en el centro de la ciudad; tiene un excelente restaurante.

Dónde comer

Zum Coffe Baum (☎ *961 00 60, Kleine Fleischergasse 4*). Platos principales 7,95-12,95 €. La cafetería más antigua de Leipzig dispone de un restaurante, y de un museo del café en la última planta, de libre acceso. El compositor Robert Schumann se citaba aquí con sus amigos y es posible sentarse dónde él lo hacia habitualmente.

Mövenpick (☎ *211 77 22, Am Naschmarkt 1-3*). Bufé 9,75 €. Este restaurante resulta toda una excelente ganga gracias a su bufé nocturno, con el que uno puede atiborrarse de imaginativas ensaladas, cazuelas y postres.

Thüringer Hof (☎ *994 49 99, Burgstrasse 19*). Platos principales 8,50-13 €. El local favorito de Lutero (eso se dice) que se ve hoy está totalmente nuevo. Cuenta con un atrio en la parte trasera.

Barthel's Hof (☎ *141 31 13, Hainstrasse 1*). Comida de bufé 7,50 €, platos principales 10-17,50 €. Éste es un lugar amplio e histórico con una fantástica comida de bufé y algunos platos sajones bastante peculiares, como el *haubraten* (cordero adobado y asado en heno).

Barfussgässchen, una manzana al oeste de Markt, constituye una callejuela repleta de mesas al aire libre cuando hace buen tiempo.

Dolce Vita (☎ *960 67 28, Barfussgässchen 2-8*). Platos 3,75-14,50 €. Se trata de un barato y rústico local italiano. Conviene sentarse en la planta baja si a uno le molesta el humo.

Don Camillo & Peppone (☎ *960 39 10, Barfussgässchen 11*). Platos 4,5-16 €. Se trata de la versión más selecta del Dolce Vita, situado al otro lado de la calle.

Zill's Tunnel (☎ *960 20 78, Barfussgässchen 9*). Platos principales 6,45-13,25

€. Este local ofrece especialidades sajonas excepcionales; el venado asado en vino tinto resulta exquisito.

Auerbachs Keller (☎ *21 61 00, Mädler Passage*). Platos principales 6,75-12,25 €. Fundado en 1525, el Auerbachs Keller es uno de los restaurantes clásicos de Alemania. El *Fausto* de Goethe incluye, en su primera parte, una escena que se desarrolla aquí, en la cual Mefistófeles y Fausto están de jarana con algunos estudiantes y acaban cabalgando un barril. La sección histórica del restaurante incluye la sala Goethe (donde el escritor bebía sin parar... perdón, buscaba su inspiración...), la *Weinfass* y, debajo, la genuinamente tenebrosa Hesenbrücke. Son notables los troncos de árbol esculpidos que cuelgan en esta última representando brujas, Fausto a horcajadas en el barril y un Mefisto con pezuñas persiguiéndole.

Cómo llegar y salir

Localizada a unos 160 km al sur de Berlín, se llega rápidamente a Leipzig en el tren ICE que sale cada dos horas de Ostbahnhof (33 €, 1 11/2 horas). Si bien cabe la posibilidad de ver someramente sus monumentos principales en una larga excursión de un día, es preferible, para conocer mejor la ciudad pasar aquí una noche.

Cómo desplazarse

Los tranvías constituyen la principal forma de transporte público de Leipzig; las líneas más importantes convergen en la Willy-Brandt-Platz, en el exterior de la Hauptbahnhof. Los precios dependen de las zonas y del tiempo. Los trayectos cortos cuestan 0,95 € y deben completarse en 15 minutos. Los billetes para atravesar Leipzig cuestan 1,3 € y son correctos para 60 minutos; cuatro viajes cuestan 4,75 €.

Idioma

El alto alemán es el idioma oficial en todo el país, aunque la mayoría de la población habla, además, un dialecto local o regional. Puede decirse lo mismo de Berlín, aunque sólo un reducido número de berlineses nativos habla *Berlinisch* puro.

Tanto el alto alemán como el bajo alemán son parientes lejanos del inglés, y muchas palabras perviven en el vocabulario corriente, lo que facilita las cosas a quienes dominan el inglés.

La mala noticia es que el alemán ha conservado claras diferencias formales de género y caso. Aunque realmente no tan difícil como el ruso, por ejemplo, que posee más casos, aquél tiene sus puntos complicados.

Todos los escolares alemanes aprenden un idioma extranjero, que suele ser el inglés, lo que significa que la mayoría de ellos lo habla hasta cierto nivel. Con todo, en Alemania del Este, la lengua que predominó fue el ruso, impartido en las escuelas antes del *Wende* (cambio) en 1989.

Berlín es la ciudad más multicultural de Alemania (con gente procedente de 185 naciones), por lo que no sorprende demasiado que aquí se hable multitud de lenguas. En 1999, el 30% de los inmigrantes era de ascendencia turca, mientras que los procedentes de antiguos estados de Yugoslavia sumaban el 15% de la población de la ciudad. Otros grandes grupos son los polacos (6,5%) y los inmigrantes de antiguas repúblicas soviéticas (5,6%). También hay unos 13.000 italianos y 11.000 griegos. Las palabras y frases que aparecen en este capítulo ayudarán a salvar las situaciones más comunes que se produzcan durante el viaje.

Pronunciación

Los hispanohablantes no diferencian las vocales largas de las breves al hablar alemán, lo que suele provocar dificultades de comprensión, ya que el alemán sí las conserva. Otro error común es la tendencia a no pronunciar las vocales con *umlaut* (**ä, ö** y **ü**). Merece la pena practicar hasta diferenciarlas, ya que éstas suelen cambiar el tiempo verbal y el significado de una palabra. Por lo demás, la pronunciación del alemán resulta bastante clara. No tiene letras mudas y las palabras extranjeras (como *Band*, del inglés) se pronuncian más o menos como en sus lenguas de origen.

Vocales

a	breve o larga, como en "casa"
au	como en "causa"
ä	breve y casi "e", como en "extra"
äu	como en "hoy"
e	breve o larga, como en "tres"
ei	como "ai", como en "baile"
eu	como "hoy"
i	breve o larga, como en "mil"
ie	"i" larga, como en "vino"
o	breve o larga, como en "toro"
ö	inexistente en español, idéntico al *eu* francés de "jeune"
u	como en "curar"
ü	sonido inexistente en español, como la "u" de "curar" pero con los labios más cerrados

Consonantes

La mayoría de las consonantes alemanas son fáciles de pronunciar para un hispanohablante, con algunas excepciones. A final de palabra, consonantes como **b**, **d** y **g** suenan casi como "p", "t" y "k", respectivamente. Todas las consonantes se pronuncian.

ch	sonido palatal sordo inexistente en español, algo parecido a la "j" ligeramente aspirada
j	como la "y" de "ayer"
ng	siempre un único sonido, similar a "tango"
qu	como "kv"
r	vibrante o gutural
s	como la "s" sonora suave de Lisboa o la "s" sorda de "sucio"
sch	sonido inexistente en español, análogo a la *ch* francesa de "cheval" o la *sh* inglesa de "shore"

st	suele pronunciarse como "scht"
sp	suele pronunciarse como "schp"
v	como una "f"
w	como "v", labiodental fricativa sonora
z	como "ts"

Gramática

La gramática del alemán puede suponer toda una pesadilla. Los nombres tienen tres géneros: masculino, femenino y neutro. Sus correspondientes formas del artículo definido ("el" o "la", en español) son *der*, *die* y *das*, y, en plural, *die*. Los nombres y artículos varían según el caso (nominativo, acusativo, dativo y genitivo). Obsérvese que los nombres alemanes siempre empiezan por mayúscula.

Muchos verbos alemanes tienen un prefijo que se suele separar de la raíz y se coloca al final de la frase. Por ejemplo, *fahren* significa "ir" (por medios mecánicos), *abfahren* significa "partir"; una frase simple con el verbo separable *abfahren* daría:

Um wieviel Uhr fährt der Zug ab? (¿A qué hora sale el tren?).

En alemán existen los equivalentes del "tú" y el "usted" ("du" y "Sie", respectivamente). Al dirigirse a alguien que no se conoce bien, siempre debería utilizarse la forma educada (aunque quizá los jóvenes no lo tengan tan en cuenta). En esta guía del idioma utilizaremos la forma de cortesía, a menos que se indique mediante "inf" (informal) entre paréntesis.

Las siguientes palabras y frases deberían ayudar en la mayoría de situaciones de un viaje. Quienes deseen profundizar en el idioma deberían procurarse un ejemplar de la *Guía de conversación* de Lonely Planet.

Saludos y cortesía

Hola.	*Hallo. (Grüss Gott* en Baviera)
Buenos días.	*Guten Morgen.*
Buenas tardes.	*Guten Tag.*
Buenas noches.	*Guten Abend.*
Adiós.	*Auf Wiedersehen.*
Adiós.	*Tschüss.*
Sí.	*Ja.*
No.	*Nein.*
¿Dónde?	*Wo?*
¿Por qué?	*Warum?*
¿Cómo?	*Wie?*
Quizás.	*Vielleicht.*
Por favor.	*Bitte.*
(Muchas) Gracias.	*Danke (schön).*
De nada.	*Bitte or Bitte sehr.*
Perdone.	*Entschuldigung.*
Lo siento/Disculpe.	*Entschuldigen Sie, bitte.*
Lo siento (para expresar solidaridad)	*Das tut mir leid.*

Dificultades del idioma

Lo entiendo.	*Ich verstehe.*
No lo entiendo.	*Ich verstehe nicht.*
¿Habla español /inglés?	*Sprechen Sie Spanisch/ Englisch?/Sprichst du Spanisch/ Englisch?* (inf)
¿Alguien habla español/ inglés aquí?	*Spricht hier jemand Spanisch/Englisch?*
¿Qué significa ...?	*Was bedeutet...?*
Escríbalo, por favor.	*Bitte schreiben Sie es auf.*

Burocracia

nombre	*Vorname*
apellido	*Familienname*
nacionalidad	*Staatsangehörigkeit*
fecha de nacimiento	*Geburtsdatum*
lugar de nacimiento	*Geburtsort*
sexo (género)	*Geschlecht*
pasaporte	*Reisepass*
identificación	*Ausweis*
visado	*Visum*

Conversación básica

¿Cómo te llamas?	*Wie heissen Sie?/ Wie heisst du?* (inf)
Me llamo...	*Ich heisse...*
¿Cómo está usted?/ ¿Cómo estás?	*Wie geht es Ihnen?/ Wie gehts' dir?* (inf)
Bien, gracias.	*Es geht mir gut, danke.*
¿De dónde es usted?	*Woher kommen Sie/ kommst du?* (inf)
Soy de ...	*Ich komme aus...*

Cómo desplazarse

Quisiera ir a ...	*Ich möchte nach ... fah-ren.*

Señales

Eingang/Einfahrt	Entrada
Ausgang/Ausfahrt	Salida
Notausgang	Salida de emergencia
Auf/Offen/Geöffnet	Abierto
Zu/Geschlossen	Cerrado
Rauchen Verboten	Prohibido fumar
Polizei	Policía
WC/Toiletten	Servicios
Herren	Hombres
Damen	Mujeres

¿A qué hora sale/ llega el ... ?	*Um wieviel Uhr fährt ... ab/kommt ... an?*
barco	*das Boot*
autobús	*der Bus*
tren	*der Zug*
tranvía	*die Strassenbahn*

¿Dónde se encuentra ...?	*Wo ist ...?*
parada de autobús	*die Bushaltestelle*
estación de metro	*die U-Bahnstation*
estación de tren	*der Bahnhof*
estación principal de tren	*der Hauptbahnhof*
aeropuerto	*der Flughafen*
parada de tranvía	*die Strassenbahnhaltestelle*

el/la siguiente	*der/die/das nächste*
el último/la última	*der/die/das letzte*
venta de billetes	*Fahrkartenschalter*
billete sencillo	*einfache Fahrkarte*
billete de ida y vuelta	*Rückfahrkarte*
Primera/ Segunda clase	*erste/ zweite Klasse*
horario	*Fahrplan*
número de andén	*Gleisnummer*
consigna	*Gepäckschliessfach*

Quisiera alquilar ...	*Ich möchte ... mieten.*
una bicicleta	*ein Fahrrad*
una motocicleta	*ein Motorrad*
un coche	*ein Auto*

Direcciones

¿Dónde se encuentra ...?	*Wo ist ...?*
¿Cómo se va hasta...?	*Wie erreicht man ...?*
¿Queda lejos de aquí?	*Ist es weit von hier?*
¿Puede indicármelo (en el mapa)?	*Könnten Sie mir (auf der Karte) zeigen?*
calle	*die Strasse*
barrio	*der Vorort*
ciudad	*die Stadt*
detrás	*hinter*
delante de	*vor*
enfrente de	*gegenüber*
todo recto	*geradeaus*
(a la) izquierda	*(nach) links*
(a la) derecha	*(nach) rechts*
en el semáforo	*an der Ampel*
en la próxima esquina	*an der nächsten Ecke*
norte	*Nord*
sur	*Süd*
este	*Ost*
oeste	*West*

Por la ciudad

Estoy buscando...	*Ich suche ...*
un banco	*eine Bank/Sparkasse*
la iglesia	*die Kirche*
el centro de la ciudad	*das Stadtzentrum*
la embajada de	*die ... Botschaft*
mi hotel	*mein Hotel*
el mercado	*den Markt*
el museo	*das Museum*
la oficina de correos	*das Postamt*
un lavabo público	*eine öffentliche Toilette*
un hospital	*ein Krankenhaus*
la policía	*die Polizei*
la oficina de turismo	*das Fremdenverkehrsbüro*

Quisiera cambiar dinero/cheques de viaje.	*Ich möchte Geld/ Reisechecks wechseln.*
¿A qué hora abre/cierra ... ?	*Um wieviel Uhr macht ... auf/zu?*
Quisiera llamar por teléfono.	*Ich möchte telefonieren.*
playa	*der Strand*
puente	*die Brücke*
castillo/palacio	*die Burg/das Schloss*
catedral	*der Dom*
costa	*die Küste*

bosque	*der Wald*
isla	*die Insel*
lago	*der See*
monasterio/convento	*das Kloster*
montaña	*der Berg*
río	*der Fluss*
mar	*das Meer/die See*
torre	*der Turm*

Alojamiento

Estoy buscando...	*Ich suche ...*
un hotel	*ein Hotel*
una casa de huéspedes	*eine Pension*
un albergue de juventud	*eine Jugendherberge*
un cámping	*einen Campingplatz*
¿Dónde puedo encontrar un hotel económico?	*Wo findet man ein preiswertes Hotel?*
Escriba la dirección, por favor.	*Könnten Sie bitte die Adresse aufschreiben?*
¿Tiene habitaciones libres?	*Haben Sie ein Zimmer frei?*
¿Cuánto cuesta por noche/persona?	*Wieviel kostet es pro Nacht/Person?*
¿Puedo verla?	*Darf ich es sehen?*
¿Dónde está el baño?	*Wo ist das Badezimmer?*
Es muy ruidoso/sucio/caro.	*Es ist sehr laut/dreckig/teuer.*
Quisiera	*Ich möchte ...*
reservar una ...	*reservieren.*
cama	*ein Bett*
habitación barata	*ein preiswertes Zimmer*
habitación individual	*ein Einzelzimmer*
habitación doble	*ein Doppelzimmer*
habitación con dos camas	*ein Zimmer mit zwei Betten*
habitación con ducha y lavabo	*ein Zimmer mit Dusche und WC*
cama en dormitorio común	*ein Bett im Schlafsaal*
para una noche	*für eine Nacht*
para dos noches	*für zwei Nächte*
Me/nos vamos ahora.	*Ich reise/Wir reisen jetzt ab.*

COMIDA Y BEBIDA

desayuno	*Frühstuck*
almuerzo	*Mittagessen*
cena	*Abendessen*
menú	*Speisekarte*
restaurante	*Gaststätte/Restaurant*
pub	*Kneipe*
supermercado	*Supermarkt*
cafetería	*Imbiss*
Soy vegetariano(a).	*Ich bin Vegetarier(in).*
Quisiera algo para beber, por favor.	*Ich möchte etwas zu trinken, bitte.*
Estaba delicioso.	*Es hat mir sehr geschmeckt.*
La cuenta, por favor.	*Die Rechnung, bitte.*
Quédese con el cambio.	*Das stimmt so.* (lit: "está bien así")

Clave para los menús

Comer en un restaurante en un país extranjero puede resultar confuso. Por suerte, a lo largo de toda Alemania, los menús suelen estar colocados en la puerta de los locales, con lo que se dispone de todo el tiempo necesario para decidir si algo se ajusta al propio gusto. A continuación se detalla una breve lista de vocabulario útil para ayudar a conseguir el plato que uno desea.

Sopas (*Suppen*)

Brühe – caldo
Erbsensuppe – sopa de guisantes
Frühlingssuppe o *Gemüsesuppe* – sopa de verdura
Hühnersuppe – sopa de pollo
Linsensuppe – sopa de lentejas
Tomatensuppe – sopa de tomate

Carne (*Fleisch*)

Boulette – mezcla entre albóndiga y hamburguesa que se come con un panecillo seco
Brathuhn – pollo asado
Bratwurst – salchicha de cerdo frita
Currywurst – salchicha picante servida con una fuerte salsa de curry
Eisbein – manitas de cerdo en escabeche
Ente – pato

Fasan – faisán
Frikadelle – albóndiga plana
Hackbraten – asado de carne picada
Hackfleisch – carne picada o trinchada
Hirsch – ciervo
Huhn o *Hähnchen* – pollo
Kalbfleisch – ternera
Kaninchen o *Hase* – conejo
Kasseler Rippen – costillas de cerdo ahumadas
Lammfleisch – cordero
Putenbrust – pechuga de pavo
Reh – venado
Rindfleisch – buey
Rippenspeer – costillas de cerdo
Sauerbraten – buey marinado y asado
Schinken – jamón
Schnitzel – carne picada, normalmente de cerdo, empanada y frita
Schweinefleisch – cerdo
Truthahn – pavo
Wild – caza
Wildschwein – jabalí

Frutos de mar (*Meeresfrüchte*)

Aal – anguila
Austern – ostras
Barsch – perca
Dorsch – bacalao
Fisch – pescado
Forelle – trucha
Hummer – bogavante
Karpfen – carpa
Krabben – gamba
Lachs – salmón
Matjes – arenques en escabeche
Miesmuscheln o *Muscheln* – mejillones
Scholle – platija
Seezunge – lenguado
Thunfish – atún

Verdura (*Gemüse*)

Blumenkohl – coliflor
Bohnen – judías
Brokkoli – brécol
Erbsen – guisantes
Gurke – pepino
Kartoffel – patata
Kohl – col; puede ser *rot* (roja), *weiss* (blanca) o *grün* (verde)
Möhre – zanahoria
Paprika – pimentón dulce
Pilze – setas
Rosenkohl – coles de Bruselas
Spargel – espárrago
Tomate – tomate
Zwiebel – cebolla

Fruta (*Obst*)

Ananas – piña
Apfel – manzana
Apfelsine u *Orange* – naranja
Aprikose – albaricoque
Banane – plátano
Birne – pera
Erdbeere – fresa
Kirschen – cerezas
Pampelmuse – pomelo
Pfirsich – melocotón
Pflaume – ciruela
Weintrauben – uvas
Zitrone – limón

Algunos platos habituales

Auflauf – suflé
Eier, Rührei – huevos, huevos revueltos
Eintopf – asado
Königsberger Klopse – bolas de carne en salsa de alcaparras
Kohlroulade – hojas de col rellenas de carne picada
Rollmops – arenques en escabeche
Salat – ensalada

Métodos de cocción

Frittiert – frito (en freidora)
Gebacken – al horno
Gebraten – frito (en sartén)
Gefüllt – relleno
Gegrillt – a la parrilla
Gekocht – hervido
Geräuchert – ahumado
Geschmort – braseado
Paniert – empanado

Bebidas (*Getränke*)

Bier – cerveza
Kaffee – café
Milch – leche
Mineralwasser – agua con gas embotellada
Saft – zumo
Tee – té
Wein – vino

De compras

Quisiera comprar...	Ich möchte ... kaufen
¿Cuánto cuesta?	Wieviel kostet das?
¿Aceptan tarjetas de crédito?	Nehmen Sie Kreditkarten?
librería	Buchladen
farmacia	Apotheke (medicinas); Drogerie (cosméticos)
grandes almacenes	Kaufhaus
lavandería	Wäscherei
más/menos	mehr/weniger
mayor/menor	grosser/kleiner

Salud

Necesito un médico.	Ich brauche einen Arzt.
¿Dónde está el hospital?	Wo ist ein Krankenhaus?
Estoy enfermo.	Ich bin krank.
Me duele aquí.	Es tut hier weh.
Estoy embarazada.	Ich bin schwanger.
Soy...	Ich bin...
diabético	Diabetiker
epiléptico	Epileptiker
asmático	Asthmatiker
Soy alérgico a antibióticos/penicilina.	Ich bin allergisch auf Antibiotika/Penizillin.
antiséptico	Antiseptikum
aspirina	Aspirin
preservativos	Kondome
anticonceptivo	Verhütungsmittel
diarrea	Durchfall
medicina	Medikament
píldora	die Pille
crema solar	Sonnencreme
tampones	Tampons

Hora y fecha

¿Qué hora es?	Wie spät ist es?
Son las (10) en punto.	Es ist (zehn) Uhr.
Son las nueve y media	Es ist halb zehn.
de la mañana	morgens/vormittags
de la tarde	nachmittags
de la noche	abends

Urgencias

¡Socorro!	Hilfe!
¡Llame a un médico!	Rufen Sie einen Arzt!
¡Llame a la policía!	Rufen Sie die Polizei!
¡Largo de aquí!	Hau ab! (inf)
Me he perdido.	Ich habe mich verirrt.
¡Al ladrón!	Dieb!
¡Me han violado/robado!	Ich bin vergewaltigt/bestohlen worden!

por la noche	nachts
¿Cuándo?	wann?
hoy	heute
mañana	morgen
ayer	gestern
lunes	Montag
martes	Dienstag
miércoles	Mittwoch
jueves	Donnerstag
viernes	Freitag
sábado	Samstag/Sonnabend
domingo	Sonntag
enero	Januar
febrero	Februar
marzo	März
abril	April
mayo	Mai
junio	Juni
julio	Juli
agosto	August
septiembre	September
octubre	Oktober
noviembre	November
diciembre	Dezember

Números

1	eins
2	zwei/zwo
3	drei
4	vier
5	fünf
6	sechs
7	sieben
8	acht
9	neun
10	zehn
11	elf

12	*zwölf*	40	*vierzig*
13	*dreizehn*	50	*fünfzig*
14	*vierzehn*	60	*sechzig*
15	*fünfzehn*	70	*siebzig*
16	*sechzehn*	80	*achtzig*
17	*siebzehn*	90	*neunzig*
18	*achtzehn*	100	*einhundert*
19	*neunzehn*	1.000	*eintausend*
20	*zwanzig*	10.000	*zehntausend*
21	*einundzwanzig*	100.000	*hunderttausend*
22	*zweiundzwanzig*		
30	*dreissig*	un millón	*eine Million*

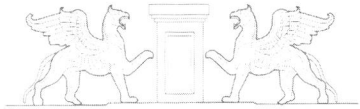

Glosario

El turista se puede encontrar con las siguientes palabras y expresiones durante su estancia en Berlín. Para otros vocablos véase el capítulo *Idioma*.

(pl) indica plural

Abfahrt – salida (trenes)
ADAC – Allgemeiner Deutscher Automobil Club (Asociación de Automovilistas de Alemania)
Allee – avenida
Altstadt – casco antiguo
Ankunft – llegadas (trenes)
Apotheke – farmacia
Arbeitsamt – oficina de empleo
Arbeitserlaubnis – permiso de trabajo
Ärztlicher Notdienst – servicio médico de urgencia
Aufenthaltserlaubnis – permiso de residencia
Auländerbehörde – Ministerio de Asuntos Exteriores
Ausgang, Ausfahrt – salida
Autobahn – autovía
Autonome (pl) – anarquistas
AvD – Automobilclub von Deutschland (Automóvil Club de Alemania)

Bahnhof – estación de tren
Bahnpolizei – policía de la estación de tren
Bahnsteig – andén
Bau – edificio
Bedienung – servicio; precio del servicio
Behinderte – discapacitado
Berg – montaña
Bezirk – distrito
Bibliothek – biblioteca
Bierkeller – pub-bodega
Bierstube – cervecería tradicional
Bratkartoffeln – patatas fritas o asadas
BRD – Bundesrepublik Deutschland o, en español, RFA (República Federal de Alemania): el nombre actual de Alemania; antes de la reunificación se aplicaba a Alemania Occidental
Brücke – puente
Brunnen – fuente o pozo
Bundesland – estado federal
Bundesrat – cámara alta del Parlamento alemán
Bundestag – cámara baja del Parlamento alemán
Busbahnhof – estación de autobuses

CDU – Christliche Demokratische Union (Unión Democrática Cristiana), partido de centro derecha

DB – Deutsche Bahn (ferrocarril nacional alemán)
DDR – Deutsche Demokratische Republik o, en español, RDA (República Democrática de Alemania): el nombre de la antigua Alemania del Este; véase también RFA
Denkmal – monumento
Das Deutsche Reich – Imperio Alemán: se refiere al período comprendido entre 1871 y 1918
DJH – Deutsches Jugendherbergswerk (Asociación de Albergues de Juventud de Alemania)
Dom – catedral
DZT – Deutsche Zentrale für Tourismus (Oficina de Turismo Nacional de Alemania)

Eingang – entrada
Eintritt – entrada
EU-Aufenthaltserlaubnis – permiso de residencia de la UE

Fahrplan – horario
Fahrrad – bicicleta
FDP – Freie Demokratische Partei (Partido Democrático Libre), partido de centro
Fest – festival
Feuerwehr – cuerpo de bomberos
Flohmarkt – mercadillo
Flughafen – aeropuerto
Franks – pueblo germánico que influyó en Europa entre los siglos III y VIII
Freikorps – voluntarios de la I Guerra Mundial

Fremdenverkehrsamt – oficina de turismo
Fremdenzimmer – habitación turística
FRG – República Federal de Alemania (RFA); véase también GDR
Frühstück – desayuno

Garten – jardín
Gasse – callejón o callejuela
Gastarbeiter – literalmente "trabajador invitado"; obrero, sobre todo el procedente de la zona mediterránea, que acudió a Alemania en las décadas de 1950 y 1960 para cubrir una escasez de mano de obra
Gästehaus, Gasthaus – casa de huéspedes
Gaststätte – restaurante informal, hostal
GDR – República Democrática de Alemania (RDA, antigua Alemania del Este); véase también BDR y DDR
Gedenkstätte – emplazamiento monumento
Gepäckaufbewahrung – consigna
Gespräch – llamada a cobro revertido
Gestapo – policía secreta nazi
Glockenspiel – literalmente "toque de campanas"; carillón, a menudo en una catedral o Ayuntamiento, accionado mecánicamente y con figuras móviles que representan personajes históricos o religiosos
Gründerzeit – literalmente "época de la fundación"; período de expansión industrial en Alemania posterior a la fundación del Imperio Alemán, en 1871
Guerra de los Treinta Años – guerra fundamental para Europa Central (1618-1648), iniciada como un conflicto alemán entre católicos y protestantes

Hafen – puerto, muelle
halbtrocken – semi-seco (vino)
Hauptbahnhof – estación principal de tren
Hauptpostlagernd – poste restante
Heide – calor
Herzog – duque
Heu Hotels – literalmente "hoteles de heno"; alojamiento económico, normalmente en granjas
Hitlerjugend – organización juvenil hitleriana
Hochdeutsch – literalmente "alto alemán"; lengua estándar hablada y escrita, desarrollada a partir de un dialecto de Sajonia
Hof, Höfe (pl) – patio
Hotel Garni – hotel sin restaurante donde sólo se sirven desayunos

Imbiss – puesto de comida donde hay que comer de pie; véase también Schnellimbiss
Insel – isla

Jugendgästehaus – casa de huéspedes para jóvenes (categoría superior a un albergue)
Jugendherberge – albergue de juventud
Jugendstil – Modernismo

Kabarett – cabaré
Kaffee und Kuchen – literalmente "café y pastel"; tradicional pausa de media tarde en Alemania
Kaiser – emperador; deriva de "César"
Kanal – canal
Kantine, Kantinen (pl) – cafeterías subvencionadas por el gobierno en edificios públicos como los Ayuntamientos
Kapelle – capilla
Karte – billete
Kartenvorverkauf – oficina de venta de billetes
Kino – cine
Kirche – iglesia
Kloster – monasterio, convento
Kneipe – pub
Kommunales Kino – cine alternativo o de arte y ensayo
Konditorei – pastelería
König – rey
Konsulat – consulado
Konzentrationslager (KZ) – campo de concentración
korrekt – correcto, adecuado
Kristallnacht – literalmente "noche de los cristales rotos"; ataque a las sinagogas, cementerios y tiendas judías que protagonizaron los nazis y sus seguidores la noche del 9 de noviembre de 1938, y que marcó el inicio de una persecución a gran escala de los judíos en Alemania (también conocida como *Reichspogromnacht*)

Kunst – arte
Kunstlieder – "canciones artísticas" de la antigua Alemania
Kurfürst – príncipe elector

Land, Länder (pl) – estado
Landtag – parlamento estatal
lesbe, Lesben (pl) – lesbiana (n)
lieblich – dulce (vino)
Lied – canción

Markgraf – margrave; noble alemán con grado superior al de conde
Markt – mercado
Marktplatz (a menudo abreviado como Markt) – plaza del mercado
Mietskaserne, Mietkasernen (pl) – edificio construido alrededor de patios sucesivos
Milchcafe – café con leche
Mitfahrzentrale – agencia de coches compartidos
Mitwohnzentrale – servicio de búsqueda de alojamiento que suele dedicarse a facilitar estancias prolongadas
Münzwäscherei – lavandería que funciona con monedas

Nord – norte
Notdienst – servicio de emergencia

Ossis – designación coloquial de los alemanes del este
Ost – este
Ostpolitik – política exterior del antiguo canciller de Alemania Occidental Willy Brandt, que consistía en la coexistencia pacífica con la RDA

Palast – palacio, sección residencial de un castillo
Pannenhilfe – servicio de ayuda en la carretera
Parkhaus – aparcamiento
Parkschein – tíquets de *parking*
Parkscheinautomat – máquina de venta de tíquets de *parking*
Passage – galería comercial
Pfand – depósito para botellas y, a veces, vasos (en las cervecerías al aire libre)
Pfund – medio kilo

Plattenbauten – urbanización de casas prefabricadas
Platz – plaza
Post o **Postamt** – oficina de correos

Reich – imperio
Reichspogromnacht – véase Kristallnacht
Reisezentrum – oficina de viajes en las estaciones de tren o autobús
Rezept – receta médica
Rezeptfrei – medicamentos sin receta

Saal, Säle (pl) – salón, sala
Sammlung – colección
Schatzkammer – tesoro
Schiff – barco
Schiffahrt – navegación
Schloss – palacio, castillo
Schnaps – licor
Schnellimbiss – puesto de comida donde hay que comer de pie
Schwul, Schwule (pl) – gay (n)
SED – Sozialistische Einheitspartei Deutschlands (Partido Socialista Unificado de Alemania)
See – lago
Sekt – vino espumoso
Selbstbedienung (SB) – autoservicio (restaurantes, lavanderías, etc.)
Soziale Marktwirtschaft – literalmente "economía de mercado social"; fórmula alemana de economía de mercado con protección social para los empleados
SPD – Sozialdemokratische Partei Deutschlands (Partido Socialdemócrata de Alemania), partido de centro izquierda
SS – Schutztaffel; organización del Partido Nazi que sustituyó a la guardia personal de Hitler. Sus miembros custodiaban los campos de cocentración y durante la II Guerra Mundial formaron las unidades militares *Waffen-SS*
Stadt – ciudad
Stadtbad, Stadtbäder (pl) – piscina pública
Stadtwald – bosque municipal
Stasi – policía secreta de la RDA (de Ministerium für Staatssicherheit, o Ministerio de la seguridad del Estado)
Stau – atasco

Stehcafé – cafetería (sólo con barra)
Strasse (suele abreviarse Str) – calle
Süd – sur

Tageskarte – menú del día o pase de un día para el transporte público
Tal – valle
Teich – estanque
Tor – puerta
Trabant – coche de la época de la RDA con motor de dos tiempos
Trampen – autostop
trocken – seco (vino)
Trümmerberg – colina artificial construida con cascotes de la guerra
Trümmerfrau – "mujeres ruina", es decir, mujeres que limpiaron los cascotes y reconstruyeron casas tras la II Guerra Mundial
Turm – torre

Übergang – punto de paso o enlace
Ufer – orilla

verboten – prohibido
Verkehr – tráfico
Viertel – barrio, distrito

Wald – bosque
Wäscherei – lavandería
Wechselstube – oficina de cambio de divisas
Weg – camino, senda
Weihnachtsmarkt – mercado de Navidad; véase también Christkindlmarkt
Wende – "cambio" de 1989, o sea, la caída del comunismo que condujo a la desaparición de la RDA y a la reunificación alemana
Wessis – designación coloquial de los alemanes del oeste
West – oeste
Wurst – salchicha

Zahnarzt – dentista
Zeitung – periódico
Zeitgeist – el espíritu o actitud de una época o período determinados
Zimmer Frei – habitación disponible (alojamiento)
Zimmervermittlung – servicio de búsqueda de alojamiento, sobre todo para aquellas estancias que son breves; véase también Mitwohnzentrale
ZOB – Zentraler Omnibusbahnhof (estación central de autobuses)
Zuckerbäckerstil – estilo arquitectónico "pastel nupcial", característico de la era de Stalin

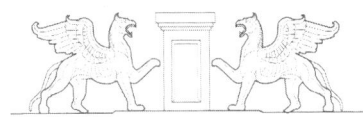

LONELY PLANET

Guías Lonely Planet en inglés y francés

Lonely Planet es famosa en el mundo entero por facilitar información exhaustiva, práctica y rigurosa en sus guías de viaje y su página web. La lista de títulos en inglés de Lonely Planet abarca casi todos los puntos accesibles del globo. Actualmente se publican 16 series: Travel guides (guías de viaje), Shoestring guides (guías para bajo presupuesto), Condensed guides (guías condensadas), Phrasebooks (vocabulario), Read This First (para antes del viaje), Healthy Travel (viajes y salud), Walking guides (guías para caminantes), Cycling guides (viajes en bicicleta), Watching Wildlife (guías de fauna), Pisces Diving & Snorkeling guides (guías de buceo), City Maps (planos de ciudades), Road Atlases (atlas de carretera), Out to Eat (guías de restaurantes), World Food (comidas del mundo), Journeys travel literature (literatura de viajes) y Pictorials (libros con ilustraciones).
* Los títulos disponibles en francés se indican con el símbolo FR.

ÁFRICA Africa on a shoestring • Cairo • Cape Town • Cape Town City Map • East Africa • Egypt, FR Égypte • Egyptian Arabic phrasebook • Ethiopia, Eritrea & Djibouti • Ethiopian (Amharic) phrasebook • The Gambia & Senegal • FR Sénégal • Healthy Travel Africa • Kenya • Malawi • Morocco, FR Maroc • Moroccan Arabic phrasebook • Mozambique • FR Namibie • Read This First: Africa • South Africa, Lesotho & Swaziland • FR Afrique du Sud • Southern Africa • Southern Africa Road Atlas • Swahili phrasebook • Tanzania, Zanzibar & Pemba • Trekking in East Africa • Tunisia • Watching Wildlife East Africa • Watching Wildlife Southern Africa • West Africa • World Food Morocco • Zimbabwe, Botswana & Namibia• FR Zimbabwe et Botswana
Literatura de viajes: Mali Blues: Traveling to an African Beat • The Rainbird: A Central African Journey • Songs to an African Sunset: A Zimbabwean Story

AMÉRICA CENTRAL Y EL CARIBE Bahamas, Turks & Caicos • Baja California • Bermuda • Central America on a shoestring • Costa Rica • Costa Rica Spanish phrasebook • Cuba, FR Cuba • Dominican Republic & Haiti • Eastern Caribbean • FR Guadeloupe et Dominique • Guatemala • FR Guatemala et Belize • Guatemala, Belize & Yucatán: La Ruta Maya • Havana • Healthy Travel Central & South America • Jamaica • FR Martinique, Dominique et Sainte-Lucie • Mexico • Mexico City • FR Mexique – le Sud • Panama • Puerto Rico • Read This First: Central & South America • World Food Mexico • Yucatán
Literatura de viajes: Green Dreams: Travels in Central America

AMÉRICA DEL NORTE Alaska • Boston • Boston City Map • Boston Condensed • British Colombia • California & Nevada • California Condensed • Canada • Chicago • Chicago City Map • Florida • Hawaii • Hiking in Alaska • Hiking in the USA • Honolulu • Las Vegas • Los Angeles • Louisiana & the Deep South • FR Louisiane, Mississipi et Tennessee • Miami • Miami City Map • Montreal • New England • New Orleans • New York City, FR New York • New York City City Map • New York City Condensed • New York, New Jersey & Pennsylvania • Oahu • Out to Eat – San Francisco • FR Ouest américain • Pacific Northwest • Puerto Rico • FR Québec • Rocky Mountains • San Diego & Tijuana • San Francisco • San Francisco City Map • Seattle • Southwest • Texas • Toronto • USA • USA phrasebook • Vancouver • Virginia & the Capital Region • Washington, DC City Map • World Food Deep South, USA
Literatura de viajes: Caught Inside: A Surfer's Year on the California Coast • Drive Thru America

AMÉRICA DEL SUR Argentina, Uruguay & Paraguay • Bolivia • Brazil, FR Brésil • Brazilian phrasebook • Buenos Aires • Chile & Easter Island • Colombia • Ecuador & the Galapagos Islands • Healthy Travel Central & South America • Latin American Spanish phrasebook • Peru • Quechua phrasebook • Read This First: Central & South America • Rio de Janeiro • Rio de Janeiro City Map • Santiago • South America on a shoestring • Trekking in the Patagonian Andes • Venezuela
Literatura de viajes: Full Circle: A South American Journey

AUSTRALIA Y EL PACÍFICO Auckland • Australia, FR Australie • Australian phrasebook • Australia Road Atlas • Bushwalking in Australia •Cycling New Zealand • Fiji • Fijian phrasebook • Healthy Travel Australia, NZ and the Pacific • Islands of Australia's Great Barrier Reef • Melbourne • Melbourne City Map • Micronesia • New Caledonia • New South Wales & the ACT • New Zealand • Northern Territory • Outback Australia • Out to Eat – Melbourne • Out to Eat – Sydney • Papua New Guinea • Pidgin phrasebook • Queensland • Rarotonga & the Cook Islands • Samoa • Solomon Islands • South Australia • South Pacific • South Pacific phrasebook • Sydney • Sydney City Map • Sydney Condensed • Tahiti & French Polynesia, FR Tahiti et la Polynésie française • Tasmania • Tonga • Tramping in New Zealand • Vanuatu • Victoria • Watching Wildlife Australia • Western Australia
Literatura de viajes: Islands in the Clouds: Travels in the Highlands of New Guinea • Kiwi Tracks: A New Zealand Journey • Sean & David's Long Drive

EUROPA Amsterdam, FR Amsterdam • Amsterdam City Map • Amsterdam Condensed • Andalucía, FR Andalousie • Athens • FR Athenes et les îsles grecques • Austria • Baltic States phrasebook • Barcelona, FR Barcelone • Barcelona City Map • Belgium & Luxembourg • Berlin • Berlin City Map • Britain FR Côte Bretonne et les Iles • British phrasebook • Brussels, Bruges & Antwerp • Budapest • Budapest City Map • Canary Islands • Central Europe • Central Europe phrasebook • Copenhagen • Corfu & the Ionians • Corsica, FR Corse • Crete • Crete Condensed • Croatia • Cycling Britain • Cycling France • Cyprus • Czech & Slovak Republics • Denmark • Dublin • Dublin City Map • Eastern Europe • Eastern Europe

LONELY PLANET

Guías Lonely Planet en inglés y francés
Información sobre pedidos

GeoPlaneta, además de publicar las guías Lonely Planet en español, se encarga de la distribución en España de los títulos en inglés y francés de Lonely Planet. Si se tiene dificultad en encontrar un determinado título en inglés o francés en las librerías españolas se puede contactar con la editorial GeoPlaneta ☎ 934 452 600. Los pedidos por correo se solicitan a la oficina de Lonely Planet más cercana: 150 Linden St, Oakland CA 94607, USA (para residentes en América del Norte y América del Sur); 10a Spring Place, London, NW5 3BH, UK (Europa y África); 90 Maribyrnong St, Footscray, Melbourne, VIC 3011, Australia (otros países).

phrasebook • Edinburgh • England • Estonia, Latvia & Lithuania • Europe on a shoestring • Finland • Florence • France • Frankfurt Condensed • French phrasebook • Georgia, Armenia & Azerbaijan • Germany • German phrasebook • Greece • Greek Islands • Greek phrasebook • Hungary • Iceland, Greenland & the Faroe Islands • Ireland • Istanbul • Italian phrasebook • Italy • Krakow • Lisbon, FR Lisbonne • The Loire • London, FR Londres • London City Map • London Condensed • Madrid • Malta • FR Marseille • Mediterranean Europe • Mediterranean Europe phrasebook • Milan, Turin & Genova • Moscow • Munich • Normandy • Norway • Out to Eat – London • Paris • Paris City Map • Paris Condensed • Poland, FR Pologne • Portugal • Portuguese phrasebook • Prague, FR Prague • Prague City Map • Provence & the Côte d'Azur • Read This First: Europe • Rhodes & the Dodecanese • Romania & Moldova • Rome, FR Rome • Rome Condensed • Russia, Ukraine & Belarus • Russian phrasebook • Scandinavian & Baltic Europe • Scandinavian Europe phrasebook • Scotland • Sicily • Slovenia • South-West France • Spain • Spanish phrasebook • St Petersburg • St Petersburg City Map • Sweden • Switzerland • Trekking in Spain • Tuscany • Ukrainian phrasebook • Venice • Vienna • Walking in Britain • Walking in France • Walking in Ireland • Walking in Italy • Walking in Spain • Walking in Switzerland • Western Europe • Western Europe phrasebook • World Food France • World Food Ireland • World Food Italy • World Food Spain
Literatura de viajes: Love and War in the Apennines • The Olive Grove: Travels in Greece • On the Shores of the Mediterranean • Round Ireland in Low Gear • A Small Place in Italy

ISLAS DEL OCÉANO ÍNDICO Madagascar & Comoros • FR Madagascar • Maldives • Mauritius, Réunion & Seychelles • FR Réunion et Maurice

NORESTE ASIÁTICO Beijing • Cantonese phrasebook • China, FR Chine • Hiking in Japan • Hong Kong • Hong Kong City Map • Hong Kong Condensed • Hong Kong, Macau & Guangzhou • Japan • Japanese phrasebook • Korea • Korean phrasebook • Kyoto • Mandarin phrasebook • Mongolia • Mongolian phrasebook • Seoul • South-West China • Taiwan • Tokyo
Literatura de viajes: In Xanadu: A Quest • Lost Japan

ORIENTE PRÓXIMO Y ASIA CENTRAL Bahrain, Kuwait & Qatar • Central Asia • Central Asia phrasebook • Dubai • Hebrew phrasebook • Iran • Israel & the Palestinian Territories • Istanbul • Istanbul City Map • Istanbul to Cairo on a shoestring • Jerusalem • Jerusalem City Map • Jordan • Lebanon • Middle East • Oman & the United Arab Emirates • Syria • Turkey, FR Turquie • Turkish phrasebook • World Food Turkey • Yemen, FR Yémen
Literatura de viajes: Black on Black: Iran Revisited • The Gates of Damascus • Kingdom of the Film Stars: Journey into Jordan

SUBCONTINENTE INDIO Bangladesh • Bengali phrasebook • Bhutan • Delhi • Goa • Healthy Travel Asia & India • Hindi & Urdu phrasebook • India, FR Inde • Indian Himalaya • Karakoram Highway • Kerala • Mumbai (Bombay) • Nepal, FR Népal • Nepali phrasebook • Pakistan • Rajasthan • Read This First: Asia & India • South India • Sri Lanka, FR Sri Lanka • Sri Lanka phrasebook • Tibet • Tibetan phrasebook • Trekking in the Indian Himalaya • Trekking in the Karakoram & Hindukush • Trekking in the Nepal Himalaya
Literatura de viajes: The Age of Kali: Indian Travels and Encounters • Hello Goodnight: A Life of Goa • In Rajasthan • A Season in Heaven: True Tales from the Road to Kathmandu • Shopping for Buddhas • A Short Walk in the Hindu Kush • Slowly Down the Ganges

SURESTE ASIÁTICO Bali & Lombok • Bangkok • Bangkok City Map • Burmese phrasebook • Cambodia, FR Cambodge • Hanoi • Healthy Travel Asia & India • Hill Tribes phrasebook • Ho Chi Minh City • Indonesia, FR Indonésie • Indonesian phrasebook • Indonesia's Eastern Islands • Jakarta • Java • Lao phrasebook • Laos, FR Laos • Malay phrasebook • Malaysia, Singapore & Brunei • FR Malaisie et Singapour • Myanmar (Burma), FR Myanmar (Birmanie) • Philippines • Pilipino (Tagalog) phrasebook • Read This First: Asia & India • Singapore • Singapore City Map • South-East Asia on a shoestring • South-East Asia phrasebook • Thailand, FR Thaïlande • Thailand's Islands & Beaches • Thailand, Vietnam, Laos & Cambodia Road Atlas • Thai phrasebook • Vietnam, FR Vietnam • Vietnamese phrasebook • World Food Thailand • World Food Vietnam

TAMBIÉN A LA VENTA Antarctica • The Arctic • The Blue Man: Tales of Travel, Love and Coffee • Brief Encounters: Stories of Love, Sex & Travel • Chasing Rickshaws • The Last Grain Race • Lonely Planet Unpacked • Not the Only Planet: Science Fiction Travel Stories • On the Edge: Extreme Travel • FR Restoguide Paris 2000 • FR Sur la trace des rickshaws • Sacred India • Travel with Children • Travel Photography: A Guide to Taking Better Pictures

LONELY PLANET / GEOPLANETA

Guías en español

Las **guías Lonely Planet** publicadas por GeoPlaneta constituyen la compañía imprescindible para el viajero independiente, que quiere descubrir otros lugares con una mirada desprovista de limitaciones y prejuicios. Para lograrlo, un equipo de escritores, cartógrafos, traductores, editores y adaptadores ha trabajado conjuntamente. Por primera vez en español, el lector podrá elegir entre un amplísimo catálogo, que abarca desde el destino más concurrido hasta el rincón menos explorado.

Estos libros permiten al viajero, además de conocer a fondo cualquier parte del mundo, acercarse a sus gentes y costumbres desde el respeto por la diferencia.

Las guías Lonely Planet, traducidas y adaptadas por GeoPlaneta, son claras, minuciosas, actualizadas. Y dedican una especial atención a los datos prácticos: llegar y moverse por cualquier medio de transporte, alojarse, comer, divertirse... La cartografía, exhaustiva, permite desplazarse con conocimiento de causa.

Títulos

El destino natural de las guías Lonely Planet publicadas por GeoPlaneta es el mundo. Poco a poco irán apareciendo todos y cada uno de los lugares por los que se sienten atraídos los viajeros españoles y latinoamericanos.

Títulos publicados: Cuba • Grecia • Egipto
• Rajastán • Yucatán • Kenia • Budapest
• Jordania • Chile y la isla de Pascua • Perú
• Guatemala • Ecuador y las islas Galápagos • Praga
• Marruecos • Turquía • Córcega • Inglaterra
• Senderismo en España • Buenos Aires • Brasil
• Escocia • Austria • Alemania • Italia

De próxima aparición: Tanzania • China • Barcelona

Notas

Índice

A

Abgusssammlung Antiker Plastik 120
aduanas 68
aeropuertos 102
   Schönefeld 102
   Tegel 97
   Tempelhof 102, 124
agencias de viaje 64-65
Ägyptisches Museum 119
Ägyptisches Museum, Leipzig 283
albergues 191-192
Albertinum 278
Alexanderplatz 138-139, 254
Alliierte Kriegsverbrechergefängnis 177
Alliierten-Museum 181-182
Alte Königliche Bibliothek 133
Alte Nationalgalerie 54
Alte Staatsbibliothek 131
Alte Stadthaus 140-141
Altes Museum 53, 135
Anna Seghers Gedenkstätte 173-174
Archenhold Sternwarte 173
arquitectos 47-49
arquitectura 45-61
   circuitos organizados 51-61
   estilos 49-51
art forum Berlin 90
autostop 101

B

Bach Museum 283
Bach Tage Berlin 90
bares y pubs 228-232
Barrio del Gobierno del III Reich 147-150
Batalla de Berlín 17
Bauhaus 162

> La **negrita** indica las páginas de mapas.

Bauhaus Archiv/Museum für Gestaltung 55, 161
Bebelplatz 133
Berlin Wall 151
Berliner Dom 136-137
Berliner Ensemble 147
Berliner Philharmonie 55-56, 163
Berliner Prater 154
Berliner Volksbank 59
bibliotecas 86
Bismarck 12
Bloqueo de Berlín 18
Bonifatiuskirche 123
Botanischer Garten, Spandau 181
Brandeburgo 258-272
Brandeburgo (ciudad) 265
Brecht, Bertolt 36, 37, 41, 146, 147, 167
Brecht-Haus 167
Brecht-Weigel Gedenkstätte 146
Breitscheidplatz 112
Bröhan Museum 119
Brücke Museum 182
Brühlsche Terrasse 277-278

C

Cabaret 242-243
camping 191
carné joven y de estudiante 66-67
casino 244
castillos y palacios
   Kronzprinzenpalais 134
   Schloss Bellevue 161
   Schloss Britz 172
   Schloss Charlottenburg 116-118
   Schloss Friedrichsfelde 168-169
   Schloss Glienicke 184
   Schloss Köpenick 175
   Schloss Neues Palais 261
   Schloss Niederschönhausen 167
   Schloss Orangerieschloss 261
   Schloss Rheinsberg 270
   Schloss Sanssouci 260
   Schloss Wittenberg 273
celebraciones 90-92
cemeterios 156-157
centros culturales 87, 239, 240
centros de fitness 185
Centrum Judaicum 143-144
Chamissoplatz 124
Checkpoint Charlie 20, 150
Chorin 271
iglesias y catedrales
   Berliner Dom 136-137
   Bonifatiuskirche 123
   Deutscher Dom 132
   Franziskaner Klosterkirche 141
   Französischer Dom 132
   Friedrichswerdersche Kirche 138
   Garnisonskirche 178
   Gethsemane Kirche 154
   Marienkirche 139
   Matthäikirche 163
   Nikolaikirche 178
   Parochialkirche 141
   Passionskirche 124-125
   Sophienkirche 143
   St Johanniskirche 148
   Stadtkirche Wittenberg 273
   St-Hedwigs-Kathedrale 133
   St-Matthias-Kirche 155
ciencia 27, 28
cine 31-36, 246
circuitos organizados 101, 108-110, 111-120, 278
circuitos a pie 108, 112, 123, 128, 282-283
circuitos en autobús 108
cruceros 109-110, 183
CityWest 59-61, 112-116
clima 23
clubes 232

Índice (D-H)

Complejo del
  Museo Dahlem 179
comunidad homosexual
  83-84
  ocio 235-239
  placa conmemorativa 155
  Schöneberg 155
comunidad judía 143-144
comunidad turca 125
consulados 67-68
correo electrónico 75
correos 72
Cottbus 269
Cuartel general
  de la Gestapo 149-150
cultura 28-42
cursos 189
ciclismo 185

D

DaimlerChrysler Services
  Building 58
DaimlerCity 161
danza 37-38, 245-246
Das Verborgene Museum 115
Deportes 246-247
Deutsche Guggenheim
  Berlin 131
Deutscher Dom 132
Deutsches Technikmuseum
  127-128
Deutsches Theater 147
Dietrich, Marlene 33-34,
  155, 157
documentación 65-67
Domäne Dahlem 180-181
Dónde comer 204-226
  bebidas 205-206
  precios 204-205
Dónde dormir 190-203
Dorfmuseum Marzahn 170
Dresde 274-280

E

East Side Gallery 151
ecología 23-24
economía 26
educación 27
El búnker de Hitler 149
electricidad 80
embajadas 67-68

En autocar
  Berlín 99
  Europa 100
  otras partes de Alemania
    99-100
En automóvil 100, 105-106
  alquiler de coches 106
En avión 93-96
  América latina 95
  España 94-95
  Estados Unidos 95-96
  Europa continental 95
En bicicleta 100
En motocicleta 100
  alquiler de
    motocicletas 101
En taxi 107
En tren 96-99
  Europa 98
  pases de tren alemanes 98
  pases Eurail 99
  precios 98
  rutas de transporte **97**
Ephraim-Palais 140
Erotik Museum 116
escultura 28-31
estancias largas 203
Estatua de Schiller 132
Ethnologisches Museum
  179-180
Europa-Center 113

F

farmacias 81
Fasanenstrasse 114
fauna 24
fax 75-76
Fernsehturm (Torre de la
  televisión) 139
ferry 100
Filmmuseum Berlin 162
Filmpark Babelsberg 264-265
filosofía 27-28
Fischerinsel 141
Flamensiedlung 154
flora 24
'footing' 187
fotografía y vídeo 79-80
Franziskaner Klosterkirche 141
Französischer Dom 132
Freie Universität 181

Friedrichshain 121-122
Friedrichstadtpalast 147
Friedrichstadtpassagen 132
Friedrichstrasse 131-132
Friedrichswerdersche
  Kirche 53, 138
Funkturm 120

G

Galeries Lafayette 132
Garnisonskirche 178
Gedenkstätte Deutscher
  Widerstand 166
Gedenkstätte Köpenicker
  Blutwoche 174
Gedenkstätte Plötzensee
  159-160
Gemäldegalerie 163-164
Gendarmenmarkt 132-133
geografía 23
Gethsemane Kirche 154
Glienicker Brücke 184
Glockenturm 120
gobierno 24-25
Gotisches Haus 178
Grass, Günter 41-42
Grassi Museum Complex 283
Gropius, Walter 162, 172
Gropiusstadt 172
Grosser Müggelsee 176
Grünau 176
Gründerzeit Museum 171
Grunewald 179
Grunewaldsee 182
Gruselkabinet 127
Guerra Fría 20
I Guerra Mundial 13
II Guerra Mundial 16

H

habitaciones en casas
  particulares 195
Hackesche Höfe 254
Hamburger Bahnhof
  146-147
Handwerkervereinshaus 142
Hansaviertel 55
Haus am Checkpoint Charlie
  150-151
Haus der Kulturen der Welt 56

Haus der Wannsee Konferenz 183-184
Heimatmuseum Charlottenburg 120
historia 9-23
Hitler, Adolph 15
Honecker, Erich 20
hora local 80
horario comercial 89
hospitales 81
hoteles para la comunidad homosexual 202-203
hoteles-económico 195-200
hoteles-precio alto 200-202
hoteles-reservas 195
Hufeisensiedlung 171
Hugenottenmuseum 132-133
Humboldt Universität 133
Hundemuseum 167

I

Idioma 43-44
Internationale Filmfestspiele Berlin 90
Internet 75-76
Isherwood, Christopher 77, 155

J

Jagdschloss Grunewald 182
Jüdische Galerie Berlin 144
Jüdisches Gemeindehaus 115
Jüdisches Museum 126
Juliusturm 177
Justizzentrum 159

K

Kaiser-Wilhelm-Gedächtniskirche (iglesia) 112
Kammermusiksaal 163
Kantdreieck 60
Karl-Liebknecht-Haus 146
Karl-Marx-Allee 121-122
Karneval der Kulturen 90
Käthe-Kollwitz-Museum 114-115
Kennedy, John F. 155
Kietz 176

La **negrita** indica las páginas de mapas.

Kollwitz, Käthe 114, 153
Komische Oper 131
Königskolonnaden 155
Konzerthaus 132
Köpenick 174-176
Köpenick, el capitán 162
Kreuzberg 123-124
Kreuzberg Museum 125
Kronprinzenpalais 134
Ku'damm Eck 61
Kulturbrauerei 153
Kulturforum 162-163, **163**
Kunstgewerbemuseum 165
Kunsthaus Tacheles 144-145
Künstlerhaus Bethanien 118
Kupferstichkabinett 165
Kurfürstendamm 113, 254

L

lavabos 80-81
lavanderías 80
Leipzig 280-285 **281**
libros 76-77
Lichtenberg 168
Liebknecht, Karl 13
Liga Espartaquista 13
literatura, *véase también* libros 40-42
Love Parade 40, 90
Lübben 267-268
Lübbenau 267-268
Luftbrückendenkmal 124
Luther, Martin 272
Lutherhalle Wittenberg 272
Lutherstadt-Wittenberg 272-275
Luxemburgo, Rosa 13

M

Marienkirche 139
mercados 255
 al aire libre 255
 Arminius Markthalle 159
 cubiertos 256-257
 Marheineke Markthalle 124
 mercado turco 125
 Winterfeldtplatz 155
Märkisches Museum 142
Märkisches Ufer 141
Martin-Gropius-Bau 150

Marzahn-Hellersdorf 170-171
medio ambiente 23-24
Mehringdamm 123
Melanchthon Haus 273
Memorial y Museo de Sachsenhausen 269
Mitte 51-54, 128-152
Moabit 159
Molkenmarkt 140
moneda 68-72
 cajeros automáticos 70
 cheques de viaje 70
 propina y regateo 71-72
 tarjetas de crédito 70
Monumento a las víctimas del Muro 151
Monumento del Holocausto 129
Mozart Festival 90
mujeres viajeras 82
Muro de Berlín, El 20
Museuminsel 134-137
Museos y galerías de arte 252
 Abgusssammlung Antiker Plastik 120
 Ägyptisches Museum 119
 Ägyptisches Museum, Leipzig 283
 Albertinum 278
 Alliierten-Museum 181-182
 Alte Nationalgalerie 135
 Altes Museum 135
 Anna Seghers Gedenkstätte 173-174
 Bach Museum 283
 Bauhaus Archiv/Museum für Gestaltung 161
 Brecht-Weigel Gedenkstätte 146
 Bröhan Museum 119
 Brücke Museum 182
 Das Verborgene Museum 115
 Deutsche Guggenheim Berlin 131
 Deutsches Technikmuseum 127-128
 Domäne Dahlem 180-181
 Dorfmuseum Marzahn 170

East Side Gallery 151
Ephraim-Palais 140
Erotik Museum 116
Ethnologisches Museum 179-180
Filmmuseum Berlin 162
Filmpark Babelsberg 264-265
Gedenkstätte Deutscher Widerstand 166
Gedenkstätte Köpenicker Blutwoche 174
Gemäldegalerie 163-164
Gotisches Haus 178
Grassi Museum Complex 283
Gründerzeit Museum 171
Gruselkabinett 127
Hamburger Bahnhof 146-147
Haus am Checkpoint Charlie 150-151
Haus der Wannsee Konferenz 183-184
Heimatmuseum Charlottenburg 120
Hugenottenmuseum 132-133
Hundemuseum 167
Jagdschloss Grunewald 182
Jüdische Galerie Berlin 144-145
Jüdisches Museum 126
Käthe-Kollwitz-Museum 114-115
Kreuzberg Museum 125
Kunstgewerbemuseum 165
Kunsthaus Tacheles 144-145
Künstlerhaus Bethanien 125-126
Kupferstichkabinett 165
Lutherhalle Wittenberg 272
Märkisches Museum 142
Martin-Gropius-Bau 150
Melanchthon Haus 273
Museum Berlin-Karlshorst 169
Museum der Verbotenen Kunst 172-173

Museum Europäischer Kulturen 180
Museum für Kommunikation 152
Museum für Naturkunde 146
Museum für Vor- und Frühgeschichte 118
Museum Knoblauchhaus 140
Museum Nikolaikirche 140
Museumsdorf Düppel 182-183
Musikinstrumenten-Museum 164
Neue Nationalgalerie 165
Pergamon Museum 135
Prenzlauer Berg Museum 153
Sammlung Berggruen 119
Schinkelmuseum 138
Schwules Museum 123
Stadtgeschichtliches Museum Spandau 178
Stasi Museum, Leipzig 283
Story of Berlin 115
Topographie des Terrors 149-150
Vitra Design Museum Berlin 154
Wäschereimuseum 176
Wassersportmuseum 176
Willy-Brandt-Haus 126-127
Zwinger Museum Complex 277
Museumsdorf Düppel 182-183
música 38-40
Música en directo 240-242
Musikinstrumenten-Museum 164

N

Napoleón 10-11
natación 187-188
negocios 91
Neue Nationalgalerie 55, 165
Neue Reichskanzlei 148-149
Neue Staatsbibliothek 166
Neue Synagoge 143-144
Neue Wache 53, 134

Neues Kanzleramt 158-159
Neues Kranzler Eck 60-61
Neukölln 171-172
Niederfinow 251, 271-272
Nikolaikirche 178
Nikolaiviertel 139-140
Nollendorfplatz 155
Nuevo Distrito Gubernamental 158-160

O

Oberbaumbrücke 126
Oficina de turismo central de la BTM 113
Oficinas de turismo 64
Olympia Stadion 120
Operas y musicales 242
Oranienstrasse 125, 254

P

Palais Podewil 141
Palast der Republik 137
Pankow 166-167
Pariser Platz 129
Pariser Strasse 255
parques
 Grunewald 179
 Neuer Garten Sanssouci 260
 Spree-Park Plänterwald 173
 Teufelsberg 179
 Tiergarten Park 160
 Volkspark Friedrichshain 122
 Volkspark Hasenheide 171
Parochialkirche 141
Partido Comunista Alemán (KPD) 13
Partido de la Unidad Socialista de Alemania (SED) 18, 20,168
Partido Socialdemócrata (SPD) 13-14, 21
Passionskirche 124-125
patinaje sobre hielo 185-186
peligros y advertencias 87-88
Pergamon Museum
 Antikensammlung 135
 Museum für Islamische Kunst 136

Índice (Q-T)

Vorderasiatisches Museum 127
periódicos 77-78
permiso de conducir 66
Pfaueninsel 183
Pfunds Molkerei 278
pintura 28-31
Planck, Max 28
planos 63-64
población 26-27
política 24-25
Potsdam 258, **259**
Potsdamer Platz 22, 56-59, 161-163, **163**
Potsdamer Platz Arkaden 59, 254
Prenzlauer Berg 152-154
Prenzlauer Berg Museum 153
problemas legales 88-89
Puente Aéreo de Berlín 18
Puerta de Brandeburgo 52, 128-129

Q

Quartier-205 132
Quartier-206 132

R

radio 78-79
Rathaus Schöneberg 156-157
régimen nazi 15-16
Reichsluftfahrtministerium 149
Reichstag 146
Reinhardt, Max 36, 147, 148
religión 43
Reloj de las horas del mundo 139
República de Weimar 13-14
República Democrática Alemana (RDA) 18, 21
República Federal Alemana (RFA) 18
restaurantes
  alemanes 209-211
  australianos 207
  cafeterías 219-222

La **negrita** indica las páginas de mapas.

cafeterías de estudiantes 225
chinos 207
compra de alimentos 225
españoles 216
estadounidenses 206-207
franceses 207-209
griegos 211
hindúes 211-212
internacionales 212
italianos 213-214
japoneses 214-215
Kantinen 225
Kosher y judíos 215-216
latinoamericanos 216
mercados de alimentación 223
Oriente Medio y Rusia 216
tailandeses y del sureste asiático 217
tentempiés y comidas rápidas 222-223
turcos 217
vegetarianos 218-219
reunification 22
revistas 77-78
Rheinsberg 269-270
Riefenstahl, Leni 34
Rotes Rathaus 139

S

salud 81-82
Sammlung Berggruen 119
Savignyplatz 115-116
S-Bahn 103-104
Scharoun, Hans 48-49, 162
Schauspielhaus/Konzerthaus 52
Scheunenviertel 145-146
Schinkel, Karl Friedrich 46, 48
Schinkelmuseum 138
Schloss Bellevue 161
Schloss Britz 172
Schloss Charlottenburg 116-118
Schloss Friedrichsfelde 168-169
Schloss Glienicke 184
Schloss Köpenick 175
Schloss Niederschönhausen 167

Schloss Wittenberg 273
Schlossbrücke 134
Schlossplatz 137-138
Schöneberg 156-157
Schwules Museum 123
Secesión Berlinesa 30
seguro de viaje 66
Semperoper 277
Siegessäule 160
sinagoga 153
Sociedad y costumbres 42-43
Solución final 16
Sony Center 57-58, 161
Sophienkirche 143
Sophiensaele 143
Sophienstrasse 142-143
Sowjetisches Ehrenmal 160, 173
Spandau 176-178, **177**
Spandau Zitadelle 177-178
Spandauer Forst 176
Spandauer Vorstadt 142-146
Spree-Park Plänterwald 173
Spreewald 267
St Johanniskirche 159
St Matthäikirche 163
Staatsoper Unter den Linden 52-53, 133
Staatsratsgebäude 137
Stadtgeschichtliches Museum Spandau 178
Stadtkirche Wittenberg 273
Stasi 18, 168
Stasi Museum, Leipzig 283
St-Hedwigs-Kathedrale 133
Stilwerk 115
St-Matthias-Kirche 155
Story of Berlin 115
Strasse des 17 Juni 160-161

T

Taller para ciegos de Otto Weidt 126
teatro 36-37, 244-245
Teatro Metropol 155
techno 40
teléfono 73-74
  móviles 74
televisión 78-79
Tempelhof 124
tenis 189

Índice (U-Z)

tercera edad 85
Theater des Westens 116
Theatertreffen Berlin 90
tiendas
  de antigüedades y artículos de coleccionista 248
  equipo de acampada y deportes 253
  joyerías 252
  libros 248
  moda 250
  música 252-253
  porcelana y regalos 253
Tiergarten 54-56, 156-160
Tiergarten Park 160
Tierpark
  Friedrichsfelde 169
Topographie des Terrors 149-150
trabajo 91-92
Tränenpalast 147
transporte público 103
Treptow 172-174

U

U-Bahn 103-104
Ulbricht, Walter 18, 20
Unión de la Democracia Cristiana (CDU) 21, 22, 23, 25
universidades 86
Unter den Linden 129

V

viajar con niños 85
viajeros
  discapacitados 84
vídeo 79
Viktoriapark 123-124
visados 65-66
Vitra Design
  Museum Berlin 154
Völkerschlachtdenkmal 284
Volkspark
  Friedrichshain 122
Volkspark Hasenheide 171

W

Waldbühne 120
Wannsee 183
Wäschereimuseum 176
Wassersportmuseum 176
Wasserturm 124
Weinhaus Huth 59
Weissensee 167
Wende 21
Willy-Brandt-Haus 126-127
Wilmersdorf 178-179
Winterfeldtplatz 155
Wowereit, Klaus 23, 25

Z

Zehlendorf 179-184
Zeiss
  Grossplanetarium 154
Zeughaus 134
Zoologischer Garten 161
Zwinger Museum
  Complex 256-257

DÓNDE DORMIR

A&O Backpackers 192
Adlon Hotel Kempinski 201
art'otel berlin mitte 201
ArtHotel Connection 203
Artist Hotelpension
  Die Loge 197
Backpacker's Paradise 194
BaxPax 193
BDP Gaeste Etage 194
Campingplatz
  Am Krossinsee 191
Campingplatz Dreilinden 191
Campingplatz Gatow 191
Campingplatz Kladow 191
Campingplatz Kohlhasenbrück 191
Circus - The Hostel 193
City Pension Berlin 196
Clubhouse Hostel 193
Die Fabrik 193
Dietrich Bonhoeffer-Haus 199
Dorint
  Am Gendarmenmarkt 201
East Side City Hotel 198
Eastside Gayllery 202
enjoy bed & breakfast 202
Frauenhotel Artemisia 203
Frauenhotel Intermezzo 202
Gästehaus Freiraum 193
Gasthaus Dietrich Herz 196
Grand Hotel Esplanade 202
Haus wichern 194
Hecker's Hotel 201
Herberge Grosse 196
Hilton Berlin 201
Hotel Albatros 200
Hotel Alexander 200
Hotel Alexnader Plaza 201
Hotel am Anhalter
  Bahnof 196
Hotel Arco Garni 203
Hotel Askanischer Hof 200
Hotel Berolina 195
Hotel Bleibtreu 201
Hotel Bogota 200
Hotel California 198
Hotel Crystal 196
Hotel Delta Berlin 199
Hotel Gunia 197
Hotel Honigmond 197
Hotel Imperator 198
Hotel Kastanienhof 199
Hotel Les Nations 197
Hotel Märkischer Hof 199
Hotel Palace Berlin 201
Hotel Riehmers
  Hofgarten 199
Hotel Savigny 200
Hotel Tiergarten 199
Hotel Transit 193
Hotel Transit Loft 197
Hotel-Pension Alexandra 198
Hotel-Pension Castell 198
Hotel-Pension Funk 198
Hotel-Pension Majesty 196
Hotel-Pension Merkur 197
Hotel-Pension Nürnberger
  Eck 198
Hotel-Pension
  Wittelsbach 200
Jugendgästehaus Central 194
Jugendgästehaus
  des CVJM 194
Jugendgästehaus
  Schreberjugend 193

Jugendgästehaus St-Michaels-Heim 195
Jugendgästehaus Tegel 194
Jugendhotel Vier Jahreszeiten 195
Juncker's Hotel Garni 199
Jungendherberger am Wannsee 192
Jungendherberger Berlin 192
Jungendherberger Berlin International 191
Jungendherberger Ernst Reuter 192
Künstlerheim Luke 199
Lette'm Sleep 194
Mitte's Backpacker Hostel 193
Myer's Hotel Berlin 202
Odyssee Glabetrotter 192
Pegasus Hostel 192
Pension am Lietzensee 198
Pension Amsterdam 202
Pension Curtis 197
Pension Fischer 196
Pension Knesebeck 196
Pension Korfu II 198
Pension Kreuzberg 197
Pension mitArt 197
Pension München 196
Pension Peters 196
Pension Viola Nova 196
Propeller Island Lodge 200
Scandotel Castor Berlin 199
Sorat Hotel Spree-Bogen 202
Studentenhotel Hubertusallee 194
Studentenhotel Meininger 194
The Hostel 193
The Sunflower Hostel 192
Timmy's Gay B&B 202

DÓNDE COMER

Abendmahl 218
Ali Baba 213
Alte Meierei 211
Am Wasserturm 215
Amrit 211
Ana e Bruno 208
Angkor Wat 217
Anita Wronski 221
Arche Noah 215
Ashoka Bar 211
Asia Pavilion 223
Atlantic 220
Bagdad 217
Bagels & Bialys 223
Bambussprosse 207
Bar-Celona 216
Barcomi's 220
Barcomi's 220
Bergmann 212
Beth Café 215
Biscotti 213
borchardt 208
Bosporus Grill 224
Brazil 216
Café Adler 220
Café Aedes 220
Café am Neuen See 222
Café Berio
Café Hardenberg 219
Café Kranzler
Café Morena 220
Café Orange 221
Café Rix 220
Café Wintergarten 219
Café Xion 221
Cantamaggio 214
Chandra Kumari 211
Conmux 219
Cour Carée 207
Die Zwölf Apostel 214
Don Quijote 216
E.T.A. Hoffmann 208
Einhorn 218
Einstein 222
El Borriquito 216
Ellopia
Fabulous Route 66 50's Diner 207
Fish & Vegetables 223
Flying Fish Sushi 215
Frida Kahlo 216
Galeries Lafayette 224
Ganymed 212
Gasthaus Dietrich Herz 209
Good Friend 207
Good Time 217
Gosch 222
Grill & Schlemmerbuffet Zach 224
Grossbeerenkeller 209
Gugelhof 209
Habibi 223
Hackescher Hof 212
Hakuin 219
Hamlet 213
Hannibal 220
Hard Rock Café 206
Hasir Mitte 218
Hasirimbiss 224
Himalaya 212
Hisar 224
Histirische Weinstuben 210
Hitit 217
Hot Dog Laden 223
Houdini 221
Humboldt Universität Mensa 225
Il Casolare 213
Jimmy's Diner 207
Juleps 206
KaDeWe 223
Kalkutta 211
Kamala 217
Kartoffelkeller 210
Kellerrestaurant 210
Keyzer Soze 210
Kichererbse 220
Kiraku Sushi 215
Kolbo 215
Kommandatur Pizzeria 214
Lappeggi 214
Le Cochon Bourgeois 207
Leysieffer 219
Lindenbräu 210
Little Shop of Foods 218
Locus 216
Lone Star Taqueria 216
Lubitsch 212
Lucky Pizzeria 214
Luisen-Bräu 209
Maharaja 212
Malete 218

Índice

Manzini 213
Mao Thai 217
Marché 212
Margaux 208
Maxwell 212
Mensa der Hochsule für Musik Hanns Ekler 225
Mensa Freie Universität 225
Merhaba 217
Miro 218
Montevideo 221
Morgenland 220
Nemesis 211
Nö 209
Nordsee 223
November 221
Offenbach stuben 210
Oren 215
Ostwind 207
Ousies 211
Paris Bar 207
Pasternak 216
Petite Eurpe 214
Phoenix Lounge 221
PI Bar 218
Pizzeria Piccola Taormina 213
Plaetzl 215
Poco Loco 216
Pow Wow 207
Quartier 205 224
Rani 212
Restauration 1900 210
Rice Queen 217
Rimón 215
Sachiko Sushi 214
Sale e Tabacchi 213
Salomon Bagels 223
Salsabil 223
Satyam 218
Scarabeo 216
Schalom 215
Schwarzaes Café 219
Seerose 218
Shayan 223
Sidney 221
Soup Kultur 222
Sticks 217
Storch 209
Sushi Imbiss 215
Sushi-Bar 214
Tabibito 215
Tandoor 212
Technische Universität Mensa 225
Theodor Tucher 208
Thymian 218
Toronto 213
Trattoria á Muntagnola 214
Truxa 220
TTT-TeeTeaThé 221
Tuk-Tuk 217
Vau 208
Weitzmann 213
Weltrestaurent Markthalle 209
Wertheim bei Hertie 224
Woolloomooloo 207
XII Apostoli 213
Yosoy 217
Ypsllon 211
Zitadellenschänke 210
Zucca 214
Zum Nussbaum 210

PLANO 1 - BERLÍN

PLANO 1 - BERLÍN

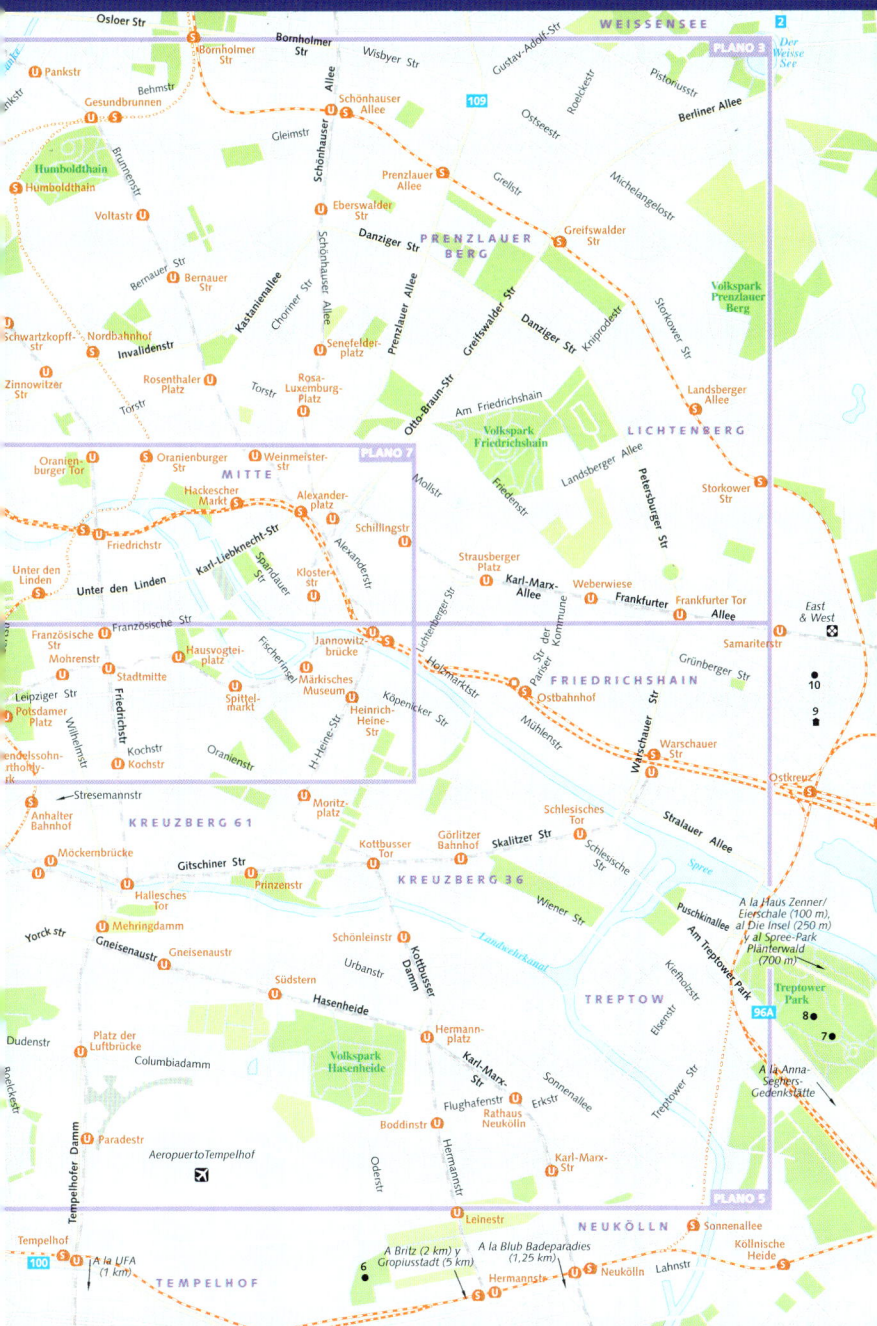

PLANO 2 - OESTE DE CHARLOTTENBURG Y NORTE DE TIERGARTEN

DÓNDE DORMIR
1. Timmy's Gay B&B
3. Haus Wichern
19. Hotel Les Nations
21. Hotel Tiergarten
24. Sorat Hotel Spree-Bogen

DÓNDE COMER
6. Ana e Bruno
12. Luisen-Bräu
17. Rathaus Charlottenburg Kantine
18. Woolloomooloo
20. Alte Meierei
26. Angkor Wat

DE INTERÉS
2. Arminius Markthalle
4. Gedenkstätte Plötzensee
5. Belvedere
7. Museum für Vor- und Frühgeschicte
8. Altes Schloss
9. Neuer Flügel
10. Neuer Pavilion
11. Embarcadero del Schlossbrücke; Stern und Kreis Schiffahrt; Reederei Bruno Winkler
13. Ägyptisches Museum
14. Sammlung Berggruen
15. Bröhan Museum
16. Heimatmuseum Charlottenburg; Abgusssammlung Antiker Plastik
22. St Johanniskirche
23. Ministerio Federal de Interior
27. Haus der Kulturen der Welt
28. Carillón
29. Monumento soviético en recuerdo de la guerra

OESTE DE CHARLOTTENBURG Y NORTE DE TIERGARTEN - PLANO 2

PLANO 3 - MITTE Y PRENZLAUER BERG

DÓNDE DORMIR
- 7 Pension Amsterdam
- 17 Lette'm Sleep
- 28 Eastside Gayllery
- 60 Myer's Hotel Berlin
- 61 Hotel Transit
- 64 Hotel Kastanienhof
- 68 Hotel-Pension Merkur
- 73 Mitte's Backpacker Hostel
- 78 Hotel Honigmond
- 83 Artist Hotelpension Die Loge; Sushi-Bar
- 84 Hotel Märkischer Hof
- 98 Pension mitArt
- 123 Circus - The Hostel
- 131 Pegasus Hostel

DÓNDE COMER
- 2 Ellopia
- 11 Café Xion
- 18 Frida Kahlo
- 21 Houdini
- 24 Himalaya
- 30 Rice Queen
- 32 Salsabil
- 34 Offenbach Stuben
- 35 Miro
- 40 Pequeña tienda de alimentos
- 43 Tandoor
- 44 Mao Thai
- 46 Weitzmann
- 47 Restauration 1900
- 48 Ostwind
- 49 November
- 51 Gugelhof
- 52 Lappeggi
- 54 Anita Wronski
- 55 Am Wasserturm
- 56 Pasternak
- 57 Kommandatur Pizzeria
- 70 Maxwell
- 76 Bar-Celona
- 81 Good Time
- 82 Malete
- 86 Amrit
- 90 Kolbo
- 91 Beth Café
- 94 Keyzer Soze
- 100 Kamala
- 104 Oren
- 106 Rimón
- 108 Grill & Schlemmerbuffet Zach
- 112 Brazil
- 118 Barcomi's
- 122 Cantamaggio

BARES Y CLUBES
- 3 Stiller Don
- 4 Greifbar
- 6 Schall und Rauch
- 10 Pick Ab
- 12 Duncker
- 15 Luna Bar
- 16 Wohnzimmer
- 23 La Bodeguita del Medio
- 26 Cerveceria al aire libre
- 33 X-Bar
- 41 Akba Lounge
- 42 Uluru Resort
- 62 Knaack Club
- 63 Pfefferberg
- 67 Seven Lounge
- 69 Jazzbar Pfandleihe
- 71 Bergwerk
- 72 Schlot
- 79 Reingold
- 85 Obst und Gemüse
- 87 Verkehrsberuhigte Ostzone
- 93 Jubinal
- 95 Bar Lounge 808
- 97 Bar irlandés Oscar Wilde
- 99 Kalkscheune
- 101 Zosch
- 105 Silberstein
- 113 Delicious Doughnuts
- 114 b-flat
- 127 Geburtstagsclub
- 134 Filmriss
- 136 Fischladen
- 138 Schizzotempel

PLANO 4 - WILMERSDORF Y SCHÖNEBERG

DÓNDE DORMIR
- 3 Jugendhotel Berlin
- 5 Pension am Lietzensee
- 7 Studentenhotel Hubertusallee
- 8 Hotel Albatros
- 10 Jugendhotel Vier Jahreszeiten
- 11 Pension München
- 22 Hotel Gunia
- 26 Scandotel Castor Berlin
- 32 enjoy bed & breakfast
- 36 Grand Hotel Esplanade; Harry's New York Bar
- 41 Jugendherberge Berlin International
- 45 Hotel Delta Berlin
- 48 Jugendgästehaus des CVJM
- 94 Studentenhotel Meininger 10

DÓNDE COMER
- 2 Hitit
- 13 Phoenix Lounge
- 17 Fish & Vegetables; Rani
- 18 Habibi
- 19 Sushi Imbiss
- 21 Hasir Imbiss; Maassen 10
- 27 Hakuin
- 29 Kiraku Sushi
- 30 Hot Dog Laden
- 37 Einstein
- 54 Café Berio
- 55 Sidney
- 62 Shayan
- 63 Maharaja
- 65 Hot Dog Laden
- 66 TTT - TeeTeaThé
- 67 Ousies
- 72 Hisar
- 74 Tuk-Tuk
- 76 Ypsilon
- 77 Lucky Pizzeria
- 78 Petite Europe
- 80 Nemesis
- 85 Habibi II
- 87 Toronto
- 92 Storch
- 93 Flying Fish Sushi

BARES Y CLUBES
- 9 Flöz
- 14 Mister Hu
- 16 Café M
- 20 Slumberland
- 23 Tom's Bar; Hafen
- 25 pe
- 28 Lenz
- 31 Metropol
- 35 Bar am Lützowplatz
- 42 El Barrio
- 50 90 Grad
- 59 Café PositHIV
- 71 E&M Leydicke
- 79 N.N. Bar; N.N. Train
- 81 Zoulou Bar

WILMERSDORF Y SCHÖNEBERG - PLANO 4

DE COMPRAS
- 15 Groopie de Luxe
- 24 Richard Schikowski Bookstore
- 34 Garage
- 46 Made in Berlin
- 50 Mr Dead & Mrs Free
- 51 Kaiser's
- 52 Schuhtik Last Minute
- 57 Schropp Landkarten
- 60 Winterfeldtmarkt
- 82 Schwarze Mode
- 90 Step by Step
- 91 Doris Imhoff
- 95 Flohmarkt Rathaus Schöneberg

DE INTERÉS
- 1 Polnisches Reisebüro Darpol
- 4 Estación central de autobuses
- 12 Copyhaus I
- 33 Taquilla del Theaterkasse
- 37 Bauhaus Archiv/Museum für Gestaltung
- 38 Embajada de Dinamarca
- 39 Siegessäule
- 43 Jacobs & Schulz
- 44 Wintergarten-Das Varieté
- 49 Mann-O-Meter
- 53 Pro Business
- 58 Begine; agencia de viajes Frauen Unterwegs
- 61 St-Matthias-Kirche
- 64 Travel Overland
- 68 Kammergericht
- 69 Königskolonnaden
- 72 Lesbenberatung
- 73 ADM Mitfahrzentrale
- 75 BVG para pérdidas en el tranporte público
- 76 Copyhaus II
- 84 Kopier Blitz
- 86 Ars Vitalis
- 88 Scheinbar Varieté
- 89 Cine Xenon
- 96 Cine Odeon
- 97 Internet Café Hai Täck

PLANO 5 - KREUZBERG 36 Y 61

DÓNDE DORMIR
- 2 Odyssee Globetrotter Hostel; Juncker's Hotel-Garni
- 8 The Sunflower Hostel
- 13 East Side City Hotel
- 39 Gästehaus Freiraum
- 41 Bax Pax
- 45 Die Fabrik Hostel; Eisenwaren
- 51 Jugendgästehaus Schreberjugend
- 54 Hotel am Anhalter Bahnhof
- 61 Pension Kreuzberg
- 65 Hotel Transit
- 66 Hotel Riehmers Hofgarten; E.T.A. Hoffmann Restaurant
- 86 Gasthaus Dietrich Herz

DÓNDE COMER
- 4 PI Bar
- 6 Truxa
- 7 Conmux
- 16 Abendmahl
- 17 Weltrestaurant Markthalle
- 22 Habibi
- 32 Hasir Imbiss
- 37 Amrit
- 38 Morgenland
- 40 Hannibal
- 42 Café Morena
- 44 Bagdad
- 50 Il Casolare
- 58 Grossbeerenkeller
- 67 Rathaus Kreuzberg Kantine
- 69 Chandra Kumari
- 71 Seerose
- 76 Bergmann 103
- 78 Atlantic
- 79 Kichererbse
- 83 Locus
- 87 Barcomi's
- 88 Lone Star Taqueria
- 99 Thymian
- 100 Pow Wow
- 103 Le Cochon Bourgeois
- 104 Merhaba
- 107 Tabibito
- 110 Café Rix

BARES Y CLUBES
- 1 Mana Mana
- 3 Dachkammer; Astro Bar
- 7 Tagung/Cube Club
- 9 Maria am Ostbahnhof
- 10 Ostgut; lab.oratory
- 11 Non Tox
- 12 Die Busch
- 14 Matrix
- 21 Franken
- 23 Schnabel
- 26 Würgeen
- 31 Flammen Herzen
- 33 Bierhimmel
- 34 Roses
- 36 SO 36
- 49 Ankerklau
- 80 Junction
- 95 Golgatha

Circuito a pie por Kreuzberg 61

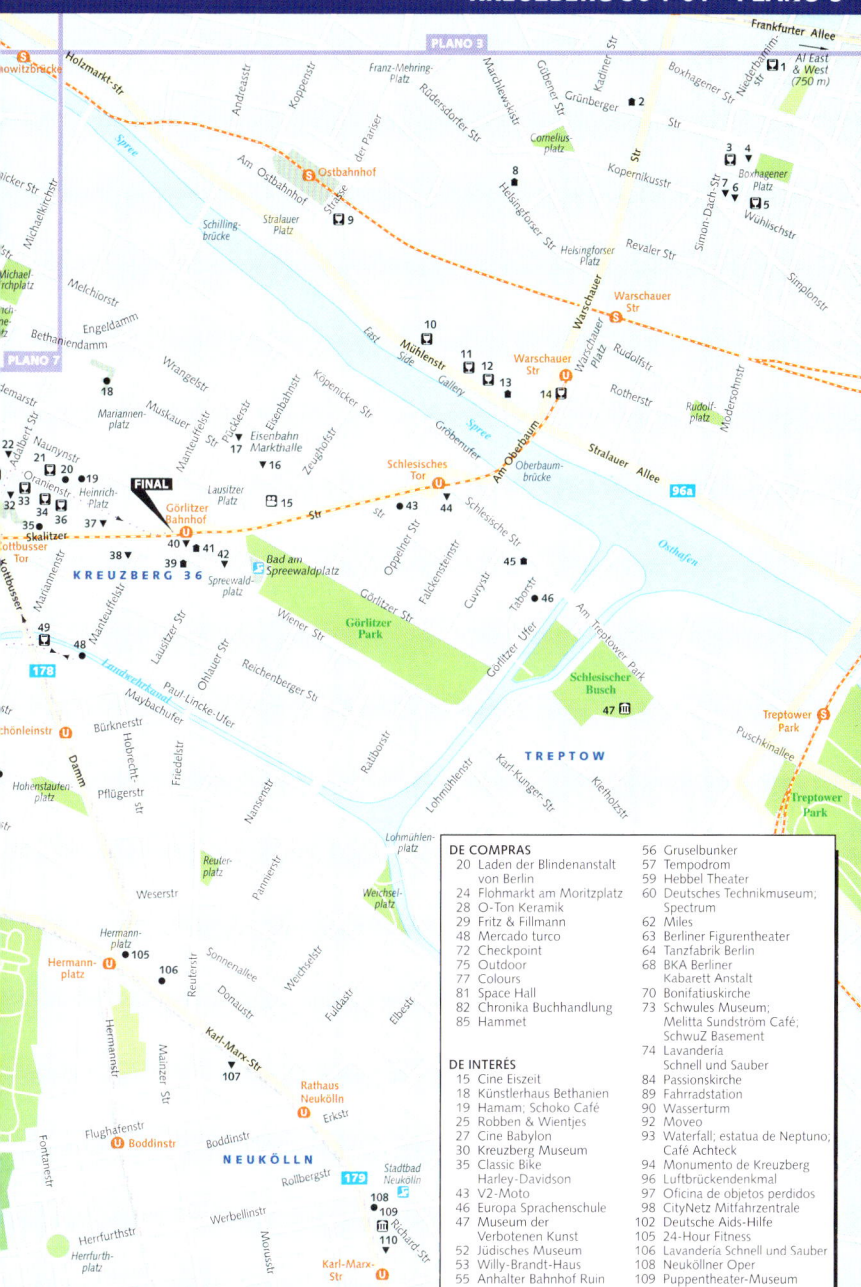

PLANO 6 - CHARLOTTENBURG

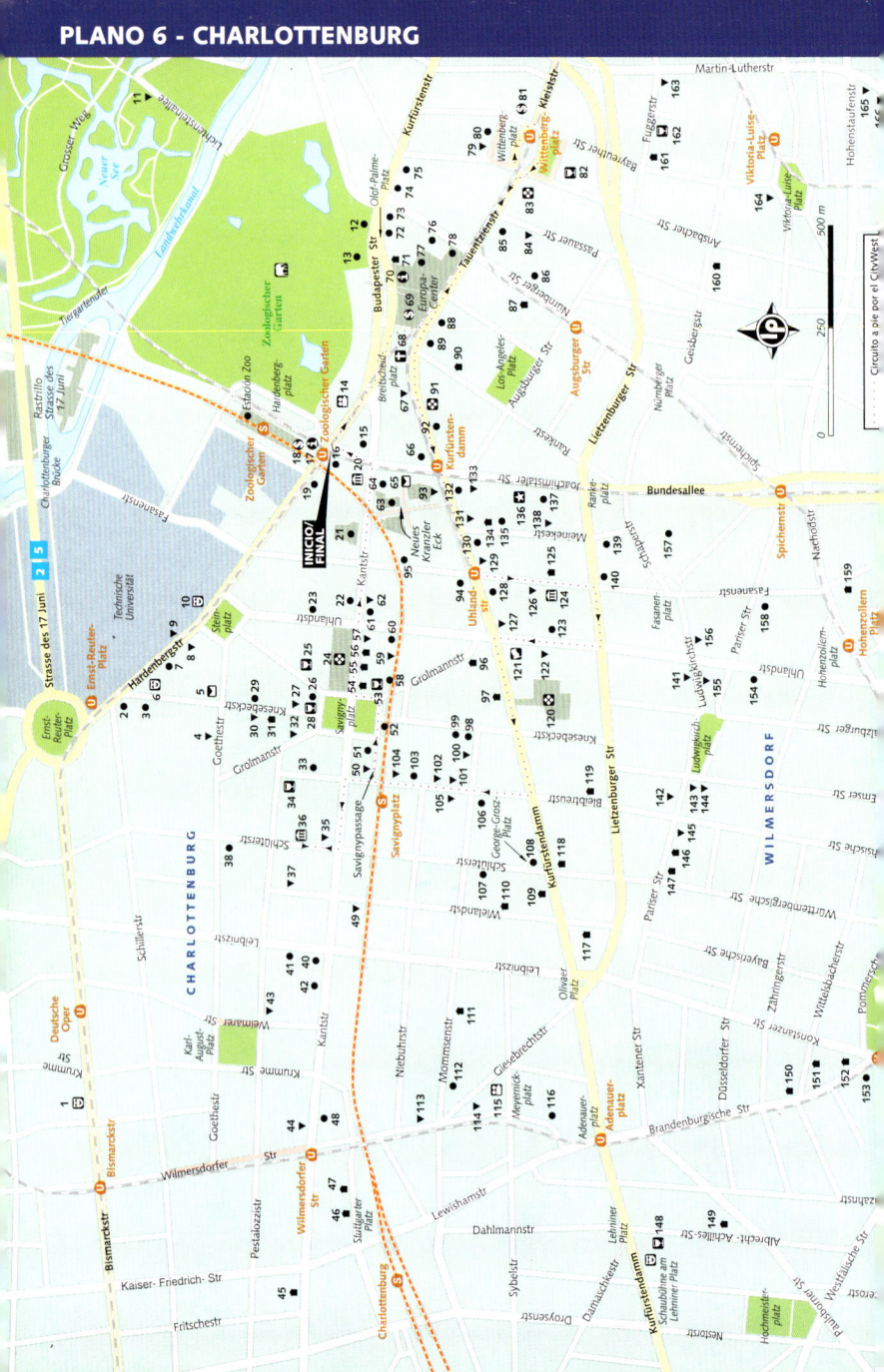

PLANO 6 - CHARLOTTENBURG

DÓNDE DORMIR
31 Pension Knesebeck
45 Herberge Grosse
46 Hotel Berolina
47 City Pension Berlin
54 Hotel Crystal
55 Pension Peters
56 Pension Viola Nova
71 Hotel Palace Berlin
87 Pension Fischer;
   Hotel-Pension Nürnberger Eck
90 Pension Korfu II
96 Hecker's Hotel
97 Hotel California
109 Hotel Askanischer Hof
110 Hotel-Pension Alexandra
111 Hotel-Pension Majesty
117 Hotel-Pension Castell
118 Hotel Bogota
119 Hotel Bleibtreu
125 Hotel-Pension Funk
134 Hotel Imperator
146 Pension Curtis
147 Hotel Alexander
149 Propeller Island Lodge
150 Hotel Savigny
151 Hotel-Pension Wittelsbach
152 Frauenhotel Artemisia
159 Jugendgästehaus Central
160 Hotel Arco Garni
161 ArtHotel Connection;
   Discoteca Connection

DÓNDE COMER
4 Satyam
8 Café Hardenberg
9 Technische Universität Mensa
11 Café am Neuen See
27 Cour Careé
30 Sticks
32 Ashoka Bar
35 Good Friend
37 Schalom
43 Biscotti
44 Soup Kultur
49 El Borriquito
50 XII Apostoli
57 Schwarzes Café
59 Sachiko Sushi
62 Paris Bar
67 Marché
79 Einhorn - Schöneberg
84 Plaetzl
93 Café Kranzler; BVG Top Tour
100 Einhorn - Charlottenburg
101 Don Quijote
102 Ali Baba
104 Lubitsch
105 Kalkutta
113 Bosporus-Grill
114 Juleps
122 Pizzeria Piccola Taormina
126 Café Wintergarten;
   Literaturhaus
127 Gosch
129 Leysieffer
131 Soup Kultur; easyEverything
133 Salomon Bagels
138 Hard Rock Café
141 Scarabeo
142 Poco Loco
143 Sushi Imbiss
144 Fabulous Route 66 50's Diner
145 Jimmy's Diner
155 Hamlet
156 Manzini
163 Trattoria á Muntagnola
164 Montevideo
165 Tip
166 Penny Markt

BARES Y CLUBES
25 Dicke Wirtin
28 Gainsbourg
34 A-Trane
53 Hegel
82 Andreas Kneipe
148 Far Out
162 Prinzknecht

DE COMPRAS
2 Kiepert
15 Humana
16 Supermercado Aldi;
   AGW Exchange
24 Stilwerk
26 Riccardo Cartillone
29 Berliner Zinnfiguren
33 Prinz Eisenherz
41 Supermercado Aldi
42 Zweitausendeins
51 Treykorn
52 Bücherbogen
58 Supermercado Plus
60 Canzone
61 Rahaus
64 Karstadt Sport; Cyberb@r
66 Diesel Jeans Store
78 Niketown
80 Supermercado Kaiser's
83 KaDeWe; Showtime;
   Punto de información de la
   oficina de turismo BTM
85 Peek & Cloppenburg
86 Bruno's
88 Hennes & Mauritz
89 Hugendubel; Gap;
   Jopp Frauen Fitness Studio
91 Wertheim bei Hertie
94 KPM
98 L&P Classics
99 Marga Schoeller Bücherstube
103 Kaufhaus Schrill
106 Supermercado Kaiser's
107 Planet
108 Claudia Skoda
120 Ku'damm Karree; Story of Berlin
123 Hautnah
140 Bannat
158 Les Dessous

DE INTERÉS
1 Deutsche Oper Berlin
3 Concert & Theaterkasse City
5 Oficina de correos
6 Renaissance-Theater Berlin
7 STA Travel
10 Hochschule der Künste
12 Acuario
13 Puerta del elefante (zoo)
14 Cine Zoo-Palast; Hekticket
17 Punto de información BVG
18 Reisebank
19 Amerika Haus
20 Erotik-Museum
21 Theater des Westens
22 Quasimodo
23 Fit Fun
36 Das Verborgene Museum
38 STA Travel
40 Lavandería Schnell und Sauber
48 Rainbow Tours
63 Lufthansa
65 Oficina central de correos
68 Kaiser-Wilhelm Gedächtniskirche
69 Euro-Change
70 Oficina de turismo central de BVG
72 SixtBudget
73 Hertz; Avis
74 Sauna Apolo
75 Europcar
76 Thermen am Europa-Center
77 Die Stachelschweine
81 American Express
92 Tempelhofer Sightseeing Tours
95 Jüdisches Gemeindehaus,
   Arca de Noé
112 Schwulenberatung
   (centro de asesoramiento para
   gays)
115 Cine Kurbel
116 Alternativ Tours
121 Institut Français;
   Consulado de Francia
124 Käthe-Kollwitz-Museum
128 Severin + Kühn
   Sightseeing Tours
130 Berolina Bus Tours
132 BVB Bus Tours
135 Theaterkasse Centrum
136 Comisaría de policía City-Wache
137 CityNetz
139 Berliner AIDS-Hilfe
153 Tennis & Squash City
154 Lavandería Schnell und Sauber
157 Bar jeder Vernunft